李炳南居士年譜

貳

1949-1961

林其賢 編著

目　次

第貳冊

第四卷　浮海集・上（臺）1949-1961

1949 年（民國 38 年・戊子－己丑）60 歲	584
1950 年（民國 39 年・己丑－庚寅）61 歲	668
1951 年（民國 40 年・庚寅－辛卯）62 歲	726
1952 年（民國 41 年・辛卯－壬辰）63 歲	804
1953 年（民國 42 年・壬辰－癸巳）64 歲	890
1954 年（民國 43 年・癸巳－甲午）65 歲	946
1955 年（民國 44 年・甲午－乙未）66 歲	1016
1956 年（民國 45 年・乙未－丙申）67 歲	1086
1957 年（民國 46 年・丙申－丁酉）68 歲	1137
1958 年（民國 47 年・丁酉－戊戌）69 歲	1192
1959 年（民國 48 年・戊戌－己亥）70 歲	1257
1960 年（民國 49 年・己亥－庚子）71 歲	1333
1961 年（民國 50 年・庚子－辛丑）72 歲	1408

1949-1961

第四卷

浮海集(上)
（臺）

孔子嗟道不行，說乘桴以寄意，又曰欲居九夷，亦言其志而已，未若予之果行也。此行也如是，又焉得無所鳴乎？茲錄所鳴，曰：浮海集。

——《雪廬詩集·浮海集小引》

第四卷　國內外重要大事

- 一九四九年，國共三大會戰結束，和談破裂。共軍攻占首都南京和上海。國民政府遷往臺灣。
- 一九五〇年，韓戰爆發。
- 一九五一年，韓戰停戰。
  三七五減租條例公布實施。
- 一九五三年，白河大仙寺舉辦臺灣光復後首次傳授三壇大戒。
- 一九五四年，慈航法師捨報。
- 一九五五年，中華佛教文化館影印《大藏經》。
- 一九五七年，中國佛教會理事長章嘉大師捨報，荼毘得數千舍利。
- 一九五八年，金門八二三砲戰。
- 一九五九年，臺灣中南部發生八七水災。
  虛雲老和尚示寂於江西雲居山。
- 一九六〇年，臺灣大學佛學社「晨曦學社」成立，為大專院校第一所佛學社團。

第四卷　譜主大事

- 一九四九年,自南京押運奉祀官府卷箱行李遷抵臺中。開始於臺中法華寺、靈山寺講經弘化。
  擔任佛教雜誌《覺群》主筆,《佛學問答》及《佛說阿彌陀經義蘊》開始連載。
- 一九五〇年,法華寺舉行世尊成道日慶祝會,領眾禮四川如岑法師行皈依禮。原擬北遷,應大眾懇求,繼續留駐臺中。
  擔任佛教雜誌《覺生》月刊社長。
  靈山寺開始舉行佛七,先生早晚各開示一次,為臺灣舉辦佛七之始。
  舉行「印公大師入寂十周年紀念日」追思大會。
  《阿彌陀經摘注接蒙、義蘊、名數表解》初次印行。
- 一九五一年,創立台中蓮社。成立弘法團,詳盡教導成員至監獄、家庭、社區及道場等處所弘法事宜。
  弘化屏東,於東山寺宣講《阿彌陀經》,並協助成立念佛會。
- 一九五二年,台中蓮社大殿兼講堂落成。開講佛學,爾後每週講經。
  於蓮社開辦國文補習班。組織蓮社念佛班、助念團。
  手訂〈蓮社社務〉、〈社風〉,舉辦首次冬令救濟,從此每年辦理。
  弘化漸廣,除臺中附近縣市,北上基隆、臺北、桃園、新莊、楊梅,南下臺南、高雄、屏東等各地。

- 一九五三年,蓮社社長任滿讓賢不續任。大會改聘為名譽社長,以導師身分為蓮社服務。

  為國文補習班結業學員成立文藝念佛班、中慧念佛班,為蓮社培養青年弘講、文宣人才。

  於《菩提樹》月刊及此前《覺生》,與外道及基督教友筆戰數次,針對其侮辱佛教之作為,回應駁斥。

- 一九五三年新春及一九五四年佛誕節,分別舉行系列青年佛學講演大會。爾後成為例行法務活動。

- 一九五四年,出任《菩提樹》雜誌社社長。

  創辦「兒童德育班」。

  教授弘法班講經,撰有〈內典講座之研究〉。

- 一九五五年,禮請斌宗老和尚,於台中蓮社傳授菩薩戒。

  「影印大藏經環島宣傳團」至臺中宣化,經先生大力推薦,臺中蓮友共訂四十餘部,為全省之冠。

- 一九五七年,於台中蓮社成立「四十八願」念佛班,指導弘法、接引學佛。

  成立台中蓮社太平佈教所。

  「慈光圖書館」奉准成立,經推舉為第一任董事長。

- 一九五八年,台中蓮社改組為財團法人,出任董事長。

  「慈光圖書館」落成,經推舉以董事長兼館長。該館開始講經,從此長年不息。

  私立中國醫藥學院成立,受聘為招生委員會委員,並任教職。

- 一九五九年,創辦《慈光》半月刊。

  籌設「慈光育幼院」,受聘為第一任董事長。

- 一九六〇年,霧峰、后里成立佈教所,親往主持典禮。
  台中佛教蓮社創社十週年,禮請證蓮老和尚、隆泉老法師、靈源老法師開傳「居家千人戒會」。
- 一九六一年,創辦「慈光學術講座」(週末班),編著《佛學概要十四講表》、《詩學宗唐》為大專青年講授佛學、詩學。
  辭台中蓮社、慈光圖書館、慈光育幼院各機構董事長,專心佛法教育。

1949 年・民國 38 年・戊子－己丑
60 歲

【國內外大事】

- 一月,徐蚌會戰結束,天津、北平相繼失守。蔣中正總統宣告引退,由李宗仁副總統代行總統職務。
- 四月,南京失守。
- 五月,上海失守;臺灣全境戒嚴。
- 七月,慈航、道源、律航等多位法師,被拘押,經二十餘日獲釋。
- 十月,中華人民共和國宣布成立;金門古寧頭戰役。
- 十二月,政府遷臺。

【譜主大事】

- 二月,自南京押運奉祀官府卷箱行李遷抵臺中。
- 四月,於法華寺演講,為臺灣首度弘化。結識劉智雄、賴棟樑……等教友。
- 五月起,於法華寺宣講《般若心經》,聽眾有許克綏、李鎔榮、張慶祝、林進蘭等,從此成為常隨眾。
  同時於法華寺施診,並有印經、放生等法務。
- 七月起,於靈山寺宣講《阿彌陀經》。
- 十二月,抵臺灣後首次組織助念往生。
  擔任佛教雜誌《覺群》主筆,《佛學問答》及《佛說阿彌陀經義蘊》開始連載。

1949 年・民國 38 年 | 60 歲

一月十日,歷時兩月餘,規模最大之徐蚌會戰結束,國軍損失四十餘萬人。副總司令杜聿明被俘,兵團司令邱清泉陣亡。

一月十八日,奉祀官府函請聯勤總司令部運輸署代訂船票。二十日,獲復已電知上海區運輸司令部代訂月底中興輪艙位。[1](《圖冊》,1949 年圖 1)

一月中旬,撰就〈楊智毅居士持念觀音聖號免厄記〉。後由如岑法師寄交《淨宗》月刊於是年五月刊行。

〈楊智毅居士持念觀音聖號免厄記〉:禍伏至鉅,事臨極危,每有未形顯彰,安然度過。或以為「天下本無事」,漫不經心,此真不足與談因果者矣。夫智者,察事微、發懺切,其禱佛佑也有感且速,故禍事不得暴作,即潛轉消。若必至焦頭爛額,死而復甦,始稱慶幸,不太昧於幾乎?

予友智毅居士,無錫人,事親孝,好施,家世奉佛,居士尤專淨業。充某紗廠會計主任,廠址設寶雞城東。時中共戰氛,寖及陝省,人心惶惑,一夕數驚。居士之太夫人,率全家發願,日持觀音聖號,普為回向,祈免兵危。戊子春,戰雲擴展,廠中疏散員工眷屬。居士之夫人,以將臨蓐,遲而未行。延至四月間,烽警漸緊,計

---

1 〈聯勤總司令部運輸署函復訂船票事〉(1949 年 1 月 20 日),奉祀官府檔案,郭基發提供。

眷全眷送省暫避,藉安其夫人生產。至寶雞站,得悉絳帳一帶,早為共軍攻據,東去火車停駛,天復淋雨不休,倍感苦悶。正在躊躇,廠中有卡車經過,為運未及離陝職眷去蓉安頓,喜出望外。

眷去返廠,工人已自動罷業,叢聚謀議,知有醞釀。至夜十一時,噪圍副理及廠長,索逃難費,以居士主司會計,先事拘禁。全工三千餘人,罄庫發貲,不滿其求,持至天曉不決,眾喝用武,聲勢洶洶,攘臂爭前。居士急攝心默持觀音聖號,冀解眾怒,預計搒掠及身,即改誦彌陀,求速生西。禍危一髮之際,突有數十人出,遽擁居士避入辦公室。餘人又以他事爭執,將演互毆,時護廠警團聞變趕至,鳴槍彈壓,眾始奔散。紊亂中,踐踏負傷者,頗有其人。

警團衛護副理、職工等數百人,擬入城小住,再做南行。至金陵河橋,駐哨疑為共軍,連開排槍直止進,而此數百人之生命,幾危於剎那之間,居士誦聖號益急。自晨至午,困頓半日,忽有令允許放入,蓋城內營業課長,偵知所以,赴師部解釋,事遂渙然。入城急行南發,次日抵襃城時,聞當局有扣車之說,未敢再進。

居士以初歷其地,欲觀風土,長街散步,仍誦聖號弗輟。遙見街燈,火花回逆,結成所誦聖號文句,狀若素描畫,諦視,又變為佛像,後幻作染字,不復再化。私謂諸相唯識所現,亦不之異。順約同事某,入肆啜茗,一切景物,恍若曾見。詫愕間,一客入,同事某起興寒暄,並介紹姓字,居士觀面頗熟,但何處會晤,不復能

記，客殊冷落，云係初逢。散後，憶起月前有夢，境與此夕悉符，心頗奇之，念非事有前定，當係佛菩薩預示其兆。其初尚慮其夫人乘車顛簸，或產於路，至此心境坦然，似得依怙，從持聖號彌勤。

逾日到廣元，遇其眷於該廠廣元莊，方訝其逗遛，聞床上呱呱者，寧馨男也。詢知其夫人二十四日薄暮抵廣，次晨分娩，母子平安，若半日遲早，均在路上矣。

按居士全眷於寶站進退維谷，其夫人臨產崎嶇遠行，處境均極厄困。至廠工鬧餉，駐哨誤會，生命俱決呼吸間。一句聖號，化險為夷，歷次不爽，顯非偶然。而街燈經像，茶肆奇夢，亦何得謂其無因？《法華經》云：「是觀世音菩薩摩訶薩，於怖畏急難之中，能施無畏。」又云：「念念勿生疑，觀世音淨聖，於苦惱死厄，能為作依怙。」嗚呼，環顧宇內，大難方殷。唯願芸芸眾生，普發信願，皈依持名，火宅中自能立現清涼，時雖急迫，人身尚存，起抱佛腳，猶未謂晚也。[1]

【案】此文篇後〈附如岑法師來書〉云：「由（一西）師索書刊布，岑乃函令（楊智毅居士）詳述經過，旋得復書（九月初旬）託岑代請通家，據實撰記，並兌卅元，云以十五元捐貴社，以十元送潤禮，餘則歸岑，早兌上之廿元，即先後兩筆也，因請南京

---

1 李炳南、釋如岑：〈持念觀音聖號免厄記〉，《淨宗》第 12-14 期合刊（1949 年 5 月 1 日），頁 12-14；今收入黃夏年主編：《民國佛教期刊文獻集成補編》第 82 卷，頁 469-471。

李居士代為作記。」如岑法師書末有「戊子年除夕前三日」，為一九四九年一月二十五日。

上文係如岑法師某弟子經歷，出資請法師尋找通家代為撰寫。法師因轉託先生並將潤禮寄下。先生完稿後將原款寄還。

某某對世出世法，凡有為力，概不受報。此件關乎宣揚，而楊居士又皈依座下，即某某之蓮友，焉有收納稿費之理？謹將原款寄還，懇為代轉。[1]

一月二十一日，蔣中正總統宣告引退，以弭戰消兵。李宗仁副總統宣告依法代行總統職權。

一月二十五日，至聖奉祀官孔德成先生函示官府文物運移臺灣等事。（《圖冊》，1949 年圖 2）

孔德成，〈孔德成之五〉：炳兄：壯兄來，款未帶，故今日又發一電。東西務希費神，妥為運台，如真到時局萬不得已時，不知可否仍存入中央博物院？此事不到萬不得已時，仍以速運為宜！如聯勤部無法，亦須商運，望與壯兄商之。府中一切事務，亦望善為處理，大家須要有始有終也。春浦、文山諸人，望代致意。專此，即候甚安！弟德成。元、廿五。

---

[1] 李炳南、釋如岑：〈持念觀音聖號免厄記〉，《淨宗》第 12-14 期合刊（1949 年 5 月 1 日），頁 12-14。

到台後即須用經費,此事務要詳與內部面商,公函宜早宜遲,時間大有關係也。又及。[1]

> 【案】「壯兄」來、望與「壯兄」商之,當指與炳南先生共同押運行李赴臺之總務陳壯飛(孔夫人孫琪方之表兄)。見本月譜文最後項「押運奉祀官府行李赴臺灣之派令」。孔先生此時得與南京府中人員來往,當已自美返國。

至聖奉祀官府遷臺時選擇至臺中暫居,係出重慶舊屬楊煦之建議。楊先已至臺灣臺中,任教於豐原,來函建議孔府遷臺中。

> 楊子江、劉行健口述;林其賢筆錄,〈楊煦先生與李炳南先生交誼〉:楊煦(1910-2013),字誠樸。少年時就學曲阜「聖公府」明德中學,一九四四年四川省立教育學院農業教育系畢業,任山東省教育廳駐渝辦事處主任祕書。抗戰期間避難重慶,常出入聖公府駐渝辦公室,與孔先生、炳南先生等熟識。亦曾擔任聖公府部分文書工作。一九四八年夏至臺灣臺中豐原中學任教。一九四九年,國共內戰情勢丕變,戰情吃緊,江南人心惶惶。身在臺灣的楊煦,感覺情勢極為不利,立時修書數封,給昔日友好長輩等,剖析時勢,並誠摯邀請來臺暫避烽火。
> 其一是修書至南京孔德成奉祀官府,由孔夫人孫琪方女士接函,敦請速來臺灣云云。時孔奉祀官德成先生負笈

---

1 【數位典藏】書信 / 在家居士 / 孔德成 /〈孔德成之五〉。

美國，於耶魯大學研究訪問。南京孔府官邸僅夫人及子女維鄂、維益、維寧，並祕書李炳南和隨侍等人。

據事後孔府隨從人員描述：夫人於接信剎那，欣喜歡呼云：「楊誠樸來信了，我們可以去臺灣了！」興奮之情溢於言表。[1]

【小傳】楊煦（1910-2013），字誠樸。少年時就學曲阜「聖公府」明德中學，一九四四年四川省立教育學院農業教育系畢業，任山東省教育廳駐渝辦事處主任祕書。在蜀期間，常出入奉祀官府，偶亦幫忙文書工作。一九四五年，派任山東省駐渝辦公室，隨即復員至山東省城濟南市，任職山東省立教育廳祕書兼實驗劇院主任。一九四八年夏至臺灣，經在臺中師範學校任教職之同班同學于騰蛟推介，至臺中豐原中學任教務主任職。旋調臺中師範任教，與炳南先生來往密切。常應炳南先生邀請同往豐原、潭子弘化，著海青、敲木魚。後棄教職，北上加入第一屆浸信會神學院就讀。一九五五年畢業，選擇到高雄山地鄉六龜服務，創辦六龜育幼院。與孔先生、炳南先生始終保持交誼，每年三節兩壽，常往拜訪。[2]（另參見 1981 年 1 月

---

[1] 楊子江、劉行健口述，林其賢記錄：〈楊煦先生與李炳南先生交誼〉，高雄市私立基督教山地育幼院，2022 年 10 月 20 日 14:00-16:00。

[2] 楊子江、劉行健口述，林其賢記錄：〈楊煦先生與李炳南先生交誼〉，高雄市私立基督教山地育幼院，2022 年 10 月 20 日 14:00-16:00。

31 日譜文）

一月二十八日，晨，奉祀官孔德成先生指示辦事處員工遣散旅費發放及官府遷臺事宜，「萬不可至此時有對不起人處，尤不可對不起下人。」先生回報辦理情形謂：諸員義行可嘉，堅拒扣自奉祀官薪資補發者。同時報告：內政部通知本府遷臺。（《圖冊》，1949 年圖 3）

　　孔德成，〈孔德成之六〉（來函及去函）：上下同仁安全，均在念中，國事日急，憂心如焚，款即照前信按規訂發，萬不可至此時有對不起人處，尤不可對不起下人也。炳居士。成白。卅八、元、廿八晨。

　　〈附：炳南先生回條〉：

1. 各機關工友旅費，有發六、三千不等，本府只發一千，頗生悞會。南提出八千元，云是（撥扣官薪項下）發給任、陳、張、葛四人，補足旅費三千元。彼等聞係扣自官薪，堅拒不收，義行於色，云何時從庫領出補發不遲，殊屬可嘉，擬速飭辦會計者向國庫質詢。
2. 呂、王、梅之參萬捌千元已照發。
3. 鐵爐已送張測民府存。
4. 鹽局傢具亦存張府。
5. 會計已即日結束，卷全攜來。
6. 傢具已遵諭分給工友。
7. 轉來信三件。
8. 行政院內部國庫已通知本府遷臺。

9. 大東公司賬条一本。

10. 運箱辦法附單數。[1]

【案】上列「2. 呂、王、梅之參萬捌千元已照發」之款項,係奉祀官府南京辦事處解散,支付官府人員呂今山、王毓華兩位老師,以及會計梅慕賢之旅費。時國庫尚未關餉,先借自炳南先生墊付。一年後始歸還。[2](《圖冊》,1949年圖4)

是月,至聖奉祀官府出具證明,先生及總務陳壯飛等五人,奉派押運卷箱行李等貳拾伍件,前往臺灣。(《圖冊》,1949年圖5)

〈大成至聖先師奉祀官府證明書〉發文證字第11號中華民國三十八年一月:茲派秘書李炳南、總務陳壯飛等五人,押運卷箱行李等貳拾伍件,前赴台灣,特此予書證明。奉祀官孔德成[3]

時先生公子俊龍在青島,因請在青島友人靳鶴聲協助其赴臺灣,惟未果。

陳雍澤,〈靳鶴聲大德口述憶往〉:吾在青島貨物

---

1 【數位典藏】書信/在家居士/孔德成/〈孔德成之六〉。〈附:炳南先生回條〉附於該文件後。

2 〈支付官府人員呂、王、梅旅費〉、〈奉祀官府借條〉,1949年1月29日,奉祀官府檔案。郭基發提供。

3 見:〈隨處因緣應有契——雪公來臺初期弘化〉,《明倫》月刊第401期(2010年1月)。

税局服務。約三十八年春，接雪公從南京來信云：「已寫信給李俊龍，叫他到臺灣找吾。汝可帶則帶來臺，如不能，給他錢，叫他自己逃難。」時，吾與劉安祺一起來臺。[1]

　　陳雍澤，〈1987年8月28日記事〉：至靳鶴聲老居士府拜望，言及與雪公恩師相識因緣：吾於青島主持一工程。時，師曾託信云：公子俊龍亦服務於青島。鑒於時局不安，師告曰：赴青島時，請與之連絡，若可能時，把他一起帶來。不然，借錢給他，請他自己來臺灣會面。後竟連絡不上。此事於臺見師面時，已稟李師矣。[2]

　　【案】當時，李俊龍於大學畢業後，分配至青島八大關高幹療養院工作。[3] 靳鶴聲則為青島貨物稅局長兼青島直接稅局長。[4]

二月二日，自南京出發，經上海乘船赴臺灣。派令原計五人同行，實際出發三人：炳南先生、陳壯飛、張俊武。

（《圖冊》，1949年圖6）

1　陳雍澤：〈靳鶴聲大德口述憶往〉，1986年7月於蓮社，《靜思集（七）》，1986年，未刊本。
2　陳雍澤：〈1987年8月28日記事〉，《自省錄（八）》，1987年，未刊本。
3　紀海珊：〈李珊口述紀錄〉，2024年8月15日，微信通訊軟體。
4　朱鏡宙：〈靳君鶴聲八十壽序〉，《山東文獻》第4卷第3期（1978年12月20日），頁66-67。

【案】先生與陳壯飛自南京出發，經無錫、常熟，二月五日抵上海。張俊武於六日至上海會合。九日，購船票三張登輪。[1]

旅途走陸路至上海。行前有詩：〈亂中江南值雪〉二首，途經溧陽、無錫、常熟，有詩懷當地友人：〈南遷〉、〈過溧陽懷周敬甫及沈葆初昆仲〉、〈過太湖望黿頭渚〉。（《雪廬詩集》，頁242-244；《圖冊》，1949年圖7）

〈亂中江南值雪〉二首：
寒樹連空雪作花，戎旗翻捲背風斜；傷心依舊秦淮水，冷落樓臺噪晚鴉。
江城景色歲將闌，回首鄉關欲話難；為問天涯風雪夜，不知多少客衣寒。

〈南遷〉：歌管聲沉鼓角哀，空將世運感興衰；一天風鶴驚淝水，午夜淋鈴咽馬嵬。國事雖非仍左袒，鄉音已遠更南來；建康自古多裙屐，誰是當今撥亂才。

〈過溧陽懷周敬甫及沈葆初昆仲〉：此邑何瀟灑，浩然思故人；琴樽宵有夢，山水意相親。酒熟誰家社，泉通幾處鄰；高蹤今已杳，花鳥共傷春。

【案】周仁壽字敬甫，江蘇溧陽人，為先生初至莒縣任職時之縣長。共事五年，先生重修監獄、改善獄政，乃至推動社會教育，開辦講演所、任講演主任，

---

[1] 〈遷臺旅膳宿及雜支單〉，1949年2月9日，奉祀官府檔案。郭基發提供。

1949 年・民國 38 年 | 60 歲

皆得周仁壽之大力支持。有小傳見一九二〇年初。

〈過太湖望黿頭渚〉：故人園在黿頭渚，尺素頻邀避炎暑。日因書城竟蹉跎，偶過太湖覓其處。太湖浩淼水連天，星火數點籠春煙。津迷村稀夜色裏，知在斷岸何處邊。有聲惟聞浪澎湃，蛟窟龍宮水世界。龍宮雖未睹寶珠，曾出片石人已怪。昔年洞庭洪澤間，掛風載月心悠閒。舟前萬里百津渡，預期皆如念家山。今來忽焉不同感，物華豈殊心愁慘。此行乃思居九夷，非為踐約專遊覽。水天茫茫無所親，別爾浮海空霑巾。五湖畫屏捲不起，蠅糞鼠牙蒙垢塵。

運送奉祀官府重要文物，包括一九三七年修訂出版之《孔子世家譜》。中途多次遇有散兵軍警欲搶奪車輛者，幸賴先生善巧化解，平安登舟。

黃啟書，〈孔德成先生主持之兩次修譜工作〉：（孔德成先生）少年時，承母命集族中長老所修撰，告成於民國廿六年（一九三七），後人稱此譜為《民國譜》。《民國譜》修成之際，先生因抗戰軍興而遷蜀，後再因國共相爭而寓居臺灣。但於宗族大事卻無一日或忘。如遷臺後奉祀官府設於臺中，該處後雖遭裁撤，但仍保留當年主任祕書李炳南先生由曲阜護送而來之文物，其中便有珍貴之《民國譜》刊本。[1]

---

[1] 黃啟書：〈孔德成先生主持之兩次修譜工作〉（2019 年 10 月），臺北：中華無盡燈文化學會，https://www.wct.org.tw/single-post/2019/10/04/孔德成先生主持之兩次修譜工作

吳麗娜等整理：〈訪指導老師談雪廬老人〉：（雪廬）師奉命運送奉祀官府之卷箱行李共二十五件來臺。車行之中，先遇四名憲兵，持槍阻路欲搶此車，眾唯顫慄，師對憲兵，曉以大義曰：汝為憲兵，責在保國，此車皆孔府至要文物。汝等既要護國，即應護此文物，若強要此車，諸物奈何？憲兵乃曰：吾等上車護之！以是途中，凡散兵來搶，憲兵即出護駕。忽遇大隊員警，欲搶此車，警、憲雙方，以機槍對峙，然眾寡分明。師作調人曰：咱皆中國人，骨肉同胞，皆要此車；然車小，汝等人多，亦無法容下。正說時，憲兵二人往後離去，竟率大群軍人持槍前來，數倍於警，警乃退去。其他險境尚多，故知孔府文物能安然抵臺，其艱辛鮮為人知。[1]

張式銘：《張慶祝師姑九十回顧》：民國三十八年初，老師幫忙押送孔奉祀官府的文物來臺，途中遇軍人強上車，找其長官溝通才放行。又上船前沙子漲潮，勤念觀世音菩薩即感應大船來拉走。（大波浪吹送，船才可行動。）[2]

先生個人攜帶文物則有秦相李斯遺跡之原拓《秦瓦量殘字拓片》、《定武蘭亭肥本》、敦煌石窟鳴沙唐僧寫本

---

[1] 吳麗娜等整理：〈訪指導老師談雪廬老人〉，《智燈社創社三十週年社慶特刊》（臺中：國立中興大學智燈學社，2002年3月），頁26-92：「十一、蒞臺弘法利生突破難關」。

[2] 張式銘：《張慶祝師姑九十回顧》（臺中：自印本，2006年），頁52。

1949 年・民國 38 年 | 60 歲

真跡《佛說無量壽經宗要》、國父參謀長李烈鈞致贈書法對聯。（《圖冊》，1949 年圖 7）

徐醒民，〈雪廬老人題畫遺墨序〉：業師雪廬老人，精鑑金石，喜藏碑帖，書亦所好，可徵也。民紀己丑年，師浮海至臺中，桴有限，珍藏之物不俱攜。幸能攜來者，雖少而精粹。如原拓秦瓦量殘字，為秦相李斯遺跡。又如定武蘭亭肥本，經前清諸儒鑑別，謂其墨色黝古，氣象如渾金璞玉，為希世之寶。[1]

【案】《秦瓦量殘字拓片》有孔德成先生題跋（見 1945 年 1 月 23 日譜文），《定武蘭亭肥本》曾於一九八一年，舉辦「論語講習班」時，印贈學員（見 1981 年末譜文）。李烈鈞墨寶於一九四九年五月初識周宣德時轉贈，敦煌出土之唐僧寫本《佛說無量壽經宗要》亦於一九五五年致贈周宣德（見後 1955 年年底譜文）。

二月九日，輪船從上海出發，有〈浮海〉、〈舟中吟〉二首，此為《還京草》結卷之作。（《雪廬詩集》，頁 244-245）

〈浮海〉：華夏眼中滅，風濤催去船；崇明繞盡地，黃海欲吞天。客鬢傷蒲柳，迴腸怯杜鵑；何時還梓里，絮酒掃墳田。

〈舟中吟〉二首：

---

[1] 徐醒民：〈雪廬老人題畫遺墨序〉，《雪廬老人題畫遺墨》，李炳南老居士全集編輯委員會編：《李炳南老居士全集》（以下簡稱《全集》）第 16 冊（臺中：青蓮出版社，1999 年 1 月），頁 7。

誕我六十載，避兵春復秋。命同危局碁，活向死中求。
幾度屋廬燬，更番苟且謀。稻粱每不足，尚為琴書憂。
披霧上巴峽，排濤訪瀛洲。憐身若淳水，隨決東西流。
檻外羨魚樂，化鵬擊九霄。矰繳無所施，天海遊逍遙。
吾生胡為者，片絮藩溷飄。亂世希苟全，志非在騰超。
不及一枝葦，安然寄鷦鷯。艱難掛帆去，前路破狂潮。

舟中續有詩作。此下所作取《論語》「道不行，乘桴浮於海」意，編為《浮海集》。蓋念家山已陳跡，憶骨肉如昨夢。歷盡春花秋月、朝靄夕陰，感慨無限。《浮海集・小引》序其旨云：

　　《傳》有之：亡鄭陪晉，晉逼於秦，秦不助晉成之也。削秦楚益韓魏，韓魏逼於齊，齊不助韓魏成之也。雖鄉塾五尺童子，類能道其事。而洋洋霸國竟納鄙夫下策，抑中國以育中共蘇俄，而昧其自國之所立，遂製成徐蚌之戰，陸沉神州，良可哀哉！不及稔，中共蘇俄稱霸列國，駕凌其所育之上。首讐之，動輒受其制，消長之機，難逆睹也。予立錐無地，孤帆飄荒島，念家山已陳跡，憶骨肉如昨夢。歷盡春花秋月、朝靄夕陰，明鏡白雪，感慨無限。自哀且不暇，復奚暇為他人哀之也。孔子嗟道不行，說乘桴以寄意，又曰欲居九夷，亦言其志而已，未若予之果行也。此行也如是，又焉得無所鳴乎？茲錄所鳴，曰：《浮海集》。[1]（《圖冊》，1949年圖8）

1　李炳南：《雪廬詩集》，《全集》第14冊之1，頁275-276。

1949年・民國38年 | 60歲

舟中詩作有〈避亂舟發臺灣〉、〈舟次玩海心月影〉、〈渡海〉。(《雪廬詩集》，頁277-278)

〈避亂舟發臺灣〉：鯨濤翻墨怒排空，回首神州一夢中；國社輸棋餘錯子，親朋落葉散秋風。孤帆衝霧人千里，遠島橫天綠萬叢；隨處因緣應有契，不妨萍絮轉西東。

〈舟次玩海心月影〉：海月舟前湧碧濤，遠天低落近天高；一聲舒嘯雲皆斂，萬里乘風氣轉豪。星斗平垂寒歷歷，漚湍明滅去滔滔；騎鯨人杳餘流影，借繫絲綸餌六鰲。

〈渡海〉：流人無寄地，海水欲吞天；麻姑杳難遇，不得問桑田。

二月十二日，輪船從基隆登陸。當即發願將彌陀聖號傳遍臺灣以報佛恩。

許炎墩述，觀玲記，〈我所認識的李老恩師〉：李炳南一踏上基隆碼頭就發願表示：「要將阿彌陀佛的名號傳遍臺島的每一個角落！」[1]

【案】一九四九年三月，南京正因蓮社蓮友李岫青來信，稱「正月見著華光大師，始悉吾師於初五日離京。」(見下譜文)此「正月初五」當為夏曆，據知先

---

[1] 許炎墩述，觀玲記：〈我所認識的李老恩師〉，《李炳南居士逝世十周年紀念集》(臺中：雪廬講堂印經功德會，1997年)，頁166。

生離京時間為一九四九年二月二日。另位正因蓮社蓮友陳法青，二月以航空來信，有「捧讀二月十八日賜札，敬悉吾師安抵臺省」，知先生二月十八日前已抵臺。另據先生〈臺灣竹枝詞〉之八有「上元食瓜」，知二月十二日（上元節）前已抵臺。自二月二日離京，二月十二日抵臺，行程約十天。九日自上海登輪，十二日於基隆登陸，海運約三天。

【又案】從上海登輪時，曾購買許多香蕉擬作伴手禮（見《圖冊》，1949年圖6「遷臺旅膳宿及雜支單」）。到基隆上岸後才發現，此地盛產香蕉。自嘲是「擔柴入山」。

二月十三日，自基隆南下抵達臺中市，初居日報巷一號，另借自由路八十五號《臺灣新生報》臺中辦事處辦公。係孔德成先生舊屬楊煦向山東同鄉《臺灣新生報》臺中辦事處主任鍾平山商借暫住；同時亦借得該社倉庫存放孔府遷運來臺多件文物。至三月中，官府遷復興巷。先生從此定居臺中三十七年，住所則經三度遷移。（《圖冊》，1949年圖9）

孔德成口述，王天昌筆記，〈李炳南先生傳略〉：徐蚌戰後，神州易幟。三十八年夏，奉祀官府遷來臺灣，他亦隻身浮海來臺，寓居臺中。初居自由路，繼遷和平街，後則寓於正氣街，未曾離開臺中。公務餘暇，即向友人晚輩弘揚佛理。

〈臺灣省政府通報〉：大成至聖先師奉祀官府孔奉

祀官德成本年二月二十六日臺字第一〇四號公函開：「本府府址設臺中自由路八十五號辦公。」等因，特此通報。秘書長浦薛鳳[1]（見《圖冊》，1949年圖11）

【案】孔奉祀官先已於二月初抵達臺北。臺灣省政府有簽文擬辦：「孔奉祀官已抵臺北市，即由府派員前往面洽再復。二、五」；後附二月七日便簽簽陳有：「本件職已與孔奉祀官面洽，決定由孔奉祀官派人於今日午後乘車至臺中看屋。」。[2]（見《圖冊》，1949年圖10）

楊子江、劉行健口述，林其賢記錄，〈楊煦先生與李炳南先生交誼〉：孔夫人全家來臺後，經楊煦安排於臺中暫住。同時攜帶來臺之孔府墨寶、歷代珍藏共一百三十八支大皮箱，亦經楊煦奔走，商得山東同鄉《臺灣新生報》臺中辦事處主任鍾平山[3]之首肯，借用新

---

1 「通報大成至聖先師奉祀官府已遷臺中辦公希查照」（1949年3月3日），〈本省各民意機關地址主管就職及啟用印信〉，《臺灣省政府秘書處》，國家發展委員會檔案管理局，檔號：A383000000A/0038/a013.14/01/01/019。

2 「為前孔奉祀官覓租房屋事電請迅予示復由」（1949年2月5日），〈中央要員來臺覓屋租地案〉，《臺灣省政府》，國家發展委員會檔案管理局，檔號：A375000000A/0038/0017.1/0040/0001/016。

3 鍾平山（1909-2000），山東益都縣人，時任《臺灣新生報》臺中辦事處主任。北京中國大學畢業後保送日本明治大學新聞系研究所畢業。歷任當時中國二大報——《上海大公報》、《南京中央日報》，以及《臺灣新生報》記者、編輯等職。臺灣光復後，派任臺中《臺灣新生報》主任，曾任臺中記者公會理事長。

生報位於臺中大坑之倉庫，存放該批龐大國寶。[1]

【案】至聖公府初抵臺中時以自由路八十五號為辦公處所，應亦楊煦居中協調借得（楊煦小傳，見1949年1月25日）。一九四九年三月十八日南京李岫青來函，收件地址即為「台灣省台中市自由路85號新生報樓上」（《圖冊》，1949年圖14南京來信封文），與〈臺灣省政府通報〉同。戶籍資料登錄：「民國38年2月33日自本籍地北平市遷入臺中市西區民生里7鄰日報巷1號」，「33日」疑應作「13日」。

【又案】先生抵臺中時，先落腳於日報巷一號；旋遷復興巷十六號，於奉祀官府辦公室後一小間為住所。一九六二年下半年遷和平街九十六號二樓，前半間為菩提樹雜誌社辦公室。一九六五年八月，再遷正氣街九號，從此不再遷徙。[2]（《圖冊》，1949年圖9）

住處近綠川，有〈綠川索居〉及〈台灣竹枝詞〉寫臺灣風情。（《雪廬詩集》，頁278-280）

〈台灣竹枝詞〉八首：

---

[1] 楊子江、劉行健口述，林其賢記錄：〈楊煦先生與李炳南先生交誼〉，高雄市私立基督教山地育幼院，2022年10月20日14:00-16:00。文中所述「一百三十八支大皮箱」，據是年一月〈大成至聖先師奉祀官府證明書〉，卷箱行李等實係「二十五件」。

[2] 遷居事詳後各節譜文。先生臺中市重要行跡見附圖。底圖為聯勤總司令部測量處：〈臺中市街道圖〉（臺北：聯勤總司令部測量處，1953年），原件典藏：中央研究院人社中心，資料數位化：中央研究院人社中心地圖與遙測影像數位典藏計畫。

一棹東來不自由,曾聞天氣異中州;高雄風與基隆雨,
並作陰森助客愁。(基雨高風)
也將文虎結詩朋,揮酒共玩元夜燈;未覺浮瓜涼沁齒,
還教玉碗更調冰。(上元食瓜)
蒲葵椰子辨難分,直幹行行碧拂雲;鋪地胭脂春草膩,
誤疑霜葉墜斜曛。(熱帶植物)
柳川橋畔問離宮,春草春波漾晚風;白鷺歸來庭院寂,
木棉花映夕陽紅。(昭和離宮)
月明膏路曳羅裙,自撥琵琶一曲新;任是瑤臺仙島上,
眼中總有可憐人。(賣夜歌女)
柳岸華燈映水明,紗幃竹架小方城;壚姬洗盞人酣醉,
月墜連橋夜四更。(露夜酒肆)
玉柱如林相對栽,街廊齊似剪刀裁;穿梭屐齒拖清響,
細雨驕陽自在來。(樓下街廊)
竹管嗚嗚入夜吹,瞽人承喚笑牽帷;何須纖手真回病,
只愛輕鬆欲睡時。(按摩瞽女)

〈綠川索居〉:客櫂南來最寂寥,柴扉閑閉綠川橋;
神州水火人如芥,島國煙花酒滿瓢。未許情天磨士氣,
每教愁海湧詩潮;還應運甓身求健,待洗腥羶北度遼。

奉祀官孔德成先生亦抵臺中。

〔中央社台北十三日電〕孔子後裔孔德成已蒞抵臺中,將作長久居留。據稱執教臺大與否,尚未決定,今後將繼續著作及學術研究。刻正進行撰寫《先秦禮俗考》一書,勢需相當時間思考研究方可脫稿。孔氏現為

孔聖奉祀官,並經推薦為魯省國大代表,今年廿九歲,曾遊學美國,對於史學造詣甚深。[1]

汪士淳,《儒者行:孔德成先生傳》:一九四九年二月間,孔德成離開美國返中,抵達臺灣臺中,那時大陸已是烽火連天了。他的家庭已在一九四八年間就遷來臺中,從小就照料孔德成的僕人陳景榮和吳建章隨行。[2]

【案】孔先生回國及赴臺時間未詳,據其二姊孔德懋稱:「一九四八年末,當時形勢已很緊張,德成匆匆回國準備赴臺灣,我又去南京。我們姊弟又分別了,臨別依依不捨,再三互道珍重。」[3]另據孔先生一九四九年一月二十五日來函稱「壯兄來,款未帶」,可見孔先生已經返國。(見1949年1月25日譜文)

二月十八日,函告南京正因蓮社社友,安抵臺中。

二月二十六日,南京正因蓮社蓮友陳法青來信,由豐原楊煦（誠樸）轉來,請先生早日回京帶領大眾。(《圖冊》,1949年圖12)

陳法青,〈來函〉(1949年2月26日):炳南大

---

[1] 〈孔德成將在臺從事著作〉,《中央日報》,1949年2月14日（一）,第2版。

[2] 汪士淳:《儒者行:孔德成先生傳》(臺北:聯經出版,2013年),頁135。

[3] 孔德懋:《孔府內宅軼事》(臺北:傳記文學出版社,1991年),頁18。

1949年・民國38年 | 60歲

師道鑒：捧讀二月十八日賜札，敬悉吾師安抵台省。社中於月之十九日照常作課，下月七日遵囑下期改為下午作課。惟師離京後，無人能繼續講法，社中受影響不小，甚望孔先生處吾師能早日擺脫回京，與生共維持佛社，宏揚大法，以終夙願，不亦樂乎！生終日發願，擇地蓋一佛堂宏法，改造南京歷史上的浩劫，成為永久之佛地。吾師不以生為癡談也。送來傢俱配購證、一月麵粉均照收，十二月煤及油皆未領到，一二月份亦無消息。南京尚平靖，政府首長相繼來京，和談空氣日濃，希望早日和談成功，免百事停頓，人民無所措，何以了生。如岑師、一西師，均已去信，並聞，謹此恭叩

慈安　　　　　生陳法青和南二月廿六日／古正月廿九日
仁輝囑筆致候[1]

【小傳】陳法青，為名建築師楊廷寶夫人。楊、陳伉儷俱為先生在蜀中舊識。陳法青為居重慶時歌樂山九道拐蓮社蓮友，曾於結七念佛期間，「夢見許多的青色蓮花，紅嘴白鶴，住屋的頂棚上蟠著龍。又有穿袈裟的人驅著他去受戒，陳便跑到社中要求受戒，又發心燃臂香，同時隨喜的有七八人，景象都很好。」[2]復員後同在南京，又為正因蓮社蓮友。

---

1 陳法青：〈甚望早日回京——「正因蓮社」弟子函請返社（之一）〉，《明倫》第397期（2009年9月）。
2 雪僧（李炳南）：〈歌樂山蓮社成滅因緣及修眾的感應〉，《淨宗隨刊》第3期（1946年10月）；收入黃夏年主編：《民國佛教期刊文獻集成補編》第76卷，頁358-359。

　　　　楊廷寶（1901-1982），字仁輝，河南南陽人，建築學家。一九二一年畢業於北京清華大學，曾任南京工學院副校長、教授。中國近代建築設計科學重要創始人之一。與劉敦楨（1897-1968）、童寯（1900-1993）、梁思成（1901-1972）三人合稱「中國建築四傑」。

二月二十七日，奉祀官孔德成先生受邀於中山堂演講「旅美雜感」。由陳宗熙市長主持，各機關首長、學校師生等數百名聽講。[1]

三月一日（二）起，臺灣限制入境。

三月五日（六），奉祀官府以臺幣貳仟萬元頂得臺中市復興街十二號、十六號日式房屋兩棟，一作官邸、一作辦公處。[2]（《圖冊》，1949年圖13）

三月十二日（六），奉祀官辦公室遷至臺中市東區復興巷十六號一幢日式平房，先生居所即在辦公室旁一間六蓆大小房間。

　　朱鏡宙，〈菩提醫院〉：（李炳老）在南臺中創設一間蓮社，時為社友說法外，又教他們讀書、識字、

---

[1]〈孔德成演講旅美雜感〉，《民聲日報》，1949年2月28日（一），第4版。

[2]〈頂讓收據〉，1949年3月5日，台中蓮社收藏。

作文。蓮友特為他闢一室，仍沒去住，自願在孔奉祀官府，白天伸出五指看不見的那間漆黑的房間內宿著。慈光圖書館落成，又為他置一室，也同樣的空著。[1]

于凌波，〈李炳南居士推動的社會福利事業〉：雪廬老人隨同孔奉祀官抵達臺灣的時候，奉祀官府設於臺中市復興路的一條陋巷中，他帶著幾名文書事務人員，在一幢日式平房中辦公，辦公室旁的六蓆小房間，就是他個人的生活起居之所。[2]

【案】據戶籍資料載：「民國三十八年（1949）三月十二日，（自）本籍地山東濟南縣遷入臺中市東區新莊里二十鄰復興巷十六號。」至一九五二年五月，臺中市政府核發「炳南中醫診所」證照時，診所地址仍為復興巷十六號。此處應即前項頂得房舍，住址有別應係日後道路門號重編緣故。一九五二年十二月，菩提樹雜誌社成立於和平街，約當一九六二年下半年，先生遷入該處。（見 1962 年末譜文）

三月十八日（五），夏曆二月十九日，觀音菩薩聖誕，至寶覺寺參加迎接慈航法師之歡迎會。於會中結識朱斐，朱時為省立臺中圖書館任職總務部主任。由於同是印光大

---

1 朱鏡宙：〈第 108 章，菩提醫院〉，《菩提樹》第 198 期（1969 年 5 月 8 日），頁 36-41。後收入氏著《夢痕記》。
2 于凌波：〈李炳南居士推動的社會福利事業〉，雪廬講堂印經功德會編印：《李炳南老居士與臺灣佛教》（臺中：李炳南居士紀念文教基金會，1995 年），頁 150-151。

師弟子,初識即相親。

朱斐,〈炳公老師與我〉:遠在民國卅八年農曆二月十九日,臺中寶覺寺為首次蒞中的慈航老法師舉行的歡迎大會上,我與炳公老師第一次見面於此。那時我在省立臺中圖書館任職總務部主任,他老聽我說曾皈依靈巖印祖,特別親切地握著我手竟稱我師兄。原來他也是印祖座下的皈依弟子,他的法號是「德明」,我是「宗善」。德字輩在先,宗字輩在後,我應該稱他師兄才對。由於叨在同門的因緣,我倆的關係,雖為初識,便往前進了一步。[1]

【案】慈航法師一九四八年來臺,應禮請至中壢圓光寺創辦臺灣佛學院。於一九四九年三月十九日至二十二日,應邀至臺中參加寶覺寺佛學研究院、佛教弘法社成立典禮並演講。[2]

寶覺寺原發行有《覺群》雜誌,係一九四六年太虛法師創辦於玉佛寺,由大同法師攜至臺灣復刊,後又因其離臺而停刊。慈航法師委託朱斐承編,承諾提供稿源,並請先生幫忙,經費由寶覺寺負責。

朱斐,〈炳公老師與我──兼述臺中早期建社弘法

---

1 朱斐:〈炳公老師與我──兼述臺中早期建社弘法的經過〉,《菩提樹》第 403 期(1986 年 6 月 8 日),頁 23-32。
2 〈黃衣人蒞臺中〉,《臺灣佛教》第 3 卷第 5 期(1949 年 5 月 1 日),頁 16b(封底裡),http://buddhistinformatics.dila.edu.tw/taiwan_fojiao/indexMain.html

1949年・民國38年｜60歲

的經過〉：當時寶覺寺有一位上海來的大同法師，帶來一份《覺群》月刊在臺復刊，但不久大同法師離臺赴港，《覺群》就此停刊。由於慈老的來中，與寶覺寺住持林錦東（宗心）居士談起，深感覺刊仍有繼續出版的必要，就商於我，希望我在公餘擔負起《覺群》的編務，雖然我對編輯工作一無所知，可以說完全是外行，但在慈老的鼓勵下，就勉強答應下來了。為了編刊需要多方開拓稿源，除了慈老已面允不斷供稿外我不得不到處拜訪佛教大德，尋覓稿源，自然這位初識的炳老師兄也是對象之一。終於他老也答應每期為《覺群》闢一「佛學問答」專欄，為讀者釋佛學上的疑難。[1]

【小傳】朱斐（1921-2015），字堯生，別號時英，生於江蘇省蘇州市，曾至日本長崎高等商職留學。十幾歲青少年時，因參加上海佛教青年會開始學佛。後由印光大師證明皈依，法名宗善。中日戰爭結束後，任職國民政府國防部戰犯監獄少校教誨師。一九四八年來臺，任職臺中市圖書館擔任總務主任。慈航法師一九四八年初抵臺灣時，即於臺北火車站迎接聽其說法，日後並再從慈航法師受皈戒，法名慈福。有此因緣，一九四九年，慈航法師至臺中寶覺寺時便將《覺群》雜誌委託承辦。爾後主編《覺生》，又辭公職專任《菩提樹》採訪編輯工作，發行《菩提樹》雜誌達

---

[1] 朱斐：〈炳公老師與我——兼述臺中早期建社弘法的經過〉，《菩提樹》第403期（1986年6月8日），頁23。

三十七年。曾多次出國從事佛教文化之宣揚活動及出席世界佛教友誼大會。曾參與創辦臺中菩提救濟院及菩提醫院。炳南先生初來臺中之弘化活動，常有朱斐伴隨，或分擔弘講、或擔任活動司儀主持、或從事攝影記錄。

【案】《覺群》雜誌由一九四六年太虛法師創辦於玉佛寺的《覺群週報》延續而來。朱斐憶述「大同法師因為受當時臺灣的僧難影響」云云，僧難事件當是指一九四九年七月，慈航、道源、戒德、默如、性如等十多位佛學院師生遭拘留二十餘日之事（見該條譜文），此時尚未發生。但當時外省籍僧侶確已受到嚴密監視。星雲法師回憶道：「大同法師因為匪諜嫌疑遠去香港，有人建議由我來擔任編輯，所以我就從中壢來到了臺中。只是編了一期之後，感覺到周圍的氣氛怪異，直覺有人跟蹤，為了謹慎起見，我便婉謝了這一份工作，回到中壢後，也不敢外出，就經常窩居在圓光寺裡。」[1]

三月下旬，連收南京正因蓮社蓮友李岫青、陳法青兩居士來信，轉達大眾殷切祈請先生早日回京之情意。李岫青並報告其內人過世消息，並勸請先生於安頓奉祀官府公事

---

1 釋星雲：〈台灣佛教出版界的風雲──朱斐（朱時英）〉，《百年佛緣6－文教篇2》（高雄：佛光出版，2013年6月再版），頁14-24。

1949年・民國 38 年｜60 歲

後，即抽身回京。(《圖冊》，1949 年圖 14)

李岫青，〈來函〉（1949 年 3 月 18 日）：炳師賜鑒：正月見著華光大師，始悉吾師於初五日離京。有四天之空閒，未能晉謁，殊悔腿懶也。自從分袂，無日不在思慕中。昨奉到手教，敬稔平安抵台，慰甚！在岫之私意，甚不贊同去台，勞民傷財。不如上海稍避，返京為好。現在首領主持和談，大有希望，京中秩序尚好。關於正因蓮社，得便即去一看。日前因家中老妻病故，曾煩華光請六位同志、二僧，念經一日追薦亡人。如此年華，於親友方面概未通知。今日在蓮社念佛，大家均盼我師速歸，主持社務。此刻楊太太為維持蓮社不墜，倒頗為出力。今日以後，即煩慧明法師，為之承乏說法，人數來者，尚屬不少。以岫私意，孔先生即得安身，吾師即可抽身來京也。至祝！至禱！此請

教安　　　　　　　　後學李岫青頓首　三月十八日
附記：房東夫婦尚未返京，前院亦住兵，尚屬相安。來信已代轉。[1]

【案】信中稱「此刻楊太太為維持蓮社不墜，倒頗為出力」，「楊太太」即指楊廷寶夫人陳法青居士。二月二十六日曾來信稱發願「擇地蓋一佛堂弘法」，三月二度來信，見後譜文。

---

[1] 李岫青：〈無日不在思慕中——「正因蓮社」弟子函請返社（之三）〉，《明倫》第 397 期（2009 年 9 月）。

陳法青亦以孔德成先生在臺灣無多事待辦，勸請先生早日回社，並願承擔先生在京之生活與住宿問題。（《圖冊》，1949年圖15）

　　陳法青，〈來函〉（1949年3月29日）：炳南大師尊鑒：二月廿六日，曾去臺中一函，請楊誠樸先生轉，三月廿一日賜示未曾提到，抑未收到耶？蓮社自吾師離去，減色不少，人人心中都在惦念吾師，如能早日回社，功德無量。諸多眾生都日夜頜望，聽吾師宏音，藉作精進。文章可以傳後世，弘法能多度眾生，在近代社會中，惟一能使大眾增佛緣者，惟有吾師弘法可以負大眾之望。仁輝說吾師如歸來，可以下榻舍下，因士英不久亦許可以去美，學校辦妥，惟護照少難，士英的房間可以讓吾師之用。孔先生處在台灣亦無多事代辦，到京後一樣可以寫文章，生活費用生都可負擔，望吾師勿卻生意，為感。二分係配米，梅先生亦未送來，生亦不好索要。吾師在台中生活氣候都適意否？台中佛教盛行否？南京尚平靖，氣候上尚暖和，三月廿二日還落了半天大雪，午後即溶化，自昨日起才暖和起來。謹此恭叩慈安　　　　　　　　　　　生法青和南三月廿九日
仁輝附候
華師信代轉，伊云每日照念《地藏經》[1]

【案】「士英的房間可以讓吾師之用」，士英為楊士英，陳法青女兒。原已申請赴美求學，後因南京失

1　陳法青：〈日夜頜望聽宏音——「正因蓮社」弟子函請返社（之二）〉，《明倫》第397期（2009年9月）。

守,即未出國。後來任教南京大學。[1]

四月二十三日(六),上午,代總統李宗仁等撤離南京。隔日凌晨,南京失守。先生聞訊後有詩〈聞南京放棄後大火〉。前後又有〈答客問京華〉、〈憶京〉、〈秦淮柳〉、〈避亂臺灣春日懷舊〉等憶京詩作。(《雪廬詩集》,頁281-283)

〈答客問京華〉:莫向秣陵遊,傷心是此州;興亡數不盡,淚積大江流。楓葉胭脂井,蘆花白鷺洲;風情總蕭瑟,那可入人眸。

〈秦淮柳〉:秦淮春柳萬條煙,離客愁腸寸寸牽;春滿柳梢傷落絮,愁添客鬢作飛棉。人因久別腸增熱,酒憶初醒柳未眠;春柳愁腸若抽盡,也應江上化啼鵑。

〈避亂臺灣春日懷舊〉:鸞花麗孤島,涕淚憶長安;舊雨何人健,春山幾處殘。拋書時欲睡,對語不成懽;莫話殷周事,雙眸一例寒。

〈憶京〉:野草斜陽話六朝,繁華今向眼前凋;世逢離亂仍彈劍,局未偏安竟有妖。江水無情空日夜,宮庭不禁任漁樵;可能重到笙歌地,買酒秦淮白板橋。

〈聞南京放棄後大火〉:傳說咸陽火,來從建業燒;乾坤隨氣盡,人物逐煙消。大勢輸前計,和盟誤近要;霑襟頻北望,沸血湧秋潮。

---

[1] 參見:謝智光:〈雪廬老人信徒後人——楊士英教授訪談錄〉,《雪廬老人《論語講要》研究》,頁239-252。

> 四月二十六日（二），夏曆三月二十九日，先生走訪綠川旁法華寺，與住持智雄師相談甚洽。智雄師當即邀請先生三日後至寺演講，並自承擔任翻譯。

劉智雄，〈紀念炳公老居士一年間弘化工作〉：去年二月十九日，寶覺寺歡迎慈航法師大會中，和他見面不相識之後，到了三月二十九日那天的下午三點時候，我正在寫信，忽然來了一位素不相識的朋友，「李先生來了嗎？」他一進門便問，「是哪一位先生呢？」我轉問他，「會給人家看病的那位呀。」他答，我一時莫名其妙，「沒有來過！」我答，那位朋友並沒介紹高姓大名，馬上轉身就跑了。

隔了不到二十分鐘，我的信還沒寫完，一位約五十多歲的老人鼻架眼鏡，身穿黃灰色布中山裝，手拿扇子，很客氣從外面進來。我立起來招呼，互相作了一揖。他由口袋裡拖出一張名片給我介紹，我沉思了一會，剛來那位朋友找的李先生就是他不錯。想起那時對不起他老人家的，就是我們法華寺很窮。設備簡陋更不必言，甚至連凳子都不完備，他老人家初次來寺，除一杯水以外，沒有其他的東西招待，覺得太簡慢了。但是他老人家慈愛和諧，謙讓過人，輕言細語，雖是陋室，滿座春風。可以說，賢人一席話，勝讀十年書。其間談起本寺每月初一、十五日定期佈教狀況，他非常讚歎並要幫助，我不客氣的面聘四月初一晚來寺演講。他滿口允諾，「不過……不通言語怎麼辦呢？」他問，「那末……我當翻譯吧！」我答。老實說，北方口腔並沒聽過，對于翻譯

問題是沒有把握。

到了那天晚上,承蒙菩薩加被,覺得還聽得懂也說得出來。他臨走時,我不客氣再問「您老居士,是不是會看病?」他老人家哈哈大笑,表示很驚奇的樣子,「你怎麼會知道呢?」他不曉得剛纔有找他的朋友對我說過。這段因緣,我認為是不思議中表現出來的。[1]

【案】法華寺位於臺中市西區居仁街二號。據先生弟子吳碧霞轉述,先生曾敘述法華寺訪得因緣來自孔德成先生。孔先生某日歡喜地告訴炳南先生謂:「幫你找到了一個拜佛的好地方!」據先生早期弟子許炎墩口述:孔先生公子讀大同國小,途經法華寺。告知乃父,孔先生再告知先生,於是有拜訪法華寺一事。[2]

【小傳】劉祖基,法名智雄,為在家宗教師。原任臺中大覺院副住持。一九四五年,日本無條件投降,政府收復臺灣,所有日人財產收歸國有,指派時任大覺院副住持劉祖基管理日籍比丘尼創設之信受院。該院由日蓮宗派下比丘尼妙亨日持尼師開院,一九一三年落成。劉祖基遵於日蓮上人修持弘揚《法華經》,將寺名改為法華寺。劉祖基接手管理後不久,即有炳南先生來訪受聘,在此講經多年之因緣。劉祖基擔任

---

1 劉智雄:〈紀念炳公老居士一年間弘化工作〉,《覺生》第1期(1950年7月),李老居士講經週年紀念特刊,頁11-12。
2 許炎墩口述,陳雍澤筆記:〈許炎墩居士口述紀錄〉,1986年7月28日於瑞光基金會,陳雍澤:《靜思集(七)》,1986-1987年,未刊本。

先生閩南語語譯，法華寺之外，也多次隨炳南先生赴外地弘化。[1]

四月二十八日（四），夏曆四月初一，應法華寺住持智雄師邀請，於法華寺演講，此為先生在臺灣第一次弘化。有〈臺灣法華寺第一次講演〉稿表。先生以「辨別邪正」為題，說明佛與天、神之不同。學佛，內行要除煩惱證真如，外行則要止於至善向於至善，並自行化他。[2]
（《圖冊》，1949 年圖 16）

〈臺灣法華寺第一次講演〉：

（甲）學佛義旨 ── ┌ 離現境苦 ┐── 佛出現本懷
　　　　　　　　　└ 離輪迴苦 ┘

（乙）佛與天神區別 ── ┌ 天仍居火宅 ┐── 凡（受苦逼迫）
　　　　　　　　　　　├ 神為鬼道　 ┘
　　　　　　　　　　　└ 佛證真如 ── 聖（一切解脫）

（丙）初學糾正 ── ┌ 不僅莊嚴供養
　　　　　　　　　├ 不僅作善脩福
　　　　　　　　　└ 不僅三慧潛修

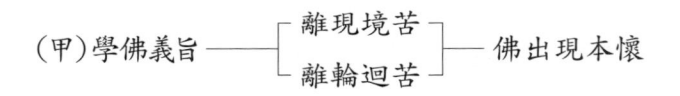

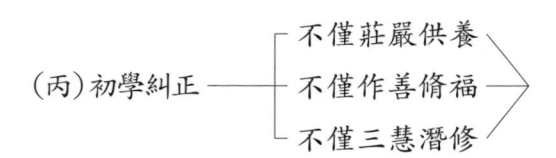

1 闞正宗：《台灣佛寺導遊（五）‧中部地區（上）》（臺北：菩提長青，1993 年），頁 39。
2 〈臺灣法華寺第一次講演〉，《明倫》第 401 期（2010 年 1 月）；另參見同期：乃濟（賴建成）：〈願各手栽蓮萬頃　從教剎海遍清芬──雪公臺中初結法緣〉。

```
                    ┌ 內行 ── 斷惑證真
  (丁)學佛正因 ──┤
                    └ 外行 ┬ 止善向善
                           └ 自行化他
```

是日,孔德成先生指示官府款項之分配依先生及陳壯飛意見辦理。(《圖冊》,1949 年圖 17)

〈孔德成條簽〉(1949 年 4 月 28 日):

此次款之暫行分配發,即照尊意辦理。

炳、壯二兄鑒。德成。卅八年四月廿八日[1]

是月,奉祀官教讀先生呂今山過世消息傳來,先生傷痛賦詩哀弔。趙阿南明年春亦有詩悼念。

〈弔呂今山〉:江上孤墳蔓草萊,巴山猶憶酒盈杯;朦朧落月蕭騷雨,可有詩魂吟夜臺?(《雪廬詩集》,頁 283)

趙阿南,〈傷春〉:天地干戈裡,清涼法味深。文章少年事,風雨故人心。養性拋紅友,傷春惜綠陰。橫山橋畔月,悽絕廣陵琴。(今山於三十八年病歿常州橫山橋厝古寺側。其遺稿悉喪失。)[2]

【案】呂鴻陞,字今山。先生初仕莒縣,即與論交,並為先生最早集成之《雪廬吟草》撰序。日後,

1　〈孔德成條簽〉(1949 年 4 月 28 日),江逸子提供。
2　趙阿南:《梧香念廬詩鈔》(臺南:自印本,前後序為 1956 年),頁 11。

共同扈隨孔奉祀官西遷、返京，朝夕相處十餘載。有小傳見1923年。

日後，同鄉摯友趙阿南為其作傳，並集其遺詩與鍾孝先詩及己詩作刊行《蓮浮集》，請孔德成先生題書名。（《圖冊》，1949年圖18）孔先生有序並有詩紀云。

趙阿南，〈呂今山傳〉：抗戰勝利後，從四川重慶回到南京，因道路阻塞，無法回鄉探視母親，時時以母親年老為憂。民國三十六年，匪寇侵入莒縣，家遭慘禍，朋友祕而不宣，今山還多方求好友協助，準備迎養，好友只好隨便敷衍，表示替他想辦法。久了，終於察覺出其中的隱瞞，今山沉痛自傷，整天沉湎於酒中。直到民國三十八年春，共軍逼近長江，南京一片動盪，今山次子家隆，在江蘇常州的山東省流亡中學擔任教務主任，校長趙栗齋也是今山的弟子，一同迎請今山到常州同住。到常州才一個多月，今山就病逝了，享年六十八歲。弟子們治理喪事，葬於橫山橋畔。[1]

孔德成，〈題《蓮浮集》並序〉：阿南先生刊呂師今山、鍾孝先先生遺詩，並附己作，名曰蓮浮集。天毅囑題其後，以課忙久未應命。茲春假稍暇，敬分別紀以一詩。三先生皆大詩人，俚句當遭棒呵。今師有靈更當

---

[1] 趙阿南：〈呂今山傳〉，原刊《山東文獻》第2卷第3期（1976年12月20日）；後轉載於《明倫》月刊415期（2011年6月）。此文與收於呂今山、鍾孝先、趙阿南：《蓮浮集》（臺南：趙阿南發行，1965年）〈呂今山傳〉內容大致相同，文字則文白略異。

拈鬚笑曰：孺子真大膽妄作也。然成于三先生，皆所崇敬，且感于阿南先生之篤於舊遊，在情難禁，故亦自忘其為妄矣。乞恕我也，罪過罪過。

孔德成，〈呂師今山〉：遺編一展一心哀，腸斷天涯日幾回；卅載教言成追憶，音容空自夢中來。

孔德成，〈鍾孝先先生〉：歌樂白門憶舊遊，草屯話雨一燈秋；詩入漁洋神韻裡，讀來也自淚雙流。

孔德成，〈趙阿南先生〉：天涯廿載益相親，文學經師悟道醇；舊友遺詩勤校定，禪心本自性情真。

鍾孝先，《蓮浮集‧序》：今山詩法少陵，善縱筆為長古，素不自惜，經亂悉散佚。余來臺後搜自日記零箋，益以達生、翼鵬、炳南所藏，僅得三十餘首。將印之分貯朋好，惜其太少，後附以阿南及余所作，皆今山生前所習見者。今山長余五歲；阿南與余同年生，月日先於余。五蓮、浮來為諸莒二名山，因以「蓮浮」名編云。[1]

【案】趙阿南於日後編輯《蓮浮集》時補述：「編既成，得曾奉祀官偉生函：魯南臨時中學為魯籍流亡私立中學之聯合校，校址在常州京滬鐵路戚墅堰站之東橫山橋外又北三里之白龍廟，校長趙栗齋。第一分校在白龍廟西約二里大林寺，主任孟伯言。兩人皆今山弟子。今山來寄於斯，歿葬於斯。墓在大林寺後山麓。特記於此。」[2]

---

1 呂今山、鍾孝先、趙阿南：《蓮浮集》，頁 1-4。
2 呂今山、鍾孝先、趙阿南：《蓮浮集》，頁 29。

稍後，有詩〈窮居〉，寫流離景狀。

〈窮居〉：繁華不樂樂窮居，七尺筠床一草廬；患難離身無益友，乾坤到眼盡奇書。水聲山色言多妙，鳥去雲留境自如；短褐科頭長宴坐，故人裘馬日蕭疏。
（《雪廬詩集》，頁283）

五月四日（三），杭州失守。

五月五日（四），夏曆四月初八，佛誕節。先生至法華寺參加浴佛法會，並第二度受邀至法華寺演講。即以「浴佛節」為題，講述佛出現世間大事因緣，及佛陀說法本意。欲證得真正的佛法，則須正助雙修。[1]（《圖冊，1949年圖16》）

賴建成，〈雪公臺中初結法緣〉：四月八日佛誕節，雪公也來法華寺參加浴佛會，並作第二次的講演。以佛誕為題，講述四月八日這一天是娑婆世界的吉祥日，自從佛出世，昏暗的宇宙才有慧日，風濤海洋才有了舟船，值得人們熱烈紀念。佛以一大事因緣出現世間，為愚人說世間假法，為賢者說出世聖法，世法與出世法不應分離！學人天世法，只得小果，並非佛陀說法

---

[1] 參見：李炳南：〈浴佛節〉，《雪廬老人佛法講演二十卷手稿》第7卷（台中蓮社收藏，未刊本）；李炳南：《雪公開示講表》（台中蓮社，打字版未刊本），頁218-219；劉智雄：〈紀念炳公老居士一年間弘化工作〉；乃濟（賴建成）：〈願各手栽蓮萬項　從教剎海遍清芬——雪公臺中初結法緣〉，《明倫》第401期（2010年1月）。

本意。但是學世法可以敦倫盡分，身安而道隆。學世法要內心不染著，修出世法要有同體大悲。欲證得真正的佛法，則須正助雙修。什麼才是學佛正行？參話頭、數息、止觀、念佛、持咒皆是開發真心的好功夫。助行有哪些？五戒十善、四諦、十二因緣、六度、三十七道品，學了都有助正行。

張慶祝、林進蘭受鄰居李鉿榮邀請至法華寺幫忙，從此成為常隨眾。

張式銘，《張慶祝師姑九十回顧》：鄰居李鉿榮開汽車材料行，他會〈爐香讚〉，教我和進蘭學〈爐香讚〉和〈大悲咒〉。說〈大悲咒〉很有感應。然後叫我們四月八日去法華寺幫忙。時值戰後，宣揚佛法者很少，拜佛者也很少。當時大家不懂佛法，只會拜拜求保佑，不知佛是什麼？更不知佛是自覺、覺他、覺行圓滿的聖人。[1]

【小傳】李鉿榮（1921-2002），臺灣彰化人，出家法名志心。為先生於臺中法華寺首度弘法之第一批聽眾。而後又與劉智雄、賴棟樑、張松柏，許克綏等人，共同發起，邀請先生公開講經。台中蓮社成立後，先生組建家庭念佛班，張慶祝、林進蘭、林看治等人為「先度班」，由李鉿榮任班長。一九五四年，李鉿榮受桃園簡國垣等禮請，於簡家宣講佛法，並因此因緣成立桃園佛教蓮社，與台中蓮社關係密切，

---

[1] 張式銘：《張慶祝師姑九十回顧》，頁 31-32。

曾多次禮請先生及臺中蓮友前往弘化。李自述受教於先生四年多，所學有百法明門、般若心經、妙法蓮華經、無量壽經、佛說阿彌陀經、金剛般若經及淨土法門等。一九八一年，受臺中法華寺住持劉祖基（智雄師）及信徒總代表（臺中市佛教會主任祕書）沈水土之託，續任法華寺住持之職。

【小傳】張慶祝（1917-2007），居士童年坎坷、少年飄搖、成年喪子，諸多切膚之痛。一九四九年四月八日（夏曆），先生於法華寺弘法伊始，居士即不離座下，雖只國小畢業，然好學不倦，堪受教化，乃任命為「先度班」首任班長。台中蓮社落成後，先生組成「女子弘法班」十名班員，即十姊妹，依年齡排序，張慶祝排行第七。先生令此十人，全力輔導新成立之男青年「文藝班」及女青年「中慧班」，於每年春節過年假期初五至初十在蓮社舉辦「新春弘法大會」。弘法外，居士亦到廚房協助膳務，先生稱許其「能者多勞」。此後至八十五歲以前，除臺中道場，協助弘法、辦事之外，並至眾多佈教所弘法。其中尤以鹿港、沙鹿用力最深。分擔弘法事務之外，又襄助成立台中蓮社等四大聯體機構，及各種文教慈善事業。二〇〇七年安詳自在往生，享世壽九十一歲。[1]

【小傳】林進蘭（1919-2004），出生臺灣屏東麟

---

[1] 參見：任弘（陳雍澤）：〈謹守師訓　承繼師志——張慶祝老居士事略〉，《明倫》第 376 期（2007 年 7/8 月合刊）。

洛。父親林仁得為麟洛望族,母親邱氏為鄰鄉內埔人。母親僅生一女,於其九歲時謝世。父親續絃廖桂妹為繼母,有同父異母妹三人:勤蘭、菊蘭、竹蘭,弟二人:明杰、明峰。及長,許配屏東歸來一日本生命保險會社社長鄭壽,生有三女。後先生謝世,獨力撑持。遷居臺中後,以裁縫手藝於臺中第二市場開辦服飾店面,請菊蘭、竹蘭兩妹自屏東北上協助。有姑母在屏東東山寺清修,常往寺中探視,親近常住,菩提種子深植於心。一九四九年,炳南先生於法華寺宣講,居士即列席聽講。後來炳南先生教席中有十位女學生義結金蘭,有蓮社十姊妹之雅號。十姊妹與眾蓮友同心齊力,先後成立台中市佛教蓮社、慈光圖書館、慈光育幼院,菩提醫院及菩提救濟院……等社會教育及慈善事業。[1]一九八八年,台中蓮社應炳南先生家屬送歸靈骨至山東,居士亦為聯體機構五位代表之一。[2]

五月六日(五),法華寺住持劉智雄與賴棟樑登門拜訪。而後,由劉智雄、賴棟樑偕同張松柏、許克綏、李鋡榮等人,發起邀請先生公開講經。訂於五月二十九日起開講《般若心經》。

---

[1] 游青士:〈側寫先姨母〉,《菩提家訊》第 76 期,http://www.bodhi.org.tw/index.php?sid=c.1&no=76#bodhi4

[2] 宗善(朱斐):〈雪公老師精神不滅〉,《明倫》第 424 期(2012年 5 月)。

劉智雄，〈紀念炳公老居士一年間弘化工作〉：自四月初一日（國曆四月二十八日）晚上，在本寺講演以後，不久就是四月初八佛誕節（國曆五月五日），他老人家也來參加浴佛會，並作第二次的演講。到了三點鐘講完了，回去不到半點鐘，西南風把賴棟樑先生送到這裡來。賴先生他在去年三月，皈依三寶為佛弟子，他慕道的熱心，更加倍增，「我歡喜修持淨宗法門，苦無老師指導」。我不等他說完，「有了有了，您今天來是釋尊叫您來的，我給您介紹一位淨土專家的老師吧！」我這樣說，「是哪位法師呢？」他提起精神問，我將李老居士詳細介紹了一下，約定次天登門拜訪領教。而後覺得他老人家學問之深，道行之高，人格之潔，而且具足方便慈悲，便有商請公開講經之議，由賴棟樑、張松柏、許克綏、李鉿榮、本人等為發起人，得他老人家的允許，籌備進行。

【小傳】賴棟樑（1902-1965），臺籍中醫師。早年求學於上海，學習中國醫學，對道、釋、耶各家，均廣博涉獵，並熟知大陸佛教界高僧大德情形。最後皈心佛教淨土法門，唯苦無老師指導。一九四九年，值遇炳南先生後，十分歡喜。放棄臺中高農教職，專心追隨。炳南先生於法華寺講經同時成立施診處，賴棟樑即為最重要之助手。賴居士自奉甚儉，對人則有求必應，施藥施診治病，不求回報。往生前早早立好遺囑，交代助念等事。臨終時雖有病痛，但身痛心卻不痛。其時菩提醫院聖蓮室剛落成啟用，賴居士為第一位使

1949年・民國38年｜60歲

用往生堂者，多位蓮友來為助念。享壽六十四歲。[1]

【小傳】許克綏（1892-1983），彰化線西鄉人。一九一二年，創業開設瑞成種籽店。同時兼營瓷器、五金。另又在店旁擴充店面，專售漢文書籍，日後發展為瑞成書局，並經營瑞成印刷廠。一九四九年，經友人賴棟樑介紹，到法華寺聽炳南先生講經，以此因緣，禮先生為師，進而皈依三寶，修持淨土法門，念佛不輟。早年蓮社佛書、佛誕節宣傳單，及《慈光》半月刊之發行等都是瑞成書局所印，並免費流通。一九五一年，與朱炎煌各出資捐地，協助炳南先生成立臺中佛教蓮社。一九五六年首先響應炳南先生倡議興建圖書館及講堂；一九五九年購買八百坪土地，協助創建慈光育幼院。一九八三年過世，享年九十二歲。[2]

【小傳】許炎墩（1923-2014），許克綏次子，自幼即在書局中擔任助手，主要負責印刷部及鑄字廠業務，一九四九年許克綏從炳南先生學佛後，便跟隨學佛，擔任炳南先生翻譯。在許克綏積極從事慈善事業時，亦皆在旁協助。早年許炎墩初遇炳南先生時，法

---

1 妙慈（賴芹如）：〈爺爺與李老師〉，《明倫》第205期（1990年6月）。

2 參見：賴崇仁：〈許克綏年表〉，《臺中瑞成書局及其歌仔冊研究》（逢甲大學中文系碩士論文，2005年6月），頁29-30。唯其述及親近先生因緣係經友人朱炎煌介紹，今據許炎墩回憶，其父許克綏至法華寺聽講因緣係來自「結拜兄弟賴棟樑居士」。見弘安（黃潔怡）：〈無盡的追思──燈燈相傳綿綿無盡〉，《明倫》第166期（1986年7月）。

喜充滿，道心很強，曾向師說道：「弟子將事業放棄掉，來專心跟隨老師學習好嗎？」炳南先生言：「不可。人貴自食其力，你有你的事業背景及家庭須要照顧，你放棄一切，一旦學無所成，這樣兩頭均會落空，你既有心學佛，可一天取兩三小時，繼續不斷用功，這樣一方面事業家庭均可兼顧，修行也不間斷。」[1]一九六〇年慈光育幼院成立後，曾擔任第一屆育幼院院長及第二屆董事長。[2]

法華寺第三次講演，以「淨契眾機」為題，推介淨土念佛法門。（《圖冊，1949 年圖 16》）

第三次的講演題目為「淨契眾機」，介紹持名念佛的特別之處。雪公先從佛法「權實」說起，學佛求「人天福報」，這是佛法的權巧方便，並不究竟。學佛應求「了生脫死」，才是真實的究竟佛法。真實佛法該如何修？只知「供養禮拜」、「閱經研教」，不願修行，這樣的學佛態度有如：只愛珠寶盒卻遺棄珠寶的愚人。有智慧的學佛人，懂得「持戒精嚴」、「依法起修」，志在獲得寶珠，不在珠寶盒子。如何了生脫死？佛法各宗派中以淨土宗最為特別，淨土宗「方法簡單」，依小冊子所說的儀式修。又「不廢時間」，每天只要十分鐘

---

[1] 弘安（黃潔怡）：〈無盡的追思──燈燈相傳綿綿無盡〉，《明倫》第 166 期（1986 年 7 月）。
[2] 賴崇仁：《臺中瑞成書局及其歌仔冊研究》，頁 14，注 19。

或五分鐘,但是必須有恆。再者依淨土宗修「不必斷惑」,命終帶著無始惑業往生淨土。依淨宗要修多久才會成功?「當生成就」,只此一生有恆用功,命終生到極樂,就可視個人念佛功夫如何,而有九品深淺之分。[1]

【案】據《雪廬老人佛法講演二十卷手稿》(台中蓮社收藏,未刊本),第七卷,《般若心經》開講前應有三次通俗演講,唯第三次演講時間未見載錄。四月二十八日(夏曆四月初一)講第一次、五月五日(夏曆四月八日)佛誕講第二次,依此推估:第三次演講當在五月十二日至十九日(夏曆四月十五至二十二日)前後,而後於五月二十九日(夏曆五月初二)開講《般若心經》。

五月十九日(四),臺灣省政府主席兼臺灣警備總司令陳誠頒布戒嚴令,宣告自同年五月二十日零時起,臺灣省全境實施戒嚴。

五月二十一日(六),國軍裝甲部隊原擬進駐靈山寺,住持德真師請林獻堂出面婉辭,復經許祖成溝通,圓滿達成。
〈靈山寺大事記(1895-2011)〉:
五月二十日,德真會晤林獻堂,言戰車隊的國軍欲來住

---

[1] 李炳南:〈淨契眾機〉,《雪廬老人佛法講演二十卷手稿》第 7 卷(台中蓮社收藏,未刊本);李炳南:《雪公開示講表》(台中蓮社,打字版未刊本),頁 220-221。另參見:乃濟(賴建成):〈雪公臺中初結法緣〉,《明倫》第 401 期(2010 年 1 月)。

於靈山寺，請林獻堂對隊長婉辭之。

五月廿一日，林獻堂到靈山寺，德真、德欽、林吳素貞、許祖成俱在，言前刻戰車兵又來強求居住，已拒絕之。[1]

> 許慈書，〈深恩景行永難忘〉：叔（案：指許祖成）應聘執教於臺灣省立農學院，初寓校中，旋遷居忠孝路農院新村，因距靈山寺甚邇，常往禮佛，並自願助理寺中文牘。三十八年大陸變色，政府遷臺，時有國軍擬借駐該寺。主持德欽法師不諳國語，詞難達意，殊為煩憂，爰急請叔往助。叔告軍方，該寺係由私人出資興建，且寺眾又皆比丘尼，不宜亦不便供駐軍。因理直而詞暢，軍方遂罷原議，得以息事寧人。寺眾於叔咸德之。[2]

五月二十七日（五），上海失守。

五月二十九日（日），夏曆五月初二，法華寺三次通俗講演圓滿後，接續開講《般若心經》。每週三次，至七月十七日（夏曆六月二十二日）圓滿。法華寺成為淨土道場。

> 法華寺《心經》講座為先生在臺灣首度講經，當時與會者除發起人賴棟樑、張松柏、許克綏、李鎔榮，及此前

---

1 蘇全正：〈靈山寺大事記（1895-2011）〉，見氏著《臺灣佛教與家族——以霧峰林家為中心之研究》（國立中正大學歷史研究所博士論文，2011年），附錄二，頁278-291。

2 許慈書：〈深恩景行永難忘〉，《許教授寬成往生十週年紀念專輯》（臺中：國立中興大學智海學社社友會，1990年11月），頁79-81。

1949年・民國38年｜60歲

三次演講聽眾張慶祝、林進蘭外，周宣德、朱炎煌、林看治、王鶯……等，皆為法筵中人。

卓遵宏、侯坤宏、周維朋，〈朱斐居士訪談錄（一）〉：李老師開始在法華寺講經，第一部講的是《般若心經》，那時候周宣德居士在后里糖廠，離臺中市較近，聞訊後就來聽經，周宣德因此認識李老師。

張式銘：《張慶祝師姑九十回顧》：老師首先講《心經》，他以為臺灣佛學程度高，哪知高難度的《心經》，臺灣人都不懂。智雄師是客家人，高中畢業，翻譯《心經》也不太懂，聽來沒趣味，但是煩惱老師講經時聽經者太少，六條長凳才六人聽。……老師孜孜不倦，六人聽也在講，一人聽也在講，老師對我們好像對牛彈琴。一段日子後稍稍聽懂，老師就在黑板上畫畫寫寫，圓圈表示「本性」，圓圈內有許多點點表示「眾生」，佛性與眾生的差別就在此。[1]

周宣德，〈我崇敬的李雪廬老師〉：民國三十八年，我任職糖業公司，遇便前往……臺中法華寺，參加雪公法筵，聽他講《般若心經》，鞭辟入裏，精到已極，使我對般若精義增加了解。他說法既畢，聽眾皆大歡喜！他非但沒有接受分文供養，反取出很多禮物，分給與會者各選一件。他知道我原籍江西，就拿出曾任江西省長，及國父參謀長的李烈鈞先生，送他的一個對聯

---

[1] 張式銘：《張慶祝師姑九十回顧》，頁31-32。

（墨寶）給我，從此我就和雪公結了法緣。[1]

【案】周宣德與炳南先生，一北一南，是後來推動臺灣青年學佛運動非常重要助緣。兩位大德結識時間，據周宣德〈悼念李雪公老師〉：「民國四十一年時，我任職糖業公司，遇便前往臺中法華寺參加雪公法筵，聽他講《四十二章經》。」[2] 按，法華寺講《四十二章經》為一九五一年十一月。今據一九四九年七月十六日《心經》圓滿留念照片（《圖冊》，1949年圖26），二位結識，應為一九四九年（民國三十八年）聽講《般若心經》。

【小傳】周宣德（1899-1989），江西南昌人。一九二二年北京工業大學化工系畢業，任教燕京大學。一九二七年，奉派為中央大學區（今教育部）之督學。一九三七年，日軍侵華，考入航空委員會，任油彈庫庫長，入川。一九四六年，奉派至臺灣接任台糖公司，任臺中、后里、月眉糖廠廠長。一九五一年，調升台糖公司計劃督導研究發展處處長。周氏學佛，始於抗戰末期，在成都任教時，兄長周海德在蓉寓居學佛。一九四九年秋，聽李炳南居士講經因緣下，益增其入佛信心。後半生有五成就：（一）與南亭法師合作，開創空中弘法節目。（二）一九五八年，得

---

[1] 周宣德：〈我崇敬的李雪廬老師〉，《慎公老居士與淨土妙門——周宣德老居士百一十歲誕辰紀念專輯》（臺北：淨廬念佛會，2008年），頁33-37。

[2] 周宣德：〈悼念李雪公老師〉，《明倫》第164期（1986年4月）。

1949年・民國38年 | 60歲

南亭法師之助，成立佛教國際文教獎學基金會，獎勵大專學生學佛。（三）一九六〇年起，推動成立各大專院校之佛學社團。二十年後，全臺高級學府有佛學社者八十餘所。（四）一九六一年創辦《慧炬》雜誌，贈與各大專「佛學社」及特定學生。（五）一九七四年，舉辦慧炬粥會，邀請臺灣地區大德學者演講、交誼。[1]

【小傳】朱炎煌（1909-1979），臺中縣外埔鄉人，十六歲隨日人研學航海，日本商船學校卒業後，便經營商船貿易，擁有二艘商船，經常將大甲草蓆運至廈門上海等各地出售，並旅居廈門，開設昇平旅社。十八歲返臺與王錦女士結婚，得一女，然卻於八歲病故，朱炎煌四處求神問卜，想探知女兒下落，不得其解。一九四七年回臺後，即在臺中市中區中山路定居，並經營銀樓金飾買賣。一九四九年，從友人處聞得炳南先生精通佛理，立即登府求教。經炳南先生對於「生從何處來，死從何處去」，以佛家的前世、今世和來世，及輪迴轉說，精闢詳解，於是豁然開達，有「朝聞道，夕成佛」之感，從此追隨左右，在靈山寺、寶覺寺、法華寺，聆聽佛法。

朱炎煌公子，幼時體弱，常由炳南先生診治，又堅拒接受診療費用，朱炎煌無以為報，於是深體炳南先生之心，全力支持其興辦佛教弘化與慈益事業，如興

---

[1] 參見：陳慧劍：〈周宣德簡介〉，《南亭和尚年譜》，《南亭和尚全集》第 13 冊（臺北：財團法人台北市華嚴蓮社，2002 年 6 月），頁 182-183。

建臺中佛教蓮社、慈光圖書館、慈光育幼院、菩提醫院等，朱炎煌均大力支持。[1]

林看治，〈炳公大導師蒞臨臺中弘法利生一週年紀念日講話〉：去年今日，正是我師炳公蒞臨臺中開演《般若心經》。弘法利生最初之日也。[2]

【小傳】林看治（1907-1992）臺灣省彰化縣鹿港鎮人，自啟蒙於私塾，即熟讀四書五經，奠定良好漢學基礎。宿根深厚，三十五歲聞臺省高僧斌宗法師宣講佛法，體會六道輪迴之苦，即發心茹素學佛，並曾皈依無上法師，法名法圓。一九四九年，蒙賴棟樑推薦，受業於炳南先生，自此隨師廣結佛緣，赴全省各地宣揚淨土法門，為先生門下女弟子「十姊妹」之一。協助建立台中市佛教蓮社等弘法利生道場，且因甚得眾望，被推舉為蓮社數十個念佛班聯誼會之會長。六十歲即備妥身後事宜，往生前二年八十四歲時，復交代臨終注意事項。往生前一週即向蓮友云：「吾將回家矣」，且連續贊言：「真實有極樂世界」。往生前一日午後，向蓮友云：「已見阿彌陀佛，定

---

1 朱明威：〈憶雪廬公與先父朱炎煌之佛緣〉，《明倫》第170期（1986年12月）。另據許炎墩憶述，炳南先生未至法華寺前，即因至朱開設之銀樓典金而相識。許炎墩口述，陳雍澤筆記：〈許炎墩居士口述紀錄〉，1986年7月28日於瑞光基金會，陳雍澤：《靜思集（七）》，1986-1987年，未刊本。

2 學人慧治（林看治）：〈炳公大導師蒞臨臺中弘法利生一週年紀念日講話〉，《李老居士講經週年紀念特刊》（臺中：自印本，1950年9月）。

1949年・民國38年｜60歲

蒙接引往生」，次日晨七時二十分，在蓮友及眷屬助念「阿彌陀佛」聖號中，正念分明，安詳西歸。著有《佛說阿彌陀經淺講》、《勸修念佛法門淺講》及《念佛感應見聞記》，其中《念佛感應見聞記》，歷經半世紀仍廣為流通，印行約近百萬冊，影響深遠。[1]

【小傳】王鶯（1903-1997），法名慧香，臺中大雅人。炳南先生於法華寺開講時，由當時幫忙翻譯臺語之劉祖基（智雄）介紹前往聽經。爾後其養母病危之際，先生親臨念佛，遂即安詳往生。由此於佛法倍增信心，於先生益加崇敬。也是炳南先生留住臺中之勝緣之一。（見1950年2月文）由於精進念佛修持，被推舉為蓮社九蓮家庭念佛班班長，炳南先生有詩題贈：「跏趺夜半一聲鐘，敲破西方不見蹤，方識彌陀原是我，開簾月照萬層峰。」念佛益進。至往生前一年，念佛日課增至十萬，炳南先生所贈念珠，念至線斷數次，念珠遺落數顆，仍不願更換全新念珠，而以草菩提補上。一九九七年新春，由家人陪同台中蓮社上香禮佛，會見故舊蓮友，復至雪廬紀念堂，參拜炳南先生法相，並向蓮友云：「行將往生，特來向佛菩薩及雪公老師辭行！」十二月四日下午七點四十分，鄰近蓮友前來慰問，健談如常，神情愉悅，毫無異樣。至八時十分，蓮友告辭時還親送至門口，且合掌大聲

---

1 西蓮（黃泳）：〈林看治老居士往生記〉，《明倫》第225期（1992年6月）。

云:「大家再見,阿彌陀佛!」送客畢,安坐椅上,未及五分鐘,兩手略舉,作合掌狀,隨即安詳往生。[1]

【案】王鶯,又有作黃鶯者。據台中蓮社九蓮班班長李鳳英敘述,係因生父姓王,養父姓黃。是以有兩種稱謂。今所見其佛教會會員證及受戒資料,均作「羅王鶯」,羅係冠夫姓,其本名應作「王鶯」。

同時,也以中醫為來眾義診,由本省籍中醫師賴棟樑擔任助手兼翻譯。一年間處方一千四百多張,貧病者兼施藥物。(《圖冊》,1949年圖19)

劉智雄,〈紀念炳公老居士一年間弘化工作〉:法華寺施診處,主任醫師是他老人家自己擔任。賴棟樑先生助之,醫活不少的人。處方箋已開出千四百餘張,除此以外有施藥組,布施窮人的藥資。放生組,每月放生二次,均有相當成績,足可見他老人家的財施、法施、無畏施,具足圓滿。

卓遵宏、侯坤宏訪問,周維朋記錄:〈朱斐居士訪談錄(一)〉:李炳南老師剛來臺灣的時候,先是在居仁路法華寺講經。因李老師是有執照的中醫師,能為人看病,因此借法華寺為人義診。我們要是傷風感冒,四大失調,只要李老師拿張紙條,寫幾味中藥,吃了就好。李老師重視看脈相,幫人看病時,只要按一下脈並學會

---

[1] 蓮生(黃泳):〈開簾月照萬層峰──黃鶯老居士往生記〉,《明倫》第282期(1998年2/3月合刊)。

講一句臺灣話:「舌頭!」看看舌苔就好,除了這句,其他他都不會講,看脈相時,若需要講很多話就要找人翻譯。當時有一位賴棟樑居士,他是本省籍的中醫師,常幫助他,在旁邊為病人譯語。

張式銘,《張慶祝師姑九十回顧》:老師講《心經》,大家聽不懂,但講經完畢有很多人找老師看病,老師開始施藥。老師替我兒子把脈後說另請高明,我聽懂這句話就深深難過,小兒結核病,沒命可活。

五月底,因國府遷至廣州,以及戰亂交通等因素,奉祀官府薪俸未能及時收得,全府十餘口食不果腹。先生總管府務,出面向同鄉舊友屈萬里借糧求援。屈萬里即將所有米糧悉數相贈。(《圖冊》,1949年圖20)

屈萬里,〈來函〉(1949年5月31日):炳翁道兄吟席:手示拜悉。穗方雖有些微之款匯來,想尊處尚無配米。此四十六斤,仍請派人往取。尊處用得著,則用之;如用不著,即作弟暫存尊處,亦無不可。千祈俞允是荷。原函仍奉上,乞早日辦理,遲恐失却時效也。千萬千萬。匆此拜復,順頌

大安　　　　　　　　　　　弟屈萬里拜上　五、卅一[1]

【案】「穗方」指廣州。一九四九年一月十六日,中央政府部分機構遷至廣州;四月二十四日起全數於廣州辦公。

---

1 屈煥新:〈忘他同是斷炊人——屈萬里與李炳南喪亂中「鬥富」〉,《明倫》第474期(2017年5月)。

事後得知,屈萬里自己也已多時未收到薪俸,但仍捨己為人。先生因請人繪贈〈饋米圖〉,並題詩致謝。詩後注記其事。

天涯老去亦相親,廚冷日長憐我貧;侵曉叩關分祿米,忘他同是斷炊人。

己丑歲,隨孔聖公避寇來臺,遭陳蔡之厄,經旬未舉火,篋藏鬻質皆空。翼兄先期至,然斷貲亦數月矣。所勝者,甕中尚存儲米數斗耳。既見予饑,忘己之饑,竟全舉以贈。白骨而肉,盛德無以報也!茲寫小詩,藉示銘鏤,並請黃異先生作圖以志。　　弟李〇〇記於臺中[1]

【案】此事,屈萬里從未向人提起過,此圖亦從未掛出展示過。一九七九年屈萬里去世後,屈夫人費海瑾整理其遺物時才發現。於回憶屈萬里先生文〈悵望雲天〉中所錄炳南先生詩後注記,亦略去先生大名,僅以「〇〇」標識,殆為先生諱。[2]

此詩題名「與屈君翼鵬避亂來臺同作流民君忽得祿先施之」,收入《雪廬詩集》中。前後又有〈遷臺阮囊已空饔飧不繼漂母張氏憐而貸金幸不餓莩誌德弗忘〉、〈更堅〉,亦記當時遭厄,飲食無著事。(《雪廬詩集》,頁

1　費海瑾:〈悵望雲天〉,《屈萬里先生文存》第 6 冊,頁 2325-2331。另參見:屈煥新:〈忘他同是斷炊人——屈萬里與李炳南喪亂中「鬥富」〉,《明倫》第 474 期(2017 年 5 月)。

2　費海瑾:〈悵望雲天〉;另參見:屈煥新:〈忘他同是斷炊人——屈萬里與李炳南喪亂中「鬥富」〉,《明倫》第 474 期(2017 年 5 月),頁

280-281）

〈遷臺阮囊已空饔飧不繼漂母張氏憐而貸金幸不餓莩誌德弗忘〉二首：
不有王孫厄，何知漂母賢；恩能生白骨，念必到黃泉。
昔日一盂飯，今廚三月煙；只愁施德者，還待受人傳。
延命良由汝，廉隅礪益加；鄰廚不因熱，荒島欲餐霞。
五畝宅還舊，千金報未奢；高風如卻受，投贈與蒹葭。
〈更堅〉：浮海居何陋，朽骸存在天；征帆幾萬里，掛杖一銖錢。未必老還壯，卻能窮更堅；鄰家有薪火，烏戶避炊煙。
【案】四月二十三日南京失守，中華民國政府遷廣州。五月，武漢、上海相繼被解放軍占領。十月十三日，國軍撤離廣州，政府遷重慶。十一月底重慶亦告失守，政府再遷成都。十二月七日政府遷都臺北，二十七日解放軍占領成都。時政府處於戰亂播遷中。

六月一日（三），重慶舊友孫奐崙時亦寓居臺中，來信稱，為北上參加奠禮，未能與席法會。（《圖冊》，1949年圖21）
孫奐崙，〈來函〉（1949年6月1日）：炳南我兄道鑒：昨天因雨未往聽講，或者亦許停講一次也。弟因閆〔閻〕百川先生之太夫人病逝台北，三日開弔，次日發引，定於昨日前往弔奠，約需數日方回，不及飫聆宏論，甚為悵歉。好在以後可隨時請教也。手此，即頌
道綏　弟孫奐崙頓首　達生兄代致意為荷　六月一日
【案】一九四九年六月二日，閻錫山以葬母名義赴

臺灣。《民國閻伯川先生錫山年譜長編初稿》：「六月二日，先生繼母陳太夫人於五月病逝臺北。先生於是日飛臺北奉葬，在極樂殯儀館設奠，葬於六張犁公墓。」[1]（孫奐崙小傳見 1941 年 7 月 12 日）

六月十四日（二），孫奐崙來信，送還日前所借公報。（《圖冊》，1949 年圖 21）

孫奐崙，〈來函〉（1949 年 6 月 14 日）：炳南我兄道鑒，昨聆教殊快，承假公報，已抄畢，特奉還，請鑒入。前上兄函為郵局退回，亦併附入，已為明日黃花矣。俟由臺北歸來，再趨候。手此　即頌

道綏　　　　　　　　　　　　弟孫奐崙頓首　六、十四

六月，於法華寺發行《當生成就之佛法》，為蒞臺首部出版品。（《圖冊》，1949 年圖 22）[2]

《當生成就之佛法》（目次）：

甲、要覺悟現在的環境及將來的去路

乙、逆境、災難、輪迴的解救法

丙、念佛怎麼個念法

丁、念佛成功的助緣

1　閻伯川先生紀念會編：《民國閻伯川先生錫山年譜長編初稿（六）》（臺北：臺灣商務印書館，1988 年），頁 2316。
2　李炳南編輯，賴棟樑校正：《當生成就之佛法》（臺中：法華寺，1949 年 6 月）；今收見《弘護小品彙存》，《全集》第 4 冊之 2，頁 261-272。

戊、模範前輩及參考經典

己、普通的兩種錯誤心理

附：念佛法要、解答幾個誤會問題

六月，日前申請中醫師開業，先經臺灣省政府衛生處於五月通知暫准開業，而後獲臺中市衛生院核可開業。（《圖冊》，1949年圖 23）

七月一日（五），接屈萬里來函。勸請先生應「殺富濟貧」，兼以自活。不宜不分貧富、一律施診施藥，以致自己受餓。（《圖冊》，1949年圖 24）

　　屈萬里，〈來函〉（1949 年 7 月 1 日）：炳翁吾兄先生吟席：手示拜悉。日前晤奉祀官，亦藉悉佳況，至以為慰。

老兄志在活人，然焉有人已活而坐視自己餓斃者？弟意對病人，應擇其肥者而噬之，憐其瘠者而赦之，殺富濟貧。看病之先生既有活路，且以使造化小兒看看顏色，未始不可。尊意如何？

承介吳叔宣兄，以工務組招考事，已過多日，目前並無缺額，故無以奉贊，歉仄之至。弟忙得一塌糊塗，暑後「文書主任」兼職，如不能辭掉，則決意攢卸（教員）紗帽，另覓噉飯之地矣。匆此，順頌

暑祺　　　　　　　　　　　　　弟屈萬里頓首　七、一、[1]

---

[1] 屈萬里：〈屈萬里先生致雪公書〉，《明倫》479 期（2017 年 11 月）。

【案】此當為一九四九年七月，屈萬里兼任文書組主任時事。屈萬里於一九四九年四月辭卸中央圖書館職務，應國立臺灣大學傅斯年校長聘，任中國文學系副教授，兼文書組主任。嗣改兼講義組主任、祕書室主任。一九五〇年十二月，辭兼職，專力於教學研究。

七月三日（日），夏曆六月初八日，觀音成道日前一日，經董正之委員推薦，臺中地方耆宿霧峰林家宗長林獻堂介紹，至靈山寺弘化。定期於每週日中午集會念佛，念佛後，請先生宣講《佛說阿彌陀經》。此為臺灣結社念佛之始。

林看治，〈我加入靈山寺法華寺念佛會之感想〉：李炳南老居士光臨敝地，弘法度眾，不遑寧處。去年蒲月，受諸善信虔請，於法華寺開立道場，宣揚淨宗，導眾念佛。六月，受大慈大悲度生為懷之靈山寺住持及當家師邀約，設念佛會。每星期日宣講《阿彌陀經》。[1]

董正之，〈敬悼灌園林獻堂老居士〉：正之隨政府遷臺，舍家中市。獻公擇農曆四月八日浴佛節，設齋於靈山寺，浴佛及午齋畢，並邀正之講演。因以該寺，廟宇莊嚴、環境清幽，且位市區近郊，倘闢淨土道場，定克普扇蓮風，饒益有情也。公首示倡導焉。嗣兩閱月，而念佛會在欽、真兩大師主持下成立，禮請雪廬炳公老

---

[1] 慧治（林看治）：〈我加入靈山寺法華寺念佛會之感想〉，《覺群》第 76 期（1950 年 3 月），頁 9。

居士,於每星期日午後,領導念佛講經。[1]

董正之,〈永懷雪公恩師(上)〉:民國二十年九一八事變起,我身受國難驅使,為愛國抗日結識念公(案,指丘逢甲令公子丘念台)。初聚於長城起點的山海關,二十二年春,蒙念師介紹,轉入廣州國立中山大學,三十四年秋,念師偕臺灣耆宿林獻堂等愛國志士,組光復後臺灣致敬團,抵陝西謁黃帝陵,正得陪祭。藉此因緣,我三十八年夏來臺後,即寄居中市,林老假靈山寺設齋款待,席間結識許教授祖成,以該寺地處市郊,環境清幽,剎宇莊嚴,利於共修,倡議組織念佛法會,規定每星期日中午念佛,同結西方淨土勝緣。但首日念佛,我以赴粵開會缺席,待中秋節後,返臺,乃屆時參加,得拜識雪公恩師。於念佛後,啟講《心經》,逾一小時。[2]

劉智雄,〈紀念炳公老居士一年間弘化工作〉:一年中講過的經典在法華寺講《般若心經》一座。在靈山寺講《阿彌陀經》、《普門品》、〈大勢至菩薩念佛圓通章〉三座,現講《無量壽經》,在贊化鸞堂講《阿彌陀經》一座。[3]

---

1 董正之:〈敬悼灌園林獻堂老居士〉,《菩提樹》第47期(1956年10月8日),頁41。

2 董正之:〈永懷雪公恩師(上)〉,《明倫》第167期(1986年8/9月合刊)。文中所稱「念公」、「念師」為丘念台。

3 劉智雄:〈紀念炳公老居士一年間弘化工作〉,《覺生》第1期(1950年7月),頁11-12。

朱斐，〈靈山法會三經圓滿觀月會小記〉：該寺自三十八年來，由董正之、賴棟樑等居士發起改建為淨土道場以來，每逢星期日，始終未斷有講經法會，聘李炳南老居士最初為《觀世音菩薩普門品》之演說，繼則《阿彌陀經》，再演《無量壽經》，復說《觀無量壽經》，直至今年八月十六日三經圓滿，又接講《無量壽經·優婆提舍願生偈》。[1]

卓遵宏、侯坤宏訪問，周維朋記錄：〈朱斐居士訪談錄（一）〉：李老師到了臺中後，經立法委員董正之居士介紹，由林獻堂先生推薦，開始在靈山寺講經，並開辦佛七法會，主持開示。那時臺中佛教蓮社還沒有成立。

妙然法師，《民國佛教大事年紀》：德欽尼法師於臺中靈山寺組成念佛會，請李炳南居士講揚淨土法門。臺地結社念佛以此為始。[2]

【案】林獻堂與中國佛教的因緣甚早。一九一七年，臺灣基隆月眉山靈泉寺主善慧法師建立法會，至寧波禮請圓瑛法師來臺弘講。圓瑛法師以事不克分身，推介太虛大師東行。太虛大師於十月抵臺，遊歷臺灣基隆、臺北、臺中等地。十一月十八日，至臺中，應慎齋堂佛教演會之請講「我之宗教觀」。其間，曾應霧峰林家林紀堂之邀遊霧峰，並受林獻堂請

---

[1] 朱斐：〈靈山法會三經圓滿觀月會小記〉，《覺生》第 15 期（1951 年 9 月），頁 19。

[2] 釋妙然：《民國佛教大事年紀》（臺北：海潮音雜誌社，1995 年 1 月），頁 272。

1949 年・民國 38 年 | 60 歲

於其家說佛法概要。[1]

【又案】靈山寺，原名青桐岩，位於霧峰，一八九〇年由霧峰林家之林文欽（林獻堂父親）創建，供林家族人持齋誦經拜佛之家廟。一九一四年，更名為靈山寺。林紀堂（1874-1922）之三夫人許悅（釋德真，1892-1991）籍彰化市南街，生有一子蘭生，不幸於十二歲因病早逝。許悅在夫與子相繼過世後，由漢文教師施阿選（釋德欽，1889-1971）出面勸導，因而皈依佛門，走出喪親之痛。一九三七年，基隆月眉山靈泉寺開山善慧和尚，至青桐岩靈山寺傳菩薩戒；許悅（德真尼師）、施阿選（德欽尼師）由此因緣至靈泉寺依善慧法師披剃出家。此前他們曾赴福建鼓山湧泉寺參訪，親近當時方丈虛雲和尚。一九四五年，霧峰青桐岩靈山寺被大水沖毀，霧峰林家宗長林獻堂與住持德真尼師討論，將寺院遷至臺中市南區建成路現址，方便弘法利生。一九四八年落成啟用。日後，復於一九六〇年，在霧峰另建一座靈山寺。[2]

【再案】靈山寺開始所講經名，前引各文所述不一。林看治記為《阿彌陀經》，董正之記為《心經》，劉智雄所記為「在靈山寺講《阿彌陀經》、

---

1 釋印順編：《太虛大師年譜》（新竹：正聞出版社，2000 年），頁 90-93。

2 參見：蘇全正：〈霧峰林家的女性學佛人——以台中靈山寺德真法師為例〉，《玄奘佛學研究》第 21 期（2014 年 3 月），頁 61-96。釋德欽生卒年依寬成（許祖成）：〈臺中靈山寺德欽大師事略〉修正。德欽法師小傳見 1953 年 1 月 11 日譜文。

《普門品》、〈大勢至菩薩念佛圓通章〉三座,現講《無量壽經》」;朱斐則記「最初為《觀世音菩薩普門品》之演說,繼則《阿彌陀經》,再演《無量壽經》,復說《觀無量壽經》。」其中董正之憶述時間為一九八六年,朱斐憶述時間為一九五一年九月,或有失記。林看治與劉智雄憶述時間分別為一九五〇年三月和七月,時間較為接近;且林看治該文記錄講經內容與方式綦詳,因以為據。

【小傳】董正之(1910-1989),名正,字正之,以字行。遼寧省瀋陽市人。入大學第二年(1931)日本引發「九一八事變」,東北大學停課,因此成為「流亡學生」,參加「義勇軍」與日軍戰鬥。後義勇軍瓦解,流亡北平。丘念台先生見其才識不凡,引薦轉學入廣州國立中山大學經濟系。一九四七年,承師長親友推荐,返東北參選立法委員,高票當選。一九四九年,隨政府播遷來臺,以聽經機緣,親近炳南先生。炳南先生創立「臺中佛教蓮社」、「慈光圖書館」、「慈光育幼院」、「佛教菩提醫院」、「臺灣省私立菩提救濟院」等弘法利生機構,董居士護持參與,出力良多。先後擔任佛教蓮社董事長、慈光圖書館董事兼館長、慈光育幼院董事長、菩提仁愛之家常務董事、青蓮出版社及明倫雜誌社發行人等要職。[1]

---

[1] 參見:朱仰白:〈故正公董老教授傳略〉,《明倫》第 200 期(1989 年 12 月),頁 27。

1949年・民國 38 年 | 60 歲

初期聽眾約有三十人。李滌生、周邦道、周宣德、許祖成、唐湘清,皆當時會眾。

〈郯城劉居士霜橋八秩壽序〉:徐蚌之役,國人多避寇遷臺,余應聘講釋典於臺中靈山寺,鄉人李子滌生參聽焉。滌生教育界泰斗,精詩律。[1]

廖一辛,〈李老師講經一週年紀念感想〉:老師又在靈山寺講彌陀經的時候,賴許三居士知道我信仰神教是很久的人,所以極力再勸我聽一聽罷,那時候我說好一定去聽,到了星期日上靈山寺來,那時男女分兩班念經,用目一算,內地來男居士有七位,本省男居士有五位,女班方面人數多一點兒。念佛完後,在休息室由賴居士介紹和老師是初見面的。只有談沒幾句話,講經時間到了,大家上講堂來聽老師演講了。[2]

唐湘清,〈佛門回憶錄〉:來臺以後,(與周邦道)三十八年在臺中靈山寺重逢,才知他受了老長官戴季陶先生、江西前輩歐陽漸大師,以及夫人信佛等多方面的影響,對於佛學,早已研究有素,同時更知道周夫人信佛極虔誠,修持很好,大悲水的靈驗,更是有口皆碑。[3]

【小傳】周邦道(1898-1991),字慶光,江西瑞金

---

1 李炳南:〈郯城劉居士霜橋八秩壽序〉,《雪廬寓臺文存》,《全集》第 14 冊之 2,頁 168-171。
2 廖一辛:〈李老師講經一週年紀念感想〉,《李老居士講經週年紀念特刊》(臺中:自印本,1950 年 9 月)。
3 唐湘清:〈佛門回憶錄〉,《菩提樹》第 198 期(1969 年 5 月),頁 32。

人,為一九三一年中華民國首屆高考榜首,世人譽為「民國狀元」。曾任江西省教育廳長,歷任臺灣省立農學院國文教授兼教務主任,中國醫藥學院訓導長、代理校長,一九六一至一九七一年任考選部政務次長。一九六五受聘為華岡佛學研究所所長,主編《中華大典·宗教類》。歷任臺灣各佛教團體董事長、常務董(理)事等職,而任蓮社聯體機構之慈光圖書館董事長、菩提仁愛之家董事長,終其身。

周居士受周揚烈、歐陽漸、戴季陶諸先生之感召,崇信佛法,與夫人楊慧卿同皈依虛雲大師。後依證蓮、斌宗二老和尚受五戒與菩薩戒。與炳南先生因緣尤厚,依李老居士研修淨業,閱三十餘年,為炳南居士門下首座。莊南田於〈悼一代聖哲〉道:「有一次,我們跟隨慶公老師到台中蓮社聽雪公老師開示;一見面,他立即跪在地上向雪公頂禮。老先生年紀已經這麼大了,禮數卻一點不含糊,我們那敢怠慢!趕快也趴下去頂禮如儀。雪公老師也照樣向他還禮。」

周居士往生前一年(1990),自視體力甚衰,即書遺囑,並要求家人於其臨終前,與台中蓮社蓮友聯絡,請求助念,且所有喪葬皆依佛教儀規,以念佛為主。隔年六月,於內湖寓所安詳往生,享年九十四歲。其賢婿凌德麟有〈周慶光老居士往生託夢記〉記

其往生極樂世界事。[1]

【小傳】李滌生（1903-1994），山東博山人。北京大學中文系畢業，前國民大會代表團主席。一九四九年來臺，任教中興大學；一九六五年創辦中文系，歷任夜間部主任、總務主任等職。炳南先生、李滌生、劉汝浩、劉步瀛四人同為魯籍，人因戲稱為「岱嶽四皓」。[2] 炳南先生於法業繁重中，猶撥冗至中興大學中文系日夜間部任教，當是李滌生之大力邀聘而成者。

【小傳】許祖成（1908-1980），字慎獨，法號寬成，廣東普寧人。就學國立北平大學法學院時，因關節之疾，而斷右足，然志不稍沮，卒獲畢業。歷任故里各校。一九四七年來臺，執教於臺灣省立農學院（後改制為中興大學）。一九四八年，臺中市靈山寺竣工落成，因住處近靈山寺，常往禮佛，並自願助理寺中文牘。同年，於靈山寺與臺中佛教界諸賢約有十位共組「大乘起信論研究會」，會眾有林獻堂、慎齋堂張月珠、佛教會館林德林、靈山寺德真、德欽、普願……等。一九四九年，政府遷臺，時有國軍擬借駐該寺。主持德欽法師不諳國語，詞難達意，急請往助。許祖成正告軍方，該寺係私人出資興建，寺眾皆

---

1 參見：蕭子明：〈周邦道先生事略〉，《江西文獻》第147期（1992年1月1日），頁2；凌德麟：〈周慶光老居士往生託夢記〉，《明倫》第216期（1991年7、8月）。

2 李炳南：〈郯城劉居士霜橋八秩壽序〉，《雪廬寓臺文存》，《全集》第14冊之2，頁168-171。

為比丘尼，不宜亦不便供駐。理真而詞暢，軍方遂罷原議。寺眾因此感懷。

許祖成於來臺後，承龍澄澈（後出家，法名本際）函薦，皈依虛雲和尚；師事李炳南老居士，益發大心。李老創辦蓮社、國文補習班、大專佛學講座等，居士皆能為師分勞。靈山寺創辦女眾佛學苑時，許祖成除任教師，又受命代理會性法師任教務工作。又與李老居士、校內同事周邦道老師共同輔導大學生成立智海學社，長期擔任學社指導老師。

一九八〇年十一月十七日過世，來自南北遠途者助念，絡繹不絕。炳南先生前往弔唁時，放聲大哭，老淚縱橫，殆有子喪顏子之慨。著述有《曲禮要解》、《樂記句釋》、《永嘉大師證道歌講義》、《肇論略注述譯》等流通於世。[1]

【小傳】唐湘清（1918-1990）江蘇無錫人。上海新中國醫學院畢業後，一九三九年於抗戰時就讀國立雲南大學時考取中醫師，畢業後任教於重慶贛江中學。來臺後，歷任中校軍法官、新竹少年監獄教化科長、臺中監獄教化科長。一九六二年應聘至中國醫藥學院執教《難經》及《內科學》。每於公餘，撰文發表於各佛

---

[1] 參見：治喪委員會：〈許故教授祖成先生事略〉，《許教授寬成往生十週年紀念專輯》（臺中：國立中興大學智海學社社友會，1990年11月），卷首；許慈書：〈深恩景行永難忘〉，《許教授寬成往生十週年紀念專輯》，頁79-81。蘇全正：〈靈山寺大事記〉，《臺灣佛教與家族——以霧峰林家為中心之研究》，頁278-290。

刊，亦常往監獄、電臺、大專院校講演佛法。著作有《佛法心要》、《慈航十訓述義》、《慈航大師遺訓廣義》、《因果報應故事彙編》、《難經今釋》等。[1]

先生於靈山寺淨業道場初成時，有〈靈山寺淨業道場初成講詞〉（稿表）：（《圖冊》，1949年圖25）

　　甲、教學主旨：（佛）拔苦設教；（生）得益為準——現脫苦厄，後了生死。

　　乙、念佛法門：中土十宗之一能括各宗；名淨之義；為特奇法門——甚深甚玄，修習容易，功果速成。

　　丙、契機：末法根多鈍；急須擇事輕理。

　　丁、偈語：人身難得今已得……[2]

七月十六日（六），夏曆六月二十一日，法華寺《般若心經》講座圓滿，計自五月二十九日（夏曆五月初二）開

1　參見：唐湘清：〈以行動悼念周老居士〉，《周子慎居士伉儷追思錄》，頁116-118；唐湘清：〈佛門回憶錄〉，《菩提樹》第191期（1968年10月8日），頁38。

2　李炳南：〈靈山寺淨業道場初成講詞〉，《雪廬老人佛法講演二十卷手稿》第7卷（台中蓮社收藏，未刊本）；李炳南：《雪公開示講表》（台中蓮社，打字版未刊本），頁224-225。

講，共二十一講次。[1]（《圖冊》，1949年圖26）

　　許炎墩述，觀玲記，〈我所認識的李老恩師〉：三十八年五月首先應邀在建國路與居仁街的法華寺講經。當時不知聽眾程度，說什麼經才好。有一位信眾叫賴棟樑居士的，讀過佛書，國學根柢不錯，他跟老恩師談過話之後，知道他是一位學富五車的大學問家，就提議講《心經》。於是老恩師正式開來臺第一部經。但是講的內容太艱深了，本人當時也聽不懂。曾經只剩下四個人——一個是講者老恩師，一個是翻臺語的智雄師，另一個是準備講完後擦桌椅的。不是老恩師不會說，而是聽者不會聽。老人家的目標是勸人念佛，修淨土法門，所以後來講了不少有關淨土宗的經典。日據時代寺廟大都日本化，沒人講經，沒有機會聽到佛法。聽到有大陸來臺，會講佛法的，消息一傳開，聽眾越來越多了。[2]

　　林看治，〈炳公大導師蒞臨臺中弘法利生一週年紀念日講話〉：去年今日，正是我師炳公蒞臨臺中開演《般若心經》，弘法利生最初之日也。轉眼之間，匆匆一年。想到開講初時座下聽眾，實不到十五人。會終漸

---

1 劉智雄：〈紀念炳公老居士一年間弘化工作〉稱《心經》講座至（夏曆）六月二十二日圓滿，然據攝影留念照片上標注為「六月二十一日」；且六月二十二日於靈山寺宣講《佛說阿彌陀經》，時間應會錯開。照片見：【數位典藏】照片／弘法照片／講經／〈般若心經〉。

2 許炎墩述，觀玲記：〈我所認識的李老恩師〉，《李炳南居士逝世十週年紀念集》（臺中：雪廬講堂印經功德會，1997年），頁127、170。

增亦不過三十人而已。臺中以前佛教之黯淡，及教徒之零落，可見一斑。[1]

講經後，會眾信心增長，有欲皈依禮先生為師者，先生皆引薦以四川如岑法師為皈依證明師。如岑法師寄來皈依證並指示舉行儀節，與在重慶、南京時相同。（《圖冊》，1949年圖27）

　　陳心願問：在家居士為何不能收皈依弟子？先生答：僧者眾也，乃指一切比丘之集團，皈依僧，實皈依其集團。在家人不過近事男女耳，並非比丘，無資入此僧團，何能僭分，妄受皈依。（《佛學問答類編》，《全集》第5冊，頁3）

　　劉智雄：李老居士青年學佛，具受菩薩大戒，薩埵行願，猶如普賢，平等待人如常不輕，慈悲度眾如阿彌陀。故講完了經，不少的人要皈依拜為師者，他老人家戒行莊嚴，絕不接受。只有介紹四川華陽定光寺淨宗道場，如岑法師慈悲攝度，迄今依受度者七十餘人。（〈紀念炳公老居士一年間弘化工作〉）

　　張慶祝：在法華寺，老師將男、女信眾組成先度班，命我為首任班長，皈依師是大陸的如岑大法師。大法師說局勢不穩，在臺灣自行皈依即可，老師送我們

---

[1] 學人慧治（林看治）：〈炳公大導師蒞臨臺中弘法利生一週年紀念日講話〉，《覺生》第1期（1950年7月），李老居士講經週年紀念特刊。

《思歸集》。[1]

朱斐：早些時候海峽兩岸還通信，李老師就採通信皈依方式，如有信眾要求皈依，就代介紹皈依四川的如岑法師，皈依證寄來時，就請李老師在佛前代說皈依。後來兩岸通信斷了，就找附近的懺雲法師（懺公），介紹皈依。懺雲法師也是我們常親近的一位戒德莊嚴的法師。後來南亭法師率隊來臺中宣傳影印《大藏經》以後，便來臺中閉關，所以蓮友由李老師介紹皈依南老的也不少。像王烱如等，是皈依南老的。後來會性法師來臺中，印順長老捐建太虛紀念館以後，也有介紹皈依他們的。（卓遵宏、侯坤宏訪問，周維朋記錄：〈朱斐居士訪談錄（一）〉）

鍾清泉，〈一張別具意義的皈依證——雪公與如岑法師〉：民國三十八年，兩岸尚未分隔，信件往來正常通暢，在法華寺聽雪公講解佛法的學生，大多皈依如岑法師。例如張慶祝老菩薩三皈證書就是遠從四川華陽定光寺寄來的，證書背後還有印祖〈為遠道函求皈依弟子略說皈依儀式〉的遺教，與南京正因蓮社頒授的皈依證書同一版本。而後臺灣與大陸通訊中斷，從內地來臺的僧寶日多，雪公才就近恭請斌宗法師、證蓮老和尚、懺雲法師、會性法師等為蓮友傳授皈戒。[2]

---

1 張式銘：《張慶祝師姑九十回顧》，頁 34。
2 藏密（鍾清泉）：〈一張別具意義的皈依證——雪公與如岑法師〉，《明倫》第 405 期（2010 年 6 月）。

【案】《海潮音》編者大醒法師一九四九年十月十日寫下該期〈編後雜話〉道:「今春,先是整個華北淪陷了!五月本刊遷移臺灣,京、滬、杭、甬不守以後,接連山西、陝西及長江下游地方,俱不能寄達。第八期,湖南又不能寄!現在第十期將出版了,廣州、汕頭與粵境的讀者,又要離開一百四十人。自本期起,本刊除本省外,國內各地只能寄遞廣西與川、康、滇、黔,但廣州失陷,郵路交通,更要遲滯。」[1] 廣州失守是十月以後事,此時七月郵件尚可通達。如朱斐上述,日後有推薦皈依南亭法師者,南亭法師亦與如岑法師相同,囑咐轉發皈依證時多加開示。南亭法師有函示云:

〈南亭法師來函〉:炳公長者道席:接手教,敬悉介紹施好學、施湘痕二人皈依,除施好學君皈帖示語直寄鹿港外,茲將施湘痕女士之帖寄奉左右,並乞轉發與開示為禱。
台北雨多晴少,真悶損人也。專此　敬頌
道安　　　　　　　　　　　　南亭謹白　十七
香敬廿元收到,謝謝。(《圖冊》,1949年圖28)

法華寺經此多次弘講,於是建立淨土道場。先生有〈法華寺淨場初成講詞〉,勉勵大眾以一句佛號謀現未利益:
(《圖冊》,1949年圖26)

1　見:《海潮音》第30卷10月號(1949年10月),頁20。

甲、吉祥預兆：臺中蓮宗實現之日，淨宗亦名蓮宗之義，六月為蓮開之時（花開見佛），應取今日之子去種西方，應向修眾慶祝。

乙、初步先求正因：因地不真果招紆曲，勿信邪言退轉，勿因環境中止。

丙、現今將來兩益：至心一句滅生死重罪，卅二相莊嚴無量光壽。[1]

法華寺講座於《般若心經》圓滿後，接續講「三十七道品」。

張式銘，《張慶祝師姑九十回顧》：老師因材施教，不敢講太深的《心經》，改教「三十七道品」，說人的身體是臭皮囊，由三十六種不清淨的東西組成，我由此開始對佛法產生興趣，以後就一直不間斷地聽經。老恩師的出現，這時我三十二歲。[2]

【案】據許炎墩口述，法華寺講《心經》圓滿後，續講《百法明門論》。[3]

七月十七日（日），下午，於靈山寺宣講《佛說阿彌陀

---

1 李炳南：〈法華寺淨場初成講詞〉，《雪廬老人佛法講演二十卷手稿》第7卷（台中蓮社收藏，未刊本）；李炳南：《雪公開示講表》（台中蓮社，打字版未刊本），頁222-223。

2 張式銘：《張慶祝師姑九十回顧》，頁31-32。

3 陳雍澤筆記：〈許炎墩居士口述紀錄〉，1986年7月28日於瑞光基金會，陳雍澤：《靜思集（七）》，1986-1987年，未刊本。

經》。

七月二十四日（日），下午，於靈山寺宣講《佛說阿彌陀經》。

七月二十八日（四）至三十一日（日），法華寺於臺灣《民聲日報》連續刊出「介紹良醫」啟事，推薦先生義診。

「介紹良醫」：本處聘請學驗兼優中醫師李炳南居士、賴棟樑先生，定於七月二十八日開始施診，時間為星期一、三、五，下午三鐘至六鐘。星期二、四、六，下午四鐘至六鐘。不論貧富，不收費。地址：臺中市居仁路（第一火車路空附近合作旅社側向）法華寺。法華寺施診處啟[1]

朱鏡宙，〈菩提醫院〉：李炳老憑什麼做號召，而有這樣的成就，說來頗不簡單。當他初來臺中的時候，在各寺廟，擺張桌子，為人診病，診金分文不收，不在話下；有時還要掏腰包，為貧病買藥。如遇重病，有請必到，絕不躊躇。大約是他該走紅運吧，說也奇怪，都能著手成春，藥到病除，於是，李老師之名日顯。[2]

林進蘭：恩師來臺，弘法利生都默默地做，不為名不為利，最近一位趙明德先生告訴我，民國卅八年老

---

1 「介紹良醫」，《民聲日報》，1949 年 7 月 28 日，第 1 版。
2 朱鏡宙：〈第 108 章，菩提醫院〉，《菩提樹》第 198 期（1969 年 5 月 8 日），頁 36-41。後收入氏著《夢痕記》。

師在施醫，施藥時，曾暗中拿大陸帶來的布，託趙先生賣，可見老師在很困頓時，也傾囊接濟苦難眾生。當時一年內，曾開出處方箋一千四百多張，救活無數人的生命，並引導大家學佛，使人知道人生真正歸宿。[1]

【案】趙明德任職公賣局，當時居處與奉祀官府鄰近，與孔德成先生及炳南先生常有來往。先生義診時，常前往幫忙。家中收存有孔德成先生題贈書法。一九五二年秋，先生曾將王聖霱繪贈之〈縉雲秋嵐〉轉贈趙明德（見該項譜文）。

法華寺施診處成立外，先生又創設圖書組，印行《歧路指歸》、《無量壽經》等佛書典籍；又編印《阿彌陀經義蘊》。稍後則成立放生組，每月放生兩次。

朱斐，〈炳公老師與我——兼述臺中早期建社弘法的經過〉：老師在法華寺除設施診處外，還設有圖書組，創印《歧路指歸》、《光明畫集》、《無量壽經》、《學佛淺說》、《勸人專修念佛法門》、《龍舒淨土文》、編印《當生成就之佛法》，還著《阿彌陀經》的《義蘊》和《摘注附表解》等。後來又成立了放生組，每月放生兩次，無論財、法、無畏布施，可謂具足矣。

七月三十一日（日），下午，於靈山寺宣講《佛說阿彌陀

---

[1] 弘安（黃潔怡）：〈痛斷肝腸話恩師：訪菩提仁愛之家常董——林進蘭居士〉，《明倫》第 164 期（1986 年 4/5 月合刊）。

1949 年・民國 38 年｜60 歲

經》。

是月,孔德成先生以莊陔蘭先生筆法,書錄炳南先生詩作〈過曲阜懷莊師〉,懷念莊師。(《圖冊》,1949 年圖 29)

【案】孔德成先生之教讀先生莊陔蘭,一九四六年於曲阜過世;呂今山一九四九年過世於常州;另一教讀先生王毓華則於南京失守後攜家人回歸山東萊蕪故里,務農行醫,一九五二年三月十二日病故,終年六十五歲。[1]

趙阿南過訪臺中,有〈過臺中晤達生炳南孝先抵臺南賦寄〉。

離亂悲懽各一天,幾疑恩怨異因緣。無情歲月纔經夏,覺似南冠近十年。身外浮名念已輕,樽前別緒觸愁生。不知秦火揚灰裡,多少奇書著未成。南來展拜鄭王祠,遺愛寒梅茁怒枝。高潔何曾容雪落,無香猶覺透心脾。[2]

是月,中華民國國軍開始從中國大陸撤退至臺灣,中國大陸各地多被中國共產黨執掌政權。

---

1 「王毓華」,《山東省名人錄・濟南市・萊蕪區人物》:http://ren.bytravel.cn/history/1/wanghua3814.html
2 趙阿南:《梧香念廬詩鈔》,頁 3-4。

是月，慈航法師、道源法師等十多位佛學院師生，被新竹市警察局拘捕送臺北刑警隊拘押。幸經白聖法師、東初法師、孫張清揚、董正之、丁俊生、廖華平等諸大居士奔走營救，歷時二十餘日獲釋。[1]

八月七日（日），下午，於靈山寺宣講《佛說阿彌陀經》。

八月十四日（日），下午，於靈山寺宣講《佛說阿彌陀經》。

八月二十一日（日），下午，於靈山寺宣講《佛說阿彌陀經》。

八月二十五日（四），奉祀官孔德成先生應教育部邀請，飛往中央政府所在地廣州，參加八月二十七日舉行之孔子二千五百年誕辰紀念典禮。典禮結束後，往香港、澳門、中山等地演講。[2]（《圖冊》，1949年圖30）

八月二十八日（日），下午，於靈山寺宣講《佛說阿彌陀

---

[1] 釋道源：〈哭慈航法師〉，《慈航大師紀念專輯》（臺北縣：汐止靜修院，1984年），頁146-149；釋妙然：《民國佛教大事年紀》（臺北：海潮音雜誌社，1995年），頁271。

[2] 《民聲日報》，1949年8月27日第1版：「中央社廣州廿六日電」；《民聲日報》，1949年9月3日第1版：「中央社廣州一日電」；「至聖奉祀官孔德成赴廣州參加祭孔大典」（1949年8月25日）：〈中央報告（一）〉，《蔣中正總統文物》，【數位典藏】號：002-080101-00028-005。

經》。

九月四日（日），下午，於靈山寺宣講《佛說阿彌陀經》。

九月十一日（日），下午，於靈山寺宣講《佛說阿彌陀經》。

九月十八日（日），下午，於靈山寺宣講《佛說阿彌陀經》。

九月二十三日（五），奉祀官孔德成先生自廣州搭機赴重慶。返歌樂山重訪猗蘭別墅，別僅三年，已成廢墟。
〈題王獻唐畫猗蘭別墅著書圖〉三首，詩序：蜀山猗蘭別墅，孔上公避寇所構也。己丑，上公再至蜀，其居淪廢墟矣。（《雪廬詩集》，頁327）

九月二十五日（日），下午，於靈山寺宣講《佛說阿彌陀經》。

十月一日（六），中華人民共和國宣布成立。

十月二日（日），下午，於靈山寺宣講《佛說阿彌陀經》。

十月六日（四），中秋節，為臺籍耆宿呂默庵大作《默庵雜著》撰〈序〉。盛讚臺灣山水奇勝，育此雋逸磊砢之

士,所作立論超邁,又有廣濟群生之情。[1]「寄漚軒」書齋名始於此。

中秋夜,法華寺主劉智雄邀集賞月。先生與呂佛庭、陳正寶等十餘人同聚。龍健行有詩紀其事:

> 龍健行,〈己丑中秋夜臺中法華寺智雄寺主集道侶十餘人賞月在庭者有濟南李雪僧臺疆陳正寶南陽呂佛庭〉:十年海客當中秋,身如水上浮空漚(余居青島湛山寺十年每屆中秋皆在寺中賞月),那知今歲望秋月,滄溟萬舉來夷州。道侶雅集法華寺,各持淨業功同修。問年獨愧馬齒長,飄蕭風動髯如虬。南冠七日楚囚列(秋間居獅崖洞因戶籍事拘留七日),法門玷辱顏彌羞;論地分齊梁與皖,餘賢十數胥臺僑。寺主良夜具果餌,碧蘿新煮香盈甌;吟壇玩月多飲酒,如此清賞超凡流。座上華嚴李長者,群推說法惰綢繆;參禪更有陳無己,開口不及麻與油(陳君任臺中佛教會常理一向參禪);標題舉出第一義,諸賢引入空中樓。長者出指指明月,認月認指慧不侔。禪機玄妙寓言外,月光皎皎觀心頭。四過應離百非絕,言詮文相寧能求;會心當下遍一切,苦索覿面將靡由。神州黯淡風雨急,幾如我輩安慈舟。萬姓流離憫失所,彌天兵革何時休?西方光壽雨

---

[1] 見:李炳南:《雪廬寓臺文存》,《全集》第 14 冊之 2,頁 84-86。落款據【數位典藏】手稿。

無量,願捨明月相從游。[1]

【小傳】龍健行(1884-1968),本名燦,字健行,號澄澈,一九五二年出家,法名本際。安徽桐城人。曾在大梁、成都等處任教,後加入同盟會,參與革命行列。曾親近月霞、印光、普照、倓虛、大愚等當代高僧大德,來臺後先後與慈航、妙果、印順、南亭等叢林尊宿結緣。一九五二年,從華嚴蓮社南亭和尚剃度,法號本際,隨受具足戒於臺南關仔嶺大仙寺。一九五九年,於基隆康樂嶺創海印寺,後駐錫該寺弘法度眾。著有《學佛修養》及《健康實驗法》、《懷柏山房文鈔》、《吟草》等。

【小傳】呂佛庭(1911-2005),生於河南省泌陽縣。原名天賜,字福亭,後改為「佛庭」;十餘歲起多次欲披剃,均未如願,故號半僧。入北平美專就讀,初習西畫,後轉學國畫,奠定詩書畫技巧基礎。一九四八年隻身渡海來臺,於臺中師範任教,作育英才無數;也曾應聘至臺灣師範大學、臺灣藝術專科學校、中國文化大學等任教,沾溉後學,影響一代文藝風潮至深且廣。畫作以山水畫為大宗,一九四六年春天所完成的六十尺長之〈蜀道萬里圖〉手卷。一九六〇年代初期代表作,為〈長城萬里圖〉、〈長

---

1 龍健行:〈己丑中秋夜臺中法華寺智雄寺主集道侶十餘人賞月在庭者有濟南李雪僧臺疆陳正寶南陽呂佛庭〉,《覺群》第75期(1950年2月),頁8。

江萬里圖〉、〈橫貫公路長卷〉以及〈黃河萬里圖〉等四件百尺長卷。一九八八年獲得國家文藝獎特別貢獻獎。一九九三年獲得行政院文化獎。其學生多位如江逸子、王熥如，皆因其推薦而從學於炳南先生。

據此詩，則呂佛庭與炳南先生此前已然相識。其與炳南先生交誼見一九八六年六月譜文。

稍後，龍健行於靈山寺聽先生講經後，更加讚歎，賦詩題贈。（《圖冊》，1949 年圖 31）

龍健行，〈聽炳南師兄講三十七道品〉：十載齊東客，身安樂北家；南行烟水域，天雨曼陀華。助道聞諸品，觀蓮長妙芽；師門君入室，弘法志靡它。
台中靈山寺聽炳南師兄講三十七道品，賦詩奉贊希正。
澄澈貢稿

中秋節後，董正之委員自廣州返臺。此次赴廣州，除出席會議，也與各地至香港避難諸大德討論派遣僧侶訪問團赴佛教國家訪問計畫。該計畫日後曾提請先生修改。[1]

十月九日（日），下午，於靈山寺宣講《佛說阿彌陀經》。

十月十三日（四），國民政府自廣州遷都重慶。

---

[1] 董正之：〈生西三載感鐸恩〉，《明倫》第 193 期（1989 年 4 月）。

1949 年・民國 38 年 | 60 歲

十月十六日（日），下午，於靈山寺宣講《佛說阿彌陀經》。

十月二十三日（日），下午，於靈山寺宣講《佛說阿彌陀經》。

十月二十五日（二），金門縣爆發古寧頭戰役，中華民國國軍擊退中國人民解放軍。

十月三十日（日），下午，於靈山寺宣講《佛說阿彌陀經》。

十一月六日（日），靈山寺週日講經宣講《阿彌陀經》圓滿，次週起開講《妙法蓮華經・觀世音菩薩普門品》。
　　林看治，〈我加入靈山寺法華寺念佛會之感想〉：《阿彌陀經》九月圓滿，繼講《妙法蓮華經・普門品》。初用五時判教，開權顯實。橫說豎說，口若懸河。尤以菩薩尋聲救苦之悲願，為最契時機。諄勸際茲劫難頻仍，人人皆應稱念以作依怙也。又以「生老病死苦以漸悉令滅」之妙句，開示最為懇切。謂菩薩不但使人現在有求必應，且能度出苦輪。章句分科，均出新裁，義皆未經人道。[1]

---

1 慧治（林看治）：〈我加入靈山寺法華寺念佛會之感想〉，《覺群》第 76 期（1950 年 3 月），頁 9。

【案】宣講《阿彌陀經》圓滿時間未確，林文僅稱「九月圓滿」，應係夏曆。先生在臺曾多次宣講《普門品》，《講經表解（下）》（《全集》第 3 冊）中收有多篇《普門品》講表，其中頁 1145-1164、1165-1186、1201-1218，三篇未著記時地，或有其一屬本次講稿。

十一月十三日（日），下午，於靈山寺週日講座，開始宣講《觀世音菩薩普門品》。

十一月二十日（日），下午，於靈山寺週日講座，宣講《觀世音菩薩普門品》。

十一月二十七日（日），下午，於靈山寺週日講座宣講《觀世音菩薩普門品》。

十一月二十八日（一），中華民國政府再西遷至成都。

十二月四日（日），下午，於靈山寺週日講座宣講《觀世音菩薩普門品》。

十二月七日（三），中華民國政府遷移臺北。

十二月十日（六），國民黨總裁蔣中正與蔣經國，從成都鳳凰山機場飛往臺北，從此臺海兩岸分治。

1949 年・民國 38 年 | 60 歲

十二月十一日（日），下午，於靈山寺週日講座宣講《觀世音菩薩普門品》。

十二月十五日（四），孔德成先生由成都搭飛機經海南，安返臺中。此次行程起自八月赴廣州參加孔子二千五百年誕辰紀念典禮。[1]（《圖冊》，1949 年圖 32）

十二月十八日（日），下午，於靈山寺週日講座宣講《觀世音菩薩普門品》。

十二月二十五日（日），下午，於靈山寺週日講座宣講《觀世音菩薩普門品》。

是月，帶領蓮友為森玉戲院老闆蕭森玉助念。此為先生來臺第一位助念往生者。此後與蕭家有五代因緣。
  張慶祝：老師第一次帶我們去幫森玉戲院的老闆助念。（張式銘，《張慶祝師姑九十回顧》，頁 35）
  陳秀惠，〈總在遇緣不同──話說雪公老師和蕭家的「五代因緣」〉：二月，雪公至臺中。森玉戲院老闆蕭森玉經姻親張松柏介紹，請雪公看病。時病情已惡化，雪公即明確告之「念佛求往生！」時，森玉居士正

---

1 「孔德成呈蔣中正祭典事宜」（1949 年 12 月 16 日），〈中央報告（一）〉，《蔣中正總統文物》，國史館藏，【數位典藏】號：002-080101-00028-005。

當盛年，事業很大，但經雪公開示，即放下事業，拚命念佛。十二月，森玉居士往生，臨命終時，雪公一直陪伴身旁，全家大小亦都跪在床前懇切念佛。森玉居士意識一直清清楚楚，最後大家都看到蓮華在房裡浮現，森玉居士面帶微笑，沒有痛苦，安詳往生。此為雪公來臺第一位度化往生的人。當時雪公還告訴家人，他和蕭家有五代的因緣。[1]

【案】「五代因緣」：蕭母蕭顏蘭為第一代，蕭森玉為第二代，第三代有松川（碧蓮）、松山、松瑞、秋霞、秋紅（謝耀冰），第四代有國彬（王玥湄）、宇超……等，第五代有登高、登元……等。一九六五年第三代蕭松川突然過世，炳南先生特為加持灌頂助念。第四代蕭國彬、王玥湄婚禮，由炳南先生福證。第五代登高、登元，為炳南先生取名。

十二月，朱斐居士接編《覺群》月刊，發行十二月號七十三期，為單張四開報紙。[2] 刊載先生「佛學問答」專欄及《佛說阿彌陀經義蘊》第一篇「經題」。

是年冬，題贈林看治書法一幀。（《圖冊》，1949 年圖 33）

---

1 陳秀惠：〈總在遇緣不同──話說雪公老師和蕭家的「五代因緣」〉，《回首前塵二十春──雪廬老人示寂廿週年紀念專輯》（臺中：雪心基金會，2006 年），頁 65-74。
2 朱斐：〈致讀者‧作者〉，《覺群》第 77 期（1950 年 4 月），頁 12。

金池菡萏四邊開，喜是林君次第栽；始信西方諸上善，真能乘願化身來。慧治大居士政之己丑冬暮雪廬李炳南并書

【案】題詞後刊於《覺生》第一期，作者以先生法名「德明」，題為「贈法華寺淨宗道場蓮友林慧治女士熱心弘化」。先生作品未見有草書者，是幀書法疑為代筆。

1950年・民國39年・己丑－庚寅
61歲

【國內外大事】
- 三月,蔣中正在臺北宣布繼續行使中華民國總統職權。
- 五月,中華民國國軍撤離舟山群島。
- 六月,韓戰爆發。美國杜魯門總統宣布第七艦隊協防臺灣。

【譜主大事】
- 一月,法華寺舉行世尊成道日慶祝會,領眾禮四川如岑法師行皈依禮。原擬北遷,應大眾懇求,繼續留駐臺中。
  赴臺中監獄弘法,受聘為名譽教誨師。
- 二月,於靈山寺宣講《觀世音菩薩普門品》圓滿。
  接續宣講《無量壽經》。
- 三月,應贊化鸞堂之邀講《阿彌陀經》。講經圓滿,堂主及多位鸞生皈依三寶。
- 七月,擔任佛教雜誌《覺生》月刊社社長。
- 八月,於法華寺宣講《盂蘭盆經》。
- 十一月,於法華寺宣講《勸發菩提心文》。
- 十二月,於靈山寺佛七,開示法要,為臺灣舉辦佛七之始。
  舉行「印公大師入寂十周年紀念日」追思大會。
- 是年,弘法範圍從臺中擴及豐原、彰化等鄰近城市。
  《阿彌陀經摘注接蒙》、《阿彌陀經義蘊》、《阿彌陀經名數表解》初次印行。

1950年・民國 39 年 | 61 歲

一月一日（日），下午，於靈山寺週日講座宣講《觀世音菩薩普門品》，主持念佛會。

一月五日（四），夏曆十一月十七日，阿彌陀佛聖誕。慎齋堂舉行蓮池法會，祝誕儀式由該堂堂主張月珠主持，而後請炳南先生演說阿彌陀佛因緣，會後聚餐。到有董正之、陳正寶、劉智雄等居士多人。[1]

> 先生以祀典供養在報恩、勸世，說明紀念佛陀亦當報恩化眾：念佛求生是報恩，化他同儔是勸世，是名上求下化。有〈慎齋堂彌陀聖誕紀念〉講表。[2]
> 【案】慎齋堂為先生抵臺初始佈教之所，爾後經常來此弘講，晚年時每年元旦之慎齋堂開示更成慣例。該堂建於乾隆十九年，為信眾清修之地，其後歷經擴充遷建，一九四五年臺灣光復時已為純女眾道場。先是於一九四八年，設女子補習班，一切免費，歷時六年，畢業逾百人；續設保育人員訓練班，至一九五九年凡五期，每期畢業四五十人，其有補於社會教育者如此。[3]

---

1 〈新聞網〉，《覺群》第 75 期（1950 年 2 月），頁 11。
2 李炳南：〈慎齋堂彌陀聖誕紀念〉，《雪廬老人佛法講演二十卷手稿》第 8 卷（台中蓮社收藏，未刊本）；李炳南：《雪公開示講表》（台中蓮社，打字版未刊本），頁 256-257。
3 參見：蔡念生：〈慎齋堂記〉，《如是庵內外學稿初集上冊・如是庵文存》（臺中：健華出版社，1975 年），頁 30-33。

【小傳】張月珠（1903-1968），後出家為德熙法師。生於臺灣東大墩（約今臺中市中區大墩一帶），年十七，卒業鄉校，時其父為慎齋堂主，張助理事務，有條不紊。父逝後，遵囑佐祖母主持堂務；一九四四年，繼任慎齋堂主。一九六二年，率同修、弟子數人，禮請焦山東初和尚披剃，受沙彌尼戒；一九六四年，赴基隆十方大覺寺圓具。法師自奉極儉，而十方大德過往，招待惟恐不周；凡有佛教興作，莫不大力資助，以是譽滿緇素。一九六八年八月，因舊患心臟病不起。戒臘四夏，世壽六十有六。[1]

一月八日（日），下午，於靈山寺週日講座宣講《觀世音菩薩普門品》。

一月十五日（日），下午，於靈山寺週日講座宣講《觀世音菩薩普門品》。

一月二十二日（日），下午，於靈山寺週日講座宣講《觀世音菩薩普門品》。

一月二十五日（三），夏曆臘月初八，法華寺舉行世尊成道日慶祝會，受邀解說三皈依意義。並行方便法，領眾禮

---

[1] 參見：蔡念生：〈慎齋堂德熙上人事略〉，《菩提樹》第 190 期（1968 年 9 月 8 日），頁 35。

1950年・民國39年｜61歲

四川定光寺如岑法師行皈依禮。講解皈戒要義時透露將有北遷之行。眾人聞之黯然，至有蓮友下跪懇求常住臺中弘化。先生深受感動，應允留駐臺中。

〈新聞網〉：古曆十二月初八日是本師釋迦牟尼佛成道日，本市法華寺於是日上午舉行慶祝成道大會，由該寺寺主智雄主持慶祝儀式，到有本省籍外省籍居士甚夥，中午聚餐。下午二時起請陳正寶居士演說，並請李炳南老居士解說三皈依的意義，同時李老居士為開方便法門舉行皈依四川定光寺如岑法師儀式。由李老居士領導，先行皈依禮；以後再將全部皈依者姓名寄往香港轉寄四川。法師慈悲，當無不許云。[1]

黃潔怡，〈痛斷肝腸話恩師——訪台中蓮社老社長朱炎煌夫人—江寬玉居士〉：民國三十八年，恩師隨孔德成先生來臺，暫住臺中市，並在法華寺講經、施醫，度化有緣人。然而不久，孔先生必須轉遷北部，恩師亦將隨往。當蓮友們在法會上，聽到這個消息時，眾人皆泣不成聲，有位王鶯居士剛遭母喪，其母臨終蒙師開示往生，受此大恩，尚未圖報，聽到恩師即將離開遠去，頓時雙腿發軟，跪在地上，放聲哭號，懇求恩師切莫北去，這時全場蓮友，人人悲從中來，哭聲不絕，難以抑制。江印水、許克綏及先夫朱炎煌等人遂起來向大家說道：「光哭是無濟於事的啊！大家必須想想辦法，展開實際行動。」於是老蓮友們開始籌錢買下台中蓮社現

---

[1] 〈新聞網〉，《覺群》第 75 期（1950 年 2 月），頁 11。

址,挽留住一代佛學泰斗,常住臺中弘揚佛法。[1]

　　張慶祝,〈口述〉:一月,先生在法華寺,領眾皈依四川華陽定光寺淨宗道場如岑法師,代授三皈依,並解說佛教皈依的意義,解說時提及:「奉祀官府孔德成先生,擬派其前往臺北就職。」當時常隨眾,一時無法接受,多人跪地請求:「請老師不要捨棄我們。」其中一位王鶯居士更是哭得歇斯底里、滿地打滾,並引發所有與會者痛哭不歇,先生知道質樸的信眾,竟然忘情地留他,慨嘆:「我的因緣在此」,答應繼續留在臺中弘法;創立蓮社的構想即刻被提出,信眾為了挽留先生在臺中,開始積極籌募購地、建築款項。[2]

一月二十六日(四),應臺中縣佛教支會邀請,至員林公開演講佛學,講題為「佛教的本質」。該會並禮請先生每月蒞臨一次,宣講《佛說阿彌陀經》。

　　〈新聞網〉:本縣佛教支會,特請李炳南大居士於世尊成道翌日,去員林公開演講佛學。因佛教會地處偏僻,借市區一神廟舉行。李居士講題是「佛教的本

---

[1] 弘安(黃潔怡):〈痛斷肝腸話恩師——訪台中蓮社老社長朱炎煌夫人——江寬玉居士〉,《明倫》第164期(1986年4/5月合刊)。

[2] 玄音居士(張慶祝)口述,洪錦淳採訪記錄(2006年2月26日);見:洪錦淳,《臺灣當代居士佛教團體臺中蓮社之研究》(2009年8月),頁169。另參見:蓮生(黃泳):〈開簾月照萬層峰——黃鶯老居士往生記〉,《明倫》第282期(1998年2/3月合刊)。

質」,將宇宙人生真相、世間法出世法的解決法,參禪修密的困難,講解詳盡。最後則引入唯一良方——念佛法門,勸大家念佛。繼由本報主編講了一個佛化故事,並用樂譜的「六字七音佛號歌」一首教授聽眾,蓋聽眾多半是兒童及知識較低者。李居士一行至深夜十二時趕返臺中云。再該縣佛支會將於最近組織一念佛會,每星期舉行,每月四個星期中舉行演講一次,將聘請李居士前往指導及宣講《阿彌陀經》云。[1]

一月二十九日(日),下午,於靈山寺週日講座宣講《觀世音菩薩普門品》。

是月,赴臺中監獄弘法,受聘為名譽教誨師。有〈赴台中監獄講演〉講表。[2](《圖冊》,1950年圖1)

二月五日(日),下午,於靈山寺週日講座宣講《觀世音菩薩普門品》。

二月八日(三),《覺群》月刊經慈航法師指示改報紙為裝

---

1 〈新聞網〉,《覺群》第75期(1950年2月),頁11。
2 李炳南,〈赴臺中監獄講演〉,《雪廬老人佛法講演二十卷手稿》第9卷,(台中蓮社收藏,未刊本);李炳南:《雪公開示講表》(台中蓮社,打字版未刊本),頁266-267。另參見:〈新聞網〉,《覺群》第76期(1950年3月),頁15。

訂本,發行二月號第七十五期。[1] 連載先生《佛學問答》及《阿彌陀經義蘊》。因先生與編者朱斐兩人同為印光大師弟子以及尊重《覺群》創辦人太虛大師,標定月刊宗旨為「弘揚淨土法門,建設人間佛教」。(《圖冊》,1950年圖2)

我們的《覺群》月刊,標立的宗旨是「弘揚淨土法門,建設人間佛教」,前者我與炳老都修淨土,而《覺群》原是太虛大師在滬創辦,而太虛大師是提倡人間佛教的,所以我們定下這兩者兼具的刊旨。[2]

本期《覺群》刊載《佛說阿彌陀經義蘊》第二篇「法會眾證分第一」:

「如是我聞至與大比丘僧千二百五十人俱」

此為通序,亦曰證信序,乃明此經垂世,並非偶然,賴多因緣,方能成就。為求取信於人,自應列舉其要。因緣維何?即信、聞、時、主、處、眾,六種也。信者如是也,表顯述經之人,先已深信。聞者我聞也,表顯述經之人親身所聞。時者一時也,表顯演說此經之時。因世尊說法,不在一國,且有天上、龍宮、定中之不同,各處曆法互異,難準一例,故特採用一時二字,尚覺圓融。主者釋迦世尊也,表顯說法之人,述者自無

---

1 朱斐:〈覆大醒法師〉,《覺群》第75期(1950年2月),頁7。
2 卓遵宏、侯坤宏訪問,周維朋記錄:〈朱斐居士訪談錄(一)〉,《國史館館訊》第2期,頁128-167。

杜撰之嫌。處者舍衛國祇樹給孤獨園也，表顯道場確在某地。眾者大比丘僧千二百五十人俱也，表顯如是法門聞非一人，無虛無謬。

問曰：眾因緣中，無量諸天大眾，不在此數耶？答曰：此序重在證明是經非偽，而備結集之人纂編。諸天大眾，雖是聽眾，聽已散去，取證較難。千二百五十人昔長隨佛，今又同修，取證自易。結集經時，咸以阿難侍佛最久，聞記最多，公推重誦，眾人證聽，確佛與說無訛，方為記載。是述者載者，俱為當時法會親見親聞之人，故足證信。（下略）

以上序分二段，均為阿難尊者之語，非經正文，如今舉行開會儀式，與會者必先簽到，再於議事以前，記明開會地址及其日期，又如後人著書，每有弁序。[1]

【案】《佛說阿彌陀經義蘊》《全集》本及各單行本，「法會眾證分第一」皆從「長老舍利弗……無量諸天大眾俱」起始，缺上引「如是我聞至與大比丘僧千二百五十人俱」一段。《明倫》月刊編者特為拈出。

二月十二日（日），夏曆十二月二十六日，靈山寺週日講經己丑年最後一講，《觀世音菩薩普門品》亦宣講圓滿。靈山寺當家德欽法師起立致謝云：

　　李老居士在本寺講經六個月中間，不辭辛苦，用去許

---

[1] 李炳南：〈《佛說阿彌陀經義蘊》通序〉，原刊《覺群》第75期（1950年2月），《明倫》第346期（2004年7月）轉載。

多精神,將不可思議之法寶,如博覽會一樣,一一示現我們的眼前,眾等不費分文,能得法乳飽餐、長養慧命,真是幽室之慧燭、迷途之南針。春天又要來臨,大家念佛會員,必須精進,如同花木欣欣向榮,是我深望。[1]

二月二十六日(日),夏曆正月初十,靈山寺週日講座開始宣講《無量壽經》。(《圖冊》,1950年圖3)[2]

〔臺中市訊〕本市靈山寺星期念佛會舉辦之佛學演講繼續恭請李炳南老居士於二月二十六日起開講《無量壽經》。是日參加念佛聽講者,近二百多人,濟濟一堂,後來者幾無插足餘地。會後並攝影留念云。[3]

【案】先生日後於〈景印無量壽經起信論序〉憶述曰:「庚寅(1950)之秋,余應臺中之邀,講《無量壽莊嚴清淨平等覺經》,乃無量壽五存之會集本也。」[4]唯一九五〇年六月,法華寺主劉智雄報告〈紀念炳公老居士一年間弘化工作〉時,提及本經已經開講。茲依上引當年《覺群》月刊報導及照片標題:「恭請李炳南居士在靈山寺開講無量壽莊嚴清淨平等覺經攝影紀念,三十九年二月廿七日」(「廿七」應

---

1 引見:慧治(林看治):〈我加入靈山寺法華寺念佛會之感想〉,《覺群》第76期(1950年3月),頁9。
2 「恭請李炳南居士在靈山寺開講無量壽莊嚴清淨平等覺經攝影紀念」,1950年2月27日,《雪廬風誼》,《全集》總目冊,頁202。
3 〈新聞網〉,《覺群》第76期(1950年3月),頁15。
4 李炳南:《雪廬寓臺文存》,《全集》第14冊之2,頁144-147。

係「廿六」之誤），繫於是日開講，宣講一整年（參見 1951 年 1 月 28 日譜文）。

經本依《無量壽莊嚴清淨平等覺經》，係由夏蓮居居士彙集《無量壽經》之漢、唐、宋諸譯本，歷經三年而成者。梅光羲居士譽此為最善之本，有長序詳述夏蓮居「一室唯供佛，三年不下樓」從事之精謹，經題顯豁且全取舊譯而非自造、法藏大願內涵完備。[1]

【小傳】夏繼泉（1884-1965），字溥齋，號渠園、蓮居，山東鄆城人。曾任直隸知州、靜海知縣、江蘇知府、山東團練副大臣。辛亥革命被公推為山東省各界聯合會會長，宣告山東獨立。民國改元，被聘為山東都督府最高顧問，兼祕書長、參謀長等職。一九二〇年任山東鹽運使，一九二一年辭職，籌備曲阜大學，兼東魯學校校長。一九二五年避居日本。在日期間，與文化藝術界及宗教界知名人士內滕虎（湖南）、狩野喜直等人交往甚深，並有吉川幸次郎、倉石武四郎及朝鮮金九經等人前來就學。兩年後回國，以研究佛學為主。夏繼泉與梅光羲有「南梅北夏」之稱。一九一九年，與梅光羲共同支持山東女子蓮社成立。首任社長夏繼蘭即其令妹。一九二四年，又與梅光羲合作，共同擔任山東佛學會社長副社長。晚年為

---

[1] 梅光羲：〈重印《無量壽經》五種原譯會集序〉，《無量壽莊嚴清淨平等覺經眉注》，《全集》第 8 冊，頁 3-12。

會集《無量壽經》，誓為此經會成完善之本，乃謝絕賓客，冥心孤詣，三年不下樓，稿經數易，方慶告成，題名《大乘無量壽莊嚴清淨平等覺經》。

宣講此經時，先生編有〈佛說大乘無量壽莊嚴清淨平等覺經講表〉，並有《無量壽莊嚴清淨平等覺經眉注》。[1]（《圖冊》，1950年圖4）眉注之原本，當是一九四六年黃臚初（律航法師）以退役中將身在北京親聆夏蓮居講授，攜來臺中致贈先生者。

是月，應臺中監獄禮請，受聘為名譽教誨師。[2]

三月一日（三），先生備辦衣物請人北上致贈屈萬里。屈萬里堅拒退回。先生函復，並非償債，但表相思之意。

屈萬里，〈來函〉（3月1日）：雪翁道兄先生吟席。貴价來，又承齎下衣襪等物事，感荷之至。惟此物弟不敢領，因弟非要米不可，而且非要台端前所食用之原米不可。先生法力無邊，如能將已變成糞之米，再使之「復初」，弟即欣然受之；否則任何物事，皆不足以抵償也。弟不久或將赴台中一行，爾時再奮臂豁拳，以解決此案如何？專此奉聞。順頌

---

1 李炳南：〈佛說大乘無量壽莊嚴清淨平等覺經講表〉，《講經表解（上）》，《全集》第2冊，頁199-219；《無量壽莊嚴清淨平等覺經眉注》，《全集》第8冊之1。

2 〈新聞〉，《覺群》第76期（1950年3月），頁15。

1950 年・民國 39 年｜61 歲

春螫　弟屈萬里頓首三月一日[1]（《圖冊》，1950 年圖 5）

〈致屈萬里函〉：翼兄大鑑：菲薄未蒙俯納，繼接詛楚之文，惶恐惶恐。前分祿米，白骨肉生，粒米重於須彌，未可以物質云報。弟法力固屬無邊，縱能變糞還米，亦不敢原物奉還，蓋老兄情誼，廣如虛空，粒粒原米變為須彌，豈能塞滿虛空哉！昨日之事，不過表示相思，決無償債之想，況吾輩交情，外乎車笠，又奚言債言償耶？大駕南來，合掌歡迎，倘奮老拳，雞肋相抗。謹復　並請大安。　弟雪和尚合十　三月三日[2]（《圖冊》，1950 年圖 5）

【案】兩函僅記月日，未知何年。但以先生之性情，受報必速還，此回饋事應為一九四九年五月受饋米之翌年，一九五〇年三月事。

三月五日（日），下午，於靈山寺週日講座宣講《無量壽經》。

三月九日（四），張慶祝小兒病逝。先生與周邦道、董正之等前往助念。

　　張慶祝：老師第一次帶我們去幫森玉戲院的老闆助念。助念後兩、三個月我兒子病得更重，於元月二十一

---

1 屈煥新：〈忘他同是斷炊人——屈萬里與李炳南喪亂中「鬥富」〉，《明倫》第 474 期（2017 年 5 月）。
2 屈煥新：〈忘他同是斷炊人——屈萬里與李炳南喪亂中「鬥富」〉；《屈萬里書信集・紀念文集》，頁 45。

日死亡。往生前頭痛,大叫媽媽,直到斷氣。老師請周邦道、董正之等大人物來助念。[1]

【案】此應是法華寺與靈山寺念佛會會員家庭助念之始。張於六月十六日炳南先生「講經週年感恩會」發言有「三個月以前,我的一個最痛愛的男孩得了不救之症喪失了」,知此處「元月二十一日」為夏曆。

三月十二日(日),下午,於靈山寺週日講座宣講《無量壽經》。

三月十九日(日),下午,於靈山寺週日講座宣講《無量壽經》。

三月二十日(一),《覺群》三月號第七十六期發行,刊載先生《佛學問答》及《阿彌陀經義蘊》(三)。

三月二十六日(日),下午,於靈山寺週日講座宣講《無量壽經》。

三月三十日(四)至四月五日(三),臺北由居覺生居士等發起組織護國消災利生薦亡法會,恭請章嘉活佛主壇。臺中寶覺寺、靈山寺亦均響應,同步舉辦護國消災法會。法華寺、慎齋堂則於四月五日起,舉行七天。

---

[1] 張式銘:《張慶祝師姑九十回顧》,頁 35。

1950 年・民國 39 年 | 61 歲

中佛會臺灣省分會弘法組宗心法師、鄭松筠居士邀請斌宗法師等多人，亦發起施行春季中部巡迴大講演會。邀請斌宗、圓明等七位法師，李炳南、董正之等四位居士擔任。[1]

靈山寺自三月三十日起舉行七天，每日朝午晚功課五堂，由該寺當家師領導淨土道場念佛同人，一同誦《彌陀經》及《普門品》並念佛菩薩聖號，七天中始終踴躍參加，有大學教授、有商界巨賈、有大德居士、有報童小販，均一心至誠念佛回向，感應功德至大無比。圓滿日聞孔聖奉祀官孔德成先生亦到寺參加云。[2]

是月，溥心畬至臺中舉行個人書畫展。有〈雪廬居士頌〉詩畫題贈先生。前後，又書贈〈鵝頭禪師偈〉及〈江左重二王書〉。(《圖冊》，1950 年圖 6)[3]

溥儒，〈雪廬居士頌〉：水流明覺性，樹老坐禪身；不及龐居士，飄然遠六塵。

雪廬居士頌　　　　　　　　　　　　　　　　　溥儒

溥儒，〈鵝頭禪師別眾偈〉：鵝頭禪師別眾偈云，昔本無生，今亦不滅，雲散長空，碧天皓月。

---

1 〈啟事〉、〈新聞網〉，《覺群》第 76 期（1950 年 3 月），頁 15-16。
2 〈新聞網〉，《覺群》第 77 期（1950 年 4 月），頁 15。
3 【數位典藏】墨寶／題畫墨跡／雪廬老人庋藏墨寶／〈雪廬居士頌詩畫〉；收入《雪廬老人題畫遺墨》，《全集》第 16 冊，頁 252。

炳南居士正 溥儒[1]

　　溥儒，〈江左重二王書〉：江左重二王書，隨內府所收，猶茹千卷。唐時太宗命遂良審定真偽，并為題記

炳南先生正 心畬[2]

　　【小傳】溥儒（1896-1963），姓愛新覺羅，字心畬，為清皇族。因其詩、書、畫與張大千齊名，故後人將兩人並稱為「南張北溥」。與黃君璧、張大千以「渡海三家」齊名。任教於國立臺灣師範大學美術系，校內外從學者眾。其一貫教學是要求學生「先讀四書五經」，再來學畫。堅持「學畫前先端正人品」，之後再練書法，學習毛筆力道與筆法，最後學畫自然水到渠成。在臺門生有羅青哲、江兆申、傅申、劉國松、諶德容等。溥心畬詩、書、畫三絕作品皆有可觀，夏敬觀嘗云：「湖帆、大千等畫，超超等也，惜題識不通順，為缺點，當代畫佳、題識通，南北只一溥心畬。」據呂佛庭稱：「心畬先生第二次來臺中拜訪，即要求帶他到靈山寺聽李炳南講經。」[3]此幀〈詩畫〉未標年月，第以是年三月初，溥心畬至臺中舉行

1　溥儒：〈鷲頭禪師別眾偈〉，係溥儒題贈炳南先生，先生再轉贈陳石松。見：1971年6月27日譜文引：張式銘：〈陳石松及謝桂蘭賢伉儷口述歷史訪談〉。

2　溥儒：〈江左重二王書〉，見：https://auctions.artemperor.tw/2021_autumn/details/3139

3　詹前裕：〈溥心畬的繪畫藝術〉，《臺灣美術》第17期（臺中：國立臺灣美術館，1992年），頁18-31。

個人書畫展。三月下旬由臺中佛友伴隨遊獅頭山，編者（朱斐）於陸崇仁〈遊獅山四日記——與溥心畬先生〉文後記云：「（溥心畬）此次來中月餘，為各寺院廣結善緣，曾數次參加靈山寺法會，念佛聽經，與李老居士相談至契，蓋上善人緣會一處，因緣亦難得也。」其後並有條幅致贈《覺群》編者朱斐。[1] 題贈炳南先生詩畫，或亦此時。

是月，應贊化鸞堂堂主林夢丁之邀至該堂講《阿彌陀經》。講經圓滿，堂主及多位鸞生皈依三寶。

朱斐，〈炳公老師與我——兼述臺中早期建社弘法的經過〉：卅八年間，有一天傍晚，炳公老師忽然來到我服務的圖書館宿舍，要我隨他去聽經，他把我帶到南臺中的有明巷，一所平房的兩間小屋裡，原來這裡是供奉恩主公——以神道設教的贊化鸞堂。他老應堂主林夢丁之邀來此開講《阿彌陀經》。除了我以外，尚有朱炎煌、廖一辛、簡國垣、許炎墩、周慧德、池慧霖、鄧明香等，大多是法華寺的聽眾，但也有是該堂的鸞生，如我內人鄧明香就是鸞生之一。那時我們還未相識，每晚聽經回家，我大多與老師及簡國垣等同行，那時老師好像就住在自由路新生報後面，一銀簡經理也住在自由路，都在圖書館附近，講經圓滿的那一次，鄧明香一路

---

[1] 見：陸崇仁：〈遊獅山四日記——與溥心畬先生〉，《覺群》第 77 期（1950 年 4 月 20 日），頁 7-8；〈錄國畫大師溥心畬居士書贈本刊編者之條幅〉，同刊同期，頁 12。

上跟著,請教老師許多問題,從此老師就特別注意這女孩,她就是現在我的內人。起初我對李老師到這樣的神壇去講經,頗感費解,但當他一部經講圓滿時,堂主即辭去鸞堂的職位,參加淨土道場,皈依了三寶,我內人當然也是其中之一。至此,我才明白老師到此講經的用意,後來創辦台中蓮社的重要人員中,就有很多是從外道轉變皈依佛教的。正如當年佛陀的弟子中,不是也有很多是外道嗎?[1]

林鳳一、陳天生,〈創業維艱懷恩師〉:陳天生居士自述,十六歲即隨其母池慧霖居士參加臺中贊化鸞堂,該堂乃供奉恩主公之神道設教鸞堂。雪公於民國三十八年來臺中,最早即在法華寺講經,後應贊化鸞堂林夢丁居士之邀而至贊化鸞堂開講《佛說阿彌陀經》。才講二、三天即有人向堂主提及,若繼續讓雪公講演佛法,則鸞堂之信眾會被度走。遂於次日當雪公在鸞堂講經之時,即有一群人在隔室誦經,雪公乃明眼之人,即利用一星期迅速將經講畢離去。但因此有數位鸞堂信眾,從此親近雪公聽經聞法,皈依三寶,修持淨土法門。[2]

---

[1] 朱斐:〈炳公老師與我──兼述臺中早期建社弘法的經過〉,《菩提樹》第 403 期(1986 年 6 月 8 日),頁 24;另參見:卓遵宏、侯坤宏訪問,周維朋記錄:〈朱斐居士訪談錄(一)〉,《國史館館訊》第 2 期(2009 年 6 月),頁 128-167;〈新聞網〉,《覺生》第 1 期(1950 年 7 月),頁 12。

[2] 林鳳一、陳天生口述,黃德川記:〈創業維艱懷恩師〉,《明倫》第 441 期(2014 年 1 月)。

1950年・民國39年｜61歲

　　林鳳一：父親（林溪河）臺中商業畢業，在臺中高農擔任行政人員，原本親近忠孝路之「恩主壇」。許居士以及第一信用合作社許多工作人員皆親近，雪公去講《阿彌陀經》，很受歡迎，有人怕信眾被雪公度走，就在講經時干擾。後來許多人就來親近雪公，如：池慧霖、林夢丁、鄧明香……等人，父親也是其中一位。後來雪公在法華寺講經，父親也帶我去聽，也去靈山寺打佛七。到蓮社時才十六歲，民國四十二年通信皈依南亭法師，由雪公代為主持，還為皈依者一一唱法名，我的法名是「觀鳴」。[1]

　　【案】此事時間未詳。一九五〇年六月十六日，法華寺舉辦「李老師講經一週年紀念」時，劉智雄歷數一年法化，有「在贊化堂講《阿彌陀經》一座」。《覺生》於一九五〇年七月報導「近」由其正副壇主將該壇改為淨土道場，且講經期間「不到兩月」，則當為是年二、三月事。姑且繫此為一九五〇年庚寅春節以後事。

　　此次講經，有林夢丁、林溪河（偕子林鳳一）、池慧霖（偕子陳天生）、鄧明香等成為常隨眾。池慧霖、鄧明香於翌年加入蓮社女子弘法班，為十姊妹之行五、么妹。

　　【小傳】鄧明香（1924-1991），生於臺灣省臺中縣

1　張式銘訪問：〈林鳳一師伯口述歷史訪談〉（2017年1月9日），台中蓮社檔案。

石岡鄉、祖籍客家廣東梅縣；在她的父親德亮公時，移居寶島臺灣。原與其令慈同於鸞堂擔任禮生，因炳南先生至該鸞堂開講《佛說阿彌陀經》而受化。加入台中蓮社女子弘法班，為十姊妹之么妹。一九五一年二月，由炳南先生福證，與朱斐結婚，為炳南先生在臺首次主持佛教婚禮。原開設裁縫店，而後至某天主教英語補習學校教授裁縫技藝，並進修英語。婚後，協助朱斐編輯雜誌工作，並至新設之靜宜女子英專（今靜宜大學前身）外文系進修，大學畢業後，任教國中近二十年，因病退休。纏綿病榻年餘，然求生極樂意志堅定；臨終時，正念分明，安詳往生。享年六十七歲。火化後檢獲舍利甚多。往生前，將三十年前跟隨炳南先生學習講經之講稿修訂，有《普賢行願品講記》發行。

同時期，有〈應乩壇請說因果〉講演稿表，為說學佛與信神之別。（《圖冊》，1950年圖7）

　　甲、承招贊歎與慶賀

　　乙、已往行業：扶乩、信神——向善之心——現得福、沒為神

　　丙、今新發心：學念佛、聞因果——求道之心——現得慧、後出要

　　丁、福慧雙修：現佛因、來佛果

　　戊、佛凡身之優劣：凡——四種顛倒；佛——四種淨德

　　己、感想及勗勉：前因（修士未成）；現緣（邂逅

1950年・民國39年｜61歲

幸遇）─隔陰不知；來果（必求一生成就）[1]

【案】先生至新處所弘化，常是先通俗演講，而後講經。此應亦為贊化堂講經前之演說。

四月二日（日），下午，於靈山寺週日講座宣講《無量壽經》。

四月五日（三），夏曆二月十九日，觀世音菩薩聖誕。寶覺寺護國消災法會圓滿日，中佛會中部弘法大講演於此擴大舉辦，邀宴與慰問臺中市入營新軍家屬及各界人士上香參拜。到有孔聖奉祀官孔德成先生、臺中市北區區公所兵役股長、中華日報社主任、新生日報社主任、寓臺中市國大代表、臺中市各新軍家屬等約二百餘人參加。由圓明法師、智性老法師主講。午飯後，一行前往法華寺。先生、董正之、朱斐等先行前往。[2]

同日，法華寺開始舉行護國消災法會。由住持劉智雄領導，每日下午誦《普門品》念菩薩聖號，晚上誦《彌陀經》念佛聖號，並請先生、董正之、賴棟樑、朱斐等居

---

1 李炳南：〈應乩壇請說因果〉，《雪廬老人佛法講演二十卷手稿》第8卷（台中蓮社收藏，未刊本）；李炳南：《雪公開示講表》（台中蓮社，打字版未刊本），頁254-255。

2 〈省佛教分會弘法組弘法概況紀要〉，《覺群》月刊4月號第77期（1950年4月），頁13。

士輪流演講。[1]

四月九日（日），下午，於靈山寺週日講座宣講《無量壽經》。

四月十六日（日），下午，於靈山寺週日講座宣講《無量壽經》。

四月十七日（一），夏曆三月初一，於靈山寺為陳勤士普佛祝壽。

〈報導〉：陳勤士居士，佛教界大護法菩薩也，日前本省佛教界為陳公舉行八十大慶，計有：中壢圓光寺、新竹法雲寺、臺中靈山寺等，暨慈航、律航、道源、德欽等法師，李炳南、董正之等居士，分別在上述各寺於夏曆三月初一，禮誦普佛延壽功課三堂，為陳居士祝壽。[2]

【案】陳勤士為浙江籍國大代表，陳果夫、陳立夫之令尊。

四月二十日（四），《覺群》發行四月號第七十七期。本期出版後，停止發行，將另發行月刊一種。

朱斐：我們的《覺群》月刊，標立的宗旨是「弘揚

---

1 〈新聞網〉，《覺群》月刊 4 月號第 77 期（1950 年 4 月），頁 15。
2 〈報導〉，《覺群》77 期（1950 年 4 月 20 日），頁 15。

1950年・民國39年｜61歲

淨土法門，建設人間佛教」，前者我與炳老都修淨土，而《覺群》原是太虛大師在滬創辦，而太虛大師是提倡人間佛教的，所以我們定下這兩者兼具的刊旨，原以為已萬無一失。辦了幾期以後，問題發生了，因為這個《覺群》是太虛大師在上海創刊的，在臺灣有幾個太虛大師的學生，提出了異議，認為太虛大師提人間（生）佛教，怎麼可以加上「弘揚淨土法門」的內容，不合太虛大師的宗旨，他們說不能再沿用。

我跟李老師商量一下，說：「那我們不要辦好了，要辦就換個名字。」把「覺群」換成「覺生」，改個「生」字，群與生一樣嘛，覺群、覺生，都是眾生，覺悟群生嘛！那他們就沒話講了，我們仍以這兩個標題為宗旨，因為我們不能忘本，我們自己學淨土，皈依印光大師，都是修淨土的，自然不能不弘揚淨土。[1]

　　星雲法師，〈台灣佛教出版界的風雲——朱斐（朱時英）〉：《覺群》忽然間又沒有人主編，後來就拜託朱斐居士承擔編務。朱斐居士篤信淨土，是印光大師的弟子，在臺中時又和專修淨土的李炳南居士結為師友，因此在他接編《覺群》之後，就把《覺群》的宗旨改為推崇印光大師的淨土思想，並請李炳南居士擔任社長。這麼一來，身為讀者的我，看了就感到非常不以為然，於是鼓起勇氣，寫了一封信給朱斐居士。信中我說明《覺群》這一份雜誌是太虛大師所創辦，有一定的宗

1　卓遵宏、侯坤宏訪問，周維朋記錄：〈朱斐居士訪談錄（一）〉。

旨，不該用來提倡淨土念佛。好比張家的祠堂、李家的祠堂，祖先各不相同，不能忽然間就把祠堂裡的祭拜對象給改變了。

當時我很擔心這樣的意見會引起他的誤會，以為我反對淨土念佛法門。所以信裡就一再地告訴他，我們都是念佛人，我也主張「禪淨共修」，但因事關大師們對佛教的發展各有理念，實不容他人予以混淆。哪知道這封信寄出去之後，朱斐居士替我全文刊登，說明他們不辦《覺群》了，要重新登記，另外再辦一份名為《覺生》的雜誌，同樣是紀念印光大師，發行還是在寶覺寺，也由李炳南居士做社長，他繼續做主編。[1]

星雲法師，〈讀者來函〉：說起《覺群》報來，自從他第一期問世以來，差不多每期我都和他見過面，《覺群》的創辦經過宗旨，及言論作風我都非常清楚。但是到了現在，《覺群》已不是從前的《覺群》了，這點我不能不感到居士改革的作風太驚人，你沒有摸著《覺群》的歷史，你不知道當初虛公大師和很多大德創辦的用心，你更不知道今日新佛教是需要的一種什麼出版物。哎，《覺群》報，如果是新佛教裏一支鮮花的話，那麼居士你現在已經把這花兒的根都掘翻了，他怎麼能活下去呢？

說到你個人信仰的佛教，信仰淨土宗，信仰印光大師，

---

[1] 釋星雲：〈台灣佛教出版界的風雲──朱斐（朱時英）〉，《百年佛緣6－文教篇2》。另參見：宗心、朱斐：〈本刊啟事〉，《覺群》改刊第77期（1950年4月20日），頁16。

1950年・民國39年｜61歲

絕對不會有人反對你的，但是你把一本綜合性的刊物，為了個人當編輯，不顧及廣大的讀者，忽的拖向你的志趣方面去。你如果敬仰某大師的道德、學問、人格而想紀念他的話，你可以自己來辦個刊物，或是把什麼《弘化月刊》帶到臺灣來出版，而不該拿大眾的金錢、大眾的精神食糧來做你的祭禮。

你如為了要登載某大師的言錄以廣宣傳，你可以替他翻印幾千冊某某文鈔來轉送人，不要拿貧弱的佛教出版界的寶貴的刊物開玩笑，我不是說的過火，委實你居士對於今日新佛教的趨勢和要求太不知道了。

我不是反對淨土宗，你居士可不要誤會，我們的早晚課誦都是念的南無阿彌陀佛，和《彌陀經》。不過我是說的佛教精深的真理，慈悲的主義，救人的精神，在刊物上宣傳起來，使民眾比阿彌陀佛來的容易接受。既大家知道了佛教的好處，念佛修行。他當然視為分內之事，而且今日佛教是到一個什麼時候了，內憂外患層出不窮。我們希望的今日，佛教輿論界對外是抵抗外侮和灌輸他們的佛學知識；對內，要像警世的鐘聲，喊醒一般自私頑固的佛教徒，不要像一盤散沙，不要醉生夢死，為佛教，為大眾，共為新潮流下的新佛教努力。我想這樣才能代表一般讀者的要求，輿論方面才算盡了責任，也才合乎當初創辦《覺群》的旨趣。居士以為然否？[1]

---

1 編者：〈致讀者・作者〉，《覺群》改刊第77期（1950年4月20日），頁12。

是日,臺中市北屯區慈善堂堂主及負責人受先生教化,將該堂改為淨土道場。

〔臺中市訊〕本市北屯區有一所慈善堂,這個堂本來是供的天帝媽聖一類的多神教,最新已由該堂堂主及負責人如:王亮、賴大吉、王慧月等發起改為淨土道場。這個棄邪就正的因緣,原來該堂主等常來參加靈山寺法華寺的念佛道場被李老居士日久感化,自動地就皈依了佛祖,像這種勝緣,實在難得云。[1]

【案】慈善堂於一九五一年二月,改名為慈雨寺(見該月譜文);一九五三年禮請律航法師出任住持,改名為慈善寺。

四月二十三日(日),下午,於靈山寺週日講座宣講《無量壽經》。

四月二十七日(四),往慈航院探訪南亭法師。法師於二十三日應楊顯祥邀請至臺中擔任慈航院導師。

南亭法師,《南亭和尚自傳》:臺中寶覺寺林宗心,邀余赴臺中;楊顯祥君亦請余赴臺中慈航院當導師。農曆三月初七偕東凱去臺中。慈航院位於郊區,四面水田,無市聲之喧鬧,誠頤養靜修之所。住定後之次日,寶覺寺林宗心居士、玠琮法師、佛教會陳銘芳居士、朱斐居士來訪。初九日開始授課,上下午各一小

---

[1] 〈新聞網〉,《覺群》改刊第 77 期(1950 年 4 月 20 日),頁 15。

時。皖人龍健行老居士來訪。又次日,李炳南老居士、臺中佛教支會理事長鄭和筠居士、祕書陳銘芳居士、法華寺智雄居士,先後來訪。

李炳南為孔子奉祀官孔德成之祕書。擅中醫,儒釋兼通。假靈山寺講經,打佛七,自奉儉薄,在家菩薩也。[1]

【小傳】南亭法師(1900-1982),江蘇泰縣人,俗姓吉。十歲出家,二十一歲受戒後,親近常惺法師、應慈老和尚。一九三四年,接常惺法師傳法,繼任光孝寺住持、佛學研究社社長,以及泰縣佛教會主席。一九四五年春,應葦乘和尚聘,到上海沉香閣講經。一九四八年冬,隨侍智光老和尚來臺。先後在臺北、臺中講經弘法,並出任臺灣中國佛教會常務理監事、祕書長。一九五二年創華嚴蓮社,並與周宣德、鄭崇武諸居士在民本電臺播出「佛教之聲」,為佛教空中弘法之始。一九六四年和星雲、悟一共創智光高級商工職校,紀念智光老和尚。一九七五年成立華嚴專宗學院,以成一法師任院長。一九八二年九月三日安詳往生,世壽八十三歲,僧臘七十二年,戒臘六十三年。著有《心經講義》、《阿彌陀經講話》、《妙慧童女經講話》、《十善業道經講話》、《佛說孛經抄講話》、《永嘉大師證道歌講話》、《釋教三字經講

---

[1] 釋南亭:《南亭和尚自傳》,《南亭和尚全集》第 12 冊(臺北:財團法人台北市華嚴蓮社,1994 年 5 月),頁 146,http://nanting.dila.edu.tw/main.html

話》以及《仁王護國經解》等。後兩者列入《中華大典》。

四月三十日（日），下午，於靈山寺週日講座宣講《無量壽經》。

是月，將在蜀編著之《阿彌陀經摘注接蒙》、《阿彌陀經義蘊》、《阿彌陀經名數表解》付印。《阿彌陀經摘注接蒙》以清末徐珂《阿彌陀經疏鈔擷補》為範本，擇取前賢注釋以接引初機。《阿彌陀經》文字淺顯，涵義幽深。各家注釋，難以遍讀，故有此作。

〈阿彌陀經摘注接蒙弁言〉：淨土教法，都攝群機。三經並曜，若天日星，普遍法界，靡不照臨。其間小本彌陀，收攝尤廣，四法修習，無妨殊程，開端治經，罔不由始。惟此經言似淺顯，義實玄幽。古德虞人不解，空遊寶山，競起宣揚，代有注釋，抉微啟密，奧旨大彰。方知真實教體，即在於斯，不須別藉華嚴以讚之也。嘗取諸家注疏，周遍涉獵。或明乎心性，或圓其事理，或判科精嚴，或析句詳盡，分枝吐芳，皆有獨到。惜乎初學，力有未充，遍讀則勢所難能，擇一又失之摸象，求其義句通詮，言淺旨備之作，愧予譾陋，而竟未獲睹焉。近人雖有直解句解白話等著，非傷之繁，即病乎略，其於啟蒙之功，總未覺其盡洽。蘆橋之役，避兵入川，時應淨侶之邀，各地開演，因取疏鈔擷補，作為範本，根雖等差，語尚契眾。積久集其摘錄，遂成

卷帙。至經中未釋之文，妄僭補足。間亦旁引他書，附加考證。名數則列表另疏，為免畏繁生厭也。稿脫自視，堪助初機。久藏行篋，未正有道。歲庚寅春，僑寓臺島。復值郵路烽塞，貝葉絕源。賓主緇素，乃有印經提倡，慫恿付梓，俾公流通。爰出是編，權乘其乏。志在利生，詎計工拙。固知餖飣之誚，自不免於大雅，然淩華嶽浮滄溟，以此作小梯航，似亦未始無補云爾。

　　　　　　庚寅暮春編者識於臺島綠川橋畔之寄漚軒

〈凡例〉：

一、此編采彌陀疏鈔擷補為藍本。編排仍依其式。所以存其原型。於前人不掠其美。不亂其例也。

二、此編主旨。為便初機自修。故采擷補一書增刪以次之。因擷補析句解釋。簡而易明。語錄古德。要而有本。

三、擷補分經為十二分。無序正通三分之嚴整。無科判條貫之精詳。自不適今講席規範。然為蒙拾易求而取之。實非有所主張也。若開講座。仍須參古德科判。分節歸納為宜。

四、只取乎簡。亦有畧而不達之弊。如名相名數等。有非數語所能詳盡。勢又不能忽之。故於後另附表解一編。可檢對照。不於經中並列者。為減初機生畏心也。

五、凡古注或涉深奧。或及名相者。則加疏以釋之。

六、凡經文有顯明易解之句。古注畧而不及者。為順語必有解。茲皆妄僭補出。

七、凡經文則標大字頂格。古德之注。皆低一格。僭附者再低一格。以期醒目。

八、原有之十二分題目。雖存其舊。但皆從經中剔出。眉於格外。免同昭明分經而招過也。[1]

《阿彌陀經名數表解》列出重要經文重要名相十一條，先表列綱目，再詳解教義。

〈摘要〉：為便於學者研經參考對照所編，共有「阿羅漢菩薩等三乘」、「釋提桓因等忉利天」、「諸天」、「大眾」、「眾生」、「眾苦」、「八功德水」、「五根五力等三十七助道品」、「三十二相」、「惡世能造十種惡業」、「見濁煩惱濁等十使」等十一條經文重要名數，各條先以講表列出綱目，復詳解其義，無論自學、講經，皆甚實用。此份手稿書寫工整，棉線裝訂，印刷版已與《阿彌陀經義蘊》、《阿彌陀經摘注、接蒙》合刊，收於《全集》佛學類第一冊中。[2]

《阿彌陀經義蘊》亦作於蜀中，未及出版。此次付印前，曾呈送四川如岑法師鑑定。書後有「姑蘇靈巖行人」傳智法師題偈云「因請如岑公，法眼而鑑定，行人預末座，一覲大欣慶」等語。

---

1 李炳南：《佛說阿彌陀經摘注 接蒙 義蘊合刊》，《全集》第 1 冊，頁 13-16。

2 吳毓純編撰，吳碧霞審訂：〈摘要〉，【數位典藏】手稿／佛學研究／〈阿彌陀經名數表解〉。

1950 年・民國 39 年｜61 歲

　　姑蘇靈巖行人傳智〈阿彌陀經義蘊題偈〉：淨土妙法門，吾佛大悲心。利鈍悉全收，三根皆普被。言簡而意賅，無問而自說。最契末世機，莫如彌陀經。炳南李居士，現作維摩身。以文字般若，放作大光明。深入而顯出，著彌陀義蘊。博採群經注，復加妙答問。抽絲以搏繭，披沙而揀金。分雖作十二，合信願行三。信則信金口，誠言無虛論。娑婆多惡濁，目前苦刀兵。西方純七寶，衣食自然成。化鳥宣妙法，勝友夥於雲。彌陀垂金臂，常放光接引。願則厭火宅，欣得寶蓮生。行則持聖號，念念存於心。效法古聖賢，勇猛恆精進。普導於同倫，速出大火坑。先化於臺灣，繼以及各省。推行全世界，咸返古家鄉。因請如岑公，法眼而鑑定。行人預末座，一睹大欣慶。爰題撰六八，用表思歸忱。[1]

　　【案】《義蘊》有〈小引〉述旨趣，見一九三九年二月譜文。

五月七日（日），下午，於靈山寺週日講座宣講《無量壽經》。

五月十四日（日），下午，於靈山寺週日講座宣講《無量壽經》。

1　李炳南：《佛說阿彌陀經摘註　接蒙　義蘊合刊》，《全集》第 1 冊，頁 173-174。

五月十八日（四），夏曆四月初二，臺中慈航院舉行浴佛典禮。儀式結束後，南亭法師及李炳南居士講演浴佛意義。參加者有龍澄澈、董正之、王東青、孫善之、朱鏡宙等六十餘人。[1]

  【案】龍、董、王、孫、朱等人，當皆為靈山寺週日《無量壽經》之會眾。

後幾日，先生、董正之再赴慈航院訪南亭法師，談及講經翻譯人才及發言語速等問題。

  《南亭和尚自傳》：李炳老來談甚久。炳老已受梵網菩薩戒，日中一食，提倡淨土。每講經，缺乏翻譯人才，頗以為憾。董正之居士提議：講經發言須慢，並須銷文而後釋義，以聽眾程度、水準不高。余自然接受。唯聽眾多無經本，雖有《金剛經釋義》二元一本，亦無人肯買。人民經濟之窘，可以想見。

五月二十一日（日），下午，於靈山寺週日講座宣講《無量壽經》。

五月二十六日（五），夏曆四月初七，法華寺舉行浴佛典禮。參加信眾十分踴躍。午齋壽麵供眾，午後請先生佛

---

[1] 〈新聞報道網〉，《覺生》試刊期（1950年6月20日），頁15。另參見：釋南亭：《南亭和尚自傳》，《南亭和尚全集》第12冊，頁156-157。

1950年・民國 39 年｜61 歲

學演講。[1]

五月二十八日（日），下午，於靈山寺週日講座宣講《無量壽經》。

六月初，南亭法師忽患腹痛，往請先生診視。謂有內熱，開方服之。[2]

六月四日（日），下午，於靈山寺週日講座宣講《無量壽經》。

六月八日（四），南亭法師突患痢疾，發高燒。服先生處方無效。經請西醫注射針劑，越三日，方止。[3]

六月十一日（日），律航法師往訪南亭法師，下午，同赴靈山寺，聽先生講《無量壽經》。[4]

六月十六日（五），夏曆五月初二日，法華寺由賴棟樑等發起，舉辦「李老居士講經一週年謝恩會」。法華寺住持

1　〈新聞報道網〉，《覺生》試刊期（1950 年 6 月 20 日），頁 15。
2　釋南亭：《南亭和尚自傳》，《南亭和尚全集》第 12 冊，頁 156。
3　釋南亭：《南亭和尚自傳》，《南亭和尚全集》第 12 冊，頁 156-157。
4　釋南亭：《南亭和尚自傳》，《南亭和尚全集》第 12 冊，頁 157。

劉智雄、董正之委員、林看治、張慶祝、林進蘭、李銘榮、江印水……等多人出席。劉智雄詳述去年今日先生講經因緣，並歷數先生一年來創立四處淨土道場、講經六座、成立多處念佛會、介紹皈依七十餘人、佛書流通、施診、放生……等弘法成績。勉大眾效法先生行誼，精進自行、努力化他。同時預告：《阿彌陀經義蘊》、《阿彌陀經摘注附表解》即將出版。

〔臺中〕本市居仁路法華寺淨土道場，於農曆五月初二，由念佛同仁賴棟樑等發起，舉行「李炳南老居士講經一週年謝恩會」。上午念佛、中午聚餐、下午由同仁自由發表聽經感想，參加者甚眾，直至下午七時始盡歡而散。[1]

【案】去年夏曆四月，先生在法華寺已有三次佛學演講，此「講經」一週年係以宣講《心經》起算。

賴棟樑：李老居士到此，講經說法，弘揚淨土，慈悲喜捨。以身作則，一切利他不求名聞利養，隨順眾生無半點習氣。不辭勞苦，不避風雨，親自計劃，領導一切。雖短短一年之中，已創立淨土道場數處。（臺中法華寺、靈山寺、二分埔慈善堂、豐原豐原寺等）各有定期講經。又設立施診、施藥、弘化、放生、助念等，種種慈善事業。都舉有相當成績，對於弘法利生誠不遺餘

---

[1] 〈新聞網〉，《覺生》第 1 期（1950 年 7 月），頁 12。

力矣。誰敢曰佛教消極耶，豈不是貢獻於國家社會耶。因此中部佛教風氣一新，每每令人羨慕不置，又何異暗室之明燈，迷途之指歸耶。

蒙其法施者，莫不感覺此難得之殊勝因緣，誠為世間末法難遭遇。何以言之，蓋在此濁惡世間，要選擇一行菩薩行，而行解相應之大善知識。聘來為我們作領導者。我相信找十年亦找不到，況作不速之客，不遠數千里而來乎！且能講此無量壽大經，以一乘了義澈底的講法，令諸聽眾一聞之下，大家皆得大利益，大精進，豈不是難得中之難得耶。故我希望大家各自珍重，來體老人家一向利他之慈悲大願，好好把住此因緣，來發揮來運用。各發起大誓願，來效老師之行業，以精進自行，努力化他。[1]

　　劉智雄：李老居士青年學佛具受菩薩大戒，薩埵行願，猶如普賢，平等待人，如常不輕。慈悲度眾如阿彌陀，故講完了經，不少的人要皈依拜為師者，他老人家戒行莊嚴，絕不接受，只有介紹四川華陽定光寺淨宗道場，如岑法師慈悲攝度，迄今皈依受度者七十餘人。

講經念佛道場：有法華、靈山兩處，家庭念佛班大小七班，每月每班按期念佛一次，最近化及北屯慈善堂，開設一月兩期念佛會，豐原鎮豐原寺開設一月三期念佛會。

文化方面：有法華寺圖書組佛書借閱處，編印《當生成

---

[1] 賴棟樑：〈農曆五月初二日李老居士講經一週年紀念在法華寺聚餐席上講話〉，《李老居士講經週年紀念特刊》（1950年9月）。

就之佛法》，翻印《歧路指歸》、《光明畫集》、《無量壽經》。最近，翻印《學佛淺說》，《勸人專修念佛法門》，《龍舒淨士文》，著作《阿彌陀經義蘊》、《阿彌陀經摘注附加表解》，現在排印中，不久可能和各位見面了。

一年中講過的經典在法華寺講《般若心經》一座。在靈山寺講《阿彌陀經》、《普門品》、〈大勢至菩薩念佛圓通章〉三座，現講《無量壽經》，在贊化堂講《阿彌陀經》一座。

慈善事業：有法華寺施診處，主任醫師是他老人家自己擔任，賴棟樑先生助之，醫活不少的人。處方箋已用出千四百餘張，除此以外有施藥組，布施窮人的藥資；放生組，每月放生二次，均有相當成績，足可見他老人家的財施、法施、無畏施，具足圓滿。[1]

　　林看治：轉眼之間，匆匆一年。想到開講初時座下聽眾，實不到十五人，會終漸增亦不過三十人而已。在此短短一年之中，竟有不可思議之發展。今已喚起社會之注意，此皆我大導師方便善巧、智悲雙運。本佛陀之大願、大力、大無畏之精神，隨處說法。人鑒其誠，多為所感，故自動成立淨宗道場者已有四處。我師衝寒冒暑，沐雨櫛風，往各道場輪流演講。[2]

---

[1] 劉智雄：〈紀念炳公老居士一年間弘化工作〉，《覺生》第 1 期（1950 年 7 月），頁 11-12。

[2] 學人慧治（林看治）：〈炳公大導師蒞臨臺中弘法利生一週年紀念日講話〉，《李老居士講經週年紀念特刊》（1950 年 9 月）。

江印水：本日恰逢李老師講經週年之紀念日，為報答師恩起見，願我同學諸位：第一，須要宏揚法理，糾正多眾之錯誤。導化為純正之佛教信徒。第二。願我同學結合團體，籌設道場，維持不退轉，以期互相當生成就。切望兩位（案：指智雄師、賴棟樑）自重自重，須要負責糾合同學，結成團體，物色有須達長者之資力者，勸說其發須達長者之願，速成修行道場，以樹立吾臺淨宗永久之基，使法音綿長宣流，方可以維持同人不退轉，更可以互相激勵，以副當生成就之願，且能普度後來。是望於二位大德及諸位同學，須要考慮老師，終有離開臺中歸鄉之一日，一旦與師訣別，後會何時？知識難逢，現在正是吾輩之黃金時代，切望諸位同學，警惕無常，把定時間，奮起精進，於今日之會。方不唐捐。[1]

張慶祝：我見到老師之為人，確是學而不厭誨人不倦，種種說法，善巧度眾，無一不是菩薩行徑，慈悲喜捨四心，尤其是老師樂做的。最令人感動的，是自己說的話，自己都能實行，這卻是我罕見，為大眾稱贊欽佩，這也是老師的出人頭地處。因此聯想到佛教近來的衰微，多半是教徒只會說空話，不肯行實事，由以致之。

深願我等依老師作個模範，方不負老師之教導，纔能給佛面爭取光彩，此是我等佛弟子當行的本分。敝人更是三生有幸，遇到老師，就像昏途得到明燈，我曾經

---

[1] 江印水：〈導化純正佛教〉，《李老居士講經週年紀念特刊》（1950 年 9 月）。

過生趣最沒落的日子，忽然受到老師的法施，身心如枯苗得雨，又繼續的活下去。因在三個月以前，我的一個最痛愛的男孩得了不救之症喪失了，那時愛別離的苦，在我腦海中，如車輪一樣的旋轉不停，肝腸都幾乎被這苦輪壓斷，若非老師開我迷關，灑我法雨，此身恐已不存，或是成了一個精神異狀者，亦未可知。

【案】張慶祝此篇心得，經炳南先生閱過後，以毛筆抄錄送還。[1]（《圖冊》，1950 年圖 8）

【又案】法華寺六月此會，與七月二十三日靈山寺舉辦之「設立淨土道場週年紀念會」與會大眾發言，日後輯成《李老居士講經週年紀念特刊》發行（見該日譜文）。

六月十八日（日），下午，於靈山寺週日講座宣講《無量壽經》。

六月二十日（二），《覺生》月刊發行試刊號，賡續《覺群》月刊，刊出先生《阿彌陀經義蘊》系列第五篇，及「佛學問答」專欄。《覺群》月刊因為刊物登記，以及發行宗旨等問題，停止刊行。

六月二十五日（日），下午，於靈山寺週日講座宣講《無量壽經》。

1　張式銘：《張慶祝師姑九十回顧》，卷首。

1950年・民國 39 年 ｜ 61 歲

是月起，除每週日下午於靈山寺講《無量壽經》，每月初一、十五，於法華寺講「法相名數」。皆有臺語翻譯。[1] 臺中新增寶善寺，外地新增豐原、彰化、鹿港等處，弘化範圍漸見廣闊。

  朱斐：在卅九年前老師講經說法的地方，只限於法華與靈山兩寺，在卅九年六月起，他老就開始至豐原慈濟宮、臺中寶善寺，豐原龍意堂、二分埔慈善堂、彰化曇華堂、鹿港龍山寺等各處講經說法。到處廣結法緣，蓮風大扇。（朱斐，〈炳公老師與我——兼述臺中早期建社弘法的經過〉）

先生於寶善寺開講時，有〈為何學佛及為學步驟〉說明學佛在破迷求悟，步驟則應辨明神佛不同途徑、明解教理，而在研習教理時要能辨別經典真偽。[2]（《圖冊》，1950年圖9）

  〈為何學佛及為學步驟〉：
  （甲）學佛破迷求悟：顛倒錯亂、多招災映；事理通達、一切祥順；迷則焦頭上席，悟則徒薪上席。
  （乙）步驟：辨明途徑——此世界近期只有一佛；聲聞緣覺菩薩皆弟子；餘皆天神非佛教。

---

1 「介紹聽講」，《覺生》試刊號（1950年6月20日），頁16。
2 李炳南：〈寶善寺念佛會初次講經〉，《雪廬老人佛法講演二十卷手稿》第9卷（台中蓮社收藏，未刊本）；李炳南：《雪公開示講表》（台中蓮社，打字版未刊本），頁278-279。

> 必解教理——行事必先解理，解理始能兩利；佛徒昧教故衰、耶徒解教故榮。
> 研經辨偽——偽經、寶卷（目連、香山等）、外道盜竊。

於鹿港龍山寺開講，以〈學佛挽回劫運〉勉勵初步從身口意作善以降祥，進階工夫則需以念佛為將來歸宿。[1]（《圖冊》，1950年圖9）

> 〈學佛挽回劫運〉：
> （甲）自述經過：近二年，近十年，遠二十年。
> （乙）觀察今日臺灣：絕似內地遠二十年，預測將來（內地可可前鑑），預為補救——孔學嫌遲、惟有學佛。
> （丙）學佛初步：身業善口業善意業善，可挽一人一方一省浩劫，作善降祥不善降殃，不學佛不明善惡真理。
> （丁）進階工夫：念佛，一句三業共淨、一句將來歸宿。

七月二日（日），下午，於靈山寺週日講座宣講《無量壽經》。

---

[1] 李炳南：〈學佛挽回劫運〉，《雪廬老人佛法講演二十卷手稿》第12卷（台中蓮社收藏，未刊本）；李炳南：《雪公開示講表》（台中蓮社，打字版未刊本），頁356-357。

1950 年・民國 39 年 | 61 歲

七月九日（日），下午，於靈山寺週日講座宣講《無量壽經》。

七月十六日（日），下午，於靈山寺週日講座宣講《無量壽經》。

七月十七日（一），夏曆六月三日，下午三時，應豐原龍意堂邀請，於豐原慈濟宮宣講《阿彌陀經》。此講座自即日起，夏曆初三、十三、二十三，同時間開講。

七月二十三日（日），夏曆六月初九日，上午，靈山寺舉行「慶祝設立淨土道場周年紀念會」，到有全體念佛同仁一百餘名。下午四時，先生照常宣講《無量壽經》。

〔臺中〕本市靈山寺於農曆六月初九日舉行慶祝設立淨土道場周年紀念會，到有全體念佛同仁一百餘名，來賓有自岡山來參加的施宏謨先生等（施君留學印度，通梵、巴等多種文字，初研究回、耶等教，回國後發現佛教之偉大，乃棄耶、回而攻佛學。）是日上午舉行紀念儀式，中午素齋供眾，下午亦由同仁中自由發表演說。至四時照常請炳公講《佛說無量壽經》。[1]

會後，與法華寺六月舉辦「李老居士講經週年感恩會」大眾發言，輯成《李老居士講經週年紀念特刊》發行。

---

1 〈一月佛教〉，《覺生》第 1 期（1950 年 7 月），頁 12。

頁首刊有先生法相及〈題辭〉、〈題詩〉。（《圖冊》，1950年圖10）

〈題辭〉：聖者凡夫原非兩樣，儒冠袈裟俱是虛妄；默而無言一著向上，借他印心偶現色相。

〈題詩〉：飄然蓬島駐閒雲，月夕花朝樂有群；藻著百篇皆玉潤，心香一瓣似檀薰；難逢佳士今多見，久蘊真源喜共聞；願各手栽蓮萬頃，從教剎海遍清芬。[1]

《李老居士講經週年紀念特刊》目次：

賴棟樑〈農曆五月初二日李老居士講經一週年紀念在法華寺聚餐席上講話〉

劉祖基／智雄〈紀念炳公老居士一年間弘化工作〉

林看治／慧治〈炳公大導師蒞臨臺中弘法利生一週年紀念日講話〉

林看治／慧治〈靈山寺淨宗道場建立一週年紀念日講話〉

廖一辛〈李老師講經一週年紀念感想〉

董正之〈李炳老在臺講經週年紀念〉

智峰〈聞到佛法週年紀念〉

郭智幻〈法華寺為李炳南老居士講經一週年紀念日有感〉

張慶祝／慧祝〈開我迷關灑我法雨〉

林夢丁〈李老師講經一週年有感〉

林進蘭／慧蘭〈紀念老師的話〉

---

1 《李老居士講經週年紀念特刊》（1950年7月），頁首。

1950 年・民國 39 年 | 61 歲

> 李銓榮〈蒙佛靈威派遣特使〉
> 江印水〈導化純正佛教〉
> 賴棟樑〈李老師講經一週年紀念有感〉等詩三首
> 德明、智雄〈贈法華寺淨宗道場蓮友林慧治女士熱心弘化〉詩二首
> 許咸萬〈敬祝李老師講經說法一週年感想紀念〉詩
> 林耳順〈謹呈李炳南老居士並希郢正〉詩三首
> 林耳順〈謹呈智雄法師並希郢正〉詩[1]

七月二十七日（四），夏曆六月十三日，下午三時，應豐原龍意堂邀請，於豐原慈濟宮宣講《阿彌陀經》。

七月三十日（日），下午，於靈山寺週日講座宣講《無量壽經》。

七月三十一日（一），《覺生》月刊創刊號發行，先生受聘出任社長，有〈創刊詞〉說明前刊《覺群》宗旨為「弘揚淨土法門，建設人間佛教」；今《覺生》月刊宗旨則再加上「化導人心，除妄崇真，輔翊政府，興國保民」等建設人間佛教步驟。蓋為即世間求菩提，與淨土法門同時提倡。刊首仍為印光大師與太虛大師文選。（《圖

---

[1] 《李老居士講經週年紀念特刊》現收藏於台中蓮社，參見明倫月刊資訊網：http://www.minlun.org.tw/1pt/1-dreamweaver/32-01.htm。另請參見：藏密（鍾清泉）：〈化度群迷君有願——一九四九的臺中佛化〉第 401 期（2010 年 1 月）。

冊》，1950年圖11）

〈創刊詞〉：記者這支禿筆的業識，是離開了以前的《覺群》軀殼，而投入了這次的《覺生》的軀殼。因緣牽聯，呱呱墜地；孤法不生，材必有用，不問環境如何，是要勇往直前來幹一番，但這業識流轉，當然帶來前生的種子，前生是「弘揚淨土法門，建設人間佛教」；前生如是種因，今生或者如是結果，在願力效率上講，是有可能性。不過這業識經一次頭出頭沒，就會增加上一層習氣。所以我們又標出了「化導人心，除妄崇真，輔翊政府，興國保民」等口號，其實這仍是建設人間佛教的步驟，更為即世間求菩提故，與淨土法門同時提倡，以使始有所由，終有所歸。

《覺生》在開始工作步驟中，是要先從除妄崇真作起。除妄要分兩層來講：一是搬出佛陀的真教義；擊擊法鼓、吹吹法螺，警醒眾生起三毒縱五欲的迷夢！免得妄念妄言妄作妄為，自害害他擾亂得國家及全世界俱不安寧！二是聲明假冒佛教名義的一切旁門邪道、不是佛教，使眾生不可誤入歧途！已經走錯了路的快快回頭，反邪歸正！

崇真也要分兩層來講：一是使社會明瞭佛教的真義與社會人群的關係，而不是只以勸善為止境。二是佛教本無時間空間限制，佛佛道同。本來有世間法、有出世法；有積極處、有消極處，能證得法身解脫智慧、常樂我淨，就是出世法，這實是佛教獨得之妙。徹底救世主

義,何必諱而不言?[1]

先生原無意出任《覺生》月刊社長,因撰就〈創刊詞〉,於是隨順而就任。[2]

本期《覺生》月刊刊載先生〈阿彌陀經義蘊〉(五)及「佛學問答」專欄。

八月六日(日),慈航法師環島弘法,蒞臨臺中,駐錫靈山寺。恰逢先生週日講經法會,恭請慈航法師講演。
　　慈航老法師應臺省佛教會理事長宋修振之邀聘,由汐止靜修院出發,遠至臺灣東部地區,作環島弘法之旅。同行者有圓明法師。宋修振居士及譯閩南語的廣聞、慈觀兩尼師等五人。第一站先到臺中市,駐錫於靈山寺,恰逢週日講經法會之期,本來由李炳南老居士講經的時間,恭請慈老法師講〈我對臺中佛教之觀感〉歷一小時餘。復請圓明法師講〈淨土宗的救人救世〉一小時,最後由宋理事長作簡短之演講。[3]

八月十三日(日),下午,於靈山寺週日講座宣講《無量壽

---

1 〈創刊詞〉,《覺生》第 1 期(1950 年 7 月)。
2 朱斐:〈編後閒話〉,《覺生》創刊號(1950 年 7 月 31 日),頁 37。
3 釋圓明:〈省佛會夏季東部弘法記〉,《覺生》第 2 期(1950 年 8 月 31 日)。

經》。

八月十四日（一），夏曆七月初一，臺中法華寺聘請先生宣講《盂蘭盆經》，有〈盂蘭盆會意義〉講表[1]。三次圓滿，以銜接夏曆七月十三日舉行之大勢至菩薩祝誕會及盂蘭盆會。[2]（《圖冊》，1950年圖12）

〈法華寺籌設盂蘭盆會意義〉：

（甲）七月十五前預告：下佛期為諸佛歡喜日，夏安居竟比中土歲除，宜供佛超祖，各地皆舉行盂蘭盆會。

（乙）盂蘭盆義事大概：印音「烏藍婆挐」、義為倒懸；目犍連救母事——佛導供佛齋僧，能超薦七世父母，後來世皆仿效。

（丙）報父母恩善中第一：死後中陰情況，各思父母現生何處，六道未必人天二道，當效目連尊者。

（丁）臺俗應革：是日殺牲供神，或有誤殺眷屬之虞，更增殺因。

（戊）籌設之事：設位超薦，代作功德——供養三寶、放生、濟貧，回向七世父母。

八月十六日（三），夏曆七月三日，下午三時，應豐原龍意堂邀請，於豐原慈濟宮宣講《阿彌陀經》。

---

1 李炳南：〈法華寺籌設盂蘭盆會意義〉，《雪廬老人佛法講演二十卷手稿》第8卷，（台中蓮社收藏，未刊本）；李炳南：《雪公開示講表》（台中蓮社，打字版未刊本），頁232-233。

2 〈一月佛教〉，《覺生》第2期（1950年8月31日），頁19。

1950 年・民國 39 年 | 61 歲

八月二十日（日），下午，於靈山寺週日講座宣講《無量壽經》。

八月二十一日至二十七日，夏曆七月初八至十四日，每晚應請至二分埔慈善堂宣講《阿彌陀經》。

　　二分埔慈善堂自棄邪歸正改建淨土道場以來，每月舉行念佛會三次，茲悉古曆初八起十四日止，每晚請李老居士前往講演《彌陀經》，老居士不辭勞苦，不受招待，為各處講經說法導邪歸正，行菩薩道，聽眾多係本省人士一經拜聽者，無不感動歎服。[1]

八月二十六日（六），夏曆七月十三日，下午三時，應豐原龍意堂邀請，於豐原慈濟宮宣講《阿彌陀經》。

八月二十七日（日），下午，於靈山寺週日講座宣講《無量壽經》。

八月二十八日（一），夏曆七月十五日，靈山寺舉行盂蘭盆會為念佛會同仁祖先超薦，先生、董正之、周邦道等居士及念佛同人共百餘人參加。[2]

八月三十一日（四），《覺生》月刊第二期刊載先生《阿彌

1　〈一月佛教〉，《覺生》第 2 期（1950 年 8 月 31 日），頁 19。
2　〈一月佛教〉，《覺生》第 2 期（1950 年 8 月 31 日），頁 19。

陀經義蘊》（六）及「佛學問答」專欄。另並刊出一則啟事，聲明受邀講經不受酬，亦不受飲食招待。（《圖冊》，1950年圖9）

〈李炳南啟事〉：佛家精神，慈悲平等，是以度生不擇類，說法不擇處。爰本斯旨，凡有真心學佛，不離其他意義者，欲邀講經，皆擬結緣。但白衣居士不比福田僧伽，敝人例不受酬，猶不受飲食招待，君子以德愛人，希共原諒為幸！[1]

九月二日（六），夏曆七月二十日，臺中寶善寺即日起改為淨土道場，舉行盂蘭盆會七天。[2]

先生於寶善寺念佛會初成開講時，說明不便直接講經，先介紹念佛離苦得樂之現成捷徑。[3]

〈寶善寺念佛會初次講經〉：
（甲）初成道場不便開演：經義語皆深；心尚未靜；各道場初成多不講經；今暫不講。
（乙）講經困難：甲處上下機眾，講未半下機皆退；改講故事復入席；

乙處上下機眾，先講故事上機皆退；改講義理下機

---

1 〈李炳南啟事〉，《覺生》第2期，（1950年8月31日），頁6。
2 〈一月佛教〉，《覺生》第3期（1950年9月30日），頁2。
3 李炳南：〈寶善寺念佛會初次講經〉，《雪廬老人佛法講演二十卷手稿》第9卷（台中蓮社收藏，未刊本）；李炳南：《雪公開示講表》（台中蓮社，打字版未刊本），頁282-3。

又退。

(丙)講經為何：勸人學佛得益──不生不滅；智慧如海；法力無邊。

如何成法──斷三毒二惑；

難易──萬萬人之中不得一人，三劫之久。

(丁)另有現成捷徑：念佛離苦得樂。

(戊)設喻以明：此岸苦──求生具之難、盜賊刀兵、水火地震、掙扎未恢壽命已盡；

彼岸樂──生具自然莊嚴、人皆上善、無風雨變異、壽命無量。

(己)如何去法：念佛往；傳者；經典。

九月三日（日），下午，於靈山寺週日講座宣講《無量壽經》。

九月五日（二），夏曆七月二十三日，下午三時，於豐原龍意堂宣講《阿彌陀經》。龍意堂原借媽祖廟慈濟宮前講經，現改在街尾龍意堂舉行。[1]

九月十日（日），下午，於靈山寺週日講座宣講《無量壽經》。

九月十四日（四），夏曆八月三日，下午三時，於豐原龍意

---

[1] 〈一月佛教〉，《覺生》第 2 期，（1950 年 8 月 31 日），頁 19。

堂宣講《阿彌陀經》。

九月十七日（日），下午，於靈山寺週日講座宣講《無量壽經》。

九月二十日（三），「中國宗教徒聯誼會」在臺復會。中佛會推薦邀請臺中方面由李炳南、董正之、林宗心、朱斐等加入該會。

〔臺北〕「中國宗教徒聯誼會」為前在南京時由太虛大師及白崇禧將軍等組織者，頃已在臺復會，九月二十日假善導寺開第二次理監事談話會，出席白崇禧、章嘉等十餘人。由各教代表李子寬、郭鴻群、康俊壁、馬策等分別報告各教動態後，討論會務並決定擴大徵求會員。臺中方面由中佛會推請李炳南、董正之、林宗心、朱斐等加入該會。聞佛教會員總額為五十名，即將定期召開會員大會。[1]

九月二十四日（日），夏曆八月十三日，下午三時，於豐原龍意堂宣講《阿彌陀經》。

九月三十日（六），《覺生》月刊登載《阿彌陀經義蘊》及「佛學問答」。

---

1 〈一月佛教〉，《覺生》第 3 期（1950 年 9 月 30 日），頁 2。

是日起,臺中寶善寺每週六晚七時,請先生宣講《觀世音菩薩普門品》。[1]

十月一日(日),下午,於靈山寺週日講座宣講《無量壽經》。

十月四日(三),夏曆八月二十三日,下午三時,於豐原龍意堂宣講《阿彌陀經》。

十月七日(六),晚七時,於寶善寺宣講《觀世音菩薩普門品》。

十月八日(日),下午,於靈山寺週日講座宣講《無量壽經》。

十月十三日(五),夏曆九月三日,下午三時,於豐原龍意堂宣講《阿彌陀經》。

十月十四日(六),晚七時,於寶善寺宣講《觀世音菩薩普門品》。

十月十五日(日),下午,於靈山寺週日講座宣講《無量壽經》。

---

1 〈一月佛教〉,《覺生》第 3 期(1950 年 9 月 30 日),頁 2。

十月二十一日（六），晚七時，於寶善寺宣講《觀世音菩薩普門品》。

十月二十二日（日），下午，於靈山寺週日講座宣講《無量壽經》。

十月二十三日（一），夏曆九月十三日，下午三時，於豐原龍意堂宣講《阿彌陀經》。

十月二十八日（六），晚七時，於寶善寺宣講《觀世音菩薩普門品》。

十月二十九日（日），下午，於靈山寺週日講座宣講《無量壽經》。

十一月二日（四），夏曆九月二十三日，豐原龍意堂宣講《阿彌陀經》圓滿。每月三次，計歷四閱月，共十二講次。圓滿時大眾合影紀念。（《圖冊》，1950年圖13）[1]

十一月四日（六），晚七時，於寶善寺宣講《觀世音菩薩普門品》。

十一月五日（日），下午，於靈山寺週日講座宣講《無量壽

---

1 【數位典藏】照片／弘法照片／講經／〈彌陀經〉。

經》。

十一月十日（五），夏曆初一，於法華寺宣講省庵大師之《勸發菩提心文》。

十一月十一日（六），晚七時，於寶善寺宣講《觀世音菩薩普門品》。

十一月十二日（日），下午，於靈山寺週日講座宣講《無量壽經》。

十一月十八日（六），晚七時，於寶善寺宣講《觀世音菩薩普門品》。

十一月十九日（日），下午，於靈山寺週日講座宣講《無量壽經》。

十一月二十三日（四），呈文臺中市政府，申請籌備台中市佛教蓮社。十二月一日，獲准成立進行籌備。

　　專修淨土之佛教徒劉智雄居士等壹佰名為發起人，遵照臺灣省人民團體組織辦法之規定，欲組織台中市佛教蓮社，推舉董正之居士為具申請人代表，自民國三十九年十一月二十三日，呈文於市政府，申請准予籌備，至同年十二月一日接受市政府批准後，即在法華寺經三次籌備委員會議，然後決定民國四十年一月十四日

在靈山寺召開成立大會。[1]

十一月二十四日（六），夏曆十五日，於法華寺宣講省庵大師《勸發菩提心文》。

十一月二十五日（六），晚七時，於寶善寺宣講《觀世音菩薩普門品》。

十一月二十六日（日），下午，於靈山寺週日講座宣講《無量壽經》。

十一月三十日（四），《覺生》月刊第四期刊載先生《阿彌陀經義蘊》（九）及「佛學問答」。《阿彌陀經義蘊》至此期連載完畢。篇末有〈回向偈〉。

> 我釋此義已，爇香三寶前，香雲遍虛空，以及未來際，化為恆沙佛，齊發海潮音，九界含識類，塵剎皆不遺，福慧一時足，咸登金剛臺，方寸未曾移，何有十萬億。一切器世間，盡攝彌陀土，寶樹及蓮池，天樂眾香光，凡種種莊嚴，等無有差別；人皆成補處，地無有娑婆，無有法可說，無有生可度；我願實如是，至心用回向。

十二月二日（六），晚七時，於寶善寺宣講《觀世音菩薩普

---

[1] 《台中蓮社第一次社務報告（民國四十年）》，頁 1-2，台中蓮社檔案。

門品》。

十二月三日（日），赴彰化弘法，朱斐、林看治同行。
　　【案】林慧治〈印祖涅槃十週年紀念感言〉前言有「十二月三日，我們的導師炳公由彰化弘法歸來，在火車上朱斐居士談及印祖涅槃十週年，覺生月刊擬出專版紀念，恩師即要我也寫一篇稿子。」[1]

十二月九日（六），夏曆初一，於法華寺宣講省庵大師《勸發菩提心文》。

是日，晚七時，於寶善寺宣講《觀世音菩薩普門品》。

十二月十日（日），下午，於靈山寺週日講座宣講《無量壽經》。

十二月十二日（二），夏曆十一月四日，於臺中市法華寺舉行「印光大師入寂十周年紀念日」追思大會。上午舉行皈依典禮，受託代四川如岑法師為大眾解說皈依法理。下午舉行紀念會，大師遺像兩旁有先生撰聯，先生又撰有〈印光大師涅槃十周年紀念疏文〉，並主持上香。而後有苗栗法雲寺住持妙果老和尚、慎齋堂住持張月珠及

---

[1] 林慧治（林看治）：〈印祖涅槃十週年紀念感言〉，《覺生》第 5/6 期合刊（1950 年 12 月 31 日），頁 38。

立法委員盧宗濂、黃大海、賴棟樑等講話，最後由先生致謝詞。

　　〈紀念對聯〉：佛輝百靈巖此十載猶存典型賴醒世夢，淨土餘綠島喜無量再傳弟子共種蓮花。

　　〈疏文〉：維中華民國三十九年夏曆十一月初四日臺灣省暨旅臺淨業學人等謹以香燈花果供養於蓮宗第十三代祖上印下光大師之前曰：

娑婆苦淵，眾生昏墊，恆沙佛法，度猶未遍。厥有淨宗，二力二願，肇自聖賢，以訖走販。一切成就，無餘無欠，法歷有清，宗漸衰亂。大師崛起，佛心儒面，世出世法，融為一貫。澆俗漓風，於斯丕變，皈依如雲，各得佛見。多有潛功，當生成辦，緣滿西歸，從茲世暗。五臺崩摧，金山火燹，惟此綠島，道延一線。遙瞻浮圖，靈骨炳煥，西陽東流，霜露十換。期逢涅槃，掬誠紀念，神其來歆，鑒此敬獻。尚饗。[1]

十二月十六日（六），晚七時，於寶善寺宣講《觀世音菩薩普門品》。

十二月十七日（日），下午，於靈山寺週日講座宣講《無量壽經》。

---

[1] 朱斐：〈印祖涅槃十週年紀念會在臺中〉，《覺生》第 5/6 期合刊（1950 年 12 月 31 日），頁 37。

1950年・民國 39 年 ｜ 61 歲

十二月十九日（二），夏曆十一月十一日，彌陀聖誕前七日，即日起七日，靈山寺舉行佛七。（《圖冊》，1950 年圖 14）[1]

當家師德欽尼法師主七，每日請先生早晚各開示一次，為臺灣舉辦佛七之始。爾後每年例行春冬各舉辦一次佛七，皆請先生開示淨修法要。

朱斐：臺中一年舉行兩次佛七，早期一次在二月十九日觀音菩薩聖誕前七天，一次是十一月十七日阿彌陀佛聖誕前七天。地點在南區靈山寺，由靈山寺當家師德欽比丘尼主持，領眾念佛。佛七中最重要的是止靜以後的開示，每天一次。開示的人，必須要能掌握現場念佛大眾用功的情形，如果有昏沉、掉舉、鬆懈或過度緊張的情形，都得隨時加以糾正，並指導大眾如何念佛，才能獲得一心不亂，這就必須是念佛法門的行家才能勝任的任務。靈山寺佛七中的開示者，都是由靈山寺聘請雪公李炳南老師擔任。後來因李老師法務忙，靈山寺每年的佛七就只舉辦十一月中的一次，參加念佛的大眾都很用功，能獲得「一心」者，都是得力於李老師在佛七中的「開示」。[2]

【案】朱斐（宗善）〈記靈山佛七〉（1952 年 4

---

1 「彌陀聖誕啟建佛七攝影紀念」，1950 年 12 月 25 日（民國三十九年舊曆十一月十七日），《雪廬風誼》，《全集》總目冊，頁 202。

2 卓遵宏、侯坤宏訪問，周維朋記錄：〈朱斐居士訪談錄（一）〉，《國史館館訊》第 2 期（2009 年 6 月），頁 128-167。

月）有前言云：「臺中靈山寺淨宗道場，歷年啟建佛七，已是第五次了。」又記有觀音聖誕前，煮雲法師前來為幾位會眾授八關齋戒。[1] 佛七在觀音聖誕前，則是春季佛七無疑。依每年舉辦兩次回推，則首度舉辦當為兩年前（1950）春季佛七。蘇全正研究靈山寺，訪問靈山寺法師，稱「民國三十九年（1950）二月，首度啟建佛七法會，每年兩次，敦聘李炳南居士主七，亦曾禮請道源法師（1900-1988）、續祥法師（1910-1973）、懺雲法師（1915-2009）開示法要。」[2] 亦以一九五〇年春為首次。

唯一九五〇年春之七期，並非由靈山寺主動舉辦，而是配合全國性「護國消災利生薦亡法會」（見1950年3月30日譜文），以誦《阿彌陀經》及《普門品》並念佛菩薩聖號為主，報導中亦未見有炳南先生開示。炳南先生於一九五一年二月以「寄漚生」為名撰寫〈臺中市佛化進展的大概〉回顧道：「去年彌陀聖誕的時候，又建了一次佛七。」（見1951年3月15日譜文）事過不久，宜無失記問題；是知炳南先生認可的佛七，應以此為首次。

十二月二十日（三），寶善寺為慶祝大殿落成，即日起舉行

---

1 朱斐（宗善）：〈記靈山佛七〉，《覺生》第22期（1952年4月），頁16-18。

2 蘇全正：〈霧峰林家的女性學佛人──以臺中靈山寺德真法師為例〉，《玄奘佛學研究》第21期（2014年3月）頁83，注58。

法會七天,每日有佛學演講。[1]

十二月二十三日(六),夏曆十一月十五日,於法華寺宣講省庵大師《勸發菩提心文》。

十二月二十五日(一),夏曆十一月十七日,彌陀聖誕,靈山寺冬季佛七圓滿。

十二月三十一日(日),《覺生》月刊第五／六期合刊,附刊「印光大師生西十週年紀念特輯」。先生有〈印光大師圓寂十週年紀念的回憶〉,詳述學佛歷程,以及親訪蘇州報國寺禮敬大師所受感召。[2]

是日下午,於靈山寺週日講座宣講《無量壽經》。

---

1 〈一月佛教〉,《覺生》第 5/6 期合刊(1950 年 12 月 31 日),頁 2。
2 文原刊於《覺生》第 5/6 期合刊(1950 年 12 月 31 日),頁 33-34;再刊於《菩提樹》403 期(1986 年 6 月),頁 33-34。今改題〈印光大師圓寂十週年紀念回憶錄〉,收見:《雪廬寓臺文存》,《全集》第 14 冊之 2,頁 201-208。

1951 年・民國 40 年・庚寅－辛卯
62 歲

【國內外大事】
- 韓戰停戰。
- 三七五減租條例公布。

【譜主大事】
- 一月,台中蓮社籌組成立,獲選為理事長兼社長。覓地建設。
- 二月,於靈山寺宣講《無量壽經》一年圓滿,續講《觀無量壽佛經》。
  首度主持佛化婚禮。
- 三月,舉辦佛學講演訓練班,開始培育弘法人才。
  會性法師至臺中,首度相識。法師時年二十四歲。
- 五月,弘化屏東,於東山寺每天日夜兩場宣講《阿彌陀經》,並協助成立念佛會。
- 六月,《佛學問答》初次結集發行。
- 九月,於靈山寺宣講《往生論》。
- 十月,於台中蓮社成立弘法團,男眾至監獄弘法,女眾至家庭、社區弘法。女子弘法團有「十姊妹」,各學一部經,先生教導詳盡。
- 十一月,於靈山寺宣講《大乘起信論》。
  於法華寺宣講《勸發菩提心文》圓滿,續講《四十二章經》。

1951 年・民國 40 年 | 62 歲

一月七日（日），下午，於靈山寺週日講座宣講《無量壽經》。

一月八日（一），夏曆十二月初一，於法華寺宣講省庵大師《勸發菩提心文》。

一月十四日（日），夏曆十二月初七，上午九時，台中市佛教蓮社第一次會員大會於靈山寺召開，台中市佛教蓮社宣布成立。[1] 此係與劉智雄、董正之、徐灶生、朱炎煌、張松柏、許克綏等多位居士籌組多日而成立。大會由籌備會主任委員董正之報告籌備經過，繼由市府警察局等代表以及國大代表、慎齋堂主等多位貴賓致詞。下午選舉社長及理監事。先生獲選為社長，社址暫設於法華寺。[2]

〈一月佛教〉：經籌備一月有餘之蓮社，在釋尊成道紀念前一日上午九時假靈山寺會場開成立大會，到會員一百餘人，市政府派社會股長王瀛洲，警察局派蔣濟龍先生等代表出席指導，開會如儀後首由籌備會主任委員董正之居士報告籌備經過，繼由市府警察局等代表致詞，復有來賓如本省國代林吳帖女士，慎齋堂堂主張月珠居士，本刊發行人林宗心居士等相繼致詞。下午繼續

---

[1] 先生生日為 1891 年（光緒 16 年）1 月 16 日（夏曆十二月初七）。
[2] 〈一月佛教〉，《覺生》第 5/6 期合刊（1950 年 12 月 31 日），頁 2。

開會選舉社長及理監事。[1]

　　民國四十年一月十四日在靈山寺召開成立大會,附議左開事項。一、報告籌備經過及成立蓮社之宗旨。二、審議章程及預算。三、選舉理監事。當選者如左:理事九人李炳南、董正之、施德欽、劉智雄、許德真、朱炎煌、許克綏、廖一辛、江印水。候補理事三人林看治、李鎔榮、鍾添登。監事三人:朱斐、黃大海、賴棟樑。常務理事:李炳南、董正之、施德欽。社長:李炳南。常務監事:朱斐。[2]

　　〈台中市佛教蓮社章程〉:

第一條:本社由台中市專修淨土佛教徒組織之,定名為台中市佛教蓮社。

第二條:本社以闡揚大乘佛教,專修淨土法門,提倡國民道德,輔助社會福利為宗旨。

第四條:本社欲達成第二條宗旨,實行左列事業:

　　一、興辦佛教文化事業及佛教教育(如設圖書室及發行刊物設立佛學院等)。

　　二、興辦講經、講演、講習、研究等會。

　　三、組設助念團及改良各種佛事(如做壽、葬儀等

---

[1] 〈一月佛教〉,《覺生》第 7/8 期合刊(1951 年 2 月 28 日),頁 2。1949 年 5 月,《臺灣省戒嚴令》頒布,而後又有《戒嚴期間防止非法集會結社遊行請願罷課罷工罷市罷業等規定實施辦法》等法令,因此,集會須報請市府、警察局派員出席指導。

[2] 《台中蓮社第一次社務報告(民國四十年)》(1952 年),頁 1-2,台中蓮社檔案。

佛事)。

四、舉辦社會慈善、公益、救護、放生事業。

五、聯絡當地佛教會改革社會迷信陋習事宜。

第九條：本社設理事九人、候補理事三人、監事三人、候補監事一人，均由社員中選任之；設常務理事三人，由理事中選出；設社長一人，由常務理事中選出；常務監事一人，由監事中選出之。以上任期各二年，但得連選連任。[1]

是日下午，於靈山寺週日講座宣講《無量壽經》。

一月十六日（二），下午，於靈山寺召開台中蓮社本年度第一次理監事聯席會議，議決敦聘名譽社董及組織人事等案。組織分法務、事務、慈務三部，各推定負責人員。[2]

　　第一次理監事聯席會議，議決擬聘沈成章、萬壽山、陳勤士、劉安祺、謝紹紘、吳善揚、徐灶生、李漢鳴、李郁廷、盧宗濂、靳鶴聲、周邦道、鄢幼霖、張佩環、王鎮芳、白潔卿、洪宗浙、許祖成、李杰超、張松栢、賴大吉、陳正寶、張月珠、賴天生、林夢丁、杜妙知、顧杭、鍾添登、伍宣武、林吳帖、林松齡、張正

---

1 台中市佛教蓮社：〈台中市佛教蓮社章程〉，《台中市佛教蓮社社員名冊》，1952年1月，台中蓮社檔案。

2 董正之主席，朱斐記錄：〈台中市佛教蓮社四十年度第一次理監事聯席會議紀錄〉（1951年1月16日），《台中蓮社董監事會議紀錄》，台中蓮社檔案。

心、孫慕僑、林宗心、賴圓等為名譽社董,並擬訂辦事細則云。[1]

一月二十一日(日),下午,於靈山寺週日講座宣講《無量壽經》。

一月二十二日(一),夏曆十二月十五,於法華寺宣講省庵大師《勸發菩提心文》。

一月二十八日(日),夏曆十二月二十一日,辛卯年靈山寺週日講經圓滿。計以一整年宣講一部《無量壽經》。有欲供養以致謝者,先生一律謝絕,但祈同修精進不退以為報。

　　(靈山寺)該會星期講經法會,於夏曆去年新年啟建以來,每逢星期念佛講經,至年底恰好一部《無量壽經》演說圓滿。講師李炳南老居士謝絕任何供養,勉同修努力信受奉行精進不退以為報答云。[2]

《無量壽經》宣講完畢,有評其所用經本非原譯者。先生詳審五種譯本,認為讀咸生艱。

　　庚寅之秋,余應臺中之邀,講《無量壽莊嚴清淨平

---

[1] 〈一月佛教〉,《覺生》,第 7/8 期合刊(1951 年 2 月 28 日),頁 2。
[2] 〈一月佛教〉,《覺生》,第 7/8 期合刊(1951 年 2 月 28 日),頁 2。

等覺經》，乃無量壽五存之會集本也，慶光參焉。圓滿後，有評其非原譯者，及詳審五種，讀咸生艱。惟曹魏康僧鎧本，文雄義茂，行於世者，獨崇乎此。然猶有困者，往往語似重，義類複，或恚然而斷，忽突兀而起，不易析其章句，致生錯簡闕文之疑焉。[1]

二月五日（一），夏曆十二月二十九日，除夕，赴臺中市慎齋堂，於臺島首次主持佛化婚禮，為朱斐及鄧明香福證。勉勵二位成為菩提眷屬，西來法侶，應相敬如賓，嚴持不邪淫戒。

《覺生》月刊社主編朱斐居士與道侶鄧明香（法名慧心）於二月五日上午九時假本市西區慎齋堂舉行佛化結婚典禮。分兩部進行：一、佛典，二、婚禮。佛典中由證婚人在全體合唱〈爐香讚〉聲中上香禮佛、新郎新娘隨同禮拜。婚禮則從合唱三寶歌起，請介紹人、主婚人、證婚人用印、交換念珠後，再請證婚人宣讀佛化結婚證書，並開示佛法。最後來賓致賀辭、主婚人致謝辭後禮成。朱居士恭請炳公老師福證，朱鏡宙長者為主婚人，維那悅眾為劉智雄、林進蘭居士，司儀則由洪宗浙大居士擔任。雖時值除夕，仍賀客盈門。婚禮簡單莊嚴隆重，觀禮親友莫不歡喜讚美。禮成後茶點招待。新夫婦將所得之賀儀分作三分：放生、印經、供養彌勒內

---

[1] 李炳南：〈景印無量壽經起信論序〉，《雪廬寓臺文存》，《全集》第 14 冊之 2，頁 144-146。

院。功德回向道友福慧無量。[1]

二月十一日（日），夏曆正月初六起三日，應邀至彰化曇花佛堂弘化。第一日以一偈說法，第二日說十善業，第三日說念佛修法。有講演稿表。[2]（《圖冊》，1951年圖1）

第一日〈彰化曇花佛堂開示〉：

堂主發心：邀約講演佛法——功德無量邊、已種成佛之因

大家聽得利益——萬金易得聞一偈難、雁聞經聲死後升天

說法（偈一首）：

受盡三途血火刀，百千萬劫暫時饒；

今生不把彌陀念，空向人間走一遭。

苦海飄流到岸難，彌陀便是救生船；

此機錯過成真錯，再轉身來萬萬年。

第二日〈十善業說〉：

甲、福慧雙修：道為證果（正），善止增福（助）——如鳥二翼

乙、十業：不殺生、不偷盜、不邪淫——身（如玉）

不妄語、不兩舌、不惡口、不綺語——口（如缾）

---

1 朱斐：《學佛回憶錄——四十年來寶島佛教影塵回憶記（一）》（臺中：慈光圖書館，2011年6月），頁52-53。另參見：堯：〈朱鄧佛化婚禮花絮〉，《覺生》第7/8期合刊（1951年2月28日），頁2。

2 李炳南：〈彰化曇花佛堂開示〉、〈十善業說〉、〈說念佛修法〉，《雪廬老人佛法講演二十卷手稿》第9卷（台中蓮社收藏，未刊本）；李炳南：《雪公開示講表》（台中蓮社，打字版未刊本），頁286-290。

不貪慳、不瞋恚、不愚癡——意（如城）

守口攝意身莫犯，如是行者得度世

第三日〈說念佛修法〉：

甲、像設：地方便與不方便，供養有與無

乙、時間：朝暮二正課，隨餘四威儀

丙、課程：繁備法，簡單法。

　　念法：放下萬緣，制心不亂——自念自聽

丁、幫助：持戒，修善（無行入陰故事）

戊、禁忌：外道神鬼等，偽經及襍亂

己、獲益：花報，果報

〔彰化〕本縣電力公司附近之曇花佛堂堂主林大麐，發大悲心，恭請李炳南、董正之兩居士前往講經三天，古曆正月初六起初八止。講經法會之第一日臺中市蓮社同人旅行草屯碧山岩，參加蓮友共六十餘名，合乘卡車乙輛，順道彰化又參加聽講云。[1]

二月十二日（一）至十六日（五），臺中慎齋堂舉行「創立貳百年週年紀念法會」及系列講演。

蔡念生，〈慎齋堂記〉：堂始於有清中葉。……（一九四五年）臺灣光復，是時已改為純女眾道場。四十年二月，舉行建堂二百年紀念。先是於三十七年，設女子補習班，一切免費，歷時六年，畢業逾百人；

---

1 〈一月佛教〉，《覺生》第 7/8 期合刊（1951 年 2 月 28 日），頁 2。

續設保育人員訓練班,至四十八年凡五期,每期畢業四五十人,其有補於社會教育者如此。[1]

【案】慎齋堂所設女子補習班、保育人員訓練班,為當時非常少數之女子進修機構。星雲法師早期弟子張優理(慈惠)、吳素真(慈容)等三人,一九五四年即是到此接受幼教師資訓練。[2]

二月十四日(三),先生應邀於該堂演講,主題為「在世間、出世間、入世間的界說」,指出須世間、出世、入世三種合起來才是完整的佛法,不能只取一種。

> 世間、出世、入世三種合起來乃是整個的佛法,決不能單純的主張只取某一種,若是只主張某一種,那不是整個佛法,而是個人的偏見。單純主張在世,乃不契理;單純主張出世,有時也不契理;單純主張入世,等於植物尚未生根,便要他結果,那是說空話,不合實際的,因為他根本尚未出世,那裡談得到什麼入世呢!近日為著迎合社會潮流,單純的主張「在世」一段,絕口不敢說出「出世」兩個字來,拿著佛法一味去附和些時髦的事,說什麼「佛法在世間,不離世間」,而下一字卻不念了,這樣說來說去,恐怕已把佛法變了質。不

---

[1] 蔡念生:〈慎齋堂記〉,《如是庵內外學稿初集上冊・如是庵文存》,頁 30-33。

[2] 釋星雲:〈錢,用了才是自己的〉,《往事百語 1－心甘情願》;卓遵宏、侯坤宏訪問,周維朋記錄:〈朱斐居士訪談錄(一)〉,《國史館館訊》第 2 期(2009 年 6 月),頁 128-167。

知佛法出世法,多由世間法作助緣,世間法又多指歸到出世上去,並未分離,也未離開社會說話,這纔叫「不離世間覺」。若單單主張在世一段,佛法就不為世所尊重了![1]

該文經朱斐記錄後刊載於是年四月《覺生》第十期。有讀者質疑,尚未證悟,何言度生?先生回應道:度生不限階級,縱為在世初學,只要正知正見,便可向人化導。

牛慶譽,〈學佛疑問再商榷〉:現在學佛的,開口就講入世度生,並輕視四果羅漢,呵之為焦芽敗種。試問自己是否徹悟佛法證了涅槃?是否神通變化不可方所呢?

〈覆牛慶譽老居士〉:統觀尊論,主旨在不到阿羅漢及乾慧地,即不能入世度生數句。但眾生根性不一,各隨其願,各有其緣。只要背塵合覺,而在世之修眾,無論先自度或同時度他,均屬無過,不必執定大家須一律看齊也。

度生之事,本有入世菩薩(指已證涅槃乘願再來之人)神通變化不可方所,亦有在世菩薩(指具縛凡夫肯發菩提心者)隨緣隨分,盡其知能以勸人者。若必待證到阿羅漢或乾慧地方可度生,請看證果者能有幾人?佛法豈不日就

---

1 李炳南:〈在世間、出世間、入世間的界說〉,《弘護小品彙存》,《全集》第 4 冊之 2,頁 126-133。

湮滅？眾生豈不迤邐昏途乎？長者精研金經，內不云乎：「若復有人聞此經典信心不逆，其福勝彼，何況書寫受持讀誦為人解說。」又云：「乃至四句偈等受持讀誦為他人說，於前福德……」不皆勸人向外弘揚乎？向外弘揚，即是度生。細味經文，其勸為人解說者，非定阿羅漢乾慧地菩薩，亦不過誦讀之普通人耳。據此，可知度生不限於何等階級，縱為在世初學，只要正知正見，便可向人化導。倘得對方悟入，即是自己助行功德。[1]

二月十六日（五），慎齋堂創立二百年紀念日，應邀出席並致詞。[2]

二月十八日（日），每週日下午二時起，於靈山寺開始宣講《佛說觀無量壽佛經》。[3]

【案】《全集》第二冊有兩篇《觀經》筆記，第二篇標記為「在慎齋堂講」，第一篇則未標記時地，應即此次宣講講表。本次宣講《佛說觀無量壽佛經》至九月十六日圓滿。

---

[1] 牛慶譽：〈學佛疑問再商榷〉；李炳南：〈覆牛慶譽老居士〉。俱見：《覺生》第 13 期（1951 年 7 月），頁 18。

[2] 〈一月佛教〉，《覺生》第 9 期（1951 年 3 月 31 日），頁 2。

[3] 李炳南：〈觀無量壽經筆記〉，《全集》第 2 冊，頁 427-448。《台中蓮社第一次社務報告（民國四十年）》（1952 年），頁 10，台中蓮社檔案。〈一月佛教〉，《覺生》第 7/8 期合刊（1951 年 2 月 28 日），頁 2。

1951年・民國40年 | 62歲

是月,二分埔前慈善堂改建為慈雨寺,專修淨土,啟建方便佛七。[1] 先生有〈二分埔慈雨寺開示初機〉共六次,指點修淨易簡法,在正課、五戒、勸善,並說明修淨不礙俗務。[2]（《圖冊》,1951年圖1）

〈二分埔慈雨寺開示初機〉:

（一次）平時備急:應知應備——有生有死,有身有識,有來有去。

（二次）信仰須辨邪正:聖凡種種不同,六類明係何道,佛如虛空。

（三次）成佛之方法:先明聖凡境界,性如何顯法,世人少成之因,佛開特別法門。

（四次）修淨易簡法:正課方式——同作,自修;

助行——戒殺盜邪淫,行慈悲喜捨;

加行——教他念佛,勸人為善。

（五次）修淨不礙俗務:破迷心理,正散方便,善忘故事,請眾靜聽。

（六次）策勉精進:聞修諸難,警偈曰——真諦已宣夜已闌,虛空無盡夜團團;不辭六會殷勤贈,待到求時便覺難。

【案】北屯二分埔慈善堂於是月改名為慈雨寺,一九五三年禮請律航法師出任住持後,又改名為慈善寺。

---

1 〈一月佛教〉,《覺生》第9期（1951年3月31日）,頁2。
2 李炳南:〈二分埔慈雨寺開示初機〉,《雪廬老人佛法講演二十卷手稿》第12卷（台中蓮社收藏,未刊本）;李炳南:《雪公開示講表》（台中蓮社,打字版未刊本）,頁358-369。

三月四日（日），下午，於靈山寺宣講《佛說觀無量壽佛經》。

三月八日（四），夏曆初一，於法華寺宣講省庵大師《勸發菩提心文》。

三月十一日（日），下午，於靈山寺宣講《佛說觀無量壽佛經》。

三月十五日（四），以「寄漚生」為名發表〈臺中市佛化進展的大概〉於《人生》月刊，敘述兩年來臺中佛教的弘化活動，包括：法華寺、靈山寺、慈善堂、慎齋堂、贊化堂等淨土道場之建立與合作，以及佛教蓮社的創設。係應邀為該刊「臺灣佛教特輯」撰稿。

  記者是三八年到的臺中。當時是農曆二月，[1] 正值北區寶覺寺舉行觀音法會，遂急往參加。十九那天，有慈航法師及其一班高足蒞場，輪流演講佛法。大會一閉，慈師的法駕也就走了。直是「樓臺寂寞收燈夜，門巷蕭條掃雪天」的詩境。市內寺廟，雖有七八處，但是守清規的，卻閉門自修；貪圖名聞利養的，就玩弄一些迷信事項。再就是錯認龍華外道，當作佛教。敲敲打打，唱一些破壞佛法的歌謠。

---

1 先生蒞臨臺中為國曆二月（農曆一月）。〈遷臺旅膳宿及雜支單〉、〈臺灣省政府通報〉及南京諸友來函可確認。詳見 1949 年 2 月各文。「當時」指觀音法會舉行時。

市內西區居仁路一個小廟，名叫法華寺的，忽然發起請內地居士講《般若心經》。該寺的住持智雄師，國語流利，翻譯臺語。這一次收效很好，《心經》講完了，竟有許多聽眾，要求按期繼續講演。這時有人提出空講教，不如兼修道的問題來。大家深以為然，遂成立了一個淨土小道場，定期念佛講經。

市內的西南區，有一座靈山寺，內中清規極嚴。住持德真師及監院德欽師兩位大德，均修淨土。後由董正之居士提倡，兩位大德發了大心，成立了一淨宗道場，每星期日念佛講經。講了幾種經以後，信佛的就加多起來。講期是星期日，各學校機關是日都有閒暇，所以聽眾多是智識分子。大家看著他們都去聽講，不由的潛移默化，對佛法都加了敬重。每一次講期，一座講堂皆是滿滿的聽眾。後到的尚立在門外，側聽不去。去年彌陀聖誕的時候，又建了一次佛七。可以說是莊嚴肅靜，得到利益的人很多。

寶覺寺主持宗心法師、朱斐居士，熱心弘化，先是接辦《覺群》報，後來自創辦了《覺生》月刊。市東區有慈航院，從前也是閉門自修。今年忽發了大心，遠遠的向臺北請了一位南亭法師到臺中講演《金剛經》。同時佛教會更不肯甘居人後，也請南亭法師晚間到會講演《心經》。這兩年的中間，除了慈、南二位法師先後來臺中傳法以外，尚有圓明法師、律航法師，卻來過兩三次，影響實在很大。

北屯二分埔有慈善堂，原屬龍華。堂主人參加市內幾次

講經會後,發心把善堂改為念佛會,定期念佛講經。去年九月,恭請律航法師主辦建了一次方便佛七,晚間連續講了五部《彌陀經》。佛七圓滿後,皈依的達百人。於是將慈善堂更名作慈雨寺。市北區有座寶善寺,每年雖做兩次法會,只不過是香火會而已。卻也當仁不讓,定了每星期六晚間念佛講經。因著講堂窄狹,現在新起了一座彌陀大殿,可容六七百人聽經。而臺中各寺供彌陀為本尊的,該寺尚是始創。

市極北區,有慎齋堂。另有一贊化堂,請居士們講佛學大意。聽了月餘工夫,又請人講了一卷《阿彌陀經》。內中的知識分子,統統脫離乩堂去皈依三寶了。

臺中市的各寺廟,是散在四隅的。大家以為中心少個道場,這是缺點。由出家在家等眾,開了幾次會,又組織了一個台中市佛教蓮社。內容分事務、慈務、法務三大類,是在釋尊成道的前一日成立的。這在臺灣,可以說是一個新的產生物。

〔南亭法師「附注」〕:按臺中市法輪之推動,李炳南居士之力為多。居士虛懷若谷,不願露名;茲特為之注出,以見人能宏道之效焉。

〔編者〕:此文乃李老居士應本刊上期臺灣佛教特輯而寫者,惟當時因郵遞遲遲之關係,未及登載。茲特為誌出,向作者及讀者們致歉。[1]

---

[1] 寄漚生(李炳南):〈臺中市佛化進展的大概〉,《人生》第 3 卷第 2 期(1951 年 3 月 15 日),頁 5-6。

1951年・民國40年 | 62歲

三月十八日（日），下午，於靈山寺宣講《佛說觀無量壽佛經》。

三月二十日（二），靈山寺啟建佛七，德欽法師主七，禮請先生開示。

〔靈山寺淨土道場〕：住持德真監院德欽兩師慈悲，發心啟建阿彌陀佛七日道場，推德欽師主七，李炳南居士開示，智雄師翻譯，念佛同仁輪流護七。於古曆二月十三日起至觀音聖誕日圓滿，經常參加者數十人，隨喜參加者百餘人，每日四支香一心念佛，晨夕佛聲不斷，其中得到利益者，頗不乏人云。[1]

〔法華寺〕：古曆二月十五日講經法會因念佛同人多數參加靈山寺佛七，為一心專修起見，暫停一次。十九日為觀音聖誕，該寺例行紀念儀式，香火殊盛云。[2]

先生有〈靈山寺春季佛七開示〉表解手稿，其中四日有偈云：

第一日：心嚴道場嚴，心淨佛土淨；在因以誠感，在果以靈應。

第二日：鏡不染塵，水不起波；遍滿虛空，一個彌陀。

第四日：此番念佛大不同，要下決心拼死生；若將七日輕放過，再求不亂更難成。

---

1 〈一月佛教〉，《覺生》第9期（1951年3月31日），頁2。
2 〈一月佛教〉，《覺生》第9期（1951年3月31日），頁2。

> 第五日：借問刀兵劫，何術可能免；提防三餐時，莫托冤業碗。又：薑連一服性傳身，何事市烹貪味塵；念佛未能開智慧，只緣吞毒變痴人。[1]

【案】〈開示〉表手稿為【數位典藏】佛七開示之第一篇共有七頁，首行題「靈山寺春季佛七開示」，未標注年月日；最末頁接續〈靈山寺秋季佛七〉第一日，可見此係同一年先後之佛七開示文件。據〈靈山寺秋季佛七〉末頁（第4頁）最後「圓滿偈（舊十一月望」，與《覺生》月刊第十八期（1951年12月31日）報導該年十二月七日至十三日靈山寺舉行冬季佛七圓滿日為夏曆十一月十五，所說圓滿偈亦完全相同（詳見該日譜文）。因可確認，此兩文件分別為一九五一年春季佛七及秋季佛七之開示稿表。

胡遠志、蔣伯興時任軍職，應先生引薦參加佛七，從此常隨聞法。

胡遠志：民國三十八年，隨部隊駐防臺中市太平路附近。當時二十多歲，下班後，常與好友蔣伯興先生，到附近散步走走。在民國四十年左右，有一天，兩人走到寶善寺附近，看見有位老先生在寺內講經，一時好奇，就進去隨著聽。當時雪公老師正講《觀世音菩薩普門品》中「應以何身得度者，即現何身而為說法」那一

---

[1] 【數位典藏】手稿／佛學講授／佛七開示／〈靈山寺春季佛七開示一篇共7頁〉。

1951年・民國40年 | 62歲

段。我們初聽也不甚了解,聽完,大家討論,老人家特別留下我們,很親切的問過我們姓名,並招呼我們說:「你們二位對佛法有興趣嗎?」我們笑著說:「是有點道理。」老人家說:「現在靈山寺正開講《阿彌陀經》,你們可以去聽聽。」於是,數日後,我們就到靈山寺去,到了靈山寺,只聽到念佛的聲音很大,而寺門卻是關閉的。正納悶著,有護七的說,裏面在打佛七,不可攪擾。等到休息時間,雪公老師走出來,他很慈悲的攝受我們,又留我們吃齋,而從未念過佛的我們,也留下來跟著打坐,念了一支香的佛。就這樣,我們開始聽聞老師講經說法,並受到很多學佛前輩的愛護與關照,像洪宗熙居士、史老太太、萬老太太、甘老太太等,後來好友蔣伯興先生,他落髮出家去了,本人則一直待在臺中。[1]

【小傳】胡遠志(1921-2004),四川蓬溪縣人。一九四九年隨國軍來臺,於空軍航空工業發展中心任士官長。一九五一年由李老師接引至靈山寺聽法,隨後參加蓮社國文補習班。補習班結業同學組成文藝班後,長年擔任班長,領導該班從事佛法講演、樂隊文宣、壁報美工、房舍維修等工作。一九八〇年退役後,全力投入佛教事業,擔任終身義工。有欲邀聘,則聲明不受職位、不占編制、不領薪水,只求付出。

---

[1] 弘安(黃潔怡):〈訪文藝班班長胡遠志居士〉,《明倫》第173期(1987年4月)。

自謂少小離家,因李老師接引而有蓮社以為家。往生前十年即已預立遺囑,交代子女臨終醫護及助念喪葬事宜。二〇〇四年,於菩提仁愛之家,在蓮友助念聲中無痛無喘,安詳往生。[1]

三月二十二日(四),夏曆十五,於法華寺宣講省庵大師《勸發菩提心文》。

三月二十五日(日),下午,於靈山寺宣講《佛說觀無量壽佛經》。

三月三十日(五),律航法師來函,感謝去夏「修淨不可濫入禪機」之指點,及為其新著作序。並約四月來臺中拜訪。(《圖冊》,1951 年圖 2)

  律航法師,〈來函〉:炳老道席:久違塵教,彌切葵慕。日前正之兄晤敘,欣悉杖履健康、法化遠被,至符頌祝。律航百日念佛,光陰虛度,二執徒增,宿業發露,懺悔何從。當茲末法,教律禪密均不契機;惟淨土一門普攝群機,尚易流通。然教理稍乖,則毫釐千里。不僅盲修瞎鍊,甚至壞人天眼目,種三途惡因。律航深為此懼。客夏親近丈室,方省淨宗萬不可濫入禪機,疑

---

[1] 胡式貞:〈勞自我筋骨修清淨心行——胡遠志老居士往生見聞記〉,《明倫》第 350 期(2004 年 12 月);胡式貞、胡維慶:〈胡遠志老居士事略〉,《菩提仁愛之家》:http://www.bodhi.org.tw/index.php?sid=5.3.8

團為之豁然，受用良多。今於意見卜度、氣魄承當，及夾雜名利諸種障礙，尚未能認識清楚，尤不能掃除淨盡，所以終日念佛而不自在也。至心懇求仁者大發慈悲，開示茅塞。拙著《念佛入門》辱承作序，今始拜讀。詮闡教義，深入淺出，廣結眾緣。惟為法心熱，遂不覺謬譽過當，更滋慚愧矣。頃與正之兄約農曆三月十五日法雲寺大殿落成時，偕往台中面聆教言。良晤匪遙，專肅佈臆，敬祝道安　釋律航和南　三月三十號　臺中市復興路復興巷十六號　李老居士炳南　汐止靜修院　律緘[1]

【案】據函文「百日念佛，光陰虛度」，應是百日念佛出關未久。案其兩度百日念佛，一為一九五〇年冬至一九五一年三月十七日在汐止，一為一九五二年夏至同年秋。今依發文日期及地點，繫此函為一九五一年三月三十日發文。

【小傳】律航法師（1887-1960），法名宗淨，號西衲，字律航。俗家姓黃，名臚初，安徽亳縣人。一九一五年，入陸軍大學第一期深造，在軍中歷任團、旅、師長、參謀長、副軍長、代軍長等職。一九二八年，年四十二歲，晉升陸軍中將。一九三七年五十一歲，在西安任職，皈依西安大興善寺心道法師，又借得《大般若經》六百卷，兩年閱竟。抗戰勝利後退役，於一九四六年，在北平親近夏蓮居居

1　【數位典藏】書信／出家法師／〈律航法師之一〉。

士，聽講《無量壽經》，並參加佛七數次。翌年到上海，親近圓瑛法師，在圓明講堂聽《大乘起信論》。一九四八年春來臺皈依慈航法師，翌年四月八日佛誕節，依慈航剃度。三年後，六十六歲，受具足戒。一九五〇年到臺北汐止彌勒內院掩關百日，專修般舟念佛三昧。一九五二年夏，到大湖法雲寺二度掩百日關。一九五三年，應臺中市大眾請，出任慈善寺住持。晚年在臺中，與佛教蓮社導師李雪廬（炳南）、佛學家蔡念生（運辰）、畫家呂佛庭諸居士時有往還。一九六〇年春，命弟子廣化接任慈善寺住持，自己退居靜修，預積往生資糧。數月後，預知時至，安詳往生。世壽七十四歲，法臘九夏。

來函所云「客夏親近丈室」當是一九五〇年六月十一日訪炳南先生事。然二人結識時間當更早，炳南先生宣講《無量壽經》所用經本，即律航法師出家前所贈。

三月三十一日（六），會性法師至臺中參觀先生領導之淨土道場，此為法師與先生首度相識。法師時年二十四歲。[1]

【小傳】會性法師（1928-2010），法名宗律，法號會性，以法號行。俗姓陳名華生，生於臺灣省苗栗縣南庄鄉獅頭山。一九四七年（二十歲），獲聘為斌

---

1 普門講堂編：〈會性自述略歷〉，《會性法師略歷》（屏東：普門講堂，2011年），頁21。

1951年・民國40年｜62歲

宗法師侍者兼任翻譯。是年依元光寺悟遍老和尚落髮出家。一九四八年（二十一歲），參加慈航法師在中壢圓光寺興辦佛學院。一九四九年（二十二歲），掩關獅山雲霞洞，三年有餘。出關後，接任元光寺方丈，旋赴白河大仙寺（1953年1月），求受具足戒。一九五四年（二十七歲），為弘傳戒法，在元光寺接辦臺島第二次三壇大戒。一九五六年（二十九歲），卸下方丈職，隨即掩關於後山之靈峰蘭若。至一九六一年（三十四歲）八月，因治療胃疾而出關。此後歷任高雄壽山佛學院、佛光山東方佛教學院、屏東東山佛學院等處授課弘法。一九七五年（四十八歲）二月起，應炳南先生禮聘，在內典研究班講授「天台教觀」專課，協助栽培弘法人才。同時於每年寒暑假明倫大專佛學講座授課和開示。炳南先生往生後，一九八七年（六十歲）起，接續先生主持之「元旦開示」、臺中靈山寺「佛七開示」，以及蓮社週四晚長期經筵，曾宣講《菩薩戒本經》、《在家菩薩戒》、《優婆塞戒經節本》等戒經。一九九〇年（六十三歲）起，在普門講堂講授《天台四教儀》、《法華經》、《華嚴經》、《淨土三經》、《藥師經》、《大乘起信論》等。二〇一一年二月十一日，安詳坐化於屏東萬巒普門講堂方丈寮。著作有《蕅益大師淨土集》、《大藏會閱》、《首楞嚴經講錄》、《梵網經菩薩戒本會解》、《圓覺經集解》、《大乘起信論二譯會釋》、《天台四教儀講錄》、《教觀綱

宗集講》、《讀印光法師文鈔記》……等多種行世。

法師與炳南先生初識於一九五一年；論交則在一九五五年九月，法師因患胃疾，赴臺中住朱斐處，由炳南先生療治。此期間，二師相談歡契，蓋志同道合。由是，台中蓮社暨聯體機構皆以法師為依止，如蓮社《朝暮二課法節》、《春秋祭祖法節》等法事儀軌之修訂，每年春秋兩次之祭祖，「三皈」與「五戒」之傳授，乃至各種佛教典籍刊印流通，無不秉承於法師。[1]

是月起，每週六晚上於寶善寺舉行佛學講演訓練班，學員約五十人，旁聽者百餘人。

〔臺中〕此間北區太平路寶善寺，每星期六晚上八時半起，仍有佛學演說。聞係專門訓練佛學講演人才所設。固定學員約五十餘人，但旁聽者卻不下百餘名。講師為李炳南居士，數月來已將三十七助道品等一一細說圓滿，復再細說六波羅密。分四次講畢。茲聞繼細說後將用粗說方式再為重演，俾便學者為人演說云。[2]

【案】寶善寺自一九五〇年六月請先生說法，九月改為淨土道場，開講《普門品》。十二月大殿落成，每週六念佛講經。此訓練班之開辦啟始時間未詳，然

---

1 參見普門講堂編：《會性法師略歷》，頁21；吳聰敏：〈敬悼會公上人──記一位精通三藏、老實念佛的一代高僧〉，《明倫》第402期（2010年2/3月）。

2 〈一月佛教〉，《覺生》第14期（1951年8月31日），頁2。

1951年・民國40年 | 62歲

一九五一年八月報導,「數月來已將三十七道品等一一細說圓滿」,開辦經時。姑且繫於是年三月。

四月一日(日),下午,於靈山寺宣講《佛說觀無量壽佛經》。

晚七時,於靈山寺講堂召開佛教蓮社理監事第一次座談會,討論社址案。[1]

四月六日(五),夏曆初一,於法華寺宣講省庵大師《勸發菩提心文》。

四月七日(六),夏曆三月二日。每月初二、十六日下午二時起,於彰化大同路曇花佛堂舉行佛學演講。每週六晚七時起,於臺中太平路寶善寺舉行佛學演講。分別由劉智雄、賴棟樑任臺語翻譯。[2]

四月八日(日),下午,於靈山寺宣講《佛說觀無量壽佛經》。

---

1 董正之主席,江印水記錄:〈台中市佛教蓮社四十年度理監事座談會紀錄(第壹次)〉(1951年4月1日),《台中蓮社董監事會議紀錄》,台中蓮社檔案。
2 〈佛學演講〉,《覺生》第10期(1951年4月30日),頁16。開講日及講演主題未詳。寶善寺之教學,應同前為「佛學講演訓練班」。(見是年3月譜文)

四月十五日（日），下午，於靈山寺宣講《佛說觀無量壽佛經》。

四月二十日（五），夏曆十五，於法華寺宣講省庵大師《勸發菩提心文》。

四月二十二日（日），下午三時，於靈山寺宣講《佛說觀無量壽佛經》。

講經後，於五時二十五分，於靈山寺講堂召開蓮社第二次理監事座談，決議蓮社不宜以寶善寺為社址。
主席：董理事（正之）就位陳述左列各項為開會詞
1. 寶善寺當家師傳達：該寺主持和尚願將該寺提供與蓮社為社址及道場。
2. 該寺現在所負債務肆萬餘元，由蓮社供出清還。
3. 各理監事若贊成通過即召開臨時社員大會，更蒙大會贊同者則可以進行募捐。
朱監事：以無記名方式投票表決贊否
實行投票
開票結果：贊成參票，不贊成玖票。
主席：不得贊成通過，實對於該寺主持不起，應另想辦法。
李社長（炳南）：寶善寺主持計劃建築宏壯大殿，且又近來設法講經利眾，確實功德無量，實可欽佩。蓮社若將該寺充當為社址及道場者，恐外界誤會蓮社侵占叢

林,實屬不雅。已然不得贊成者,應另設法共助該寺完成計畫。先煩董、朱兩理事代為詣寺道歉。[1]

四月二十四日(二),夏曆三月十九日,煮雲法師於后里舉行「震災超度大法會」,並藉機勸導改革殺生祭拜陋習。先生與台中佛教蓮社同仁讚歎並撰擬宣傳文章,編印圖文戒殺宣傳品,大力協助推行。[2]

四月二十八日(六),持續戒殺宣傳,指示將豐子愷《光明畫集》中畫頁製成紙扇流通。(《圖冊》,1951年圖3)[3]

四月二十九日(日),下午,於靈山寺宣講《佛說觀無量壽佛經》。

五月六日(日),夏曆初一,於法華寺宣講省庵大師《勸發菩提心文》。下午,於靈山寺宣講《佛說觀無量壽佛經》。

---

[1] 董正之主席,江印水記錄:〈台中市佛教蓮社四十年度理監事座談會紀錄(第貳次)〉(1951年4月22日),《台中蓮社董監事會議紀錄》,台中蓮社檔案。
[2] 摩迦(釋星雲):〈內埔超度震災法會誌盛〉,《覺生》第11期(1951年5月30日),頁15。
[3] 「總務處庶務組通告:製作護生摺扇」,1951年4月28日,台中蓮社檔案。

五月十二日（六），夏曆四月初七，佛誕節前一日，臺中法華寺與菩提道場兩處，提前一天舉行浴佛典禮，參加者均數百人。下午，於法華寺指導蓮社佛學講習班學員江印水、林看治、呂正涼、黃大海等居士試習講演。[1]

五月十三日（日），下午，於靈山寺宣講《佛說觀無量壽佛經》。

五月十六日（三）至二十三日（三），先生偕譯師劉智雄、林看治、呂正涼、林進蘭及《覺生》月刊編者朱斐等一行六人，應屏東東山寺住持圓融法師之邀南下屏東弘化。

　　智雄，〈佛教蓮社屏東弘法記〉：去年法華寺弘法部玄瑞居士到屏東時，和圓融法師相識，問及臺中弘法情形，極為讚歎和欣慕。他老人家心裡已種下約請李老居士到南部弘法的種子。一直到了本年佛誕前，玄瑞居士再往屏東時，他老人家很熱誠地表示，非請李老居士蒞屏弘法，同時辦好聘書一通，託玄瑞居士帶回臺中代請。李老居士雖然在臺中的講席不暇，並且公私事務繁冗，可以又不好推辭，便商定在農曆佛誕後兩日，乘對號快車南行。陪行者除記者外有林玄瑞、林慧治、呂慧良居士等五人。慧繁居士到車站送行。

　　佈道會中，除李老居士講經外，隨李老居士南行之林看治女士、呂正涼女士（均老居士在臺中講習班之高足）

---

[1] 〈一月佛教〉，《覺生》第 11 期（1951 年 5 月 30 日），頁 2。

等均輪流講演,頗博一般聽眾歡迎。刻李老居士等一行,於二十三日下午返抵臺中。[1]

【小傳】圓融法師(1906-1969),俗姓李名玉,生於屏東海豐五百甲農地地主大富家。二十四歲(1929),投大崗山龍湖庵出家。四十一歲時(1946),屏東佛門四眾,敦請回屏東出任東山寺光復後第一任住持。當時,東山寺為僅一間竹屋之佛教佈教所。圓融法師晉山後,立清規、設職位,一切寺務,均按照叢林制度推行。隨後著手建設,包括重建寮房、重建大雄寶殿。

一九五二年元月,白河大仙寺舉辦臺灣光復後第一次傳戒。圓融法師與徒弟天乙、徒孫乙純三代同堂受戒,傳為美談。時圓融法師四十八歲。此次傳戒,圓融法師發揮圓融而有承擔辦事能力,在中佛會與大仙寺之間居間協調,深受主事者白聖法師許可,從而奠定後來臺灣傳戒基本模式。

圓融法師於一九五一、一九五二、一九五四年,三度禮請炳南先生南來弘化,並接受建議以東山寺為念佛道場,成立念佛團。隨後又禮請道源法師講《楞嚴經》;邀請斌宗大師講《楞嚴經》;又護持仁俊法師閉關。一九五六年,於東山寺開傳三十二天三壇大戒,恭迎道源、慧三、白聖等長老分任三師。

---

[1] 智雄:〈佛教蓮社屏東弘法記〉,《覺生》第 12 期(1951 年 6 月 30 日),頁 14。

一九六三年，在東山寺創辦三年制「東山佛學院」。禮請道源老和尚擔任院長，法師任創辦人兼副院長，入學學生有百餘人之多。圓融法師說話、做事頗有男眾氣概。又擔任屏東縣佛教會理事長，非常護持佛教事業，積極舉辦各種講經說法活動，當時教界人士稱譽為「比丘尼王」。

一九六六年，東山佛學院第二屆學生入學後，推動安樂塔興建工程。一九六八年因積勞成疾，罹患血癌。一九六九年四月八日捨報。世壽六十四歲，法臘四十載，戒臘十七年。荼毗發引之日，有兩千多人為她送殯，車隊長達數里，為光復後所罕見。荼毗後所得舍利，五光十色，晶瑩透剔。

五月十六日（三），夏曆四月初十，出發南下。當晚於屏東市中心媽祖廟廣場演講「佛教是什麼？」

〔屏東〕（佛支會）該會理事長圓融法師是該縣東山寺住持（比丘尼），戒德莊嚴，熱心弘法，最近從十五日起主辦佈道大會，因東山寺地址接近郊區，為方便度生起見，特借市內媽祖廟為講場，以吸收市內聽眾。復事前函聘本刊社長李炳南居士前往講經。李老居士偕譯師智雄居士等一行六人於十六日搭車前往，當晚即在市內講演「佛教是什麼？」聽眾在大雨滂沱之下，竟亦聚集三百餘人，可謂空前盛況。[1]

---

[1] 〈一月佛教〉，《覺生》第 11 期（1951 年 5 月 30 日），頁 2。

屏東縣佛教會主辦佈教大會,由農曆初十起假媽祖宮舉行,時間每晚八時至十一時。晚飯後,圓融法師領我們乘小汽車赴講演場,場內之設備,中央排上講臺、黑板、小棹,棹前設擴聲機。兩方排長形小棹,設講師席、職員席、來賓席、記者席。前方設聽講席可容五百餘人。是晚大雨不停聽眾不齊,僅到二百餘人。可是開講了後增到參百多人。其間最特色者,有熱心的青年男女約八十多人。首由青年同學唱教主歌,後即圓融法師致開會辭並介紹李老居士。李老居士在掌聲歡迎中登臺,先向聽眾敘禮,即拈題為「佛教是什麼?」從迷界凡夫不能解脫輪迴生死,說到悟界的佛方能窮竟解脫生死而證涅槃。時間到了十一時再由青年同學唱三寶歌,接念佛號,皆大歡喜而散。[1]

五月十七日(四),下午三時,於東山寺開講《阿彌陀經》。晚,到媽祖廟第二次演講,接續昨晚題目,從各宗法門終結以修淨土為方便。先生講完後發念佛簡課表,再由同行林看治、呂正涼演講「三資糧」、「十善業」。[2]

五月十八日(五)至二十一日(一),於東山寺開講《阿彌

---

[1] 智雄:〈佛教蓮社屏東弘法記〉,《覺生》第12期(1951年6月30日),頁14-15。

[2] 智雄:〈佛教蓮社屏東弘法記〉,《覺生》第12期(1951年6月30日),頁14-15。

陀經》，每天日夜兩場宣講。圓滿日，成立星期念佛會。

翌日起老居士在東山寺開講《阿彌陀經》，日夜兩場於廿一日圓滿。聞聽眾中有近百名之本省籍男女青年（年齡均自十六歲起二十歲左右者）均篤信佛法，經老居士五日之化導於圓滿當日，立時組織一念佛會，並訂期每週念佛講經。請當地崔玉衡等居士指導。在本省佛教中殊屬稀有現象云。〔編者按：臺北佛法雖興，但聞法者大半是外省人；臺中淨土道場隆盛，本省同胞雖多，但大半是中年以上的人，青年男女聽眾尚感稀少，今南部屏東，有此好現象，如組織成功，將來其對本省佛教發揮之力量，誠不可思議也。）〕[1]

智雄，〈佛教蓮社屏東弘法記〉：是晚成立星期念佛會，參加者壹百多人中青年男女佔八十多人，這是屏東佛教特別現象。念佛後，李老居士開示，崔玉衡大居士，高登海大居士，記者等輪流講演。佛教會青年代表，鄭納德先生向李老居士等致謝辭。今後青年同學，每晚到東山寺上課兩小時，教師由佛教會幹部負責，這種情形為全省各地佛教會之冠，使人欽佩，而值得讚歎！[2]

---

[1] 〈一月佛教〉，《覺生》第 11 期（1951 年 5 月 30 日），頁 2。
[2] 智雄：〈佛教蓮社屏東弘法記〉，《覺生》第 12 期（1951 年 6 月 30 日），頁 14-15。

山東省國大代表高登海時居屏東，常應邀至東山寺義務講學。此次法會成就，高登海之勸請與有力焉。講期中觀察推斷先生日後之弘化必有成就。對先生「磕頭學來，磕頭送出」之精神，尤其敬佩。

　　高登海，〈追思李鄉長炳南——回憶屏東念佛團成立經過〉：三十八年播遷來臺，我即定居屏東，炳南先生則於臺中開始弘揚佛法。時屏東東山禪寺住持，已圓寂之圓融法師在寺內創辦一個晚間補習班，教導寺眾與信徒一般常識與淺近佛學。我以住所距該寺甚近，應邀參加義務講學。東山寺雖表面上頗具規模，惜乎對佛學研究之風氣尚未建立。故便中勸圓融師請人來寺講經，並推薦李老居士炳南。幸圓融師從善如流，親赴臺中，邀請炳南先生蒞屏，開講《佛說阿彌陀經》。我藉此機會始親炙教益，朝夕過從之中，我覺得他真是一位善知識。講經圓滿，我即建議請炳南先生倡導成立屏東念佛團，即假東山寺為念佛道場，當蒙圓融師首肯。圓融師實在是一位有魄力、有擔當，為法忘身的比丘尼。所以屏東念佛團的成立，實為炳南先生之功德。都知道炳南先生在臺中創辦的弘法事業，實際上他的影響力已達到臺灣的最南端。

炳南先生在屏東的弘法精神和弘法的具體辦法，我那時就推斷他的弘法工作，必能發揚光大，大放異彩。在一般情形，被人邀請講經，多半接受聽經人和邀請人的供養；炳南先生不但不接受他人供養，往返旅費自行負擔，臨行還供養寺廟的常住。這一切都是圓融師親自告

訴我的。圓融師對李老師欽佩的不得了。所以炳南先生不僅受在家學佛人的崇敬，也深得出家人的讚揚。炳南先生在屏東告訴我：「我的佛法從磕頭學來，還要磕頭送出去。」這種精神豈是一般人所能及的。[1]

【小傳】高登海（1908-1999），山東德平縣人。一九三〇年插班北平朝陽大學法律系，畢業後約一九三三年任職山東省反省院訓育主任，與炳南先生為前後期同事。歷任江蘇省兵役事務主任、湖南省、四川省民政廳。抗日期間，一九四二年出任四川潼南縣長，清慎廉明、深獲民心。抗日勝利後奉調返魯，離縣時，沿途百姓均於家門前置清水一盆相送，以感念其清廉。一九四八年獲選第一屆國民大會代表，同年冬舉家遷臺。

高登海初入仕途，即遊心內學。一九三〇年代，以書信方式，由印光大師授三皈依，來臺後定居屏東，於東山寺講授佛學，兼修天台止觀。一九五三年由臺中瑞成書局出版《科學靜坐法》，一九七三年由臺灣商務印書館印行《佛家靜坐方法論》，曾請炳南先生作序。[2] 一九七二年遷居臺北新店，於中華佛教居士會與中央新村居士林等處講述經典並撰寫佛學著述。

---

1 高登海：〈追思李鄉長炳南——回憶屏東念佛團成立經過〉，《李炳南老居士與臺灣佛教》（臺中：雪廬講堂印經功德會，1995年10月）。

2 李炳南：〈小止觀講義序〉，《雪廬寓臺文存》，《全集》第14冊之2，頁25-27。

1951 年・民國 40 年｜62 歲

一九九九年於佛號聲中往生，享壽九十二歲。[1]

此次屏東之行弘化成功，卻也因收受供養問題與譯師劉智雄來往漸疏。

　　朱斐，〈炳公老師與我──兼述臺中早期建社弘法的經過〉：他在法華寺、靈山寺講經說法，不但不收任何人供養，還要供養寺裡，寺裡有什麼活動，他都第一個拿錢出功德。到外面去講經也都一樣，有一次為他譯語的劉居士接受了某寺的供養，他設法把紅包退還，自己掏腰包如數送給譯者。以後出外講經盡量找自己的學生譯語，絕對不准接受紅包。[2]

　　洪錦淳，《臺灣當代居士佛教團體臺中蓮社之研究》：炳南先生來臺之初，本來倚賴劉智雄臺語翻譯而弘法，但二人後來有嫌隙，則導因於對佛教出家定義的不同見解。一次，二人應邀前往屏東東山寺弘法，聞經大眾於會後，爭相供養講者、譯者，炳南先生堅持居士不可接受供養，除將自己所受一份退還之外，又請劉智雄退還所有；劉智雄向以法師自居，講經受供在其觀念是理所當然，因此暗怨先生不講理，雖然先生後來自己掏腰包如數送給譯者，但嫌隙已生。此後先生出外講經盡量找自己的學生翻譯，絕對不准接受紅包。爾後，兩

1　〈高登海〉，《國史館現藏民國人物傳記史料彙編》第 21 輯（臺北：國史館，2000 年 12 月），頁 280-284。
2　朱斐：〈炳公老師與我──兼述臺中早期建社弘法的經過〉，《菩提樹》第 403 期（1986 年 6 月 8 日），頁 23-32。

人漸行疏遠。[1]

五月二十七日（日），下午，於靈山寺宣講《佛說觀無量壽佛經》。

講經後，於靈山寺講堂召開佛教蓮社第三次理監事座談，決議以朱炎煌、許克綏共同購置捐獻之房地為蓮社社址，並進行後續建築工作。

　　朱炎煌主席，江印水記錄，〈台中市佛教蓮社四十年度理監事座談會紀錄（第參次）〉：
主席：朱理事炎煌就位報告
　　承德欽師之指示即與許理事克綏共同以壹萬捌仟元訂購南區公所對面正義里綠堤巷二九號，原臺中市老松町三丁目五番之內一磚木混造理想瓦蓋平家壹棟。建坪貳拾坪伍合捌勺貳才。附屬建物伍坪七合壹勺七才。欲為本社社址，可以充當辦公處及宿舍。至於大殿兼講堂，需要利用該地再行建築。
　　茲將左開各項，召開臨時社員總會討論之，可否？
　　1. 本社社址移轉
　　2. 建築大殿兼講堂
　　3. 制定建築費籌辦方案
決議：贊成

---

[1] 洪錦淳：《臺灣當代居士佛教團體臺中蓮社之研究》（國立中興大學中文研究所博士論文，2009年7月），頁166，注13。

1951 年・民國 40 年 | 62 歲

召開臨時社員總會日期
決定：六月十日下午二時召開。[1]

五月三十日，《覺生》月刊發行第十一期，發行人林宗心、社長李炳南、主編朱斐，共同具名刊登「緊急啟事」，請求贊助。

〈本刊緊急啟事〉：本刊發軔以來，已閱週載。爰本初誓，不懈推行。有關正法之宣揚，必期機理雙契；雖對魔外加喝斥，無不攝折兼臻。幸得各界同情，居然千里飛進。惟是旨在弘法，未計盈虧；每因情難收資，反增債累。今復人工物價，時時上昇；昔之存紙基金，漸漸將盡。事擬中輟，深惋前功；心欲撐持，早慚無力。茲出托鉢下策，希來施財善緣。所望護法者尊，大富長者，齊發宏願，共解義囊。層塔積於寸磚，襲裘集於片腋。倘使久旱之稼，蘇於一霖；未竟之山，成於一簣。豈獨敝社之幸，實亦法界有情之利也。如荷贊助，請函賜臺中市第二十號信箱本社。發行人林宗心、社長李炳南、主編朱斐，同啟[2]

六月三日（日），下午，於靈山寺宣講《佛說觀無量壽佛

---

[1] 朱炎煌主席，江印水記錄：〈台中市佛教蓮社四十年度理監事座談會紀錄（第參次）〉（1951 年 5 月 27 日），《台中蓮社董監事會議紀錄》，台中蓮社檔案。

[2] 〈本刊緊急啟事〉，《覺生》第 11 期（1951 年 5 月 30 日），頁 16。

經》。

六月五日（二），夏曆初一，於法華寺宣講省庵大師《勸發菩提心文》。

六月十日（日），於靈山寺召開臺中佛教蓮社臨時會員大會。通過社址遷至現購地，並籌建大殿兼講堂。[1]

蓮社自年初成立，經半年覓地，已由許克綏、朱炎煌購得南區綠堤巷一處屋舍。然仍需籌募大殿建築費用。

〔本刊訊〕佛教蓮社成立以來，因社址問題尚未解決，工作因此亦不能積極展開；茲悉六月十日該社借此間靈山寺召開臨時會員大會，商討社址問題，聞社址地點已在南區公所對面覓得相當房屋，由社員中有力者先行購下，惟講堂大殿尚付闕如，雖可利用該處後面空地建築，但需費用甚大。於是在大會中通過籌建辦法一項，用功德證及樹立紀念碑，分為慈悲喜捨信解行證等八組，藉資鼓勵。[2]

賴崇仁，〈許克綏年表〉：翌年，朱炎煌居士在綠川街覓得民宅一所，欲獨自購下捐給蓮社當社址，克綏聞知，找到朱炎煌理論曰：好事豈可由你一個人獨做？爭欲

---

[1] 《台中蓮社第一次社務報告（民國四十年）》，頁3，台中蓮社檔案。

[2] 〈一月佛教〉，《覺生》第12期（1951年6月30日），頁2。

1951年・民國40年｜62歲

出資購買，最後由雪廬老人裁決，二人各出資一半。[1]

【案】當時所購處所即今台中蓮社所在，地址原為「綠堤巷」，經道路改編為民生路九巷三十二號，一九七八年改建時，大門改為北向面溪，為民生路二十三巷十四號現址。

有〈籌募緣起〉云：

溯自匡廬結社，肇建蓮宗，靈巖闢山，總弘淨土。誠以萬法通滙，別具圓機。三根普超，賴斯捷徑。惜乎鯤島習尚，鮮能依宗專攻；學人行持，多忽了義直入。茲者敝社許朱兩士，喜捨同心，寶藏獨捐，瓊軒先購。綠川岸上，新栽數頃蓮花；德水池邊，欲起十楹佛殿。視陶謝於平等，延攬齊修；仰劉雷之高標，楷模共證。有地演教，便為祇園；寸陰持名，頓轉淨界。惟是空中樓閣，還須囊裏貝財。擬集腋以成裘，冀酌水以成海。所希大富長者，爭效須達布金。一燈寒家，亦慕難陀盡力。現出極樂淨渡，宜儲資糧；培來恭敬福田，定結善果。一涓半滴，支付要當歸公；片瓦寸磚，經營必使得用。如荷贊許，請書臺銜。[2]

---

[1] 賴崇仁：〈許克綏年表〉，《臺中瑞成書局及其歌仔冊研究》（逢甲大學中文系碩士論文，2005年6月），頁29-30。另參考：于凌波：〈樂善好施的許克綏居士〉，《弘法資訊》第4期（1995年9月1日），第2版。

[2] 〈一月佛教〉，《覺生》第12期（1951年6月30日），頁2。

是日下午,於靈山寺宣講《佛說觀無量壽佛經》。

六月十七日(日),下午,於靈山寺宣講《佛說觀無量壽佛經》。晚八至十時,於臺中菩提場宣講《八大人覺經》。由許炎墩譯語,計四講次圓滿。[1]
【案】菩提場位於臺中市平等街民族路口。[2]

六月十九日(二),夏曆十五,於法華寺宣講省庵大師《勸發菩提心文》。晚八至十時,於臺中菩提場宣講《八大人覺經》,為第二講次。

六月二十日(三),《覺生》月刊將一年多來刊載於《覺群》、《覺生》之「佛學問答」專欄,集結出版,做為先生來臺講經二週年紀念。有屏東崔玉衡〈序〉,編者朱斐〈跋〉。

崔玉衡〈序〉:我學佛已經有年了,但是遇到門外漢來質問,我是最為頭痛。因著他們問話,並無標準,誠心問道的固然不少,意存搗亂的卻也不無。解答的輕淡些,他說不中肯,深刻一點,他又嫌太激烈,往往因此還傷了感情。總之,說佛法是期望有益對方的,若是不中肯、傷感情、兩俱於對方無益,這佛法又如何能弘

---

[1] 〈一月佛教〉,《覺生》第 12 期(1951 年 6 月 30 日),頁 2。《講經表解(下)》,《全集》第 3 冊(頁 911-922),收有〈八大人覺經〉之表解,但未著記時地。

[2] 《覺生》第 17 期(1951 年 11 月 30 日),頁 2。

得出去呢？我讀《覺生》的問答，每看一條問題，心裡卻先擬一個我的答案，及至再看後面答覆，正是我心裡的話。有時我心裡僅有一個答案的輪廓，經他說出來，好像把我的話整理了一番，我是佩服之極。

今春的時間，臺中靈山寺啟建佛七期，我鼓了鼓勇氣，請了幾天假，去參加了一次。借此一行，是要瞻拜李老居士的，機緣湊巧，一到靈山寺就與老居士遇見了。敘話之間，真慚愧，他還是我的密宗同學。在未見面之前，我以為定是岸然道貌，過分的方嚴。誰知不然，他年歲雖在花甲之外，還像個青年學生，就是一個五歲童子。向他頂禮，他也笑嘻嘻的陪一個禮。因著我與老居士有同學之誼，我開了一個玩笑說：您老居士太不吃虧了。老居士也仰天哈哈大笑。

今年農曆五月初三日，《覺生》的主編朱斐居士來信說：昨日是李老居士來臺講經的二週年。同人擬把《覺生》月刊中的佛學問答摘印出來，作個紀念。囑我作個序跋。奇哉奇哉！這正是我的心事。這本冊子，可以說是航海的燈塔、生蓮邦的路牌。禱祝《覺生》月刊萬歲、李老居士萬歲，願教這問答一期一期的衍下去，使臺灣每個角落，都映射著佛日的光輝！[1]

【案】炳南先生《佛學問答》歷年結集版本甚多，計有：

1　〈附舊序一（崔玉衡居士）〉，《佛學問答類編》（臺中：菩提樹雜誌社，1955 年 12 月），頁 311。

一、一九五一年六月之結集為最早者，出版時題為「佛學問答集（一）」，後來有稱此次出版為「袖珍本初集」者，本集有崔玉衡〈序〉、朱斐〈跋〉俱未收入《全集》本。

二、一九五二年七月，出版時題為「佛學問答集（二）」，後來有稱此次出版為「袖珍本二集」者，本集有周邦道〈序〉，收見《全集》。

三、一九五五年十二月，出版《佛學問答類編》，列為「菩提樹叢書」之六，有融熙法師〈乙未歲正月初三序〉。此為「類編」之始，由朱斐編輯。

四、一九六二年六月，出版《佛學問答類編·上下冊》，係彙集前所出版至《菩提樹》月刊九十七期（1960年12月）者，由陳慧劍編輯，有陳慧劍〈智慧的燈——編後記〉，分十二類。[1]

五、一九六八年十二月又有《續集》編輯，為周家麟、徐醒民編輯。彙集《菩提樹》月刊九十八期（1961年1月）以後至一九一期（1968年10月）者。與前上、下冊，並為三冊。

六、一九七六年，謝嘉峰任青蓮出版社編輯，將《續編》以後刊載於《菩提樹》月刊一九二期（1968年11月）至二六八期（1975年3月）者，編成

---

[1] 該編原訂佛誕日出版，後延至六月。《慈光》第77號（1962年6月30日）第1版〈新聞〉云：「《佛學問答分類彙編》，業於本月（六月）中旬出版問世。」該書由陳慧劍編輯，先期則是由淨空法師及徐醒民協助剪貼校正。詳見1962年6月文。

1951 年・民國 40 年｜62 歲

《二續》發行。有徐醒民〈《二續》編序〉。
七、《全集》本，將前述依不同時期出版之上冊、下冊、續編、二續四本，再收錄《菩提樹》月刊二七〇期（1975 年 5 月）至二八六期（1976 年 9 月）尚未收入前作者，[1] 彙整成上、中、下三冊，列為《全集》第五、六、七冊。

上述各版本，一、二納入三；三納入四；四、五、六為即歷年發行之《上下冊》、《續編》、《二續》，為各自獨立之三部四冊；至《全集》本，則再加入後期《菩提樹》月刊約十二期未編入者，再全部整編為一部三冊。

【小傳】崔玉衡，（1905-1984），生於遼北省法庫縣，父繼先，業醫。一九二八年畢業於遼寧醫學院，該校為蘇格蘭傳教士司督閣於一九一二年在奉天省城（今瀋陽市）創立之醫學院校，為中國東北地區第一所醫科大學。畢業後，歷任遼寧醫學院附屬醫院見習醫師、哈爾濱市立第一醫院內科醫師、南京中央醫院內科醫師、南京市立傳染病醫院醫師、南京軍醫學校教官、空軍中校軍醫主任。一九五四年退役，轉任台糖公司斗六糖廠主任醫師。

屏東東山寺念佛會於一九五一年由炳南先生促成，

---

[1] 「佛學問答」專欄自《覺群》開始，歷《覺生》，至《菩提樹》286 期（1976 年 9 月）為最後一次刊載。其間 269、273、282、284 期未刊載。

之後，即多由崔醫師與高登海共同護持指導。常應煮雲法師邀請參與南部佈教活動。臺灣省私立菩提救濟院附設菩提醫院成立時，與于凌波共同擔任副院長，另兼內科主任。一九六六年，自菩提醫院離職後，轉任省立中興醫院（2002年與南投醫院合併）。一九八四年，於臺北榮民總醫院過世，享壽八十歲。[1]

六月二十一日（四），晚八至十時，於臺中菩提場宣講《八大人覺經》，為第三講次。

六月二十四日（日），下午，於靈山寺宣講《佛說觀無量壽佛經》。晚八至十時，於臺中菩提場宣講《八大人覺經》，第四講次圓滿。

六月三十日（六），於《覺生》第十二期刊載〈啟事〉，針對《佛學問答》朱斐〈跋〉語稱譽為「泰斗通家」澄清。

〈李炳南啟事〉：朱斐居士將「佛學問答」集印成冊後送來，始見末葉一跋，有「泰斗通家」等語，讀未終篇，汗已浹背！區區修淨，固有數十寒暑，不過口頭誦唱，毫無所得。至學他門，更是淺嘗輒止，有時心存

---

[1] 參見：崔玉衡：〈自傳〉，1967年9月30日，未刊手稿，財團法人沈春池文教基金會收藏。感謝崔祖蔭（崔玉衡孫女）及沈春池文教基金會提供文獻訊息。

衛道，方便演講，無非掇拾前人牙慧。自揣雖欲為「泰斗通家」執鞭，尚愧弗及。何敢不知度量，擅當崇號？縱不興謗，亦增慢罪，然已成事實，無可如何，惟有吐出實言，以袪世惑。[1]

是月，為許俊傑臺中商職初中畢業紀念冊題字：「守賢哲之五倫八德，學菩薩之六度萬行，盡我心身二力，要為社會謀福，要使羣生獲度，方不虛此一生也。」（《圖冊》，1951年圖4）

【小傳】許俊傑（1935-1982），一九六〇年後，改姓游。臺中市人。為台中蓮社女子弘法團十姊妹排行第四周慧德居士令郎，自幼隨母信佛，少年時即拜炳南先生為師，早歲參加蓮社國文補習班，後又參加《論語》講習班，二十多年來擔任蓮社聯體機構要職。因擅書法精中小楷，長年任炳南先生祕書，幫助推動弘化事業。一九七八年起，協助炳南先生講經語譯。結婚時採行佛化禮儀，請先生福證；其同修林菊蘭，為十姊妹排行第八林進蘭之親妹；其女游式鈺佛化婚禮，為先生最後一次為新人福證。一九七〇年前後，電視臺開始有平劇節目，先生常於週末至游家觀劇並用餐。一家三代，與炳南先生有深厚法緣。[2]

---

[1] 〈李炳南啟事〉，《覺生》第12期（1951年6月30日），頁8。
[2] 參見：游青士：〈朱斐──我的外省丈公〉，《慧炬》595期（臺北：慧炬雜誌社，2015年8月15日），頁37-43。

七月一日（日），下午，於靈山寺宣講《佛說觀無量壽佛經》。

講經後，於靈山寺講堂召開佛教蓮社第四次理監事座談，決議由許克綏、朱炎煌、廖一辛擔任建築常務委員等案。[1]

七月四日（三），夏曆初一，於法華寺宣講省庵大師《勸發菩提心文》。

七月八日（日），下午，於靈山寺宣講《佛說觀無量壽佛經》。

七月十五日（日），下午，於靈山寺宣講《佛說觀無量壽佛經》。

七月十六日（一），夏曆六月十三日，即起一週，臺中市佛教支會舉辦夏季佛教演講會。先生應聘前往演講兩次。
〔臺中〕本市佛教支會理事長鄭松筠與理事等發起，定於古曆六月十三日開始，舉辦夏季佛教講演會一週，講師多係市內各寺院住持，台中蓮社亦承邀聘李老師前往講演二次，聽眾踴躍，莫不歡喜。[2]

---

[1] 〈台中市佛教蓮社四十年度理監事座談會紀錄（第肆次）〉（1951年7月1日），《台中蓮社董監事會議紀錄》，台中蓮社檔案。

[2] 〈一月佛教〉，《覺生》第13期（1951年7月31日），頁2。

1951 年・民國 40 年 | 62 歲

七月十八日（三），夏曆十五，於法華寺宣講省庵大師《勸發菩提心文》。

七月二十二日（日），下午，於靈山寺宣講《佛說觀無量壽佛經》。

七月二十四日（二），立法院長劉健群應台中蓮社邀請至靈山寺舉行茶話座談。劉院長講演後，先生結語提點並致謝詞。[1]

七月二十九日（日），下午，於靈山寺宣講《佛說觀無量壽佛經》。

講經後，於靈山寺會客廳召開佛教蓮社第五次理監事座談會，指示：蓮社新址置常住人員，先生為社長，並將駐社辦公。[2]

七月三十一日（二），《覺生》月刊發行一週年，發表〈本刊一週年紀念的感言〉，為一年來未能向黑暗大力進攻而深自檢討，來年當改進，並請諸方聲援。

「佛法在世間，不離世間覺」，讀這兩句話時，要

---

[1] 〈一月佛教〉，《覺生》第 13 期（1951 年 7 月 31 日），頁 2。
[2] 〈台中市佛教蓮社四十年度理監事座談會紀錄（第伍次）〉（1951 年 7 月 29 日），《台中蓮社董監事會議紀錄》，台中蓮社檔案。

明白主旨在「覺」之一字,是要用智慧了覺萬法虛假,不可被他誘惑!不可為他顛倒!覺之一字,是人人應需要的;換句話說:佛是人人應該學的。

為求世間公共安寧,出世正等正覺,自必本著大乘教法自覺,還須要覺他!所謂同居樂土,同登彼岸。為期望普救一切眾生的慧命,所以願眾生都去學佛,這並不是多貪眷屬,處處為眾生得度著想,這正是無量慈悲!

本刊工作的不力,第一是未週歲的小孩子,力量不充,信用未孚,說出話來,一般人未必肯聽。第二是這條陣線上的戰友太少,同魔軍開了火,自感寡不敵眾,所以也不敢輕易向魔軍進攻,致被魔軍俘擄去的眾生,未能搶救出來,這都是本刊在這週年迫近的今日,自己檢討出來的罪過!

本刊去年的今日,發刊祇有壹千份,到得今天,已增至三千餘份。這一年過程中,雖說有罪過,尚不到一敗塗地,就打對折說,新入佛門的也可以有千數之譜;若這樣的推行下去,還不甚悲觀。

第二週年開始了,要多少的改改作風,披上忍鎧,提起智劍,向黑暗叢中衝去!還望諸山大德,各將法幢高高樹起,遙為聲援,看我小孩子本著夙願,再來周旋一番。[1]

---

[1] 李炳南:〈本刊一週年紀念的感言〉,《覺生》第 13 期(1951 年 7 月 31 日),頁 3。今收入《弘護小品彙存》,《全集》第 4 冊之 2,頁 159-163。唯題為〈菩提樹月刊一週年紀念感言〉,應作〈覺生月刊一週年紀念感言〉。

1951年・民國40年｜62歲

> 同期《覺生》，刊有先生以「雪廬」為名，錄寫《陔餘叢考》「燒香」一節為補白。
>
> 　　雪廬漫錄，〈小考據·燒香〉：中國古無燒香之事。《尚書》「至于岱宗，柴、望，大告武成。」《禮記》「焚柴於泰壇」。《周禮》「升煙燔牲首」。這都是求神降臨，用燒柴升烟，以作信號的意思。後來漸漸的改成燒香。有人說是起於佛道兩家，引證十六國時襄國城塹的水源忽然斷絕，石勒問佛圖澄，澄說今當使龍取水。遂燒安息香，持咒若干遍，源水果然大至。又引《三國志》孫策說張津戴著絳帕頭，燒香讀道書，其實這都是後話。說起來燒香自是起於佛家。按漢武故事，昆邪王殺休屠王來降，得金人之神（即佛像）祭祀的時候，不用牛羊，只燒香禮拜。這是中國燒香之始。再查佛經裏頭，明載燒香的事。隨處可見，這燒香是佛家的創始。是無可疑惑的。（陔餘叢考）[1]
>
> 　　【案】《陔餘叢考》為清代學者趙翼所撰之讀書筆記。「燒香」一節見該書卷三十三。先生是文節錄此書並略作改寫。

是月起，每週一、三、五下午至綠堤巷蓮社新址辦公，各念佛研究班，亦借此地開班研討佛學問題，先生詳為解答。

---

1 雪廬漫錄：〈小考據·燒香〉，《覺生》第13期（1951年7月31日），頁14。

〔臺中〕此間蓮社已在臺中市南區公所附近之綠堤巷廿九號之二開始正式辦公，李社長亦每逢星期一三五下午到社辦公。各念佛研究班，亦按月固定地址，借蓮社開班，研討佛學問題，由李社長親自解答。茲悉該社講堂籌建事，各蓮友均紛紛慷慨解囊，並代勸募，但至目前止，距離目標尚遠，刻正繼續積極籌辦中，聞一部份工事，已將開始興建云。[1]

是月，彰化縣佛支會理事長於員林舉行佈教大會，邀聘先生演講。然因公務未克赴會，轉請朱斐代表前往。

〔員林〕彰化縣佛支會理事長林郭墙瑤熱心弘法，於七月中舉行佈教大會三天，特請廖天秋居士等講演佛法，本刊社長李炳南老師亦被邀聘，惟適因公晉省，由編者朱斐代表，並邀同劉智雄居士同往，聽眾約二百餘人。[2]

是月，獲黃君璧題贈山水畫。[3]（《圖冊》，1951 年圖 5）

八月三日（五），夏曆初一，於法華寺宣講省庵大師《勸發菩提心文》。

1　〈一月佛教〉，《覺生》第 14 期（1951 年 8 月 31 日），頁 2。
2　〈一月佛教〉，《覺生》第 13 期（1951 年 7 月 31 日），頁 2。
3　〈黃君璧題贈山水畫〉，《雪廬老人題畫遺墨》，「附雪廬老人庋藏」，《全集》第 16 冊，頁 255。

1951年・民國40年 | 62歲

八月五日（日），下午，於靈山寺宣講《佛說觀無量壽佛經》。

講經後，於靈山寺召開佛教蓮社第六次理監事座談會，蓮社常住人伙食費，薪炭由蓮社負擔，先生及朱炎煌每月各樂捐參拾元，朱斐每月樂捐白米貳拾伍台斤。[1]

八月十二日（日），下午，於靈山寺宣講《佛說觀無量壽佛經》。

講座後，於靈山寺召開蓮社第七次理監事座談會，商議聘定辦公職員事項。[2]

八月十五日（三），夏曆七月十三日，大勢至菩薩聖誕。法華寺舉行紀念典禮，同時舉行盂蘭盆會，請先生講解盂蘭盆之真義，參加者頗為踴躍。[3]

八月十七日（五），夏曆七月十五日，靈山寺淨業同修念佛一天，並放焰口，先生亦幫同執鼓司鐘。
〔臺中〕靈山寺住持及當家師慈悲，她們發起召集

---

1 〈台中市佛教蓮社四十年度理監事座談會紀錄（第陸次）〉（1951年8月5日），《台中蓮社董監事會議紀錄》，台中蓮社檔案。
2 據：《台中蓮社第一次社務報告（民國四十年）》，頁5，台中蓮社檔案。
3 〈一月佛教〉，《覺生》第14期（1951年8月31日），頁2。

此間淨業同修。於七月十五日上午四時起,即開始念佛一天,以超度大陸死難同胞。又於晚間由德欽法師領眾放焰口一臺,李老師亦幫同執鼓司鐘,全日功德,回向大陸死難同胞。[1]

【案】張慶祝也說,「我曾在法華寺看見老師打大鼓,老師也精通法器。」(張式銘,《張慶祝師姑九十回顧》,頁 72)

八月十八日(六),夏曆七月十六日,即日起,彰化曇花堂每月初二、十六舉行演講會。先生應邀宣講《八大人覺經》。

〔彰化〕(曇花堂)該堂每月初二、十六之講演法會,聞已於古曆七月十六起,應聽眾之要求,開始正式講經,講師仍由本刊李社長擔任,講題為「八大人覺經」,時間在該兩日之下午三時起。[2]

【案】彰化宣講《八大人覺經》次數及日期未詳,應與近日至菩提場相同為四講次。唯接續之預定講期:夏曆八月初二、八月十六日,俱為週日,與靈山寺週日下午講經時間衝突。彰化講期或僅兩次。

八月十九日(日),下午,於靈山寺宣講《佛說觀無量壽佛經》。

---

1 〈一月佛教〉,《覺生》第 14 期(1951 年 8 月 31 日),頁 2。
2 〈一月佛教〉,《覺生》第 14 期(1951 年 8 月 31 日),頁 2。

講經後，於靈山寺召開佛教蓮社第八次理監事座談會，決定組織成員推舉事項。

會議事項：部組織職員推舉事項

決定：總務部正副部長推舉廖一辛、江印水

　　　慈務部正副部長推舉朱炎煌、許克綏

　　　法務部正副部長推舉德欽師、劉智雄、黃大海

　　　總務部庶務組職員推舉林炳榮、林看治、賴清龍、林溯泉、江印水、林夢丁

　　　總務部文牘組職員推舉周邦道、洪宗浙、林紹培、許寬成

　　　總務部會計組職員推舉廖一辛

　　　總務部出納組職員推舉許炎墩、朱炎煌

　　　總務部福利組職員推舉張松柏、李鎔榮、張佩環、王鎮芬、白潔卿、王慧錦、莊著、林溯泉

　　　慈務部利生組職員推舉許克綏、賴棟樑、許克咸、朱炎煌、邱炎生、顧杭

　　　慈務部救濟組職員推舉李漢鳴、李郁近、李杰超、盧宗濂、賈淑慎、賴慧縈

　　　法務部修持組職員推舉德欽師、德真師、普賢師、普願師

　　　法務部弘法組職員推舉李炳南、董正之、賴棟樑、朱斐、劉智雄、邱炎生、林看治、江印水

　　　法務部圖書組職員推舉洪宗浙、李鎔榮

　　　法務部助念組職員推舉黃大海、林看治、呂正涼、林玄瑞、張玄音、顧杭、各小組班長

散會：同日下午七時三十分[1]

八月二十四日（五），彰化曇花堂主林大賡邀聘先生前往鹿港龍山寺演講，聽眾達五百餘人。先生深夜一時始回臺中。

〔彰化〕（曇花堂）堂主林大賡居士對弘法工作，至為熱心，八月二十四日又邀聘李老居士前往鹿港鎮龍山寺舉行大演講會，李老居士直至深夜一時，始回臺中，聞成績殊勝圓滿，聽眾竟達五百餘人云。[2]

李社長受彰化曇花堂住持之聘每月初二日及十六日與劉智雄、董正之、邱炎生等各居士輪流前往講演佛法。[3]

八月二十六日（日），下午，於靈山寺宣講《佛說觀無量壽佛經》。

八月二十七日（一），孔子誕辰紀念日，為奉祀官代筆撰寫〈提倡孔子學說振興民族文化〉投稿教育部半月刊，說明紀念孔子，要提倡孔子學說，方有實益。（《圖冊》，1951年圖6）

---

1 〈台中市佛教蓮社四十年度理監事座談會紀錄（第捌次）〉（1951年8月19日），《台中蓮社董監事會議紀錄》，台中蓮社檔案。
2 〈一月佛教〉，《覺生》第14期（1951年8月31日），頁2。
3 《台中蓮社第一次社務報告（民國四十年）》，頁11，台中蓮社檔案。

1951年・民國40年 | 62歲

　　今天又是八月二十七日了，循例來紀念孔子。但是在今日萬方多難的局面之下，紀念孔子，其感想自與往昔大不相同。孔子的學行是有統系的，表現是有成績的，思想是一貫的；在自修方面，是「好學不厭」；在教他方面，是「誨人不倦」；在國家方面，是「尊王（就是尊重中央，不過時代政治不同，故言語不同）攘夷」。所本以仁德為主體，推行以格致誠正修齊治平為時用。根據以上的說法來看孔子，知道孔子是一人生哲學家，又是一大教育家，更是一大政治家。人格是值得尊崇的，學說是值得遵行的。

為什麼要研討孔子學術，要提倡孔子學術？孔子學術，並非他事，乃是中國民族文化的結晶。今天希望大家提倡孔子學說，實非專為尊崇孔子，乃是希望振興固有文化，復蘇民族靈魂。

今日紀念孔子，要提倡孔子學說，方不為空紀念，方有實益。孔子學說非是一家私言，乃是我國民族靈魂，是要必須喚起，並且要木鐸普振，把受了邪說麻醉的國人都要喚醒。果能大家提倡，在文化上、習慣上、思想上，必能得到輕而易舉的億兆同心；在一即一切中，必能得到好的現象。[1]

是日，亦受邀於中山堂講演，簡介孔子學說與文化之重

---

1 【數位典藏】手稿/其他著作/為奉祀官代筆稿/〈提倡孔子學說振興民族文化〉。

要。有〈八月二十七日中山堂講演〉稿表,另又有廣播稿。[1](《圖冊》,1951年圖7)

【案】《弘護小品彙存》有〈八月二十七日中山堂講演〉之講演大綱。一九五一年以前,孔子誕辰紀念日為八月二十七日,一九五二年即改訂紀念日為九月二十八日。姑且繫此篇於一九五一年。

八月三十一日(五),十姊妹行六蕭慧心之夫君往生。有〈自述學佛因緣及外子生西瑞相〉述夫妻隨從先生學法因緣。[2]

【小傳】蕭慧心(1912-1992),本名蕭蔥,冠夫姓為楊蕭蔥,慧心為法名,臺北人,先祖曾有功名,父親蕭國清為漢學老師。二十六歲結婚,先生楊松,為日據時代外交官,早年曾陪同夫婿出使北京。先生參加詩社,與林獻堂,辜振甫等人皆有互動。遷居臺中時,住復興路孔德成先生府邸對面。曾任菩提救濟院董事。一九九二年五月於菩提仁愛之家安老所安詳往生。[3]

---

1 李炳南:〈八月二十七日中山堂講演〉,《弘護小品彙存》,《全集》第4冊之2,頁399。手稿見《雪廬老人題畫遺墨》,《全集》第16冊,頁368-369。

2 蕭慧心:〈自述學佛因緣及外子生西瑞相〉,《覺生》第22期(1952年4月30日),頁19。

3 台中蓮社蓮友陳淑惠、朱秋子及蕭慧心令媳提供。

九月一日（六），夏曆初一，於法華寺宣講省庵大師《勸發菩提心文》。

九月二日（日），下午，於靈山寺宣講《佛說觀無量壽佛經》。

九月三日（一），夏曆八月初三，彰化曇花堂即日起舉辦七日法會，每晚有佛學演講，聘請煮雲法師、炳南先生及劉智雄、邱炎生，朱斐等為講師。[1]

九月九日（日），下午，於靈山寺宣講《佛說觀無量壽佛經》。

九月十日（一），於蓮社辦公室召開理監事及職員聯席會議，審議辦事細則等項。並指示蓮社旨在自修教修，不辦理法會及代喪家做佛事。[2]

〈台中市佛教蓮社四十年度理監事座談會紀錄（第九次）〉：

社長開示：本社為社員在社各個研教修道及訓練指導一般初信淨宗法門有志虔修者，所謂自修教修。至於所有類似寺廟經辦之法會、接受供養代喪家做佛事等

---

1 〈一月佛教〉，《覺生》第 14 期（1951 年 8 月 31 日），頁 2。
2 《台中蓮社第一次社務報告（民國四十年）》，頁 5，台中蓮社檔案。

等，一概不辦。[1]

九月十五日（六），夏曆十五，於法華寺宣講省庵大師《勸發菩提心文》。

九月十六日（日），夏曆八月十六日，午後，靈山寺講座《佛說觀無量壽佛經》圓滿。是晚，由全體同修歡宴講師炳南先生、譯師劉智雄，以及該寺住持監院等觀月聚餐。律航法師、法明法師亦光臨一同。

> 朱斐，〈靈山法會三經圓滿觀月會小記〉：臺中有三多，念佛的人多，寺院齋堂多，講經的道場多。在南郊外有一所靈山寺，清淨莊嚴。該寺自三十八年來，由董正之、賴棟樑等居士發起改建為淨土道場以來，每逢星期日，始終未斷有講經法會，聘李炳南老居士最初為《觀世音菩薩普門品》之演說，繼則《阿彌陀經》，再演《無量壽經》，復說《觀無量壽經》，直至今年八月十六日三經圓滿，又接講《無量壽經優婆提舍願生偈》。
> 即席由許居士致感恩詞畢，開始用齋，席間復有李老居士開示：「《十六觀經》圓滿適逢十六日，雖然明月過了十六，便一日比一日減少光明，但我們接著便開講無量壽經偈這可象徵我們同修，決定能得無量光明和無量

---

[1] 〈台中市佛教蓮社四十年度理監事座談會紀錄（第九次）〉（1951年9月10日），《台中蓮社董監事會議紀錄》，台中蓮社檔案。

壽命而無疑。再看今晚排的座位恰似一朵蓮花,再一數桌子正巧是九桌,無意中蓮花在座,九品往生之瑞相畢現,恭喜各位得無量壽!無量光!」《無量壽經》開講的時候,曾攝團體照一張留念,當時不知那位同修無意中去數這麼一數,不多不少,恰好九十名,因為照片遲,聽眾多已散去,否則也不止這麼些。再詳細一數,男眾四十五、女眾四十五(連童男女各一名在內)。當時大家咸稱奇蹟。今日圓滿又是瑞徵,可謂無獨有偶,真是地靈人傑,佛菩薩之感應也歟!

最後靈山寺當家德欽師即席口占一絕,囑同修賡和,茲分別摘錄如後:

(一)德欽
月掛山頭露滿空,栖栖念佛對金風。信願堅持心不亂,蓮聲極樂寂光中。

(二)李炳南
三會還同秋月圓,溪風吹淨碧雲天。此中消息如相問,檻外新開九品蓮。

(三)許祖成二首
月本無生似有生,清風徵佛晚涼增。蓮開九品分明現,光照十方來瑞徵。

九華重聚彩雲蒸,皓月光涵入定僧。專一精誠齊蹈厲,且看安養孰先登。

(四)慧繁二首
三經講畢兩經年,識得彌陀大願船。有幸邊陲荒島上,人人得遇往生緣。

淨法宏揚志不灰，重重妙義似濤來。靈山會上緣難遇，九品蓮花滿地開。
（五）釋一
浮雲散盡月當空，宛似眉毫有玉容。共羨花開聞佛語，十方九品建蓮宗。
（六）朱斐
十六觀經十六圓，月華未減麗中天。重宣妙偈無量壽，彈指香光湧九蓮。[1]

九月十八日（二），臺中佛教會館住持德林老和尚圓寂，同月二十四日由臺中市各佛教團體於平等街佛支會舉行告別式。

九月二十三日（日），靈山寺週日下午講座，開始宣講《無量壽經優婆提舍願生偈（往生論）》。

　　卅八年農曆六月初九日，師又在臺中忠孝路靈山寺成立淨土道場。至卅九年復講《無量壽經》及《觀無量壽經》，直至四十年八月十六日圓滿，又演《往生論》，[2] 至此淨土三經一論並一章，俱已演畢。（朱斐，〈炳公老師與我——兼述臺中早期建社弘法的經過〉）

　　【案】前引「直至四十年八月十六日圓滿」，係指

---

1 朱斐：〈靈山法會三經圓滿觀月會小記〉，《覺生》第 15 期（1951 年 9 月 30 日），頁 19。
2 李炳南：《講經表解（上）》，《全集》第 2 冊，頁 291-301，有〈無量壽經優婆提舍願生偈論〉講表，但未著記時地。

夏曆。據《覺生》第十四期（1951年8月31日，頁2）報導：「本年年初開講之《觀無量壽經》，將於九月九日功德圓滿，繼續將講三經一論中之《往生論》，預定《往生論》將分八次講畢，以後再開講《大乘起信論》云。」今已確知《觀無量壽經》延後一週於九月十六日圓滿，則《往生論》當是於九月二十三日開講，八週後於十一月十一日圓滿。又據《覺生》第十七期（1951年11月30日，頁2）報導：「《往生論》已經圓滿，《大乘起信論》亦已開講數次。」若一九五一年十一月三十日《大乘起信論》已開講數次，因繫《往生論》圓滿日為十一月十一日。

九月三十日（日），下午，於靈山寺週日講座，宣講《無量壽經優婆提舍願生偈（往生論）》。

是月，台中蓮社接獲臺中監獄函請派員弘化。先生擬具辦法定期前往弘講。

〔又訊〕台中佛教蓮社頃接臺中監獄函請經常派員前往弘化。茲悉該社弘法組已擬具組織監獄弘法團草案，召開理監事座談會通過，並由弘法組長編就弘法材料，由團員輪流每星期一次，前往監獄弘法。團員分弘法及護法兩種，護法團員專為準備糖果或書刊等物，隨往與聽眾結緣，以利推進弘法工作。[1]

---

1 〈一月佛教〉，《覺生》第15期（1951年9月30日），頁2。

最近新典獄長上任，對獄務整頓一新，教誨的時間也增加了。也許是機緣成熟了吧，教化課長周震歐兄對我說：近來別的宗教來得很勤，你們佛教最好也要恢復才好啊。我立刻想到了蓮社不是每星期有一個弘法的講習班嗎？同學們受講已經兩年，正苦於沒有機會場所可以發揮演習呢。於是我一面答應了周課長的邀請，一面便向老居士去建議組織監獄弘法團。老居士自然極高興地接受了這個建議，立刻擬了一個組織監獄弘法團的草案，召開理監事座談會通過實施。[1]

十月一日（一），夏曆初一，於法華寺宣講省庵大師《勸發菩提心文》。

十月七日（日），下午，於靈山寺週日講座，宣講《無量壽經優婆提舍願生偈（往生論）》。

十月八日（一），台中蓮社弘法團首次至臺中監獄佈教，由朱斐、邱炎生擔任講解。十月十五日，輪由張廷榮、許炎墩講說。十月二十二日，由周邦道、黃大海任講席。周邦道所講特別受到歡迎。受刑人反應甚為正面。弘法教材係由先生編製。

　　本月二十二是第三次隨台中蓮社弘法團去臺中監獄

---

[1] 朱斐：〈從監獄弘法團扯到教內團結〉，《覺生》第 16 期（1951 年 10 月 31 日），頁 19。

佈教的日子,那天的講者是輪流到周慶光、黃大海兩居士。周居士是農學院的教授,在軍事犯(全部外省籍)的作業工場講;黃居士在本省籍的人犯作業工場講,聽者各約一百五十名。

弘法團講演的教材都是由炳老居士準備的,第一次的題目是學佛要先明白因果,由筆者和邱炎生居士分別擔任講解。第二次的講題是佛教的創始,輪到張廷榮、許炎墩兩居士講,接著第三次周、黃兩居士講的宇宙的真相。當周居士講畢退出的時候,竟有人犯推了代表,追來要求教化課長請周居士每週都能夠來講。可見犯人們熱烈的情緒和需要,同時也證明了周居士的辯才無礙矣。[1]

【案】據《台中蓮社第一次社務報告(民國四十年)》:「男子弘法班員,每星期一下午在臺中監獄內對本省籍及外省籍之在監人分三場開講佛法。」(頁11)據朱斐報導,則是同時分兩場:本省、外省籍各一。或者也有可能後來漸次增加場次。

一峰(受刑人),〈聽台中蓮社弘法團佈教後有感〉:記得弘法團初來和我們見面時,起始是由一個五人樂隊奏出一闋梵音,那幽深感人的調子,飄渺在空間,迴盪在耳際,真有如佛的聲音,深深地撫慰著我受創的心靈。當梵音終止的時候,我不禁熱淚盈眶,無奈置身在大庭廣眾之間,不得已將感想抑制住,否則,我

---

[1] 朱斐:〈從監獄弘法團扯到教內團結〉,《覺生》第16期(1951年10月31日),頁19。

真想藉此把久積在心頭的鬱悶，付之一場痛哭。[1]

先生所編監獄弘化教材有：〈學佛先明因果〉、〈佛教的起始〉、〈宇宙真相〉、〈有情世間〉、〈人生真相〉、〈脫離現苦方法〉、〈十二威儀〉、〈脫離苦輪方法〉、〈念佛之法〉、〈乘願再來〉、〈十業因果對轉〉……等。[2]（《圖冊》，1951年圖8）

十月十三日（六），即起七天，臺中寶覺寺舉行七天秋季法會，於觀音聖誕圓滿。法會期中，聘請煮雲法師及炳南先生蒞臨說法。[3] 先生講演〈臺俗拜拜與信仰〉，有講表。[4]（《圖冊》，1951年圖9）

〈臺俗拜拜與信仰（寶覺寺）〉：

（甲）鬼神之別：造惡餓鬼，無大惡少財鬼，有善不知脩威德鬼，陰界諸神，血食諸神——有死凡夫，拜無益（無所禱也拜害）

（乙）天：有善知脩，界有廿八層，帝千千萬萬；有死凡

---

1 一峰（受刑人筆名）：〈聽台中蓮社弘法團佈教後有感〉，《覺生》第17期（1951年11月30日），頁13。
2 俱見：李炳南：《雪廬老人佛法講演二十卷手稿》第13卷（台中蓮社收藏，未刊本）；李炳南：《雪公開示講表》（台中蓮社，打字版未刊本），頁374-395。
3 〈一月佛教〉，《覺生》第16期（1951年10月31日），頁2。
4 李炳南：〈臺俗拜拜與信仰〉，《雪廬老人佛法講演二十卷手稿》第12卷（台中蓮社收藏，未刊本）；李炳南：《雪公開示講表》（台中蓮社，打字版未刊本），頁370-371。

夫,拜無益(天地不容)無慈悲

(丙)佛陀:界外之聖、天人之師;永不死聖人,拜有益(心一念即佛古訓),度生善惡平等

(通)拜之比較:神不如天,天不如佛,拜不如學——現為善人,將來成佛,起脩之法

十月十四日(日),下午,於靈山寺週日講座,宣講《無量壽經優婆提舍願生偈(往生論)》。

十月十五日(一),夏曆十五,於法華寺宣講省庵大師《勸發菩提心文》。

十月二十一日(日),下午,於靈山寺週日講座,宣講《無量壽經優婆提舍願生偈(往生論)》。

十月二十八日(日),下午,於靈山寺週日講座,宣講《無量壽經優婆提舍願生偈(往生論)》。

十月三十日(二),夏曆初一,於法華寺宣講省庵大師《勸發菩提心文》。

十月三十一日(三),於《覺生》以「雪廬」名發表〈小考據・放生池〉。

　　雪廬,〈小考據・放生池〉:放生本於佛家戒殺之義。唐朝乾元年間,令天下安置放生池,有八十一處;

多有大書家顏魯公真卿寫作的碑文。宋朝天禧年間,曾敕杭州西湖為放生池。考《藝文類聚》,梁元帝時,荊州有〈放生亭碑〉。又《南史》梁武帝時,謝微作〈放生文〉,為世人傳誦贊賞;是提倡放生,在六朝已經大行。但中國古時雖未普徧提倡,在聖賢之個人方面,早有此舉。如成湯網開三面,孔子弋不射宿、釣而不網,子產放魚等事。可見仁慈之心,不分儒佛;愛人愛物,同是美德。[1]

【案】一九五一年台中蓮社成立,即有放生組,常年辦理放生活動。一九五五年,先生促進臺中市保護動物會成立;該會並於一九五九年三月,要求臺中市林市長准予撥地建設放生池。詳見各年日譜文。

十月,於蓮社成立弘法團,男眾弘法於臺中男眾監獄,女眾弘法於蓮友家庭及女眾監獄。先生昔典獄政多年,深知其需求,因自編教材,每週先行講習,而後再外派團員宣講。監獄弘法團分弘法與護法兩種團員,亦以省籍區分聽講對象,以節省翻譯時間。

這個監獄弘法團的組織很簡單,我們分做弘法團員和護法團員兩種,全部都是蓮社的同修,弘法團員中外省籍的每週輪流向外省籍的犯人佈教;本省籍的團員則專門向本省籍的人犯說教;(這樣可以省了翻譯)。護法團

---

[1] 李炳南(雪廬):〈小考據・放生池〉,《覺生》第 16 期(1951 年 10 月 31 日)。

1951年・民國40年｜62歲

員則不分省籍，凡樂助書刊或糖果餅乾帶去結緣的，或是擅長音樂歌唱參加助興的，這個月三次都由蓮友鍾添登居士發心去召來一個五人漢樂隊隨往演奏，每次開講以前先奏一曲，把聽眾的情緒安靜下來，的確幫助講演得力不淺。每一次我們都帶去了餅乾糖果或書刊佛像結緣，真是皆大歡喜。

講演的材料，在事前一星期，由老居士親自編撰，並先在講習班演說一遍。老居士過去曾辦過數十年的監獄，親任教誨，全部佛化，對犯人的心理與需要，都很熟悉，故每次講材的編撰，都極仔細慎重，將來的收效如何，雖不敢預言，當不致如以前我們的失敗了！[1]

弘法團學生，按儒家古禮，向先生納贄行拜師禮，先生則依古禮為學生取別字。

大概在這段時間，我們弘法團的學生，都按儒家古禮，向老師行拜師禮，紅包中只准放進一元作為「贄敬」，別的什麼都不收。有人誤會老師收皈依弟子，其實這是兩回事。代說皈依則或有之，因為當時臺中沒有正式的出家師父，所以最初他都寫信給四川如岑法師介紹通信代說皈依（法華寺的第一批學生大多皈依如岑法師），後來臺灣與大陸通訊中斷，他老曾在蓮社恭請斌宗大法師、證蓮老和尚、懺雲大法師、會性法師等蒞社

---

1 朱斐：〈從監獄弘法團扯到教內團結〉，《覺生》第16期（1951年10月31日），頁19。

為諸蓮友請授居家諸戒，平時則介紹皈依證老、南老、印老等，由老師在佛前方便代說，但絕不授戒。依佛法說，附近若無比丘時，尚可在佛前自受皈戒，這樣做法，似並無不合之處。（朱斐，〈炳公老師與我——兼述臺中早期建社弘法的經過〉）

【案】入學時行「拜師禮」及「為學生取字號」，實為傳統教育之儒家慣習，然因炳南先生佛教界之聲名，教界因只以佛教禮儀視此，稱此為收皈依弟子。如星雲法師稱：「因為炳老對儒學、佛學都有精湛的研究，常以學人自居，與他來往的居士，如周邦道、蔡念生、周宣德、董正之等，都成為他的崇拜者。後來炳老也收皈依弟子，他們都自稱是李老師的學生，不稱師父。」[1] 既是自稱「學生」，便不是皈依弟子。早先於山東，炳南先生皈依三寶及介紹友人禮印光大師皈依三寶時，皆是通信皈依。抗戰時期於重慶歌樂山蓮社、勝利後於南京正因蓮社，向社友推薦禮如岑法師證明皈依時，如岑法師亦皆請先生代為詳說翻邪三皈、戒善因果等佛法要旨。先生實為充任司儀，引領大眾行皈依禮（見 1945 年 12 月 21 日及 1948 年 6 月 19 日譜文）。來臺後，從學者眾，有欲皈依者，先生亦明確指明皈依為皈依僧團，在家人無此資格（見 1949 年 7 月 17 日）。從學與皈依之分際明確，朱斐上引文所云

---

[1] 釋星雲：〈長者居士們的貢獻：李炳南〉，《百年佛緣 8－僧信篇 2》（高雄：佛光出版社，2013 年 6 月），頁 72-77。

1951 年・民國 40 年 ｜ 62 歲

「這是兩回事」，所論極是。

女子弘法團有十位義結金蘭，人稱「十姊妹」，為蓮社弘化活動及護持機構非常重要之骨幹。十姊妹各學一部經，先生教導十分詳盡。

林鳳一、陳天生，〈創業維艱懷恩師〉：民國四十年十月，雪公復於蓮社成立弘法團，男眾弘法於臺中男眾監獄，女眾弘法於蓮友家庭及女眾監獄。當時女眾弘法團，即由十位女眾義結金蘭，即眾所周知之「十姊妹」。[1]

張式銘，《張慶祝師姑九十回顧》：先度班按年齡排序，其實我和進蘭最早認識老師。十姊妹各負責講一部經，排序、姓名、經名如下：一呂正涼《普門品》，二林看治《阿彌陀經》，三林慧繁《玉耶經》，四周慧德《阿難問事佛吉凶經》，五池慧霖《盂蘭盆經》，六蕭慧心《十善業道經》，七本人《大方廣佛發菩提心品第四品》，八林進蘭《迦葉度貧母經》、九黃雪銀──幫慧繁翻譯《玉耶經》，十鄧明香《羅云經》。講經前老師個別教，教我時親自來我家，周老師也跟來，老師且作表給我。我們十姊妹講經開始於買好蓮社，桃園佈教所成立及個人受戒後。老師特別交代講法要須站著，講經要坐著，且不能超過時間。[2]

---

[1] 林鳳一、陳天生：〈創業維艱懷恩師〉，《明倫》第 441 期（2014 年 1 月）。

[2] 張式銘：《張慶祝師姑九十回顧》，頁 37-38。

【合傳】十姊妹：1.呂正凉，本名廖阿員，冠夫姓為呂廖阿員，皈依時如岑法師為取法名「慧良」，文獻有稱呂慧良、呂正凉，為同一人。「正凉」當亦法名。原籍臺灣苗栗，後遷臺中。小學畢業後，考入初開辦之彰化女中為第一屆學生。畢業後任教臺中西屯國小。菩提救濟院開辦後，任董事兼施醫所所長。2.林慧治，本名林看治，「慧治」為法名。3.林慧縈，本名賴采縈，冠夫姓為林賴采縈，「慧縈」為法名，文獻有稱林慧縈、賴慧縈者。4.周慧德，本名周阿㖊。5.池慧霖，本名池生妹。6.蕭慧心，本名蕭蔥，冠夫姓為楊蕭蔥。7.張慧祝，本名張慶祝，如岑法師為取法名「慧祝」，另有法名「玄音」。[1] 8.林進蘭，如岑法師為取法名「慧蘭」，另有法名「玄瑞」。9.黃雪銀，法名慧真，冠夫姓為林黃雪銀，亦常稱作林慧真。中興大學中文系畢業，曾赴日進修。一九六五年四月，試辦菩提醫院，處所即為其所提供。後曾擔任菩提救濟院常務董事、施醫所副主任、慈德托兒所所長等職。10.鄧明香，法名「慧心」，有稱朱慧心或鄧慧心者。[2]（參見《圖冊》，1954年圖13）

十一月四日（日），下午，於靈山寺週日講座，宣講《無量

---

[1] 見1949年9月23日圖：「張慶祝皈依證書」。【數位典藏】書信／在家居士／〈張慶祝之一〉，先生稱其為「玄音賢具壽」。

[2] 朱斐：〈學佛回憶錄——前妻鄧慧心居士的故事〉，《菩提家訊》第54期：http://www.bodhi.org.tw/index.php?sid=c.1&no=54

壽經優婆提舍願生偈（往生論）》。

十一月十一日（日），下午，於靈山寺週日講座，《無量壽經優婆提舍願生偈（往生論）》宣講八次圓滿。[1]

講經後，於靈山寺會客廳召開佛教蓮社理監事第十次座談會，前經慎齋堂主持張月珠介紹，申請接管東本願寺所有法器佛具。今擬撤銷。
〈台中市佛教蓮社四十年度理監事座談會紀錄（第十次）〉：
李社長提議：關於接管元東本願寺所有法器佛具一節，因有發生誤會，於今尚未順利移管。惟查該器具多有殘缺，且其數量過多，本社地址狹窄，不便接管。擬呈請市府審核撤銷接管，如何？
決議：事由慎齋堂張月珠主持之介紹。應先託許寬成居士詣慎齋堂對張主持陳明而後決之。[2]

十一月十二日（一），至臺中監獄弘法。指出斷緣離苦之法，並舉例證明：命由自作，不是天造。[3]

---

[1] 〈一月佛教〉，《覺生》第14期（1951年8月31日），頁2；第17期（1951年11月），頁2。

[2] 〈台中市佛教蓮社四十年度理監事座談會紀錄（第十次）〉（1951年11月11日），《台中蓮社董監事會議紀錄》，台中蓮社檔案。

[3] 一峰（受刑人筆名）：〈聽台中蓮社弘法團佈教後有感〉，《覺生》第17期（1951年11月30日），頁13。

十一月十三日（二），夏曆十月十五，於法華寺宣講省庵大師《勸發菩提心文》圓滿。

十一月十四日（三），彰化曇花佛堂弘法週年，於講座後與會眾攝影紀念。（《圖冊》，1951年圖10）[1]

十一月十八日（日），下午，於靈山寺週日講座，開始宣講《大乘起信論》，有〈大乘起信論講表〉。[2]

　　【案】〈大乘起信論講表〉卷末注記「講於夏曆正月中旬，結於九月十五日。」唯據《覺生》第十七期（1951年11月30日，頁2）報導：「《往生論》已經圓滿，《大乘起信論》亦已開講數次。」則一九五一年十一月《大乘起信論》已經開講。注記所云「講於夏曆正月中旬」，當是指年假過後，於壬辰年正月十五開始該年講座。

十一月二十五日（日），下午，於靈山寺週日講座，宣講《大乘起信論》。

十一月二十九日（四），夏曆十一月初一，於法華寺宣講《佛說四十二章經》。照前例，均於夏曆每月朔望日舉

---

[1] 【數位典藏】照片/弘法照片/講經/〈曇花佛堂〉（1951年11月14日）。

[2] 李炳南：〈大乘起信論講表〉，《講經表解（下）》，《全集》第3冊，頁1239-1265。

行。[1]

【案】法華寺宣講《勸發菩提心文》，自一九五〇年夏曆十月至一九五一年夏曆十月，而後接續宣講《四十二章經》，至一九五二年三月《覺生》月刊報導，仍持續宣講《四十二章經》。一九五三年初，《台中蓮社社務報告（民國四十一年）》，載有一九五二年，「每逢初一、十五兩日下午，在法華寺開講《四十二章經》，續講《遺教經》。至一九五四年初，《台中蓮社社務報告（民國四十二年）》發行時，未見一九五三年法華寺說法紀錄。[2] 如是則法華寺講經於一九五二年宣講《四十二章經》及《遺教經》後即停止。《四十二章經》圓滿日及《遺教經》開講日不詳，姑以各半區分。

是月，佛教蓮社女子弘法團舉行家庭講演會十天，團員七八人輪流講演。

〔臺中〕佛教蓮社蓮友弘法，除男眾照常赴監獄講演外，女眾同修亦不肯落後，由林看治居士等自動組織弘法團，在中正路靠近後龍里一帶，新闢場所舉行家庭講演會十天。由慧良、慧治等七八人輪流講演，聽眾由卅餘人，逐日增加至七八十人，亦完全為女性。[3]

---

1 〈一月佛教〉，《覺生》第 17 期（1951 年 11 月 30 日），頁 2。
2 《台中蓮社社務報告（民國四十一年）》、《台中蓮社社務報告（民國四十二年）》，台中蓮社檔案。
3 〈一月佛教〉，《覺生》第 17 期（1951 年 11 月 30 日），頁 2。

十二月二日（日），下午，於靈山寺週日講座，宣講《大乘起信論》。

十二月七日（五）至十三日（四），靈山寺舉行冬季彌陀佛七。先生於前後四日講開示，中間三日因公出差，請董正之代理。

〔臺中〕靈山寺淨土道場農曆十一月初九起至十五止（阿彌陀佛聖誕前七天），舉辦念佛七。第一日李老師開示「剋期求證」偈云：「漫山漫水霧濛濛，何止千重與萬重，若把呼聲停歇了，當前母子不相逢」。又示「五心聞法」，偈云：「霧裏不能辨四方，抬頭忽見路燈光，深坑高嶺雖如故，舉步分明有主張」。第二日開示「愛惜命光」，分別示明：凡夫戕性，念佛救性之理；譬如日夕挽船，船一刻不上，即虛費一刻；佛一日不見，即空過一日云。第三日至第五日李老師因公晉省，由董正之居士代說開示。第六日李老師返中，復開示「都攝六根」偈云：「六字洪名六鐵牆，六塵不入六根藏，此中自有真消息，水月交融一樣光」。第七日開示「以心作佛」，詳說一念十法界，念彌陀心即彌陀；並分別以事理釋疑。偈云：「盡日尋春不見春，芒鞋踏遍嶺頭雲，歸來坐對梅花嗅，春在枝頭已十分」。圓滿日晚上復說圓滿偈云：「人身多劫本難求，況向蓮邦七日遊。珍重今宵君莫睡，一年幾見月當頭」。原來此日恰是十一月望日，據說是一年一度的月當頭日，老居士

偈說警語,同修無不感悟。[1]

先生有〈靈山寺秋季佛期〉開示表手稿,各日開示主題及偈同上。(《圖冊》,1951年圖11)[2]

十二月十三日,夏曆十一月十五日,下午,於法華寺宣講《佛說四十二章經》。

十二月十六日(日),下午,於靈山寺週日講座,宣講《大乘起信論》。

十二月十九日(三),下午二時半,召開台中蓮社第一屆第二次理監事聯席會議。先生以社長職提案舉辦國文補習班、青年德育週、兒童德育週,蓮社週年紀念舉辦講堂落成典禮,聘孫張清揚為名譽社董,皆獲通過。有蓮友提供先生私宅,先生不受,轉無償供蓮社使用。[3]

孫張清揚為陸軍總司令孫立人將軍之夫人,護持佛教盡心盡力。先生因請擔任社董。(《圖冊》,1951年圖12)
　　清揚大居士座下:久欽道範,時縈心香。恭維福慧

1　〈一月佛教〉,《覺生》第18期(1951年12月31日),頁2。
2　【數位典藏】手稿/佛學講授/佛七開示/〈靈山寺秋季佛期〉(一篇共4頁)。
3　〈台中蓮社理監事會議紀錄(第一屆第二次)〉(1951年12月19日),台中蓮社檔案。

齊資，智悲雙運，為頌無量。臺中眾生福薄，佛法衰微，極賴各方大德啟迪瞶聾。大居士佛學精邃，戒行高深，倘得一聆謦欬，定能心垢頓消。此地蓮社，擬請法駕辱臨宏法。恐涉冒昧，另備蕪函，轉煩朱老居士先容。如蒙慈允，尚希示知行期，以便至車站恭迓也。專函瀆陳，敬請道安　　　　　　　李炳南和南[1]

清揚大居士塵前：企慕盛德，久傾葵心。前蒙允任社董，同人咸引為榮。此間偏僻，聞法少緣，群眾喁喁，頗以為恨。凤欽大居士上宏下化，不厭不疲，擬請法駕辱臨開示道要。謹函奉懇，尚希慈允，不勝感禱。專此，並請道安[2]

【小傳】孫張清揚（1913-1992），又名張晶英，湖南人，為時任陸軍總司令孫立人將軍之夫人。二十二歲時，夢見觀世音菩薩手持淨水瓶，對她說：「你宿世有佛緣，但為紅塵所迷，愈早修行愈好。」常隨母親到寺院中禮佛拈香。曾於南京棲霞寺退居老和尚卓塵長老座下、焦山定慧寺智光老人座下皈依。

一九四八年，孫立人自東北調到臺灣，張清揚同時抵臺灣。張清揚捐出一千萬元（老臺幣），李子寬捐出五百萬元，並出面交涉將被政府機構占用之臺北首剎善導寺收回，供當時「中國佛教會」辦公。

一九四九年六月，臺灣佛教發生「法難」事件，慈

---

1 【數位典藏】書信 / 在家居士 / 孫張清揚 / 〈孫張清揚之二〉。
2 【數位典藏】書信 / 在家居士 / 孫張清揚 / 〈孫張清揚之一〉。

航、道源,以及星雲、了中等法師數十名僧侶,被警方拘留。立法委員董正之與李子寬、丁俊生諸居士,請清揚夫人出面救援。經多方奔走,被拘諸人始先後獲釋。

日後南亭法師購房創辦華嚴蓮社得其幫助,東初法師發起影印《大正藏》,也是張清揚託人在日本請得一部,又託請軍方人士以軍用飛機載回。一九五六年,發生孫立人將軍受誣家居事件,張清揚夫人也減少活動,閉戶禮佛,但仍默默護持佛教。一九九二年安詳捨報,享年八十歲。

【又案】一九五五年五月二十八日起,發生「孫立人事件」。一九五六年六月十六日,孫立人從臺北市南昌路官邸,遷往臺中市向上路一段十八號居所,開始其三十三年軟禁生涯。《菩提樹》月刊第四十四期（1956年7月8日）刊出「孫張清揚啟事」,通告教界友人「因搬遷至臺中不及道別」。因此,上引函下限當為一九五五年五月二十八日,上限則為一九五一年台中蓮社創立。

十二月二十三日（日）,下午,於靈山寺週日講座,宣講《大乘起信論》。

十二月二十八日（五）,夏曆十二月初一,下午,於法華寺宣講《佛說四十二章經》。

十二月三十日（日），下午，於靈山寺週日講座，宣講《大乘起信論》。

十二月三十一日（一），於《覺生》以「雪廬」名發表〈小考據〉，有一、佛教入中國各說。二、中國人為僧尼之始。三、各經的字數。[1]

是年，蓮社放生鳥類一百六十二隻，魚類七十二斤，共計價款五百六十四點七元。[2]

是年，有詩〈遊碧潭〉、〈碧潭酒肆〉、〈鐵絲懸橋〉、〈潭上泛舟〉、〈題廉南湖冊子〉。（《雪廬詩集》，頁284-285）

　　〈遊碧潭〉：遊人心印碧潭波，絕似渝州盪槳過；誰把嘉陵舊時水，愁痕添出萬層多。

　　〈碧潭酒肆〉：故國江頭燕子磯，秋燈倚枕夢依稀；羨他孤嶼風潭上，不插降旛插酒斾。

　　〈鐵絲懸橋〉：恨海情天萬縷絲，抽刀割斷定何時；教他化作懸橋索，不使銀河悵別離。（碧潭山間有銀河洞）

　　〈潭上泛舟〉：一潭遊艇小於盆，歸趁遠山新月

---

1 李炳南（雪廬），〈小考據（三則）〉，《覺生》第18期（1951年12月31日），頁17。

2 《台中蓮社第一次社務報告（民國四十年）》，頁12，台中蓮社檔案。

痕;不似秦淮載歌扇,狂歡夜夜醉金樽。

〈題廉南湖冊子〉:十年兵燹走風塵,猶見昔賢遺墨新;憶到舊京潭柘寺,愴懷應念布金人。(廉昔捐修潭柘寺,今為共軍所佔,有驅僧毀廟之謠)

【案】〈題廉南湖冊子〉,當是題詩於廉氏《詩集》。廉南湖(1868-1931),名泉,字惠卿,南湖為其號,又號岫雲、小萬柳居士。江蘇無錫人,精通詩文藝事。一八九四年(光緒二十年)舉人,翌年在京會試時參與康有為的「公車上書」。後任戶部郎中。一九〇四年(光緒三十年)冬,辭職南歸,移居滬上。在上海曹家渡購地築園,造「小萬柳堂」別墅,並創辦上海文明書局,編印出版新式學堂教科書、文學藝術譯著等。妻子吳芝瑛,與秋瑾女士交好。一九〇七年,秋瑾被害,他協助吳芝瑛將其遺骨葬於杭州西泠橋畔,並建「悲秋閣」,以誌哀悼。一九一一年辛亥革命後,隱居北平潭柘寺。一九三一年,受剃為僧。同年十月,病逝於北平協和醫院,安葬於潭柘寺旁。遺著有《南湖集》、《潭柘集》、《夢還集》、《夢還遺集》等。

1952年・民國41年・辛卯－壬辰
63歲

【國內外大事】
- 《中日和平條約》在臺北簽訂。
- 美國結束對日本軍事占領。

【譜主大事】
- 一月，台中市佛教蓮社成立一週年，大殿兼講堂落成。
  手訂蓮社社務、蓮社社風。
  台中蓮社舉辦首次冬令救濟，從此每年辦理。
  成立「天樂班」，日後成為蓮社參加佛誕節遊行、蓮社講演活動之重要文宣團隊。
- 二月，在蓮社開講佛學，爾後每週講經。
  禮請證蓮老和尚蒞社傳授三皈五戒。
  靈山寺宣講《大乘起信論》。
- 四月，創辦「國文補習班」。
- 五月，再度南下屏東弘化。
  經臺灣省政府、臺中市政府核可，開設「炳南中醫診所」。
- 十月，北上桃園、新莊、楊梅等地弘法。
  至樂生療養院探視開示，返中後撰文呼籲幫助病友籌建佛堂。
- 十一月，於靈山寺宣講《大乘起信論》圓滿。
  辭《覺生》社長職。

- 十二月,撰《菩提樹》月刊創刊詞。
  組織蓮社念佛班、成立助念團。
  除固定講經演講,常在蓮社「聯誼會」榻榻米小教室指導學眾,亦常至附近火車站失事地點超度亡者。

一月三日（四），辛卯年臘月初七，台中蓮社大殿兼講堂新建完成，舉行蓮社成立一週年紀念暨落成典禮。到場者有楊市長、市黨部黃書記、臺中市佛教支會鄭理事長、寺院齋堂住持堂主等各界來賓及蓮社社員，共五百多人與會。上午十時至下午一時禮成。[1] 會後，大眾合影留念。[2]（《圖冊》，1952年圖1）

先生訂定社務凡三：一者、講演儒佛經典，化導人心。二者、集眾念佛，各求當生成就。三者、興辦文化慈益事業，以勵道德，而善風俗。又手訂〈蓮社社風〉勉勵社員。

〈蓮社社風〉：

一、真心奉行教義；用智慧上求佛道，用慈悲下化眾生。

二、力遵三皈五戒；雖未受戒，亦當發心守戒。

三、深信因果，多積福德，勿爭名利。

四、社內同修，不宜分黨分派，互相攻擊。

五、不得兼修外道，使邪亂正。

六、同教團體中，不問出家在家，凡有弘法事宜，必須讚歎擁護，不許嫉妒。

七、除探討教義外，不議論同教中任何人之是非。

八、凡遭毀謗，平心自省！有改無勉，不與人諍。

1　《台中蓮社第二次社務報告（四十一年度）》，頁3，台中蓮社檔案；《蓮社日誌》，台中蓮社檔案。

2　【數位典藏】照片／道場活動／落成紀念／台中蓮社／〈台中市佛教蓮社落成典禮〉。

九、要常覺知，自己道德、修持、學問，皆極淺薄，不可心生驕慢。

十、要精進修持，積德求學，不惜心身二力，布施一切，為眾生拔苦與樂。[1]

【案】蓮社建物基地一五〇・五坪。講堂為磚造蓋瓦平房乙幢，五十一・三坪；連附屬建物十三坪，造價伍萬陸仟肆百肆拾柒元伍角。[2] 其後曾經少許變動，至一九七五年改建前之配置，大致如附圖（《圖冊》，1952 年圖 2）。[3] 蓮社自此有專屬弘講場所，也開始有經營照管之需求。故自落成日起，「李社長准予寶宗、慧女、慧初三社員臨時常住蓮社，負責管理早晚香燈水，清潔佛堂及各室，看管一切物品及關鎖門戶，信件公文收管交總務部。」二月四日又發表「聘請杜德碧居士為蓮社臨時當家。」（《蓮社日誌》）

國畫家溥儒書贈對聯祝賀蓮社大殿落成。（《圖冊》，1952 年圖 3）

---

[1] 〈蓮社社風〉，原刊《覺生》第 19/20 期合刊（1952 年 1 月 31 日），頁 12；轉載於《明倫》第 165 期（1986 年 6 月）。

[2] 《台中蓮社第二次社務報告（四十一年度）》，頁 19，台中蓮社檔案。

[3] 「蓮社改建前平面圖」由詹曙華於 2021 年繪圖，鄰居張季珠，蓮友謝嘉峰、吳健銘、黃潔怡、吳碧霞、紀海珊、陳雍澤提供訊息。「1960 年初台中蓮社大門」，見：《台中蓮社四十八年度社務報告》，台中蓮社檔案。

壬辰春蓮社落成
　　蓮社化城垂法雨，華臺寶樹起慈雲
　　　　　　　　　　　　　　　　　溥儒敬書[1]

一月六日（日），上午九時起至下午十時半止，中國佛教會臺灣省分會四十一年度會員代表大會，借蓮社新建殿堂舉行。到有全省會員代表善信大德高賓貴客將近兩百多人與會。臺中市代表陳銘芳及《覺生》月刊發行人林宗心相繼報告稱近日發現公然反對佛教之傳單。決議向「宗教聯誼會」提出抗議警告。

　　上午九時，中國佛教會臺灣省分會在台中市佛教蓮社新址召開會員代表大會。臺中市代表陳銘芳及本刊發行人林宗心相繼報告稱「近在本市發現一種傳單，公然反對佛教，其署名為『復興路二二八號臺中市教會聚會所』，題名『宗教十問』。」[2]

　　【案】先生有〈敬對佛徒兼修龍華先天等教者進一忠告〉回應臺中市教會聚會所之〈宗教十問〉。（見1952年1月31日譜文）

一月七日（一），指派李杰超及鍾添登兩居士擔任監獄弘法。（《蓮社日誌》）

1　溥儒：〈溥心畬題（壬辰春蓮社落成）對聯〉，《雪廬老人題畫遺墨》，「附雪廬老人庋藏」，《全集》第16冊，頁242。
2　《覺生》第19/20期合刊（1952年1月31日），頁2。

1952 年・民國 41 年 | 63 歲

　　是日起，連續五晚，林看治等四名女居士在中區中榮里興民街蕭松川氏宅弘法。（《蓮社日誌》）

一月十一日（五），夏曆十二月十五日，下午，於法華寺宣講《佛說四十二章經》。

一月十三日（日），下午，於靈山寺週日講座，宣講《大乘起信論》。

一月十四日（一），在佛教蓮社講堂舉行「天樂班」成立典禮。樂器由許克綏購置，無償借用。

　　文藝班後來又更發展成立天樂隊，雪公提出要用國樂或西樂演奏，後隨順眾生練習西樂。往後蓮社之道場開講、新春講演、佛誕節遊行等，皆由天樂隊去吹奏〈三寶歌〉、佛曲等。宜蘭念佛會講堂落成時，曾遠赴表演祝賀。[1]

　　許克綏居士感及蓮社有組織西樂隊之必要，招集青年拾四名，一月十四日在本堂舉行成立禮式，由李社長命名為天樂班。其需用樂器一式，皆由許居士購置，無償借用。（《台中蓮社第二次社務報告（四十一年度）》，頁 3）

　　【案】台中蓮社音樂性團隊除天樂班外，另又有口琴班，皆是以文藝班為班底（據王烱如〈口述〉），

1　林鳳一、陳天生：〈創業維艱懷恩師〉，《明倫》第 441 期（2014 年 1 月）。

都在文化宣傳上有出色的表現。如：每年參加臺中市佛誕遊行，講經前市街宣傳，一九五四年十一月大湖法雲寺大殿重修落成，一九五五年十月接待影印《大藏經》環島宣傳團蒞臨，一九五六年四月宜蘭念佛會新建講堂落成等。

先生注重音樂教化，為天樂班撰寫〈天樂隊歌〉，並陸續作有〈讚三寶〉、〈浴佛〉、〈台中蓮社社歌〉、〈佛教青年進行曲〉……等四十多首佛曲歌詞，邀請當代音樂家製譜，日後於一九五九年二月輯成《梵音集》發行。（《圖冊》，1952年圖4）

〈台中蓮社社歌〉（李明訓作曲）：聖賢百二廬山峰，東林開淨宗。接統靈巖十三葉，蓮花一瓣分台中。綠川流水，柳川微風，極樂遙遙相通。大道戒定慧，資糧信願行，二六時深心體證，發宏誓，廣度眾生。陶來謝來，平等恭敬，暮鼓晨鐘。金台滿虛空，彌陀佛，笑相迎。

〈天樂隊歌〉（李明訓作曲）：風蕭蕭，旗飄飄，雲流花笑。滴滴答答，丁丁噹噹，鏗鏗鏘鏘鏘，瑲瑲瑲瑲瑲，嘹喨嘹喨。非龍吟水底，非鳳鳴高岡，非雨打芭蕉，非水下瞿塘，嘹喨嘹喨真嘹喨，原來是法鼓法螺聲洋洋。清淨音，空中響，天花紛紛降，遍地噴香，此心正清涼。同演唱，贊嘆大法王。

〈佛教青年進行曲〉（張亦作曲）：青年善男子，青年善女人，大家惜光陰，齊發菩提心，行菩薩道，

1952年・民國41年｜63歲

莫待明晨。請看無邊眾生，淹在海裏浮沉，他皆是未來諸佛，也是我過去六親，我要請問，我要請問，救度他們，是誰的責任？前進，前進，後跟，後跟，施財、施法、施大無畏，我們應有犧牲的精神。破除障礙降伏波旬；誓願堅定，不退毫分，佛法是慈悲平等，無怨無親，普度他，登彼岸，出苦津。[1]

〈摘要〉：先生注重音樂教化，親自撰寫佛曲歌詞，並邀請當代音樂家製譜，共四十多首，是為《梵音集》。先生曾言：「詩書禮樂的樂，一般人不懂。樂，完全是心理情意的表現。人之七情必須有一定之節制，樂，可以調節七情。佛家有雁聞梵唄誦讀之音而盤旋不去的故事，可見音律感人之深。而藝術必須志於道，要在利益人心。」先生所撰歌詞，以深入淺出的方式傳達至理，題材豐富，文辭優美而有寓意，非常適合抒發讚嘆，化導人心。《梵音集》手稿共十一張，亦收入《全集》第四冊《弘護小品彙存》。（吳毓純編撰，黃潔怡審訂）[2]

一月十八日（五），午後，布施班於佛教蓮社殿堂舉行研經座談。（《蓮社日誌》）

---

1 李炳南：〈佛歌〉，《弘護小品彙存》，《全集》第4冊之2，頁544-583。
2 〈摘要〉，【數位典藏】手稿／佛歌創作／梵音集。案：【數位典藏】此處所收為手稿，收入《弘護小品彙存》者為打字稿。

一月十九日（六），晚，於佛教蓮社舉辦殿堂落成後首次念佛。念佛後先生開示：對法華寺、靈山寺應飲水思源；蓮社佛菩薩聖誕不做法會，社員照前至原寺院參詣；社員間應君子相待。

  下午七時半至九時半，在殿堂舉行殿堂落成後初次念佛。來會社員共有一百多名。念佛後李社長開示：1.有此蓮社實由法華寺創始念佛、靈山寺之弘揚念佛而來。飲水要思源，對此兩寺要尊崇為師。2.此後蓮社凡佛菩薩聖誕皆不做法會，社員應照前到各該信仰之寺院參詣為宜。3.社員間應以君子之風度互相融和修持，不可意見衝突。（《蓮社日誌》）

一月二十日（日），下午，於靈山寺週日講座，宣講《大乘起信論》。

一月二十二日（二）起四日，佛教蓮社響應臺中市政府冬令救濟貧民，施米數千斤，由各區公所調查真實貧戶，分發米券，到社領米，並各各勸令念佛。[1] 此為蓮社首度舉辦冬令救濟。此後成為蓮社每年重要例行活動，迄今不輟。

  一月二十二日起四日間，本社為救濟市內貧民貳佰拾戶，分發白米貳仟柒佰餘台斤。此項白米係由許克綏

---

1 〈一月佛教〉，《覺生》第 21 期（1952 年 2 月 29 日），頁 2。

居士捐出。[1]

一月二十七日（日），壬辰正月初一，上午十時半在蓮社供佛念佛。十一時起，蓮社社友集合於法華寺舉行團拜。本日起三日間，每晚七至九時在殿堂念佛。會眾將近八十餘名。

一月二十八日（一），壬辰正月初二，念佛後社長炳南先生開示念佛有三大利益。（《蓮社日誌》）

一月二十九日（二），壬辰正月初三，春節念佛最終日，社長炳南先生開示淨土三要：信願行。（《蓮社日誌》）

一月三十日（三），壬辰正月初四，春節念佛再延四天。本夜由董正之常務理事就念佛利益開示。（《蓮社日誌》）

一月三十一日（四），先生與台中蓮社全體理監事刊登〈謝啟〉於《覺生》月刊，並附落成典禮〈為各界迴向文〉。
〈台中市佛教蓮社謝啟〉：蓮社成立以來，迄已一年；此次興建大殿兼講堂工事所費，幸承十方善信暨蓮社蓮友，慨施淨財，或施人力物力，眾緣和合，得以落成；本擬藉覺生月刊，披露施者芳名，但因限於篇幅，

---

1 《台中蓮社第二次社務報告（四十一年度）》，頁14，台中蓮社檔案；《蓮社日誌》，台中蓮社檔案。

不能備載,僅借一角,以誌謝忱!在落成典禮之日,復蒙機關長官各界碩德駕臨指導並寵錫賀儀,盛情隆誼,感激無任!惟以設備簡陋,招待不周,深資愧惡,尚乞鑒原!除致謝外,並請時錫教言,至所企禱!

社長李炳南暨全體理監事同啟

〈為各界迴向文〉:一切勝功德,願為普迴向。國家立復興,赤禍速消滅。人民習禮義,安樂享太平。建營捐資者,及與捐物品。福報如日長,智慧同時增。蒞臨眾嘉賓,社中同修眾。加被無差別,所願皆圓滿。[1]

同日,《覺生》月刊刊出先生〈敬對佛徒兼修龍華先天等教者進一忠告〉,係回應元旦某教會〈宗教十問〉之攻訐,撰文澄清:佛教與龍華先天金幢等教,絕無關係;「五部六冊」不是佛經。

佛的經教,是用自己智慧體證出來的,不依傍任何學術,不抄襲任何理論,他是空前絕後,獨立自尊,因著他出生的年代最久,後起的種種宗教,感覺自己的教理不能自圓其說,卻抄襲些佛經,把他偽裝起來去塞補他們的缺陷。更有許多教門,依靠在佛教的旗幟下,把佛經東拆西拉,揉雜在他的冊子裏,據為己有,返過頭來,竟說佛教失了真傳,他們接受了道統,喧賓奪主,更是胡鬧了!

---

1 〈台中市佛教蓮社謝啟〉,《覺生》第 19/20 期合刊(1952 年 1 月 31 日),頁 21。

有人說,你又何必這樣分別,不論真經假經,總是勸人為善,何妨由他去作。我說為著護教及度眾,勢必把對的錯的說個清楚,使大家得到真實利益。因為世尊示跡此土,專為度眾,這是大慈大悲的事業,世尊滅後,徒眾要想繼承這等事業,惟一工具,就是經典。若被外行將此經典七拆八卸,亂去錯用,眾生不但不能得度,走了錯路,反生障礙,這豈獨是毀法,而且也是害眾。
佛教實與龍華先天金幢等教,絕無關係。真的佛經,自梁武帝於華林園總集釋經,凡五千四百卷,唐時有開元釋經錄,其後宋、元、明、清、日本、高麗都有經藏集刻,至今合約八千餘卷,在此大藏內,遍查也見不到「五部六冊」之名,是真是假,不辯自明。[1]

【案】〈敬對佛徒兼修龍華先天等教者進一忠告〉刊出後,招來許多反響,如「《五部六冊》是六祖傳下來的,說他不是佛經,才是錯誤。」「皇天老爺扶鸞也是正神,以後弘法勸你要帶《五部六冊》一同弘揚,收效才大。」「你所講的都是出家空門的佛教,不是在家的佛教。你走錯了路了,以後請你改過來。」甚至有惡口罵人者。[2]

---

[1] 李炳南:〈敬對佛徒兼修龍華先天等教者進一忠告〉,《覺生》第19/20期合刊(1952年1月31日),頁3-4。今收見:《弘護小品彙存》,《全集》第4冊之2,頁133-139。

[2] 見:李炳南:〈佛教代人受過四面楚歌〉,《覺生》第22期(1952年3月31日),頁3。今收見:《弘護小品彙存》,《全集》第4冊之2,頁139-147。

是月,臺中市楊基先市長特派代表對蓮社成立一年以來,弘揚佛法,間無稍歇,道謝致敬。

二月四日(一),夏曆正月初九,即日起,連續六日,先生在蓮社開講佛學。首日自七時半至十時講「佛法無邊」,許炎墩任翻譯。開講前,每日下午,由天樂班音樂隊遊街分發傳單,並提燈遊行,接引許多新人,夜夜聽眾滿堂,約有兩百餘人,來眾多為青年公教人員。爾後每週講經,率以為常。

〔臺中〕(佛教蓮社)該社新屋落成以後,第一次佛學講演於農曆正月初九日開始,連續六日。每日先由該社新近組成之天樂班西樂隊,出發街頭,分發傳單,並提燈遊行市內。一時三寶歌聲,遍播了文化城,沿途經過蓮友同道之處,為了表示歡迎,爆竹聲又不絕於耳,頓為市民一新耳目。行人見到燈籠上的「南無阿彌陀佛」六字,紛紛投以新奇眼光,駐足而觀,途為之塞。經查六日間聽眾,有百分之六十以上,均係新人。且多為青年公教人員,法螺法鼓之效,可見並不小也。[1]

二月五日(二),晚七時半,於蓮社演講:「佛教與華族關係」,男女聽眾約二百名。(《蓮社日誌》)

---

1 〈一月佛教〉,《覺生》第 21 期(1952 年 2 月 29 日),頁 2。另參見《蓮社日誌》,台中蓮社檔案。

1952年・民國41年｜63歲

二月六日（三），常州天寧寺方丈證蓮老法師，率同默如、戒德、佛聲三法師，會同住在后里駐軍部隊內之煮雲法師蒞臨台中蓮社，駐錫五天。[1] 先生禮請老法師慈悲傳戒，擬於二月九日舉行。

晚七時半，先生於蓮社演講：「六道輪迴」。鼓勵大眾學佛、皈依、受戒，及早預備脫離輪迴。男女聽眾約兩百名。（《蓮社日誌》）

二月七日（四），下午二時起，請戒德法師教唱〈爐香讚〉。因韻調與臺灣所唱大不相同，社員學習較為困難。

晚七時半至十時，先生於佈教大會講演「學佛貴先得要」，聽眾將近二百人。（《蓮社日誌》）

二月八日（五），晚七時半至十時，蓮社恭請默如法師，在殿堂講演。講題「神與佛」，最初聽眾將近二百名之多，因過深，嗣後聽眾大半退席。（《蓮社日誌》）

二月九日（六），夏曆正月十四日，下午，禮請前常州天寧寺方丈證蓮老和尚傳授三皈五戒，求戒者百餘人。為臺

1　《台中蓮社第二次社務報告（四十一年度）》，頁8，台中蓮社檔案。

灣傳授在家戒之濫觴。[1] 傳授前，先由戒德、煮雲、默如、佛聲四法師領導，依照國內法式，演習傳戒禮法。翌日，證蓮老和尚復應蓮社監獄弘法團之請，為在監信眾請求皈依者主持證明，受皈者共一百零八名。（《圖冊》，1952年圖5）

周邦道居士亦為戒子，日後任華岡佛研所所長時主編《中華大典》佛學部門著作，因得將證蓮法師主持編成之《天寧寺誌》輯入。[2]

〔臺中〕前常州天寧寺方丈證蓮老和尚及監院戒德、佛聲兩法師，天寧學院教授默如大法師等一行於上月南遊來中，駐錫蓮社前後五天。因機緣難得，該社社長李老居士特為多數蓮友，請求證老和尚慈悲傳授三皈五戒，儀式在古曆十四日舉行，簡單莊嚴。求戒者共百餘人，證老和尚慈悲，復應該社監獄弘法團之請，為監獄聽眾自願請求三皈者親往主持，傳授三皈，在該監教化堂舉行，受皈者共一〇八名，莫不至誠感謝。聞蓮友中求皈戒者供養老和尚款九百元，老和尚分文不留，悉數送請臺灣印經處印經結緣，殊勝功德，一時嘆為希有云。[3]

【小傳】證蓮法師（1893-1967），法名密源，別

---

1 釋星雲：〈證蓮長老〉，《人間福報》（2017年9月24日），第9版。
2 周邦道：〈重印武進天寧寺志序〉，《菩提樹》247期（1973年6月），頁27。
3 〈一月佛教〉，《覺生》第21期（1952年2月29日），頁2。

號證蓮,俗家姓吳,江蘇省鎮江人,一九三二年至一九三八年,任常州天寧寺方丈。曾創設天寧佛學院、天寧佛教醫院。天寧寺位於江蘇武進縣,寺院占地一百三十畝,前後殿堂閣寮等四百九十七楹,常住眾一千七百餘人,寺田逾萬畝,是江南有名四大叢林之一。

一九五一年冬由香港抵達臺灣。抵臺未久,一九五二年初春,應臺中佛教蓮社李炳南老居士禮請於蓮社傳授在家五戒,受戒居士數百人,開傳授在家戒之濫觴。接著於一九五三年一月十五日,受請參加於臺南大仙寺舉辦臺灣光復後首次傳戒。此後,臺灣各地弘傳戒法,都請證蓮法師任三師或七證。一九六六年三月,罹患中風。夏曆年底復患氣喘,醫藥失靈,於一九六七年二月六日捨報,世壽七十五歲,僧臘六十六,戒臘五十七。越三日入缸,肢體柔軟,面容怡悅,如入禪定。[1]

是日,晚七時半至十時,先生於佈教大會演講「真理本來難懂」。(《蓮社日誌》)

二月十日(日),夏曆正月十五,接續年前,於靈山寺週日下午講座宣講《大乘起信論》。

---

1 參見:于凌波:《民國高僧傳續編》(新北:雲龍出版社,2005年9月),頁85-91。

二月十四日（四），晚八時至九時半，天樂、等覺、圓覺三班，在台中蓮社殿堂開研經座談會。（《蓮社日誌》）

二月十六日（六），即日起，先生原在寶善寺教導學習弘法之訓練班，改為在蓮社學習。時間仍是每週六晚，二小時。本次學習題為：澈底救世惟有佛法。（《蓮社日誌》）

二月十七日（日），於靈山寺週日下午講座宣講《大乘起信論》。靈山寺定期念佛前，蓮社理事許克綏會同諸同人集合將近百名學童，在該寺講堂教導德育念佛等項。（《蓮社日誌》）

二月十八日（一），即日起，臺中監獄內弘法，外省籍請許祖成、張廷榮兩位宣講，本省籍請許炎墩宣講。（《蓮社日誌》）

二月二十三日（六），先生病休。本夜佛學講演訓練班學習課由董正之代講「佛法與人生」。（《蓮社日誌》）

二月二十四日（日），下午，於靈山寺宣講《大乘起信論》。宣講前原已先有定期念佛，今起再於念佛前，在講堂集合學童教導德育。（《蓮社日誌》）

二月二十五日（一），夏曆二月初一，下午，於法華寺宣講《佛說四十二章經》。

1952年・民國41年｜63歲

二月二十七日（三），獲內政部發給「中醫師證書」。（《圖冊》，1952年圖6）

中醫師證書字號：台中字第壹貳捌柒號。中華民國肆拾壹（1952）年貳月貳拾柒日，內政部部長余井塘。

【案】先生於一九三五年四十六歲時已取得中醫師資格，一九四五年，在重慶時又經考試院檢覈，獲頒發「醫師考試及格證書」。

是月，為《覺生小叢書》方倫《禪話與淨話》撰序一篇。

去年夏天，承屏東市東山寺邀約講經，交識了方倫居士。或是初見面的關係，也並沒多談話，但觀其舉止，亦知其是有道之士。方居士寫了一篇〈禪話〉，寄給《覺生》。語實平易近人，義皆探驪得珠！讀完了這篇文字，感覺雋永不盡，舌齒留芬；正在回味的時候，忽又來了一篇〈淨話〉，真是璧合珠聯，相映輝煥。方居士這兩篇文字，是把人人畏難的來淺說；把人人輕忽的來深說；我知其苦心。其實淺說非淺，深說非深。說到歸根結柢，禪淨本是一件事，畏難是錯誤，輕忽也是錯誤！讀書不可死在句下，貴乎舉一反三，更要檢契己的去做，否則徐六擔板，無有是處。方居士寫的這兩篇文字，反復辯論，極為詳盡，有配襯，有主旨，有引證，有比喻，有初步的誘勸，有造極的策勉，須圓看全體，善會其意；既不是專倡祖師禪，也不是專取實相念佛；可以說是浮圖插天，八面玲瓏，任君俯身吸海，與

杯取水飲，皆能得到受用。[1]

【案】該書自一九五一年六月《覺生》月刊第十二期，連載至二十一期一九五二年三月。連載完畢，列為《覺生小叢書》，出版流通。

【小傳】方倫（1897-1988），字心五，福建省林森縣人。一九一一年入福州海軍學校，畢業後在軍艦服務，巡弋長江，如是十餘年，升至少校。一九三七年抗戰開始，曾轉戰長江下游，一九三九年調至四川萬縣，負責看守舵葉損壞停泊岸上的楚謙軍艦。此前因讀諦閑法師《圓覺經講義》而起信，此時艦上無事，專心讀經。一年時間，讀完《大般若經》六百卷，《大寶積經》一百二十卷，《華嚴經》八十卷，《大涅槃經》四十卷，《雜阿含經》五十卷，以及其他若干小部經典，合計起來有九百多卷。一九四九年隨軍來臺灣，僑寓左營，未幾屆齡退休。從此專務弘化。先是與蔡念生成為《菩提樹》月刊基本作者。一九五八年，《菩提樹》開辦佛學函授部，聘方倫任教務主任，編寫初、中、高級佛學教本三冊，報名學習者數百名。一九六五年，星雲法師創辦壽山佛學院，聘其到院任教。一九八八年，以九十二歲高齡，無疾而終。著作有《唯識三頌講話》、《大乘起信論講記》、《初、中、高級佛學教本》、《今願室文

---

[1] 李炳南：〈禪話與淨話弁言〉，《雪廬寓臺文存》，《全集》第 14 冊之 2，頁 191-196。

存》等多種。

三月一日（六），晚八時半，於蓮社佛學講演訓練班講解「十業轉惡成善」。（《蓮社日誌》）

三月二日（日），下午，於靈山寺宣講《大乘起信論》。

三月三日（一），晚八時半，蓮社定期念佛會。參加者一百餘名，頗呈盛況。（《蓮社日誌》）

三月六日（四），陳報臺中市政府，申請設立國文短期補習班。經核定：「尚合准予設立並轉報臺灣省政府教育廳核備，惟不得在班內教授宗教科目或作宗教宣傳。」[1]

三月八日（六）至三月十四日（五），夏曆二月十三日至十九日，靈山寺舉行春季佛七，先生每日開示。首日開示：「地淨法淨，身淨意淨，是云清淨，於作相應。」再則分辨與精進：「唇舌雖不住，心意要安然；油缽持過市，能由靜得全。」第四日講「六根皆能感通」，但「五根無、意中有最要」：「佛入心中坐，心土是極樂，反向門外求，疏慢家裡客。」第五日講「音聞教體」，「此方耳根利，佛海只佛聲」，作臨終想，可得一心：「勢至淨念相繼，觀音耳根圓通，一部楞嚴妙義，都攝六字

---

[1] 〈國文補習班檔案（第一期）〉，1952年，台中蓮社檔案。

之中。」第六日開示「無念三昧」，第七日圓滿祝辭：「證取他年七寶台，九蓮先向綠川栽，等閒圓滿靈山會，竟得西方三聖來。」[1]（《圖冊》，1952年圖7）

炳南先生講，朱斐記，〈記靈山佛七〉：

（第一日）道場在七天內，必須有主七師隨時注意同修的修行經過，糾正錯誤。就是講解開示，亦必須懂淨土法門之人，要說與人得利益之語，不可談玄說妙，否則反而有誤，不如埋頭念佛為佳。學人受本寺當家師之命，濫竽充數而已，不敢說開示。

至於入壇同修最好都要齋戒沐浴，平素我不敢向同仁勸戒，但今日為了道場的莊嚴，同仁的利益起見，不得不講幾句。此七天中既然諸位發心來參加佛七，應先注意四事：一、必須斷葷酒、男女之事。二、心必有所戒慎，結七希望得到一心不亂；若要得一心不亂，則必須三業清淨。三、入道場念佛，必須放下萬緣，一句佛號以外，什麼都不要想。四、入道場念佛不可再存貪、瞋、癡、慢、疑、邪見念頭，若起這些心都是妄念。現有一偈如下：「地淨法淨，身淨意淨，是云清淨，於作相應。」

（第二日）現在學佛的習尚多知為世間謀利益，偏重在人間佛教，佛法固然離不開現實，但僅如此便非佛法圓義！不能因著迎合時潮便不講出世法；蓋佛以一大事因緣出現於世，此大事即為生死大事。如將此事徹底解決，則天下自然太平。尤其結七念佛，更是為的解決此

---

[1] 【數位典藏】手稿/佛學講授/佛七開示/〈靈山春七一篇共5頁〉。

事。在此打佛七，萬緣放下、淨念相繼的時候，心即是阿彌陀佛，心即作佛，自己還不是阿彌陀佛嗎？此一段尚是自力，更要知阿彌陀佛的法身，充滿虛空，我們的心量也充滿虛空，但能念佛，便能感應。所謂一念相應一念佛，念念相應念念佛。況且彼佛曾發四十八願，其中的十八、十九、二十等願，大意就是：十方眾生聞我名字，至心發願繫念我名，乃至十念以壽終時，即現其人之前接引往生，此是他力。

（第三日）念佛這樁事，總得不緩不急，否則易出毛病。諸位同仁念佛，不祇七天來此念，定要天天在家念。若在家不念，則如琴弦太緩；來了這裡拚命地念，又如琴弦太緊易出毛病。講剋期求證，又說要精進，怎麼又說急了出毛病呢？這須分清，剋期是不休息，精進是不昏沉不散亂，常寂常照。要是外頭拚命的喊，心裡一股勁想什麼好現相、好境界，那是躁急不是精進。躁急是要出毛病的，因著心不能清淨，心不能安定，不淨不安是大不合法的。精進是不斷、不退，常寂常照，雖是唇舌不住，但是心要安閒，若工夫不到時候，便求有境界瑞相，是躁急，是二心多心，躁急與多心，便與「一心不亂」毫釐千里矣。故念佛必須要心身輕安，念到心氣和平就是好境界。有偈云：「唇舌雖不住，心意要安然；油缽持過市，能由靜得全。」[1]

---

[1] 朱斐（宗善）記：〈記靈山佛七〉，《覺生》第 22 期（1952 年 4 月 30 日），頁 16-18。今收見：李炳南講，朱斐記：《脩學法要續編》，《全集》第 10 冊，頁 1-11。

【案】朱斐（宗善）此篇紀錄發表於一九五二年四月三十日，應為當年實錄。有「前言」云：「臺中靈山寺淨宗道場，歷年啟建佛七，已是第五次了。」又記有觀音聖誕前，煮雲法師前來為幾位會眾授八關齋戒。日期在觀音聖誕前，則是春季佛七無疑。此篇略去前言，正文收入《全集》第十冊《脩學法要續編》第一篇，題為〈辛卯年（四十年）靈山寺佛七講話〉；依靈山寺每年春秋各舉辦佛七一次，一九五一年（四十年）春回推五次為一九四九年春，尚無舉辦佛七之可能。應依「明倫月刊資訊網／雪公專集」，將「四十年」修正為「四十一年」。[1]

【又案】本篇只記錄佛七前三天開示內容，原刊於《覺生》月刊時，篇末附識：「第四日至第七日開示下期待續。」然後續未見刊載。收錄於《全集》者亦只有前三天紀錄。七天開示完整講綱手稿見存於【數位典藏】中。

三月八日（六），晚八時半，於蓮社佛學講演訓練班就「內修難易釋疑」主題講習。因靈山寺舉辦佛七，聽講者較少。（《蓮社日誌》）

三月九日（日），下午，於靈山寺宣講《大乘起信論》。

---

[1] 「民國四十一年靈山寺佛七講話　調心念佛」，《雪公專集・開示類・佛七講話》，明倫月刊資訊網：http://www.minlun.org.tw/1pt/1pt-2-new/03.htm

1952 年・民國 41 年 | 63 歲

三月十日（一），夏曆二月十五日，下午，於法華寺宣講《佛說四十二章經》。

三月十四日（五），夏曆二月十九日，上午七時，蓮社舉行新塑西方三聖像陞座儀式，近百位蓮友參加。[1]

是日，靈山寺佛七圓滿，先生留影於殿側花山之麓。（《圖冊》，1952 年圖 8）

三月十五日（六），本夜佛學講演訓練班之講習，周邦道代講玉峰大師〈念佛四大要訣〉。（《蓮社日誌》）

三月十六日（日），下午，於靈山寺宣講《大乘起信論》。

三月二十日（四），分函敦聘孫張清揚等九十五人為名譽社董。此係據蓮社第一屆第四次理監事聯席會議決議：為蓮社護法及建築蓮社，捐款二百元以上，或籌辦五百元以上之社員，皆聘為社董。[2]

三月二十二日（六），晚，於蓮社佛學講演訓練班講：「學佛要正知見」。（《蓮社日誌》）

---

[1] 〈一月佛教〉，《覺生》第 22 期（1952 年 3 月 31）日，頁 2。
[2] 《台中蓮社第二次社務報告（四十一年度）》，頁 5，台中蓮社檔案。

三月二十三日（日），下午，於靈山寺宣講《大乘起信論》。

三月二十六日（三），夏曆三月初一，下午，於法華寺宣講《佛說四十二章經》。

是日，煮雲法師於菩提場，講《勸發菩提心文》圓滿，場主設宴供養法師，先生等人作陪。[1]

三月二十九日（六），晚，於蓮社佛學講演訓練班講：「戒為學佛之基」。（《蓮社日誌》）

三月三十日（日），下午二至四時，在蓮社殿堂召開第一次社員大會，到有市府社會課黃社會課長、吳科員，社員出席一百十八名。（《蓮社日誌》）

三月三十一日（一），以「德明」為名[2]於《覺生》月刊第二十一期發表〈素菜譜〉，介紹蘿蔔絲湯、涼拌蘿蔔絲、五香菜乾、芥菜炒笋、豆腐等五道素菜，詳述材料、預備及作法，並說明其利益。（《圖冊》1952年圖9）

　　蘿蔔芥菜作法很多，此不過各舉出兩種吃法，作簡介罷了。因著這兩種菜，價錢最低，味道又美，吃了

---

[1] 〈一月佛教〉，《覺生》第22期（1952年3月31）日，頁2。
[2] 該專欄作者，有以「李炳南」名，亦有以「德明」名者，且目次標示與內文標示之作者名，有時未必一致。

且能消食，甚合衛生，人反不注意他，真是可惜。宋朝時候的大詩人蘇東坡，對這兩種菜，頗為欣賞。曾作了一首詩，單誇揚這兩種菜。錄在下面，請大家看看。詩曰：「秋來霜露滿東園，蘆菔生兒芥有孫；我與何曾同一飽，不知何苦食雞豚。」

豆腐簡單吃法：豆腐的滋養料，同牛乳是一樣。但是價錢可便宜多了。吃法有數百種之多，如北京的「鍋塌豆腐」，濟南的「松子豆腐」，這都是全國最出名的菜，未免有點貴族化。四川省的豆花最簡單也最省錢，人人想吃都辦得到。豆花的作法，不是凝結體的方塊，也不是破碎的豆腦，是這兩者折衷的固體，但是必須自己做，如嫌麻煩，買幾塊現成的嫩豆腐備用，也是一樣。

（作法）如豆腐二斤，用花椒一兩，加水同煮，時間愈久愈佳。

（食法）吃時人各備一空碟，內放上等醬油、麻油、細鹽、薑末、辣椒醬（食葷的有加韭花及青蒜末者），以箸夾豆腐食，頗饒風味。此食有五字要訣：熱、嫩、麻、辣、鹹。

一般人只愛吃魚吃肉，不知肉類內部藏著很多毒菌及小蟲，吃了往往傳染疾病。據醫學家考驗，吃肉的人所生的疾病，實比食素的人加多，得了病也不如素食的恢復的快。

【案】「素菜譜」系列自《覺生》月刊是期（21期）起，至《覺生》月刊第二十九期（1952年11月）止，每期連載。是期刊出之蘿蔔、芥菜、豆腐等「菜

譜」未收入《全集》，此後各期增修後題名〈（甲）娑婆世界的味道〉，與《菩提樹》創刊號（1952年12月）起刊出之〈（乙）極樂世界味道〉，併為〈兩個世界的味道〉，收入《弘護小品彙存》，《全集》第四冊，頁二七－四四。

是月，每週一晚蓮社專門念佛，每週六在蓮社佛學講演訓練班教學，每週日於靈山寺講《大乘起信論》，每月朔望日在法華寺講《四十二章經》。寶善寺講座由董正之講《阿彌陀經》。[1]

是月，台中蓮社監獄弘法團徵書，供受刑人閱覽，刊〈啟事〉於《覺生》月刊。

〈台中蓮社監獄弘法團徵書啟事〉：本團在臺中監獄，宣揚佛教以來，迄今已逾半載，在監人犯多數均已皈依三寶，對佛教已有深切認識，茲應監犯要求籌組一佛學圖書室，專門搜集有關佛學典籍，以供閱覽，爰為發起徵書運動，希本刊讀者，一人一書，多多益善，請寄贈「臺中市二十號信箱」收轉或逕寄「臺中市南區綠堤巷佛教蓮社監獄弘法團」收，以便編號登記，彙齊再送該監供覽，捐書功德，無量無邊！[2]

---

1 〈介紹聽經〉，《覺生》第22期（1952年3月31日），頁12。
2 〈台中蓮社監獄弘法團徵書啟事〉，《覺生》第22期（1952年3月31日），頁18。

1952年・民國41年｜63歲

四月一日（二），下午四至五時，於蓮社召開護法會成立會議，先生等關係人十一人與會。會議決議由委員十三名組成，選舉結果：常務委員朱炎煌、張寬心、許克綏，主任委員由許克綏擔任。（《蓮社日誌》）

　　一月十六日，召開第三次理監事聯席會議。議決：籌措基金壹萬元以上，組織護法會經管、放利生息，將其利息充作社中常住辦事修眾之伙食費。認捐單位定伍佰元，自捐、募捐，均有該會委員之資格。嗣後籌至四月一日，自捐各壹仟元者，有李社長外、張佩環、張寬心、許克綏、許炎墩、朱炎煌、陳進德各居士七人；各伍佰元者，德欽、德真二師，劉張月、許達全各居士；勸捐達伍佰元者有朱斐、黃大海二居士。以上十三人，各具備有委員之資格。是日成立護法會。選舉結果，常委許克綏、朱炎煌、張寬心三居士當選常務委員；互選許克綏居士為主任委員。[1]

【小傳】林張闊（1893-1965），法名寬心，常以「張寬心」名，肄業靜修女子中學，嫻於禮教。嫁林澄清為妻，協助經營「澄清外科醫院」。一九四五年，林澄清過世，醫院經營全賴主持，兼以教育子女各俱有成。一九四九年後，長子林敬義繼任醫院院長，而後次子林正義負責院內放射科，三子林興義就讀醫學院。林張居士篤信佛教，早年皈依三寶，在台中蓮社受過菩薩戒，追隨李老師勤修念佛法門，熱心

1　《台中蓮社社務報告（民國四十一年）》，頁 6-7，台中蓮社檔案。

公益、樂善好施。負責澄清醫院會計,每天住院費僅收象徵性五元,病患出院無錢繳費,亦僅記欠帳,不計較還錢與否。一九五二年四月,蓮社成立護法會,張寬心與許克綏、朱炎煌同為常務委員。日後曾擔任佛教蓮社常務監事、董事,慈光圖書館籌備發起人、董事,慈光托兒所所長,臺中市保護動物會理事。炳南先生多次稱許其為「有錢人」,卻信心深厚「無分別」,一心從事,臺中法會從不缺席(見 1976 年 2 月 12 日引文七之(一))。且其往生時,舍利大如黃豆,白色不放光,為先生所見之特別者(見 1985 年 9 月 16 日引文)。[1]

四月五日(六),晚,於蓮社佛學講演訓練班主講:「佛法為度眾」。(《蓮社日誌》)

是日,清明節,有詩〈清明寓臺憶舊〉,稍後又有〈化番社猶存番王其女稱公主以售杵歌娛客〉、〈風雨〉。(《雪廬詩集》,頁 285-286)

〈清明寓臺憶舊〉:南溟一島小於鯤,幾片東風春有痕;細草青郊新雨氣,淡煙疏柳舊詩魂。孤臣戀闕黃州賦,過客思家白下門;霑袖難分鄉國淚,鵑心馳處暮

---

[1] 〈新聞〉,《慈光》第 26 號(1960 年 4 月 25 日),第 1 版。參見:林敬義:《天容海色本澄清:澄清醫院總裁・林敬義回憶錄》,臺中:林高德,2004 年。

雲屯。

〈化番社猶存番王其女稱公主以售杵歌娛客〉：日月潭東別有天，茅茨架屋作金鑾；似旗椰樹排朝仗，結隊火雞趨侍官。但得稱王非小業，從無立國不偏安；能將禮樂施新政，一杵踏歌人盡歡。

〈風雨〉：風雨難成寐，披衣別短釭；天生材有用，誰謂士無雙。劍膽凌榆塞，雞聲曙客窗；乾坤本易正，老去不心降。

是日，女子弘法班東區弘法圓滿。聽眾楊嘉珍等六人贈呈「佛理之光」錦旗。女子弘法班林看治、呂正凉、賴采蘩、鄧明香四居士，自三月三十日起連續六日，每日晚八時半至十時，在東區翰第里花園巷楊嘉珍家宅弘法。（《蓮社日誌》）

四月六日（日），下午，於靈山寺宣講《大乘起信論》。晚七時半至十時半，天樂班音樂隊會同社員共二十餘人，遊行市街分發傳單，招募市民聽經及報名國文補習班。（《蓮社日誌》）

四月九日（三），夏曆三月十五日，下午，於法華寺宣講《佛說四十二章經》。

四月十二日（六），晚，於蓮社佛學講演訓練班主講：「修淨預防惡緣」。（《蓮社日誌》）

四月十三日（日），下午，於靈山寺宣講《大乘起信論》。

四月十六日（三），晚八至十一時，在殿堂召開研經班聯合會，人員出席踴躍。（《蓮社日誌》）

四月十九日（六），先生指派女子弘法班林看治、呂正涼（慧良）、賴采蘩（慧蘩）三名，各自擇題以臺語演講，朱慧心、黃慧真兩名翻譯國語。講演熱烈成績良好。（《蓮社日誌》）

四月二十日（日），下午，於靈山寺宣講《大乘起信論》。

四月二十一日（一），晚，先生應聘擔任臺中市佛教支會春季佈教大會講席。蓮社例行念佛會會員多前往聽講，以致出席念佛會人員較少。（《蓮社日誌》）

四月二十二日（二），晚，蓮社附設之國文補習班舉行開學典禮，到有各機關代表及全體師生共數百人。每週有《論語》四節，國文四節，詩學聲調一節。擔任《論語》講學者，有至聖先師奉祀官孔德成、傅立平、劉汝浩諸先生。擔任國文者有農學院周邦道、許祖成教授，社長炳南先生擔任週六「詩學、佛學」課程，編有《佛學常識課本》及詩學講義。諸師長完全義務教學。

　　自本年二月以來所籌備國文短期補習班，經市政府批准立案。本擬收容一班五十名，因報名踴躍達

一百二十七名,不得不全部收容,分為信願行三班。下午八時半起在殿堂舉行開學典禮,到有補習生一百餘名。介紹講師:奉祀官孔德成、傅立平將軍、劉汝浩前法官及賴棟樑四名,係《論語》教師。周慶光、許祖成兩位農學院教授擔任國文,李社長炳南老師擔任詩學聲調及佛學。各講師皆有蒞場訓話,至十點餘禮成。[1]

【小傳】劉汝浩(1895-1985),原名兆進,字霜橋。山東省郯城縣人。師範學校畢業後,任小學教員。嗣復自修考取濟南省立法政專校,研習法律。一九二六年加入中國國民黨,響應國民革命軍北伐以結束軍閥割據之兵禍。一九二八年任國民黨郯城縣黨部常委,一九三六年後任臨沂縣法院承審、河南洛陽及四川合川等地方法院檢察官。一九四五年後任國民黨山東省政府委員、山東省第四辦事處主任、國民黨山東省黨部總務處長、《大華日報》社社長。一九四六年任國民黨山東省黨部執行委員。一九四八年當選國民大會代表。一九四九年隨政府播遷來臺。[2]

劉原住臺中,台中蓮社初創時與炳南先生結識。歷任蓮社附設國文補習班教師、教務、慈光圖書館大專

---

1 《蓮社日誌(四十一年度)》,頁29。另參見:〈一月佛教〉,《覺生》第23期(1952年4月30日),頁2。
2 參見:李錫珍:〈敬悼劉故國代霜橋老前輩〉,《山東文獻》第12卷第2期(1986年9月20日),頁96-98;〈劉汝浩先生事略〉,《國史館現藏民國人物傳記史料彙編》第14輯(臺北:國史館,1996年1月),頁425-427。

內典講座主講、慈光育幼院董事、菩提安老院院長等二十餘載,皆為義務職。後遷往臺北。一九七四年劉八十壽辰,炳南先生特撰〈郯城劉居士霜橋八秩壽序〉稱美之(見 1974 年 11 月中旬譜文)。往生時九十多歲,預告家人不敢勞煩炳南先生,等助念完後再通知。火化後,有舍利甚多(見 1985 年 11 月 21 日譜文)。

國文補習班課程規劃以國文為主,《論語》、佛學、尺牘,甚至書法,皆有講究。

關於國學常識涉及尺牘用語,殊值關心,雪公針對此弊,爰於四十一年四月下旬,於蓮社設國文初級班,課程:國文、歷史、佛學經典、佛學常識、音樂、應用文、尺牘。對於尺牘講授,關於稱呼、格式、信紙折疊、信封寫法,均合正軌、不致貽笑方家。[1]

雪廬老人早期在國文補習班教授書法時強調:學習書法開始時,應就性情所近,選一法帖,之後,選十字專攻,十字寫好,其餘皆可寫好,須臨摹到完全相似,半年內不可更換,等這幾字練成後,始可換字。第二功為出帖,是一種涵養的工夫,入帖相似後還要日日學,將原帖精神寫出,出帖時不但要守住原帖,還要寫出自己,如許慎說:如也,如己出。閒時亦要想到書法,在空氣中書寫,入帖學別人是必經階段,出帖階段才有自

---

[1] 董正之:〈無盡的追思——永懷雪公恩師(中)〉,《明倫》第 168 期(1986 年 10 月)。

己面貌。（與徐醒民先生訪談時，徐氏所說。）[1]

先生致詞，特就倫理精神與文化以「救今危亡」勉勵學員，有〈國文補習班講詞〉表解稿。（《圖冊》，1952年圖10）

　　〈國文補習班講詞〉（稿表）
甲、燕雀處堂故事
乙、救今危亡：懲前：攻心為上攻城次之
　　　　　　　　　　白帝主義侵略
　　　　　　　　　　赤帝主義侵略
　　　　　　　　　　白帝主義半成功
　　　　　　　　　　赤帝主義成功
　　　　　　　毖後：屈突徙薪喻──去歲教師講演；本
　　　　　　　　　　補習班義意──國文、論語、佛學
　　　　　　　　　　近日領袖主張
　　　　　　　　　　考院主張
　　　　　　　　　　北大賢哲憬悟
　　　　　　　　　　重興國家
丙、民族思想半蘇：倫理、文字已注意，宗教半注意
丁、歪曲宣傳：科學、民主──攔路石
戊、舉例證謬：日本社神及衣食住不變，英美仍信基督

---

[1] 任容清：〈從一絲不苟到一心不亂──雪廬老人法書析論〉，陳器文主編：《紀念李炳南教授往生20週年學術研討會論文集》（臺中：青蓮出版社，2006年4月），頁60-91。

神權──未礙科學民主[1]

先生於日後,為《國文補習班第六期結業生同學錄》撰〈小序〉時,詳述創辦補習班之宗旨在提倡文化禮樂之人性教育。

人民是國家的軀殼,文化是國家的靈魂。只有軀殼,沒有靈魂,那就成了些「行尸走肉」,國家何能獨立?中國主要文化,就是五倫八德。自從提倡廢除線裝書,打倒文言以來,五倫八德的文化,就受了影響。因為這些事,都是文言的線裝書,自然就被揚棄了。鬧得父不父,子不子,家不家,國不國,但是大家尚不覺悟。要知這卻不是科學落後的罪過,實在就是人性教育失了重心。

政府近年以來,對於固有道德,無不竭力倡導,只是習氣已深,一時難改。仔細想來,這樞紐還在教育上。

古人說:「國家興亡,匹夫有責。」蓮社為著響應政府政策,所以有國文補習班的設立。班中課目,以國文為主科,因著必須通達文義,才能搜求自己的家珍;次是《論語》,使知為人道理;次是歷史,使從性理上根本改善。[2]

---

1 李炳南:〈國文補習班講詞〉,《雪廬老人佛法講演二十卷手稿》第 16 卷(台中蓮社收藏,未刊本);李炳南:《雪公開示講表》(台中蓮社,打字版未刊本),頁 470-471。

2 〈台中蓮社國文補習班第六期結業生同學錄小序〉,《菩提樹》第 63 期(1958 年 2 月 8 日),頁 39。收見:《雪廬寓臺文存》,《全集》第 14 冊之 2,頁 198-201。落款據《菩提樹》。

【案】先生從事社會教化工作，最早當溯自一九一二年，二十三歲時在濟南籌組並任會長推動之「通俗教育會」。一九二三年，三十四歲仕莒時，又於典獄政之外與教育局長創設講演所，並自兼講演所主任推動平民教育，當時績效，為魯省冠。來臺當時，臺省光復不久，政府為推行國語，在國民學校開設各式民教班教讀國語、國字者多，但主要是為語文之學習，蓮社「國文補習班」則是以文化為主要科目。如此則往前可銜接語文教育，往後可延伸成為學習佛法之基礎。多年後，星雲法師於一九五九年在宜蘭念佛會亦有「國文補習班」之成立，教讀《古今文選》，[1] 當亦同此考量。

四月二十四日（四），夏曆四月初一，下午，於法華寺宣講《佛說四十二章經》。

是日晚，國文短期補習班開始上課。孔德成老師講「《論語》之意義及編纂《論語》之沿革」。開課中，市政府范教育局長帶同陳社會教育課長及左課員到場巡視。（《蓮社日誌》）

四月二十五日（五），晚，國文補習班先生開講〈愛蓮

---

[1] 釋滿義：「一九五九年」，《星雲大師年譜·一》，《星雲大師全集》第 227 冊（高雄市：佛光出版社，2017 年 5 月），頁 238。

說〉。(《蓮社日誌》)

四月二十六日(六),晚,國文補習班由先生擔任。第一節教「詩學聲調」,第二節講「佛學能調和諸說」。聽眾滿堂。(《蓮社日誌》)

四月二十七日(日),下午,靈山寺宣講《大乘起信論》。

四月二十九日(二),晚,國文補習班《論語》課程,傅立平講解「孔學人生進德」。(《蓮社日誌》)

四月三十日(三),晚,國文補習班「國文」課程,許祖成講〈習慣說〉。(《蓮社日誌》)

是日,有〈佛教代人受過四面楚歌〉刊於《覺生》月刊第二十二期。係為澄清天主教《恆毅》月刊誤將天理堂某自稱娘娘活佛者,誤會為佛教。同時亦提出宗教間彼此應尊重,互相贊助。

　　素仰貴教多為老誠修行之人,決非他派無神父無牧師專以罵人為能事之什麼「聚會所」者可比,何以染此惡習,竟因一無知鄉民,而借題發揮來侮辱友教?在國憲所許的各宗教,雖然教義不同,若講到善與人同的立場,應該攜手來互相贊助。于斌主教、太虛大師,他們大家組織的宗教徒聯誼會,大可加以推廣。這並不影響個人傳教,在教義上不妨分途去作,在情誼上理宜彼此

1952 年・民國 41 年 | 63 歲

尊重。最後再向信佛的同人進一忠告。既信佛必須要明白教理。不明教理,當然心地糊塗。希望攻擊記者的諸位,放開眼光,看看環境,不要一股勁的喝著亂棒,向忠臣身上打來。[1]

【案】先生自述:「記者前辦《覺生》月刊時,曾與外道及耶教筆戰過數次。」[2] 是年二月二十八日之〈敬對佛徒兼修龍華先天等教者進一忠告〉(《覺生》19/20 期合刊)、是期此篇,及以「本刊編輯室」具名之〈答某基督徒書〉,均為筆戰中之篇章。

五月一日(四),晚,國文補習班《論語》課程,孔德成先生講:「孔聖人歷史」。(《蓮社日誌》)

五月二日(五),晚,國文補習班「國文」課程,周邦道講〈賣油翁〉。(《蓮社日誌》)

五月三日(六),晚,國文補習班由先生講〈登鸛雀樓〉二首。

是日,東區高王爺廟埕講演會主辦人黃榮、廖善果,代

---

1 李炳南:〈佛教代人受過四面楚歌〉,《覺生》第 22 期(1952 年 3 月 31 日),頁 3。今收見:《弘護小品彙存》,《全集》第 4 冊之 2,頁 139-147。
2 李炳南:〈答辯嘉義真耶穌教的傳單〉,《弘護小品彙存》,《全集》第 4 冊之 2,頁 147-154。

表聽眾贈呈「聽法悟道」錦旗至蓮社。蓮社女子弘法班員林看治（慧治）、呂正凉（慧良）、賴采蘩（慧蘩）三名，自四月二十七夜起連續六夜在東區高王爺廟庭講演佛法。

五月四日（日），下午，靈山寺宣講《大乘起信論》。

五月六日（二），晚，國文補習班《論語》課程，由劉汝浩擔任。（《蓮社日誌》）

五月七日（三），靈山寺舉行揭匾典禮及謝土，先生及蓮社多位人員參加。（《蓮社日誌》）

五月八日（四），夏曆四月十五日，下午，於法華寺宣講《佛說四十二章經》。

五月十日（六），晚，國文補習班先生講授「宗教與民族思想及國家興衰關係」。（《蓮社日誌》）

五月十一日（日），下午，靈山寺宣講《大乘起信論》。

五月十二日（一），應屏東縣佛教支會邀聘，先生攜同劉智雄、朱斐、林進蘭，南下屏東弘法。[1]

1　《台中蓮社第二次社務報告（四十一年度）》，頁 10，台中蓮社檔案。

五月十五日（四），中醫診所申請開業，經臺灣省政府衛生處核准，由臺中市政府核發「炳南中醫診所」開業執照，診所位於臺中市東區新庄里復興巷十六號。（《圖冊》，1952年圖11）

開業後，孔德成先生及地方士紳張棟樑等諸多友人自動發起「介紹良醫」，撰文向各界推薦。

「介紹良醫」：山東李炳南先生，鴻儒名宦，精研岐黃，淹貫群書，足遍宇內，隨處施診，活人甚多。此次浮海來臺，本同太白入刻，避囂鬻戶，未擬壺公賣錢。（敝人等）聞諸昔賢范文正曰：「不為良相，當為良醫」，斯必心不違仁，故能術擇濟眾。若夫嘯傲遺世，痌瘝忘懷，縱非意志銷沉，何異行跡孤僻？爰本是義，責於先生，勸以懸壺，得其領諾。茲為代訂診例，以冀普起沉疴，實屬難逢機緣，希莫錯過為幸。

　　蔡自聲、呂大椿、趙晉業、臧元駿、朱光澄、蔣仲舒
　　孔德成、曹玉波、任居建、王雋英、朱正宗、劉智雄
　　王毓蘭、宋清齋、楊　煦、林建五、夏蔬園、張棟樑
　　　　　　　　　　　　　　　　　　　　　同啟

診例
診費：病者量力奉送
時間：門診：上午九鐘至十一鐘
　　　出診：下午二鐘至四鐘
（附）病者如不通曉國語，可以每星期一、三、五，上午門診，此三日有人翻譯臺語。

> 出診車例：出診時，由病家備車送迎。但東自公園路，南自和平路，西自民生路，北自力行南路，此範圍內，晴天可免乘車。
> 停診時間：星期日及已過每日規定鐘點
> 接洽處：臺中市復興路復興巷十六號
> 每日只診五號[1]

五月十七日（六），屏東東山寺弘法圓滿，與主要幹部合影留念。[2]（《圖冊》，1952年圖12）

是日，晚間國文短期補習班佛學課程，由董正之代講「革命必先革心」。（《蓮社日誌》）

五月十八日（日），下午，於靈山寺宣講《大乘起信論》。

五月十九日（一），先生一行莅屏弘法返社。屏東縣佛教支會佛學講習班贈送「廬山遺規」錦旗一面。（《蓮社日誌》）

五月二十四日（六），夏曆五月初一，下午，於法華寺宣講《佛說四十二章經》。

---

1 引見：藏密（鍾清泉）：〈介紹良醫——雪公醫方明的弘化〉，《明倫》第473期（2017年4月）。
2 【數位典藏】／照片／弘法照片／講經／〈莅屏弘法紀念〉。

晚,於蓮社為國文補習班講授「詩學」與「佛學」。

五月二十五日(日),下午,靈山寺宣講《大乘起信論》。

五月二十六日(一),東區振興里花園巷演講會代表陳啟、楊嘉珍等人,致贈錦旗一面到蓮社,感謝蓮社女子弘法班林看治、呂正凉(慧良)、賴采蘩(慧蘩)三名,自本月十九日起六天,每日晚八時半至十一時,在東區振興里花園巷弘法。(《蓮社日誌》)

五月二十八日(三),晚,國文補習班「國文」課程,許祖成病假,由先生代課,講〈春夜宴桃李園序〉。(《蓮社日誌》)

五月三十一日(六),晚,於蓮社為國文補習班講授「詩學」與「佛學」。

六月一日(日),於《覺生》月刊第二十四期發表〈公開答覆丁開誠先生函問〉,回應丁開誠來函質問要求公開答復。丁氏自稱為第三者立場,而實多基督徒立場。

(丁氏來)箋中開頭說:「你們佛教常與基督教抬槓,我以第三者立場」云云。既是《覺生》讀者,當能洞知此次與基督教辯論起源。若說「抬槓」,實是他人無故攻擊略加答辯而已。記者每次為攻擊佛教者答辯時,皆解說自己教義,並未反攻。縱不得已,有反詰之

處,亦只說其教徒,終對其教主避而不談。因我輩皆屬凡夫,各教教主,皆是聖人,未便信口雌黃,井蛙測天。

你先生說的迷信恐怕是錯拿世俗的神神鬼鬼那些事,誤認成是佛教,這是一個人的認識錯誤。先生你這封信,等於韓退之諫迎佛骨表,是不合實際的。

宗教實在是為救人慧命而生,他的副作用確能幫助政治穩定社會秩序。緣中山先生說教有輔政之功,這是大政治家經驗之談。但是眾生的心理千差萬別,好惡不一,他們自然有分入各教的趨勢。宗教家宜在個人教義上盡其能力宣傳,不當以捨開本位專去攻擊他教。記者再重述一句,好事鬥爭挑釁,決不在此方。你先生看不慣宗教互諍,這是對的。煩你先生以責備佛教的態度去向基督教進一忠告。請他以國民團結為今日的前提,以後只宜宣己教之長,不可捏造他教之短。以後能聯誼自是美事,如作不到,能守住個人的口舌,不罵他教,也就無形中培了民族的元氣。[1]

【案】創立蓮社初期,曾遭受其他外教之強力排斥。林鳳一、陳天生憶述道:「雪公講經時,有其他教會信徒在蓮社外面敲鑼打鼓干擾。雪公在蓮社講經,回答佛法問題時,有外教當眾無理責難,雪公顧全大局及說法莊嚴,幾度很客氣的回答:『此問題擬

---

[1] 李炳南:〈公開答覆丁開誠先生函問〉,《覺生》第 24 期(1952 年 6 月 1 日),頁 24。本文《全集》未收。

用信函答復』，對方亦不允許。乃至天樂隊有活動遊行至半途，亦有外教對該隊伍有非常不禮貌之舉動。雪公忍無可忍，最後請以公開辯論彼此信仰之優劣，並言：『若彼有理，則自己改信彼之宗教，若佛教有理，則請勿再無理責難。』雪公並於其所主辦之《覺生》雜誌，發表〈佛教代人受過四面楚歌〉、〈答辯嘉義真耶穌教的傳單〉等文章。往後此種責難，方才漸漸平息。」[1]

是日，下午，靈山寺宣講《大乘起信論》。

六月三日（二），即日起，臺中慎齋堂舉辦弘法講演大會一星期，每晚聘請先生及周邦道、許祖成、呂正涼等居士十餘人輪流講演，並請劉智雄、邱炎生兩居士每晚表演佛教故事紙劇。[2]

六月七日（六），夏曆五月十五日，下午，於法華寺宣講《佛說四十二章經》。

晚，於蓮社為國文補習班講授「詩學」與「佛學」。

---

[1] 林鳳一、陳天生：〈創業維艱懷恩師〉，《明倫》第 441 期（2014 年 1 月）。

[2] 〈一月佛教〉，《覺生》第 25 期（1952 年 7 月），頁 2。

六月八日（日），下午，靈山寺宣講《大乘起信論》。

六月十四日（六），晚，於蓮社為國文補習班講授「詩學」與「佛學」。

六月十五日（日），下午，靈山寺宣講《大乘起信論》。

六月二十一日（六），晚，於蓮社為國文補習班講授「詩學」與「佛學」。

六月二十二日（日），下午，靈山寺宣講《大乘起信論》。

六月二十八日（六），晚，於蓮社為國文補習班講授「詩學」與「佛學」。

六月二十九日（日），下午，靈山寺宣講《大乘起信論》。

六月三十日（一），為蓮社同修及捐助建築蓮社殿堂功德主安置現在親眷長生祿位及歷代宗親往生蓮位。（《蓮社日誌》）

是月，應畫家呂佛庭邀請，與蔡念生等諸位名士共賞其所植曇花。（《圖冊》，1952 年圖 13）

　　呂佛庭，《憶夢錄》：時過兩年，我養這盆曇花，某日同時開放二十餘朵。我敬備茶點，邀請黃校長、

1952 年・民國 41 年 | 63 歲

　　李炳南居士、蔡念生居士、蔡伯毅居士、陳榮詮先生、戴鎬東先生與朱時英居士，同來品茗賞曇花，並且賦詩以抒雅興。現在回想起來，倏忽三十多年。諸公多已作古，能不黯然神傷？！[1]

　　【案】呂佛庭一九五〇年植栽，「時過兩年」，時間未確，約當此時。

七月五日（六），晚，於蓮社為國文補習班講授「詩學」與「佛學」。

七月六日（日），下午，靈山寺宣講《大乘起信論》。

七月十日（四），夏曆閏五月十五日，下午，於法華寺宣講《佛說四十二章經》。

七月十二日（六），晚，於蓮社為國文補習班講授「詩學」與「佛學」。

七月十三日（日），與奉祀官孔德成先生前往劉安祺將軍府邸弔祭程太夫人。[2]

　　是日下午，於靈山寺宣講《大乘起信論》。

1　呂佛庭：《憶夢錄》（臺北：東大圖書，1996 年），頁 279。
2　〈一月佛教〉，《覺生》第 26 期（1952 年 8 月），頁 2。

七月十六日（三），上午九點，先生在佛前介紹登記四名以南亭及妙果兩法師為皈依證明師。四名為：盧金釵、王笑，臺南市人；蓮社彭準英及蕭慧心兩蓮友。（《蓮社日誌》）

七月十九日（六），晚，於蓮社為國文補習班講授「詩學」與「佛學」。

七月二十日（日），下午，於靈山寺宣講《大乘起信論》。

七月二十二日（二），夏曆六月初一，下午，於法華寺宣講《佛遺教經》。

七月二十六日（六），晚，於蓮社為國文補習班講授「詩學」與「佛學」。

七月二十七日（日），下午，於靈山寺宣講《大乘起信論》。

是月，《覺生》月刊第二十五期，持續刊載先生（德明）作，淨鳴繪之〈素菜譜（續四）〉，以及以「寄漚」為作者名之「佛學問答」專欄。

八月一日（五），《覺生》月刊發行先生《佛學問答第二集》。係接續前集，纂輯《覺生》月刊第十二至二十三

期所刊布該專欄出版。有周邦道〈序〉、朱斐〈跋〉。

　　周邦道,〈序〉:濟南李雪廬先生,國學博洽,內典淹通;弘法利生,發無上願。自涖瀛嶠,到處講經;智燭光昭,妙蓮舌燦。以故初機宿學,群焉景從;風氣為之大開,信士因而日眾。而更以其餘暇,為人解答疑難。言詞之不足,則益之以文字;一次之不足,則不惜其再三。有猶撞鐘,叩之以小者,則小鳴;叩之以大者,則大鳴。閫中肆外,善誘循循;無畏布施,達於極度。是誠所謂現居士身,行菩薩道者矣!

問答題材,自《覺群》以至《覺生》月刊,各期均闢載專欄。文辭簡約,義理圓融;順道契機,開權顯實。能近取諸譬喻,每廣引以梵經;左右輒逢其源,儒釋互通其奧。息邪說,正詖辭,以閑先聖之道;流法音,演真諦,用弘蓮社之宗。舉例反隅,斷疑起信;會心不必在遠,覽者固可自得之也。民國四十一年七月九日,周邦道謹序。

　　朱斐,〈跋〉:這本小冊子是《覺生小叢書》的第四集《佛學問答集之二》;終於和讀者先生們見面了。寄漚老人的佛學問答,有口皆碑,不用學人多加介紹,免得說錯了話,又像印《初集》的時候一樣,跋了一句「泰斗通家」,挨了一頓溫和的呵斥,而累得他老人家汗流浹背了。

本集是自《覺生》十二期起,至二十三期止;共集佛學問答二百六十八則。其中多數是外來的讀者所投問(軍中同志尤多),少數是臺中的蓮友們,在念佛研經班上

提出來發問的。也有問的雷同的,但答的卻不完全相似。

《佛學問答》是接引初機學佛者的最好讀物;如果有人發心大量的購請去贈送親友結緣,我相信這是最好的最上等的禮品!本集承蒙周教授慶光居士賜序,謹代本刊誌謝!佛曆二五一五年七月二十日姑蘇宗善跋於臺中[1]

【案】周邦道〈序〉文,今題「佛學問答類編序」,收《佛學問答類編(上)》,《全集》第五冊,頁十一——十二,題下有注:「此係編者前辦《覺生》時期所集佛學問答小冊之二序文」。亦有稱此次所輯本為「袖珍本第二集」者。《佛學問答》各版本詳見一九五一年六月二十日文。朱斐《初集》、《二集》之跋文俱未見收於《全集》。

本期另刊有「雪廬舊作」七首,其中兩首未收入詩集。

〈過慎齋堂〉(語皆寫當日實際非用典渲染也):徙倚香林萬慮空,不揮蕉扇納虛風;庭前玉樹千年香,塵外蓮花十丈紅。未遜庵提離色相,寧慚須達布金功;茶瓜久坐夕陽暗,共話橋流一笑同。

〈題蓮友紀念文集〉:飄然蓬島駐閒雲,月夕花朝樂有群;藻著百篇皆玉潤,心香一瓣似檀薰。難逢佳士今多見,久蘊真源喜共聞;願各手栽蓮萬頃,從教剎海

---

1 周邦道、朱斐:〈《佛學問答‧第二集》序跋〉,《覺生》第26期(1952年8月),頁2。

遍清芬。[1]

　　【案】〈題蓮友紀念文集〉，係為《李老居士講經週年紀念特刊》題辭。（見 1950 年 7 月譜文）

八月二日（六），晚，於蓮社為國文補習班講授「詩學」與「佛學」。

八月三日（日），下午，於靈山寺宣講《大乘起信論》。

八月五日（二），夏曆六月十五日，下午，於法華寺宣講《佛遺教經》。

八月九日（六），晚，於蓮社為國文補習班講授「詩學」與「佛學」。

八月十日（日），下午，於靈山寺宣講《大乘起信論》。

八月十六日（六），晚，於蓮社為國文補習班講授「詩學」與「佛學」。

八月十七日（日），下午，於靈山寺宣講《大乘起信論》。

---

[1] 李炳南：〈雪廬舊作〉，《覺生》第 26 期（1952 年 8 月），頁 9。

八月二十日（三），夏曆七月初一，下午，於法華寺宣講《佛遺教經》。

八月二十三日（六），晚，於蓮社為國文補習班講授「詩學」與「佛學」。

八月二十四日（日），下午，於靈山寺宣講《大乘起信論》。

八月二十九日（五），中國佛教會召開第二屆各省市會員代表大會。先生當選候補理事。
　　中國佛教會召開第二屆各省市會員代表大會。此係中國佛教會遷臺後第一次改組會議，無上、南亭、慈航、心悟、廣慈、星雲、白聖、悟明、慧峰等法師，李炳南、陳登元、王進瑞、林隆道、曾永坤、孫心源、趙茂林、朱鏡宙、李子寬、黃一鳴、劉中一、張晶英、趙恆惕、丁俊生、吳仲行、董正之……等居士當選代表。選出第二屆理監事。李炳南為候補理事。東初為第二屆監事。[1]

八月三十日（六），晚，於蓮社為國文補習班講授「詩學」與「佛學」。

---

1 「中國佛教會臺灣省分會」，《臺灣佛教》第 6 卷第 4 期（1952 年 8 月 31 日），頁 19。

1952 年・民國 41 年 | 63 歲

八月三十一日（日），下午，於靈山寺宣講《大乘起信論》。

九月一日（一），發布「小啟」於《覺生》月刊，婉謝各方詩詞文章邀約。

  敝人，舊有血壓多高之病，近年發作漸頻，據醫生言，只有節勞腦力，可以預防。此後各方凡有以詩辭文章委託者，一概不敢應命，衰病陳辭，諸希鑒原。[1]

《覺生》月刊同期，以寄漚筆名，發表〈殺生拜拜要招致天災人禍〉，以問答體裁提倡以素供拜拜。本篇列為《覺生小叢書》第五集發行單行本遍贈市內各商店。[2]

九月六日（六），晚，於蓮社為國文補習班講授「詩學」與「佛學」。

九月七日（日），下午，於靈山寺宣講《大乘起信論》。

九月十三日（六），晚，於蓮社為國文補習班講授「詩學」與「佛學」。

---

1 李炳南：〈小啟〉，《覺生》第 27 期（1952 年 9 月），頁 21。
2 寄漚（李炳南）：〈殺生拜拜要招致天災人禍〉，《覺生》第 27 期（1952 年 9 月），頁 22-23。

九月十四日（日），下午，於靈山寺宣講《大乘起信論》。

九月十九日（五），夏曆八月初一，下午，於法華寺宣講《佛遺教經》。

> 是日起連續十四日，女子弘法班林看治於北屯慈雨寺開講《阿彌陀經》，為在家女居士講經創始。北屯慈善堂（或稱慈雨寺）淨土道場，係女子弘法班員林看治去年創設，每逢初一及十五兩日，負責領導念佛開示佛法。[1] 先生講經教學之成果初步展現。

九月二十日（六），晚，於蓮社為國文補習班講授「詩學」與「佛學」。

九月二十一日（日），下午，於靈山寺宣講《大乘起信論》。

九月二十四日（三），接獲新莊塔寮坑樂生療養院慈惠會來函，請求支援於院內籌建佛堂供病友共修。

> 炳公居士大德鑒：日誦大著言行，神往久矣！奈敝會同修均為人生不幸之痲瘋病人，故無緣參謁法相，惟遵佛言人相亦非我相之示，雖曰無緣，能視大居士言

---

[1] 《台中蓮社第二次社務報告（四十一年度）》，頁 13-14，台中蓮社檔案。

行，亦有緣矣。

敝會成立，迄今已有十五年之久，會員亦有三百餘人之多，因全係麻瘋病之故，特感自身孽重，祈求懺悔途徑，幸我佛慈悲，發願接引帶業往生之人。故我等雖今生痛苦，但今後之無量世，得生極樂，亦無作為苦，未知善否？本會同修均以此自勉，並以勉人。

今本會會員全體發願：擬自建清淨佛堂一所，以供朔望及每星期六為我會員念佛共修之用。全部費用約計臺幣三萬元之多，今自力於節衣縮食盡力結緣下，已得五千餘元。與原數差之甚鉅；自感身小力弱，擬仰外力。今懇大居士代我呼籲，祈求十方諸大善士，多結善緣，助我完成此一壯舉。我等既得接受佛法之所，復可留作百世紀念。關於詳細，擬請朱大居士鏡宙先來察看指示，待款籌集，再議興工；大居士能發慈悲心，實我等之大幸也。

反觀友教在本院亦有百餘人之多，美籍傳教師不惜唇舌，集款二十餘萬，建築教堂一所，以供傳教之用。今我等不思與其較之於物、而有勝之者，以心及信並非為之羨慕而為之，實際需要也。況以往我佛教先進之諸大德們法駕蒞臨弘法甚鮮，是堂成立後，本會擬恭請十方大德臨此講經開示，故作是舉，是否有當，祈懇教我！
專此敬請德安
樂生療養院慈惠會會長吳江才理事孫金聲林子釗同敬上
九月二十四日[1]

1　〈慈惠會來函〉，《菩提樹》第 1 期（1952 年 12 月 8 日），頁 21。

【案】先生於是年一九五二年十月親至療養院確認實況後，於十二月《菩提樹》月刊撰文呼籲支持。見後文。

九月二十七日（六），晚，於蓮社為國文補習班講授「詩學」與「佛學」。

九月二十八日（日），孔子誕辰紀念日。上午十時，蔣中正總統率中樞文武官員百餘人，在總統府大禮堂舉行孔子誕辰紀念典禮，並由奉祀官孔德成專題報告孔子生平聖德，並闡述一統與王道觀念。[1] 先生亦應邀於臺中中山堂演講，從紀念意義在國家復興與文化復興談及孔子為中國文化之中樞。有〈四十一年孔子聖誕在中山堂講辭〉稿表。[2]（《圖冊》，1952年圖14）

　　　【案】一九五一年及以前，孔子誕辰紀念日為八月二十七日；一九五二年起，改訂為九月二十八日。

是日下午，於靈山寺宣講《大乘起信論》。

十月三日（五），夏曆八月十五日，下午，於法華寺宣講《佛遺教經》。

---

[1] 〈本報訊〉，《自立晚報》，1952年9月28日，第1版。
[2] 李炳南：〈四十一年孔子聖誕在中山堂講辭〉，《弘護小品彙存》，《全集》第4冊之2，頁400。

十月四日（六），晚，於蓮社為國文補習班講授「詩學」與「佛學」。

十月五日（日），下午，於靈山寺宣講《大乘起信論》。

十月七日（二），下午三至五時，蒙古呼圖克圖甘珠爾瓦大師，暨慈航老法師一行，到佛教蓮社舉行茶話會，出席信眾三百餘人。甘珠大師一行係受政府委派，自九月二十六日起，南下弘法。翌日晚，應奉祀官孔德成先生邀宴。[1]

十月十一日（六），即日起一週，受信眾之聘，北上桃園、新莊、楊梅等地弘法。劉智雄、李銘榮、許炎墩等居士隨行。同時並推薦信眾禮斌宗法師為皈依證明師。[2]
（《圖冊》，1952年圖15）

桃園弘化期間，首次至樂生療養院說法。除允諾協助呼籲佛堂建築，並允諾尋求弘化資源。日後，引薦病友禮斌宗法師皈依三寶。

---

1 〈各地簡訊〉，《覺生》第28期（1952年10月1日），頁2、第29期（1952年10月1日），頁22；《蓮社日誌（四十一年度）》，頁36。

2 《台中蓮社第二次社務報告（四十一年度）》，頁10，台中蓮社檔案。圖片見：【數位典藏】照片／道場活動／法會／〈桃園佛教皈依法會〉、〈蒞桃宣揚佛法〉。

〈參觀癩病樂生療養院因緣記〉：到了院裏，由一位賴水木大夫招待，講堂裏男女分席，卻也嚴肅，但是輕重雖然不同，箇箇總是面目不全，不覺起了一種奇異的感想，這是人間嗎？

苦難的人好像容易動感情，聽講的時候，一般人不時的點頭與彈淚！講完了時，起來一人，代表大家致謝辭，蹣跚著離開坐位，發出了顫巍的聲音，大意說：諸位能不棄捨我們這些殘疾人，布施給我們佛法，解除我們的痛苦，這是說不盡的感激，可惜時間太短，不知何時再教我們這些可憐人聽一次？能不能替我們哀求法師居士，常到這裏來講經呢？我們只有佛法這條路了！說著眼中直往下墜淚。我只得強調的說：我是要幫忙的。下臺出講堂的時候，他們又掛了一掛鞭炮，在這時候，我的心已如秋後的樹葉，飄飄搖搖，再經砰磞的一陣連響，我的心就隨著這陣響碎作片片，他們隨著擁出門外，站在草地上，若干眼睛集在一處，好像失了甚麼似的，接著有一片酸楚的聲音，「阿彌陀佛！」「阿彌陀佛！」」[1]

〈樂生療養院慈惠會會長吳江才等來函〉：炳公大居士德鑒：日前法駕蒞臨，宏我佛法，雖列時短暫，惟句句中肯，言言切要，我等頑愚，受益已無量矣。但願能常聆佛法，即苦海雖說無邊，我等自思，得渡亦惟時爾，故我等今於駕前發心，尚待十方大德慈悲，助成此

---

[1] 李炳南：〈參觀癩病樂生療養院因緣記〉，《菩提樹》第 1 期（1952 年 12 月 8 日），頁 20-21。今收入《雪廬寓臺文存》，《全集》第 14 冊之 2，頁 208-214。

願。此次居士駕臨,全體佛徒群起雀躍,渴念終日之大師,一旦蒞晤,居士即可試想我等是日之情緒,故近日來之各種活動,更進一尺,歡喜蓬渤,呈露於我諸同修之面,往生之心更堅定,以上種種皆是居士之賜,於恩於德,我等實不知以何言方能形之於謝意,視我一體相勉,努力遵重佛制,廣行善果,一心念佛,以答謝居士關懷及慈悲。

其次有關講經、皈依及本會轄屬諸問題,提數點請示,祈覆之。

一、講經之事,不論來自臺中或臺北之法師或善信,我們希望事先能有系統之準備,假定均是隨心結緣,則大好機緣,失之可惜。今後如彌陀經、金剛經及簡短之心經、大悲、往生等咒,是否可以來此開講,應該如何才能開講,請示之。

二、皈依是佛徒決定終生之大事,按佛制在家師不得接受佛徒皈依,今本會同修,雖均接受皈依,惟未按佛制,此問題當如何解決?

三、慈惠會以往難得外界慈悲,一切均自行發展,其間一切會務,必定錯誤甚多,此是對一人事小,對眾生事大,今後當能求得正確領導,俾益眾生,究竟應該如何?祈請教我。[1]

〈樂生療養院慈惠會會長吳江才等來函〉:炳公居

---

1 〈樂生療養院慈惠會會長吳江才等來函〉,《慈惠會興建佛堂信稿》(1953 年 4 月),台中蓮社檔案。

士大德鑒：手諭奉悉，此次蒙公援手接引，完卻我等數十年之心願，斌公慈悲，勿以我等殘缺之人視之，准予參列門牆，雙重恩德，我等時刻懷念心頭，惟競業修淨懺悔往昔，以報知遇之恩。斌公法牒，尚未降臨，大概因此次皈依人數過多，一天處理不及，故需久耳，我等尚未直接和斌公通信，今後本院病人陸續皈依者，尚有人在，是否今後可以直接仰求斌公慈悲，抑仍勞吾公接引，個中手續，俯祈示之。

同修中有對文字有興趣，擬習寫作，預稿投吾公斧正，是否可請朱居士價寄稿紙若干，俾便習作。

前聞朱居士言，公準備為我等特請一位大德講經，然迄今尚未駕臨，敬祈一併示之為禱。[1]

【案】呼籲支持樂生建佛堂文刊於是年十二月八日《菩提樹》月刊。見後文。

十月十二日（日），聽聞屈萬里行李箱失竊，過冬衣物被洗劫一空。特別訂製冬衣寄往臺北，並附信說明請勿拒絕。屈萬里果然拒絕受禮，自稱豐饒，將衣物退回。先生於是再函復，稱屈為「大富翁」，並以「亞富」自解。（《圖冊》，1952 年圖 16、17）

翼兄道席：聞劉啟民兄言，吾兄箱籠被竊，既不循俗慰問，亦不矯情稱賀，之乎者也一概免去。時近冬令，必須夾衣毛襪等類，已酌量尊體尺度，尋找舊料，

---

[1] 〈樂生療養院慈惠會會長吳江才等來函〉，《慈惠會興建佛堂信稿》（1953 年 4 月），台中蓮社檔案。

做成夾長袍一件，單長衫一件（冬可當外罩），小褲褂一套（做襯衣），絨褲褂一套，毛背心一件（弟有兩件），謹以奉上，敬祈賜收。

內中除〔背〕心係舊存平分外，餘皆專為兄製，與弟之身量並不相稱，不收，弟亦無用處。事出非常，不避冒昧，萬勿以清高自賞，不分交誼，一味拒人於千里之外也。幸矣。專此，並請

大安　　　　　　　　弟李炳南頓啟　十月十二日[1]

翼兄大富翁箱右：奉讀手教，祇悉財衣兩豐，皆勝於弟。果爾，自足稱慶，唯疑虛而為盈，約而為泰也。以實相告，弟毛衣卻有三襲，昨贈者，尚是下品耳。明乎此，可知弟之富饒，並不相遜，勿復作昔日吳下阿蒙觀也。本日已由郵寄下退件，檢點無訛，祈釋富注。至寫稿求財，無傷於廉，勸進仍須努力。處今之世，但能富潤於屋，便是德潤於身矣，又何封步自畫？若兄受老子傳染之病，以知足為富，則是自掌其面，冒腫以為胖也。恐兄之號富，如是而已。其然乎？其不然乎？千里明月，兩心會當印耳。一粲！專復。並請

富安　　　　　　亞富弟雪僧和南　十月十八日[2]

1　《屈萬里書信集・紀念文集》，頁 44；劉兆祐：《屈萬里先生年譜》（1952 年，10 月），頁 52。

2　《屈萬里書信集・紀念文集》，頁 45；劉兆祐：《屈萬里先生年譜》（1952 年，10 月），頁 53。另參見：屈煥新：〈忘他同是斷炊人——屈萬里與李炳南喪亂中「鬥富」〉，《明倫》第 474 期（2017 年 5 月），頁 40-45。

十月十八日（六），晚，於蓮社為國文補習班講授「詩學」與「佛學」。

十月十九日（日），下午，於靈山寺宣講《大乘起信論》。

十月二十五日（六），第一屆國文補習班舉行結業典禮。入學一百八十五名，結業成績及格者四十名。

　　蓮社為提高一般青年國文程度起見，依據公私立短期補習班管理辦法之規定，申請市政府立案，並教育廳備案後開始招生，應募者男生壹佰貳拾參名，女生陸拾貳名，計共壹佰捌拾伍名，分為三班，自四月二十二日舉行開學典禮，即行開課。最初一、二個月間，加有旁聽者幾十人，每上課時，雖有超過貳佰名之盛況，奈因學生之向學、多不及教師之熱誠、教程迅速、風雨無阻，自第三個月起，因學生程度不齊、言語隔閡、漸形倦怠。及至十月二十五日舉行結業典禮時，六個月間，授業日數壹佰貳拾伍日中，達到三分之二出席、發給及格證書者，只有男生貳拾肆名、女生拾六名，計共肆拾名而已。其結業成績只達百分之二十一。[1]

十月二十六日（日），下午，於靈山寺宣講《大乘起信論》。

1　《台中蓮社第二次社務報告（四十一年度）》，頁 5-6，台中蓮社檔案。

十月二十七日（一），重九，有詩〈九日憶京〉。前後有
〈瘦〉、〈詩厄〉。（《雪廬詩集》，頁286-287）

〈九日憶京〉：新亭曾話前朝事，灑淚今從建業來；
回顧渺茫天道遠，離居無賴菊花開。雖仍落帽因搔首，
更不題糕惹勸杯；雙袖西風思拂劍，山河有異志難灰。

〈瘦〉：益覺色身枯，何曾道體腴；流光空復爾，
大事尚糊塗。末法根元鈍，時潮興早孤；人間與出世，
俯仰愧全輸。

〈詩厄〉：難挽文昌運，愁思季札名；升堂擊瓦
缶，投灶爨琴箏。不信西方樂，都編北里情；梁塵飛幾
許，障袖任縱橫。

是年季秋，獲王聖霩繪贈〈縉雲秋嵐〉，係摹寫昔日居蜀情
狀。日後，有鄰友趙明德見而愛之，即將此畫轉贈。
（《圖冊》，1952年圖18）[1]

王聖霩，〈縉雲秋嵐〉：四川重慶西北有山名縉
雲，素以小峨嵋稱之。高幾千仞，古木參天，中有縉雲
古剎在焉。抗戰期間，太虛大師曾於此住持甚久。余客
居陪都時，嘗到此一遊。圖中之高宇即為縉雲寺，其後
突起之峯為本山最高峯，名曰獅子，蓋以其形如獅踞狀
也。其右為嘉陵江　　望雲謹誌

炳公社長賜存　　　　　　弟子王聖霩敬贈　壬辰季秋

---

[1] 王聖霩：〈縉雲秋嵐〉，附「炳南先生題記」，1952年秋。趙健志
提供。趙明德曾幫先生賣布施藥，見1949年7月28日譜文。

〈炳南先生題記〉：明德仁兄見此畫而好之，謹以移贈。　　　　　　　　　　　　炳南識于綠川橋畔

十一月一日（六），於《覺生》月刊第二十九期刊登〈啟事〉，辭去《覺生》月刊社長一職。

〈李炳南辭退覺生月刊社長啟事〉：敝人近以事務繁忙，身心俱弱，藥餌營養，不如節勞。因是即日辭去覺生月刊社長之職。謹此聲明，諸希朗照（今後函件請寄《覺生》編輯部朱斐居士轉）。

〈朱斐居士訪談錄（一）〉：為什麼《覺生》辦了不到三年就不繼續辦了呢？不是不辦，我既已辭掉公務員工作，哪有不辦的道理；只因為發行人是林錦東，他的宗旨跟我們不一樣，他在外面收錢，收了錢帳目卻不公開了，我跟李老師商量，最後我們決定，李老師先辭掉社長，然後我再跟著辭主編，我們自己再另辦一個雜誌。[1]

謝健，《謝鑄陳回憶錄》：四十一年十月，在臺中得悉李炳南朱斐兩居士，將退出《覺生》，另組《菩提樹月刊》刊物，我大加贊成，願任發起人。厥後遂為菩提樹月刊社社董，目下已將出版至七十期矣。[2]

【案】謝健為先生一九三八年初到重慶時，參加長安寺佛學會之舊識。為太虛大師中國佛學會左右手（見

---

[1] 卓遵宏、侯坤宏訪問，周維朋記錄：〈朱斐居士訪談錄（一）〉，《國史館館訊》第 2 期（2009 年 6 月），頁 128-167。

[2] 謝健：《謝鑄陳回憶錄》（臺北縣：文海，據：楊樹梅，1961 年自印本影印，1973 年），《近代中國史料叢刊》第 91 輯，頁 144。

1952年・民國41年｜63歲

該年譜文）。也是一九四六年太虛大師創辦《覺群》月刊之發起人之一，與大醒法師、蕭覺天一起，負責起草簡章、擬訂辦法。[1]

【又案】朱斐原來並沒有要辭去《覺生》月刊主編，而是打算同時編輯新創的《菩提樹》月刊。朱斐〈為發行新刊《菩提樹》敬告本刊作者讀者書〉說明新刊《菩提樹》月刊與《覺生》月刊性質差異，係為滿足不同讀者需求，他說：「新刊定名為『菩提樹』，已向政府聲請登記，大概創刊號預定在十二月中旬出版。以後每逢一日出版《覺生》，每逢十五則發行《菩提樹》。」[2]然同期前一頁臨時加頁有一則〈朱斐為辭去覺生主編緊急啟事〉：「編者本擬發行新刊《菩提樹》而兼辦《覺生》，但終以體力衰弱，勢難兼顧；不得已，決自即日起辭去《覺》刊，專辦《菩提樹》。《菩提樹》可能提早出版，內容完全與以往《覺生》相同。諸希作者讀者諒察是幸！十月三十一日」[3]

【又案】炳南先生與朱斐兩人辭職後，《覺生》月刊發行人林錦東另聘吳經明任社長，楊白衣任主編，接手第三十期。

---

[1] 釋大醒：〈有關覺群的歷史——代關於改刊的話〉，《覺群》第75期（1950年2月），頁7。
[2] 編者（朱斐）：〈為發行新刊《菩提樹》敬告本刊作者讀者書〉，《覺生》第29期（1952年11月1日），頁3。
[3] 編者（朱斐）：〈朱斐為辭去覺生主編緊急啟事〉，《覺生》第29期（1952年11月1日），頁3夾頁。

十一月二日（日），夏曆九月十五日，靈山寺週日下午講座，宣講《大乘起信論》圓滿。有偈印之。

　　此論始講於夏曆正月中旬，結於九月十五日，以偈印之：

元宵回首九秋霜，小借靈山作道場；欲破眾生迷識浪，應觀萬法在心王。深行淨似蓮無垢，大智圓成鏡有光；不信試看今夜月，清輝遍印水中央。[1]

十一月四日（二），即日起至十日，法華寺舉行護國法會，每日下午請先生講《仁王護國經》大要。[2]

十一月六日（四），上午十時半，於蓮社辦公處召開蓮社第一屆第五次理監事聯席會議。報告國文補習班開辦情形。討論並決議：組設助念團。至社會慈善公益救護事業則以另設董事會辦理為原則，推舉許克綏、朱炎煌、賴棟樑三人籌備。[3]

十一月十一日（二），國文補習班第一期四十名結業生，本夜起開始溫習課程。訂定每星期二、四、六，三個晚上

1　李炳南：〈大乘起信論講表〉，《講經表解（下）》，《全集》第3冊，頁1239-1265。
2　〈一月佛教〉，《菩提樹》第1期（1952年12月8日），頁2。
3　《蓮社日誌》，頁37，台中蓮社檔案。

上課。[1] 稍後又將第一期男女結業生分別組成文藝班及中慧班，此青年一輩，與現有中壯年之男女弘法團並為蓮社弘法活動不同世代之重要支柱。（《圖冊》，1952年圖19）

  黃潔怡，〈訪文藝班班長胡遠志居士〉：

問：請問文藝班成立於何時？成員是哪些人？

答：文藝班成立於民國四十二、三年左右。成員是台中蓮社附設國文補習班中，品行優良的男學員，經雪公老師調教組成的一班念佛班。

問：三十多年來，班長一直都是胡居士？

答：當時大家太客氣，因為本人年紀稍大些，已二十七、八歲了，所以也就義不容辭。

問：文藝班除每月固定念佛共修外，還負擔蓮社哪些工作？

答：當時大家白天工作，晚上讀書，業餘組織天樂班，凡有道場要開講，或新春講演、佛誕講演、佛誕遊行等，我們這些同學就去吹奏三寶歌、佛曲等，效果非常好。每年新春講演，都由雪公老師訓練文藝班同學講演術，上臺練習弘法。同時也對外參加壁報比賽等，蓮社有大小活動，大家都前來幫忙，很多師兄也都參加弘法行列。[2]

---

1 《台中蓮社第二次社務報告（四十一年度）》，頁5-6，台中蓮社檔案；《蓮社日誌》，頁38，台中蓮社檔案。

2 弘安（黃潔怡）：〈訪文藝班班長胡遠志居士〉，《明倫》第173期（1987年4月）。

〈林鳳一師伯口述歷史訪談〉：文藝班工作，文武皆可做，如：遊行壁報，連框都自己釘。王燗如以及一位畫看板的師兄負責繪圖，大家同心協力。後來組織天樂班，陳關生老師由日本回來，在市一中任職，指導我們這些學生，我負責伸縮喇叭、陳天生及王森田負責小喇叭、胡遠志吹奏黑管、賴瑞柏小鼓、蔣伯勳大鼓……等。天樂班參加很多活動，如：佛誕節遊行、講經前宣傳、大藏經巡迴活動等。宜蘭念佛會於民國四十五年成立，蓮社口琴隊（洪金龍老師指導），還去宜蘭參加三天，宜蘭合唱團也一起參與，我們一行人，借住在蓮社理事張文炳居士（原為臺中站務段長，轉任宜蘭段）家中，好不熱鬧。四十三年與佛教會等十二團體，送匾額至苗栗大湖法雲寺，有二輛遊覽車，天樂隊也一同前往，當天簽到的紅布條，現在還展示著，覺得很懷念。[1]

　　黃潔怡，〈訪中慧班班長廖玉嬌居士〉：

問：中慧班是以何因緣成立？成立於何時？

答：雪公老師於民國四十年成立蓮社，夜間附設國文補習班，義務教導有心向學的男女青年，一年結業後，有心深入研究佛法的男同學，成立了文藝班，女同學則成立中慧班。中慧班成立於民國四十三年左右。

問：請問中慧班成立時有多少成員？年齡約多大？

---

[1] 張式銘訪問：〈林鳳一師伯口述歷史訪談〉（2017年1月9日），台中蓮社檔案。

答：初成立時，有二十位成員，後來每年都有國文補習班，陸陸續續有人加入，也陸陸續續有人出嫁成家去了，年齡約在二十歲左右。

問：當年老師如何調教中慧班的女同學們？

答：當時白天我們都要工作，晚上每天的課都排得很緊湊，台中蓮社每星期一，由雪公老師親自領眾念佛，星期二、三、四、五，國文補習班聘請周邦道老師、劉汝浩老師、許祖成老師等大學教授及雪公老師，親自為大家上課，星期六、星期天雪公還在蓮社及靈山寺講經，另外雪公將我們分組，指導大家唐詩、作文、常禮舉要、歷史等課。每年佛誕節，還訓練女同學通俗講演七天，老師擬定講稿的大綱，教導大家講演術，老師說，上臺容易，下臺難，即使大學畢業，也不見得上臺就會講，經過老師訓練後，每位同學講完後都深獲好評。

問：除此大堂傳授之外，有無特別誨示？

答：當年老師教我們要男女授受不親，即使是去拜訪老恩師，也必須有二位女同學同行，不可一人獨往。在吃飯時間、睡眠時間，《常禮舉要》都說不許訪客，大家也都不敢隨便打擾老師。倒是每天晚上放學後，老師住在和平街，很多同學都與老師結伴，踏著月色回家，一路上師生十分和樂。[1]

1　弘安（黃潔怡）：〈訪中慧班班長廖玉嬌居士〉，《明倫》第173期（1987年4月）。

十一月十五日（六），晚，省主席吳國楨封翁吳經明老居士蒞臨蓮社演講「十地菩薩的經過」，聽眾二百餘人。[1]

十一月十七日（一），夏曆十月初一，下午，於法華寺宣講《佛遺教經》。

十一月十九日（三），省佛教分會宋理事長，會同該會常理李子寬居士及印順老法師，巡視中部四縣市支會及弘法。是夜蓮社敬備茶果，歡迎印順老法師一行，蒞社開示。[2]

十一月二十一日（五），臺中佛教會館於十一月二十日至二十四日舉行護國法會。新聘住持妙然尼師於法會第一日晉山升座，到有省佛理事長宋修振、及來賓印順法師等，儀式隆重。下午恭請印順法師開示佛法。第二日起至第四日禮請先生講演佛法。每日晚間均放映電影娛眾。觀眾數以千計。[3]（《圖冊》，1952 年圖 20）

　　【案】《雪公開示講表》中講於佛教會館之講演稿表有：〈五厄應知學佛應知〉、〈學佛次第及成就境

---

1 《台中蓮社第二次社務報告（四十一年度）》，頁 10-11，台中蓮社檔案；〈一月佛教〉，《菩提樹》第 1 期（1952 年 12 月 8 日），頁 2。

2 《台中蓮社第二次社務報告（四十一年度）》，頁 11，台中蓮社檔案。

3 〈一月佛教〉，《菩提樹》第 1 期（1952 年 12 月 8 日），頁 2。

界〉;[1] 唯未標注日期。

十一月二十二日（六），本夜念佛會後，先生表示南部風災損失嚴重，佛教徒宜以慈悲為本，發心救濟。至二十四日，集款二千一百七十元，提交民政局社會課轉匯。（《蓮社日誌》）

　　十一月十五日凌晨，高雄鄰接數縣市遭颱風肆虐，五十年來最大之風災，人命傷亡千餘，損害極慘重，災黎數萬。（《台中蓮社第二次社務報告（四十一年度）》，頁14-15）

十二月一日（一），夏曆十月十五日，下午，於法華寺宣講《佛遺教經》。

十二月八日（一），《菩提樹》月刊創刊發行。刊名由先生命名，同時撰有〈創刊詞〉，宣示編刊宗旨：提倡淨土，勸導持戒，宣揚大乘教義，和平維護正法，灌輸愛國思想。篇末有偈，即日後改題之〈攬鏡自感〉。

　　朱斐，〈炳公老師與我——兼述臺中早期建社弘法的經過〉：新刊的命名，我本擬以「菩提葉」為名，因古印度以貝葉刻經故；後來炳公說菩提葉沒有菩提樹來

---

[1] 李炳南：《雪廬老人佛法講演二十卷手稿》第12卷（台中蓮社收藏，未刊本）；李炳南：《雪公開示講表》（台中蓮社，打字版未刊本），頁466-469。

的好,所以就決定命名為「菩提樹」。

《菩提樹‧創刊辭》:記者這支筆,在近二十年間,一提到手裏,差不多就是些三藐三菩提。大膽的說,這樣好像佛法百億俱胝分中的一分小使者,也像佛法的小播音機,自遷到臺中,曾借《覺群》月刊生滅了一次,又在《覺生》月刊生滅了一次,現在又是滅而復生了。

今日是《菩提樹》誕生的一天,刊物的主旨必要在這開宗明義的第一章裏聲明,以後就要按著已定的標準去作!各方擁護本刊的大手作者,也有處著筆,讀者也有所選擇。

編者的誓言有五條:(一)「提倡淨土」,這是夙願,因它三根普被,萬修萬去,必期學者注重實修,不偏空說。(二)「勸導持戒」,世尊滅度,以戒為師,整個佛教,不出三無漏學,當知慧由定啟,定由戒生,若不注意持戒,連人格都失掉了,還談甚利己利他?(三)「宣揚大乘教義」,不解教相,便是盲修瞎煉,也很容易退轉,利世利眾的事,更不肯去擔當。要使佛徒拿出跳火坑入地獄的大菩薩精神來,去與他拔一切苦,謀一切利。(四)「和平維護正法」,佛教歷史悠久,教義高深,我國教育還不普及,所以真懂佛學的還是少數,因此出了種種誤會。期望魚目不來混珠,其他外道無故的來罵街,也要加以辯護的。(五)「灌輸愛國思想」,中國的盛衰,與佛教的盛衰,有最密切的關係。所以要愛護佛教,必要愛護國家!

果能履行這五條,自然這株菩提樹,就是生了五條根,慢慢的發生了五種力量,那累累垂垂的菩提果,自是意中的事了。記者惟有犧牲上三千白髮,再作一次馮婦。這件事煩勞各方推的推止的止,自己心中為公為私,實在也發生了幾次矛盾,特寫一首偈子,要求各方諒解!偈曰:自慚老瘦減容光,短鬢飛鋪滿鏡霜;已謝筆花應聚塚,未還文債尚盈箱。乾坤不惜名千載,風雨猶留客一堂;也識節勞延歲月,為他無計避心忙。[1]

《菩提樹》月刊名譽社長為中國佛教會理事長章嘉呼圖克圖,朱斐自任發行人及編輯,先生未任名銜,但負實際責任。創社地址為:和平街三十九號二樓。

　　朱斐,〈編者的話〉:所謂眾緣和合,就是要具備多種的條件,才能夠舉辦一件事業。新刊的第一個條件,就得有一位實際負責領導的人物。《覺生》之有今日,編者不敢存有絲毫功勞的心理,這完全是李炳老的精神所感召,李炳老的筆桿所支持,在李炳老的領導指示之下,編者才敢放開大步向前邁進!編者若無李炳老,也不敢辭去公務員用全副精神放在《覺生》上去。總算他老慈悲,允為東山再起,負責領導本刊,普利群眾。同時除了他老人家允為負起實際的責任外,為加強

---

[1] 李炳南:〈創刊辭〉,《菩提樹》創刊號(1952年12月8日),頁3。收見:《弘護小品彙存》,《全集》第4冊之2,頁155-159。篇末偈另題〈攬鏡自感〉收入《雪廬詩集》,頁287。

新刊的陣容，我們又聘請了當前中國佛教會的理事長，總統府的資政，章嘉呼圖克圖（活佛）為本刊的名譽社長，亦已邀蒙大師答應了。[1]

【案】先生至一九五四年五月第十八期起，始有社長名。其原因一則是〈創刊詞〉所述，「今春發願與它絕交」，希望減少事務專心法務。再則當是因為公務員不得兼辦雜誌。朱斐曾說明自己辭公職經過云：「在圖書館公餘之暇，當了《覺生》的主編，前後將近三年。不久臺灣省教育廳有一個命令：凡是公教人員不可以兼主編或發行人。省立圖書館屬於教育廳管轄，必須照辦。到底為什麼這時會有這麼一個公文，或許是圖書館館長呈報上去也不一定，不過他沒有講，我也只根據有這個公文來推測而已。我個性比較倔強，辦佛教雜誌既對大家都有好處，我樂意堅持下去，於是我就辭掉圖書館總務主任的職務。」[2]

南洋摩竺法師來函為佛教文化事業創新刊多所鼓勵。

佛教的事業無人肯做，無人能做，尤其是佛教的文化事業為特甚！所以你們能感到「創業維艱」，而知「忍辱負重」，用再接再厲的精神，「另起爐灶」，為佛教的文化事業而努力，「虛空有盡，我願無窮，」只

---

1 朱斐：〈編者的話〉，《菩提樹》第1期（1952年12月8日），頁21。
2 卓遵宏、侯坤宏訪問，周維朋記錄：〈朱斐居士訪談錄（一）〉，《國史館館訊》第2期，頁128-167。

1952 年・民國 41 年 | 63 歲

問自己撫心無愧,所走的路線是正確的,所行的事業是真實的,那末正如《涅槃經》所謂:「若樹若石,皆為勝緣,若讚若謗,俱臻上乘。」只要自己為佛法,為眾生,什麼都可以不理他好了。

如果有稿,我會寄給你,編輯名義可以不必,小雜誌,你一個人做,做得夠好了,況還有一個老社長李居士在撐持,怕什麼!即頌編安　竺摩十一月二日寫于次病[1]

同期接續《覺生》月刊原有之「佛學問答」專欄;並接續〈素菜譜〉刊出〈味道的研究〉,介紹:炸蓮花瓣、荷葉豆腐、糯米藕、蜜炙蓮子。詳述應備食材及烹調作法。[2]

【案】〈味道的研究〉刊載於《菩提樹》月刊第一期至第十期,下期於素菜譜後詳述極樂淨土三處莊嚴、四事自在,並指點到極樂淨土的方法,包括正行:最簡單的念佛儀式,以及三件助行:奉養父母奉事師長、慈心不殺、修十善業。全文今題為〈乙、極樂世界的味道〉,與《覺生》月刊所刊〈甲、娑婆世界的味道〉合為〈兩個世界的味道〉收見《全集》第四冊《弘護小品彙存》(頁27-61)。

1　竺摩:〈菩提有樹覺同群〉,《菩提樹》第 1 期(1952 年 12 月 8 日),頁 27。
2　德明(李炳南)作,淨鳴畫:〈味道的研究〉,《菩提樹》第 1 期（1952 年 12 月 8 日）,頁 22。今收見:〈極樂世界味道:一、引子〉,《弘護小品彙存》,《全集》第 4 冊之 2,頁 45-48。

同期,開始連載《台中蓮社佛學常識課本》,刊登「第一課、總體」。有課文,有表解。

朱斐,〈(注者)按〉:《佛學常識課本》是由李炳南老居士親自編撰後每星期六在台中蓮社所講的。後附表解亦是李老居士所編。因為蓮社的聽眾有二種:一是補習班的學生,多是初信的青年男女;一是學佛多年的蓮友,多在學習講演準備弘法利生的。前者按照課本講解比較容易懂,後者附表一首,可以作為講演的題材,便於度化他人。[1]

【案】本文連載從《菩提樹》月刊第一期(頁23)起,至一九五四年一月第十四期止。上引朱斐說明課文後附有表解,然只有第一課附有表解,以後各課並無表解。今《全集》本亦全無表解。

同期又有〈參觀癩病樂生療養院因緣記〉,記述十月中旬首度至樂生療養院參觀感想,並發布樂生療養院慈惠會九月二十四日請求支援來函。先生首先捐輸,並呼籲各方捐助,幫助病友籌建佛堂。

〈參觀癩病樂生療養院因緣記〉:這院中原有觀音堂,他們見到聖像,好比迷途的小孩子,忽然遇到了親生父母。一天跑去看上幾次,並在那裡作作功課,不料好事多魔,這箇處所卻被佔用了,聖像也用物遮去。

---

1 李炳南:〈佛學常識課本〉,《菩提樹》第1期(1952年12月8日),頁23。

1952年・民國41年｜63歲

真是失去依靠，如喪考妣！再看到人家外國高高教堂，常常來佈道。更感到自己身世非常的淪落！大有孤臣孽子，無人過問之慨！他們居然咬定牙根，不變不搖，好像香草，愈受壓搾，愈放香氣，竟自發出心願，要在院中建築一座容三百人的佛堂。大家開了一次會議，要把每天的飯菜，節出一部分來儲蓄，用作建築佛堂的經費，現在已經積到六千餘元之多。

我想真的佛教徒，真正信仰的佛教徒，聽到這事，自會灑幾行同情的淚吧！他們雖不募捐，我們何妨樂輸，成人之美呢？同是布施，所得的功德，就大不一樣了！為甚麼呢？一是建築一所佛堂，使三寶住世；二是開辦一所道場，可以弘法；三是使一般殘疾可憐的眾生得到安慰；四是使病人多吃一口飯，免得缺了營養；五是使佛教與他教相形之下，也少增幾分光彩；真是一分布施，五重功德！我先樂捐五百元送去！最後公佈出他們這封信來，我教中的大德長者，要有同情他們的，懇求予以贊助！[1]

本文發佈後，斌宗法師首先響應樂助千元，翌年四月又獲得菲律賓僑胞張文彬及一無名氏大力捐助。樂生院佛堂於兩年後落成。

---

[1] 李炳南：〈參觀癩病樂生療養院因緣記〉，《菩提樹》第1期（1952年12月8日），頁20-21。今收入《雪廬寓臺文存》，《全集》第14冊之2，頁211-214。

〔本刊訊〕自本刊創刊號發表李老居士為痲瘋病院慈惠會要建佛堂的呼籲一文後,各方讀者對此問題均甚關心,紛紛樂捐淨資,期盼病胞精神早有寄託。惟發心者力量有限,迄目前止僅捐集八千餘元。原計劃祇須工料費三萬,但受物價影響現需五萬餘元方能建成。本刊名譽社董丘漢平居士此次赴菲宣慰僑胞,遇到普賢學校校長劉梅生居士,這位普賢菩薩再來的校長先生,讀了李老的呼籲文後被感動了。他向該校校董方面代為呼籲,竟得某校董的響應,願以臺幣三萬元獨自認捐。這樣不可思議的因緣,實在希有難得![1]

朱斐,〈炳公老師與我——兼述臺中早期建社弘法的經過〉:這一篇動人的參觀記發表後,本省籍天台宗大德斌宗老法師首先響應樂助一千餘元,炳公以公務員本身亦助五百元,我也捐出一百元,各地讀者紛紛響應,至十一月止共收六萬一千四百四十七元六角,其中包括丘漢平居士經手的菲律賓僑胞張文彬居士的二萬二千四百十八元七角在內。該院佛堂及西方三聖塑像全部竣工,在本刊一再呼籲下,不到二年終告落成。

【案】此為炳南先生與菲律賓佛教界諸居士結識之始,爾後普賢學校校長劉梅生等多次率團來訪。劉梅生簡介見一九五七年七月十八日文。樂生療養院佛堂於一九五四年五月二十三日落成,見該日文。

陳美羿,〈他們是這樣活著——樂生療養院金義

1　〈佛教新聞〉,《菩提樹》第 5 期(1953 年 4 月 8 日),頁 30。

楨〉：金阿伯寫了五封信給當時教界大德，獲得菲律賓華僑張文彬捐款三千菲幣資助，建地太小，蓮友到後山挑土兩萬多擔，填出三百坪。建築期間，齊心做小工，棲蓮精舍終於在一九五四年完成。他也被選為念佛會會長，連任再連任，成為終身職。[1]

十二月十日（三）起，每月十、二十兩日下午二時起，在佛教會館開講《普門品》。[2]

十二月十三日（六），海潮音社發行人兼主編大醒法師捨報。

十二月十六日（二），下午二時，於佛教蓮社成立往生助念團。全體蓮友二百餘人均出席參加。炳南先生主席，指派江印水為團長，各念佛班正副班長為副團長。當由團長江印水宣講團規及助念須知、家屬須知後散會。[3]

蓮社同修，對於所修念佛法門，雖具有深信切願，事因修持未久，功行尚淺，第恐臨命終時，難達往生之願。即為未雨之籌，以各家庭念佛班正副班長及發願

---

1 陳美羿：〈他們是這樣活著——樂生療養院金義楨〉，《慈濟》（2012 年 7 月）。另參見：游青士：〈棲蓮精舍林葉居士專訪〉，《明倫》第 304 期（2000 年 5 月）。
2 《台中蓮社第二次社務報告（四十一年度）》，頁 13，台中蓮社檔案。
3 〈簡訊〉，《菩提樹》第 2 期（1953 年 1 月 8 日），頁 26。

為人助念之男女社員，計共六拾餘名為團員，組設助念團，以助行而補正行、輔助臨終正念、求生極樂為宗旨。因籌備告成，擇於十二月十六日下午二時，在本堂舉行結團式，由李社長指定江印水為團長，統籌辦理助念業務，以賴棟樑、林夢丁、曾發、洪環、朱斐、魏柏勳、張慶祝、王鶯、張阿隆、林朝輝、劉明、陳王妙、郭阿花、謝曾勉、林看治、廖一辛各居士為副團長，襄理之。[1]

【案】江印水（1890-1960），彰化縣員林鎮人，就學於當時全臺名校臺灣總督府國語學校師範部（臺北師範前身）。畢業後回員林公學校任訓導職，而後歷任臺中州（州廳）通譯、臺灣總督府地方理事官（敘高等官七等）。係當時臺灣人擔任日本政府官員最高職等者，頗受當局器重。汪精衛來臺參訪時，上級曾委託老居士接待並同遊日月潭。時擔任臺中州調停委員，任事用法，兼顧情理，頗受雙方敬重與感恩。炳南先生初來法華寺時，老居士即追隨之，為先生一九四九年至臺中弘化時首批從學弟子。因學問淵博又富行政經驗，所以頗受炳南先生倚重和信任。

蓮社創社前曾借用靈山寺一屋當籌備處。老居士即常駐於此，首先幫忙整理靈山寺寺產，繼而協助炳南先生創辦蓮社，蓮社初創時即被推選為九名理事之

---

1 《台中蓮社第二次社務報告（四十一年度）》，頁7，台中蓮社檔案。

一。歷任蓮社總務主任、助念團長,並長期擔任佛學弘法班班員,每週三至看守所講經弘法,誨人無數。

早期炳南先生由復興路步行至慈光圖書館,必至老居士住宅民族路七號小憩。林看治自北區步行至蓮社,民族路七號亦是其中途休息站。子女們都深受兩位長者的眷顧。

一九五七年,老居士罹患狹心症。經炳南先生批准交卸蓮社總務主任,數十項交接資料鉅細靡遺、詳實精細。卸任後仍每日至蓮社關照,數年如一日。一九六○年某日,老居士於家人及蓮友念佛聲中,突然坐起,雙手合掌,雙足結跏,兩目睜開面空一笑。再臥下時即往生。而後還示現二次且向林看治證明確已往生。[1]

十二月十七日(三),夏曆十一月初一,下午,於法華寺宣講《佛遺教經》。

十二月二十日(六),晚,臺灣省佛分會理事長宋修振,聘請印順法師、李子寬居士至中部巡迴演講,在蓮社舉行茶話會。

〔臺中〕臺灣省佛分會宋理事長修振,特聘請出席

---

[1] 張式銘:〈蓮友側寫　江印水老居士〉,台中蓮社檔案。另參見:〈江印水〉,《淨土聖賢錄》(臺北:華藏淨宗弘化基金會,2011年9月),四編卷中,頁 888-889。

世佛會從日本歸來之代表印順法師及李子寬居士至中部四縣市巡迴講演,並報告出席世佛會經過。二十日晚一行在台中蓮社舉行茶話會,並請法師開示,大意贊揚淨土法門之殊勝。並勉以多修福德,研讀大乘,以期上品上生,花開見佛,早聞佛法,還度娑婆苦惱眾生。復由李子寬居士略述報四重恩、宋理事長講人間佛教。至九時餘方始散會。[1]

十二月二十七日(六),夏曆十一月十一日,靈山寺淨土道場舉行冬季佛七,請先生指導並開示。至明年一月二日,夏曆十一月十七日,阿彌陀佛聖誕圓滿。[2] 有〈靈山寺壬辰冬季佛七〉講表手稿,[3](《圖冊》,1952年圖21)偈云:

(一日)淨壇:兩鏡無光,俱不相照。此鏡有光,彼鏡無光,此鏡照彼,彼不照此。兩鏡有光,是二是一。

(二日)佛度有緣:三途萬劫苦難論,邂逅欣逢淨土門;若把此機空錯過,泥犁再去度黃昏。

(三日)七中用功之法:萬法如斯歸一心,功夫得力在殷勤;一心莫問歸何處,不去不來無處尋。

---

1 〈一月佛教〉,《菩提樹》創刊號(1952年12月8日),頁2。
2 〈簡訊〉,《菩提樹》第2期(1953年1月8日),頁26。
3 【數位典藏】手稿/佛學講授/佛七開示,〈靈山寺壬辰冬季佛七〉。

（四日）攝受：彌陀攝受不分時，偏是魚蝦入淤泥；無願無持心失念，酆都城裡雨淒淒。

（五日）唯心自性之義：做到事全理亦全，理持事念莫紛然；試看豆腐鄉人做，幾個曾經化學傳。

（六日）除妄求一：客去主人安，他死我方活；不解其中妙，空自搖唇舌。

（七日）圓滿勗辭佛來偈：琳宮初見彩雲開，涌現青蓮七寶台；自是此中消息好，金身端為印心來。

七日佛聲功不虛，速遲西去喻三車；兩土世尊佳弟子，皆蒙慈攝莫躊躇。

十二月三十一日（三），夏曆十一月十五日，下午，於法華寺宣講《佛遺教經》。

十二月，撰有〈台中蓮社碑記〉，記結社因緣及建築盛事。

自廬山諸賢，肇基蓮社，淨土一宗，遂大宏中夏，佛日固因以彰，而世風亦賴歸淳焉。吾華之有臺島，若印之有錫蘭，不但形同，且均為佛法之寄藏。惟臺學習，淹入時潮，尚乎乘急，以致行解定慧，呈有不均之感。辛卯之歲，國內淨業修士，麕集中臺，播揚斯道。閭閻聞而欣之，景前迪後，乃有建社之倡。首由許克綏、朱炎煌兩居士施貲，先購到綠川南湄民舍一所，繼之淨財齊輸，不數月而莊嚴梵宇，涌出中逵矣。從茲修講並進，恆無虛時。期年而四方多有慕之者。故南北名城，蓮社競起。不圖十萬佛緣，重見海外。夫江河之浩

蕩，實源濫觴之流。於斯盛美，寧無歸歟。是以此次布施，有關風勸，似未可泥於破相，僅隨其私德也哉。爰識因緣，以企興乎來者。中華民國四十一年十二月[1]

【案】該〈碑記〉現懸掛於台中蓮社一樓講堂出口照壁。於正文後列捐款大德，依序為「壹萬元：朱炎煌、無名氏。壹仟元：李炳南、許德真、蕭楊菊、賴天生。……」

十二月起，台中蓮社先度班班長李銛榮，會同居住桃園之蓮社社員簡國垣，在桃園鴻福寺，創設桃園佛教淨土道場，每月二回，每回連續三夜之弘法。聽法二百餘人。[2] **由此因緣，日後得成立桃園蓮社。**

是年，蓮社創立後，穩定發展。先生除固定講經演講，常在「聯誼會」榻榻米小教室為指導學眾，排憂解難。亦受許克綏邀請，每週一次至許家為其家人說法。蓮社地近火車站，平交道常有交通事故，因亦常至失事地點超度亡者。

雪公老師自從台中蓮社創立以來，便不斷的在蓮社舉

---

1 李炳南：〈台中蓮社碑記〉，現立於台中蓮社一樓講堂出口對面照壁，收見《雪廬寓臺文存》，《全集》第 14 冊之 2，頁 97-98。落款據：【數位典藏】手稿 / 詩文創作 / 雪廬寓臺文存，該文手稿補。

2 《台中蓮社第二次社務報告（四十一年度）》，頁 13-14，台中蓮社檔案。

1952 年・民國 41 年 | 63 歲

辦講經弘法及文教活動。台中蓮社未改建以前,除了大殿是弘法道場外,另有一榻榻米課室,名為「聯誼會」,沒有講經的日子,雪公老師便在聯誼會為學生講學。[1]

那年,邀請炳公老師每星期一次至家裡講給全家族成員聽佛法。當時炳公老師認為佛法應先從修身齊家世間法為基礎,再進入出世間法,才容易被接受,於是便從〈朱柏廬治家格言〉開始講起。[2]

臺中蓮友們,在生、老、病、死、愛別離、怨憎會、求不得、五陰熾盛等八苦中,受老師安慰,排憂解難的不計其數,老恩師真是解決疑難雜症的大醫王。老師還恩及孤魂野鬼,當年臺中火車站附近,經常有人被火車輾斃,老師都到失事地點,默默為亡者念佛超度,並引魂到台中蓮社立牌位,以助早日解脫。[3]

是年,蓮社男子弘法班員,每週至臺中監獄內,對在監人開講佛法。開講時依本省籍及外省籍區分,共三場。女子弘法班員弘法踴躍,收效極多,在市內弘法有十九場,每場連續五天或六天。市外則有大坑壹次、馬公厝二

---

1 芹生(黃潔怡):〈雪公生活點滴——執迷與遷悟〉,《明倫》第 181 期(1988 年 1 月)。
2 許炎墩口述,許漱瑩記錄:《許氏家族略史》(臺中:瑞光基金會,2009 年 7 月),頁 86。
3 弘安(黃潔怡):〈痛斷肝腸話恩師:訪菩提仁愛之家常董——張慶祝居士〉,《明倫》第 164 期(1986 年 4/5 月合刊)。

次,每次各三天。[1] 至市區各處弘講之成效,亦反映在靈山寺、蓮社定期念佛講經與會人數之增加。

　　本市南臺中一帶佛法最盛,街頭巷尾不時可聞念佛之聲;尤以家庭主婦為甚!靈山寺及蓮社每週講經念佛之期,參加人數多在四百人以上,繞念佛號要兜一大圈子,蓮社講堂已感無法應用,繞佛要繞出門外才轉得過來。緣蓮社的女子弘法班不時在市內東南各區,街頭巷尾或走廊下講演通俗佛法,吸收信眾最多;此為兩道場人數增加之原因。[2]

是年,蓮社家庭念佛班組織漸形增多。

　　鄭玉明,〈口述〉:母親盧阿英民國前六年出生,雪公民前二十二年出生,兩人相差十六歲。當時看到雪公,雖然已經六十幾歲,覺得看起來很年輕。找到一張老照片,有八位般若班班員的照片,其中的出家師父,人稱「北平阿嬤」,在慈善寺出家。這張照片拍攝時家母大約是四十多歲。早年舊居在南京路第四市場附近,家母每次去聽經、助念,都和鄰近蓮友,一群人走路到蓮社,後來這些人組織成「般若班」,可說是蓮社最早組織的念佛班,家母擔任班長。[3]

---

1 《台中蓮社第二次社務報告(四十一年度)》,頁13,台中蓮社檔案。
2 〈佛教新聞〉,《菩提樹》第6期(1953年5月8日),頁30。
3 張式銘訪問:〈鄭玉明師伯口述歷史訪談〉(2019年3月18日),台中蓮社檔案。

1952 年・民國 41 年 | 63 歲

【案】據劉智雄:〈紀念炳公老居士一年間弘化工作〉,一九四九年先生弘化一年時,已組成「家庭念佛班大小七班,每月每班按期念佛一次」。張慶祝、林進蘭、林看治等於法華寺初開講時即已常隨之十姊妹所組「先度班」應為最早組成者。上引文稱般若班為「蓮社最早組織的念佛班」,當是指於蓮社成立後最早成立者。

是年,由蓮社之弘法、聞法起信,經蓮社之介紹、弘揚、皈依及傳戒者,本年中有七百名之多。[1]

是年,蓮社社員共計二百三十六名,較前一年度社員增加四十名。[2]

是年,蓮社放生:鳥類七十隻、魚類三百三十六斤,價款計共一百九十四點五元。[3]

1　《台中蓮社第二次社務報告(四十一年度)》,頁 13,台中蓮社檔案。
2　《台中蓮社第二次社務報告(四十一年度)》,頁 11,台中蓮社檔案。
3　《台中蓮社第二次社務報告(四十一年度)》,頁 15,台中蓮社檔案。

1953 年・民國 42 年・壬辰－癸巳
64 歲

【國內外大事】
- 一月，白河大仙寺舉辦臺灣光復後首次傳三壇大戒。
- 四月，鳳山蓮社落成，煮雲法師任住持。
- 九月十九日，圓瑛法師示寂於寧波天童寺。

【譜主大事】
- 一月，蓮社社長任滿讓賢不續任。大會改聘為名譽社長，以導師身分為蓮社服務。
- 二月，春節舉辦弘法班員講演大會。爾後每年定期舉行春節講演大會。
- 三月，於台中蓮社週六講座宣講《佛說阿彌陀經》，與靈山寺週日講座成為固定經筵。靈山寺講座由蓮社弘法班派員輪講。
- 五月，遠赴宜蘭弘化一週。
- 六月，第二屆國文補習班開辦。台中蓮社與靈山寺合辦第二期「佛學講習班」，
- 八月，臺中縣大安鄉颱風重災救災。
- 十月，於台中蓮社宣講《梁皇寶懺》。
- 十一月，於台中蓮社教授弘法班員講演技巧，編有〈實用講演術要略〉教材。
- 十二月，應草屯碧山巖寺之聘，前往弘法一週。

為國文補習班結業男女學員分別成立文藝班、中慧班,為蓮社培養弘講、文宣人才。

於《菩提樹》月刊及此前《覺生》,曾與外道及基督教友筆戰數次,針對其侮辱佛教之作為,回應駁斥。

一月二日（五），靈山寺冬季佛七圓滿。

一月八日（四），《菩提樹》月刊第二期，登載先生〈臺中市蓮社佛學常識課本〉、「佛學問答」專欄、〈味道的研究〉。以及為斌宗法師《白話心經要釋》所撰序文。斌宗法師正閉關中，關中寫成《心經》白話注解，先生亦以白話撰序。[1]

> 本期「佛學問答」專欄後，附有「啟事」一則，因身體因素，所有機關團體寺廟集會諸事，概不參加。
> 　「李炳南啟事」：敝人舊有血壓過高之疾，如用腦及講話少久，及發頭暈。據醫診斷，惟有寡言靜坐，方保無虞。以故各方邀約講經者一律未敢應命。茲為就醫養疴擬俟臺中講經圓滿以後，暫時休息。近中凡關一切機關團體寺廟集會諸事，概不參加，以期早復康健，實非貢高，亦非疏懶，尚希各方大德鑑諒為禱。[2]

> 《菩提樹》月刊同期，有香港《圓音》雜誌主編湯寬筠老居士來函讚歎先生「佛學問答」專欄應機契理。[3]

1　李炳南：〈斌宗法師著白話《心經要釋》序〉，《菩提樹》第 2 期（1953 年 1 月），頁 9；今收《雪廬寓臺文存》，《全集》第 14 冊之 2，頁 183-188。《菩提樹》原刊有落款：「中華民國歲次壬辰菊月菩薩戒弟子稷門李炳南序於臺中四無量齋」。

2　「李炳南啟事」，《菩提樹》第 2 期（1953 年 1 月 8 日），頁 25。

3　〈香港《圓音》湯寬筠老居士來函〉，《菩提樹》第 2 期（1953 年 1 月 8 日），頁 19。

1953 年・民國 42 年 | 64 歲

【小傳】湯瑛（1888-1959）字雪筠，廣東番禺人。一九四七年，於粵北南華寺親炙虛雲和尚，皈依為門下弟子，法號寬筠。一九五三（癸巳）年春在香港出家，法號融熙。旋赴南洋弘法，一九五九（己亥）年寂於吉隆坡。著有《佛教與禪宗》、《葛藤集》、《無相頌講話》、《百喻經選講》等書行世。

一月十一日（日），於蓮社召開第一屆第二次社員大會，改選第二屆理監事。先生聲明讓賢，不參加候選。但對社中一切工作仍盡力而作，俾讓本省大德擔負責任。經大會通過改聘為名譽社長，以導師身分為蓮社服務。第二屆社長由靈山寺監院德欽尼法師當選。

〔台中蓮社〕一月十一日該社召開第二屆會員大會，蓮友多數踴躍出席，會中改選第二屆理監事，李社長聲明讓賢，不願參加候選，其理由一為血壓高升、二為弘法事忙，三為尚有公務在身；並非不願做事，實則不要名義，凡社中一切工作仍盡力而作，願從旁指導，俾讓本省大德自負重任。社員中多數同情李老此舉，經一致通過改聘為名譽社長，以導師身分為蓮社服務。選舉結果：由德欽尼法師當選為社長，董正之、許克綏為常務理事、許德真、朱炎煌、周邦道、陳進德、江印水、許祖成等當選為理事，張正心當選為常務監事、賴棟樑、朱斐當選為監事。並聘請余四海出任總務主任，大會圓滿閉幕。社員莫不皆大歡喜。按德欽社長係臺中靈山寺淨宗道場監院，德學俱優，素為李前社長及全體

蓮友一致崇敬。[1]

【小傳】德欽法師（1889-1971），俗名施拗，又稱為施阿選，或施全真，臺灣省彰化縣鹿港人。一九一四年，至彰化善德堂，帶髮修行。一九一五年，偕同德新女士，整建霧峰觀音廟為靈山寺。一九三五年，偕同德真尼師，先後前往日本及福州鼓山，參訪求道，得以聆聽虛雲和尚教誨。一九三六年回臺灣，建立念佛堂，率領大眾念佛，專修淨土。一九三七年，由基隆善慧法師剃度，受比丘尼大戒。後因霧峰靈山寺大殿被山洪沖毀，於是前往臺中擇地重建。一九四八年，臺中的靈山寺落成，請德真尼師擔任住持，自任監院。一九四九年二月，靈山寺設念佛會，五月恭請李炳南老居士講淨土法門，以後繼續宣講《阿彌陀經》、《法華經》等經典，並每年舉行念佛打七，臺灣之專修淨土法門，弘揚大乘佛法蔚然成風由茲開始。一九五一年，李老居士創立蓮社，德欽法師即獲選為常務理事，一九五三年，李老居士辭卸社長，由德欽法師繼任蓮社社長後，連選連任，並數任臺中佛教支會理事職。

一九五八年，創設靈山學苑，聘請懺雲法師為苑長，李炳南、周邦道等居士為教師，招收青年尼僧及女居士數十名，以三年為期畢業。一九五九年，創建

---

[1] 〈佛教新聞〉，《菩提樹》第3期（1953年2月8日），頁30；《台中蓮社社務報告（四十二年度）》，頁1-2，台中蓮社檔案。

霧峰靈山分寺,及靈山塔。一九六一年,辭去監院職事,一心專念佛號,每日功課數萬聲。一九七一年九月於徒眾助念聲中,安詳往生,左手放在胸前,右手作接引印。時年八十三歲,戒臘三十五年。荼毘,獲舍利子甚多。[1]

一月十五日(四)起,臺南縣白河鎮仙草埔大仙寺舉辦傳戒大典,為臺灣光復後第一次開壇授予四眾大戒。共計出家四眾一百七十六人,在家二百七十九人,合計四百五十五人。臺中蓮友經先生鼓勵督促,有董正之、朱斐、林看治、鄧明香等四人發心求受在家菩薩戒。[2]

一月十五日(四),夏曆十二月初一,下午,於法華寺宣講《佛遺教經》。

一月二十九日(四),夏曆十二月十五日,下午,於法華寺宣講《佛遺教經》。

---

[1] 參見:寬成(許祖成):〈臺中靈山寺德欽大師事略〉,《明倫》第7期(1971年9月);胡建國主編:〈德欽大師事略〉,《國史館現藏民國人物傳記史料彙編第二十三輯》(臺北:國史館,2000年),頁596-597。

[2] 〈佛教新聞〉,《菩提樹》第3期(1953年2月8日),頁31;朱斐:〈炳公老師與我——兼述臺中早期建社弘法的經過〉,《菩提樹》第403期(1986年6月8日),頁26。

二月八日（日），《菩提樹》月刊第三期發行，登載有台中蓮社具名之〈佛化家庭春聯新編〉十則，皆為先生手筆。

（其一）經書涵養心如鏡　福德薰陶語似蘭
（其二）家庭充滿慈祥氣　子弟培成福慧根
（其三）人間淨土須忠孝　心地功夫在聖賢
（其四）小庭涼蔭菩提樹　精舍光騰如意珠
（其五）安息香浮開士座　吉祥草發善人家
（其六）甘露慶雲多瑞象　金池寶樹集珍禽
（其七）吉人皆得無量壽　綠島齊栽上品蓮
（其八）新濬柳川功德水　遍澆鯤島菩提芽
（其九）寶島有人皆上善　慧心無日不長春
（其十）佛化堅城能護國　禮儀大道始齊家[1]

同期，有先生〈佛教與中國之命脈〉：文化為國家精魂，無此則只軀殼。儒佛為中國文化代表，應努力護持使不消亡。

一個國家的生存，與一個人的構造，大體上很是相同。有一具軀殼，還須有一副精魂。沒有軀殼，那精魂固然沒有寄託；若沒精魂，那軀殼又何能生存的下去？一般人都曉得土地、人民、主權三件是國家的要素，這不過只是一具軀殼，能維持這三件事，團結繼續的向前生

---

[1] 李炳南：〈佛化家庭春聯新編〉，《菩提樹》第3期（1953年2月8日），頁19；《弘護小品彙存》，《全集》第4冊之2，頁542。

1953年・民國42年｜64歲

存與發展，卻是文化。要知這文化，便是國家的精魂。中國的傳統文化是什麼？在哲學一方面來說，自然是儒家的倫理學，是以五倫八德為主體。在宗教一方面來說：當然是從印度遷移進來的佛學。

佛教雖是發生在印度，早已遷來我國，佛寶如世尊的舍利；法寶如《善現律》、《眾聖點記》；僧寶如攜帶世尊衣缽西來的達摩。佛教已是中國的宗教，更是中國民族思想的文化維繫圈。

中國的倫理哲學，因他是真的人道學問，所以光焰萬丈，照耀世界。佛學遷入中國以後，也是志同道合的關係，反使倫理學的文化力量增了百千倍，所有理論推不動的地方，被佛學一接應，處處卻皆著了邊際，因為倫理學只可化導君子，佛學是君子小人能使他各得勸戒。中國自漢唐以來，雖說政治教育都是儒家化，社會裏頭普遍的卻是外儒內佛。已認定世間聖人，只有孔子；出世聖人，只有佛陀。[1]

同期，刊載〈一群痲瘋病患者的來函〉，係許煥坤、張福成、王生、鄭石生等三十二位樂生療養院院友，以「積沙成塔」決心，從每日八毛錢伙食費中節省，共同

---

1 李炳南：〈佛教與中國之命脈〉，《菩提樹》第 3 期（1953 年 2 月 8 日），頁 2-3；《弘護小品彙存》，《全集》第 4 冊之 2，頁 111-117。

籌集二百元,捐助《菩提樹》月刊發行。[1]

二月十九日(四),夏曆正月初六日,今日起連續六日,每晚七至九時,蓮社舉行春節佈教講演大會。講前,由天樂隊上街宣傳佈教訊息並散布傳單。[2] 前五日由呂正凉、周邦道、林看治、陳進德、林慧虌、江印水、林慧真、朱斐、鄧慧心、許祖成、廖武卿、胡遠志主講,由陳進德、許炎墩、朱斐、鄧慧心、許祖成、賴棟樑翻譯成國語或臺語。先生於二月二十四日最後一晚講「佛教之特異」。爾後每年定期舉行春節講演大會。

〔臺中〕中市佛教蓮社於農曆新春年初六起舉行弘法大會六天,每晚出動青年蓮友自組之樂隊領頭提燈遊行市區,第一天雖天公不作美,細雨連綿不停,但阻止不了青年們的熱誠,大家仍冒雨進行。沿途經過蓮友家門時,爆竹之聲不絕。三寶歌聲傳播全城!他們分散傳單多種,其中有介紹佛教、有解釋淺顯佛法等,皆為簡明易懂者。六天的講演均由該社弘法組男女蓮友擔任。首日有呂正凉講「佛教人生觀」、由陳進德譯國語;周邦道講「佛教信仰之建立的所在」,由許炎墩譯臺語。第二天有林看治講「佛教之偉大」,由朱斐譯國語;陳進德講「佛教與臺灣之命運」,自譯國語。第三天林慧虌

---

[1] 〈一群痲瘋病患者的來函〉,《菩提樹》第 3 期(1953 年 2 月 8 日),頁 30。
[2] 當時發送傳單,見《圖冊》,1953 年圖 2。

講「人生與因果」,由鄧慧心譯國語;江印水講「佛與神之分別」,由許祖成譯國語。第四日林慧真講「修福修慧修淨土」,由許祖成譯國語;朱斐講「怎樣解脫人生的痛苦」,由陳進德譯臺語。第五天有鄧慧心講「發菩提心」,由朱斐譯國語;許祖成講「從知行合一談到淨土三資糧」,由賴棟樑譯臺語。第六天係由該社國文補習班同學之廖武卿講「我學佛的因緣」及胡遠志講「佛化軍人精神」。最後由李老師作獅子吼講「佛教之特異」,感人至深!是晚有人以麵包結緣分贈聽眾。靈山寺亦以大批日用品與參加講演人員及天樂班青年、文藝班同學結緣,各人均可抽籤獲得一分,莫不皆大歡喜![1]

二月二十八日(六),上元節,留影於靈山寺。[2](《圖冊》,1953年圖1)

三月八日(日),於《菩提樹》月刊第四期發表〈答辯嘉義真耶穌教的傳單:無事生非・大罵佛教〉,針對嘉義市真耶穌教會發出侮辱佛教之傳單,回應駁斥,並請自尊自重,莫失了宗教家的莊嚴。

  記者前辦《覺生》月刊時,曾與外道及耶教筆戰過數次,查過去的幾次戰禍,皆是由一二處耶教會所無風興

---

[1] 〈佛教新聞〉,《菩提樹》第4期(1953年3月8日),頁30。首日周邦道講〈佛教信仰之建立的所在〉後刊載於《菩提樹》第4、5期(1953年3、4月),頁13-14、20-21。

[2] 【數位典藏】照片/個人照/〈靈山寺之二〉。

波,印傳單,登雜誌,大罵佛教而起。記者雖然起來應戰,也不過是加以辯論及勸告,彼方只要退去,就算罷了,記者向無多一步的進攻。異教看著佛教軟弱好欺,越罵越起勁。有一次屏東的耶教,竟跑到佛教的東山寺裏去,大吹大擂唱洋歌。這次關子嶺大仙寺傳戒,乃是佛教最嚴肅的典制。耶教又率領著徒眾在山門口攔道宣傳耶教,真是踏著人頭頂痾屎。忍辱固是美德,但在這風俗澆薄的時候,似乎也須加以限度,少微的通權達變。

貴會這張傳單,可分作三類來看:一是對佛經佛制的謬解。二是對佛家修行的批評。三是嘉義真耶教標出來的主張。

記者為慈悲起見,對於嘉義真耶教的罵街,不得不加以答辯,但是正當防衛,自有限度,到此為止,恐怕話多了要傷人的。最後希望各宗教徒,在此時局之下,要拿出愛國的心來,教雖不同,民族卻同,國家盛衰,皆有關係,不要無事生非,分化民族的團結力,倘無國家觀念,也要自尊自重,不必出來尋釁,失了宗教家的莊嚴。這是記者最後的忠告。[1]

三月九日(一),上午九時,至蓮社列席第二屆理監事第三次會議,討論弘揚佛法事項應如何確定計畫案及籌辦幼

---

[1] 李炳南:〈答辯嘉義真耶穌教的傳單:無事生非・大罵佛教〉,《菩提樹》第 4 期(1953 年 3 月 8 日),頁 2-3;收見《弘護小品彙存》,《全集》第 4 冊之 2,頁 147-154。

稚園等多項。[1]

三月十四日（六），晚七時，蓮社週六講經法會，先生開始宣講《佛說阿彌陀經》，聽講者極眾。[2] 此次講經採教學方式，俾弘法人員學習。有〈阿彌陀經講表〉講義大綱。[3] 蓮社、靈山寺兩處淨土道場週六、週日定期講經。（《圖冊》，1953年圖2）

三月二十一日（六），晚七時，蓮社週六講經法會，先生宣講《佛說阿彌陀經》第二回。（《蓮社日誌》）

三月二十七日（五），是日，靈山寺癸巳春季佛七開始。每日早晚請先生指導開示，有偈：

（一）受盡三途血火刀，百千萬劫暫時饒；今生不把彌陀念，空向人間走一遭。

（二）萬劫難逢莫錯緣，修行休說待明天；一雙鞋子今宵脫，未必明朝得再穿。

---

1 施德欽主席，劉汝浩（霜橋）記錄：〈台中市佛教蓮社第二屆理監事第三次會議紀錄〉（1953年3月9日），《台中蓮社董監事會議紀錄》，台中蓮社檔案。

2 《蓮社日誌（民國四十二年）》，台中蓮社檔案。

3 李炳南：〈阿彌陀經講表〉，《講經表解（上）》，《全集》第2冊，頁381-414。篇末有「中秋節夜圓滿偈」，見是年9月19日文。另參見：朱斐：〈炳公老師與我——兼述臺中早期建社弘法的經過〉，《菩提樹》第403期（1986年6月8日），頁23-32；〈佛教新聞〉，《菩提樹》第6期（1953年5月8日），頁30。

（三）心雖未一志專誠，七日勝他十念名；滿地淤泥君不厭，蓮花卻在此中生。[1]

周宣德參加此次佛七，甚為得力，獲先生許得「輕安」。並在佛七結束語時，公開讚許以勉勵大眾。

  周宣德，〈悼念李雪公老師〉：民國四十二年，臺中市靈山寺舉行佛七，由雪公主七。我特別請假到該寺參加。那次同修的男女居士將近百人，一切行事嚴格遵守蘇州靈巖寺道場儀軌：七天之中絕對禁語。每天未支香止靜後聽雪公開示，但覺其金聲而玉振，語語懇切，具高度的警策性，令聽者為之入神，因得頓斷散亂與昏沉。參與的會眾可以看到殿內黑板上大書數句詩或偈，內容正是雪公說法的綱領。因為雪公本身詩文俱臻勝境，所寫的詩偈令人讀後覺得法味重重，反復尋思，不能自已；我不禁悟到「依此偈修，得出輪迴；依此偈修，往生有分。」這次佛七有兩件事長留我的記憶中。

甲、見嫗著魔：佛七的第三天，有位萬老太太走火入魔，把拜墊亂扔，在佛殿中一會兒大叫觀音菩薩來了，一會兒胡言亂語，鬧個不休。寺中住持尼師等好言相勸，不僅不能使她安靜，反更高聲叫囂。董正之師兄和我跪在殿內佛像前念〈大悲咒〉，希望為她驅魔，可是

---

[1] 〈癸巳年春靈山寺佛七開示偈〉，明倫月刊資訊網：雪公專集／開示類／淨土詩偈：http://www.minlun.org.tw/1pt/1pt-2-new/04.htm

不曾見效。幾位尼師只得合力把她扶出寺外一位居士家裏，由兩位信眾陪伴照顧。同時尼師們趕緊打電話到臺北報告雪公，他就漏夜回到臺中，隨即到那居士家中，見到萬老太太就大聲一喝；然後命她跪到居士家裏佛堂的佛像前，萬老太太果然如命跪下。雪公又向她輕聲細語，不知說些什麼對治的話，竟使她的魔障霎時消失了。第二天早上，雪公又把她帶到寺裏，隨眾繞佛，大家瞥見，大吃一驚！何以她能即時恢復本性，一如常態？這非有賴於雪公之神通點化，曷克臻此！

乙、初得輕安：我們每天清晨四時就齊集殿堂，誦經、念佛、繞佛、打坐、禮拜；午餐後除休息的片時可以在殿內自由經行以外，接著又是誦經，念佛，繞佛、打坐、禮拜，直至晚餐時分。餐後，雪公必端坐方丈室，讓我們可以進入報告心得。我在第六天晚上進去見他老人家報告說：我在當天末支香止靜打坐時，閉眼淨念佛號，忽見天空豁然開朗，一片光明，整個人似乎處在虛空中，渾然忘我，所得法樂不可言狀。到了開靜後，此身仍在寺裏盤坐，境象如前。報告畢，雪公只說這是「輕安」境界，並未許以「一心不亂」。不過，到了佛七圓滿之夜在開示時，他卻當眾鄭重宣佈：七天以來，惟有臺北來的一位居士得到輕安。我知道他是藉此策勉會眾，使生精進心的用意，但我不免覺得無限感愧。[1]

---

[1] 周宣德：〈悼念李雪公老師〉，《明倫》第 164 期（1986 年 4/5 月合刊），頁 62-63。

【案】周宣德參加佛七為「民國四十二年」。該年冬七圓滿時會眾合影（《圖冊》，1953年圖10），未見周氏在內，因繫於春七。

【又案】先生佛七開示與指導之作用，朱斐記其夫人打七經歷亦可略見一斑：「雪公所講的佛七開示，與眾不同。在雪公開示前的念佛聲，與開示後的念佛聲，大不相同！從這裏就可見雪公的開示，經過一番激勵後的成果非凡，昭然可知。我與內子都參加了佛七。一天五支香過，我就回家；但內子則仍留寺專心念佛，我看她不但五支香中念佛，大家休息時她也坐在蒲團上默默在念。我以為她要住在寺裏，以便早起可以參加第一支香，但據寺裏的法師說，她一直坐在那裏念佛，又說她七天六夜，竟未倒單，不休不眠地都在大殿念佛，要她去休息也不聽。結果在佛七圓滿後回到家中時，兩眼直瞪著我，我伸開雙手說：歡迎您圓滿歸來！她卻大聲地嚷著說：你不要過來！我已經得道了。這一下把我嚇了一跳！我知她用功過度似已著魔！立刻打電話給雪公老師，老師也馬上趕來，加以開示安撫一番；並要她放鬆放鬆再放鬆！這樣連著七天，她才恢復原狀。如果不是雪公老師，真不知會變成怎樣？在那次佛七中，還有一位女居士比內人更厲害，還會在道場中罵人呢！也是經雪公一再開示安撫，要她放鬆情緒，才逐漸復原的。可見用功太猛，就會發生這樣的異狀，如果沒有明師糾正，那就很危險了。老師就以用功如調琴設喻說：弦調得太鬆

則音不發，調的太緊又斷了弦。必須不鬆不緊、恰到好處，才能奏出美妙的音樂；念佛用功亦復如是。[1]

三月二十八日（六），晚七時，蓮社週六講經法會，先生宣講《佛說阿彌陀經》第三回，聽講者二百八十餘人。
（《蓮社日誌》）

三月三十日（一），蓮社念佛會會員二十餘人整日在蓮社念佛。晚間參加念佛者共百二十餘人。（《蓮社日誌》）

是月，有〈《十善三經合冊》小序〉。四月，周邦道將於靈山寺開講《十善業道經》，於是並《善生經》、《玉耶女經》三經合印。先生指出，此三經皆關齊家處世，為上學之基礎。[2]

是月，創刊三十四年之《海潮音》恢復出版月刊。由印順法師接任社長兼主編。

四月一日（三），應邀出席佛教會館新設幼童托兒所開學典禮，並致賀詞。
〔臺中〕此間佛教會館董事長張月珠居士、住持妙

---

1 朱斐：〈學佛回憶錄之三——前妻鄧慧心居士的故事〉，（《菩提家訊》第 55 期，2008 年 2 月），頁 2-3。
2 李炳南：〈十善三經合冊小序〉，《雪廬寓臺文存》，《全集》第 14 冊之 2，頁 15-16。

然尼師發心,新辦一幼童托兒所,招收幼兒五十餘人,於四月一日舉行開學典禮。到有各界來賓及李炳南老居士、林大贗居士及本刊主編等。首由住持報告籌備經過,繼請李老居士等相繼致祝賀之詞,末由該所柯老師代表致謝,並由兒童表演歌舞餘興,家長與來賓莫不歡喜稱讚不已。[1]

四月四日(六),晚八時,先生在蓮社講《阿彌陀經》第四回。聽講者約三百人。(《蓮社日誌》)

四月五日(日),下午三時,靈山寺週日講經,由蓮社理事周邦道開講《十善業道經》。(《蓮社日誌》)

　　靈山寺週日下午三時開始念佛、四時起講經,現由興大教授周邦道居士講《善生》、《十善業道》、《玉耶女》等諸經。[2]

四月五日(日)至七日(二),佛教蓮社念佛三天,慶祝佛陀聖誕。四月八日,舉行浴佛典禮及法會。[3]

四月八日(三),本年佛誕節中國佛教會律定於國曆四月八日舉行。臺中各寺廟齋堂蓮社等集合於平等街,自佛支

---

1 〈佛教新聞〉,《菩提樹》第 6 期(1953 年 5 月 8 日),頁 30。
2 〈佛教新聞〉,《菩提樹》第 6 期(1953 年 5 月 8 日),頁 30。
3 〈佛教新聞〉,《菩提樹》第 7 期(1953 年 6 月 8 日),頁 30。

1953年・民國42年 | 64歲

會出發,在市區各大街遊行後,到臺中公園前,假中山堂舉行浴佛典禮。蓮社社員二百餘人參加遊行及中山堂慶祝典禮。[1]

市佛支會於四月八日在市內中山堂舉行佛誕慶祝大會,有市黨部林金標、市議會徐灶生等相繼演說,慎齋堂學員合唱佛歌等遊藝節目。臺中佛教蓮社在佛誕前特印行《紀念釋迦牟尼佛聖誕・把佛教介紹給大眾》小冊子五千本,分贈各地佛教團體。[2]

當日佛誕紀念會上有尼眾跳舞。日後有人藉此事發揮,暗指臺中佛教徒與太虛門徒相爭。事關臺中佛教,因此印順法師與演培法師特藉臺中佛教雜誌《覺生》、《菩提樹》刊登「啟事」,以澄清視聽,揭穿挑撥者陰謀。

「印順與演培嚴正聲明啟事」:《鈕司》第十九卷第一期中有署名「俞佛子」的,報道「臺中佛誕紀念會有尼眾跳舞一事。這不在我們要說之內。該文故意牽涉到太虛大師的佛教革新;故意描寫為「太虛門徒」與臺灣和尚過意不去;故意說臺中的臺灣佛教徒要與「太虛門徒相爭」,索性大跳其舞。作者的用意,除了攻訐臺中佛誕紀念會的主持人物而外,無非要將「太虛門徒」拉上反對臺灣佛教徒的陣營;要造成臺灣佛教徒對於

---

[1] 〈佛教新聞〉,《菩提樹》第5期(1953年4月8日),頁31;《台中蓮社社務報告(四十二年度)》,頁4,台中蓮社檔案。

[2] 〈佛教新聞〉,《菩提樹》第6期(1953年5月8日),頁31;《蓮社日誌(民國四十二年)》。

「太虛門徒」的仇視,這才能壯大自己的聲勢。印順等,沒有被人牽入意氣爭執的義務,有保留自主立場的權利。我們到臺灣來,希望是:凡是佛教徒,大家要自己反省,從協調中求進步。不合理的思想與制度,不論是中國式的或日本式的,認為都有革新的必要。不論哪裡的佛教,一毫之長,都認為值得尊重、發揚。假使說有太虛派,那是不像一般的重功利,或者鬧意氣,而只是為建設佛教而努力的一派。登載這樣歪曲事實與不利佛教的文章,作者「俞佛子」,應該謹慎些:佛子與魔子,距離是不太遠的。[1]

四月十一日(六),晚八時,先生在蓮社講《阿彌陀經》第五回。聽講者約三百人。(《蓮社日誌》)

四月十二日(日),下午三時,蓮社理事周邦道在靈山寺講《十善業道經》。(《蓮社日誌》)

四月十三日(一),念佛會員整日在蓮社念佛。晚間參加者百餘人。(《蓮社日誌》)

四月十四日(二),即日起,連續四天,蓮社弘法組陳進德、朱斐、賴慧蘩三居士,在臺中路弘法。(《蓮社日

---

[1] 「印順與演培嚴正聲明啟事」,《菩提樹》第 6 期(1953 年 5 月 8 日),頁 30。

誌》）

四月十八日（六），晚八時，先生在蓮社講《阿彌陀經》第六回。（《蓮社日誌》）

四月十九日（日），上午十時，至靈山寺列席參加蓮社第二屆理監事第四次會議，決議成立佛學教育籌備委員會，推定先生為召集人，社長德欽法師等八人為籌備委員。[1]

下午三時，靈山寺週日《十善業道經》講座，因周邦道赴臺北公出，先生代講一次。（《蓮社日誌》）

四月二十五日（六），晚八時，先生在蓮社講《阿彌陀經》第七回。聽講者三百餘人。至十時結束。（《蓮社日誌》）

四月二十八日（二），先生至埔里糖廠弘法。陳進德、許炎墩隨行，即日返社。（《蓮社日誌》）

五月二日（六），晚，先生在蓮社講《阿彌陀經》（第八回）。（《蓮社日誌》）

---

[1] 施德欽主席，劉汝浩（霜橋）記錄：〈台中市佛教蓮社第二屆理監事第四次會議紀錄〉（1953 年 4 月 19 日），《台中蓮社董監事會議紀錄》，台中蓮社檔案。

五月三日（日），先生應宜蘭佛教同仁之請，赴宜蘭弘法。許炎墩、朱斐等隨行。弘法行程一週。此行係應當地林松年居士邀請。

  卓遵宏、侯坤宏訪問，周維朋記錄，〈朱斐居士訪談錄（一）〉：李炳南老居士比星雲更早去宜蘭，在星雲還沒有到宜蘭之前，他就在那裡講經弘法。我是跟老師一起去的，當地有個林松年居士，帶頭歡迎我們去。他（星雲法師）剛到宜蘭發展的時候，我去訪問他，我們兩個睡在榻榻米上（那個時代只有榻榻米），談了一個晚上，他問我有關台中蓮社的情形，我說那裡有很多的念佛班，每一個班幾十個人，也有十幾個人的，譬如說我那時住在復興路，負責領導都是外省籍的復興班。每一個月都要輪流開會，有佛學問答，讓班員提問，老師主答，積了幾次，就在《菩提樹》上發表，否則《菩提樹》那麼多問題哪裡來呢？最初問題都是我或李老師自己提問自己答。[1]

五月九日（六），本晚為週末講經之期，因先生赴宜蘭弘法，改請周邦道講演，聽眾約二百餘人。（《蓮社日誌》）

五月十日（日），晚九時，先生自宜蘭回返臺中。（《蓮社日

---

[1] 卓遵宏、侯坤宏訪問，周維朋記錄：〈朱斐居士訪談錄（一）〉，《國史館館訊》第 2 期（2009 年 6 月），頁 128-167；《蓮社日誌》，台中蓮社檔案。

誌》）

五月十二日（二），晚八時，等覺班在施水閣宅開會。先生蒞會談宜蘭弘法經過。（《蓮社日誌》）

五月十五日（五），在蓮社會議室召開佛學教育籌備會第二次籌備會議，議決要案多項。（《蓮社日誌》）

五月十六日（六），晚，先生在蓮社講《阿彌陀經》第九回。雖值陰雨，聽眾仍盛。（《蓮社日誌》）

五月十七日（日），先生向蓮社理監事提報佛學教育籌備經過及決議，並請推薦有志研究者。（《蓮社日誌》）

五月十八日（一），蓮社舉行浴佛供佛法會。（《蓮社日誌》）

五月二十一日（四），晚八時，弘法組在蓮社開會，籌備佛教教育事宜。（《蓮社日誌》）

五月二十三日（六），晚，先生在蓮社講《阿彌陀經》第十回。（《蓮社日誌》）

五月二十五日（一），下午，澎湖樓永譽、陳有榮兩居士來蓮社，擬請先生至澎湖弘化。晚，在蓮社住宿。（《蓮社日誌》）

【小傳】樓永譽（1918-2011），臺灣花蓮人。當代藝術家，擅長芒雕技巧，作品為在鴕鳥蛋殼、貝殼、蜜臘、野豬牙等媒材，雕刻山水風景、觀音佛像、佛經等，作品廣被臺灣省立博物館、歷史博物館等收藏。毫芒雕刻外，亦擅長拉奏二胡、山水人物工筆畫與書法，其書法融合顏真卿、柳公權、歐陽修與趙孟頫的風格，自成「樓體」。炳南先生推廣佛曲，自作歌詞，歌曲則多請名家製作。先生《梵音集》中，為樓永譽作曲者有〈讚三寶〉、〈佛子責任〉、〈最後歸宿〉、〈天人師〉、〈破地獄〉……等九首。

五月三十日（六），晚，先生在蓮社講《阿彌陀經》第十一回。（《蓮社日誌》）

六月二日（二），晚八時半，蓮社附設國文補習班第二期舉行開學典禮。出席者有學員一百零三人、蓮社社友及諸多來賓。典禮由先生主持，教師劉汝浩、周邦道先後致詞。蓮社天樂隊亦參加演奏。典禮至十時半禮成。本期增加佛學課程，班級名改稱「國文佛學補習班」。先生與周邦道、許祖成、劉汝浩、賴棟樑等任講師。先生任教週四晚「《論語》」，由賴棟樑翻譯；週六晚「佛經、歷史」，許炎墩翻譯；另於靈山寺加授週一下午「講經、歷史」，及週二下午「講演術」。[1]

---

1 〈佛教新聞〉，《菩提樹》第 7 期（1953 年 6 月 8 日），頁 31。

1953年・民國42年 | 64歲

《台中蓮社社務報告（四十二年度）》：蓮社附設國文短期補習班，自本學期起，為增加灌輸佛學常識起見，改稱為國文佛學短期補習班。招募男生壹佰零六名、女生四十四名，共計壹佰伍拾名。六月二日舉行第二學期開學典禮，教學至十一月底。[1]

【案】先生來臺後，多次講授《論語》，是期為先生來臺後，講授《論語》之最早紀錄。【數位典藏】儒學研究項，收存《論語採注表舉》手稿十八張，計有講表四十八條，與兩則發揮經義之札記，為先生早年研讀《論語》筆記，自〈學而〉篇至〈八佾〉篇。二〇〇六年，周家麟往生，家人與弟子整理故物，又發現有先生《論語採注表舉》手稿，自〈學而〉篇至〈鄉黨〉篇，共六十一頁，以及周家麟謄錄筆記。當是先生交其整理，尚未完成者。表解析義，兼字詞考證、訓注。或即是時備課紀錄。（《圖冊》，1953年圖3）

六月四日（四），晚八至十時，於蓮社為國文補習班講授《論語》。由賴棟樑擔任臺語翻譯。

六月六日（六）。晚八時，在蓮社講《阿彌陀經》第十二回。（《蓮社日誌》）國文補習班併同上課聽講，由許炎墩擔任臺語翻譯。（以下週六皆同）

---

[1] 《台中蓮社社務報告（四十二年度）》，頁3，台中蓮社檔案。另參見：〈國文佛學補習班檔案〉（1953年），台中蓮社檔案。

六月八日（一），下午三至五時，於靈山寺為國文補習班基本學員講授「佛經」、「歷史」。

六月九日（二），下午三至五時，於靈山寺為國文補習班基本學員講授「講演術」。

先生編有〈實用講演術要略〉做為教材，詳述資料結構、講態儀式、言語聲調，乃至如何觀察聽眾根器程度及應對之方。先生教導有方，甚至有不識字者，於短時間即能背能講。

〈實用講演術要略〉：講演之道為處世之大端，中外古今莫不崇尚。釋門說法常贊無礙辯才，孔氏四科言語高列次要；燭武數語，能退秦師；展喜片言，立存魯國；富翁費里浦願學演說，不樂資本家；鐵王卡尼基屢擬退休，擬學講演術；可見言語之學，重且要也。初步講演，不免少有困難，成功訣在熟習。[1]

周玟觀：〈巧把金針度與人——雪廬老人《弘護小品彙存》講表試探〉：早期訓練的演講人才，多有女眾師姑，每每將老人演講講表貼於廚房壁間、裁縫車旁，一邊從事勞務活動，一邊則默誌講表，其中甚至有不識

---

[1] 李炳南：〈實用講演術要略〉，《弘護小品彙存》，《全集》第 4 冊之 2，頁 523-538。

字者,竟於短短時間中,能背能講。[1]

六月十一日(四),晚八至十時,於蓮社為國文補習班講授《論語》。

六月十三日(六),晚八時,在蓮社講《阿彌陀經》第十三回。(《蓮社日誌》)

六月十六日(二),下午三至五時,於靈山寺為國文補習班基本學員講授「講演術」。

六月十八日(四),晚八至十時,於蓮社為國文補習班講授《論語》。

六月二十日(六),晚八時,在蓮社講《阿彌陀經》第十四回。(《蓮社日誌》)

六月二十二日(一),下午三至五時,於靈山寺為國文補習班基本學員講授「佛經」、「歷史」。

六月二十三日(二),下午三至五時,於靈山寺為國文補習

---

[1] 周玟觀:〈巧把金針度與人——雪廬老人《弘護小品彙存》講表試探〉,《紀念李炳南教授往生20週年學術研討會論文集》,頁223。

班基本學員講授「講演術」。

六月二十五日（四），晚八至十時，於蓮社為國文補習班講授《論語》。

六月二十七日（六），晚八時，在蓮社講《阿彌陀經》第十五回。（《蓮社日誌》）

六月二十八日（日），周邦道在靈山寺講《善生經》圓滿，計八講次。（《蓮社日誌》）

六月二十九日（一），下午三至五時，於靈山寺為國文補習班基本學員講授「佛經」、「歷史」。

六月三十日（二），下午三至五時，於靈山寺為國文補習班基本學員講授「講演術」。

七月二日（四），晚八至十時，於蓮社為國文補習班講授《論語》。

七月四日（六），晚八時，在蓮社講《阿彌陀經》第十六回。（《蓮社日誌》）

七月六日（一），下午三至五時，於靈山寺為國文補習班基本學員講授「佛經」、「歷史」。

七月七日（二），下午三至五時，於靈山寺為國文補習班基本學員講授「講演術」。

七月九日（四），晚八至十時，於蓮社為國文補習班講授《論語》。

七月十一日（六），晚八時，在蓮社講《阿彌陀經》第十七回。（《蓮社日誌》）

七月十三日（一），下午三至五時，於靈山寺為國文補習班基本學員講授「佛經」、「歷史」。

七月十四日（二），下午三至五時，於靈山寺為國文補習班基本學員講授「講演術」。

七月十六日（四），晚八至十時，於蓮社為國文補習班講授《論語》。

七月十八日（六），晚八時，在蓮社講《阿彌陀經》第十八回。（《蓮社日誌》）

七月二十日（一），下午三至五時，於靈山寺為國文補習班基本學員講授「佛經」、「歷史」。

七月二十一日（二），下午三至五時，於靈山寺為國文補習

班基本學員講授「講演術」。

是日，社長德欽尼法師開始在蓮社教唱讚，每週兩次，參加者甚眾。（《蓮社日誌》）

七月二十三日（四），晚八至十時，於蓮社為國文補習班講授《論語》。

七月二十五日（六），晚八時，在蓮社講《阿彌陀經》第十九回。（《蓮社日誌》）

七月二十七日（一），下午三至五時，於靈山寺為國文補習班基本學員講授「佛經」、「歷史」。

七月二十八日（二），下午三至五時，於靈山寺為國文補習班基本學員講授「講演術」。

七月三十日（四），晚八至十時，於蓮社為國文補習班講授《論語》。

八月一日（六），晚八時，在蓮社講《阿彌陀經》第二十回。（《蓮社日誌》）

八月三日（一），下午三至五時，於靈山寺為國文補習班基本學員講授「佛經」、「歷史」。

1953 年・民國 42 年｜64 歲

八月四日（二），下午三至五時，於靈山寺為國文補習班基本學員講授「講演術」。

八月六日（四），晚八至十時，於蓮社為國文補習班講授《論語》。

八月八日（六），晚八時，在蓮社講《阿彌陀經》第二十一回）。（《蓮社日誌》）

八月十日（一），下午三至五時，於靈山寺為國文補習班基本學員講授「佛經」、「歷史」。

八月十一日（二），下午三至五時，於靈山寺為國文補習班基本學員講授「講演術」。

八月十三日（四），晚八至十時，於蓮社為國文補習班講授《論語》。

八月十五日（六），晚八時，在蓮社講《阿彌陀經》第二十二回。（《蓮社日誌》）

八月十六日（日），下午五時五十分，於靈山寺講堂列席參加佛教蓮社第二屆第六次理監事座談會，討論蓮社擴充

講堂頂買鄰地事項。[1]

八月十七日（一），下午三至五時，於靈山寺為國文補習班基本學員講授「佛經」、「歷史」。

八月十八日（二），下午三至五時，於靈山寺為國文補習班基本學員講授「講演術」。

八月二十日（四），晚八至十時，於蓮社為國文補習班講授《論語》。

八月二十二日（六），晚八時，在蓮社講《阿彌陀經》第二十三回。講畢，發動救濟大安鄉災胞募款，當場募得三百餘元。（《蓮社日誌》）

八月二十三日（日），上午九時，在蓮社召開社務懇談會，決定買蓮社地基及擴充講堂勸募樂捐事宜。
　　主席：李炳南，記錄：賴棟樑。
主席報告事項：
　　施社長因靈山寺做盂蘭盆法會，未能出席，委兄弟代為報告：（一）蓮社三年來對於講經、念佛、弘法、

---

[1] 施德欽主席，賴棟樑記錄：〈台中市佛教蓮社第二屆理監事座談會紀錄（第六次）〉（1953 年 8 月 16 日），《台中蓮社董監事會議紀錄》，台中蓮社檔案。

救災、賑米、放生等，賴諸同修發心努力，頗具成績。
（二）因之每期念佛及聽經之人越來越多，現在大殿已感容納不下。（三）要設圖書閱覽室，已久決議，未能實現，雖藏經請回甚久，亦無法安置，且要辦一施診或高級佛學補習班，亦不能開辦，故非將蓮社擴充不可。（四）幸左鄰張立委欲移居他處，願將所住房屋相讓，其頂費商定九千五百元，及對公產處買房屋連地基，並蓮社整個地基亦要買，以上需款計約三萬元。（五）上次在靈山寺座談會決議，此款須用勸募樂捐，同時社長提名，組勸募委員會。（六）施德欽、李炳南、許克綏、張正心、陳進德等辦事人員，已先認捐壹萬貳千元，尚不足壹萬八千元，希諸位大德對知己親朋勸募，共襄善舉。（七）代捐冊及收據印就，即送交諸位開始募捐。
報告畢，同時張正心居士現交自己認捐款貳千元整。[1]

八月二十四日（一），下午三至五時，於靈山寺為國文補習班基本學員講授「佛經」、「歷史」。

八月二十五日（二），下午三至五時，於靈山寺為國文補習班基本學員講授「講演術」。

八月二十六日（三），臺中縣大安鄉因八一九妮娜颱風過境

---

[1] 李炳南主席，賴棟樑記錄：〈台中蓮社社務懇談會紀錄〉（1953年8月23日），台中蓮社檔案。

造成水災，死傷慘重，許多居民無家可歸。蓮社社長德欽尼法師、炳南先生、蓮社社員，會同靈山寺數位法師，計三十餘員為代表，攜帶同修捐助衣類二千件，毛巾、蚊帳、紗線、紐扣縫衣針、膠鞋、牙刷、牙粉、糖果等多件，租車運載前往災區現地慰問救濟。蓮社同修另捐現款新臺幣七百四十七元，經民聲日報社轉匯災區救濟。

八月十九日這個不祥的日子裏，颱風妮娜小姐造成的水患，給臺中縣大安鄉三村人民帶來了不安；劫後四千餘災胞在死亡線上掙扎，無家可歸，嗷嗷待哺地等候著善後救濟。臺中佛教蓮社及靈山寺淨土道場及本刊同人本著佛陀慈悲為懷的精神，發起了救助的運動，短短三天中，募集了現金七百四十七元，先交民聲日報代轉大安災胞。又募集了新舊衣服二千七百多件、毛巾七五三條、蚊帳兩頂、膠鞋及日用品等多件，聯合組慰問團一行卅餘人，於本月二十八日在導師李炳南居士率領下，租了卡車、小汽車各一輛，送到大甲鎮的大安災民收容所，分發給劫後的災胞並面致慰問。
我們推舉靈山寺住持德真法師和蓮社社長德欽法師代表向各室災胞致慰問之意，陳進德和許炎墩兩居士逐室為他們講些簡單的佛法。女子弘法班也當場分發《無上至寶》及佛像宣傳品等。個別對災胞慰問並略說信佛利益和念佛方法等。災胞們爭求佛像，一時「阿彌陀佛」之聲傳遍收容所內。每個災胞本來憂愁滿臉的表情、頓時一掃而空，變得法喜充滿了。

一行又轉進至第二收容所的大安海墘國校,大致情形與第一相同,所不同者是在飯後休息的時間中,我們多添了一個小節目,由朱斐、陳進德、許炎墩三人臨時召集了百餘名災區兒童,為他們講佛教故事和教唱七音念佛歌,還有分餅乾吃;小朋友們便大賣其力地使「阿彌陀佛」之聲響徹雲霄。

歸途中我們默默地為功德主回向,更祝禱災胞們今後永遠平安無恙。[1]

八月二十七日(四),晚八至十時,於蓮社為國文補習班講授《論語》。

八月二十九日(六),晚八時,在蓮社講《阿彌陀經》第二十四回。(《蓮社日誌》)

八月三十日(日),靈山寺週日講經,日前郝恩洪講《玉耶經》圓滿,今日起,請郝居士繼續宣講《念佛三昧寶王論》。[2]

八月三十一日(一),下午三至五時,於靈山寺為國文補習班基本學員講授「佛經」、「歷史」。

---

1 彭寬謀:〈慰問大安災胞隨行記〉,《菩提樹》第 10 期(1953 年 9 月 8 日),頁 30。另參見:《台中蓮社社務報告(四十二年度)》,頁 9,台中蓮社檔案。
2 〈佛教新聞〉,《菩提樹》第 10 期(1953 年 9 月 8 日),頁 30。

九月一日（二），上午九時，有彰化田中軍人來蓮社請求皈依，先生推薦禮南亭法師為皈依證明師。正午在蓮社聚餐。（《蓮社日誌》；合影見《圖冊》，1953年圖4）

下午三至五時，於靈山寺為國文補習班基本學員講授「講演術」。

九月三日（四），晚八至十時，於蓮社為國文補習班講授《論語》。

九月五日（六），晚八時，在蓮社講《阿彌陀經》第二十五回。（《蓮社日誌》）

九月七日（一），下午三至五時，於靈山寺為國文補習班基本學員講授「佛經」、「歷史」。

九月八日（二），下午三至五時，於靈山寺為國文補習班基本學員講授「講演術」。

九月十日（四），晚八至十時，於蓮社為國文補習班講授《論語》。

九月十二日（六），晚八時，在蓮社講《阿彌陀經》第二十六回。講畢發動救濟恆春災民募捐，同修捐助款計

1953 年・民國 42 年 | 64 歲

新臺幣三百五十元八角。[1]

九月十四日（一），下午三至五時，於靈山寺為國文補習班基本學員講授「佛經」、「歷史」。

九月十五日（二），上午，國文補習班教師劉汝浩居士令尊出殯。先生率多位蓮友往大和村恭送。（《蓮社日誌》）

下午三至五時，於靈山寺為國文補習班基本學員講授「講演術」。

九月十七日（四），晚八至十時，於蓮社為國文補習班講授《論語》。

九月十九日（六），晚八時，在蓮社講《阿彌陀經》第二十七回，全經圓滿。致贈來眾《當生成就之佛法》，作偈紀念。

〔臺中〕佛教蓮社週六講經法會，自新正開始請導師李炳南居士開講《佛說阿彌陀經》以來迄已七月有餘、每次聽眾都在四百人以上，座無虛席。頃於中秋前夕《阿彌陀經》已告圓滿、李老作偈一首以為紀念：
妙悟何人聽綠川，滔滔日夜響清漣；飛花經席講初罷，印水月輪秋又圓。欲向清池標姓氏，從教孽海載舟船；

---

[1] 《台中蓮社社務報告（四十二年度）》，頁9，台中蓮社檔案。

勸君尊重今宵會,月滿經香續後緣。[1]

是日,圓瑛老法師示寂於寧波天童寺。臨終正念昭彰,世壽七十六歲。

九月二十一日（一）,下午三至五時,於靈山寺為國文補習班基本學員講授「佛經」、「歷史」。

九月二十二日（二）,中秋節,臺中蓮友假靈山寺花園舉行賞月晚會,國文補習班暫停一次。靈山寺觀月會三百多人參加。[2]

九月二十四日（四）,晚八至十時,於蓮社為國文補習班講授《論語》。

九月二十六日（六）,晚八至十時,於蓮社為國文補習班講授「歷史」。國文補習班原時段隨蓮社講經聽課,本週起專班授課。

九月二十八日（一）,孔子誕辰紀念日,總統特派臺灣省政府主席俞鴻鈞代表,前往大龍峒孔廟致祭並代讀祭文。

---

1 〈佛教新聞〉,《菩提樹》第 11 期（1953 年 11 月 8 日）,頁 30。
2 〈佛教新聞〉,《菩提樹》第 11 期（1953 年 11 月 8 日）,頁 30;《蓮社日誌（四十二年度）》,台中蓮社檔案。

1953 年・民國 42 年｜64 歲

〈總統祭文〉：景運天開，實生聖哲，萬禩作師，兩儀配德，文行忠信，恭儉溫良，誨人不倦，求師無常，彌高彌堅，先知先覺，尊周攘夷，春秋乃作，道統相承，後先一貫，違法亂紀，人禽斯判，神州鼎沸，大憝稽誅，九元之端，將毋啟予。謹告。[1]

是日，亦受邀於臺中一中講演〈中國的人格文化〉，有演講稿表。[2]（《圖冊》，1953 年圖 5）

九月二十九日（二），下午三至五時，於靈山寺為國文補習班基本學員講授「講演術」。

九月三十日（三），下午三時，女子弘法人員在蓮社練習講演。下午九時，屏東東山寺當家天乙法師一行六人來蓮社參觀並請先生開示法要。[3]

【小傳】天乙法師（1924-1980），生於高雄縣鳳山市，俗名洪金珠。一九四五年省立屏東高級女中畢業後，赴日本東京昭和大學。一九四七年返國，協助父親管理糕餅舖。一九四八年於東山寺剃度，拜圓融法師為師，法名印儀，號天乙，圓頂後隨即擔任東山

---

[1] 見：《自立晚報》，1953 年 9 月 29 日，第 4 版。
[2] 李炳南：〈中國的人格文化〉，《弘護小品彙存》，《全集》第 4 冊之 2，頁 401。
[3] 《台中蓮社社務報告（四十二年度）》，頁 5，台中蓮社檔案；《蓮社日誌（四十二年度）》。

寺的當家。一生全力投入戒場參與、寺院經營兩大志業。一九五三年受具足戒，先後親近慈航法師、白聖法師；為白聖法師傳戒時女眾部重要助手。一九五七年晉山嘉義半天岩任住持，後又接任住持高雄興隆寺、彰化白雲寺、臺北圓通學苑。曾兩次於戒場任得戒和尚尼。一九七六年龍湖庵傳戒時，女眾「二部僧中授」，以「開堂和尚尼」身分直接教導女眾演禮，為臺灣佛教界空前創舉。一九六一年，白聖法師第一次在臺灣傳法，即以天乙法師為第一位女眾法子，並為取法名「定覺」。[1]

先生此前兩度至屏東東山寺弘化，天乙法師時任當家。天乙法師於一九五三年十月赴汐止靜修院就讀佛學研究班，親近慈航法師。此時，當是其從東山寺告假北上路過臺中。

是月，蓮社擴充教室，添購鄰舍一幢。[2]

十月一日（四），晚八至十時，於蓮社為國文補習班講授《論語》。

十月三日（六），晚八至十時，於蓮社為國文補習班講授

---

[1] 釋見曄：《走過台灣佛教轉型期的比丘尼──釋天乙》，《香光莊嚴》第 57-58 期（1999 年 3-6 月）。

[2] 〈佛教新聞〉，《菩提樹》第 11 期（1953 年 11 月 8 日），頁 30。

「歷史」。

十月四日（日），上午，屏東東山寺天乙法師一行與先生在蓮社合影紀念後（《圖冊》，1953年圖6），往新竹法源寺。晚九時，女子青年班在蓮社練習講演。（《蓮社日誌》》）

十月五日（一），下午三至五時，於靈山寺為國文補習班基本學員講授「佛經」、「歷史」。

十月六日（二），下午三至五時，於靈山寺為國文補習班基本學員講授「講演術」。

十月七日（三），下午四時，女子弘法人員在蓮社練習講演。（《蓮社日誌》）

十月八日（四），晚八至十時，於蓮社為國文補習班講授《論語》。

十月十日（六），晚八至十時，於蓮社為國文補習班講授「歷史」。

十月十二日（一），下午三時，於靈山寺列席參加佛教蓮社第二屆第七次理監事聯席會議。討論蓮社擴充講堂鄰地頂買募籌事項，並對常務理事董正之因遷居新所來函辭

職一案，決議慰留。[1]

十月十三日（二），下午三至五時，於靈山寺為國文補習班基本學員講授「講演術」。

十月十四日（三），下午四時，女子弘法人員在蓮社練習講演。（《蓮社日誌》）

十月十五日（四），晚八至十時，於蓮社為國文補習班講授《論語》。

十月十七日（六），晚八至十時，於蓮社為國文補習班講授「歷史」。

十月十八日（日），印順法師主持之福嚴精舍舉行落成典禮。

十月十九日（一），下午三至五時，於靈山寺為國文補習班基本學員講授「佛經」、「歷史」。

十月二十日（二），下午三至五時，於靈山寺為國文補習班

---

[1] 施德欽主席，朱斐記錄：〈台中市佛教蓮社第二屆第七次理監事聯席會議〉（1953 年 10 月 12 日），《台中蓮社董監事會議紀錄》，台中蓮社檔案。

基本學員講授「講演術」。

十月二十一日（三），下午三時，女子弘法人員在蓮社練習講演。（《蓮社日誌》）

十月二十二日（四），晚八至十時，於蓮社為國文補習班講授《論語》。

十月二十四日（六），晚八至十時，於蓮社為國文補習班講授「歷史」。

十月二十五日（日），上午十時，孫立人將軍夫人張清揚來蓮社拜訪先生。（《蓮社日誌》）

十月二十六日（一），下午三至五時，於靈山寺為國文補習班基本學員講授「佛經」、「歷史」。

十月二十七日（二），下午三至五時，於靈山寺為國文補習班基本學員講授「講演術」。

十月二十八日（三），下午三時，女子弘法人員在蓮社練習講演。（《蓮社日誌》）

十月二十九日（四），晚八至十時，於蓮社為國文補習班講授《論語》。

十月三十一日（六），晚八時，先生在蓮社開始宣講《梁皇寶懺》，國文補習班隨同聽課。

〔本報訊〕此間南區公所對面臺中佛教蓮社週六講經法會，前聘菩提樹雜誌主編朱斐居士宣講《佛說八大人覺經》已於上週六圓滿。茲悉本星期六起仍將由該社名譽社長李炳南老居士宣講《梁皇寶懺》。時間仍為每週六下午八時起至十時。[1]

是年秋，為臺中顧藏拙居士發起翻印《壽康寶鑑》撰寫跋語。

好淫的人，多病，容易衰老，不能長壽，這是顯然得到的苦。因此喪失了地位，敗壞了名譽，耗散了資財，這是無形招到的苦。

再說到因果上，更覺得可怕了。所以佛教制戒，出家弟子第一就是淫戒。世俗公論也說萬惡淫為首，只是淫慾這件事，真是大禍根，他是多生習氣積成的，不學自會。出世的聖人，世間的聖人，及那些明道的賢達，早就看出他的本原，有的主張斷除，有的主張節制，有的限定範圍，善說惡勸，無非希望人打破迷關，脫離痛苦，得到康樂。

這回臺中顧藏拙居士，悲心流露，發起翻印這本書，希望人人看了，發大覺悟，個個能得到身體健康，壽數增

---

[1] 《民聲日報》，1953 年 10 月 31 日，第 4 版。另參見：《台中蓮社日誌（四十二年度）》。

長，惡因斷淨，一切殃禍不生，將來命終，可免墮落三途。個人的家庭，定會和祥平安，就是社會風俗，也能漸漸的入了正規，恢復淳厚。這本書實在是救世的驗方新編，若把他看成老生常談，那就是人心不轉變，恐怕天心也不悔禍，人類前途，就不忍再說了。癸巳季秋炳南謹跋。

【案】《壽康寶鑑》，清馮太史輯，原名《不可錄》，民國印光大師增訂。國家圖書館收藏有一九五四年臺灣瑞成書局鉛印一冊《壽康寶鑑》，當即此時顧氏所發起印行者。印光大師有序，書後有〈普為印施壽康寶鑑及展轉流通讚揚勸閱諸善士回向頌〉云：「前賢敬輯此編，冀諸同倫，共樂性天。不慧有感，增訂流傳。高懸殷鑑，以拯青年。」〈回向頌〉後即炳南先生〈跋〉。此文未收入《全集》。

十一月二日（一），下午三至五時，於靈山寺為國文補習班基本學員講授「佛經」、「歷史」。

十一月三日（二），下午三至五時，於靈山寺為國文補習班基本學員講授「講演術」。

十一月四日（三），下午三時，女子弘法人員在蓮社練習講演。（《蓮社日誌》）

十一月五日（四），晚八至十時，於蓮社為國文補習班講授

《論語》。

十一月七日（六），晚七時，在蓮社宣講《梁皇寶懺》經題及五重玄義。（《蓮社日誌》）

十一月九日（一），下午三至五時，於靈山寺為國文補習班基本學員講授「佛經」、「歷史」。

十一月十日（二），下午三至五時，於靈山寺為國文補習班基本學員講授「講演術」。

十一月十一日（三），下午三時，女子弘法人員在蓮社練習講演。（《蓮社日誌》）

十一月十二日（四），晚八至十時，於蓮社為國文補習班講授《論語》。

十一月十四日（六），晚七時，先生在蓮社宣講《梁皇寶懺》。（《蓮社日誌》）

十一月十六日（一），下午三至五時，於靈山寺為國文補習班基本學員講授「佛經」、「歷史」。

十一月十七日（二），下午三至五時，於靈山寺為國文補習班基本學員講授「講演術」。

1953 年・民國 42 年 | 64 歲

蓮社常務理事董正之由新竹至蓮社,連住三天。(《蓮社日誌》)

十一月十八日（三），下午二時，先生在蓮社向董正之居士等講「詩學」，連續三天。本日弘法人員練習講演暫停。(《蓮社日誌》)

十一月十九日（四），晚八至十時，於蓮社為國文補習班講授《論語》。

十一月二十一日（六），晚七時，在蓮社宣講《梁皇寶懺》。(《蓮社日誌》)

十一月二十二日（日），上午十一時，與文藝班老師同學在蓮社合影紀念。(《圖冊》，1953 年圖 7)

晚七時，在蓮社教授「講演術」（第一回）。(《蓮社日誌》)

十一月二十三日（一），下午三至五時，於靈山寺為國文補習班基本學員講授「佛經」、「歷史」。

十一月二十四日（二），下午三至五時，於靈山寺為國文補習班基本學員講授「講演術」。

十一月二十五日（三），下午三時，先生到佛教會館講演。弘法班練習講演暫停。（《蓮社日誌》）

十一月二十六日（四），晚八至十時，於蓮社為國文補習班講授《論語》。

十一月二十七日（五），臺中佛教蓮社第二屆國文佛學補習班舉行結業典禮。結業男生三十五人、女生十六人。該班要求繼續補習，因此下屆除招募新生外，舊生將另闢教室，繼續學習。

　　〔臺中〕佛教蓮社第二屆國文補習班自六月二日開學以來，半年期滿。在此六個月中補習國文、《論語》、「應用文」、歷史、佛學常識等課目，成績斐然；男同學自動組織文藝班出版壁報在臺中市區流動展出；女同學亦多參加弘法講演訓練，準備將來出外弘化。男女青年同學中十分之九，均已正式皈依三寶為最難得。該班將繼續要求補習，下屆除招募新生外，舊生將另再新闢教室，繼續深造。[1]

十一月二十八日（六），屏東崔玉衡前來蓮社參訪。[2] 晚七

---

1 〈佛教新聞〉，《菩提樹》第 13 期（1953 年 12 月 8 日），頁 35。另參見：《台中蓮社社務報告（四十二年度）》，頁 3，台中蓮社檔案。
2 崔玉衡 1951 年 6 月曾為先生《佛學問答》作序。見 1951 年 6 月 20 日譜文。

時,在蓮社宣講《梁皇寶懺》。[1]

十一月二十九日(日),下午,蓮社中慧班與國文補習班結業女同學在大殿,以茶會致謝國文補習班任課老師。[2]
(《圖冊》,1953年圖8)

下午五時,文藝班同學在蓮社備辦素筵招待諸位老師聚餐。

晚七時,先生在蓮社教授「弘法講演」。(《蓮社日誌》)

是月,為張寬心居士祝壽,受社長德欽尼法師指派代表蓮社祝福。張居士設素筵慶壽,因說素食得「五福」。

　　五福這個典故,出在《尚書‧洪範》裏邊,一是壽,二是富,三是康寧,四是攸好德(好作善事),五是考終命(期頤善終)。

這五福是怎樣來的?佛經上說的都很明白,先說第一類,種了不殺的因,就得長壽的報。素食正是不殺的根本,凡是素食的,一定要得長壽果報的。第二類,種了布施(財法無畏)的因,就得財富的報。當知素食的,卻是終日施無畏,實是布施的根本,所以也一定要得到

1　《台中蓮社社務報告(四十二年度)》,頁5,台中蓮社檔案;《蓮社日誌(四十二年度)》,台中蓮社檔案。
2　照片上標示日期為11月28日,今據《蓮社日誌》,繫此為11月29日。

財富果報的。第三類,種了護他巢穴的因,就得家庭安寧的報。素食的,更是護生及不害的根本,更一定得到康寧果報的。第四類,要知其餘四類,皆是享受福果,惟有這一類是再種福因。這就是果中賅因,得了福又種福,使他連續不斷,這也正是上智人辦的事,所謂福上增福。古人說一日持齋,天下殺生無我分。第五類種了放生的因,就得考終命的報。當知素食的,是從根本上來放生,那也一定是得到考終命的。[1]

【案】張寬心,原名張閤,為澄清醫院創辦人林澄清夫人,小傳見一九五二年四月一日。日後曾擔任佛教蓮社董事、慈光托兒所所長。

十二月一日(二),上午十一時,《菩提樹》月刊主編朱斐在蓮社宴請贊助該刊出版諸居士,並紀念該刊出版一週年。

晚七時,先生講《論語》、「歷史」。(《蓮社日誌》)

十二月二日(三),女子弘法人員在蓮社練習講演。(《蓮社日誌》)

---

[1] 李炳南:〈五福齋祝辭──在張寬心居士六秩晉一祝壽席上講〉,《菩提樹》第 13 期(1953 年 12 月 8 日),頁 24-25。今收見《弘護小品彙存》,《全集》第 4 冊之 2,頁 185-190。

1953年・民國42年 | 64歲

十二月三日（四），晚七時，在蓮社國文補習班講《論語》、「歷史」。（《蓮社日誌》）

十二月五日（六），晚七時，在蓮社講《梁皇寶懺》，聽眾極盛，約三百餘人。（《蓮社日誌》）

十二月六日（日），晚七時，於蓮社教授「弘法講演術及講演表」。（《蓮社日誌》）

十二月八日（二），南亭法師於《菩提樹》月刊第十三期發表〈菩提樹朞歲箴言〉，反駁圓明法師於《覺生》月刊發表之反佛教論調。慈航法師與先生亦均去函南亭法師，囑應制止。

　　南亭法師，〈菩提樹朞歲箴言〉：第一，不要否認大乘，抹煞祖宗。第二，不要胡說亂道，違反根本教理。第三，不要牽強附會，自貶家聲。第四，不要做翻案的工作。第五，別否認六道輪迴。第六，宗教自宗教，不必強與科學同。[1]

　　南亭法師，《南亭和尚自傳》：《菩提樹》雜誌出刊周年紀念，徵文於余。乃撰〈菩提樹朞歲箴言〉，反駁圓明之反佛教論調。文有七、八千字之多。分函章嘉大師、白聖法師、吳仲行居士，辭去常務理事兼祕書長

---

[1] 釋南亭：〈菩提樹朞歲箴言〉，《菩提樹》第13期（1953年12月8日），頁3-6。

名義。朱鐸民鏡宙居士來言：有日本僧來華訪問。朱以日人陰險、狡猾，絕不能恢復邦交，而忘侵略中國之惡意，應派人至有關機關說明之。吳仲行則謂：應交有關機關辦理，並注意其行動。至圓明之狂妄，李炳南、慈航法師均來信，囑佛教會發動制止。[1]

【案】圓明法師，即至日本留學後還俗的楊鴻飛。當時發表〈大乘佛教皆非佛說〉，引發諍論。筆戰波及慈航法師等多人。而楊文屢次提及要教界長老向印順法師學習，於是印順法師無端也被牽扯入場。[2]

十二月九日（三），蓮社開始改造新房屋為講堂。（《蓮社日誌》）

十二月十一日（五），下午二時，女子弘法人員在蓮社練習講演。（《蓮社日誌》）

十二月十二日（六），晚七時，在蓮社講《梁皇寶懺》。（《蓮社日誌》）

十二月十三日（日），晚七時，於蓮社教授「弘法講演術及講演表」。（《蓮社日誌》）

---

1 釋南亭：《南亭和尚自傳》，《南亭和尚全集》第 12 冊，頁 212-213。
2 詳見釋印順：《平凡的一生（重訂本）》，《妙雲集（下編）》第 10 冊，（臺北：印順文教基金會，2005 年 6 月，新版一刷），頁 67-68。

十二月十六日（三），本日起，靈山寺舉行冬季佛七。每晚請先生開示念佛法要。（《蓮社日誌》；《圖冊》，1953年圖9）

> 第一日，入壇須知：到此了生死，原非香火場；妄心仍不歇，何嘗落空亡。
>
> 第二日，求一心由敬得：六塵如劫盜，正念似堅城；彌陀搖引手，落後墜深坑。
>
> 第三日，念不一由信不切：萬劫難逢淨土門，惟求念到一心存；勸君擔起英雄業，要在今宵出苦輪。
>
> 第四日，以心作佛是心是佛：起念即是心，無念空無有；誰能到無念，多向三途走。忽念阿彌陀，立變諸佛友；佛果希圓成，此念唯恆久。
>
> 第五日，自性彌陀與唯心西方彌陀：遙瞻落日禮彌陀，莫誤雲程萬億多；性量虛空兩無盡，東西還在一心窩。
>
> 第六日，還債報恩一心佛號：供養萬般唯法上，一心佛句更希珍；眼前多少持名者，誰是報恩還債人。
>
> 第七日，圓滿勗辭：連朝膏雨眾芳滋，妙果莊嚴有早遲；五百彌陀圓此會，碧天如水月明時。[1]

十二月十七日（四），晚八時，先生代朱斐居士在蓮社講《八大人覺經》（第四回）。（《蓮社日誌》）

---

1 【數位典藏】手稿／佛學講授／佛七開示／〈癸巳年冬靈山寺佛七開示偈〉。

十二月十九日（六），本日靈山寺佛七開示改於午後四時舉行。晚七時，先生仍於蓮社講演《梁皇寶懺》。（《蓮社日誌》）

十二月二十日（日），上午，往員林指導家庭念佛班尊德班成立。晚，仍主持靈山寺佛七開示。（《蓮社日誌》）

十二月二十一日（一），靈山寺冬季佛七第六日。晚，臺北十普寺住持白聖法師至靈山寺參加佛七念佛法會，開示講演，勗勉同修在李炳南老居士領導下精勤修持。法師讚歎此次法會莊嚴興盛，即在內地亦所罕見。（《蓮社日誌》）

〔臺中〕靈山寺淨土道場，每年兩次佛七，至本年彌陀聖誕已舉辦第八屆，每日仍請李老師炳南開示念佛法要。今年第六天，中佛會常務理事白聖法師忽然駕臨道場，立即恭請白老法師開示，白老對臺中道場深為感動，嘗謂百聞不如一見，這種莊嚴肅穆氣氛，即在內地亦是稀見云。又勉大眾在最後一天須加倍精進，未得一心者速取一心！已得者亦須淨念相繼，勿失一心！聽者咸謂阿彌陀佛派了代表降臨道場，莫不法喜充滿。[1]

十二月二十二日（二），靈山寺佛七圓滿。午後四時，念佛

---

1 〈佛教新聞〉，《菩提樹》第 14 期（1954 年 1 月 8 日），頁 33。

1953 年・民國 42 年 | 64 歲

同修共同攝影留念（《圖冊》，1953 年圖 10），[1] 同時舉行皈依禮，參與者甚眾。（《蓮社日誌》）

十二月二十四日（四），晚七時，國文補習班同學《論語》課由許祖成暫代一次。（《蓮社日誌》）

十二月二十六日（六），晚七時，先生在蓮社講《梁皇寶懺》。同時宣布：一月六日（夏曆十二月初二）擬請白聖法師傳戒，發心受戒者可至蓮社弘法組登記。（《蓮社日誌》）

十二月二十七日（日），先生應草屯碧山巖寺之聘，前往弘法一星期。（《蓮社日誌》）

期間有詩〈赴碧山巖禪寺講經早課初罷〉，前後有〈宵望逸思〉、〈某居士性不喜詩詠此嘲之〉、〈冬夕〉、〈宵雨〉。

〈赴碧山巖禪寺講經早課初罷〉：鐘磬敲殘月未沉，脩篁高樹一庭陰；露華香膩丹墀冷，燈火光微古殿深。山靜似窺禪定相，溪流從悟誦經音；來遊不獨耽邱壑，夙與袈裟結羨心。

〈宵望逸思〉：高揭碧天幕，斜懸纖月鉤；偶逢兜

---

1 【數位典藏】弘法照片 / 靈山寺 /〈臺中靈山寺淨土道場第八次佛七留念 - 癸巳年冬至日照片〉。

率客,邀我御風遊。裊裊彩雲動,瀰瀰銀漢流;乾坤看不盡,欲到大千頭。

〈某居士性不喜詩詠此嘲之〉:詩境從來懶結緣,花空飛墜月空圓;誰能不會經中偈,便向人間解說禪。

〈冬夕〉:木落天初迴,山寒日易斜;禪心參月魄,客眼倦梅花。斗室雙肩道,繩床一盞茶;鑪灰仍煨芋,蕭散野人家。[1]

〈宵雨〉:剪燭多惆悵,天涯歲月深;連宵孤枕雨,滴滴入秋心。(《雪廬詩集》,頁288-289)

十二月二十九日(二),晚,國文補習班《論語》課由賴棟樑暫代。(《蓮社日誌》)

十二月三十一日(四),晚,國文補習班《論語》由劉汝浩擔任講授。(《蓮社日誌》)

是年,因蓮社法務發展需要,增購右鄰房舍一處。

癸巳歲,社務逐漸進展,因感現址逼窄,適右鄰房有欲沽者,同人議之曰:晝備覽書,夜藉授課,且後擬擴充,當不患無餘地也。僉以為便,遂有自由樂輸購置之倡。未匝月而貲集,事因以成,亦見吾道善不人後

---

[1] 李炳南:〈冬夕〉、〈宵望逸思〉,原刊《菩提樹》第14期(1954年1月8日),頁29。今收:《雪廬詩集》,《全集》第14冊之1,頁288;「蕭散」改作「閑散」。

之概焉。謹將各功德芳銜列左，同垂久遠。中華民國四十二年十一月穀旦

肆仟元：許蕭玉，貳仟伍佰元：善明，貳仟元：李炳南、張寬心、陳進德、⋯⋯。[1]

是年，蓮社預算為九千六百六十元，決算為八千六百六十七點七四元。上年度結存一千五百五十點九元，本年度結存為一千六百五十七點七四元。[2]

是年，蓮社放生：鳥類一百四十六隻、魚類七百五十三點八台斤、龜鱉六十三隻，共計價款新臺幣三千九百九十四點二元。[3]

---

[1] 是文與〈台中蓮社碑記〉（見 1952 年 12 月）懸掛於台中蓮社一樓講堂出口前照壁，俱未載錄作者。唯〈台中蓮社碑記〉收錄於《雪廬寄臺文存》，確為先生手筆。是文當亦先生手筆。

[2] 〈四十二年度收支決算書〉，《台中蓮社社務報告（四十二年度）》，頁 20，台中蓮社檔案。

[3] 《台中蓮社社務報告（四十二年度）》，頁 9-10，台中蓮社檔案。

1954年・民國43年・癸巳－甲午
65歲

【國內外大事】
- 五月，慈航法師捨報。

【譜主大事】
- 一月，禮請白聖法師在蓮社傳授三皈五戒。皈依者八人，受戒者一百一十七人。
  台中蓮社《佛學常識課本》發行單行本。
- 二月，於慎齋堂宣講《阿彌陀經》連續九天。
  正月初六，今起連續五天，於蓮社舉行新年佛學講演大會，由八位弘法班員擔綱。
- 三月，於靈山寺開講《妙法蓮華經》（1954年3月至1957年3月）。
- 四月，蓮社慶祝佛誕，舉行講演大會。由青年弘法班員十二人擔任講演及翻譯。爾後每年佛誕節定期舉行青年講演大會。
- 五月，應屏東東山寺之請，第三度前往弘化。並及鳳山、高雄、岡山等地。
  出任《菩提樹》月刊社長。
  第三屆國文補習班開辦。
- 六月，教授弘法班講經，撰有《內典講座之研究》。
- 九月，創辦「兒童德育班」。

1954 年・民國 43 年 ｜ 65 歲

- 十月，於台中蓮社持續宣講《梁皇寶懺》（1953 年 10 月至 1956 年 1 月）。
  懺雲法師自高雄來，留宿蓮社。為二位初識。
- 十一月，至桃園淨土道場、新莊樂生痲瘋病院講《阿彌陀經》。
- 十二月，《菩提樹》月刊刊載《臺中佛教蓮社天樂班歌集》之一：〈佛教青年〉。
- 是年，《常禮舉要》由瑞成書局出版。
- 是年，周家麟至蓮社聽經相契，成為常隨眾，為先生重要入室弟子。

一月一日（五），繼續在草屯碧山巖禪寺講經。文藝班班員二十餘人，騎單車前來探視。[1]（《圖冊》，1954年圖1）

　　四十三年元旦老師應邀至草屯碧山巖禪寺講經一週，老師不在，大家都感到很寂寞。陳天生號召文藝班班員，載著母親；胡遠志也帶著空軍幾位弟兄，大隊人馬共二十餘人，大家一起騎單車前往草屯。還帶著米粉，雪公看到我們很歡喜，中午大家一起吃米粉，好不歡喜，一路上還拍照留念。[2]

一月二日（六），碧山巖講經完畢。上午九時回社。屏東東山寺住持圓融法師一行五人，上午來社參觀。晚，在蓮社講《梁皇寶懺》。（《蓮社日誌》）

一月四日（一），禮請白聖法師、圓融法師於蓮社供養午餐。（《蓮社日誌》）

一月六日（三），晚七時，禮請白聖法師在蓮社傳授三皈五戒。是日皈依者八人，受戒者一百十七人。籌備工作極為忙碌。社長德欽尼法師及炳南先生細心照料布置會場。（《蓮社日誌》）

一月八日（五），《菩提樹》月刊連載《佛學常識課本》，

---

[1] 「文藝班照片」，台中蓮社檔案。
[2] 張式銘訪問：〈林鳳一師伯口述歷史訪談〉（2017年），台中蓮社檔案。

1954 年・民國 43 年｜65 歲

刊登「第三十六課、入寺須知」。全文連載完畢。連載結束後發行單行本，先生於日前撰有〈小序〉，說明編輯本意在提供初學者得一輪廓，因此取材綱要、組織條貫、用語簡明，做為深入之津梁。

〈佛學常識小序（一）〉：佛法是什麼？他原是一種覺悟學。佛法就是對於宇宙人生，萬事萬理的一個解答者。不過宇宙人生，一切事理，千頭萬緒，頗為複雜，佛法也就顯得玄妙了。有一般人，嘗責備佛法，立論太高，陳義太深，極不通俗化，所以不易普及。這並不是佛法本身問題，其實是宇宙森羅萬象，本不簡單；佛法要解答這許多問題，自然就顯得高深了。但是，佛法雖然頭緒複雜，義理高深；假能尋一條線索，提幾條大綱，作一個初步的介紹，只能使學者得到一個輪廓，或可就引起探討的興趣？這是編這本書的意義。古人說：「登高自卑，行遠自邇。」大家要想深入佛海，這本書也未嘗不可作個津梁。這本書的編輯，就是本著上面說的意義，材料取綱要，組織取條貫；並且詞採語體，篇採簡短。舉綱要，有條貫，就可得一個輪廓；語體便是通俗化；篇短免去用腦厭煩。這本書雖然纔三十六課，也等於廣大的佛法，縮了一個小影。說是見了一斑固可以，說是見了全豹也可以。中華民國歲次癸巳冬至日編者識[1]

---

[1] 李炳南：〈佛學常識小序（一）〉，《雪廬寓臺文存》，《全集》第 14 冊之 2，頁 188-189。落款據《弘護小品彙存》，《全集》第 4 冊之 2，頁 225-226 原書補。

【案】本文連載從一九五二年十二月《菩提樹》月刊第一期起,至一九五四年一月第十四期本期止,連載十四期。登載完畢後發行單行本,列為《菩提樹叢書》之四。[1]

一月九日(六),晚七時,在蓮社宣講《梁皇寶懺》。(《蓮社日誌》)

一月十日(日),晚七時,於蓮社教授「講演術」。(《蓮社日誌》)

一月十一日(一),蓮社成立三週年紀念日。上午十一時供佛,十二時半職員聚餐。(《蓮社日誌》)

下午二時,列席於蓮社殿堂舉行之第八次理監事聯席會議,通過〈四十二年度經費收支決算表〉、〈四十三年度經費收支預算表〉。[2]

一月十四日(四),晚七時,劉汝浩為國文補習班學員講《論語》。八時,先生講「歷史」。(《蓮社日誌》)

---

1 見李炳南:《佛學問答類編》(臺中:菩提樹雜誌社,1955 年 12 月 8 日,初版),封裡頁。

2 施德欽主席,劉汝浩記錄:〈台中市佛教蓮社第二屆理監事聯席會議紀錄(第八次)〉(1954 年 1 月 11 日),《台中蓮社董監事會議紀錄》,台中蓮社檔案。

1954年・民國43年｜65歲

一月十六日（六），下午三時，國大代表兼中佛會常務理事李子寬由臺北至台中蓮社訪晤先生。（《蓮社日誌》）

是日晚七時，在蓮社宣講《梁皇寶懺》。（《蓮社日誌》）

一月二十日（三），劉汝浩為國文補習班學員講《論語》。八時，先生講「歷史」。（《蓮社日誌》）

一月二十二日（五），晚七時，等覺班同修在蓮社開會，先生出席開示。（《蓮社日誌》）

一月二十三日（六），晚七時，在蓮社講《梁皇寶懺》。（《蓮社日誌》）

一月二十四日（日），晚七時，先生為弘法班講授「講演術」。本學期課程圓滿。（《蓮社日誌》）

一月二十五日（一），上午，許祖成來蓮社寫佛化春聯。爾後三天，周邦道、劉汝浩、江印水、賴棟樑諸居士來蓮社寫春聯。（《蓮社日誌》）

是年先生新撰〈佛化春聯十二對〉：
　　一、最吉金人能語默，真慈持地但心平
　　二、三業靜觀皆是善，五倫攸敘獨能敦

三、門映柳川千疊綠，心薰蓮界六時香
四、仁樂山而智樂水，儒其面而佛其心
五、漢唐國粹崇三寶，閩粵華宗聯一家
六、邦家合治民方泰，福慧雙修果始圓
七、門第慈祥須佛化，心田正直即桃源
八、水環蓮社祥雲集，地聳筆峰文士多
九、三臺吉曜人同壽，八德金池心共清
十、心如碧海能容物，人似青蓮不染塵
十一、萬德莊嚴同佛性，百花錦繡麗春臺
十二、無我精神堪護國，正心功業定齊家[1]

二月三日（三），甲午正月初一，蓮友及眷屬等約五百餘人在蓮社大殿舉行團拜。（《台中蓮社社務報告（四十三年度）》，頁4）

二月八日（一），正月初六，今起連續五天，蓮社舉行新年佛學大講演會以弘揚佛法。同時間，弘法班員亦至外縣市弘化不間歇。前四日，由八位弘法班員講演；十二日圓滿日，先生就各講綜合闡述。[2]

二月十二日（五），至蓮社列席參加佛教蓮社第二屆第九次

---

[1] 李炳南：〈佛化春聯十二對〉，《菩提樹》第15期（1954年2月8日），頁19。

[2] 《台中蓮社社務報告（四十三年度）》，頁4-5、29，台中蓮社檔案。

1954 年・民國 43 年｜65 歲

理監事會議，討論兩日後舉行之年度社員大會工作分配。[1]

二月十四日（日），下午二時，至蓮社參加年度社員大會，通過四十二年度決算表及四十三年度預算表。（《蓮社日誌》）

二月十五日（一），上午八時，在蓮社講堂為董正之等數人講詩學。（《蓮社日誌》）

是日，女子弘法團林看治應臺東製材所主人洪春木之請，偕同黃麵至臺南搭機飛往臺東弘法一星期。講演大會假海山寺舉行。[2]

二月十九日（五），即日起至二十七日，應慎齋堂堂主張月珠邀聘，每日下午二時，在慎齋堂宣講《阿彌陀經》，有〈阿彌陀經材料〉講表。[3]

---

[1] 施德欽主席，劉汝浩記錄：〈台中市佛教蓮社第二屆理監事聯席會議紀錄（第九次）〉，1954 年 2 月 12 日，《台中蓮社董監事會議紀錄》，台中蓮社檔案。
[2] 《台中蓮社社務報告（四十三年度）》，頁 5、30，台中蓮社檔案；〈佛教新聞〉，《菩提樹》第 16 期（1954 年 3 月 8 日），頁 33。
[3] 李炳南：〈彌陀經材料〉，《講經表解（上）》，《全集》第 2 冊，頁 414-524；題下標記「甲午新正在慎齋堂」。

二月二十日（六），下午二時，在慎齋堂宣講《阿彌陀經》。晚七時，在蓮社講堂繼續宣講《梁皇寶懺》。（《蓮社日誌》）

二月二十一日（日），下午二時，在慎齋堂宣講《阿彌陀經》。晚七時，在蓮社教授「講演術」。（《蓮社日誌》）

二月二十二日（一），下午二時，在慎齋堂宣講《阿彌陀經》。

二月二十三日（二），下午二時，在慎齋堂宣講《阿彌陀經》。

二月二十四日（三），下午二時，在慎齋堂宣講《阿彌陀經》。

二月二十五日（四），下午二時，在慎齋堂宣講《阿彌陀經》。

二月二十六日（五），下午二時，在慎齋堂宣講《阿彌陀經》。

二月二十七日（六），下午二時，在慎齋堂宣講《阿彌陀經》，講座圓滿。同日並舉行念佛法會，追悼在滬往生西方之圓瑛老法師。蓮社理事許克綏發贈圓瑛法師《勸

修念佛法門》及先生《當生成就之佛法》。

四十三年二月十九日炳公老師應臺中慎齋堂之請，開講《彌陀經》八天，最後一天念佛追悼於四十二年九月十九日圓寂於寧波天童寺的圓瑛老法師，會中分贈圓瑛老法師著《勸修念佛法門》及李老師編著的《當生成就之佛法》兩種以資紀念。（按圓瑛老法師曾於四十年前蒞臨該堂宣講《普門品》七天）。[1]

是日，晚七時，在蓮社講堂宣講《梁皇寶懺》。

二月二十八日（日），晚七時，在蓮社教授「講演術」。
（《蓮社日誌》）

三月二日（二），本日起至五日（五），每晚七時，文藝班同學在蓮社練習講演。（《蓮社日誌》）

三月五日（五），在蓮社大殿召開各念佛班正副班長及弘法組組員會議，討論決定新春弘法計畫。[2]
【案】《社務報告》及《蓮社日誌》皆作討論決定「新春弘法計畫」，疑應作「佛誕節弘法計畫」，或者為新春後全年計畫。

1　〈臺中市慎齋堂舉辦講經法會〉，《菩提樹》第 16 期（1954 年 3 月 8 日），頁 33；《台中蓮社社務報告（四十三年度）》，頁 5。
2　《台中蓮社社務報告（四十三年度）》，頁 5，台中蓮社檔案。

三月六日（六），晚七時起，在蓮社講堂繼續講《梁皇寶懺》。（《蓮社日誌》）

三月八日（一），有詩〈他恩〉刊載於《菩提樹》月刊第十六期：

> 華巔俯仰愧乾坤，世味氤氳入夢魂；親怨都能增我益，身心每覺負他恩。常勞鉛素星初落，未及簞瓢日又昏；力絀雖非全實踐，年芳却已薄空論。[1]

【案】《全集》今收本詩，第二句為「世味氤氳夢有痕」。（見：《雪廬詩集》，頁290）

三月九日（二），臺中市某汽車工廠瓦斯管爆炸，造成六死九十餘人受傷。蓮社助念團前往助念關懷。

〈佛教新聞〉：本佛陀慈悲救世精神，本刊發動救濟運動功德圓滿。臺中市瓦斯案，傷重者臨終念佛獲得瑞相。上月九日汽車工廠瓦斯管爆炸，六死九十餘人受傷。有業三輪車者傷重，未念佛痛苦異常，念佛後感覺目前一片光明，痛苦頓失，但終因傷重不治，此間蓮社助念團即徵得其家屬同意，輪流前往助念，臨終前四肢週身忽然發軟（病重時本已僵硬），亦是念佛瑞相。[2]

三月十三日（六），晚七時起，在蓮社講堂繼續講《梁皇寶

---

[1] 李炳南：〈他恩〉，《菩提樹》第16期（1954年3月），頁15。
[2] 〈佛教新聞〉，《菩提樹》第17期（1954年4月8日），頁32。

懺》。(《蓮社日誌》)

三月十六日(二)，下午三時，弘法組員在蓮社練習講演。先生在場批評指導。(《蓮社日誌》)

三月十七日(三)，靈山寺舉辦春季佛七法會。同修參加者頗多，每晚請先生開示法要。有偈：

第一日，場中儀規：多少人忙自己閒，為君徑取紫金蓮，若教七日空空過，無靠無依又半年。

第二日，像真一致，心境不二：彌陀當前，莫作土木；妄起分別，是真無福。

第三日，勤勤修：捨卻他門專淨土，百千萬劫此生超；休言解脫待彌陀，四趣茫茫何處招。

第四日，二尊折攝必起忻厭：娑婆片刻不堪留，極樂遙遙須早求；折攝二門名六字，至圓至頓萬根收。

第五日，戒能淨心障去因戒：願我臨終無障礙，平時唯有勤持戒；欲將寶器盛醍醐，不洗灰塵空敗壞。

第六日，破謬解堅信心：佛法最難說有空，狂人輕易口如風；未諳澈底悲心教，敢折蓮花罵大雄。

第七日，圓滿勗辭[1]

【案】本次開示手稿首行標題為「◎午春二月靈山寺佛七開示」，據普慧法師抄錄，蘇全正整理：「李

---

1 【數位典藏】手稿／佛學講授／佛七開示／〈午春二月靈山寺佛七開示〉一篇共5頁。另參見《蓮社日誌》，台中蓮社檔案。

炳南於臺中市靈山寺主持佛七開示法語一覽表」，確認為一九五四年二月舉辦之佛七；所記二月為夏曆。該件筆記記錄本次佛七開示另有一偈未見載於手稿：「西方化迹語孜孜，各得標名七寶池；忽向東牆現縮影，分明瑞相破君疑。」[1]

三月二十日（六），晚七時起，在蓮社講堂繼續講《梁皇寶懺》。（《蓮社日誌》）

三月二十三日（二），靈山寺佛七法會圓滿。（《蓮社日誌》）

三月二十四日（三），下午三時，女子弘法人員在蓮社大殿練習講演。晚七至九時，賴棟樑在旱溪淨業佈教所弘法。（《蓮社日誌》）

三月二十六日（五），晚七至九時，賴棟樑在旱溪淨業佈教所弘法。（《蓮社日誌》）

三月二十七日（六），晚七時起，先生在蓮社講堂繼續講《梁皇寶懺》。（《蓮社日誌》）

---

[1] 釋普慧抄錄，蘇全正整理：「李炳南於臺中市靈山寺主持佛七開示法語一覽表」，蘇全正：《臺灣佛教與家族——以霧峰林家為中心之研究》（國立中正大學歷史研究所博士論文，2011年7月），頁302-306。

三月二十八日（日），靈山寺週日講經，請先生宣講《妙法蓮華經》。每週日下午四時起開講。[1] 歷時三年，有〈妙法蓮華經筆記〉講稿表。[2]

　　老師在靈山寺講《法華經》時，也有一感應。老師說：我不知幾百世前和你們結緣，才會來這裡講經。約講一半時，基隆蓮友送紙印的「金光寶塔」來靈山寺結緣。當時老師告訴我：釋迦佛當初講這部經時，從地下冒出一座寶塔。這就是感應，老師說他到處講經都有感應。[3]

三月二十九日（一），黃火朝奉地藏菩薩一尊敬獻蓮社，先生恭謹開光安座，於上午十時禮成。（《蓮社日誌》）

三月三十一日（三），下午三時，女子弘法人員在蓮社大殿練習講演。晚七至九時，賴棟樑在旱溪淨業佈教所弘法。（《蓮社日誌》）

四月三日（六），晚七時起，先生在蓮社講堂繼續講《梁皇寶懺》。（《蓮社日誌》）

四月四日（日），下午四時起，先生在靈山寺繼續宣講《法

1　〈佛教新聞〉，《菩提樹》第 17 期（1954 年 4 月 8 日），頁 33；《蓮社日誌》，台中蓮社檔案。
2　李炳南：〈妙法蓮華經筆記〉，《講經表解（下）》，《全集》第 3 冊，頁 1051-1116。
3　張式銘：《張慶祝師姑九十回顧》，頁 52-53。

華經》。(《蓮社日誌》)

四月七日(三),即日起至九日,佛教蓮社慶祝佛誕,由國文補習班結業之青年弘法班員舉行講演大會。下午三時,女子弘法人員在蓮社大殿練習講演。晚上八時,開始演講大會。由林鈴子、賴玉燕等十二人擔任講演及翻譯。爾後每年佛誕節定期舉行青年講演大會。

　　佛教蓮社慶祝佛誕,由青年文藝班主編壁報一巨幅,放在市區各處熱鬧場所展覽,每日駐足而觀讀者,不下數千餘人。又該社青年弘法班自四月七日起至九日舉行講演大會,由林鈴子、賴玉燕、沈米珠、陳天生、朱斐、許炎墩等十二人擔任講演及翻譯,聽眾每日五百餘人,多數亦是青年男女云。[1]

四月八日(四),臺中市佛教界舉行慶祝佛誕大會。三千餘佛教徒先在市區遊行,蓮社蓮友二百餘人抬奉釋迦牟尼佛聖像由蓮社天樂隊前導,各執「慶祝佛誕」小旗參加遊行,並分發先生所作《慶祝釋迦牟尼佛聖誕——把佛教介紹給大眾》小冊。十一時於金星戲院舉行大會。(《圖冊》,1954年圖2)[2]

　　佛教徒約三千餘人,於佛教支會集點,列隊在臺中市區遊行,並分發《慶祝釋迦牟尼佛聖誕——把佛教

---

1 〈佛教新聞〉,《菩提樹》第18期(1954年5月8日),頁32。
2 「文藝班照片」,台中蓮社檔案。

1954年・民國43年 | 65歲

介紹給大眾》精美小冊一萬本。十一時起,假金星戲院舉行慶祝大會,由支會理事長鄭松筠主持,首由支會樂隊會同蓮社樂隊合奏三寶歌,並全體同唱香讚、誦《心經》,散花讀疏後由理事長致詞、林金標主委、徐議長灶生等致詞。[1]

昔日,在老恩師座下學習,永遠就覺得自己是個孩子。當時,每年佛誕遊行,中慧班的女同學,都走在隊伍最靠近車道的地方,護著年老的蓮友,而老恩師則走在馬路的中間,護著中慧班的同學,那種感覺,就像母雞護顧著一群小雛雞一般,中慧班就這樣飽受恩澤三十多年。[2]

下午二時,先生以「佛教為我民族文化中心」為題,講說儒家倫常文化「內四外四」:格致誠正、修齊治平的方法,以及佛家心性文化「四因四果」慈悲喜捨、常樂我淨,兩者相輔相成,俱為我民族文化中心。

漢武帝推崇孔子,這是倫理學的重新抬頭,到了明帝提倡佛法,這是我國有心性宗教的形成。從此以後,這兩大學術互相交流,就結成我兩千餘年之文化,儒術

---

1 〈佛教新聞〉,《菩提樹》第18期(1954年5月8日),頁33,封底有遊行隊伍及大會演講照片;《台中蓮社社務報告(四十三年度)》,頁5-6,台中蓮社檔案。《慶祝釋迦牟尼佛聖誕——把佛教介紹給大眾》今收見:《弘護小品彙存》,《全集》第4冊之2,頁75-81。

2 弘安(黃潔怡):〈訪中慧班班長廖玉嬌居士〉,《明倫》第173期(1987年4月)。

961

佛法，分而不分，普遍民間，普印人心，民族思想，就發生在這文化上，民族精神，就建立在這文化上。

儒家注重「明明德」敦倫常，用的方法有內四外四之別，內四是「格物」「致知」「誠意」「正心」。這四條事，便是內心的修養。外四是「修身」「齊家」「治國」「平天下」。這四條是五倫社會之體系，忠孝仁義所建立。佛家注重明心見性，不生不滅，說的方法，大致有四因四果之分，四因是「慈」「悲」「喜」「捨」。這四條是修己的工夫，度他的功德，欲證果位，必先修因。四果是「常」「樂」「我」「淨」。這四條是達到彼岸，證成佛果的境界。

這兩大學術，儒家做到極處是「明明德於天下」，就合乎佛家達到彼岸。佛家因地的「慈悲喜捨」就須從儒家倫常世法作起。儒家倫常，聞到佛學彼岸證果，纔增了堅固力量；佛家彼岸證果，得到儒學倫常，更加強了修因的功德。

我族文化，有儒有佛，如缺其一，現在將來，皆不圓滿。這是近千年來的形成。我們護民族，就應護民族文化，所以我擁戴我倫常文化導師孔子，所以我擁戴我心性文化導師釋迦。[1]

晚八時，蓮社繼續舉行弘法演講。[2]

---

[1] 李炳南：〈佛誕節談民族文化〉，《弘護小品彙存》，《全集》第4冊之2，頁93-96。

[2] 《台中蓮社社務報告（四十三年度）》，頁5-6，台中蓮社檔案。

1954 年・民國 43 年 | 65 歲

四月九日（五），晚八時，青年國文補習班同學繼續舉行兩場弘法講演。結束後，先生對三日以來講演之多位同學作一總批評。（《蓮社日誌》；《圖冊》，1954 年圖 3）[1]

四月十日（六），晚八時起，先生在蓮社講堂繼續講《梁皇寶懺》。由許炎墩臺語翻譯。（《蓮社日誌》）

四月十一日（日），下午四至六時，先生在靈山寺續講《法華經》，由陳進德臺語翻譯。（《蓮社日誌》）

四月十四日（三），下午三時，女子弘法人員在蓮社大殿練習講演。晚七至九時，賴棟樑在旱溪淨業佈教所弘法。（《蓮社日誌》）

四月十六日（五），晚八時，等覺班及先度班在蓮社開小組會議。（《蓮社日誌》）

四月十七日（六），晚八時起，先生在蓮社講堂繼續講《梁皇寶懺》。由許炎墩臺語翻譯。（《蓮社日誌》）

是日，泰國龍華佛教社迎太虛大師舍利入塔，暹羅僧王

---

[1] 「台中蓮社青年弘法大會全體弘法人員合影」，1954 年（佛曆 2517 年）佛誕，收見：《回首前塵二十春──雪廬老人示寂廿週年紀念專輯》，頁 122。

亦參加盛典。先生有律詩兩首頌其盛事。(《圖冊》，1954年圖4)

〔曼谷訊〕此間龍華佛教社為舉行虛大師舍利入塔典禮，特恭聘香港無盡燈雜誌主編竺摩上人蒞暹主持，竺上人於四月十三日下午五時搭機飛泰，十七日主持典禮，暹僧王亦嚴駕參加，觀者千餘人，震動暹京，法師復在此講《上生經》，並訪問暹僧王及參禮華寺。[1]

〈泰國龍華佛教社於香港迎太虛大師舍利建塔徵題〉二律：
吳江蜀峽舊從遊，舉拂參荼十易秋；孔李因緣曾勗我，佛儒旨趣許同舟。春申黯黯雲千里，兜率迢迢月一鉤；海外忽傳南國訊，傷神幾度欲登樓。
南溟波外涌浮圖，香島飛來七寶敷；萬井薰風流貝韻，千江明月印靈珠。應機能挽三乘住，入世何慚一代模；知有龍天花雨際，六時常護泰王都。[2]

四月十八日（日），下午四至六時，先生在靈山寺續講《法華經》，由陳進德臺語翻譯。(《蓮社日誌》)

四月十九日（一），晚八時，社長德欽法師在蓮社教唱讚。
(《蓮社日誌》)

---

1 〈佛教新聞〉，《菩提樹》第18期（1954年5月8日），頁32。
2 李炳南：〈泰國龍華佛教社於香港迎太虛大師舍利建塔徵題二律〉，《菩提樹》第17期（1954年4月8日），頁16。《雪廬詩集》未見收。原稿「許同舟」作「可同舟」。

1954 年・民國 43 年 | 65 歲

四月二十一日（三），下午三時，女子弘法人員在蓮社大殿練習講演。先生在場指導。晚七至九時，賴棟樑在旱溪淨業佈教所弘法。（《蓮社日誌》）

四月二十四日（六），晚八時起，先生在蓮社講堂繼續講《梁皇寶懺》。由許炎墩臺語翻譯。（《蓮社日誌》）

四月二十五日（日），下午二時，社長德欽法師在靈山寺教唱讚。下午四至六時，先生在靈山寺續講《法華經》。（《蓮社日誌》）

四月二十八日（三），下午三至五時，女子弘法人員在蓮社大殿練習講演。晚八至十時，賴棟樑在旱溪淨業佈教所弘法。（《蓮社日誌》）

四月三十日（五），晚八時，等覺等五班同修在蓮社大殿開小組會議，先生到會開示。（《蓮社日誌》）

五月一日（六），晚八時起，先生在蓮社講堂繼續講《梁皇寶懺》。由許炎墩臺語翻譯。（《蓮社日誌》）

五月二日（日），下午四至六時，先生在靈山寺續講《法華經》，由陳進德臺語翻譯。（《蓮社日誌》）

五月三日（一），上午九至十一時，江印水至臺中監獄講

演。午後一時，林看治到慈善堂弘法，賴慧縈、池慧霖到大坑弘法。晚七時，社長德欽法師在靈山寺教唱讚。晚八至十時，蓮友循例念佛。(《蓮社日誌》)

五月四日（二），晚八時，第三屆國文佛學補習班，在蓮社大殿舉行開學典禮，上課時間為期六個月，分兩班上課：新班男女同學百四十餘人，舊班有六十餘人繼續補習。先生擔任週二晚「歷史」課。(《蓮社日誌》)

五月五日（三），晚八時起至十時，國文補習班開始上課。劉汝浩上「國文」新班，許祖成上舊班《論語》。(《蓮社日誌》)

五月六日（四），國文補習班，張廷榮上《論語》新班，劉汝浩上舊班「國文」。(《蓮社日誌》)

是日，慈航法師於汐止閉關房中捨報。[1]

五月七日（五），晚，國文補習班新班，由鄢幼陵上「應用文」，舊班無課。(《蓮社日誌》)

五月八日（六），晚八時起，先生在蓮社講堂繼續講《梁皇

---

[1] 治喪委員會：〈慈航老法師示寂經過〉，《菩提樹》第19期（1954年6月8日），頁2。

1954 年・民國 43 年 | 65 歲

寶懺》。由許炎墩臺語翻譯。(《蓮社日誌》)

是日,菩提樹雜誌社恭請得先生同意出任社長,領導本刊同人。同期亦聘得菲律賓大乘信願寺瑞今法師、普賢學校校長劉梅生為名譽社董。[1]

〈編者的話〉:他老人家的「忙」,在臺中的蓮友可以說沒有一個不知道的。除了講經以外,蓮社的實際工作,莫不是他老人家一手策劃指導,編教材、教講演,蓮友們還分別組織了二十幾個家庭念佛班,每班至少每月要開班一次或二次,都要他老去指導解答問題。他老不怕講經,但最怕在講經以前,或在編稿的時候,被人拖去醫病。既不忍拒絕,又不得安定。加以南來北往的道友,到了臺中都要找他長談幾小時乃至數日,試問還有什麼空餘時間呢?他老每天自上午四時起床,至下午十一點就寢,就找不出一線空隙,所以編者實在不好意思開口,再請他老寫別的文章了。至於社長一職,已徵得他老同意,自本期起正式聘任,尚祈關心讀者多予原諒。[2]

【案】《菩提樹》自創刊起,名譽社長為章嘉呼圖克圖,朱自任發行人及編輯,先生未任名銜。自本月一九五四年五月第十八期起,擔任社長,至一九六六年十月第一六七期止,共計十二年半。

---

1 〈啟事〉,《菩提樹》第 18 期(1954 年 5 月 8 日),頁 6。
2 〈編者的話〉,《菩提樹》第 18 期(1954 年 5 月 8 日),頁 19。

五月九日（日），下午四至六時，先生在靈山寺續講《法華經》，由陳進德臺語翻譯。（《蓮社日誌》）

五月十日（一），夏曆四月八日，上午十時，靈山寺舉行浴佛典禮，參加人士甚多。下午靈山寺舉行皈依禮。晚八時，在蓮社舉行浴佛典禮，參加人員亦眾。（《蓮社日誌》）

五月十一日（二），晚，國文補習班，周邦道上新班「佛學常識」，先生上「歷史」舊班。（《蓮社日誌》）

五月十二（三），應屏東東山寺之請，前往該寺弘法一週。此為先生第三度前往屏東弘化。鳳山蓮社、高雄連雅佈教所、岡山龍湖庵等處聞訊，咸來堅請前往佈教。十六日到鳳山、十七日到高雄、十八日到大岡山，皆是利用白天空隙前往弘法。十九日返抵臺中。隨行者有許炎墩、林炳榮、林進蘭等居士。[1]

五月十五日（六），晚八時起《梁皇寶懺》講座，因先生赴屏東弘化，由周邦道代替續講。（《蓮社日誌》）

五月十六日（日），下午四至六時，靈山寺《法華經》講

---

1 〈佛教新聞〉，《菩提樹》第 19 期（1954 年 6 月 8 日），頁 34。另參見：《台中蓮社社務報告（四十三年度）》，頁 6、31，台中蓮社檔案。

1954 年・民國 43 年｜65 歲

座，因先生赴屏東弘化，由郝恩洪代替續講。（《蓮社日誌》）

五月十八日（二），國文補習班，周邦道上新班「佛學常識」，舊班「歷史」課，因先生赴屏東弘化，由周邦道請農學院教授李先生代講。（《蓮社日誌》）

五月十九日（三），午後三時，先生一行由屏東弘法歸來。（《蓮社日誌》）

五月二十日（四），行憲後第二任總統、副總統就職，國文補習班停課一次。全體同學參加提燈遊行。文藝班壁報亦擴大篇幅張列街頭。（《蓮社日誌》）

五月二十二日（六），晚八至十時，先生在蓮社講堂續講《梁皇寶懺》。由許炎墩臺語翻譯。（《蓮社日誌》）

五月二十三日（日），下午二時，社長德欽法師在靈山寺教唱讚。三時拜佛念佛。四至六時，先生在靈山寺續講《法華經》。（《蓮社日誌》）

是日，臺北新莊樂生療養院慈惠會學佛同仁新建念佛堂完工，舉行落成典禮。該念佛堂係經先生呼籲，歷經兩年艱辛籌建。該會會員先前敬獻完工照片，並請求命名。先生於是命名為「棲蓮精舍」。（《圖冊》，1954 年圖 5）

落成典禮禮請佛教領袖章嘉大師蒞臨主持。教界多位法師居士大德與會，有南亭、白聖、道安、覺淨、慶規等長老，朱鏡宙、孫張清揚、李子寬、周宣德、李奎璧、林錦東等居士，共計五百餘人。典禮盛大動人。會後發行《棲蓮精舍落成紀念冊》，有慈航法師遺作〈棲蓮精舍緣起〉、章嘉大師致詞、孫張清揚〈序〉，以及院友代表金義楨〈棲蓮精舍落成記實〉。（《圖冊》，1954年圖6）

〈新聞〉：五月二十三日臺北新莊塔寮坑樂生療養院學佛患者自建念佛堂棲蓮精舍舉行落成典禮，恭請佛教領袖章嘉大師蒞臨主持。是日參加大德有南亭、白聖、道安、覺淨、慶規等長老，朱鏡宙、孫張清揚、李子寬、周宣德、李奎璧、林錦東等居士，共計五百餘人。彌勒內院蓮航、常證、嚴持、律航等法師及《樹》刊編者均先一日來此協助布置會場。患者蓮友連夜紮燈結綵，一直布置到翌晨四時，通宵達旦沒有睡覺，興奮得忘了病苦，連疲勞也拋去九霄雲外了。[1]

【案】金義楨，原任軍職少校，一九五一年，因病被迫除役，住進樂生療養院，遂發願籌建棲蓮精舍。一九五四年，棲蓮精舍成立後，會友推舉任會長，

---

1 〈佛教新聞〉，《菩提樹》第18期（1954年5月8日），頁32。另參見：釋慈航：〈棲蓮精舍緣起〉、〈佛教新聞〉，《菩提樹》第19期（1954年6月8日），頁5、34；義楨：〈棲蓮精舍落成紀念特輯〉，《菩提樹》第20期（1954年7月8日），頁26。

1954 年・民國 43 年 | 65 歲

　　從此長任會長一職,一肩扛起念佛會會長的重責大任,護持無數樂生蓮友道業,不疲不厭,老而彌堅。[1]二〇一二年往生,享壽九十三歲。

五月二十四日(一),高雄蓮社發起人陳、宋兩居士來蓮社參觀,留用晚飯,夜間快車南返。(《蓮社日誌》)

五月二十五日(二),晚,於蓮社為國文補習班舊班講授「歷史」。

五月二十九日(六),晚八至十時,先生在蓮社講堂繼續講《梁皇寶懺》。聽講者逐漸增加,講堂至不能容。(《蓮社日誌》)

五月三十日(日),下午二時,社長德欽法師在靈山寺教唱讚。三時拜佛念佛。四至六時,先生在靈山寺續講《法華經》。(《蓮社日誌》)

六月一日(二),晚,於蓮社為國文補習班舊班講授「歷史」。

六月二日(三),下午三時,弘法人員在蓮社練習講演。

---

[1] 參見:淨音(吳天主):〈參訪樂生療養院金會長〉,《明倫》第 396 期(2009 年 7/8 月合刊)。

（《蓮社日誌》）

六月五日（六），晚八至十時，先生在蓮社講堂續講《梁皇寶懺》。（《蓮社日誌》）

六月六日（日），下午二時，社長德欽法師在靈山寺教唱讚。三時拜佛念佛。

下午四至六時，先生在靈山寺續講《法華經》。住持德真法師為便利聽講人員書寫筆記，新漆桌椅二十餘套置於講堂供大眾使用。（《蓮社日誌》）

講經後，即列席參加於蓮社舉行之佛教蓮社第二屆第十次理監事會議，討論蓮社建築大殿、添購房地，對兩次捐款人之表彰方式，以及臺中監獄請求派人弘化事宜。[1]

　　施德欽主席，劉汝浩記錄，〈台中市佛教蓮社第二屆理監事聯席會議紀錄（第十次）〉：
討論事項
一、本社建築大殿、添購房地，對兩次捐款人應如何表彰以資紀念案。
　　決議：文字——推李老師炳南撰擬。
　　　　　款式——推李老師炳南設計。

---

[1] 施德欽主席，劉汝浩記錄：〈台中市佛教蓮社第二屆理監事聯席會議紀錄（第十次）〉（1954年6月6日），《台中蓮社董監事會議紀錄》，台中蓮社檔案。

1954 年・民國 43 年 | 65 歲

四、朱斐居士提議,臺中監獄新任教化科長唐湘清表示歡迎本社於每星期二上午輪流派人前往講演,人選如何推定,請公決案。

決議:推江印水、余四海、賴棟樑、陳進德、許炎墩五居士,輪流擔任。[1]

六月七日(一),晚七時,社長德欽法師在蓮社教唱讚佛偈。八至十時依例在社拜佛念佛。(《蓮社日誌》)

六月八日(二),晚,於蓮社為國文補習班舊班講授「歷史」。

六月十二日(六),下午三時,蓮社召開護法會會員座談會。八時起,先生在講堂繼續講《梁皇寶懺》。(《蓮社日誌》)

六月十三日(日),下午三時起,於靈山寺週日講座,宣講《法華經》。

六月十四日(一),晚七時,社長德欽法師在蓮社教唱讚佛偈。八至十時依例在社拜佛念佛。(《蓮社日誌》)

---

1 施德欽主席,劉汝浩記錄:〈台中市佛教蓮社第二屆理監事聯席會議紀錄(第十次)〉(1954 年 6 月 6 日),《台中蓮社董監事會議紀錄》,台中蓮社檔案。

六月十五日（二），晚，於蓮社為國文補習班舊班講授「歷史」。

六月十六日（三），下午三時，弘法班班員在蓮社練習講演。（《蓮社日誌》）

六月十七日（四），上午九時，高雄心鉢法師等二人來蓮社參觀。十時，香港隆泉法師來蓮社參觀，先生陪談，並招待午餐。（《蓮社日誌》）

六月十八日（五），屏東東山寺圓融法師一行，於午後三時來社。晚間留宿社中。（《蓮社日誌》）

六月十九日（六），晚六時，蓮社弘法班同仁於蓮社小講堂備辦晚餐歡迎新任臺中監獄教化課長唐湘清，請鄭公僑、崔玉衡兩居士及圓融法師等作陪。[1]

晚八至十時，先生在蓮社講堂續講《梁皇寶懺》。圓融法師等參加聽講。[2]

六月二十日（日），下午二時，社長德欽法師在靈山寺教唱

1　《台中蓮社社務報告（四十三年度）》，頁7，台中蓮社檔案。
2　《台中蓮社社務報告（四十三年度）》，頁7，台中蓮社檔案；《蓮社日誌》，台中蓮社檔案。

讚。三時拜佛念佛。四至六時,先生在靈山寺續講《法華經》。(《蓮社日誌》)

六月二十二日(二),晚,於蓮社為國文補習班舊班講授「歷史」。

六月二十三日(三),下午三時,女子弘法人員在蓮社練習講演。(《蓮社日誌》)

六月二十六日(六),晚八至十時,先生在蓮社講堂繼續講《梁皇寶懺》。(《蓮社日誌》)

六月二十七日(日),下午二時,社長德欽法師在靈山寺教唱讚。三時拜佛念佛。四至六時,先生在靈山寺續講《法華經》。(《蓮社日誌》)

是日,慈航法師奉安坐缸大典於汐止彌勒內院舉行。各界與會者甚眾。台中蓮社諸多理事如董正之、周邦道、朱斐均與慈航法師有深厚道誼,特遠赴與會。《菩提樹》月刊本期特別發行紀念專輯,有多位法師居士大德懷念文章。同期並錄有先生及台中蓮社、靈山寺等悼念慈航法師「輓聯五對」(錄二):

　　往衡山去從兜率來雲影流空原似夢,現比丘身行菩薩道月明印水本無痕。——台中蓮社敬輓

　　慚我負夙期鬚髮未現比丘相,與師成長別香花遙供

舍利身。——三寶弟子李炳南敬輓[1]

六月二十九日（二），晚八至十時，先生在蓮社為國文補習班舊生上「歷史」，周邦道在新班上「佛學常識」。
（《蓮社日誌》）

是月，為教授弘法班講經，撰有〈內典講座之研究〉，說明學習講經應備條件。一在「經體分析」。因為善說義理者，必然要能掌握文章結構。二在「施用藝術」。指點講前預備、講時措施，以及威儀身語應作不應作事項。有〈序〉云：

> 無論治何學術，均各有其法則，儒家孟軻氏云：「公輸子之巧，不以規矩，不能成方圓。師曠之聰，不以六律，不能正五音。」昧之者，則事或不成。又云：「能使人規矩，不能使人巧。」蓋巧者多見習聞，領悟在心，若無見聞，心何由悟，縱巧有秉賦，始亦須賴乎規矩也。故知徒有善心，而無善術，猶不解泅水而拯溺；既有善心，復有善術，如善司車機就熟道。善術云何？即技巧而又不踰乎規矩之謂也。
>
> 古人講經，非可率爾，既尊戒相，亦重師承。世間諸學，尚不取閉門造車，而況出世大法，豈容亥豕魯魚。嚴格而論，講必注重修持，由心發言，方有真氣，雖無粲舌，亦能感人。降格以求，則只有採諸技術，意在利

---

[1] 〈輓聯五對〉，《菩提樹》第 19 期（1954 年 6 月 8 日），頁 23。

眾,無妨從寬。然諸家吐秀競芳,各有學派,初機當本所學,先遵所專。此文所云,乃其通則,不與各家矛盾,且為各家所共依者,小作來學津梁,固是下下之法,要以略勝無法也者。

今覽斯文,不妨作攻玉之頑石,後遇知識,便可代覆瓿之敗綈。　　中華民國歲次甲午仲夏識於綠川南畔寄漚軒[1]

【案】先生將弘化講說分為內典講座與通俗講座二類,分別撰有〈內典講座之研究〉與〈實用演講術要略〉實用教材。俱收見《弘護小品彙存》。

七月三日(六),晚八至十時,先生在蓮社講堂續講《梁皇寶懺》。(《蓮社日誌》)

七月四日(日),下午二時,社長德欽法師在靈山寺教唱讚。三時拜佛念佛。四至六時,先生在靈山寺續講《法華經》。(《蓮社日誌》)

七月六日(二),晚,於蓮社為國文補習班舊班講授「歷史」。

七月七日(三),下午三時,弘法班班員在蓮社練習講演。(《蓮社日誌》)

---

1 李炳南:〈內典講座之研究〉,《弘護小品彙存》,《全集》第4冊之2,頁475-521。

七月八日（四），本期《菩提樹》月刊刊有先生詩〈為佩環居士題尤鳳邱九歌圖〉[1]：

靈均孤憤今未消，曾見龍眠傳白描。此圖神妙得遺志，展讀拂几生陰飆。薜荔凝煙叫山鬼，洞庭地坼江翻潮。龍騰碧落逸雷火，劍佩曳霧從香颷。時艱我亦欲呵壁，禹甸西顧魂為銷。悃誠不隨白髮減，抗疏每悵靈修遙。辦心有同孰能畫，對此寫憂歌楚謠。嗚呼！仰天歌罷淚垂臆，凌風化雨空飄飄。

【小傳】張佩環，為東北耆宿萬福麟將軍（1880-1951）夫人，蓮友常以「萬太太」稱之。親近炳南先生學佛。慈光圖書館原始發起人之一。慈光圖書館籌備期間，不辭辛勞，奔走勸化。蓮友來勞動服務時，煮茶燒水，為服務的人服務。[2]一九五八年五月慈光圖書館成立時，擔任董事；一九六〇年三月，助念團團長江印水往生後，接任助念團長。一九六六年四月，發起籌建臺中水湳佛教蓮社（見各年日譜文）。

七月九日（五），弘法班林看治、張慶祝、林進蘭三位居士赴鹿港弘法四日。每晚聽眾至少有五百人。（《蓮社日誌》）

---

1 李炳南：〈為佩環居士題尤鳳邱九歌圖〉，《菩提樹》第 20 期（1954 年 7 月 8 日），頁 19。後收入《雪廬詩集》，《全集》第 14 冊之 1，頁 289-290。

2 佛文：〈臺中慈光圖書館揭幕前後散記〉，《菩提樹》第 67 期（1958 年 6 月 8 日），頁 38-39。參見 1958 年 5 月 25 日譜文。

七月十日（六），晚八至十時，先生在蓮社講堂續講《梁皇寶懺》。（《蓮社日誌》）

七月十一日（日），下午二時，社長德欽法師在靈山寺教唱讚。三時拜佛念佛。四至六時，先生在靈山寺續講《法華經》。（《蓮社日誌》）

七月十三日（二），晚，於蓮社為國文補習班舊班講授「歷史」。

七月十四日（三），下午三時，弘法班班員在蓮社練習講演。（《蓮社日誌》）

七月中旬，先生舊友，前重慶長安佛學會祕書謝健自臺南來訪。《菩提樹》月刊作者唐湘清調臺中監獄任教化課長，菩提樹雜誌社以及台中蓮社分別設宴歡迎，並及弘化工作之改進。[1]

七月十六日（五），下午二時，先生到邱炎生淨業佈教所講演佛法，聽眾極盛。（《蓮社日誌》）

七月十七日（六），午後二至四時，先生赴法華寺講經紀念觀音成道。該寺因翌日先生不得分身，因請提前。晚八

---

1 〈佛教新聞〉，《菩提樹》第 21 期（1954 年 8 月 8 日），頁 33。

至十時,先生在蓮社講堂續講《梁皇寶懺》。(《蓮社日誌》)

七月十八日(日),夏曆六月十九日觀音成道紀念日,靈山寺為紀念觀音成道舉行法會,參加信眾極多。上午十時上供、誦經、拜佛,下午二時舉行皈依禮,皈依者四十餘人。午後四至六時,先生在靈山寺續講《法華經》。

中午十一時半,屏東吳國榮居士等一行三十餘人特來蓮社參觀,旋赴靈山寺參加法會。(《蓮社日誌》)

七月十九日(一),女子弘法人員在西區和龍里良民路弘法。每晚八時半至十時半,弘法五天。(《蓮社日誌》)

七月二十日(二),晚,於蓮社為國文補習班舊班講授「歷史」。

七月二十一日(三),午後三時,女子弘法人員在蓮社練習講演。(《蓮社日誌》)

七月二十二日(四),國大代表吳月珍訪菩提樹雜誌社,與社長炳南先生同進午餐暢論佛法。[1]

---

[1] 〈佛教新聞〉,《菩提樹》第 21 期(1954 年 8 月 8 日),頁 33。

1954年・民國43年 | 65歲

七月二十四日（六），晚八至十時，先生在蓮社講堂續講《梁皇寶懺》。（《蓮社日誌》）

七月二十五日（日），下午三時，同修在靈山寺念佛。四至六時，先生在靈山寺續講《法華經》。（《蓮社日誌》）

七月二十七日（二），晚，於蓮社為國文補習班舊班講授「歷史」。

七月三十一日（六），晚七時，社長德欽法師在蓮社大殿教唱讚。八至十時，先生在蓮社講堂續講《梁皇寶懺》。聽眾日多，大殿至不能容。（《蓮社日誌》）

八月一日（日），下午四至六時，先生在靈山寺續講《法華經》。大眾先於三至四時念佛。（《蓮社日誌》）

是日，《菩提樹》月刊作者陳慧劍至臺中訪問雜誌社，由主編朱斐招待並陪往靈山寺聽先生講經，至夜始歸。陳慧劍原住花蓮，今已奉調斗六。[1]

八月三日（二），晚，於蓮社為國文補習班舊班講授「歷史」。

---

1 〈佛教新聞〉，《菩提樹》第21期（1954年8月8日），頁33。

八月七日（六），晚八至十時，在蓮社講堂續講《梁皇寶懺》。（《蓮社日誌》）

八月八日（日），下午四至六時，在靈山寺續講《法華經》。大眾先於三至四時念佛。（《蓮社日誌》）

八月十日（二），晚，於蓮社為國文補習班舊班講授「歷史」。

八月十四日（六），晚八至十時，在蓮社講堂續講《梁皇寶懺》。（《蓮社日誌》）

八月十五日（日），下午四至六時，在靈山寺續講《法華經》。大眾先於三至四時念佛。（《蓮社日誌》）

八月十七日（二），晚，於蓮社為國文補習班舊班講授「歷史」。

八月二十一日（六），晚八至十時，在蓮社講堂續講《梁皇寶懺》。聽眾較前更為增多。（《蓮社日誌》）

八月二十二日（日），下午四至六時，在靈山寺續講《法華經》。大眾先於三至四時念佛。（《蓮社日誌》）

八月二十四日（二），下午三時，至蓮社講堂列席參加蓮社

第二屆第十一次理監事聯席會議,討論弘法人員在外講演購置播音器案。[1]

晚,於蓮社為國文補習班舊班講授「歷史」。

八月二十八日(六),晚八至十時,在蓮社講堂續講《梁皇寶懺》。(《蓮社日誌》)

八月二十九日(日),下午四至六時,在靈山寺續講《法華經》。大眾先於三至四時念佛。(《蓮社日誌》)

八月三十一日(二),晚,於蓮社為國文補習班舊班講授「歷史」。

是月,台中蓮社蓮友施居士,在南臺中第三市場附近新開百貨商店。開張前,先請蓮社弘法人員陳進德、許炎墩、林看治、林進蘭、池慧霖、林慧繁等,每晚輪流在門前講演佛法。[2]

九月四日(六),晚八至十時,在蓮社講堂續講《梁皇寶懺》。(《蓮社日誌》)

---

[1] 施德欽主席,劉汝浩記錄:〈台中市佛教蓮社第二屆理監事聯席會議紀錄(第十一次)〉(1954年8月24日),《台中蓮社董監事會議紀錄》,台中蓮社檔案。
[2] 〈佛教新聞〉,《菩提樹》第22期(1954年9月8日),頁33。

九月五日（日），下午四至六時，在靈山寺續講《法華經》。大眾先於三至四時念佛。（《蓮社日誌》）

是日，於台中蓮社創辦「兒童德育班」，以正童蒙，每週上課一次。（《圖冊》，1954 年圖 7）

自今年九月五日起，舉辦兒童德育週，每週日上午九時起至十一時止，集合蓮友家中兒童及鄰近兒童，在蓮社殿堂講故事、教唱歌、教念佛、學禮節等等之課目，期間暫定六個月。輪流擔當指導者，則有廖月嬌、施梅雪、林秀煌、林慧真、賴慧繁、蕭慧心、池慧霖諸居士。每下班時，各備有糖果分贈，故每期集合兒童，多超出百名。[1]

前由蓮友池慧霖居士發心，每週日召集鄰近兒童，在其自宅講說佛化故事，基本聽眾即有五六十人。現為便利蓮友家中兒童集體參加起見，定名兒童德育週，每星期日上午，在蓮社講堂舉行。參加兒童甚多。[2]

【案】是日於蓮社創辦「兒童德育班」，一九七五年六月於慈光圖書館興辦「蓮友子弟輔導團」，一九八二年七月於蓮社開辦「國學啟蒙班」，均以兒童為教育對象。

---

1 《台中蓮社社務報告（四十三年度）》，頁 27-28，台中蓮社檔案；《蓮社日誌》（四十三年度）》，台中蓮社檔案。
2 〈佛教新聞〉，《菩提樹》第 24 期（1954 年 11 月 8 日），頁 33。

1954 年・民國 43 年｜65 歲

九月七日（二），晚，於蓮社為國文補習班舊班講授「歷史」。

九月八日（三），《菩提樹》月刊本期第二十二期刊出「本社短評」〈從臺灣省政府限制修建寺廟說起〉，對八月臺灣省政府頒佈之〈臺灣省政府修建寺廟庵觀應注意事項〉提出反對意見，認為該法違背憲法，應該收回。

「人民有信仰宗教的自由」，這是《中華民國憲法》第十三條的明文規定。寺廟是人民宗教信仰的中心，若寺廟不能自由修建，人民的宗教信仰自由，就無從談起。現行《刑法》第二百四十六條更明文規定：「對於壇廟寺觀教堂墳墓或公眾紀念處所公然侮辱者，處六月以下有期徒刑拘役或三百元以下罰金。」試問《憲法》為什麼要保障人民的宗教信仰自由？刑法為什麼要保障寺廟？無非因為宗教是精神的安定力，寺廟是人民宗教信仰的中心，足以導人向善，戒人作惡，造成社會的良風美俗。

乃臺灣省政府頒佈的〈臺灣省政府修建寺廟庵觀應注意事項〉一種，對於寺廟的修建竟橫加限制。據該〈事項〉第五條的規定：「軍公教人員與民意代表，應以身作則，倡導改善不良風俗，不得作修建發起人或主持人。」那麼我們要請問：如果說修建寺廟是不良風俗，為什麼刑法第二百四十六條要明文保障寺廟呢？我們知道法律是為維護良風美俗而設，因為修建寺廟是良風美俗，所以《刑法》才有保障寺廟的規定。我們應請司法院大法官會議

宣佈〈臺灣省政府修建寺廟庵觀應注意事項〉無效，人民對於違背《憲法》的命令，沒有遵守的義務。

最後敬請中國宗教徒聯誼會、中國佛教會、中國道教會等宗教團體聯合起來，向政府有關當局交涉，務請臺灣省政府收回違憲的通令，不達目的不止。尤其是中國佛教會更不能放棄責任。[1]

【案】本文法律用語與推論判斷嫻熟，顯見法學素養。唯未具名，未能確認為先生手筆。但先生為該社社長，自應對該文負相當文責。

該案經中佛會積極交涉，當局已允考慮修改，將正式宗教團體除外。[2]

九月十一日（六），中秋佳節，《梁皇寶懺》停講一次。靈山寺招待同修赴寺賞月。（《蓮社日誌》）

九月十二日（日），下午四至六時，在靈山寺續講《法華經》。大眾先於三至四時念佛。（《蓮社日誌》）

晚，蓮社舉行念佛迴向大陸水災受難同胞。[3]

---

[1] 〈從臺灣省政府限制修建寺廟說起〉，《菩提樹》第22期（1954年9月8日），頁2。

[2] 〈佛教新聞〉，《菩提樹》第23期（1954年10月8日），頁33。

[3] 〈佛教新聞〉，《菩提樹》第23期（1954年10月8日），頁33。

1954年・民國43年｜65歲

九月十四日（二），晚，於蓮社為國文補習班舊班講授「歷史」。

九月十八日（六），晚八至十時，在蓮社講堂續講《梁皇寶懺》。（《蓮社日誌》）

九月十九日（日），下午四至六時，在靈山寺續講《法華經》。大眾先於三至四時念佛。（《蓮社日誌》）

九月二十日（一），下午三時，九蓮班在蓮社東講堂開小組會，先生出席開示。（《蓮社日誌》）

九月二十一日（二），晚，於蓮社為國文補習班舊班講授「歷史」。

九月二十五日（六），晚八至十時，在蓮社講堂續講《梁皇寶懺》。（《蓮社日誌》）

九月二十六日（日），下午四至六時，在靈山寺續講《法華經》。大眾先於三至四時念佛。（《蓮社日誌》）

九月二十八日（二），孔子聖誕，為奉祀官代筆撰稿〈紀念孔子與民族復興〉，刊載於《中央日報》。（《圖冊》，1954年圖8）

　　今天的紀念孔子，正是中華民族文化的一種復興運

動,也正是一種救國運動。要警覺國家的元素是民族,民族的元素是文化,文化是民族的集中點。文化保存住,就是民族的存在,否則等於民族消亡。這要問我中華民族文化究竟是甚麼?

紀念孔子,要曉得孔子是中華民族文化的整理人,今日不僅為紀念孔子箇人,須要崇拜孔子整理的自黃帝以至文武同一的「人性文化」,這也就是華族的元素;更要在政府領導之下,把他作普遍的宣傳,使這經過破壞,奄奄一息的「人性文化華族元素」,再勃興起來。所以說,今日紀念孔子,乃是一種民族復興運動,也是一種救國運動!![1]

是日,午後三時,中慧班女同學在蓮社東講堂以茶點招待各老師,並贈送各老師日記冊一本。午後五時,部分舊同學以素餐歡宴老師,藉以慶祝教師節。[2]

張式銘訪問,〈賴玉燕師姑口述歷史訪談〉:女青年演講栽培人才,被選上後很惶恐,不懂如何講演,幸好有弘法班十姊妹的師姐們幫忙,提供演講表,由他們來指導,一個晚上二組人馬演講,一國語一臺語,因為我的國語講不好,因此就學習以臺語講經,共有十八

---

1 【數位典藏】手稿/其他著作/為奉祀官代筆稿:〈紀念孔子與民族復興〉。是文刊見:孔德成:〈紀念孔子與民族復興〉,《中央日報》,1954年9月28日,第3版。

2 〈佛教新聞〉,《菩提樹》第23期(1954年10月8日),頁33;《蓮社日誌(四十三年度)》,台中蓮社檔案。

人，每人講演一小時。

四十三年第一次講演之後，雪公送給我們每人一本字典，要我們好好學。教師節時，講演人員共十三人，聯合買一本「新生日記」送給雪公，一直忘不了雪公的用心，每次講演完，都為我們準備禮物。

年輕的時候真的很天真，又很認真。我連續參加四十三到四十五年的講演，後來講演者成立中慧班，大家一起共修，直到現在，有些人已往生，有些仍健在，也有還來聽經的，如：沈米珠、洪綿等。[1]

【案】先生為國文補習班結業女學員組成「中慧班」，男學員另組成「文藝班」。是年四月七日至九日連續三天，蓮社舉辦「慶祝佛誕演講大會」，由先生教導多時之學員上臺講演。是日之謝師宴當緣於此。【數位典藏】中，先生手稿《撰聯偶錄》所用筆記本，即為此次諸生所贈「新生日記」。[2] 上有題辭：「弟子林鈴子、沈米珠、施梅雪、陳桂玉、賴玉燕、賴玉釵、賴松枝、周燕珠、林秀煌、廖玉嬌、黃修能、張愛月、方珠金，四十三年教師節敬呈炳公老師

---

[1] 張式銘訪問：〈賴玉燕師姑口述歷史訪談〉（2016年5月2日），台中蓮社檔案。

[2] 弘安（黃潔怡）：〈雪廬老人往生三十周年文物展側記（二）〉說明：「《撰聯偶錄》，是雪公將自己或為長官大德代撰的聯對，收集在『新生日記』本上，而『新生日記』本是民國四十三年時，參加通俗講演的十三位學生，合資購買送給雪公教師節的節敬。」見：《明倫》第468期（2016年10月）。

賜存」。[1]（《圖冊》，1954 年圖 9）先生又有以「孔子降生二千五百年紀念牋」題詩贈送賴玉燕、賴玉釵。[2]（《圖冊》，1954 年圖 9）

是月，獅頭山元光寺住持會性法師發心開壇傳戒，經呈准中國佛教會派員輔導積極籌備隆重舉行傳授三壇大戒。靈山寺普願法師等三人求受出家菩薩戒，臺中佛教蓮社求受在家菩薩戒者有許炎墩、賴棟樑、王文臺等二十人；由蓮社社長兼靈山寺監院德欽法師率領登山求法。[3]（《圖冊》，1954 年圖 10）

【案】此係繼去年春大仙寺傳戒，蓮社多位蓮友前往求戒後，又一盛事。先生特為此撰寫〈敬為在家眾新受菩薩戒諸尊進一言〉鼓勵精進，成就菩薩事業。（見是年 11 月 8 日譜文）

十月二日（六），晚八至十時，在蓮社講堂續講《梁皇寶懺》。（《蓮社日誌》）

十月三日（日），下午四至六時，在靈山寺續講《法華經》。大眾先於三至四時念佛。（《蓮社日誌》）

---

1 【數位典藏】手稿／其他著作／〈撰聯偶錄－第一頁、第十五頁〉。
2 【數位典藏】墨寶／弘化遺札／〈陳澤沛將軍解甲逃禪精書畫因有贈以詩訕之三首之三〉、〈山齋供花〉。
3 〈佛教新聞〉，《菩提樹》第 24 期（1954 年 11 月 8 日），頁 32-33。

十月五日（二），晚，於蓮社為國文補習班舊班講授「歷史」。

是日，先生德配張德馥，在故鄉病亡，時年六十八歲。[1]然因兩岸隔絕，至一九八〇年始獲知。

十月九日（六），晚八至十時，在蓮社講堂續講《梁皇寶懺》。（《蓮社日誌》）

十月十日（日），下午三時起，於靈山寺週日講座，宣講《法華經》。

十月十二日（二），晚，於蓮社為國文補習班舊班講授「歷史」。

十月十六日（六），午後三時，律航法師攜彭華元來蓮社拜訪，與先生趺坐長談甚契。彭華元日後依律航法師披剃，專弘律學，人稱廣化律師。晚八至十時，先生在蓮社講堂續講《梁皇寶懺》。（《蓮社日誌》）

　　四十三年裡，我參加慈老奉安典禮，增廣學佛見聞不少。觀音菩薩成道日，我參加豐原慈光寺護國法會，

---

[1] 弘安（黃潔怡）：〈濟南行（四）小院高桐碧蔭疏〉，《明倫》第202期，1990年3月，頁57-58。日期據先生墓碑，見《圖冊》，譜後圖4。

得親近懺雲法師、淨念法師諸善知識，奠定我學佛基礎。十月十六日，拜識李炳南老居士長談，為決定我修歸淨土之樞機。

十月十六日，隨律老赴臺中市，在台中蓮社，由律老之介紹得拜識李炳南老居士，彼此一見如故；即與律老三人趺坐長談，教益良多，相逢恨晚。此番聚談，為我修歸淨土之樞機。[1]

【小傳】廣化法師（1924-1996）字振教，號慚僧，俗家姓彭名華元，江西省南康縣人。一九四九年隨軍來臺。一九五四年五月慈老圓寂，赴汐止彌勒內院靈堂行禮，得識慈老剃度徒律航老法師，蒙予開示，翌年四月即於臺北十普寺受菩薩戒，以居士身弘法利生。一九五七年自軍中申請資遣，於臺中二分埔慈善寺，依律航老法師剃度出家。一九五九年三月受大戒。一九六〇年，律航老法師退居，命廣化繼任住持。歷任新竹靈隱寺佛學院、臺中南普陀佛學院、南投碧山岩寺南光佛學院、臺北東山佛學書院教務主任，負責院務。畢業學僧如常禪、慧律、如本、體慧等多位，日後均為弘化一方之法將。一九九六年六月在大眾念佛聲中示寂。世壽七十三歲，僧臘四十夏，戒臘三十八夏。

1　釋廣化：《親筆日記・第十五章》，《廣化律師全集》第 3 冊，（南投：南林出版社，2002 年）。

1954年・民國43年 | 65歲

十月十七日（日），下午四至六時，在靈山寺續講《法華經》。大眾先於三至四時念佛。（《蓮社日誌》）

十月十九日（二），晚，於蓮社為國文補習班舊班講授「歷史」。

十月二十三日（六），晚八至十時，在蓮社講堂續講《梁皇寶懺》。（《蓮社日誌》）

十月二十四日（日），下午四至六時，在靈山寺續講《法華經》。大眾先於三至四時念佛。（《蓮社日誌》）

十月二十六日（二），夏曆九月三十，藥師如來聖誕。在靈山寺參加慶祝藥師如來聖誕法會。[1]（《圖冊》，1954年圖11）
　　【案】照片背面注記：「歲甲午在台中靈山寺慶祝藥師如來聖誕，中跪者即予也」。

是日晚，於蓮社為國文補習班舊班講授「歷史」。

十月二十八日（四），高雄懺雲法師來蓮社訪晤先生，中午在蓮社午餐，留宿蓮社。（《蓮社日誌》）
　　【案】此為先生與懺雲法師結識所見最早紀錄。
　　【小傳】懺雲法師（1915-2009），俗姓曹，諱會

1　【數位典藏】照片／弘法照片／靈山寺／〈靈山寺藥師如來聖誕〉。

汶，生於遼寧安東。父親曹駿明曾任安東商務會長，聲望頗著。赴日留學，因父親病勢起伏，於是返國整理家業。二十四歲，聽了因法師說法皈依佛門。三十歲，就讀周叔迦居士創辦之中國佛教學院，禮澍培法師祝髮，法名成空，號心月。同年，往廣濟寺領受戒法。而後親近倓虛、慈舟諸大師。

一九四九年，三十五歲，渡海抵臺，於臺灣南北各地參方，與律航法師、李炳南、朱鏡宙、關世謙、朱斐等人締結善緣。四十二歲起，先後於南投埔里觀音山、臺中太平搭建印弘茅篷。四十九歲，偕弟子性因法師至南投水里開山。一九六七年，以中部地區大專學生求法之因緣，創辦齋戒學會，提倡叢林生活，恭謹禮佛之行持，嚴守律儀之美譽，逐漸傳布各地道場。尤以提倡放生、鼓勵施食、梵唄韻調感人、所繪西方三聖莊嚴親切、主七百餘次著稱。

二〇〇〇年頃，上人偶現病相，漸少開示。然四眾弟子敬重無別，歷年祝壽法會，人潮如水。二〇〇九年三月七日凌晨，於蓮因寺方丈寮安詳示寂，身無病苦，相貌如生。荼毘示現舍利極多。世壽九十五歲，僧臘六十四載，戒臘六十四夏。[1]

十月二十九日（五），獅頭山圓光寺方丈會性法師至蓮社訪

---

[1] 蓮因寺：〈懺公上人簡傳〉，蓮因寺網站：http://lienyin.blogspot.com/2019/01/blog-post.html

晤先生。先生尊禮之。

黃潔怡，〈訪林雪貞居士〉：老師常以日常生活的規矩，來教導我們；比如，到寺院大殿拜佛，要肅靜，不可直奔中央拜墊跪拜，因那是該寺住持法師專用的，又說進大殿應在進殿後轉側邊走，禮佛完要恭身後退，不可馬上轉身背對佛像，就是拜訪師長也一樣，就這樣點點滴滴訓誨我們。老師尤其敬重出家法師，記得當年才三十多歲的上會下性法師來訪，老師已是七十多高齡，一聽法師來，立刻扣衣鈕整裝戴迎接法師，當即拜下：「頂禮法師」。那種莊嚴與恭敬，令我畢生難忘。還有，凡是有人來拜訪，老師一定準備禮物回拜，並告訴我們，禮尚往來，來而不往非禮也！[1]

晚八時，在蓮社大殿舉行第三屆國文補習班結業典禮。來賓有會性法師蒞臨致詞。至十一時始告禮成。師生合影留念。[2]（《圖冊》，1954 年圖 12）

蓮社第三屆國文補習班，自五月開學修業六個月期滿，於十月二十九日舉行結業典禮。班主任、社長均有致訓，來賓會性法師亦應邀開示，勉同學學行並重。禮成合唱李老師新編歌典〈佛教青年〉並攝影留念。[3]

---

[1] 弘安（黃潔怡）：〈無盡的追思──海外回國奔喪弟子心聲：訪林雪貞居士〉，《明倫》第 165 期（1986 年 6 月）。

[2] 《蓮社日誌》，台中蓮社檔案；【數位典藏】照片／教育研習／國文補習班／〈國文補習班第三期〉。

[3] 〈佛教新聞〉，《菩提樹》第 24 期（1954 年 11 月 8 日），頁 33。

十月底完成修業規定獲得結業證書之結業生，男廿八名、女廿一名，共四十九名。學生年齡低自十五、高至五十五。學識參差、觀感不同，各科教學難以應付其均等接受，遂至多數廢學，實屬出其不得已也。[1]

　　【案】〈佛教青年〉詞曲刊於是年十二月八日《菩提樹》月刊。見該日文。

十月三十日（六），晚八至十時，在蓮社講堂續講《梁皇寶懺》。（《蓮社日誌》）

十月三十一日（日），上午十時，國文補習班第三期畢業女同學在蓮社東講堂茶會招待諸位老師，並贈送茶杯一隻紀念。午後一時，白聖法師、淨心法師來社訪晤先生。下午四至六時，在靈山寺續講《法華經》。大眾先於三至四時念佛。

是月，響應屈映光發起修訂《中華大藏經》。[2]

十一月一日（一），晚七時半起至九時半，蓮社弘法人員陳進德、許炎墩、林看治、林慧真、周慧德諸居士，在北區光興里協和巷佈教，定期五天。（《蓮社日誌》）

---

[1] 《台中蓮社社務報告（四十三年度）》，頁 6、20，台中蓮社檔案；《蓮社日誌》，台中蓮社檔案。
[2] 蔡念生：〈修訂中華大藏經會籌備工作報告〉，《中華大藏經總目錄》第 1 卷，CBETA 2021. Q4, B35, no. 194, p. 41a1-14。

1954 年・民國 43 年 ｜ 65 歲

十一月五日（五），佛曆二五一七年十月十日，與蓮社女子弘法班十姊妹合影於菩提樹雜誌社。（《圖冊》，1954 年圖 13）

十一月六日（六），晚八至十時，在蓮社講堂繼續講《梁皇寶懺》。（《蓮社日誌》）

十一月七日（日），上午兒童德育班在蓮社大殿上課。參加同學約六十餘人。下午二至三時，靈山寺念佛。三至五時，先生在靈山寺續講《法華經》。（《蓮社日誌》）

十一月八日（一），發表〈敬為在家眾新受菩薩戒諸尊進一言〉，列舉十條為基本，先勉強做起。鼓勵精進，成就菩薩事業。

　　這次竹南獅山元光寺傳戒，戒壇的莊嚴，戒和尚的慈悲苦口，羯磨教授諸師的盡心引導，一切一切，無不使人五體投地，歎為希有。在求戒的眾生，自當明白，這是難遇的事情，要發歡喜心、發慶幸心、發尊重心、發不缺願，乃至發不破願。
今天這段講話，是對在家受戒眾發的，尤其是專為受菩薩戒者，進的芻言。區區要舉出幾個條件來，作為行菩薩道的標準。能全做到，當然是真善真美，除了天然受限制做不到的以外，人力所能的，是要儘量去做的，條件如後：
（一）嚴守戒律，充實內德，具足威儀，莊嚴外表。

（二）定有日課，按時精修。

（三）勤研經典及一切文藝，使世出世法；通達豐富。

（四）上宏下化的心，剎那不斷；名聞利養的心，抑制使滅。

（五）有毅力，善巧方便，百折不回。

（六）口齒流利，具有辯才。

（七）心力、身力、物力，均樂意犧牲。

（八）柔和忍辱，包涵一切。

（九）認識環境，言行契機，隨時注意選拔人才，加強佛教實力。

（十）身體磨煉健強，使能負擔辛苦。

以上舉的這十條，除了六、九、十等三項，是自己一時不得作主的，其餘皆能勉強做到，假如這幾件看著畏難，還講什麼：四弘誓願，四無量心，以及四攝六度呢？我們在家眾，本來護法的責任重，弘法的責任輕，自修比較是主要，度他比較是隨緣。現在已經受了菩薩戒，要想作維摩大居士，那就不能怕當菩薩苦了，既當菩薩，也就不能嫌前十條的事情麻煩了。

菩薩雖是在家眾，已經是佛的法子，負的責任，就是要作昏途的明燈。若是不學不修，那能作昏途的明燈？不去度眾，焉有成佛的道理？諸位在家新戒菩薩，區區向你百頂禮，請你多多珍重！[1]

---

[1] 李炳南：〈敬為在家眾新受菩薩戒諸尊進一言〉，《菩提樹》第24期（1954年11月8日），頁2-3；收入：《弘護小品彙存》，《全集》第4冊之2，頁179-185。

1954 年・民國 43 年 | 65 歲

十一月十三日（六），午後二時，至佛教會館講演。晚七時，於蓮社講堂續講《梁皇寶懺》。（《蓮社日誌》）

十一月十四日（日），上午兒童德育班在蓮社大殿上課。下午二至三時，同修在靈山寺念佛。三至五時，先生在靈山寺續講《法華經》。（《蓮社日誌》）

十一月十五日（一），午後二時，蓮社弘法組鄧慧心至佛教會館講演。晚七至十時，弘法組同人在東區翰第里大智路弘法，預定五日。先已報市政府備查。（《蓮社日誌》）

十一月十六日（二），上午九時，江印水至臺中監獄講演。晚，賴棟樑至旱溪念佛佈教所講演。（《蓮社日誌》）

十一月十九日（五），高雄市佛教蓮社社長道宣法師，蒞臨臺中訪問菩提樹雜誌社，並駐錫主編住處菩提精舍。翌日訪台中蓮社，二十一日訪靈山寺，均參加念佛講經法會，二十二日應蓮社邀請於念佛會中開示念佛法要。[1]

是日，大湖法雲寺大殿重修落成。蓮社蓮友一百二十餘人組織朝山團體，分乘汽車三輛，前往參拜最大玉佛。

---

1 〈佛教新聞〉，《菩提樹》第 25/26 期合刊（1954 年 12 月 8 日），頁 45。

上午八時許出發,下午五時回來。(《台中蓮社社務報告（四十三年度）》,頁8)

十一月二十日（六），晚七時，在蓮社講堂續講《梁皇寶懺》。(《蓮社日誌》)

十一月二十一日（日），上午兒童德育班在蓮社大殿上課。下午二至三時，同修在靈山寺念佛。三至五時，先生在靈山寺續講《法華經》。(《蓮社日誌》)

十一月二十三日（二），晚七時，在蓮社大殿教授講演方法，發給「講演表」參照。(《蓮社日誌》)

是日，靈山寺住持德真法師清晨於寺內舉行簡單莊重儀式，正式圓頂。同時圓頂者共有七人，現該寺住眾全部落髮示現僧相。[1]

十一月二十四日（三），晚七時，在蓮社大殿繼續教授講演方法。講演時，先生放在講堂內常用皮包被竊，遺失身分證、講演稿等。(《蓮社日誌》)

十一月二十五日（四），晚七時，在大殿繼續教授講演方

---

[1] 〈佛教新聞〉，《菩提樹》第 25/26 期合刊（1954 年 12 月 8 日），頁 45。

法。(《蓮社日誌》)

十一月二十六日(五)至三十日(二),應樂生療養院棲蓮精舍之請,前往宣講《阿彌陀經》。桃園蓮友聞悉,復邀請每晚在桃園市區講經,亦於同日開始。每天日夜兩場宣講,兩地車程約一小時。許炎墩等人隨行。[1]

對棲蓮精舍病友講《阿彌陀經》,目的在概舉義理、堅固信心;目的不在學習演教,因此重點在說明修行方法,使聽者能有把握。[2] 在桃園蓮社講〈淨法解脫要義〉,申明淨法為釋尊八萬四千法門外一特別法:不必斷惑,又有佛之他力幫忙。[3]

十一月二十七日(六),下午,於棲蓮精舍宣講《阿彌陀經》;晚,於桃園蓮社講授〈淨法解脫要義〉。

晚七時,台中蓮社《梁皇寶懺》講座,由朱斐代講。(《蓮社日誌》)

---

1 〈佛教新聞〉,《菩提樹》第 25/26 期合刊(1954 年 12 月 8 日),頁 45。
2 李炳南:〈甲午冬十一月在大寮坑樂生醫院講彌陀經〉,《講經表解(上)》,《全集》第 2 冊,頁 424-425。
3 李炳南講,安壽記:〈淨法解脫要義〉,《脩學法要》,《全集》第 9 冊,頁 127-134。

十一月二十八日（日），上午，參加樂生療養院棲蓮精舍西方三聖像開光典禮。下午，於棲蓮精舍宣講《阿彌陀經》；晚，於桃園蓮社講授〈淨法解脫要義〉。

午後，臺中靈山寺原先生主持之《法華經》停講一次，改由周邦道講戒殺及因果報應之理，兼引歷史故事證明。（《蓮社日誌》）

〈各地通訊〉：新莊樂生療養院棲蓮精舍西方三聖像開光典禮，於十一月二十八日上午舉行，到有章嘉大師、白聖法師、覺淨和尚、心然法師、摩迦法師、李炳南居士、吳仲行居士等兩百餘人。由白聖法師主法開光說法。晚間摩迦法師除為患者說法外並放映幻燈慰問患者。又聞說李炳南居士現每日下午二時為患者說《阿彌陀經》云。[1]

十一月二十九日（一），下午，於棲蓮精舍宣講《阿彌陀經》；晚，於桃園蓮社講授〈淨法解脫要義〉。

十一月三十日（二），下午，於棲蓮精舍宣講《阿彌陀經》；晚，於桃園蓮社講授〈淨法解脫要義〉。

十二月一日（三），上午，江印水、林炳榮、許克綏、賴棟

---

1 〈各地通訊〉，《人生》第 6 卷第 11/12 期合刊（1954 年 12 月 10 日），頁 346。

樑、劉石定及同修數人，請道宣法師至蓮社講授八關齋法。中午在蓮社餐聚。午後一時，先生由桃園歸返臺中。（《蓮社日誌》）

十二月四日（六），晚七時，在蓮社續講《梁皇寶懺》。
（《蓮社日誌》）

十二月五日（日），靈山寺甲午冬季佛七開始，由靈山寺住持德真、德欽兩法師主七，先生開示。（《蓮社日誌》）有〈午年冬季靈山寺佛七開示〉講稿表：（《圖冊》，1954年圖14）

第一日，法華曾聞舉要：散亂心念佛，皆已成佛道；況今求一心，焉能不出要。

第二日，死是嚴師：今日我命終，蓮友來助念；車軌相依行，兩俱不可斷。

第三日，道場煉鐵爐之喻：鍛煉人才亦有爐，靈山建七下功夫；若能打得念頭死，便是純鋼廢鐵無。

第四日，船上水之喻：柁帆牽索賴多緣，盪槳還須自力堅；必破濤瀾衝上去，稍微疏懈即翻船。

第五日，生死可厭往生最樂：吞鐵飲銅地獄門，鬼途饑渴亦難論；豬胎狗腹皆汙穢，快與彌陀作子孫。

第六日，用第二日之題二日改說規矩。

第七日，圓滿勗勉詞：化迹彌陀早監臨，洋洋佛號水流

音；六根洗濯無塵垢，皓月團團現慧心。[1]

【案】本次開示手稿首行標題為「◎午年冬季靈山寺佛七開示」，據普慧法師抄錄，蘇全正整理：「李炳南於臺中市靈山寺主持佛七開示法語一覽表」，確認為一九五四年（甲午年）十一月舉辦之佛七；所記十一月為夏曆。該件筆記記錄本次佛七開示另有一偈未見載於手稿：「未得一心，先求恭敬；做到至誠，便是感應。」[2]

十二月八日（三），《菩提樹》月刊第二十五／二十六期合刊發行。該刊發行滿二週年，發表〈兩週年本願重申與立場檢討〉，重申本願：「弘揚淨土法門，建設人間佛教」，勉勵即不能做菩薩，亦當做善人，最少應成一正知正見、不背因果之正人。對妨礙佛教者，給予忠告；對追求名聞利養者，默擯。不自慢、不消沉、不同流合汙。

本社的名相雖是新出，辦事的卻還是那批舊人，一切一切，還是本著夙願來做。這本願無他，就是「弘揚淨土法門，建設人間佛教」。

古德說過：「正法時期戒成就，象法時期禪成就，末法時期淨成就」。今值末法，要想「行持」速得利益，

---

1 【數位典藏】手稿／佛學講授／佛七開示／〈甲午年冬季靈山寺佛七開示〉一篇共 5 頁。

2 釋普慧抄錄，蘇全正整理：「李炳南於臺中市靈山寺主持佛七開示法語一覽表」。

也只有遵從古德的訓示，度量自己的根器，自行化他的弘揚這一法門，其他自有專家去推廣。清代楊仁山開士，他是中興佛教的龍象，本是治華嚴的，曾主張說：「教崇賢首，行尚彌陀」。台宗泰斗諦老的法嗣倓虛大師，這是法華的正宗，也主張說：「教演天台，行宗淨土」。到了太虛大師更主張說「禪律相密，皆攝入淨」。所以本刊為速利一切眾生故，遵從古今大德的指示，行持一端，專崇淨土！話雖如此，而在弘教方面，還是平排的向前宣傳，因為整個佛法，本來圓融，行解權實事理等，實不可分離故。

佛教就是佛教，為何加上「人間」兩字呢？這是因著人類所讀的佛經，其中的教義，多量是為人類設施的。世尊在人間為人說的一切教法總括起來說，就是「諸惡莫作，眾善奉行，自淨其意」，使做一個真菩薩；假若不能，也要做一個真善人；最低限度，也須養成一個正知正見，不背因果的正人！必須這樣，眾生才能受到我的利益。

本刊這幾年，對付環境的立場，總括起來，有兩大端：甲、是對任何方面，一切妨礙佛教的言行，只取忠告，不取讎視。乙、是對教內的同人，不問他或隱或顯，凡是一切名聞利養的動態，皆與以默擯，決不看私情作違心的鼓吹。

今天作一次檢討，要使自身警覺，使他此後，不自為是的起慢；也不懦怯畏首畏尾的消沉；更不被一切的誘

惑，去同流合汙。誓要這樣去做。[1]

《菩提樹》同期，有先生刊作詞，陳關生作曲之〈佛教青年〉，為臺中佛教蓮社《天樂班歌集》之一。

　　李炳南編詞，陳關生作曲，〈佛教青年〉：
日出照雪山，朝氣新鮮。雖有幾片浮雲，何能遮住光燄。
佛教青年，佛教青年，操行要同雪山高潔，智慧要比日輪光圓。
日光有強烈熱力，正似我青年誓願。
這誓願是慈悲喜捨，要平等普被世間。
大無畏、不疲厭，縱然入地獄，也要把地獄莊嚴。
精進！精進！向前！向前！
眾生未得盡度彼岸，我不取涅槃！[2]

十二月十一日（六），夏曆十一月十七日，靈山寺甲午年冬季佛七圓滿。與主七法師及女青年合影。[3]（《圖冊》，

---

[1] 李炳南：〈兩週年本願重申與立場檢討〉，《菩提樹》第 25/26 期合刊（1954 年 12 月），頁 3-5；今收見《弘護小品彙存》，《全集》第 4 冊之 2，頁 164-171。

[2] 〈佛教青年〉詞及曲譜刊於《菩提樹》第 25/26 期合刊（1954 年 12 月 8 日），頁 5；收見《弘護小品彙存》，《全集》第 4 冊之 2，頁 547。作詞者陳關生，為臺中市一中教師，時任台中蓮社天樂隊指導老師。另請參見：1952 年 11 月 11 日：〈林鳳一師伯口述歷史訪談〉一文。

[3] 【數位典藏】照片 / 弘法照片 / 靈山寺 /〈靈山寺第十次佛七之一〉、〈靈山寺第十次佛七之二〉。

1954年圖15）

十二月十二日（日），午後三時，在靈山寺續講《法華經》。（《蓮社日誌》）

十二月十四日（二），晚七時，在蓮社教「講演術」。（《蓮社日誌》）

十二月十五日（三），晚七時，在蓮社教「講演術」。（《蓮社日誌》）

是日上午八時，蓮社理事陳進德之太夫人，臨終正念分明，安詳生西。生前預立遺囑，清楚交代後事。焚化得白色堅固子二顆。[1]

十二月十六日（四），晚七時，在蓮社教「講演術」。（《蓮社日誌》）

十二月十七日（五），晚七時，在蓮社教「講演術」。（《蓮社日誌》）

---

1 《台中蓮社社務報告（四十三年度）》，頁22-24，台中蓮社檔案。又見：〈佛教新聞〉，《菩提樹》第27期（1955年2月8日），頁39。

十二月十八日（六），晚七時，在蓮社續講《梁皇寶懺》。（《蓮社日誌》）

十二月十九日（日），午後三時，在靈山寺續講《法華經》。（《蓮社日誌》）

十二月二十三日（四），上午十一時，佛瑩法師由臺北來臺中，社長德欽法師及先生領導中慧班同修及蓮友三十餘人到車站迎接。下午二時，佛瑩法師至蓮社參觀。（《蓮社日誌》）

十二月二十四日（五），下午二時，在法華寺開講《心經》，共計八天，至三十一日（夏曆臘月七日）圓滿。有〈般若波羅密多心經筆記〉。（《圖冊》，1954年圖16）

〈般若波羅密多心經筆記〉：甲午十二月在法華寺講：沿革、五重玄義、譯人、行深、五蘊、釋空色、徧計所執性、依他起性、圓成實性、性空、色心法、十二因緣、四諦、四種四諦、三智、罣礙、恐怖、顛倒、圓寂、三世、總持、無上、正等、正覺、咒、秘密五義[1]

十二月二十五日（六），下午二時，在法華寺續講《心經》。晚七時，佛瑩法師在蓮社大殿開講《阿彌陀

1　《蓮社日誌》，台中蓮社檔案；李炳南：〈般若波羅密多心經筆記〉，《講經表解（下）》，《全集》第3冊，頁1043-1050。

經》，連續九天圓滿。(《蓮社日誌》)

〔臺中訊〕佛教蓮社於十二月二十三日起，恭請佛瑩尼法師蒞中，每晚在社宣講《佛說阿彌陀經》，連續九天圓滿。法師原籍廣東，早歲畢業於醫科大學，出家後親近當代禪宗大德虛雲老和尚有六年之久，持戒精嚴、過午不食，辯才無礙，聽者讚不絕口。法師在臺中期間駐錫于靈山寺淨宗道場，每日除在寺內為該寺尼眾教習毘尼外，並於每週日講演「怎樣調伏五欲」，講至食欲時，根據醫學證明，加以分析食物營養，聽眾中即有人聽講後發心持素者，可謂希有難得矣。[1]

十二月二十六日（日），上午九時，至蓮社列席參加佛教蓮社第二屆第十二次理監事會議。通過〈四十三年度經費收支決算表〉、〈四十四年度經費收支預算表〉。[2]

下午二時，在法華寺續講《心經》。

十二月二十七日（一），下午二時，在法華寺續講《心經》。

十二月二十八日（二），下午二時，在法華寺續講《心

---

[1] 〈佛教新聞〉，《菩提樹》第 27 期（1955 年 2 月 8 日），頁 39。
[2] 施德欽主席，劉汝浩記錄：〈台中市佛教蓮社第二屆理監事會紀錄（第十二次）〉（1954 年 12 月 26 日），《台中蓮社董監事會議紀錄》，台中蓮社檔案。

經》。

十二月二十九日（三），下午二時，在法華寺續講《心經》。

十二月三十日（四），下午二時，在法華寺續講《心經》。

十二月三十一日（五），下午二時，在法華寺宣講《心經》圓滿。

是年，撰有〈印光大師遺教兩要序〉。該書係擷印光大師〈一函遍覆〉、〈臨終三要〉兩文，合印單行本。

  智溫學長擬擷續文鈔中，〈一函遍覆〉及〈臨終三要〉兩篇，合印一冊，廣為印送。用為應病時藥，濟渴蔗漿，偕老友周子慎居士，就商於予，予撫掌曰，善矣哉，〈遍覆〉〈三要〉，乃淨業始終，執其兩端，則得其全用，且〈遍覆〉旨在出世淨因，而於倫分之敦盡，災祥之避趨，皆為攝要，是不離世法，以求菩提也。〈三要〉旨在往生淨果，而於悲心之推施，福田之培植，尤深致意，是不忽度他，以求自度也。既於淨業始終、世出世法、自度度他等，俱無間然，謂為佛法澈底全彰，亦無不可也。果使契機適時，有益乎眾矣，又奚必強之纍纍五車，浩浩三藏者哉。
中華民國四十三年歲次甲午受業弟子李炳南謹撰於台中

市佛教蓮社[1]

是年,《常禮舉要》由瑞成書局出版。[2]

是年,有詩〈題槐村居士詩集〉、〈讀晉唐古德西行求法記〉。(《雪廬詩集》,頁 290-291)

〈題槐村居士詩集〉:一卷光芒似鑑冰,幾回搔首愧詩朋;騷壇高仰孤輪月,幻相西來半箇僧。句健皆從生處覓,格清疑是定中澄;云何般若離文字,便作禪觀亦上乘。

〈讀晉唐古德西行求法記〉二首:

葱峰黯黯雪山寒,墜澗埋沙骨已殘;午夜茅齋香一炷,求經孰與讀經難。

荒天萬里苦行縢,歸路擔頭尚有冰;百死營求名利外,為教風雨夜懸燈。

是年以前,先生獲黨國元老,前廣東中山大學校長鄒魯繪贈蘭花。(《圖冊》,1954 年圖 17)

【案】鄒魯(1885-1954),字海濱,廣東省大埔縣人,革命黨人,曾任廣東中山大學校長。鄒魯於是年

---

1 李炳南:〈印光大師遺教兩要序〉,《雪廬寓臺文存》,《全集》第 14 冊之 2,頁 35-36。落款據《數位典藏》/手稿/詩文創作/雪廬寓臺文存之一/〈印光大師遺教兩要序〉。

2 李炳南:《常禮舉要》,臺中:瑞成書局,1954 年。國家圖書館收藏。

二月過世，獲贈當早於此。

是年，周家麟至蓮社聽經，晤談相契，自此成為常隨眾，為先生重要入室弟子。於先生生西後，接續《華嚴經》講席，並任蓮社導師。

「佛學問答・臺中周家麟居士問」：

問：弟子自入佛門，受佛法薰陶，覺對人間一切趣味索然，原來預備高考心理及期望，均已消失，對各種哲學及經濟學等，均無心繼續研究，此種心理，是否正常？懇賜開釋。

答：爭逐名利，固可淡薄；進德修業，不可消極。蓋為利益眾生而學佛，必研世法，方備接引梯航焉。[1]

【案】周家麟從學先生時間未詳。據前引文「知雪公於台中蓮社弘法」，則當是一九五二年蓮社講堂落成以後。今所見記載，周家麟於一九五五年三月即啟問者如是，則從學時間當更早。周曾自述其從學因緣：因為任職臺中酒廠，工作地點與住家都在台中蓮社附近。晚飯後，常與家人在附近散步。常見周邊皆昏暗，只有一房舍燈火通明、似有人聲。某日，即尋入蓮社，時正炳南先生為大眾說法，一聞相契，從此隨學。[2]

【小傳】周家麟（1920-2006），字聖遊，安徽阜

---

1 李炳南：「佛學問答」，《菩提樹》第 28 期（1955 年 3 月 8 日），頁 33。

2 吳碧霞講述，林其賢記錄：「吳碧霞口述紀錄」，2024 年 7 月 18 日，台中蓮社。

陽人。幼承庭訓，奠立國學深基。於書法、國劇及太極拳等，皆學有所成。早歲從軍，畢業於黃埔軍校西南分校，後轉任浙江水上警察局。一九四六年末東渡臺灣，初居臺北，繼徙花蓮，一九四七年轉調臺中酒廠。歷任文書股長、庶務股長、總務課長。蒙長官賞識，屢推薦榮調外地，升任主管，皆婉謝，唯願一心追隨雪公習佛習儒。蓮社成立後，經同事蔣俊義介紹尋往聽講。晤談契機，成為入室弟子，深得炳南先生倚重。寒暑期之佛學講座、四年期之內典研究班，皆受聘任教。炳南先生晚年創辦「論語講習班」，受聘擔任教務主任，並於課後督導背誦。並於炳南先生西歸後繼志述事，接任班主任授課，並於黑板題書「如師親臨」，其尊師重道有如是者。又應眾請延續《華嚴》講席，前後計十七載。臨終時正念分明，於彌陀聖號聲中安詳示寂，春秋八十有七。[1]

是年前後，有詩題贈陳銘燁醫師開業。（《圖冊》，1954 年圖 18）

〈銘燁陳大醫師開業紀念〉：閻浮寶樹並枝榮，喜見垂垂子結成；正似東皇多妙術，萬家湯餅洗新嬰。五千鳳紀衍軒黃，瓜瓞連緜萬世昌，赤子康寧兼永壽，元功獨賴是醫王。良相曾聞隱碧丘，從容復國有深謀；

---

1 參見：治喪委員會：〈周家麟老居士事略〉，《明倫》第 362 期（2006 年 2/3 月合刊）。

饒他武庫如山岳，生聚應占第一籌。
銘燁陳大醫師開業紀念
　　　　　　　　臺中蓮社女子弘法班敬賀　李炳南書[1]
【案】是幀墨寶係以「臺中蓮社女子弘法班」為名祝賀，先生來臺初期，該弘法班活動力最為顯著，因繫於此。

是年，臺中師範學校學生王烱如由該校國畫教師呂佛庭介紹，從學於先生。

讀「中師」時，有一天，指導繪畫的呂佛庭老師給了一本第八期的《菩提樹月刊》雜誌。讀了之後深深吸引著我，而且很快就訂閱了。呂老師可能看出我學佛的機緣成熟了，便帶我到和平街三十九號二樓的《菩提樹》雜誌社，介紹我認識主編朱斐居士，以及社長李炳南老居士。民國四十三年，臺中師畢業第二年，就在「菩提樹雜誌社」的小佛堂，雪公推薦我皈依三寶，那是通信皈依，由臺北華嚴蓮社南亭老法師為皈依證明師。皈依之後即參加台中蓮社男青年團體「文藝班」，晚間聽李老居士講經及講學，而朱老師講授「佛學常識」課程。[2]

【案】王烱如係由先生講說法義，引薦其禮南亭法

1　李炳南：〈銘燁陳大醫師開業紀念〉，陳欣德提供。
2　王烱如：〈菩提仁愛之家訪談紀錄〉（2023年1月30日），臺中：菩提仁愛之家，未刊本。

1954 年・民國 43 年｜65 歲

　　師為證明皈依師。

是年，台中蓮社於市內開設四所定期講演場，每月講演一至二回。市內隨時講演有十四場，六十三次。臺中監獄內，男子弘法班員講演三十一次。市外南屯善修堂、北屯慈善堂、大坑楞山岩及軍功寮，每月各有女子弘法班員臨場弘法。近縣大雅鄉龍善寺、內埔鄉屯子腳、鹿港萬壽宮及恩德堂、社頭佈教所、田中乾德宮及普興寺、林內圓明寺，皆有女子弘法班員或定或隨時之弘法。[1]

　　煮雲法師，〈行腳散記〉：在我未去田中以前，有台中蓮社的林看治女士在田中講《彌陀經》，一個月去講兩次，同時田中也有人去臺中見過李老，請李炳老派人來田中佈教，成立田中佈教所，由江慶宵居士向警察所申請在媽祖廟佈教。這就是我去田中之前，先有林居士種下的正法種子，我去能有如此之多的人皈依三寶，也是林居士弘揚正法之功。[2]

是年，台中蓮社放生魚類七百四十七點五台斤，鳥類七百二十六隻，龜鱉九十六隻，共計價款新臺幣四千零九十二元。濟貧白米一千五百台斤。[3]

1　《台中蓮社社務報告（四十三年度）》，頁 30，台中蓮社檔案。
2　釋煮雲：〈行腳散記〉，《菩提樹》第 30 期（1955 年 5 月 8 日），頁 15-17。
3　《台中蓮社社務報告（四十三年度）》，頁 32，台中蓮社檔案。

1955 年・民國 44 年・甲午－乙未
66 歲

【國內外大事】
- 一月,斌宗法師出關轉法輪。
- 五月,孫立人事件。
- 六月,章嘉大師首次巡迴視導中南部。
- 八月,中華佛教文化館影印《大藏經》。
- 十月,越南共和國成立。
- 十一月,玄奘大師靈骨由日歸國。

【譜主大事】
- 一月,蓮社社員大會,續受聘為名譽社長,德欽法師連任社長。
  春節初六起,舉辦連續五日男青年演講大會,由文藝班擔綱。
- 三月,靈山寺春季佛七開示。
  於蓮社理監事會提議應積極辦理慈務工作,優先促進保護動物會及蔬食運動。並以「戒殺、護生、保護動物」為主題,舉行連續五天之佛教通俗講座。
- 五月,編撰教材,訓練蓮社二十位女青年,於佛誕節舉行講演大會。
- 六月,禮請斌宗老和尚,於台中蓮社傳授菩薩戒。
- 七月,台中蓮社首次舉行佛化婚禮,應邀福證。

1955 年・民國 44 年 ｜ 66 歲

- 九月中至十二月中，靜養，暫停講經。
- 十月，「影印大藏經環島宣傳團」至臺中宣化，經先生大力推薦，臺中蓮友共訂四十餘部，為全省之冠。
- 十一月，協助籌組一年之桃園蓮社落成，受聘為名譽社長。
- 十二月，《佛學問答類編》（朱斐編本）出版。
  為《菩提樹》雜誌撰寫〈卷頭語〉專欄，自是月第三十七期至民國四十七年六月第六十七期為止。
  促成「保護動物協會」成立，並獲選為監事。
- 是年，於台中蓮社持續宣講《梁皇寶懺》（1953 年 10 月至 1956 年 1 月）。
  於靈山寺持續宣講《妙法蓮華經》（1954 年 3 月至 1957 年 3 月）。
  江錦祥（逸子）由國畫教師呂佛庭介紹，從學於先生。

一月一日（六），法華寺佛像開光，請先生主持典禮，由蓮社弘法班呂正凉講演。（《蓮社日誌》）

是日，新竹法源寺斌宗老法師掩關三年期滿，舉行出關盛典。二百餘人與會。

一月五日（三），晨六時半，臺中蓮友赴日月潭及碧山岩遊覽，共五十四人，在蓮社集合，乘汽車一輛出發。至晚六時返回。佛瑩法師及先生均同往。佛瑩法師在蓮社講《阿彌陀經》於一月三日圓滿。（《蓮社日誌》；《圖冊》，1955年圖1）

一月九日（日），上午九時，在蓮社大殿召開第四次社員大會。選舉理監事。仍聘先生為名譽社長，董正之為顧問。十二日召開理監事聯席會議，推舉由德欽法師連任社長。

　　當選者：
理事九人：陳進德、周邦道、許克綏、許祖成、施德欽、
　　　　　張文炳、朱炎煌、許德真、賴天生。
候補理事三人：江印水、林看治、余四海。
監事三人：張寬心、朱斐、劉汝浩。
候補監事：洪宗浙。
仍聘李炳南老居士為名譽社長，董正之居士為顧問，陳進德居士為法務主任，許克綏、朱炎煌兩居士為慈務主

任，江印水居士為總務主任。[1]

一月十二日（三），至蓮社列席參加佛教蓮社第三屆理監事第一次會議。先生報告：發願拜懺四十八天迴向諸幹部，以及女青年發願辦孤兒院收養孤兒事。

施德欽主席，劉汝浩記錄，〈台中市佛教蓮社四十年度理監事座談會紀錄（第三屆第一次會議）〉：

新任社長德欽師致詞：本人學識不足，且對外應付，亦非所長，承各位推舉，深感慚愧。

李老師致詞：蓮社社長，非道德高尚之人，不能擔任；非出家人不能擔任，至於學識等尚在其次。所以非德欽師擔任不可。雖然德欽師年高而膺此繁劇，不免勞苦，然為眾生故，受此勞苦亦是功德。我們大家提起精神，擁護社長，以挽回劫運，消災免難，同發菩提心，勇猛精進。我最近發願拜四十八天懺，回向為大家作功德。因為大家盡力辦蓮社，度化約近萬人，功德很大，所以我發願為大家作功德。

還有一個消息要報告大家，就是本社有幾位青年女子發願要辦孤兒院。要來章程一看，規模很大，非幾個小女子力所能及。後來她們願以自己所得薪水拿出一半，擔任養十個孤兒。我因為幾個女子，年幼，家境不好，且能如此，我就替她們籌劃，後來有人願出十五萬元作孤

---

1 《台中蓮社社務報告（四十四年度）》，頁3，台中蓮社檔案；《菩提樹》第27期（1955年2月8日），頁37。

兒院經費，現在正在籌劃進行中。這個消息，特報告給大家。[1]

一月十五日（六），台中蓮社舉辦冬令救濟。弘法組利用貧戶一百六十多人到蓮社領米機會，由林看治向此等貧苦同胞說佛法。（《台中蓮社社務報告（四十四年度）》，頁20）

一月二十二日（六），呂佛庭敬繪無量壽佛像為先生祝壽。
（《圖冊》，1955年圖2）

　　　　四大本無常，道由靜裡悟。西方在寸心，永樂無量壽。時在甲午除歲前一日恭寫無量壽佛法像，為炳老大維摩壽。　　半僧敬繪[2]

一月二十四日（一），乙未正月元旦，蓮友百餘人在蓮社舉行團拜，繞佛念佛。到有蓮友約一千名，屋內屋外水洩不通，繞佛只有假道街巷，從前門出繞入後門。團拜時不但不能行禮，連問訊亦無法，僅能互相點頭以為恭喜。[3]

是日，有〈乙未年元日禮佛寄慨〉，前後又有〈講席罷

1　施德欽主席，劉汝浩記錄：〈台中市佛教蓮社四十年度理監事座談會紀錄（第三屆第一次會議）〉（1955年1月12日），《台中蓮社董監事會議紀錄》，台中蓮社檔案。
2　呂佛庭題寫：〈無量壽佛像〉，《雪廬老人題畫遺墨》，「附雪廬老人皮藏」，《全集》第16冊，頁248。
3　〈臺中訊〉，《菩提樹》第27期（1955年2月8日），頁38。

1955年・民國44年｜66歲

憶董正之〉，歎知音遠去。

〈乙未年元日禮佛寄慨〉：法末有興謗，園荒無布金；如何斗東轉，不挽日西沉。已竭螳螂力，仍存蝸蚓心；憑誰借慧劍，揮霍破天陰。[1]

〈講席罷憶董正之〉：緣不留君住，誰為顧曲人；高堂調錦瑟，空自動梁塵。（《雪廬詩集》，頁291）

【案】董正之為立法委員，日前因中央民意代表新建住所完工，遷居新店中央新村。一九五三年十月十二日，董正之曾因此去函蓮社理監事會請辭常務理事職，經慰留。

一月二十九日（六），乙未正月初六，即日起五天，台中蓮社舉行春季講演大會。開講前一日，天樂班、文藝班及蓮友等五六十人以樂隊於市街先行廣宣傳播講演訊息。五天講演，每天兩場，第五天只有一場，講後請先生總結開示。每場次各有一講一譯，共有九場，由文藝班汪玉建、胡遠志、鐘隆連、王烱如、賴瑞柏、華福良、張營林、謝其性、陳修善主講，許炎墩、彭威勝、許俊傑翻譯。[2]

第一天由汪玉建同學講「學佛先明因果」，許俊傑同學翻譯；胡遠志同學講「中華民族的根性是忠孝」，

---

1 李炳南：〈乙未年元日禮佛寄慨〉，《菩提樹》第27期（1955年2月8日），頁8。今收見：《雪廬詩集》，《全集》第14冊之1，頁291。《全集》本「仍存蝸蚓心」改為「難降蝸蚓心」。

2 《台中蓮社社務報告（四十四年度）》，頁4、19，台中蓮社檔案。

許炎墩同學翻譯。第二天由鐘隆連同學講「極苦世界」，林鳳一同學翻譯；王烱如同學講「一條明路」，彭威勝同學翻譯。第三天由賴瑞柏講「聰明人有前後眼」，王烱如同學翻譯；葉福良同學講「一個難逢解脫機會」，謝其性同學翻譯。第四天由張營林同學講「已得救命圈還得登彼岸」，許俊傑同學翻譯；謝其性同學講「學佛卻也容易成就」，王烱如同學翻譯。第五天由陳修善同學講「三根學佛各得利益」，彭威勝同學翻譯。幻燈片節目每晚由朱斐居士放映，陳進德居士用臺語說明。最後一天由李炳南老師結束講話，並舉行摸彩大會。獎品共備七百餘份，全部摸去。[1]

二月一日（二），中午，招待桃園蓮社女子青年班陳朱孃等在蓮社聚餐，中慧班同學幫忙接待。晚七時，講演大會第四天。（《蓮社日誌》）

二月二日（三），晚七時，講演大會第五天。同學講畢，由先生總歸納並評賞，陳進德翻譯。最後摸彩大會，六百餘人，人人有獎。（《蓮社日誌》）先生有〈乙未春季青年演講結束致詞〉講表。[2]（《圖冊》，1955年圖3）

---

1 〈佛教新聞〉，《菩提樹》第27期（1955年2月8日），頁38。
2 李炳南：〈乙未春季青年演講結束致詞〉，《雪廬老人佛法講演二十卷手稿》第20卷（台中蓮社收藏，未刊本）；李炳南：《雪公開示講表》（台中蓮社，打字版未刊本），頁538-539。

1955 年・民國 44 年｜66 歲

〈乙未春季青年演講結束致詞〉：
（甲）代講者致謙詞
（乙）五天所講歸納：眾生喻病者，於世分墮、現、超、出；佛陀喻醫王，法說八萬四千門；聞法賴因緣，然後能得果
　釋義：現世法──心身安適、國家太平（忠孝）；
　　　　超世法──高級富貴、天上欲樂（五戒十善）；
　　　　小涅槃──聲聞果、緣覺果（四諦十二因緣）；
　　　　大涅槃──菩薩果、佛果（六度萬行）
　分析：因──無根（愚癡／墮）、小福根（近聰明／現）、大福根（遠聰明／超）、道根（智慧／出）
　　　　緣──說性分忠孝（現），說五戒十善（超），說六度萬行（出）
　　　　果──得家齊國治（現），得人天小果（超），得究竟涅槃（出）。
　　　　六度證涅槃之感──心身二力不及；特別穩當法門（三根普被、利鈍全收）
《妙宗鈔》──破見思名位不退，伏斷塵沙名行不退，破無明名念不退
《西方要訣迦才淨土論》於上加「處」不退──大悲攝持不退、佛光照觸不退、常聞法音不退、善友同居不退、壽命無量不退（《十疑論註》）

二月五日（六），台中蓮社每星期六晚定期講經，晚七時，先生新年開講，續講《梁皇寶懺》。（《蓮社日誌》）

二月六日（日），靈山寺每星期日下午定期講經，下午三時，先生新年開講，續講《法華經》。（《蓮社日誌》）

二月八日（二），於《菩提樹》月刊第二十七期，刊載〈佛教世間法的一部分〉，係為臺北民生廣播電臺廣播稿，談學佛須以世間善法為基礎；世間善法，首倡忠孝。

　　凡事要求根本，一個國家的存在，必須具足文化與武備，武備用在亂時，文化用在平素。拿文武兩事比較，文化算是根本。但文化又分政治與宗教，政治外在，教治內在。再拿政教來比較，宗教又算根本。

自佛教傳入中國以後，對上根的人論心性，對下根的人說因果。講忠，不但說殺身效死，更說出仁王護國種種法門；講孝，不但慎終追遠，更要度脫多劫父母。

今天本是講世間法，卻也離不開出世法。古人說要想成佛作祖，必須先做到孝子忠臣。所以忠孝兩件事，學佛的人必要講求的！經訓「諸惡莫作，眾善奉行，自淨其意。」這三句就是整個佛教。前二句可說是世間善法；後一句自是出世大法。印光大師教初機學人，多是「諸惡莫作，眾善奉行，敦倫盡分，閑邪存誠，信願念佛，自行化他」數句。細看這幾句的次序，也是先講世法，求人格無損，進一步再修念佛，自己能去實行，然後纔可去化他人。可見學佛的人；必得注重世間忠孝！不解出世法的人，要是有志提倡忠孝，也必須起來學佛，纔

1955 年・民國 44 年 ｜ 66 歲

能得到深一步的研討，纔能真的做到澈底。[1]

同期，除「佛學問答」外，刊有佛教歌曲〈護國〉，先生作詞，簡子愛作曲。
漢帝夢金人，西天求佛道。白馬馱經，華夏開正教。固有文化，傳國之寶，團結民族至要。齊皈依使永保！齊弘揚使普照！
吾族有至德，精神惟忠孝。護國報親，佛法歎獨到。固有文化，傳國之寶，團結民族至要。齊皈依使永保！齊弘揚使普照！[2]

【案】《菩提樹》月刊第二十五／二十六期刊出佛曲標識為《臺中佛教蓮社天樂班歌集》之一，第二十九期刊出佛曲標識為《臺中佛教蓮社天樂班歌集》之三，今此曲當是《臺中佛教蓮社天樂班歌集》之二。

是日上午九時，台中蓮社派賴棟樑前往臺中監獄講演。新年起，蓮社定期每週二指派弘法人員到該處教化講演。（《蓮社日誌》）

---

1 李炳南：〈佛教世間法的一部份〉，《菩提樹》第 27 期（1955 年 2 月 8 日），頁 3-5；今收入《弘護小品彙存》，《全集》第 4 冊之 2，頁 117-125。
2 李炳南作詞，簡子愛作曲：〈護國〉，《菩提樹》第 27 期（1955 年 2 月 8 日），頁 5。收見《弘護小品彙存》，《全集》第 4 冊之 2，頁 579。

二月十二日（六），晚七時，在蓮社講《梁皇寶懺》。（《蓮社日誌》）

二月十三日（日），下午三時，在靈山寺續講《法華經》。（《蓮社日誌》）

二月十五日（二），晚七時，在大殿召開各家庭念佛班班員大會。先生致詞勸勉大家須報佛恩與父母恩，組織攝化組以幫忙蓮社一切雜務。指定組長本省三人、外省二人計五人。江印水發言，提醒助念團員應遵守事項，以及家屬須知等數事。（《蓮社日誌》）

【案】【數位典藏】收錄先生函江印水一件，附有念佛班班長名單，計有十班。是函年日未詳，唯江印水任助念團團長至一九五九年，略可推知此期間念佛班組織情形。

〈江印水之一〉（去函4月8日）：印水老弟大鑒：日昨一辛老弟查詢各念佛班班長之名，預備分派戲票，茲為開出，希即轉交。再者，有信兩件，已經答覆。望存社中作紀念可耳。（後如有談佛法之信，擬均存社中）專此，即頌

淨祺　　　　　　　　小兄李炳南和南　四月八日

先度班李銘榮、菩提班劉居士、布施班杜妙知、持戒班曾寶宗、等覺班許炎墩、圓覺班廖一辛、圓鏡班朱炎煌、復興班朱斐、內地班董正之、精進班李漢鳴。左列

各位亦可勸其派票：林看治、黃大海、賴大吉、劉智雄[1]（《圖冊》，1955年圖4）

二月十六日（三），念佛班布施班員王嫦娥自動來蓮社幫忙。

二月十八日（五），念佛班員王嫦娥自動來蓮社幫忙。下午三時，吉祥班在大殿小組會議。鳳山佛教蓮社社長煮雲法師與二女居士來蓮社參觀。（《蓮社日誌》）

二月十九日（六），晚七時，在蓮社講《梁皇寶懺》。（《蓮社日誌》）

二月二十日（日），下午三時，在靈山寺講《法華經》。（《蓮社日誌》）

二月二十四日（四），中午，先生招待董正之、朱鏡宙兩居士及真華法師在蓮社聚餐。（《蓮社日誌》）

二月二十六日（六），晚七時，在蓮社續講《梁皇寶懺》。（《蓮社日誌》）

二月二十七日（日），下午三時，在靈山寺續講《法華

---

1 【數位典藏】書信 / 在家居士 / 江印水 /〈江印水之一〉。

經》。（《蓮社日誌》）

二月二十八日（一），晚七時，蓮友依例在蓮社由社長德欽法師領導念佛。（《蓮社日誌》）

三月二日（三），下午三時，有鍾煥臻等二十四名由先生介紹皈依南亭法師者，在蓮社殿堂舉行皈依儀式，先生代說皈戒。（《蓮社日誌》）

三月四日（五），律航法師弟子彭華元（日後出家為廣化法師）至豐原慈光寺參加祈安法會，今日，經臺中拜會先生而後歸。[1]

三月五日（六），晚七時，在蓮社殿堂續講《梁皇寶懺》。（《蓮社日誌》）

三月六日（日），夏曆二月十三日，靈山寺乙未春季佛七開始，有四百餘眾參加。每晚請先生開示，督促蓮友念佛。[2]（《圖冊》，1955年圖5）
　　第一日，法華與淨土：巧借三車說一乘，莫將權實啟紛爭；從今悟得天台教，始信彌陀是勝行。
　　第二日，主助求一：纔存恭敬，便歸一心；放蕩傲慢，

---

1 釋廣化：《親筆日記·第十六章》，《廣化律師全集》第3冊。
2 〈佛教新聞〉，《菩提樹》第29期（1955年4月8日），頁35。

虛度光陰。

第三日，念佛功德：一切法中稱最上，消怨證果定無差；行人解得三心念，不起蒲團便到家。

第四日，一心不亂：萬緣放下，便是不亂；淨念相繼，便是一心。

第五日，心水之喻：遮水避風，體先不動；泥沙未沉，投礬可淨。

第六日（缺）

第七日，圓滿日（勗詞）：選佛場中各自勤，最難三寶日同臨；他年一例蓮池會，自是彌陀平等心。[1]

【案】據普慧法師抄錄，蘇全正整理：「李炳南於臺中市靈山寺主持佛七開示法語一覽表」，本次佛七開示另有一偈：「一念洪名心是佛，纔生妄念又成魔；今朝再被魔牽去，自是甘心跳奈河。」[2]

靈山寺佛七首日，週日《法華經》講座停講一次。
（《蓮社日誌》）

三月八日（二），於《菩提樹》月刊發表〈為一個小佛國呼援〉，詳述去年十一月至樂生療養院所見所聞，呼籲各界贊助樂生療養院蓮友醫療基金。

---

1 【數位典藏】手稿／佛學講授／佛七開示／〈乙未春季佛七開示（靈山寺）一篇共 5 頁〉。

2 釋普慧抄錄，蘇全正整理：「李炳南於臺中市靈山寺主持佛七開示法語一覽表」。

棲蓮精舍佛像開光的時候，卻約筆者去講七天經，在大門旁貼了一張紅紙，寫著歡迎聽佛經的通告，不到三五天，他方也請了外國教士去佈道，竟把那張聽經的通告撕去，另貼了一張漢洋合文的廣告，雖說是故意的唱對臺戲，其實各辦各事，這有何妨？大門以外，有左有右，又何必硬撕去他人的通告，這樣的咄咄逼人。

他方的領導者，真正熱烈，也真有辦法。在外國捐來大宗的款項，在臺北市長安東路設了一個「安樂之家」，把他們病教徒的嬰兒都接了去，管吃管穿，還有褓姆照料著。又在三重鎮設立了一個「慈愛之家」，專收四五歲以上的，就等於一個幼稚園。又在院中設立了一個「病人工作室」，使這些病教徒工作，得一筆收入，貼補飲食藥品。我們憑良心說，教義歸教義，表現歸表現，他們貴教這種溫情，是值得欽佩的！再回過頭來看這個佛教壁壘，除了那座「棲蓮精舍」，在那荒天空地裏，孤獨的立著，四圍不過是些山風野草，再希望其他，那就很渺茫了。

要知他們皆是無依靠的，染了惡疾的，現在正受窮困，正受病苦，正受激刺，正受奚落，正受引誘！我們為著護教，為著搶救慧命，為著因果戒律，為著實踐教義，焉能袖手旁觀，任著這個小佛國滅亡！筆者只有代他們向十方大德長者，至誠至敬，一百和南。

筆者實在是真窮，卻也要盡我的心力。過甲午舊曆年的時候，有跟我學文字及講演的十個學生，送了我一百元的束脩，又有我密宗的師弟崔玉衡居士，看到我年

關難度,也送了一百元菜費;我的老朋友某某(姑隱其名),在初冬的時候曾送了我兩件禦寒的衣服,何妨撿出來去賣,真幸運竟得了八百元,這三項合起來共是一千元,我統捐給棲蓮精舍,免得心口不相應,十方大德,十方長者,這個小佛國的消息,在今日是透露出來了。就懇求大慈大悲,援救援救!![1]

【案】是年五月,《菩提樹》月刊第三十期刊載南洋檳城佛學院學僧「漫夢」〈以實際行動響應「為一個小佛國呼援」〉,呼應先生本文,並述學院教師慧僧老法師集會響應情形。[2]

是日中午,先生在蓮社素齋招待孫張清揚聚餐。孫張清揚係先生力邀,將參加靈山寺刻正舉辦之佛七。(《蓮社日誌》)

三月九日(三),下午一時,請孫張清揚在靈山寺佛七中講演「淨土法要」。(《蓮社日誌》)

三月十日(四),晚八時許,基隆十方大覺寺靈源法師及許梁公居士來蓮社訪先生,並在蓮社夜宿。(《蓮社日

---

[1] 李炳南:〈為一個小佛國呼援〉,《菩提樹》第 28 期(1955 年 3 月 8 日),頁 3-5;收見:《雪廬寓臺文存》,《全集》第 14 冊之 2,頁 214-228。

[2] 漫夢:〈以實際行動響應「為一個小佛國呼援」〉,《菩提樹》第 30 期(1955 年 5 月 8 日),頁 34。

誌》）

三月十二日（六），靈山寺佛七最後一天。晚八時，先生在靈山寺講念佛法要，總結開示。蓮社《梁皇寶懺》停講一次。（《蓮社日誌》）

三月十三日（日），上午九時，白聖法師同會性法師在蓮社發給去年在獅頭山受戒戒牒並開示。下午三時，先生在靈山寺續講《法華經》。（《蓮社日誌》）

是日，基隆念佛會成立，開始念佛。原擬聘請先生前往說法，因無法分身，請朱斐代表出席。[1]

三月十六日（三），晚七時，在蓮社殿堂對中慧班及弘法班等教授「講演表」，預備四月八日佛誕節舉辦講演大會，弘揚佛法。（《蓮社日誌》）

三月十八日（五），晚七時，在蓮社教授「講演表」。（《蓮社日誌》）

三月十九日（六），晚七時，在蓮社續講《梁皇寶懺》（第一百頁第三行起）。（《蓮社日誌》）

---

[1] 〈佛教新聞〉，《菩提樹》第 29 期（1955 年 4 月 8 日），頁 34。

1955 年・民國 44 年｜66 歲

三月二十日（日），上午九時，兒童德育班在蓮社大殿及新講堂分別上課。下午三時，先生在靈山寺續講《法華經》。（《蓮社日誌》）

三月二十二日（二），晚七時，在蓮社續教「講演表」。（《蓮社日誌》）

三月二十三日（三），晚七時，在蓮社續教「講演表」。（《蓮社日誌》）

三月二十四日（四），晚七時，在蓮社續教「講演表」。（《蓮社日誌》）

三月二十五日（五），晚七時，在蓮社續教「講演表」。（《蓮社日誌》）

三月二十六日（六），下午三時，至蓮社列席參加蓮社第三屆第二次理監事會議，提議設立福利社，兼經理佛經、法物流通；並建議有欲辦理慈善事業，宜先從小型試驗，俟小進展，再謀擴充。慈務工作則應積極辦理，優先促進保護動物會及蔬食運動兩大工作。

　　施德欽主席，劉汝浩記錄，〈台中市佛教蓮社四十年度理監事座談會紀錄（第三屆第二次會議）〉：
一、李名譽社長炳南提議：擬設立福利社，兼經理佛經、法物流通，以利社員權益，兼收宏揚之助。

決議：推江印水、賴天生、許炎墩、蔣俊義、陳進德，五居士負責籌備，由江印水居士召集。
二、李名譽社長炳南提議：擬開闢第二講堂。因本社講堂窄狹，聽講、念佛，已容納不下。後來者立於門外，有向隅之歎，漸漸退去，殊於宏揚大受影響。
　　　決議：由名譽社長李炳南老師推薦籌備委員成立籌備委員會籌備進行。
三、李名譽社長炳南提議：有人委託本社辦理慈善事業，先從小型試驗，俟小進展，再謀擴充。擬先成立籌備處，暫借本社辦公，可否？請公決案。
　　　決議：由名譽社長李炳南老師推薦籌備委員成立籌備委員會籌備進行。
四、李名譽社長炳南提議：本社慈務部擬廣集人才、加強組織，推動一切能辦之慈善事業。最低限度，宜先成立保護動物會及蔬食運動兩大工作。
　　　決議：由慈務部負責籌辦。[1]

晚七時，在蓮社講演「救旱災須戒殺」，宜保護動物，而吃素為先務之急。原《梁皇寶懺》講座停講一次。
（《蓮社日誌》）

　　【案】演講內容為〈恭逢佛誕祈禱雨澤〉，刊載於

---

[1] 施德欽主席，劉汝浩記錄：〈台中市佛教蓮社四十年度理監事座談會紀錄（第三屆第二次會議）〉（1955年3月26日），《台中蓮社董監事會議紀錄》，台中蓮社檔案。

是年（1955）四月八日，第二十九期《菩提樹》月刊。見後文。

三月二十七日（日），下午三時，在靈山寺續講《法華經》。

三月二十九日（二），晚七時，在蓮社續講「講演表」。（《蓮社日誌》）

三月三十日（三），晚七時，在蓮社續講「講演表」。（《蓮社日誌》）

是年年初，曾以「戒殺、護生、保護動物」為主題，舉行連續五天之佛教通俗講座，有講演稿表〈戒殺是息刀兵之本〉、〈因果可轉變〉、〈殺是兇暴最傷天和〉、〈解釋戒殺的幾個疑問〉、〈歐美慈性的進展〉。講演內容由林看治記錄為《佛教通俗講座》。[1]

　　吳聰敏，〈書鄉書香──《佛教通俗講座》〉：這本小冊子，是蓮社永久導師，李炳南老教授在民國四十四年初於蓮社講堂對眾多蓮友以及一般社會人士所作的新春講演詞，當時是由女大弟子林看治居士私下筆

---

[1] 講稿表列為「悲字號」第一講至第五講，見：《弘護小品彙存》，《全集》第 4 冊之 2，頁 298-302。講演內容由林看治記錄，收見：《脩學法要續編》，《全集》第 10 冊之 1，頁 269-345。

錄下來，事後文稿一直未曾對外發表，等到去年林居士往生，同仁們整理她的遺稿時，才無意間發現這份難得一見的珍寶。[1]

【案】據前引文，此次講座為一九五五年初「於蓮社講堂對眾多蓮友以及一般社會人士所作的新春講演詞」。一九五五年一月二日起，有佛瑩法師講《阿彌陀經》；一月二十九日（春節正月初六）起舉辦青年演講大會五天；「年初」可能舉辦日期當自二月中春節後至三月底。三月二十六日下午，先生於蓮社理監事會議提議應積極辦理慈務工作，優先促進保護動物會及蔬食運動；當晚講座即停講《梁皇寶懺》改以「救旱災須戒殺」為題，呼籲促成戒殺蔬食兩種運動。《佛教通俗講座》所載五次講演或即發軔於此，因繫於是。

四月一日（五），晚八時，在蓮社續教「講演表」。（《蓮社日誌》）

四月二日（六），晚七時，在蓮社續講《梁皇寶懺》。（《蓮社日誌》）

四月三日（日），中午，臺東洪春木居士夫人應弘法團組員

---

1 希仁（吳聰敏）：〈書鄉書香──《佛教通俗講座》〉，《明倫》第 239 期（1993 年 11 月）。

1955 年・民國 44 年 ｜ 66 歲

林看治接待，與先生聚餐。去年林看治在臺東講演數日，臺東地區開始念佛，獲觀世音菩薩感應甚多。洪夫人特來臺中拜訪蓮社。

下午三時先生在靈山寺續講《法華經》。（《蓮社日誌》）

四月四日（一），晚八時，領導蓮友在蓮社大殿念佛。（《蓮社日誌》）

四月五日（二），晚八時，在蓮社續教「講演表」。（《蓮社日誌》）

四月六日（三），晚八時，在蓮社續教「講演表」。（《蓮社日誌》）

四月八日（五），佛誕節，參加臺中市佛教分會舉辦之大遊行。台中蓮社裝置莊嚴聖像，並備辦社旗、兒童德育班旗、天樂班旗等紙旗數百枝。上午七時半，東南區蓮友二百餘名齊集蓮社以天樂班樂隊為先導，恭迎聖像，蓮友各執小旗，八時出發。至市分會與中北區蓮友二百餘人會合，於九時開始遊行。十一時抵達中山堂，舉行浴佛典禮。十二時，午餐。下午二時，先生及周邦道接續講演。（《蓮社日誌》）先生有〈乙未浴佛節大會〉演講

1037

稿表。[1]（《圖冊》，1955年圖6）

〈乙未浴佛節大會〉：

(甲) 二五千年今日：世界由夜入晝、眾生由海登航——佛降天竺遷我國

(乙) 佛教入華：漢明帝夢金人、派使西求三寶、晉唐求法八五次；注意求者觀念——中國文化最高睥睨一切，世有奇珍始肯渴仰往求，華族性忠孝仁佛尤澈底

(丙) 信教自由但須揀擇：違反民族優良道德者不宜學，真能使心性恢復正常者方皈

(丁) 佛主忠行：仁王心地觀等護國護民，歷代邊疆之亂多賴安定，亂不作漢奸，平日加禮祝——求國民團結只有奉佛教

(戊) 佛主孝行：本事地藏等經生事死超，事病劉孝忠超死目犍連，生不許忤逆死必要追遠——求家庭安樂只有奉佛教

(己) 佛主仁行：教義慈悲平等普度眾生，五道平等皆為拔苦與樂，諸戒禁害他三聚令利他——求宇宙和祥只有奉佛教

(庚) 圓覺佛性即是復常：解脫一切迷惑，放出本來光明，具足無量智慧，具足一切能力，永久常住不滅——獨尊：天上天下惟我獨尊，三界九有眾生導

---

[1] 李炳南：〈乙未浴佛節大會〉，《雪廬老人佛法講演二十卷手稿》第19卷（台中蓮社收藏，未刊本）；李炳南：《雪公開示講表》（台中蓮社，打字版未刊本），頁528-529。

師;平等:皆有佛性皆可作佛,我欲成佛依法即成

是日,《菩提樹》月刊刊載先生〈恭逢佛誕祈禱雨澤〉,為久旱不雨祈禱。申說「和氣致祥,戾氣致殃」之原理,呼籲戒殺、素食,為人祈雨、為物請命。

> 區區愚痴無知,謹籌劃了兩個拙法:(甲)是戒殺,此又分為三目:一、各家的廚房,不做屠場,不使流血;遇必要時,向市上買已宰的肉。二、在可能範圍內,避免殺害一切動物。三、提倡每年四月八日佛誕,為保護動物節,呼籲全國戒殺一天,並勸營屠業的,放下屠刀,做一天的佛。(乙)是蔬食,此又分為五目:一、長素。二、六月臘月蔬食。三、每月十齋。四、觀音,準提,朔望,佛菩薩聖誕等花齋。五、肉邊菜(與人同食之時,但食肉邊之菜)。請大家發心量力,隨便擇一種去做,多有多的功德,少有少的功德,總比不做好。
> 戒殺蔬食,這兩種運動,天不落雨,依照去做,這是一種祈禱,可得甘霖;天落了雨,還希望這樣去做,這是一種預防,可以免除其他的災殃!偈曰:
> 人為萬物敵,殘暴過豺虎;空間施槍銃,水底設網罟。
> 只圖口解饞,那念物命苦;戾氣干天和,稻田變乾土。
> 南寺枉燒香,北寺徒槌鼓;吾有誠實言,憑君自捨取。
> 洗除碗中腥,放下刀與斧;少流一滴血,多換一滴雨。[1]

---

1 李炳南:〈恭逢佛誕祈禱雨澤〉,《菩提樹》第 29 期(1955 年 4 月 8 日),頁 5-6;收見:《弘護小品彙存》,《全集》第 4 冊之 2,頁 173-179。

《菩提樹》月刊同期，刊載星洲大覺寺融熙法師年初為先生即將發行之《佛學問答》撰寫〈佛學問答總集序〉。[1]

【案】融熙法師（1888-1959），前香港《圓音》雜誌主編湯瑛居士。一九五三（癸巳）年春在香港出家，旋赴南洋弘法。出家前，曾來函讚歎炳老佛學問答，刊於《菩提樹》月刊第二期（1953 年 1 月 8 日）。此次出版，因請撰序。

【又案】此次《佛學問答》發行因《菩提樹》月刊經費問題，延至一九五五年十二月出版，列為《菩提樹叢書》之六：《佛學問答類編》（詳見該項譜文）。

《菩提樹》月刊同期，刊載「佛學問答」及先生作詞、林蔥作曲之〈樂邦歌〉，為《臺中佛教蓮社天樂班歌集》之三。

　　李炳南作詞，林蔥作曲，〈樂邦歌〉：
十方三世佛，第一阿彌陀，四八宏願度眾離娑婆；國無苦，民安樂，諸上善人合和；金身佩瓔珞，壽無量，光明多。
金界琉璃地，眾寶樹交枝，靈禽天樂和鳴無休時；四色蓮，八德池，周匝樓閣綺麗；香流噴牟尼，聞法音，花

---

[1] 釋融熙：〈佛學問答總集序〉，《菩提樹》第 29 期（1955 年 4 月 8 日），頁 12。今改題〈佛學問答總集序〉，收見《佛學問答類編（上）》，《全集》第 5 冊，頁 9-10。

1955 年・民國 44 年 | 66 歲

雨際。[1]

四月九日（六），晚八至十時，在蓮社續講《梁皇寶懺》。
（《蓮社日誌》）

四月十日（日），上午九時，兒童德育班在蓮社大殿上課。
（《蓮社日誌》）。下午三時，先生在靈山寺續講《法華經》。

四月十六日（六），晚八時，先生在蓮社續講《梁皇寶懺》。陸軍裝甲兵學校校長曾蔭槐少將特來參聽。
（《蓮社日誌》）

四月十七日（日），上午九時，兒童德育班在蓮社大殿上課。（《蓮社日誌》）。下午三時，先生在靈山寺續講《法華經》。

四月十九日（二），吉祥班定期聚會念佛，請先生開示。全體班員六十餘人請社長德欽法師及先生在蓮社聚餐並在殿堂合影紀念。（《蓮社日誌》；《圖冊》，1955 年圖 7）[2]

1　李炳南作詞，林蔥作曲：〈樂邦歌〉（臺中佛教蓮社天樂班歌集之三），《菩提樹》第 29 期（1955 年 4 月 8 日），頁 4；《菩提樹》第 30 期（1955 年 5 月 8 日），頁 5。收見《弘護小品彙存》，《全集》第 4 冊之 2，頁 545。

2　【數位典藏】照片 / 弘法照片 / 念佛班 /〈吉祥班〉。

四月二十三日（六），上午十時四十分，軍功里賴如文發心領導鄰里信佛，新裝西方三聖安座，並舉行家族皈依三寶，特請先生前往講皈戒。蓮社樂隊亦同往迎佛以助弘揚。先生率同法務部陳進德主任、總務部江印水主任、池慧霖、林看治、賴慧縈、周慧德四弘法班員，及天樂班班員八名，前往北屯區軍功里賴如文老信士家弘法。（《蓮社日誌》）

晚七時，在蓮社續講《梁皇寶懺》。

四月二十四日（日），下午三時，先生在靈山寺續講《法華經》。講經後下午六時二十分至七時，先生以國文補習班班主任借用該寺會客室召開會議，討論蓮社國文短期補習班第四期開學事宜。議定開學為六月一日，開課學科為《論語》、「國文」、「應用文」、「歷史」、「佛學常識」。（《蓮社日誌》）

四月二十六日（二），台中蓮社弘法組林看治、池慧霖，受聘赴東臺灣弘化。為期一閱月。

臺東、花蓮港方面，交通甚不便，路途又遙遠。照例年，本年度亦由林看治、池慧霖乘飛機往該地區，於農曆三月六日起，臺東五天、新港三天、關山三天、玉里三天，其他各處等，遍灑佛法甘露於東臺灣，一共

1955 年・民國 44 年 | 66 歲

二十多天。每天聽眾近千人。[1]

四月二十九日（五），布施班員王嫦娥夫婿病故，在喪宅舉行告別式。先生以及蓮友九十七名參加。（《蓮社日誌》）

四月三十日（六），晚七時，在蓮社續講《梁皇寶懺》。

是月，煮雲法師應慧峰法師之聘，於臺南公園康樂台舉行春季大佈教，講演「佛教與基督教的比較」，為期五天。引發後續來回教諍。先生為免事端擴大，略事滅火。

  煮雲法師：〈煮雲法師自述的回憶錄〉：民國四十四年四月份，慧峰法師舉辦春季佈教大會，請我去講三天，臨時決定講題為——「佛教與基督教的比較」，雖然是有點突然，但是，說起來也是早有一些準備的。後來，我準備出《佛教與基督教的比較》這本書時，我請臺南的二位律師詳細看過，他們說：「不要害怕，你這本書是『正大光明』的，如果要打官司，我們二個人幫你出庭作證。」

  基督教徒在參議會告不成，就到中央黨部去告，說要把我的書收集起來用火燒。當時黨部開會討論，李子寬也參加

---

[1] 《台中蓮社社務報告（四十四年度）》，頁 20，台中蓮社檔案。另參見：〈佛教新聞〉，《菩提樹》第 30 期（1955 年 5 月 8 日），頁 40。

會議，他就說：「這本書我看過，第一、他不違背國策，第二、他不違背出版法，任何機關團體無權干涉！」當時，書由臺中瑞成書局許炎墩居士負責印行，他印好後先用限時掛號寄一本給我。並說：「書已經印好了，等打包後，馬上用貨車運去給你。」可是過了好幾天書都沒收到。許炎墩就寫了一封信給我：

「煮雲法師，對不起！書到現在還沒有寄給你，本來書已經到火車站，可是要運出時被李炳南居士知道，他叫我趕快把這些書拿回來，壓下來停止分發。他說：『這是不得了的事情，這樣子佛教要滅亡的，那個年輕人，怎麼做這種事？還出版書籍來攻擊，基督教要鬧下來，那還得了！』……。」

吳牧師很不服氣，也寫了一本《駁「佛教與基督教的比較」》。張採薇就是現在的聖嚴法師，當時還沒有出家。他看完那本書之後，在一夜之間就寫了《評「駁佛教與基督教的比較」》。正在進行印刷時，李子寬來了一封信，李老居士這封信的用意是來調停的，他說：「兩教如果互相再爭執，那麼對雙方都不好。」因此，以後兩教才沒有繼續再鬧下去。[1]

【案】先生前於《覺生》、《菩提樹》月刊，曾與外道包括基督教，有數次被動筆戰。然基督教對佛教

---

[1] 釋煮雲：〈第十一章　獅子吼無畏說〉，《煮雲法師自述的回憶錄》，《煮雲法師全集》第9冊（高雄：鳳山佛教蓮社，1988年）。

1955 年・民國 44 年｜66 歲

之侵犯並未消停。煮雲法師指出：「一九五二年新竹靈隱寺與中國佛教會臺灣省分會合辦佛學講習會，基督教徒卻硬要向該班學生傳教。同年，關子嶺大仙寺舉行光復後首度傳戒大典，基督徒一群人大吹大擂，硬要傳教。屏東東山寺基督徒硬要在佛寺裏傳基督教。臺南市東區彌陀寺，基督教會在寺門口釘牌，要在你門上掛他招牌。」[1]於是有慧峰法師、煮雲法師於一九五五年在臺南演講「佛教與基督教的比較」之發展。然而先生為免擴大爭端，此時扮演了踩剎車的角色。

【又案】《佛教與基督教的比較》書前有「中華民國四十四年七月二十九日、三十日，八月二日三日講於台南市康樂台」注記。然據〈煮雲法師年表〉及煮雲法師《回憶錄》，均記此事為當年「四月」事。

五月一日（日），下午三時，在靈山寺續講《法華經》。

五月二日（一），下午五時十分，以名譽社長至蓮社列席參加佛教蓮社第三屆第三次理監事座談會。討論有蓮友假借蓮社名義捐助私人事。決議：「將蓮社捐助之名義，改為蓮友私人捐助。其款項由許克綏、賴天生、張寬心

---

[1] 釋煮雲：〈第十一章　獅子吼無畏說〉，《煮雲法師自述的回憶錄》，《煮雲法師全集》第 9 冊（高雄：鳳山佛教蓮社，1988 年）。

共同捐助。」先生原欲捐款,經大眾苦勸後收回。

〈理監事座談會紀錄〉(1955年5月2日):

報告事項:本社佛喜班林金蓮,發覺家業失敗,負債累累,告貸無門,欲藉此機使其父親傾信佛教。與同鄉蓮友林甘密議,將其私有金飾,交林甘代為處分,將款一千二百元交其父親,詐稱係台中蓮社捐助其用。如斯詐稱本社之捐助,應如何處理,為討論此,召集此會議。

許常務理事克綏:本社無此經費,亦不得造此先例。事至於今,需要將假為真。務須將蓮社捐助之名義,改為蓮友私人捐助。此款項本人負擔捐出。

李老師:不得歸於一人負擔。本人捐出六百元,即時提款交出。(受大眾苦勸後收回)

張常務監事寬心及賴理事天生同謂:此事不得累及老師負擔,我等三人願意均分負擔捐助。

議決:

1. 一千二百元蓮社之捐助,改為許、張、賴三居士私人共同捐助。
2. 召出林甘到社,命其捐款名義將蓮社改為前項三居士私人之名義。
3. 命其辦理向寶山銀樓贖回金飾品交還林金蓮收回。[1]

---

[1] 〈台中蓮社第三屆第三次理監事會議:理監事座談會紀錄〉(1955年5月2日),台中蓮社檔案。

五月三日（二），上午十一時，佛喜班員林金蓮為其令堂簡勤舉行告別式，先生、念佛班員及天樂班員四十餘名前往參加會葬。而後，先生一行又前往吉祥班員謝市居士外家，參加另場告別式。（《蓮社日誌》）

五月七日（六），晚七時，在蓮社續講《梁皇寶懺》。

五月八日（日），下午三時，在靈山寺續講《法華經》。

五月十四日（六），晚七時，在蓮社續講《梁皇寶懺》。

五月十五日（日），下午三時，在靈山寺續講《法華經》。

五月二十一日（六），晚七時，在蓮社續講《梁皇寶懺》。

五月二十二日（日），下午三時，在靈山寺續講《法華經》。又，蓮社附近有貧民卓榮華，其妻臥病已二十餘日，無錢醫藥。先生與十三名蓮友共同捐贈新臺幣二百一十元為醫藥費，經派林慧縈遞交本人。（《蓮社日誌》）

五月二十四日（二），蓮社社員賴玉燕令尊本日下午出殯，先生以及參加會葬蓮友、天樂班共計一百六十八名。蓮社天樂班員十名，日前訂製制服含衣帽，即日交給本人著用保管。此治裝費用由先生捐贈四百元，林金蓮及謝市兩居士各捐一百五十元，林冬柑、黃萍各一百元，林

卻、陳蕉各五十元。(《蓮社日誌》)

五月二十五日（三），夏曆四月初四，即日起連續五日，為慶祝佛誕，蓮社舉辦青年佛法講演大會。中慧班女青年十九名在蓮社講演佛法。每場超過六百名聽眾。[1]

　　佛教蓮社在佛誕節前舉行講演大會，講者全部由佛教女青年二十人擔任，其中十人用臺語主講，十人用國語翻譯。每日二人講、二人譯，共計五天，講材由該社講師李炳南居士統一編撰，並親自訓練，對聲調、發音、姿態、表情均極注意。[2]

五月二十六日（四），晚八時，女青年佛法演講大會第二日。(《蓮社日誌》)

五月二十七日（五），晚八時，女青年佛法演講大會第三日。中國佛教會臺中支會理事長寶善寺住持達善法師及孔子奉祀官府孔奉祀官俱皆臨場聽講。達善法師提出獎金一封助成蓮社弘法。(《蓮社日誌》)

　　【案】達善法師祝賀蓮社弘法之祝儀，於六月一日經請示社長德欽法師及先生後，由陳常務理事前往寶善寺善辭璧還。(參見：《蓮社日誌》)

---

[1] 《台中蓮社社務報告（四十四年度）》，頁19，台中蓮社檔案。
[2] 〈佛教新聞〉，《菩提樹》第29期（1955年4月8日），頁34。

五月二十八日（六），下午三時起，有高汝珍等二十九名在大殿舉行皈依禮，係經先生介紹由智光法師、南亭法師傳授三皈依。先生代為解說皈戒意義。晚八時，女青年佛法演講大會第四日。（《蓮社日誌》）

五月二十九日（日），佛誕紀念日，下午三時，先生在靈山寺續講《法華經》。晚，女青年演講大會圓滿日。分發糖果六百人份。[1]

五月三十日（一），新竹楊石柳聘請台中蓮社弘法人員林看治、呂正凉兩位女居士前往講演佛法，法緣殊勝。[2]

六月一日（三），中午，先生宴請國文補習班教職員。晚八時三十分，在蓮社大殿舉行第四屆國文佛學補習班開學典禮，至十時三十分禮成。本屆招收新生男一百一十名，女五十八名，共計一百六十八名。師資有：先生擔任週二晚「歷史」及週六講經，劉汝浩擔任「國文」，周邦道任教《論語》，許祖成教「應用文」，朱斐教「佛學」，賴棟樑、許炎墩、陳進德等擔任譯語，江印水為事務。本期上課至十一月三十日舉行結業式。（《蓮社日誌》）

---

[1] 〈佛教新聞〉，《菩提樹》第 31 期（1955 年 6 月 8 日），頁 42。
[2] 〈佛教新聞〉，《菩提樹》第 31 期（1955 年 6 月 8 日），頁 43。

六月二日（四），台中蓮社第四屆國文佛學補習班開始上課。本日課程是《論語》。舊班員參加旁聽有五十餘名。

六月四日（六），晚七時，在蓮社續講《梁皇寶懺》。國文補習班學員併班聽講。（以後各週同）

六月五日（日），下午三時，在靈山寺續講《法華經》。

六月六日（一），下午三時半，至蓮社新講堂列席參加蓮社第三屆第四次理監事會議，議決本年度舉辦傳授在家二眾戒會事宜。下午四時半，召開弘法班員及家庭念佛班正副班長座談會。先生說明傳授戒會意義及利益，請班長班員發願參加。（《蓮社日誌》）

六月七日（二），晚七時至八時半，於蓮社為國文補習班講授「歷史」。

六月十一日（六），晚七時，在蓮社續講《梁皇寶懺》。

六月十二日（日），下午三時，先生在靈山寺續講《法華經》。講經畢，在該寺召集國文佛學補習班教職員開班務會議，研討本期開學以來應改進事宜。（《蓮社日誌》）

六月十三日（一），上午七時二十分乘火車前往臺南。係受章嘉大師之命參加巡迴視導。許炎墩隨行。（《蓮社日誌》）

六月十四日（二），聘請擔任蓮社傳授在家二眾戒為羯磨阿闍黎之懺雲法師，晚七點餘，抵達蓮社。

先生昨赴臺南參加章嘉大師之巡迴視導，晚間十一時歸返臺中。（《蓮社日誌》）

六月十五日（三），上午十一時，受聘擔任蓮社傳授在家二眾戒為得戒和尚之斌宗老和尚及覺心法師，抵達臺中。德欽社長及李炳南名譽社長率領天樂班及眾蓮友一百餘名在車站迎接。聘請為教授阿闍黎之淨念法師本日晚抵達。羯磨阿闍黎懺雲法師於日昨抵達。引禮阿闍黎會性法師明日抵達。（《蓮社日誌》）

六月十七日（五）至十九日（日），台中蓮社舉行傳授在家二眾戒會。恭請斌宗老和尚為得戒阿闍黎，懺雲律師為羯磨阿闍黎，淨念法師為教授阿闍黎，會性、覺心二法師為引禮法師，德欽、普願、普文、普賢四師為引讚法師。第一天為正授三皈，第二天正授五戒，第三天正授菩薩戒。得戒阿闍黎斌宗老和尚有〈在台中蓮社傳授在家菩薩戒開示〉，讚歎社長德欽法師暨炳南先生等發心舉行傳授在家菩薩戒會，並說明受戒功德與意義。

戒期三天。求三皈者一五八人，五戒者二百人，菩薩戒者四十三人，共計四百零一名之多。第一天先請得戒和尚斌宗老法師向求戒者作總開示，並請會性法師教習威儀，懺雲法師講三皈依意義。下午正開三皈後，再請懺師講在家律儀，晚間懺摩。第二日除教習威儀外，並請戒和尚講五戒意義。淨念法師講在家律儀。下午正授五戒外，並請戒和尚講菩薩戒本，晚上懺摩。第三日清早燃臂香供佛，燃香前先請戒和尚開示燃香意義。上午又講菩薩戒及習威儀，下午正授菩薩戒後圓滿功德。[1]

會後該社歷次在各地受菩薩戒者，聯合此次新戒菩薩共八十餘人，恭請懺雲法師續講在家律儀，並教習誦戒儀式。開始每隔半月在蓮社集體誦戒。[2]

時寓居臺中之教界長者蔡念生，亦參加戒會，求受菩薩戒。蔡念生、朱鏡宙與先生，時有佛教「臺中三老」之雅稱。

【小傳】蔡念生（1901-1992），名運辰，字貢芝，念生其號，法名寬運，遼東（今遼寧省）鳳凰城人。一九一八年，十八歲，鳳城縣長沈觀澄，修《鳳城縣

---

[1] 〈臺中新聞〉，《菩提樹》第32期（1955年7月8日），頁38。斌宗法師開示見：〈台中蓮社傳授在家菩薩戒開示〉，《菩提樹》第32期（1955年7月8日），頁3-7。

[2] 〈臺中新聞〉，《菩提樹》第32期（1955年7月8日），頁38。

誌》，聘為編修，成縣誌四大冊。二十歲入仕途，在奉天省政府，先後任科長、祕書長等職。後曾隨莫德惠到莫斯科，參與中蘇鐵路談判工作。一九四七年，返鄉競選國民大會代表，獲當選。未幾攜眷來臺灣，寓臺中西區安龍巷。

念生與佛教因緣起於一九二一年，二十一歲時，父親雲海公逝世，按習俗延僧超薦，從此信佛茹素。一九四九年渡海來臺，得善友之介紹，與夫人胡玉珊以通訊方式，皈依於虛雲老和尚座下，賜法名寬運，夫人法名寬玉。一九五五年六月，山東李雪廬炳南老居士，禮請臺灣高僧斌宗法師，在蓮社傳授在家菩薩戒，受戒者數百人，念生受滿分優婆塞戒，此後數十年，行持嚴謹，終生不毀犯。

一九五六年，臺灣佛教緇素名流發起修訂《中華大藏經》，聘趙恆惕、屈映光擔任正副總編審，蔡運辰（念生）擔任總編纂。此後二十年時間，全力投入《中華大藏經》修訂工作。一九七七年，七十七歲，遷居美國德州，受子奉養。與僑居當地之佛門居士嚴寬祜、姚宗山、許巍文等，組織「德州佛教會」，並護持在美南弘化之淨海法師，興建玉佛寺，並成立「放生會」，倡導戒殺放生。一九九二年一月十六日，在休士頓寓所往生，享年九十二歲。著作有《如是庵內外學稿》初、二、三集，《三十一種藏經目錄對照表解》、《人生漫談》、《鳥獸春秋》、《護生詩鈔》等。

六月十八日（六），晚七時，在蓮社續講《梁皇寶懺》。

六月二十日（一），上午八時十分，淨念法師乘臺中發嘉義直達車回歸岡山；八時半，會性法師乘臺中發平快車回竹南。蓮友皆在車站送行。（《蓮社日誌》）

六月二十一日（二），八時半，戒會得戒阿闍黎斌宗老和尚搭乘平快車回新竹，社長德欽法師、名譽社長炳南先生率領蓮友一百五十餘名送行。（《蓮社日誌》）

晚七時至八時半，於蓮社為國文補習班講授「歷史」。

六月二十五日（六），上午九時，社長德欽法師、先生以及幹部人員領導蓮友二百餘名到火車站歡迎中國佛教會視導弘法團。該團由中國佛教會理事長章嘉大師、道源法師，以及數位居士大德組成，巡視全省各縣市佛教支會及各寺院。二十五、二十六兩天蒞臨臺中。上午在寶善寺，下午至菩提樹雜誌社及至聖奉祀官府訪問孔奉祀官及先生，又至朱鏡宙處訪問。大師第一日假中區公所禮堂與佛教徒見面。[1]（《圖冊》，1955年圖8）

六月二十六日（日），章嘉大師巡視寶覺寺、市佛教會、慈航院等處後，上午十一時，抵達臺中佛教蓮社。蓮友

---

1 〈臺中新聞〉，《菩提樹》第32期（1955年7月8日），頁38。

八百餘人排列至復興路口、天樂班奏樂歡迎嘉賓。停留約一小時後,往佛教會館、靈山寺。午餐由蓮社、靈山寺及菩提樹雜誌社三單位共同供養大師等一行,並請市長林金標、徐省議員灶生等作陪。席間由先生代表致歡迎詞。[1]

停留蓮社時,章嘉大師請道源法師代表開示。道源法師以「一門深入,萬善歸一」策勵蓮友。先生會後特召集學生,讚揚道源老法師之開示,完全是淨宗行家語。

　　民國四十四年六月,道老法師隨中佛會理事長章嘉大師出巡弘法,抵中時為廿六日,午間由臺中各佛教社團舉行公宴。翌日上午十時,到台中蓮社,先由章嘉大師作簡短開示後,即請道老法師開示說法,在短短三十分鐘內,以「一門深入,萬善歸一」策勵蓮友。事後,炳公老師特召集學生,讚揚道老精闢扼要的開示,完全是淨宗行家的話。[2]

　　【小傳】章嘉大師(1890-1957),本名羅桑班殿丹畢蓉梅,出生青海省藏族。三歲時,被認定為十八世章嘉活佛轉世,迎入朝藏寺學習佛法。七歲出家,舉行坐床大典。九歲,被迎請晉京供養,獲清光緒皇帝及慈禧太后冊封,繼位為章嘉呼圖克圖第十九世。為

1　〈臺中新聞〉,《菩提樹》第 32 期(1955 年 7 月 8 日),頁 38。
2　朱斐:〈道源長老示寂追思專集編後記——我與源公長老的因緣〉,《菩提樹》第 427 期(1988 年 6 月 8 日),頁 38-39。

黃教四大呼圖克圖之一，主管內蒙。教化區域為內蒙四十九旗及青海二十九旗，管轄寺廟，蒙旗內有三百多所。北京、東北、多倫、青海及山西五臺山等地，都有屬管寺廟。出家弟子約十萬喇嘛。

十九世章嘉活佛曾受德宗敕封「札薩克達喇嘛」之號，及「普善廣慈大國師」之印，並駐錫北京。一九一二年以後，受到政府尊崇如故，先後受封「宏濟光明」、「昭因闡化」、「護國淨覺輔教」等大師德號。歷任蒙藏委員會委員、蒙旗宣化使、中國佛教會理事長、國大代表、總統府資政等要職。遷臺後，對戰後初期佛教在臺灣之弘傳、流佈，影響重大。如，與日本政府交涉，將玄奘大師頂骨迎回臺灣供養；再如，領團環島弘法，曾與道源老法師，從基隆、臺中、臺南、高雄到屏東，由北到南環島佈教弘法。章嘉大師傳承有自，行持亦謹勤，戒行圓滿，且博學多聞，精通漢、滿、蒙、藏語文，並熟讀五部大乘經典。一九五七年三月四日，因胃癌安詳示寂於臺大醫院，世壽六十八歲。荼毘得舍利多達六千餘顆，社會深為震動。

【小傳】道源法師（1900-1988），河南省商水縣周口鎮，俗姓王。九歲喪母而與胞妹同為嬸母所收養。一九一九年，二十歲，胞妹及嬸母相繼去世，於是投本鎮普靜堂隆品上人出家，法名能信，後取「道源」為號。一九三〇年，應白聖法師邀請，至寶通寺閉關。翌年，白聖法師也進關房，兩人成莫逆之交。三

年關期圓滿，受聘至河南開封鐵塔寺「河南佛學院」任教。一生修學，以慈舟法師、印光大師為範，弘揚戒律、專心淨土。在北平廣濟寺每年冬期開壇傳戒，連任六次教授阿闍黎，在戒期中詳解三壇戒律。來臺後，於一九五二年冬臺南白河大仙寺傳授三壇大戒，任教授阿闍黎。一九五四年獅頭山元光寺第二次傳戒，任得戒。爾後戒會常任三師，即學習慈舟法師講解戒律、提倡結夏，並逐步於歷次傳戒時建立慣例。

　　法師於一九五〇年於基隆創建海會寺，法業以講經說法為主。印順法師曾稱「講經法師中，道源長老第一。」著作亦多為講經說法之紀錄，如：《金剛般若波羅蜜經講記》、《阿彌陀經、無量壽經講記》、《佛堂講話》等。一九八八年四月，示寂於海會寺禪房，享壽八十九，僧臘五十、戒臘四十六。[1]

六月二十七日（一），先生再受章嘉大師之命，會同許炎墩參加大師之視導團，前往豐原講經。

蓮社舉辦蓮友戒會時聘為羯磨阿闍黎之懺雲法師，前因患腸疾住朱斐宅請先生療養。今治癒恢復，本日移駐蓮社寮房。（《蓮社日誌》）

---

[1] 參見：闞正宗：〈道源法師〉，《臺灣高僧》（臺北：菩提長青出版社，1990年），頁 93-120。

六月二十八日（二），晚七時至八時半，於蓮社為國文補習班講授「歷史」。

六月三十日（四），上午八時半，蓮社蓮友請懺雲法師在大殿開示誦菩薩戒之禮節（布薩次第）。蓮社戒子約定每半月在大殿誦菩薩戒。中午，懺雲法師南下歸寺。先生以及蓮友六十餘名在臺中車站歡送。（《蓮社日誌》）

七月二日（六），晚七時，在蓮社續講《梁皇寶懺》。

七月三日（日），下午三時起，於靈山寺週日講座，宣講《妙法蓮華經》。

七月四日（一），夏曆五月十五日，上午六時半，在蓮社大殿，領導受菩薩戒蓮友誦菩薩戒。出席者四十餘名。爾後每半月誦戒成為例行法會。（《蓮社日誌》）

七月五日（二），戒會引禮法師會性法師於戒會圓滿後回獅頭山養病始終未痊，今日病重下山，住朱斐處，請先生診治。

> 會性法師，〈自述略歷〉：（夏曆四月二十六日）往台中蓮社傳在家菩薩戒。廿七、廿八、廿九三天，我當引禮——只我一個，靈山寺來幾位尼師幫忙。覺心師雖名為引禮，引磬還不會敲，幫不上什麼忙。斌公為戒師，懺師為羯磨，但因病不能直登座，故淨念教授只得

幫忙敲引磬了。初一回山。十六日，病更嚴重，往臺中朱居士處，請炳老診治。戒定、智慧、慧觀三人隨往侍湯藥等。八月初三，回山靜養。[1]

晚七時至八時半，於蓮社為國文補習班講授「歷史」。

七月九日（六），上午八時，在蓮社佛堂舉行佛化婚禮，應邀擔任證婚人。蓮社文藝班陳天生及佛喜班林金蓮兩居士締結良緣。此為台中蓮社創立以來首次舉行佛化婚禮，儀式隆重、觀禮蓮友眾多。（《蓮社日誌》）

〔臺中〕佛教蓮社弘法班員陳池慧霖居士之公子陳天生君，原係該社文藝班青年學員，現服務於臺北，於七月九日在蓮社與林金蓮小姐舉行佛化婚禮，恭請本刊社長李老師炳公在佛前福證。新夫婦皆係佛教徒，曾在蓮社同受五戒。

是日蓮社講堂布置一新，喜氣洋溢，新夫婦於上午七時抵社，八時即開始婚禮，由本刊編者司儀，並由該社天樂班伴奏輕快音樂。儀式分二部進行，第一部禮佛，由觀禮之蓮友合唱〈爐香讚〉，由李老師在佛前拈香，誦〈吉祥咒〉，率領新郎、新娘禮佛三拜後禮成。第二部婚禮，照一般婚禮儀式進行，唯交換飾物改為交換念珠，合掌先向老師及雙方家長行問訊禮，新夫婦再互相合掌行婚禮，並恭請證婚人開示。老師勉勵新夫婦應相

---

1 普門講堂編：〈會性自述略歷〉，《會性法師略歷》，頁37。

敬如賓、實行佛化家庭等。最後來賓致詞,由林看治、呂正涼兩師姨代表講些祝賀的吉祥之詞後,即告禮成。這是台中蓮社首次舉行的佛化婚禮。莊嚴隆重,禮成後舉行茶話會,新郎說明佛化婚禮,旨在戒殺放生,革除陋習,提倡節約。結婚是吉祥歡喜的日子,不但不宜殺生,還買物放生,物我皆大歡喜矣![1]

是日晚七時,在蓮社續講《梁皇寶懺》。

七月十日(日),下午三時起,於靈山寺週日講座,宣講《妙法蓮華經》。

七月十二日(二),晚七時至八時半,於蓮社為國文補習班講授「歷史」。

七月十六日(六),晚七時,在蓮社續講《梁皇寶懺》。

是日,蓮社收到大岡山懺雲法師郵寄〈優婆塞菩薩戒誦戒儀式〉九十份,每份三大張。(《蓮社日誌》)

七月十七日(日),下午三時起,於靈山寺週日講座,宣講《妙法蓮華經》。

---

[1] 〈佛教新聞〉,《菩提樹》第 33 期(1955 年 8 月 8 日),頁 43。

1955 年・民國 44 年 | 66 歲

七月十八日（一），上午六時半，夏曆五月二十九日，定期誦戒日。領導大眾在大殿誦戒並開示。

晚八時半至十時半，女子弘法班員借用糖業公司臺中總廠中山堂，弘講佛法。天樂班亦參加演奏。演講活動持續五天。（《蓮社日誌》）

七月十九日（二），晚七時至八時半，於蓮社為國文補習班講授「歷史」。

七月二十三日（六），晚七時，在蓮社續講《梁皇寶懺》。

七月二十四日（日），下午三時起，於靈山寺週日講座，宣講《妙法蓮華經》。

七月二十六日（二），晚七時至八時半，於蓮社為國文補習班講授「歷史」。

七月三十日（六），晚七時，在蓮社續講《梁皇寶懺》。

七月三十一日（日），下午三時起，於靈山寺週日講座，宣講《妙法蓮華經》。

八月二日（二），晚七時至八時半，於蓮社為國文補習班講授「歷史」。

八月六日（六），晚七時，在蓮社續講《梁皇寶懺》。

八月七日（日），下午三時起，於靈山寺週日講座，宣講《妙法蓮華經》。

八月九日（二），晚七時至八時半，於蓮社為國文補習班講授「歷史」。

八月十三日（六），晚七時，在蓮社續講《梁皇寶懺》。

八月十四日（日），下午三時起，於靈山寺週日講座，宣講《妙法蓮華經》。

八月十六日（二），晚七時至八時半，於蓮社為國文補習班講授「歷史」。

八月十七日（三），夏曆六月三十日，定期誦戒日。上午六時半，領導誦戒及開示。

臺南林耕宇老居士來社訪視，先生設宴款待。（《蓮社日誌》）

八月十九日（五），律航法師同二名侍者至蓮社投宿，明日下午離社歸去。（《蓮社日誌》）

1955年・民國44年｜66歲

八月二十日（六），晚七時，在蓮社續講《梁皇寶懺》。

是月中旬，台中蓮社中慧班周慧德、池慧霖、鄧慧心、廖玉嬌、彭松枝等五位客家籍弘法人員，前往臺中縣東勢鎮，於該鎮國校，以客家方言講演佛法五天。此係應東勢鎮廖鎮長所請。廖鎮長係蓮友廖玉嬌之令尊。[1]

八月二十一日（日），下午三時起，於靈山寺週日講座，宣講《妙法蓮華經》。

> 是日，影印《大藏經》委員會，於華嚴蓮社召開成立大會。影印《大藏經》係由中華佛教文化館東初法師發起，先生亦共襄盛舉，列共同發起人。

八月二十三日（二），晚七時至八時半，於蓮社為國文補習班講授「歷史」。

八月二十七日（六），晚七時，在蓮社續講《梁皇寶懺》。

八月二十八日（日），下午三時起，於靈山寺週日講座，宣講《妙法蓮華經》。講座後，在該寺講堂召開台中蓮社臨時理監事座談會。就近日有某道場欲擴建，派遣多人冒用台中蓮社名義勸募一事詳加討論。會議決議：召

---

[1] 〈佛教新聞〉，《菩提樹》第34期（1955年9月8日），頁42。

集各家庭念佛班長,由先生聲明未有委託任何人募捐情事。後續儘速召集理監事會議商議對策。(《蓮社日誌》)

八月三十日(二),下午三時,於蓮社召集家庭念佛班班長,由先生聲明:未曾委託任何人募捐擴建講堂。倘有假藉蓮社名義勸募者,概不負責。希周知各班員及社員。下午四時十分至六時,在小講堂列席參加佛教蓮社第三屆第五次理監事會議,討論冒用蓮社名義募款對策。決議:一、登報聲明,蓮社並未委託社員在外募捐。如有假借蓮社名義者蓮社概不負責。二、聲明登日報、雜誌外,印刷單頁在講經時敬發。[1]

【案】會議後,即於九月一日《民聲日報》,九月八日《菩提樹》月刊刊登「台中蓮社緊急聲明」;並於九月三日蓮社定期講經、九月四日靈山寺定期講經時,散發傳單聲明蓮社並無委託社員在外募捐情事。

日後,先生於蓮社等聯體機構講經場所,皆立有牌告,正面標示「講經之地例禁募捐」,為平常規範;背面則為「響應救濟災難代收樂捐」,於緊急救難時使用。(《圖冊》,1955年圖9)

---

[1] 《蓮社日誌》,台中蓮社檔案;另參見:施德欽主席,江印水記錄:〈台中市佛教蓮社第三屆第五次理監事會議紀錄〉(1955年8月30日),《台中蓮社董監事會議紀錄》,台中蓮社檔案。

1955 年・民國 44 年 | 66 歲

晚七時至八時半,於蓮社為國文補習班講授「歷史」。

是月,台中蓮社弘法班鄧慧心、賴玉釵,應臺中監獄教化課唐湘清課長之邀,前往女監演說佛法,每月定期佈教一至二次。

> 過去因鑒於女犯人數甚少,從未邀請外界任何宗教前往施教,近由臺北移轉女犯多名,共有三十多人,故有此次弘法因緣,將每月定期佈教一至二次云。台中蓮社因有李公炳南老師自撰初機佛學講稿,親自設班講授,分中年男女之弘法班、男青年的文藝班、女青年的中慧班,分講國語及閩南語乃至客家方言者,應機派往各處隨緣佈教。[1]

是月,臺南玉井糖廠廠長傅益永等函商先生,指派台中蓮社弘法班陳進德、許炎墩、林看治、呂正涼等本省籍居士,先後前往玉井,以閩南語講演佛法。傅益永廠長先前已與糖廠醫師崔玉衡等會同地方熱心人士發起,經常借用民眾服務站舉辦佛學講座,由傅、崔兩居士輪流講佛法,聽眾每次約有二百人。多屬本省籍男性知識分子,皆係當地各機關工廠等職員。[2]

是月,前司法院長,時任東吳大學董事長王寵惠題贈書法。

---

1 〈佛教新聞〉,《菩提樹》第 34 期(1955 年 9 月 8 日),頁 42。
2 〈佛教新聞〉,《菩提樹》第 34 期(1955 年 9 月 8 日),頁 42。

（《圖冊》，1955 年圖 10）

　　蕭蕭露白蒹葭老，索索風乾楊柳疏。坐見漁舟歸浦盡，小篷明滅上燈初。乙未孟秋書應炳南先生雅屬王寵惠[1]

九月二日（五），夏曆七月十六日，會性法師因病下山，住臺中菩提樹雜誌社朱斐處，請先生診治。至九月十八日，回山靜養。

　　會性法師，〈會性（法師）自述略歷〉：（夏曆七月）十六日，病更嚴重，往臺中朱居士處，請炳老診治，戒定、智慧、慧觀三人隨往侍湯藥等。八月初三，回山靜養，每天打針吃藥，智道師日日遠道來為打針，感甚。[2]

九月三日（六），晚七時，在蓮社續講《梁皇寶懺》。會後散發傳單緊急聲明蓮社並無委託募捐情事。（《蓮社日誌》）

九月四日（日），下午三時起，於靈山寺週日講座，宣講《妙法蓮華經》。會後亦有散發傳單緊急聲明並無委託募捐情事。（《蓮社日誌》）

1　【數位典藏】：墨寶／題畫墨跡／雪廬老人皮藏墨寶／〈雪廬居士頌詩畫〉；收入《雪廬老人題畫遺墨》，「附雪廬老人皮藏」，《全集》第 16 冊，頁 252。

2　釋會性：〈會性（法師）自述略歷〉，《會性法師略歷》（屏東：普門講堂，2011 年），頁 33-88。

1955 年・民國 44 年 | 66 歲

九月六日（二），晚七時至八時半，於蓮社為國文補習班講授「歷史」。

九月十日（六），晚七時，在蓮社續講《梁皇寶懺》。

九月十一日（日），下午三時起，於靈山寺週日講座，宣講《妙法蓮華經》。

九月十三日（二），晚七時至八時半，於蓮社為國文補習班講授「歷史」。

九月十五日（四），夏曆七月二十九日，定期誦戒日。上午八時，在殿堂領導誦戒並開示。出席人員四十餘人。先生於上下午共兩回，講解《在家菩薩戒本》。（《蓮社日誌》）

九月十六日（五），上午十時半，蓮社社長德欽法師、弘法班員等會商，安排先生靜養期間工作代理等事。先生近來弘法過勞，須暫靜養。

　　　　因李老師近來弘法過勞，身體漸衰弱。本日上午十點半鐘在殿堂，社長德欽師、陳常務、張常監、朱監事外，男女弘法班員二十餘人，會合舉行磋商。恭請老師暫時停止工作、專心靜養。講經及教學如左開代行：
一、本社講經由朱斐居士代講；二、靈山寺由周邦道居士代講；三、「歷史」教學由劉汝浩居士代課。

又約束蓮友勵行左開數事，俾便老師之療養：
一、不可多禮前往探問；二、不可贈送物品；三、有病不可麻煩老師診療開藥。（《蓮社日誌》）

【案】炳南先生秋天休息二個月期間，周邦道在靈山寺原《法華經》講座講《印光法師嘉言錄》；朱斐在蓮社續講原來《梁皇寶懺》講座。（《台中蓮社社務報告（四十四年度）》，頁 19）

九月十七日（六），週六《梁皇寶懺》講座由朱斐代講，先生亦到場聲明，暫時欲靜養。（《蓮社日誌》）

九月十八日（日），週日《法華經》講座暫停，由周邦道講《印光法師嘉言錄》。（《蓮社日誌》）

九月十九日（一），下午三時，臺北蓮雲念佛班詹金枝發起，邀請台中蓮社法務部主任陳進德前往愛愛救濟院弘法。隨帶餅包三百個、小冊百餘本。四時開講，六時圓滿，並由蓮雲班蓮友領導念佛。台中蓮社弘法人員蕭慧心經常前往臺北弘法，蓮雲班係其推動組成之家庭念佛班。[1]

先生日後亦曾受邀至臺北蓮雲念佛班演說，有〈初機指

---

1 〈佛教新聞〉，《菩提樹》第 35 期（1955 年 10 月 8 日），頁 39。

津〉開示講表。[1]（《圖冊》，1955 年圖 11）

九月二十日（二），晚，蓮社國文補習班「歷史」課程，由劉汝浩代課。

九月二十八日（三），為奉祀官代筆撰稿：〈紀念孔子與復興國家的聯想〉。（《圖冊》，1955 年圖 12）[2]

九月三十日（五），中秋節，有詩〈乙未臺灣中秋玩月〉：
　　　　自分衰殘莫問天，月輪惟有異鄉圓；平蕪角酒人如海，孤枕盟秋夢似年。父老今宵瞻綠島，王師何日勒燕然；更教收拾吳剛斧，高繫花鈴挂樹前。[3]

是年，奉祀官孔德成先生開始在臺灣大學中文系、人類學系兼任教授，講授「三禮研究」、「金文研究」、「殷周青銅彝器研究」課程，傳承國學。

十月十一日（二），上午十時三十分，中慧班員施麗華與廖

1　李炳南：〈初機指津（赴臺北蓮雲班講）〉，《雪廬老人佛法講演二十卷手稿》第 19 卷（台中蓮社收藏，未刊本）；李炳南：《雪公開示講表》（台中蓮社，打字版未刊本），頁 530-531。

2　【數位典藏】手稿／其他著作／為奉祀官代筆稿／〈紀念孔子與復興國家的聯想〉。

3　李炳南：〈乙未臺灣中秋玩月〉，《菩提樹》第 35 期（1955 年 10 月 8 日），頁 33。此詩《雪廬詩集》未收。

德水醫師，在蓮社大殿舉行佛化結婚典禮，恭請先生為證婚人。觀禮人員將近百名。施麗華係蓮社弘法組副組長林看治女公子。[1]

十月十五日（六），上午十時三十分，在蓮社大殿召集理監事、弘法班員等三十餘名，籌備歡迎南亭法師率領之影印藏經環島宣傳團。（《蓮社日誌》）

十月二十日（四），上午十時，台中蓮社蓮友數百名及天樂班由先生及社長德欽法師率領，至臺中車站歡迎「影印大藏經環島宣傳團」。該團由南亭法師率領，團員有煮雲法師、星雲法師、廣慈法師，以及多位宜蘭念佛會青年。接待後，一行驅車前往慎齋堂接受午宴款待。下午三時，至蓮社出席中慧班女青年茶會歡迎，先生亦致詞鼓勵宜蘭、臺中兩地青年。四時半，至市內宣傳。晚七時至九時半，假臺中家職大禮堂舉行宣傳大會。先由先生簡短介紹後，請南亭老法師說法、星雲法師介紹藏經。說法前後皆有歌詠演唱等表演活動。（《圖冊》，1955年圖13）[2]

　　星雲法師，〈我「編藏」的因緣〉：我們最熱鬧的一站，應該就要算臺中的接待了。因為臺中是李炳南居

---

[1] 〈佛教新聞〉，《菩提樹》第36期（1955年11月8日），頁39；《蓮社日誌》，台中蓮社檔案。

[2] 〈佛教新聞〉，《菩提樹》第36期（1955年11月8日），頁38。

士早期弘化的地方,那時候信徒已有很多,又加上《菩提樹》朱斐居士幫我們宣傳,並且借用台中省立商校給我們布教。尤其團員中,慈容法師那時候還沒有出家,名叫吳素真,一場講演十五分鐘,獲得十多次的掌聲,大家的精神都很振奮。總之,我們對台中的李炳南、瑞成書局的許炎墩、《菩提樹》的朱斐等,都不勝感激。[1]

十月二十一日(五),中午,蓮社假靈山寺宴請「影印大藏經環島宣傳團」,並請各寺住持作陪。席間經先生介紹並勸訂《大藏經》,當下蓮友共訂四十餘部。加上慎齋堂經手之二十一部以及其他,合計臺中市共訂八十部,為全省最大量。是日晚,持續於市立家職有弘法大會。[2]

十一月八日(二),有詩〈瘦〉,刊載於《菩提樹》月刊第三十六期。
　　益覺色身枯,何曾道體腴;流光空復爾,大事尚糊塗。末法根元鈍,時潮興早孤;人間與出世,俯仰愧全輸。[3]

1　釋星雲:〈我「編藏」的因緣〉,《百年佛緣6－文教篇2》(高雄:佛光,2013年6月再版),頁95。
2　〈佛教新聞〉,《菩提樹》第36期(1955年11月8日),頁38。該團在臺中弘化事蹟另參見:張慈惠:〈宣傳影印大藏經日記(下)〉,《菩提樹》第38期(1956年1月8日),頁26-28。
3　李炳南:〈瘦〉,《菩提樹》第36期(1955年11月8日),頁22。該詩原作於1952年10月27日重九前後,見該日譜文。

〈瘦〉詩發表後，臺南讀者來函關切，並附「泡製豆漿方法」，請先生照製試用。先生函謝，並將方法刊布以貢大眾。其時，先生也已飲用豆漿多日矣。[1]

〈臺南讀者來函〉：炳南老居士法鑒：前在湛然精舍得瞻慈顏又拜讀大作〈瘦〉詩，至深景仰！竊以為老居士為當代大德，再來菩薩，似宜善養色身，久住世間，以副弘法利生之大願。查豆類質素富于養料，其功效超過肉類，本人體質素弱，自製食豆漿以來，精神體力均覺充沛，茲將製法抄呈，請照製試用，對於貴體定有裨益，謹申獻曝之誠，伏惟鑒納幸甚！專肅此叩請法安　　　　　　　王朱郁蘭拜上　十一、卅

〈本刊社長覆函〉：郁蘭大居士尊鑒：奉讀手書及製豆之法，拜受之餘，曷勝銘感！學人齡迫古稀，道無進益，俛仰慚怍，偶寄小詩，遙蒙慈悲，關切備至，彌愧浮生虛度，多負眾恩。近數年來，本冀早減苦身，了此公案，茲勞雅囑，自當隨時珍攝，並遵單開之法，治備佐餐，以期營養得宜，體魄豐健，為教盡忠，為眾盡力，仰答法施殷殷之厚，更擬載諸《樹》刊，公獻群倫，俾平等霑德惠也。肅此申謝！恭請道安　　　　　　末學李炳南頂禮　十二月三日

〈編者跋後〉：王居士一片誠意，令人感動。事實湊巧得很，編者與王居士竟早有同感，已於二月前開始每晨

---

[1] 編者：〈提倡最富營養的自製豆漿〉，《菩提樹》第 38 期（1956 年 1 月 8 日），頁 37。

1955 年・民國 44 年 ｜ 66 歲

由拙內自行磨製豆漿供養老人，但未加花生，浸水時間亦太久，每不得其法。今蒙告知泡製方法，並加入花生後，數月來老人健康較前更佳，編者叨光，食後居然也面呈紅光，大異往昔。可見豆漿的營養分確實豐富，飲用半月，即可奏效，實有向素食同道加以提倡之必要。

十一月十四日（一），先生率領朱斐、許炎墩、陳進德北上至桃園蓮社協助開光落成系列慶祝活動。[1]

十一月十五日（二），夏曆十月二日，桃園佛教蓮社舉行三聖開光典禮，請該社導師斌宗法師蒞臨主持。即日起，連續六日舉辦弘法演講，由台中蓮社每日派出二名弘法人員協助弘講。該社係臺中蓮友簡國垣、李銛榮兩居士會同當地陳朝忠等居士發起完成者，與台中蓮社誼同兄弟社團。[2]

　　【案】李銛榮，曾受教炳南先生四年多，為台中蓮社先度班班長。一九五三年離開臺中到桃園，後與簡國垣等創立桃園蓮社。多年後出家，法名志心。一九八一年接任臺中法華寺住持。（小傳見 1949 年 5 月 5 日）[3]

1　《台中蓮社社務報告（四十四年度）》，頁 20，台中蓮社檔案。
2　《台中蓮社社務報告（四十四年度）》，頁 20，台中蓮社檔案；〈佛教新聞〉，《菩提樹》第 37 期（1955 年 12 月 8 日），頁 41。
3　參見：闞正宗，《台灣佛寺導遊（五）中部地區（上）》（臺北：菩提長青出版社，1993 年），頁 39。

十一月十七日（四），夏曆十月四日，先生率領許炎墩、陳進德、朱斐、鄧明香等至樂生療養院棲蓮精舍講演佛法。三日後，十一月二十日，蓮社社長德欽尼法師率領林看治等數十人，復再探訪並開示佛法。[1]

十一月二十日（日），夏曆十月七日，桃園佛教蓮社舉行落成典禮。恭請中佛會會長章嘉大師蒞臨主持。台中蓮社德欽社長引率蓮友及天樂班員五十餘名前往與先生等會同參加觀禮。先生多年來每年至桃園宣揚念佛法門，協助籌組桃園蓮社，受聘為名譽社長。[2]

其時，為桃園蓮社撰聯一副，並與該社同仁合影留念。[3]（《圖冊》，1955 年圖 14）
　　桃園蓮社：雙橋落彩虹跨過檜水烟波即涅槃岸；六字超圓位得與蓮池海會侶上善人[4]

十一月三十日（三），中午一時，護運玄奘大師頂骨舍利從

---

[1] 《台中蓮社社務報告（四十四年度）》，頁 20，台中蓮社檔案；〈佛教新聞〉，《菩提樹》第 37 期（1955 年 12 月 8 日），頁 41。

[2] 《台中蓮社社務報告（四十四年度）》，頁 20，台中蓮社檔案；〈佛教新聞〉，《菩提樹》第 37 期（1955 年 12 月 8 日），頁 41。另參見：張式銘：《張慶祝師姑九十回顧》，頁 38-39。

[3] 【數位典藏】照片／道場活動／落成紀念／〈桃園佛教蓮社〉。

[4] 【數位典藏】手稿／其他著作／〈撰聯偶錄－第二頁〉。

1955年・民國44年｜66歲

日本迎回臺灣之五位日僧，搭乘快車由臺北來臺中。台中蓮社社長德欽法師率領蓮友及天樂班二百餘名，與其他佛教團體共同在車站歡迎並參加遊街。[1]

玄奘大師舍利由日本奉安日月潭，先生有賀詞。（《圖冊》，1955年圖15）

攬山川之藻麗，潤般若之文章。乃知清淨身廣長舌，不必一定向聲色中求也。　　　　　李炳南[2]

【案】此幅賀詞現收存於玄奘寺。注記說明「民國四十四年（西元一九五五年）十二月，玄奘大師舍利由日本迎請來臺灣日月潭奉安時，李炳南先生書偈賀詞。」一九五五年，大師頂骨舍利由日本迎歸中華民國佛教會，擇定暫時安奉於苗栗獅頭山開善寺；一九六五年十一月，玄奘寺落成後，靈骨才迎奉入玄奘寺。

是日，晚七時四十分，在蓮社大殿主持第四屆國文短期補習班結業典禮。該班自六月一日開學至本日期滿結業。結業生男十一、女十七，計共二十八名。德欽社長對結業生全體發給獎品。入學人數男一百十一名、女五十八名，計有一百六十九名。（《蓮社日誌》）

---

1 〈佛教新聞〉，《菩提樹》第37期（1955年12月8日），頁40。
2 【數位典藏】墨寶／弘化遺札／〈題贈日月潭玄奘寺〉。

十二月六日（二），佛教蓮社第四屆國文補習班結業同學舉行茶話會，攝影留念。[1]（《圖冊》，1955年圖16）

十二月八日（四），《菩提樹》月刊發行第三十七期，有〈卷首的話〉為月刊發行三週年檢討並紀念。

　　　　芸芸眾生，既患病，又著迷，所以必要佛法繼續的住世，纔能解決眾生這兩大問題。世間雖有許多宗教，有的可以治病，有的可以治迷。若說一法兼治這兩件事的，恐怕只有佛法了。

佛法更有一種特別處，是大慈大悲怨親平等。他應世的目的，就是犧牲一切，救度眾生。有親愛關係的也去救度；有怨仇關係的也去救度。善人也去救度，惡人也去救度。求他的固然救度；不求他也是救度。不但救度人，也救度畜生，更救度鬼神，救度諸天。不怕疲乏，不生厭倦，無時間，無空間，就是一直的這樣往前進。

本刊同人在以前辦佛刊的時候是這樣做；自另創了本刊，算到今天已經是三個週年了，更是這樣做。在這三個年的過程中，曾受過經濟壓迫，外稿缺荒，各界文壇的筆戰，環境種種的障礙，一株新嫩的樹，就矗立在狂風暴雨中，只是不畏懼的向上長，長，長！決不敢少存懈怠，偷安求懶。

這株菩提樹，他是緊靠著佛座前的一把傘蓋，根柢下又

---

[1] 【數位典藏】照片／教育研習／國文補習班／第四屆／〈台中市佛教蓮社第四屆國文補習班結業同學茶話會留念〉。

常常澆灌阿彌陀佛的甘露，有這樣的因緣，料想任摘一片葉子，也可以做阿伽陀藥。自己是不肯自棄的，誓要把菩提種子，普遍的散布到世間。[1]

  【案】《菩提樹》月刊自本期第三十七期起至一九五八年六月第六十七期為止，有〈卷頭語〉或〈卷首的話〉，共二十九篇。

同期，《菩提樹》月刊名譽社長章嘉大師有〈菩提樹創刊三週年紀念感言〉，讚該刊為「崛起挺秀堪稱上乘」，語多鼓勵。[2]

《菩提樹》月刊同期載有〈念佛往生又一實證〉，記錄新竹北門白寶圓女居士參加台中蓮社道場，受先生鼓勵，其母詹坤圓捨屋供人念佛共修，精進念佛。臨終助念時得見佛光照射，安詳往生。[3]

同日，《佛學問答類編》（朱斐編本）出版。
  朱斐，〈跋〉：這本《佛學問答類編》，是集合本

---

1 李炳南：〈卷首的話〉，《菩提樹》第 37 期（1955 年 12 月 8 日），頁 3；今改題〈檢討臘月八日菩提樹三週年紀念〉，收見《弘護小品彙存》，《全集》第 4 冊之 1，頁 171-172。
2 章嘉大師：〈菩提樹創刊三週年紀念感言〉，《菩提樹》第 37 期（1955 年 12 月 8 日），頁 4。
3 〈念佛往生又一實證〉，《菩提樹》第 37 期（1955 年 12 月 8 日），頁 41。

刊第一期至廿四期的全部問答，再加上編者前編《覺生》時期所發行的兩本《佛學問答》小冊上的全部問答，合計壹千餘則，約近二十萬字，分編十二類別。不論初學未學，已信未信，皆宜人手一冊，等於一部佛學小辭典，於弘法工作者，相信更有莫大的幫助。[1]

【案】本書為朱斐編本，與後來通行於一九六二年由陳慧劍編輯本不同。是書有星洲沙門融熙法師一九五五年一月二十六日（乙未歲正月初三日）〈佛學問答類編序〉（見前該日譜文），後附〈舊序一（崔玉衡）〉、〈舊序二（周邦道）〉，以及編者朱斐一九五五年十二月八日〈跋〉。《佛學問答類編》各編版本詳見一九五一年六月二十日文。

十二月十日（六），前往寶覺寺，設備上堂齋供養在該寺傳戒各位法師及戒子。同行者有蓮社德欽社長，陳進德、許克綏兩位常務理事，張寬心常務監事及十多位蓮友。（《蓮社日誌》）

十二月十四日（三），下午四時半，於蓮社大殿召集蓮社理監事及弘法班員，開示此後蓮社經營方法。出席人員男十二位、女十五位。（《蓮社日誌》）

---

1 李炳南答，朱斐編：《佛學問答類編》（臺中：菩提樹雜誌社，1955年12月8日），頁312。

1955 年・民國 44 年 | 66 歲

十二月十七日（六），蓮社週六晚《梁皇寶懺》講座，恢復由先生主講。先生前因弘法過勞，自九月十七日停止講經，靜養三閱月，恢復健康，各講座如常主講。（《蓮社日誌》）

十二月十八（日），臺中市「保護動物協會」假蓮社舉行成立大會，出席會員七十餘人，通過會章及工作計畫並選舉理監事，先生獲選為監事。[1]

是日，靈山寺週日下午講座，恢復由先生主講《法華經》。

十二月二十四日（六），夏曆十一月十一日，本日起至十二月三十日，夏曆十一月十七日，靈山寺舉辦乙未秋季佛七。請懺雲法師主七，晚間請先生開示念佛法要。有〈乙未冬季佛七開示〉講表手稿一篇共八頁。（《圖冊》，1955 年圖 17）有偈云：
第一日，起七說規：眼中亦有威儀在，秘密曾經多次聞；可惜看成輕易事，念頭依舊亂紛紛。
第二日，半天時間：今天又到日沉西，歡喜纔濃便哭啼；黑白無常身後逐，蓮邦雖好怕途迷。

---

[1] 〈佛教新聞〉，《菩提樹》第 38 期（1956 年 1 月 8 日），頁 40。另參見：〈法教簡訊〉，《人生》第 8 卷第 1 期（1956 年 1 月 10 日），頁 19。

第三日，探求亂源：家藏六賊主難安，六字緊纏莫放寬；若把意根纏得斷，為君今日慶彈冠。

第四日，透箇消息：幾人根識辨分明，捨識收根便有功；莫把空論爭上下，到頭事理卻皆同。

第五日，雜修之害：平素信不真，入壇心多亂；怕到命終時，也是無主見。

第六日，四法求一：捕鼠專注孵續念，油從細口瓶中灌；百千鈔票數能清，學得一法心不亂。

第七日，圓滿勗詞：品分次第，全與授記；期望圓成，莫退願力。

又：前有瑞相，今有悲應；依教懺悔，立現明鏡。[1]

十二月二十五日（日），上午，在蓮社擔任佛化婚禮證婚人。新人為蓮社青年班賴金淮與梧棲鎮黃菊秋。賴金淮係般若班副班長賴陳吉之公子。

下午二時，蓮社社員呂磐石尊父、亦即呂正凉之尊翁，在本居地神岡鄉舉行告別式。先生及蓮友含天樂班共六十一名，雇用遠東遊覽車二台前往參加。（《蓮社日誌》）

十二月三十日（五），靈山寺佛七圓滿。年來打七人數漸

---

1 【數位典藏】手稿／佛學講授／佛七開示／〈乙未冬季佛七開示（靈山寺）一篇共8頁〉。

增。日間有四百多人，夜間則有七百多人。[1]

十二月三十一日（六），晚七時，在蓮社續講《梁皇寶懺》。

是年，請周邦道將《佛說無量壽經宗要》寫本持贈周宣德。該寫本係敦煌石窟所出，唐僧抄寫。

> 民國四十四年，我在溪州台糖服務，周慶光（邦道）師兄為我帶來雪公賜贈的唐僧所寫「佛說無量壽經宗要」一卷，字體端正挺拔，一字不苟，「百行未損，鉅細靡遺」。我送請考古專家鑑定，才知道確係敦煌石窟鳴沙寫本的真跡，乃千載奇珍，無價之寶！於是將之裱褙成一巨冊，然後送請當代大學者如孔德成、陳含光、溥儒、張相、陳定山、賈景德、趙龢、明允中、趙恆惕、陳仲炯、胡致、賀其燊、賴愷元、丁治磐、張默君、陳南士、彭醇士、鍾伯毅、梁寒操、成惕軒、張齡、周慶光等二十二人，各題詩一首，以讚歎是卷千年不朽，世所罕見。而雪公又親題二百十七字，稱我為「篤於佛、精鑑賞………」等過獎之詞；不時披閱，寶藏了五年，然後攜贈美國至友沈家楨博士，並附絕句一首：「一經珍重出鳴沙，泯劫惟憑願力加；付與維摩老居士，佛光西土照無涯。」果然不久家楨兄不予獨祕，把此珍品放到他所創辦的世界宗教研究院——紐約大學

1　〈佛教新聞〉，《菩提樹》第38期（1956年1月8日），頁40。

校區的圖書館收藏,以垂之永久,而供眾欣賞。嗣後我報告雪公,他說:「你會我意,此願償了!」[1]

【案】一九五八年二月五日《自立晚報》第三版「海濱詩輯」載有孔德成、張默君、陳仲炯〈題周子慎鳴沙石室無量壽經〉。孔德成:「遺經一卷說空王,寫入烏絲字字香;無量劫塵無量壽,梵聲千載共斜陽。」張默君:「千載敦煌秘寶藏,看迴萬劫返神光;濂溪大願弘悲智,白月傳心碧海長。」陳仲炯:「此是上方佛,唐人經寫成。亦云無量壽,一百八稱名。石室稀傳世,蓮池異往生,周兄今大德,應早辨分明。」另,〈敦煌石室唐人寫經・題句選錄〉(《圖冊》,1955年圖18;見:《慧炬》第85期,1970年11月,頁8-13)亦載錄多位名家題句,如溥儒題:「鳴沙石室多藏唐人寫經,以無刻本傳播,盡出經生之手。燉煌所出盡經生繕寫,代遠時湮,獲者寶之,況吉羊文字,應有祥雲擁護者耶。」如陳含光題:「鳴沙寫本以外書為至珍,次則內典之首尾無缺者,與有紀年或有供養與書寫姓名者,等差亦不可記。子慎先生此卷首尾完具,蓋佳品也。來臺後,見中央圖書館所收千佛名經及畫像,四十年前李丈木齋初得之時曾見之,感喟不已。」唯未見先生題句。經輾轉尋訪,得知沈家楨生前將收藏大部分文物捐贈其母校維吉尼亞大

---

[1] 周宣德:〈悼念李雪公老師〉,《明倫》第164期(1986年4/5月合刊),頁62-63。

學，唯該批文物迄未開箱，亦未編製目錄，目前先生題辭尚無從寓目。

是年，台中蓮社法務部弘法遍全省各地，講演日數三百多日。介紹皈依者四百九十二名，受五戒者二百五十九名，受菩薩戒者四十三名。兒童德育班出席兒童一百五十名。裁縫講習班學員三十多名。臺中監獄共講四十六次。濟貧一百六十七人、放生若干。全年支出僅一萬五千元。[1]

是年，江錦祥（逸子）由臺中師專國畫教師呂佛庭介紹，從學於先生。

江逸子，〈木鐸春風三十年永懷恩師〉：學人自乙未年師事寄漚軒，叨承不棄，諄諄提掖啟蒙養正，並延攬於至聖府，學習詩禮，並瞻內學，並時時告誡曰：學問易求，德行難操，學無品德，弗如無學。並期以孝悌忠信為立世之本，行解相應乃出世之方；更勉勵以藝弘道，立達為務；凡春風化雨三十載，恩澤浩繁，猶甚再造，愧於狃陋，唯有亦步亦趨忘塵乎後是也。[2]

編者，〈佛恩師恩赤子心——弘道於藝江逸子的簡

---

1 〈佛教新聞〉，《菩提樹》第 39 期（1956 年 2 月 8 日），頁 41。另參見：《台中蓮社社務報告（四十四年度）》，頁 17、19、24，台中蓮社檔案。
2 江逸子（江錦祥）：〈木鐸春風三十年　永懷恩師〉，《雪廬老人題畫遺墨輯》（新北：大古出版，2016 年 3 月），頁 12-13。

訪〉：江居士的一生，從一般畫家走上弘道畫家，受恩師李炳南老居士的啟示最深。十六歲認識恩師，十七歲時正式磕頭，成為恩師的入室弟子。「我跟著老師學詩詞，後來我在佛學上兼修，我並不是以佛學為主來跟著他，老師很慈悲，這是老師的善巧引度！」

江居士成為李炳南老居士的弟子，因緣是：當時他跟隨呂佛庭老師學畫，呂老師看到江居士生活困苦，買紙、筆都有問題，因而向李老居士提起，他有位學生很有才華，不知能不能在蓮社或慈光圖書館安個工作，邊工作邊畫畫。

李老師說：「你把他帶來我看看。」江居士說：「去的那一天，呂老師要我帶幾幅臨摹畫。李老師看了我的畫之後，非常驚訝問我，你家裡還有什麼人？我說就一個人，因為我父親和我哥哥到新竹去了，只有我一個人留在臺中。」這是江居士認識恩師李老師的緣起。[1]

【小傳】江逸子（1938-），名錦祥，以字行，福建省林森縣人。十餘歲受業於南陽呂佛庭門下，承其誘導，赴故宮博物院，從事臨摹古畫，專攻人物鞍馬，遍臨唐、宋名蹟。又在楊源、彭醇士、溥心畬、李炳南等詩文、書畫及佛學界泰斗門下，薰習陶冶。一九六五年至一九六七年間，蟬聯三屆全國國畫賽首

---

[1] 編者：〈佛恩師恩赤子心——弘道於藝江逸子的簡訪〉，《慧炬》第 593 期（2015 年 4 月），頁 12-17。另參見：江逸子：〈木鐸春風三十載：四方會談〉，https://www.youtube.com/watch?v=g3WLoSYpAb8&list=PLuikqSTbabQib9R4ZcgF5drp6sHHxfiWn

1955年・民國44年 | 66歲

獎。而立之年，炳南先生薦引於孔德成先生，供職至聖先師奉祀官府，管理文獻。自時厥後，屏絕俗務，禮佛之餘，遂專心壹志于繪事焉。作品多以佛像高僧為題材。圖卷有〈法華經變圖〉、〈淨土變〉、〈江山無盡圖〉、〈峽谷無垠圖〉等巨幅與〈秋山清遠圖〉長卷。二〇〇三年所作〈地獄變相圖〉，應日本京都光明寺古剎展出九天，多達二萬餘人觀賞。

1956年・民國45年・乙未－丙申
67歲

【國內外大事】
- 八月,奉祀官孔德成先生應聘出任國立故宮中央博物院聯合管理處主任委員。
- 十一月,「修訂中華大藏經會」成立。

【譜主大事】
- 一月,於台中蓮社宣講《梁皇寶懺》圓滿。
- 三月,在台中蓮社開講《金剛般若波羅密經》(1956年3月至8月)。
- 七月,發起籌設臺中佛教文化圖書館。
- 九月,在台中蓮社開講「唯識境略舉」(1956年9月至12月)。
- 於靈山寺持續宣講《妙法蓮華經》(1954年3月至1957年3月)。

1956 年・民國 45 年 | 67 歲

一月一日（日），下午三時起，於靈山寺週日講座，宣講《妙法蓮華經》。

一月三日（二），晚七時，先生對弘法、文藝、中慧等各班，再次教授「講演表」。本日起，連續八天。（《蓮社日誌》）

一月七日（六），晚七時，在蓮社續講《梁皇寶懺》。

一月八日（日），《菩提樹》月刊發行第三十八期。有〈卷首的話〉，談臘月三十日宜掃除、宜檢討。[1]

是日，下午三時起，於靈山寺週日講座，宣講《妙法蓮華經》。

一月十二日（四），上午八時，先生於蓮社對兩尊護法舉行開光儀式並上供。陳進德、許炎墩兩居士捐獻韋馱菩薩像一尊及關羽菩薩像一尊，各連鏡龕一座。為臺北雕刻名家廬山軒所雕，極為莊嚴。（《蓮社日誌》）

一月十四日（六），晚七時，在蓮社續講《梁皇寶懺》。

---

[1] 李炳南：〈卷首的話〉，《菩提樹》第 38 期（1956 年 1 月 8 日），頁 3。後改題〈臘月三十日大掃除〉，收入《弘護小品彙存》，頁 191-192。

一月十五日（日），下午三時起，於靈山寺週日講座，宣講《妙法蓮華經》。

一月二十一日（六），晚七時，在蓮社續講《梁皇寶懺》。

一月二十二日（日），上午九時，臺中佛教蓮社「兒童德育班」舉行結業典禮。先生為班主任，致詞感謝工作人員並頒獎，留影紀念。[1]（《圖冊》，1956年圖1）

　　台中蓮社興辦兒童德育，每星期日上午集合蓮友子女或鄰近之小朋友教唱佛歌、講佛教故事、教學禮節等，聘請施麗卿、劉富美兩小姐為導師，更有蓮友廖玉嬌、林秀煌、賴慧縈、蕭慧心、池慧霖、賴員、張寬心等居士輔導或講故事或施糖果，一年來成績斐然，於一月二十二日舉行結業典禮，由班主任李老師致詞並感謝工作人員之辛勞、輔導居士之發心。最後有十名小朋友登臺講故事，博得來賓及家長們的掌聲不絕。講畢給獎攝影，並分贈各小朋友鉛筆文具糖果等，莫不歡喜雀躍！[2]

是日，下午三時起，於靈山寺週日講座，宣講《妙法蓮華經》。

一月二十七日（五），夏曆十二月十五日，依例為菩薩戒誦

1　【數位典藏】照片／教育研習／兒童德育班／〈結業合照之一〉。
2　〈佛教新聞〉，《菩提樹》第39期（1956年2月8日），頁41。

戒日。適逢懺雲法師至靈山寺，故請懺雲法師蒞臨開示。下午二時，請懺雲法師至臺中監獄舉行三皈儀式，受三皈者二百餘人。臺中監獄受刑蓮友，每週接受蓮社長期派員佈教，深信佛教，主動求受三皈依。[1]

一月二十八日（六），蓮社週六晚《梁皇寶懺》講座圓滿。該講座自一九五三年十月三十一日開講，至今兩年三閱月。上午十時起，受菩薩戒者至蓮社念佛一天，下午兼作蒙山，晚七時講座圓滿後總迴向。

一月二十九日（日），上午十時，出席在蓮社大殿召開之第五次社員大會。社長德欽法師主席，市府社會課科員吳金璋蒞臨指導。大會通過四十四年度決算及四十五年度預算。

是日，下午三時起，於靈山寺週日講座，宣講《妙法蓮華經》。

是月，美國籍麥克文，經蓮友引導來聽先生講經。先生下座後致贈佛書以表歡迎。

去年轟動一時的「自由中國號」帆船上六位青年中唯一的美國朋友麥克文先生，原來是一位虔誠的佛教徒，他現住臺中，在一個週六的晚上，由一位蓮友的引

---

1 〈佛教新聞〉，《菩提樹》第 39 期（1956 年 2 月 8 日），頁 40。

導來聽李老師講經，據說他能聽懂普通中國語，但佛理較難，李老師下座後特地送他幾本佛書，並表示歡迎他的意思。[1]

【案】「自由中國號」，仿古中式帆船，是中華民國第一艘達成橫渡太平洋紀錄的無動力木造帆船。一九五五年四月，由基隆出發，搭載周傳鈞、種玉麟、陳家琳、徐家政、胡露奇五名中華民國船員以及當時美國駐華副領事麥克文（Calvin Mehlert），經一百一十四天，到達美國舊金山。此後，「自由中國號」捐贈給舊金山海事博物館，停留美國五十六年，至二〇一二年我國透過諸多聯繫管道購回船隻，以保持此項文化資產。經修復後，於二〇二〇年移到海洋大學航海園區對外開放。

二月八日（三），《菩提樹》月刊第三十九期，發表〈卷首的話〉，指出佛法盛衰之關鍵在弘法之人，而不在佛法；而只關切外教之侵凌而不自省，也是捨本逐末之舉。

佛之盛衰，人之盛衰也。道在人弘，非佛法與時合背，而感盛衰。此為明眼人所共認者也。今日佛法景象，豈例外乎？若徒知驚外教之侵凌，或咎魔道之淆混，而不一自反其身，是專務於末矣。假使無外教魔道之來，吾徒所為之種種，便可躊躇滿志耶？恐無外教魔道之來，即此今日之景象，或更下之。古哲云：「無敵

---

[1] 〈佛教新聞〉，《菩提樹》第39期（1956年2月8日），頁40。

國外患者國恆亡。」從知憂患，故不在於外也。
弘法必使受弘者知所重，護法必使被護者顯其尊。知重則受持心殷，顯尊則佛外自退。[1]

是日，下午二時，蓮社照例年發放救濟米一千八百二十台斤。每戶十台斤，領米一百八十二戶。齊集蓮社大殿領米（《蓮社日誌》）

二月十二日（日），夏曆丙申年元旦，上午九時，與社長德欽法師、諸蓮友齊集大殿舉行團拜。參加蓮友約五百餘人。（《蓮社日誌》）

是日，傅狷夫為先生繪寫一立軸山水圖。并有溥心畬題款。
　　溥儒書：「江左重二王書，隨內府所收猶數千卷，唐時太宗命遂良審定真偽並為題記。炳南先生正，心畬。」傅狷夫畫：「丙申元旦為炳南先生寫于心香室，杭人傅狷夫。」[2]

二月十七日（五），新春初六，即日起連續五天，台中蓮社青年文藝班同學二十人，在蓮社舉行佈教大會。佈教大

---

1 李炳南：〈卷首的話〉，《菩提樹》第39期（1956年2月8日），頁3。後題為〈弘法護法〉，收入《弘護小品彙存》，頁192-193。
2 溥儒（心畬）書，傅狷夫畫：〈立軸山水〉，https://auctions.artemperor.tw/2021_autumn/details/3139

會期間，另有青年蓮友中慧班女同學發起義賣各種縫紉品及紙花等，所得全部捐助建築青年講堂，併同佛教圖書館一起籌建。

〔臺中〕蓮社青年文藝班男同學二十人於新春年初六起，連續在該社舉行五天的佈教大會，參加講演和翻譯的有：許俊傑、王烱如、謝其性、雷金銓、彭威勝、華福良、廖俊傑、陳修善、許炎墩、汪玉建、曾德聰、張中和、賴瑞柏、周金木、賴旺生、呂福壽、江萬鑾、李啟賢、吳朝欽等計十九名，其中王烱如同學擔任一次主講一次翻譯。[1]

二月二十九日（三），中午，蓮社全體理監事在小講堂為張文炳夫婦餞別。張居士夫婦為蓮社重要護法，原任鐵路局臺中運務段段長，三月十日奉命轉勤宜蘭段。（《蓮社日誌》）

三月三日（六），晚七時，蓮社週六定期講經，新年第一次開講，開始宣講《金剛般若波羅密經》，由許炎墩翻譯。聽眾站滿大殿內外。（《蓮社日誌》）

三月四日（日），上午九時，出席蓮社兒童德育班於大殿舉行之開學典禮。六十餘名兒童齊集。班主任炳南先生致詞後，各教師講故事及唱歌等。（《蓮社日誌》）

---

[1] 〈佛教新聞〉，《菩提樹》第 40 期（1956 年 3 月 8 日），頁 37。

是日下午二時起,靈山寺週日念佛。三至五時,先生續講《妙法蓮華經》,現講至〈多寶塔品〉。[1]

三月八日(四),《菩提樹》月刊第四十期,刊載先生〈卷頭語〉,因有謠傳先生焚燬某大師之著作,略作澄清。

> 修道之人,不事多言,受誣不辯;為自利者,尚矣。然恐損於他方,自不得不甘冒不韙,起而辯之,蓋為消他方之煩惱,且免各方之疑誤也。
>
> 有人問曰:汝焚燬某大師之注經乎?初聞甚忽之,繼聞始訝之,三聞無已於言矣。某大師德學皎如日月,余胡為而妄如是。縱為之,是無損於大師,而造罪於己耳,余豈慎乎?或謂余因學派,有慊於大師;余與大師川寧追隨,炙教十載,其私誼之雅,更非外人所能知者矣。是言之來,乃好事者,故作滑稽之舉,或備四月一日逗趣而已。
>
> 黃州說鬼,本可姑聽,然昧之者,信以為真;或致疑於各方大德,則背因果矣。故余曰:恐損於他,不得不言,不得不辯。[2]

【案】此一「焚書事件」,係指焚燒印順法師《念佛淺說》之傳言。此一傳言,聚訟紛紛,且為時甚久。先生雖有此文澄清,然而攻詰不斷。甚至先生歿

---

1 〈佛教新聞〉,《菩提樹》第40期(1956年3月8日),頁37。
2 李炳南:〈卷頭語〉,《菩提樹》第40期(1956年3月8日),頁3。後題為〈多文多患〉,收入《弘護小品彙存》,頁193-194。

後，仍不斷有指稱此事為先生所做者。茲就事件始末還原如下。

一、一九五三年冬，印順法師在臺北善導寺彌陀佛七法會中開示，經弟子常覺法師筆記後發行《念佛淺說》單行本，後收入印順法師《妙雲集》第十七冊：《淨土與禪》中。

二、一九五六年三月，有關焚書傳說漸熾，於是有本期先生於《菩提樹》月刊所引述事。

三、一九五八年一月，先生〈緊要啟事〉稱「有好事者，捏稱學人曾燒某師著作，禁聽某師講經。」雖然「學人受謗，得消罪障，故是大幸」，但是若「引起他方煩惱，亦不恕道。故特鄭重聲明。」[1]

四、一九六六年七月，《菩提樹》「佛學問答」臺北李定超居士問：忽見有〇〇法師之《淨土新論》，於是一氣閱完，後覺此處初機頗多，該書不宜初機閱讀，乃封存一處。後聞吾公對該書在佛前亦另有所舉措。果屬實，則不期與吾公有所同見。雖如斯，然每每欲作更前一步之探索時，覺該書又似不無有立論之處也。吾公明示。

（炳南先生）答：所言《淨土新論》，在下向未之見，對之若何舉措，更是捉影。而上冠以「〇〇法師」，下加以「〇〇之言」，此中恐有好事之

---

[1] 〈李炳南緊要啟事〉，《菩提樹》第62期（1958年1月8日），頁43。

人，製造謠言。茲特鄭重聲明，此段所言，一概不知。」[1]

五、一九八七年六月，楊白衣〈《妙雲集》的內容與精神〉：「記得以前《念佛淺說》一出，有少數教徒認為與其提倡的法門有所牴觸，於是發動徒眾把它焚燒殆盡。但一些信眾發心再印，印了再燒，如此僵持了一段時間。」[2]

六、一九八八年八月，《當代》雜誌第二十八期刊載江燦騰〈台灣當代淨土思想的新動向〉，引據楊白衣〈《妙雲集》的內容與精神〉前文，然有別於楊文者：書從《念佛淺說》轉為《淨土新論》，人從「少數教徒」轉為確指「大名鼎鼎的李炳南先生」。[3]

七、一九八八年十月，《當代》雜誌第三十期刊載印順法師〈「當代臺灣淨土思想的新動向」讀後〉回應：「炳老的思想與我不同，但他的信行與誠心為法，我是有良好印象的。否則炳老創建菩提醫院，我也不會隨喜了。那時的流言、傳說非常多，傳說是越說越多的；傳說就是傳說，是不用

---

1 〈佛學問答〉，《菩提樹》第 164、165 期合刊（1966 年 7-8 月），頁 57。

2 見：慧吉祥（楊白衣）：〈《妙雲集》的內容與精神〉，釋印順編：《法海微波》（臺北：正聞出版社，1987 年），頁 154。

3 此文修改後收見氏著：《人間淨土的追尋》（臺北：稻香出版社，1989 年），頁 187-220。

過分重視的。」[1]

八、一九八八年十月，《當代》雜誌亦刊有台中蓮社社長王炯如、《菩提樹》雜誌社發行人朱斐、《明倫》月刊社發行人董正之之聯合啟事，嚴正聲明炳南先生絕無焚書行為，要求江文更正。

九、二○○六年五月二十日，香港學者吳有能親自向印順法師門人某住持請教這件事：「開始時法師說親眼看到焚書事件，甚至十分肯定是李炳南居士燒的，但經我再追問下，卻發現其實法師只能肯定看到有人燒書，至於所謂李炳南居士在幕後指使燒書的事，則顯然是推測之詞。但他轉述印順法師的話十分重要：『我聽說有人燒書，但沒有看到有人燒書。』」[2]

十、二○○七年七月，吳有能「在另一次參訪調查中，遇到一不願具名但熟知臺灣教界情況的教界長者，據這位長者所述，他當時親歷其事，跟筆者提到，焚燒印順法師著作確有其事，但另有其人。此人為高階軍人退伍的淨土宗僧人，駐錫於

---

[1] 該題係《當代》編者所改，今題為〈台灣當代淨土思想的動向讀後〉，收入釋印順：《華雨集》第5集，頁103-104。又，原刊與《華雨集》所收文略異，現收文刪去引文中前五句文字。此係由洪錦淳比對發現，詳見洪錦淳：《臺灣當代居士佛教團體臺中蓮社之研究》（國立中興大學中文研究所博士論文，2009年），頁76。

[2] 吳有能：〈臺灣人間佛教的兩種淨土觀點——以印順法師與李炳南居士為例〉，《臺大佛學研究》第14期（2007年12月），頁159-220；採訪紀錄見「注23」，頁169-170。

臺中北屯；當時人以訛傳訛，張冠李戴，讓李居士及門人蒙不白之冤。」[1]

十一、二〇〇八年九月二十三日，中興大學博士生洪錦淳採訪當時在場之朱斐居士，朱斐謂：「我們在靈山寺打佛七，有某某法師怒氣沖沖地持印順法師《念佛淺說》當眾說：『炳公，您看這書怎麼可以流通，把它燒了！』雪公極力勸說，消解某某法師怒氣。當時沒有燒書舉動，但因為某某法師在大庭廣眾中說，話一傳再傳，就成了『有人燒印順書』甚至『李炳南燒印順書』；某某法師當時還沒大名氣，雪公名氣大，所以將事件指向雪公。」[2]

綜上所述，可確認者：一、「說」要燒書，確實有其事，但是否真「做」了，不易查證也難以否證，殆皆推想之詞。二、「說」者並非炳南先生，而是另有其人。吳有能二〇〇七年訪調結果指其「為高階軍人退伍的淨土宗僧人」；朱斐二〇〇八年接受洪錦淳訪問時，說是為賢者諱，不願明指法師何人，「但說是高級將官退休，且其往生前幾日，有來請炳南先生，炳南先生勸慰安心念佛，求生西方。」並說「他的弟

---

1 吳有能：〈臺灣人間佛教的兩種淨土觀點——以印順法師與李炳南居士為例〉；採訪紀錄見「注23」，頁169-170。
2 洪錦淳：《臺灣當代居士佛教團體臺中蓮社之研究》（國立中興大學中文研究所博士論文，2009年7月），頁86。

子一定知道。」[1]

　　吳有能採訪之教界長者不願公布姓名；洪錦淳採訪之朱斐居士為賢者諱，亦不願明指。此當亦炳南先生寧可受誣而不願明說之衷心。

三月九日（五），晚七時，蓮社召開新年第一次法務部工作計畫檢討會。法務部各組人員全體到齊，推先生為主席，討論弘法、文藝、助念、攝化、中慧、國文補習、德育、縫紉……等班隊新年工作方針與計畫，令各組負責人負責推行。（《蓮社日誌》）

三月十日（六），於台中蓮社週六晚講座，宣講《金剛般若波羅密經》。

三月十一日（日），下午三時起，於靈山寺週日講座，宣講《妙法蓮華經》。

三月十三日（二），下午三時，在大殿舉行聯合加行班成立小組會。班長王相娥，副班長李桂招、劉玉（即邱奔）。此為各念佛班中特別發心，不辭勞苦到各處助念之人所組成。（《蓮社日誌》）

---

[1] 洪錦淳：《臺灣當代居士佛教團體臺中蓮社之研究》（國立中興大學中文研究所博士論文，2009 年 7 月），頁 86，注 112。

三月十七日（六），於台中蓮社週六晚講座，宣講《金剛般若波羅密經》。

三月十八日（日），下午三時起，於靈山寺週日講座，宣講《妙法蓮華經》。

三月二十三日（五），靈山寺丙申春季佛七開始。請先生指導蓮友念佛要領。有「佛七開示稿表」，偈云：
  第一日，示規矩：佛法須從恭敬求，嚴防懈怠與粗浮；倘然看作平常事，有不平常在後頭。
  第二日，法華彌陀兩經匯義：曾說彌陀小法華，一乘圓頓兩無差，天台教義精微甚，淨土行持更到家。
  第三日，一心之要：土坯未煉難經雨，還得入窯燒作磚；火候七天如不足，道旁棄捨有誰憐。
  第四日，洪水村：洪水村中最不安，貪遊痴匿忘艱難；暫歸未肯承家訓，鱷嚼蛇吞逐逝瀾。
  第五日，示疑：電門生銹不交感，塵欲塞胸難一心；水入瓢沉應有悟，宏名貫耳細推尋。
  第六日，聲聲相續的方便：喊破喉嚨說枉然，逗機原是古人權；喉嚨如果聲聲續，喊未破時功自圓。
  圓滿日，證境：初三月魄似鈎明，已感彌陀舒臂迎；雖遜工深一心者，銀臺卻也得中生。
  【案】此七頁「佛七開示稿表」，見《弘護小品彙存》（《全集》第4冊，頁451-457），未註記時地。據

> 普慧法師抄錄，蘇全正整理：「李炳南於臺中市靈山寺主持佛七開示法語一覽表」，標記為「1956.02」。

三月二十四日（六），於台中蓮社週六晚講座，宣講《金剛般若波羅密經》。

三月二十五日（日），下午三時起，於靈山寺週日講座，宣講《妙法蓮華經》。

三月二十九日（四），中午，南亭法師在臺北華嚴蓮社宴請總統府國策顧問屈映光、總統府資政趙恆惕。談及擬重修《大藏經》，輯成《中華大藏經》。南亭法師推薦先生分任部分工作。

> 飯後彼等告南公，擬重整修訂大藏經，將中國之《磧砂藏》、《嘉興藏》、《頻伽藏》、《龍藏》、日本的《大正藏》融合為一，去其重複，成《中華大藏經》，但須專人選藏、續藏、譯藏，擬請南公任其一。南公承允選藏一職，負責《四阿含經》全部之整理工作。當時智光老法師承諾閱正《華嚴經》三種。之後，南公復介紹煮雲、默如、玄妙、慧峰等法師、李炳南、方倫居士等分任各職。[1]

三月三十一日（六），於台中蓮社週六晚講座，宣講《金剛

---

[1] 陳慧劍：《南亭和尚年譜》，《南亭和尚全集》第 13 冊，頁 180。

般若波羅密經》。

四月七日（六），於台中蓮社週六晚講座，宣講《金剛般若波羅密經》。

四月八日（日），本師釋迦牟尼佛降誕二千五百年紀念日，臺中市各佛教團體聯合舉行盛大慶祝會。上午八時，蓮社蓮友六百餘人及兒童德育班百餘名，由社長德欽法師及先生領隊，從蓮社出發。遊行市區後，於光復國校大禮堂舉行浴佛典禮，並由先生講演「從多方面觀察佛教」。下午三時散會。

> 本日為我教主本師釋迦牟尼佛降誕二千五百年的紀念日。蓮社為要盛大慶祝起見，於上午八時蓮友六百餘人，及兒童德育班百餘名，齊集蓮社。由社長及李老師領隊，以天樂班及社旗為先頭，次兒童德育班、各念佛班員即排在後面。八時許出發，與本市各佛教團體合陣遊行，經中正路、中山路、成功路、及南臺中和平街，至十一時許到光復國校，在該校大禮堂舉行浴佛典禮，並由李老師講演：「從多方面觀察佛教」為題，陳居士進德翻譯。繼由林市長、徐議員等祝詞。至下午三時散會。（《蓮社日誌》）

同日，《菩提樹》月刊發行第四十一／四十二期合刊，先生有〈卷首語〉，論歷來佛陀出生年代之考察。

> 佛生年代，由來爭執。古主西周昭王，是距今二千

九百餘年。歐洲學者，考希臘史及阿育王華表（柱），定佛入滅在西紀元前四八三年。我國學者，又據「眾聖點記」，謂佛滅後九七五年，為南齊永明七年。除古說外。中西學者考證，不無有據，佛生距今均主二千五百數十年。今忽退為二千五百，更為世界佛徒公認，吾陋故疑。[1]

《菩提樹》月刊同期，有〈詩〉，賀臺南、臺北、宜蘭三處新建道場。

〈臺南湛然精舍落成〉：
招提最是法莊嚴，信手花枝向眾拈；若問東來深密意，笑看慧日掛南檐。
誰道南傳無大乘，月明疏磬出深松；蒲團滿殿如雲密，紫色袈裟說淨宗。

〈中華佛教文化館落成〉：
馱經白馬雍西還，守關那堪話錫蘭；晉譯唐翻花萬頃，都移鯤島貯旃檀。
清涼臺后此琳宮，文獻雲屯喜有徵；無盡眾生開慧眼，雨花天畔禮高僧。

〈宜蘭念佛會落成〉：
紺殿崔巍碧海頭，潮音梵唄共雲流；清宵心繞祇園樹，

---

[1] 李炳南：〈卷首語〉，《菩提樹》第 41/42 期合刊（1956 年 4 月 8 日），頁 3。後題為〈佛出生年代縮短〉，收入《弘護小品彙存》，頁 195-196。

西北迢迢望斗牛。

蓮花香遠接東林，十萬彌陀入念深；薦地紅魚聲歇住，眾生齊現鏡圓心。[1]

【案】臺南湛然精舍，一九五四年初由慧峰法師創建落成。臺北北投中華佛教文化館，一九五六年四月由東初法師創建落成。宜蘭念佛會講堂，則係星雲法師一九五三年駐錫雷音寺後，專為講經說法及共修而設立，亦於一九五六年四月落成。此三首詩，《雪廬詩集》俱未收。

四月十四日（六），於台中蓮社週六晚講座，宣講《金剛般若波羅密經》。

四月十五日（日），下午三時起，於靈山寺週日講座，宣講《妙法蓮華經》。

四月二十一日（六），於台中蓮社週六晚講座，宣講《金剛般若波羅密經》。

四月二十二日（日），下午三時起，於靈山寺週日講座，宣講《妙法蓮華經》。

---

[1] 李炳南：〈詩〉，《菩提樹》第 41/42 期合刊（1956 年 4 月 8 日），頁 9。

四月二十四日（二），晚八時起，在蓮社開始講演教學，為中慧班員夏曆四月初八日起五天佛誕節講演作準備。（《蓮社日誌》）

四月二十八日（六），於台中蓮社週六晚講座，宣講《金剛般若波羅密經》。

四月二十九日（日），下午三時起，於靈山寺週日講座，宣講《妙法蓮華經》。

是日，宜蘭念佛會新建講堂落成，舉行慶祝典禮。台中蓮社青年口琴隊於前一日出發，前往參加演出。一行二十一人，由樂師洪金龍及文藝班長胡遠志領隊。三十日夜晚平安返社。（《蓮社日誌》）

卓遵宏、侯坤宏訪問，周維朋記錄，〈朱斐居士訪談錄（一）〉：宜蘭有事，例如念佛會幾週年紀念，我們蓮社也派一支口琴隊去共襄盛舉，念佛堂開幕典禮，我們也派口琴隊去演出，口琴隊共有十幾個人，由洪金龍教導吹奏佛教歌曲，全部是男青年，唯一較大年紀的就是我本人。我還在開幕典禮中展出海內、外佛教動態放大照片數十幀，星雲法師特向右鄰借用了一間房子給我們展出，來自臺北應邀出席的貴賓如章嘉大師、孫夫人張清揚居士等，他們都來參觀我們展出的照片，恰巧其中也有章嘉大師和孫夫人的大幅照片在內，他們看了

都很歡喜。[1]

五月一日（二），下午三時半，高雄佛教堂諸蓮友一行一百三十五人，由廣慈法師領隊蒞臨台中蓮社參觀。先生領導弘法、文藝、中慧各班班員，至路口歡迎。於大殿禮佛後，先對法師頂禮，再向諸蓮友問訊並致歡迎詞，並以茶餅饅頭熱烈招待。至五時離去。高雄蓮社係參加宜蘭念佛會新建講堂落成慶祝典禮，歸途經過臺中，特來參訪。（《蓮社日誌》）

五月五日（六），於台中蓮社週六晚講座，宣講《金剛般若波羅密經》。

五月六日（日），下午三時起，於靈山寺週日講座，宣講《妙法蓮華經》。

五月十二日（六），於台中蓮社週六晚講座，宣講《金剛般若波羅密經》。

五月十三日（日），下午三時起，於靈山寺週日講座，宣講《妙法蓮華經》。

---

[1] 卓遵宏、侯坤宏訪問，周維朋記錄：〈朱斐居士訪談錄（一）〉，《國史館館訊》第 2 期（2009 年 6 月），頁 128-167。

五月十七日（四），夏曆四月八日，為本師釋迦牟尼佛聖誕二千五百年。蓮社依例舉行浴佛會，由社長德欽法師領導，參加蓮友五百餘人。（《蓮社日誌》）

五月十九日（六），於台中蓮社週六晚講座，宣講《金剛般若波羅密經》。

五月二十日（日），下午三時起，於靈山寺週日講座，宣講《妙法蓮華經》。

五月二十一日（一），致函蓮社社長德欽法師，審酌當前狀況，建議改善外交，並以吸收人才、不樹怨敵為原則。（《圖冊》，1956年圖2）

〈雪公致函德欽法師〉：社長慈鑒：近來中市佛教狀況日趨複雜，靈山寺及蓮社所處環境極不安穩。嗣後對於外交必須改善，宜以吸收人才及不樹敵怨為兩大原則。日前介紹之廿餘人入社之事，可依據陳進德之提案變通辦理：（一）農學院諸教授及蕭慧心之十女兒，均係教育及弘法人才，應一律加入社員。（二）王清木、劉步瀛兩人，聘為本社之中西醫藥顧問或醫師，經過數月再正式入社。（三）其餘諸人，一律聘為設計委員，免傷感情。謹貢區區，是否有當？尚乞鴻裁，并請慈安
　　　　弟子李炳南頂禮五月二十一日[1]

1　〈雪公致函德欽法師〉，1956年5月21日，台中蓮社檔案。

1956年・民國45年｜67歲

五月二十四日（四），夏曆四月十五日，於蓮社舉行夏季佛教女青年講演大會，由中慧班二十位女青年講演。即日起連續五天，每晚八時開始。[1]

【案】蓮社自此形成慣例：春季佛教講演大會，自夏曆正月六日起五天，由文藝班男青年同學擔任主講及翻譯。夏季青年講演大會，自夏曆四月十五日起五天，由中慧班女學生擔任。（《台中蓮社第五次社務報告（四十五年度）》，頁14）

是月，為瑞成書局印製經摺本《觀世音菩薩普門品》撰跋語，說明此品即是《觀音經》，凡崇信觀音菩薩，都應誦持此品。

此品並非全經，乃是《妙法蓮華經》中一品。《法華》（簡稱）計有七卷，共二十八品，此品係第二十五。……我國自有佛教以來，各地的風俗差不多是「家家觀世音」。可見此尊菩薩與閻浮提最為有緣。若仔細考查，一般人念誦的觀音經咒，反多是什麼高王十句經、白衣神咒等。這類經咒，在大藏裡並未列入，所以研究佛學的人多不願意去談論。……這一卷《普門品》，出自大經，內容完全說觀音菩薩應現事跡。自隋朝時候，就專稱他為《觀音經》。凡是崇信觀音菩薩的，都應該誦持此品，並且應知此品即是《觀音經》。

---

[1] 〈佛教新聞〉，《菩提樹》第43期（1956年6月8日），頁44-45。另參見：《蓮社日誌》，台中蓮社檔案。

歲次丙申四月佛弟子李炳南謹識[1]

六月二日（六），於台中蓮社週六晚講座，宣講《金剛般若波羅密經》。

六月三日（日），下午三時起，於靈山寺週日講座，宣講《妙法蓮華經》。

六月五日（二），晚八時，於蓮社大殿以班主任職主持蓮社第五屆國文補習班開學典禮。本期分甲、乙兩班，各增加公民一科。甲班二十餘人為舊生，乙班四十餘人為新生。典禮結束後，在小禮堂續開第一次教務會議，至十一時散會。本期上課至十二月止，先生任教：週二晚舊班「歷史」、週四晚新班「歷史」，由許炎墩任翻譯。[2]

六月八日（五），《菩提樹》月刊第四十三期，發表〈卷首語〉，指出造佛像有功德，慢佛有罪過。若建造空腹大佛，內設階梯，開放登陟，實為慢佛。呼籲碧湖山已造者，立止攀登；八卦山正造者，專供瞻拜。如此即可轉

---

[1] 李炳南：《觀世音菩薩普門品・小跋》（經摺本），臺中：瑞成書局，1957年10月10日再版。
[2] 〈國文補習班檔案（第五屆）〉，1956年，台中蓮社檔案。另參見：《蓮社日誌》，台中蓮社檔案。

禍為福。[1]

　　【案】八卦山大佛後經佛教團體於一九六一年七月陳情，經內政部核准，明令禁止攀爬。（見該項譜文）

六月九日（六），於台中蓮社週六晚講座，宣講《金剛般若波羅密經》。

六月十日（日），下午三時起，於靈山寺週日講座，宣講《妙法蓮華經》。

六月十二日（二），晚七時至八時半，於蓮社為國文補習班舊班講授「歷史」。

六月十四日（四），晚七時至八時半，於蓮社為國文補習班新班講授「歷史」。

六月十六日（六），於台中蓮社週六晚講座，宣講《金剛般若波羅密經》。

六月十七日（日），下午三時起，於靈山寺週日講座，宣講《妙法蓮華經》。

---

1 李炳南：〈卷首語〉，《菩提樹》第 43 期（1956 年 6 月 8 日），頁 3。後題為〈空腹大佛〉，收入《弘護小品彙存》，頁 196-197。

六月十九日（二），晚七時至八時半，於蓮社為國文補習班舊班講授「歷史」。

六月二十一日（四），晚七時至八時半，於蓮社為國文補習班新班講授「歷史」。

六月二十三日（六），於台中蓮社週六晚講座，宣講《金剛般若波羅密經》。

六月二十四日（日），下午三時起，於靈山寺週日講座，宣講《妙法蓮華經》。

六月二十六日（二），晚七時至八時半，於蓮社為國文補習班舊班講授「歷史」。

六月二十八日（四），晚七時至八時半，於蓮社為國文補習班新班講授「歷史」。

六月三十日（六），於台中蓮社週六晚講座，宣講《金剛般若波羅密經》。

是月，台中蓮社社長德欽尼法師至臺中監獄為女性受刑人主持皈依儀式。

　　此間監獄女犯共二十七名，經常由台中蓮社女子弘法員林看治居士等，前往講說佛法，已有半年之久。今

法緣成熟，有二十六名申請皈依三寶，由台中蓮社社長德欽尼法師親自至臺中監獄為作證明，並分贈念珠每人一串。[1]

七月一日（日），下午三時起，於靈山寺週日講座，宣講《妙法蓮華經》。

七月三日（二），晚七時至八時半，於蓮社為國文補習班舊班講授「歷史」。

七月五日（四），晚七時至八時半，於蓮社為國文補習班新班講授「歷史」。

七月七日（六），於台中蓮社週六晚講座，宣講《金剛般若波羅密經》。

七月八日（日），於《菩提樹》月刊第四十四期，發表〈卷首語〉，辨析眾生根性為最上、上、中、下、下下五等。恃才傲物，好高喜名，借梵典，廣見聞，逞佞凌人，此下根人。私心滔滔，不畏因果，百計營求，借佛斂財，如此歸心佛門，是下下根。提醒初機學人，有所擇焉。[2]

---

1 〈佛教新聞〉，《菩提樹》第 43 期（1956 年 6 月 8 日），頁 45。
2 李炳南：〈卷首語〉，《菩提樹》第 44 期（1956 年 7 月 8 日），頁 3。後題為〈入佛異趣〉，收入《弘護小品彙存》，頁 197-198。

同期，與中佛會會長章嘉大師、考試院院長莫德惠、總統府資政趙恆惕、至聖先師奉祀官孔德成等多人，共同發表〈臺中佛化圖書館籌設緣起〉，擬籌建佛教圖書館及講堂，提供大眾閱覽佛典提升文化，並因應日漸增多之學眾。

〈臺中佛化圖書館籌設緣起〉：國家興替，事有百端，民族團結，乃其根基。查其團結原素，血統之力實微，而文化確握其樞紐也。道合者，志必同，古哲云：匹夫不可奪志，而況眾志成城，事有不舉者乎？我國數千年來，普及之文化，細分析之，即外儒而內佛也。是以廣土眾庶，安若一家，抵禦外侮，詳載史書。洎乎五四以還，儒遭橫挫，影響所及，佛亦同厄，人民重心已失，故俄寇得以攫我華夏也。近年政府，正在倡復固有文化，儒術重興，可期而待。佛徒愛國，向不後人，亦應闡佛大乘精神，培世正氣，雙管齊下，民魂昭蘇，安內攘外，反手間事也。茲值臺省，翻印大藏，續佛慧燈，事歎希有。同人等已集資請有三部，並在廣搜典籍，供眾閱覽，以冀正道重伸，故有佛化圖書館之籌設焉。所望愛國仁人，佛教碩德，不吝教言，而輔成之，實為幸也夫。

中華民國四十五年六月　　　　發起人章嘉、莫德惠、趙恆惕、孔德成、李炳南、蔡運辰、劉汝浩、徐灶生、周邦道、宋新民、釋德欽、張寬心、張佩環、林看治、許祖成、許克綏、賴天生、朱斐、陳進德、許炎墩、

1956年・民國45年 | 67歲

臺中佛教蓮社復興、勝幢、懷西三念佛班同人[1]

同期，又發表有〈籌建臺中佛化圖書館樂捐啟文〉說明創建圖館以供閱經，而更以此為基礎，續推眾善事業。

　　竊以三寶同尊，稱為一體，每因時勢，各作重心。佛世以佛為重，法僧由生。正法以僧為歸，法賴結集。際此末造，金口已絕親承，必有具文，大教始得住世；不特此也，世界文化，且所係焉。洎乎連年兵火，文獻凋殘，佛教之經，損失尤甚。日本號稱佛邦，大藏僅有其二，臺灣雖名寶島，數部亦多不完，內地典章，正在聚燬，法運之厄，大堪哀矣。

此次重印大藏也，智燈再燄，固是護法之功，文化復興，亦具淑世之益。同人等擁護法城，本有夙願；莊嚴世界，亦具熱誠。刻已集資，請有藏經三部，非只自閱，為便群眾公開。

佛云，經所在處，即為有佛有僧；身敬禮時，自能得福得慧。然必供養精舍，方不褻慢寸心。況乎卷帙浩繁，取收頻迭，若無架庋安置，亦有散失憂慮。至於招待來賓，更須閱覽有處，故有圖書館之籌建。且也此館之設，不獨專供閱經，實欲樹立磁基，逐推眾善事業。擬先舉者：孤兒收容，貧病醫藥，義務夜學，棺殯捨施。臨時性者：年關賙米，冬令放衣，人禍天災，緊急救

---

1 李炳南：〈臺中佛化圖書館籌設緣起〉，《菩提樹》第44期（1956年7月8日），頁41；收見《雪廬寓臺文存》，《全集》第14冊之2，頁113-114。

濟。均視力量所及，而定進展範疇。

惟是九仞之山，非一石所積，千章之木，非一歲而成。茲擬集眾緣助力，約以二年時期，俾現圖書之府，祇樹之園。所希

大心菩薩，樂善長者，各解義囊，共成斯舉。出入錙銖，簿記誓當清白，功德多少，回向概無等差。如荷贊許，請登　台銜。[1]

同期《菩提樹》月刊又刊有先生作詞、洪金龍作曲之〈慶壽〉佛曲。[2]

是日，下午三時起，於靈山寺週日講座，宣講《妙法蓮華經》。

七月十日（二），晚七時至八時半，於蓮社為國文補習班舊班講授「歷史」。

七月十二日（四），晚七時至八時半，於蓮社為國文補習班新班講授「歷史」。

---

1 李炳南：〈籌建臺中佛化圖書館樂捐啟文〉，《菩提樹》第 44 期（1956 年 7 月 8 日），頁 40；收見《雪廬寓臺文存》，《全集》第 14 冊之 2，頁 114-115。

2 李炳南作詞，洪金龍作曲：〈慶壽〉，《菩提樹》第 44 期（1956 年 7 月 8 日），頁 25。收見《弘護小品彙存》，《全集》第 4 冊之 2，頁 568。

1956 年・民國 45 年 ｜ 67 歲

七月十四日（六），於台中蓮社週六晚講座，宣講《金剛般若波羅密經》。

七月十五日（日），下午三時起，於靈山寺週日講座，宣講《妙法蓮華經》。

七月十七日（二），晚七時至八時半，於蓮社為國文補習班舊班講授「歷史」。

七月十九日（四），晚七時至八時半，於蓮社為國文補習班新班講授「歷史」。

七月二十一日（六），於台中蓮社週六晚講座，宣講《金剛般若波羅密經》。

七月二十二日（日），下午三時起，於靈山寺週日講座，宣講《妙法蓮華經》。

七月二十四日（二），晚七時至八時半，於蓮社為國文補習班舊班講授「歷史」。

七月二十六日（四），晚七時至八時半，於蓮社為國文補習班新班講授「歷史」。

七月二十八日（六），於台中蓮社週六晚講座，宣講《金剛

般若波羅密經》。

七月二十九日（日），下午三時起，於靈山寺週日講座，宣講《妙法蓮華經》。

七月三十一日（二），晚七時至八時半，於蓮社為國文補習班舊班講授「歷史」。

是月，曾與許俊傑及許炎墩家人出遊臺中市近郊頭汴坑。（《圖冊》，1956 年圖 3）

八月二日（四），晚七時至八時半，於蓮社為國文補習班新班講授「歷史」。

八月四日（六），於台中蓮社週六晚講座，宣講《金剛般若波羅密經》。

八月五日（日），下午三時起，於靈山寺週日講座，宣講《妙法蓮華經》。

是日，先生與朱斐、許俊傑、許炎墩等合影於台中蓮社前。（《圖冊》，1956 年圖 4）[1]

---

[1] 游青士：〈朱斐——我的外省丈公〉，《慧炬》第 595 期（2015 年 8 月 15 日），頁 37-43。

【案】一九五九年三月二十六日,先生及許克綏社長等人捐錢將蓮社後面溪邊道路,鋪設水泥道路(見該日譜文);則當時蓮社前面道路應已是水泥道路。此兩張照片中蓮社前面道路猶為泥土路,尚未鋪設路面。

八月七日(二),晚七時至八時半,於蓮社為國文補習班舊班講授「歷史」。

八月八日(三),於《菩提樹》月刊第四十五期,發表〈卷首語〉,論佛法內究一乘,外重威儀,有五重二法,相互關聯。[1]

八月九日(四),晚七時至八時半,於蓮社為國文補習班新班講授「歷史」。

八月十一日(六),於台中蓮社週六晚講座,宣講《金剛般若波羅密經》。

八月十二日(日),下午三時起,於靈山寺週日講座,宣講《妙法蓮華經》。

1　李炳南:〈卷首語〉,《菩提樹》第 45 期(1956 年 8 月 8 日),頁 3。後題為〈知內知外〉,收入《弘護小品彙存》,頁 198-199。

八月十四日（二），晚七時至八時半，於蓮社為國文補習班舊班講授「歷史」。

八月十五日（三），下午三時，出席台中蓮社第二期女子縫紉補習班於在大殿舉行之結業典禮。許玉霞與縫紉班員二十餘名先齊集大殿念佛後，開茶餅會。先生致詞後，江印水建議組一女子家職班，每月開會一次。指派由許玉霞、劉玉鴦兩位負責領導。至六時散會。（《蓮社日誌》）

八月十六日（四），晚七時至八時半，於蓮社為國文補習班新班講授「歷史」。

八月十八日（六），於台中蓮社週六晚講座，宣講《金剛般若波羅密經》。

八月十九日（日），下午三時起，於靈山寺週日講座，宣講《妙法蓮華經》。

八月二十一日（二），晚七時至八時半，於蓮社為國文補習班舊班講授「歷史」。

八月二十二日（三），上午九時，於蓮社大殿召開紅十字會義賣會議，先生為主席，相關單位十餘人出席。（《蓮社日誌》）

1956年・民國45年 | 67歲

八月二十三日（四），晚七時至八時半，於蓮社為國文補習班新班講授「歷史」。

八月二十五日（六），於台中蓮社週六晚講座，宣講《金剛般若波羅密經》。原預計進度需至下週講畢，為禮請道源法師蒞臨開示，故今晚延長半小時提前講完。（《蓮社日誌》）

八月二十六日（日），午間於蓮社宴請高雄來訪之方倫伉儷，另有蔡念生、崔玉衡、周邦道伉儷、朱斐等諸居士作陪。方倫日昨從高雄來訪台中蓮社，先生與朱斐特至車站迎接。

下午四時，請方倫於靈山寺週日講座演講「教義之重要性」。[1]

八月二十八日（二），晚七時至八時半，於蓮社為國文補習班舊班講授「歷史」。

八月三十日（四），晚七時至八時半，於蓮社為國文補習班新班講授「歷史」。

是月，奉祀官孔德成先生應聘出任國立故宮中央博物院聯

---

1 〈佛教新聞〉，《菩提樹》第46期（1956年9月8日），頁47。

合管理處主任委員。管理處位於臺中霧峰北溝。(《圖冊》,1956年圖5)[1]

是年起,每年暑假,至聖奉祀官孔德成先生延請先生為孔家子女四人講授《論語》。

孔德成對於自己子女的教育,基本上是身教重於言教,言教方面李炳南受託教導。長女孔維鄂說,來臺之初,他們家起初有段苦生活,後來生活安定了,「每年暑假我們跟著李炳南老先生讀《論語》,父親說:『你們四人必讀的是咱們祖先的人生哲學!』李老先生是父親的祕書,父親對他非常尊重。」[2]

【案】孔家子女暑假從學於炳南先生讀《論語》何年開始?前後幾年?俱不詳。姑且繫於此。

【又案】奉祀官邸於一九六〇年九月喬遷至中興大學旁新建官舍,此前亦在復興巷,與奉祀官府鄰近。先生當時住官府內一小房間,與孔先生家人當有相當來往。據蓮社弟子轉述,先生耳順之年,還為孔家小兒取下屋簷上羽毛球,且將手放在唇上說:「不可以告訴他人。」此當係先生幼年隨舅舅練輕功而來之功

---

1 蔣復璁:〈國立故宮博物院送運文物來台的經過與設施〉,《故宮季刊》14卷1期(臺北:故宮博物院,1979年7月1日),頁37-59。

2 汪士淳:《儒者行:孔德成先生傳》,頁168。

夫。[1]

九月一日（六），是晚起，每週六，禮請在靈山寺講《地藏經》之道源老法師蒞臨蓮社開示「淨土要義」，連續四週，由仁光尼師翻譯臺語。聽眾甚眾。期間，先生與老法師合影於蓮社前。（《圖冊》，1956 年圖 6）

〔臺中〕靈山寺淨土道場禮請當代淨宗大德道源老法師蒞寺宣講《地藏經》。自八月二十八日開講，於九月二十一日功德圓滿。[2]

九月四日（二），晚七時至八時半，於蓮社為國文補習班舊班講授「歷史」。

九月六日（四），晚七時至八時半，於蓮社為國文補習班新班講授「歷史」。

九月八日（六），於《菩提樹》月刊第四十六期，發表〈卷首語〉，論「逢初機宜說玄妙，遇宿學宜講因果。」初

---

1 為孔家小兒取下羽球，為陳甘煌在「李炳南教授生命紀實」特展導覽種子培訓會所述。練輕功，為吳碧霞口述：「九歲起跟隨舅舅在郊外練功，他在腳上掛著沉重的沙袋，練習再練習，從舉步維艱到行走自然；一日，解開腳上的沙包，步履輕盈，逕自若飛，往上翻躍，竟然可以超越往常高度甚多。」

2 〈佛教新聞〉，《菩提樹》第 47 期（1956 年 10 月 8 日），頁 44。另參見：《台中蓮社第五次社務報告（四十五年度）》，頁 5。

機以佛法為迷信，故宜以佛學之精妙，消解其慢心；而久學之人偏重研教，怠忽行持，此須以因果提醒其敬慎。[1]

同期，有蓮社國文補習班學員許俊傑發表〈致吳恩溥先生的一封公開信〉，針對基督教某月刊主編吳恩溥〈讀佛教與基督教的比較〉一文，侮辱台中蓮社，而作質問。同期又有唐湘清、主編朱斐，並就吳恩溥文提出善意警告。

【案】佛教與基督教之論諍，肇因甚早。近年則有一九五五年四月，煮雲法師在臺南演講「佛教與基督教的比較」，後續則又有聖嚴法師與吳恩溥牧師一連串論戰。詳見一九五五年四月譜文。此次亦係受此而波及台中蓮社者。〈致吳恩溥先生的一封公開信〉一文，由國文補習班學員許俊傑具名，然視其文字與論辯，先生當必有力焉。

九月十一日（二），晚七時至八時半，於蓮社為國文補習班舊班講授「歷史」。

九月十三日（四），晚七時至八時半，於蓮社為國文補習班新班講授「歷史」。

---

[1] 李炳南：〈卷首語〉，《菩提樹》第 46 期（1956 年 9 月 8 日），頁 3。後題為〈契機法言〉，收入《弘護小品彙存》，頁 199-200。

1956 年・民國 45 年 | 67 歲

九月十八日（二），晚七時至八時半，於蓮社為國文補習班舊班講授「歷史」。

九月二十日（四），晚七時至八時半，於蓮社為國文補習班新班講授「歷史」。

九月二十一日（五），道源老法師於靈山寺宣講《地藏經》圓滿。道源老法師受請自八月二十八開講，初幾日，有五六百人；後幾日，竟有千人以上。道源法師讚歎此為先生八年來教化成績。

  道源法師致董正之函：此次臺中講經，聽者之多，堪稱空前。初幾日，有五六百人；後幾日，竟有千人以上。不慧常歎聽經的人，總沒有看電影的人多；但在中市聽經的人，確比看電影的人多了。這都是李炳南老居士八年來教化的成績。不慧站在出家人的立場，反而感到慚愧！[1]

九月二十二日（六），上午九時三十五分，先生與朱斐、周邦道、許炎墩、臺中佛教會館住持妙然尼法師等多人，至火車站迎接南亭法師。南法師係應臺中佛教會館禮請講經。翌日，靈山寺住持設宴迎接南亭法師、餞別道源

---

[1] 董正之：〈敬悼灌園林獻堂老居士〉，《菩提樹》第 47 期（1956 年 10 月 8 日），頁 41。

法師,先生等亦作陪在座。[1]

九月二十三日(日),夏曆八月十九日,道源法師於靈山寺宣講《地藏經》圓滿後傳授三皈五戒。先生與會並與法師及大眾合影。(《圖冊》,1956年圖7)[2]

九月二十五日(二),晚七時至八時半,於蓮社為國文補習班舊班講授「歷史」。

九月二十七日(四),晚七時至八時半,於蓮社為國文補習班新班講授「歷史」。

九月二十八日(五),在臺中一中演講「中國的人格文化」[3]。

【案】此開示稿表僅標示月日、地點,未標年度。據知,一九五六年,奉祀官孔德成曾應臺中一中校長宋新民邀請到校演講(《儒者行:孔德成先生傳》頁

---

[1] 〈佛教新聞〉,《菩提樹》第47期(1956年10月8日),頁44。另參見:陳慧劍:《南亭和尚年譜》,《南亭和尚全集》第13冊,頁181。

[2] 〈佛教新聞〉,《菩提樹》第47期(1956年10月8日),頁44。合影照片見:「民國四十五年應台中靈山寺禮請講地藏經」,「道源法師專輯/珍貴照片」:http://bfnn.org/taoyuan/photo/photo30.htm

[3] 李炳南:〈中國的人格文化〉,《弘護小品彙存》,《全集》第4冊之2,頁401。

171），先生料亦當年前後應邀至該校。姑且繫此。

九月二十九日（六），蓮社週六晚講座，先生開講「唯識境略舉」。

〔臺中〕唯識亦稱法相、可說是哲學，可說是科學，更可說是邏輯學，向為研究佛典者必修之科；但其義理微細，學者每多苦之。台中蓮社有鑒於此，特請雪公李老師於每週六晚間七至九時，講演「唯識境略舉」。老師自編講表，義採簡要，語取淺顯，藉為進學唯識各經之梯航，並插講因果故事，深具幽默，以資調劑。[1]

九月三十日（日），下午三時起，於靈山寺週日講座，宣講《妙法蓮華經》。

十月二日（二），晚七時至八時半，於蓮社為國文補習班舊班講授「歷史」。

十月四日（四），晚七時至八時半，於蓮社為國文補習班新班講授「歷史」。

---

[1] 〈佛教新聞〉，《菩提樹》第 47 期（1956 年 10 月 8 日），頁 45。另參見：《台中蓮社第五次社務報告（四十五年度）》，頁 12，台中蓮社檔案；「開講唯識境略舉」（通告），《民聲日報》，1956 年 9 月 29 日，第 3 版。

十月六日（六），於台中蓮社週六晚講座，宣講「唯識境略舉」。

十月七日（日），下午三時起，於靈山寺週日講座，宣講《妙法蓮華經》。

十月八日（一），於《菩提樹》月刊第四十七期，發表〈卷頭語〉，論改惡從善之關鍵在學校教育。[1]

> 同期，董正之有文〈敬悼灌園林獻堂老居士〉，感念林獻堂對臺灣佛教之貢獻，並追憶林獻堂引薦先生與靈山寺深結法緣，大弘淨土。[2]
> 【案】炳南先生與靈山寺緣會十分奇巧。一九四九年七月，炳南先生由董正之引薦林獻堂，董正之即赴廣東參加會議，未及參與靈山寺淨土道場之開始。而林獻堂再將炳南先生介之於靈山寺開啟淨土道場後，旋於該年九月離開臺灣，寓居日本，生前從未回返。
> 林獻堂一九五六年九月八日，病逝於東京寓所「潛園」，享壽七十四歲。之後遺體運回臺灣，於九月二十一日在臺北舉行公祭。

---

[1] 李炳南：〈卷頭語〉，《菩提樹》第 47 期（1956 年 10 月 8 日），頁 3。後題為〈人習善惡之今因〉，收入《弘護小品彙存》，頁 200-201。

[2] 董正之：〈敬悼灌園林獻堂老居士〉，《菩提樹》第 47 期（1956 年 10 月 8 日），頁 41。

1956年・民國45年｜67歲

是日中午，於台中蓮社宴請日前來臺中講經之南亭法師，邀有懺雲法師、崔玉衡醫師等同席。午宴前，先生前往佛教會館迎接南亭法師，相談甚久。南亭法師據以評斷先生之思想在崇重古人。[1]

十月九日（二），晚七時至八時半，於蓮社為國文補習班舊班講授「歷史」。

十月十一日（四），晚七時至八時半，於蓮社為國文補習班新班講授「歷史」。

十月十三日（六），於台中蓮社週六晚講座，宣講「唯識境略舉」。

十月十四日（日），下午三時起，於靈山寺週日講座，宣講《妙法蓮華經》。

十月十六日（二），晚七時至八時半，於蓮社為國文補習班舊班講授「歷史」。

十月十八日（四），晚七時至八時半，於蓮社為國文補習班新班講授「歷史」。

1　釋南亭：《南亭和尚自傳》，《南亭和尚全集》第12冊，頁223。

十月二十日（六），於台中蓮社週六晚講座，宣講「唯識境略舉」。

十月二十一日（日），下午三時起，於靈山寺週日講座，宣講《妙法蓮華經》。

十月二十三日（二），晚七時至八時半，於蓮社為國文補習班舊班講授「歷史」。

十月二十七日（六），於台中蓮社週六晚講座，宣講「唯識境略舉」。

十月二十八日（日），下午三時起，於靈山寺週日講座，宣講《妙法蓮華經》。

十月三十日（二），晚七時至八時半，於蓮社為國文補習班舊班講授「歷史」。

十一月一日（四），晚七時至八時半，於蓮社為國文補習班新班講授「歷史」。

十一月三日（六），於台中蓮社週六晚講座，宣講「唯識境略舉」。

是日，臺中佛教會館首度舉辦佛七，禮請南亭法師主

持。會館董事長張月珠、住持周妙然，特敦聘先生為該會館顧問。[1]（《圖冊》，1956 年圖 8）

十一月四日（日），下午三時起，於靈山寺週日講座，宣講《妙法蓮華經》。

十一月六日（二），晚七時至八時半，於蓮社為國文補習班舊班講授「歷史」。

十一月八日（四），晚七時至八時半，於蓮社為國文補習班新班講授「歷史」。

　　是日，於《菩提樹》月刊第四十八期，發表〈卷頭語〉，論法無正末之分，第人有向背之別。教運興衰實亦在人心之向背。[2]

十一月十日（六），南亭法師於佛教會館主持佛七圓滿。參加佛七者數百人，南亭法師將此地念佛風氣之盛歸功於先生。圓滿後大眾合影留念，先生與焉。（《圖冊》，1956 年圖 9）

　　　　十一月四日，恢復講經，同時啟建佛七。七日圓

---

[1] 〈臺中佛教會館聘書〉（1956 年 11 月 3 日），台中蓮社收藏。
[2] 李炳南：〈卷頭語〉，《菩提樹》第 48 期（1956 年 11 月 8 日），頁 3。後題為〈法運興衰由心向背〉，收入《弘護小品彙存》，頁 201-202。

滿，期中念佛者日漸加多，今日中午開二十幾席飯。未後一枝圓滿香開示。曾謂此次為第一次佛七，參加者如此之多，足見臺中人信佛者眾，而李炳南老居士倡導之功，不可沒也。[1]

是日晚，於台中蓮社週六晚講座，宣講「唯識境略舉」。

十一月十一日（日），下午三時起，於靈山寺週日講座，宣講《妙法蓮華經》。

是日，籌備兩年之「修訂中華大藏經會」假臺北善導寺召開成立大會，是日到有太滄、印順、白聖、默如、東初、于右任、張默君、張其昀、雲竹亭、趙恆惕、鍾伯毅、屈映光等緇素大德及各界人士共約四百餘人。先生亦發起人之一。

十一月十三日（二），晚七時至八時半，於蓮社為國文補習班舊班講授「歷史」。

十一月十五日（四），晚七時至八時半，於蓮社為國文補習班新班講授「歷史」。

---

1 釋南亭：《南亭和尚自傳》，《南亭和尚全集》第 12 冊，頁 227。照片見存《雪公與友人照》，台中蓮社檔案。

十一月十七日（六），於台中蓮社週六晚講座，宣講「唯識境略舉」。

十一月十八日（日），下午三時起，於靈山寺週日講座，宣講《妙法蓮華經》。

十一月二十日（二），晚七時至八時半，於蓮社為國文補習班舊班講授「歷史」。

十一月二十二日（四），晚七時至八時半，於蓮社為國文補習班新班講授「歷史」。

十一月二十四日（六），於台中蓮社週六晚講座，宣講「唯識境略舉」。

十一月二十五日（日），下午三時起，於靈山寺週日講座，宣講《妙法蓮華經》。

十一月二十七日（二），晚七時至八時半，於蓮社為國文補習班舊班講授「歷史」。

是日，南亭法師在臺中佛教會館講經圓滿，舉行三皈儀式，有百餘人參加。南亭法師於《自傳》中再次讚歎先

生。[1]

十一月二十九日（四），晚七時至八時半，於蓮社為國文補習班新班講授「歷史」。

十二月一日（六），於台中蓮社週六晚講座，宣講「唯識境略舉」。

十二月二日（日），下午三時起，於靈山寺週日講座，宣講《妙法蓮華經》。

十二月四日（二），晚七時至八時半，於蓮社為國文補習班舊班講授「歷史」。

十二月六日（四），晚七時至八時半，於蓮社為國文補習班新班講授「歷史」。

十二月八日至明年一月八日，屏東市東山寺住持圓融尼法師，禮請道源法師為得戒、慧三法師為羯磨、白聖法師為教授兼開堂、悟明法師為陪堂，傳授三壇大戒。先生有七絕致賀：

　　三聚形成方有戒，雙林機息此為師；東山不讓南山

---

[1] 釋南亭：《南亭和尚自傳》，《南亭和尚全集》第 12 冊，頁 227。

峻，末法儼然正法時。[1]

十二月八日（六），於《菩提樹》月刊第四十九期，發表〈卷頭語〉，喻佛法如日月，謗毀者如雲影；雲影固無損於日月。[2]

是日晚，台中蓮社週六晚講座「唯識境略舉」圓滿。十二月二十九日起，續由周邦道開講《佛說月上女經》。[3]

十二月九日（日），下午三時起，於靈山寺週日講座，宣講《妙法蓮華經》。

十二月十一日（二），台中蓮社附設國文補習班第五期，修業期滿，舉行結業典禮。六月五日開學時，男女生共六十四名，本日結業者男生十二名、女生八名，共計二十名。[4]（《圖冊》，1956年圖10）

---

[1] 轉引自：董正之：〈無盡的追思——永懷雪公恩師（中）〉，《明倫》第168期（1986年10月）。

[2] 李炳南：〈卷頭語〉，《菩提樹》第49期（1956年12月8日），頁3。後題為〈頂蹠栴檀皆染香氣〉，收入《弘護小品彙存》，頁202-203。

[3] 《台中蓮社第五次社務報告（四十五年度）》，頁12，台中蓮社檔案。

[4] 《台中蓮社第五次社務報告（四十五年度）》載第五屆國文補習班畢業典禮時間為十二月五日，然據照片標示係為十二月十一日（頁9）。照片見存《國文補習班》，台中蓮社檔案。

十二月十二日（三），靈山寺舉辦丙申年冬季佛七，先生每日開示念佛法要。偈云：

> 第一日，明規矩曉義意：好機正當前，虛心守法要；失卻黃金時，定悲三惡道。
>
> 第二日，不證一果定是因誤：始信果紆因未真，空緣高樹覓金鱗；鏡光才舉太陽對，便得飛燄燬積薪。
>
> 第三日，迷途忘歸：迷途一去箭離弦，檢點歸心淡似煙；腸斷萬行慈母淚，連朝化雨寄君前。
>
> 第四日，求一各種參考：願堆四寶作方池，澄靜無痕貯碧漪；會得此中消息後，許君便到一心時。
>
> 第六日，大回向文略義：但能深契彌陀願，已在時時回向中；若只依文隨口唱，重加七日亦無功。
>
> 第七日，印證勗勉：蓮花熏就滿身香，感得雲間現法王；臨別叮嚀真住處，彌陀懷裡是家鄉。[1]
>
> 【案】本次佛七開示另有二偈：「妙音感得妙音來，遍滿娑婆七寶臺；若問法華三昧事，慶君授記入蓮胎。」「彌陀淚雨灑如麻，念子飄零不還家；我肯一心思極樂，遍空點點受蓮花。」[2]

十二月十六日（日），下午三時起，於靈山寺週日講座，宣講《妙法蓮華經》。

---

1 李炳南：〈丙申冬月臺中靈山寺結七〉，《弘護小品彙存》，《全集》第 4 冊之 2，頁 445-450。
2 釋普慧抄錄，蘇全正整理：「李炳南於臺中市靈山寺主持佛七開示法語一覽表」。

十二月十八日（二），靈山寺冬季佛七圓滿，正值彌陀聖誕。菩提樹雜誌社與蓮友訂製白日煙火，上書「慶祝阿彌陀佛聖誕」、「南無阿彌陀佛」等大字標語，舉放高空，由降落傘緩下降。[1]

十二月二十三日（日），下午三時起，於靈山寺週日講座，宣講《妙法蓮華經》。

十二月三十日（日），上午九時，以班主任職主持蓮社兒童德育班結業典禮。出席兒童二百餘名。行禮如儀後，班主任訓話，繼則賴員、張寬心、朱斐等各居士先後致詞，再頒獎。禮成後，全體照相紀念，十二時散會。（《蓮社日誌》；《圖冊》，1956年圖11[2]）

是日，下午三時起，於靈山寺週日講座，宣講《妙法蓮華經》。

是年，先生講經、弘講不輟，另又由蓮社法務部，遴任周邦道、劉汝浩、江印水、許寬成、朱斐、賴棟樑、許炎墩、陳進德、十姊妹，及文藝班、中慧班講演組為弘化員，除在臺中市各處、臺中監獄講演外，又到全省各地弘法，共約二百三十場次之多。弘化員佩有弘法班徽章

---

1 〈佛教新聞〉，《菩提樹》第50期（1957年1月8日），頁43。
2 【數位典藏】照片／教育研習／兒童德育班／〈結業合照之一〉。

為誌,以免與外混淆。每到各處弘法,隨身攜帶蓮社總務部圖書組印製之各種佛書刊物小冊與眾結緣,流通各種佛書小冊四千四百本。弘化員另有弘化功德證,說明弘化事項在普勸眾生止惡行善、皈依三寶、專修念佛。(《圖冊》,1956年圖12)慈務方面則濟貧一百八十二戶,放生魚鳥等若干。[1]

---

[1] 《台中蓮社第五次社務報告(四十五年度)》,頁13-14、17-18,台中蓮社檔案。參見:〈佛教新聞〉,《菩提樹》第51期(1957年2月8日),頁42。「弘化功德證」見收於台中蓮社。

1957年・民國46年・丙申－丁酉
68歲

【國內外大事】
- 一月,白聖法師於臺北十普寺成立中國佛教三藏學院。
- 三月,中國佛教會理事長章嘉大師捨報,荼毘得數千舍利。
- 八月,馬來西亞獨立。
- 九月,新竹女眾佛學院成立,印順法師任院長。
- 十月,懺雲法師任嘉義天龍寺住持。
- 十二月,高雄佛教蓮社道宣法師創辦華嚴學院。
  新竹靈隱寺無上法師創辦男眾佛學院。

【譜主大事】
- 二月,在台中蓮社講授「常禮舉要」。
  應基隆佛教蓮社禮請,於該社佛七宣講淨宗法要。
  至新莊棲蓮精舍、桃園佛教蓮社分別開示念佛要義、開講〈大勢至菩薩念佛圓通章〉。
- 三月,於靈山寺宣講《妙法蓮華經》三年圓滿。
- 五月,流行性感冒襲臺,在台中蓮社義診施醫。
- 七月,於台中蓮社成立「四十八願」念佛班,指導弘法、接引學佛。
  菲律賓佛教訪問團至台中蓮社參訪。
- 九月,「慈光圖書館」核准成立,經推舉為第一任董事長。
  成立台中蓮社太平佈教所。

一月六日（日），下午三時起，於靈山寺週日講座，宣講《妙法蓮華經》。

一月八日（二），於《菩提樹》月刊第五十期，發表〈卷頭語〉。論莊子之「盜亦有道」為殺富濟貧，而今人則有借佛教名義招搖撞騙，是借道而殺貧濟富，是為「道亦有盜」。[1]

一月十三日（日），下午三時起，於靈山寺週日講座，宣講《妙法蓮華經》。

一月二十日（日），上午十時，臺中佛教蓮社於講堂召開第六次社員大會。宣告蓮社名稱經法人登記為「社團法人台中市佛教蓮社」。當日改選理監事，由許克綏當選理事長。另新聘靈山寺德真法師為蓮社導師。[2]

是日，下午三時起，於靈山寺週日講座，宣講《妙法蓮華經》。

一月二十七日（日），下午三時起，於靈山寺週日講座，宣講《妙法蓮華經》。

---

[1] 李炳南：〈卷頭語〉，《菩提樹》第 50 期（1957 年 1 月 8 日），頁 3。後題為〈道亦有盜〉，收入《弘護小品彙存》，頁 203-204。

[2] 〈佛教新聞〉，《菩提樹》第 51 期（1957 年 2 月 8 日），頁 43。另參見《蓮社日誌》，台中蓮社檔案。

1957 年・民國 46 年 | 68 歲

一月三十一日（四），丁酉年正月初一。到有蓮友約兩千名，念佛繞佛後舉行團拜。

二月二日（六），下午四時，在蓮社大殿為家職班講授「常禮舉要」。劉小姐翻譯甚詳。（《蓮社日誌》）

二月三日（日），下午三時起，於靈山寺週日講座，宣講《妙法蓮華經》。

二月五日（二），中午，偕蓮友多人至火車站迎接法國阿難陀法師，於蓮社備齋供養。法師在臺中停留六天，於蓮社講演一次。[1]

晚上七時，在大殿開始春季講演大會，連續五晚。由弘法班十五位班員以國語及臺語講演。[2]

二月八日（五），於《菩提樹》月刊第五十一期，發表〈卷頭語〉。論佛教興衰，應嚴僧伽之戒律以顯其尊、宜寬居士之律儀以廣收攝。[3]

---

1 〈佛教新聞〉，《菩提樹》第 52 期（1957 年 3 月 8 日），頁 42。
2 〈佛教新聞〉，《菩提樹》第 51 期（1957 年 2 月 8 日），頁 42。參見：《蓮社日誌》，台中蓮社檔案。
3 李炳南：〈卷頭語〉，《菩提樹》第 51 期（1957 年 2 月 8 日），頁 3。後題為〈波旬放言〉，收入《弘護小品彙存》，頁 204-205。

二月十日（日），下午三時起，於靈山寺週日講座，宣講《妙法蓮華經》。

二月十一日（一），晚八時，懺雲法師、達員法師至蓮社住宿。（《蓮社日誌》）

二月十二日（二），北上基隆。應基隆佛教蓮社禮請，參加該社舉辦之佛七，宣講淨宗法要。[1]

二月十三日（三），上午，赴八堵拜訪海會寺道源老法師及大覺寺靈源老法師。下午起日夜各開示佛七意義一次。連續兩日。有〈丁酉年基隆結七開示〉稿表[2]（《圖冊》，1957年圖1）。偈云：
第一次：欲求一心，先正根本；莫謗經文，自相矛盾。
第二次：（空白）
第三次：群經通後可言心，初學茫茫無處尋；捨易求難真不智，何如事念快加勤。
第四次：（參十七卷）壬辰冬季佛七
第五次：（參十七卷）另有偈：心口熟時歸自然，觀音勢至有真傳；贈君此語明朝去，持換金池九品蓮。

---

1 《台中蓮社第五次社務報告（四十六年度）》，頁1，台中蓮社檔案。
2 【數位典藏】手稿／佛學講授／〈丁酉年基隆結七開示〉一篇共2頁。

〔基隆〕早先皈依慈航法師的崇明郁佐侯居士，於慈師入寂後看破紅塵，依大覺寺靈源和尚披剃出家，法號知寂，專攻淨業。不久即創建了基隆佛教蓮社，甫告落成即先啟建佛七，第一個七請律航法師主七，圓滿後自行繼續念佛七天。事前曾函本刊編者，擬邀李老居士炳公蒞臨佛七開示，李老居士於二月十二日晚抵達此間，本刊編者朱斐及許炎墩、池慧霖等居士隨行。十三日上午先赴八堵拜訪海會寺道源老法師及大覺寺靈源老法師。下午起日夜各開示佛七意義一次。十四日又開示兩次，均為策勵念佛行者用功方法，聞者法喜無量！眾蓮友有要求授皈依者，但李老以在家身分，依法不授皈依而予婉辭。[1]

二月十五日（五），下午，自基隆抵桃園，弘化三日。日間赴樂生療養院棲蓮精舍，參加由懺雲法師主持之佛七，開示念佛要義。夜間於桃園佛教蓮社開講〈大勢至菩薩念佛圓通章〉。每日兩地來回。

〔桃園報導〕李老師晚間在桃園蓮社講經，日間則到棲蓮參加佛七開示。來去一共三次，在第三次到棲蓮時，由該舍負責人金義楨居士召集幹部人員座談，並當場要求懺公及李老兩人為該舍導師，雖兩人極力謙辭，終以該舍病苦蓮友無人領導，不忍袖手旁觀而予允諾。在一陣歡呼聲中，眾蓮友在奏樂中冒雨送行，李老等一

---

1 〈佛教新聞〉，《菩提樹》第 52 期（1957 年 3 月 8 日），頁 43。

行含淚分別，不勝依依。[1]

棲蓮精舍佛七開示，有〈樂生療養院結七開示〉稿表。桃園佛教蓮社宣講亦有〈楞嚴圓通章筆記〉稿表。[2]

〈樂生療養院結七開示〉：

第一次：切斷生死根（凡夫顛倒、念佛主旨、念如何一、作觀助一）

偈　云：不是他牽你，正是你應他；如蠶作繭縛，自招入湯鍋；湯鍋一時苦，無間獄如何。

第二次：三觀求一（蓮池洗垢、持油行路、臨終助念、今昔異念）

偈　云：求心不亂作三觀，各與機緣契一端；倘使狂瀾無所息，泥犁依舊黑漫漫。[3]

二月十七日（日），上午，多位孩童至蓮社報到，參加兒童德育週。靈山寺週日下午講經由許祖成代理。（《蓮社日誌》）

二月十八日（一），上午，為桃園駐軍官兵舉行座談，公開解答佛學疑問。而後赴新竹，於文雅佈教所說法。新竹

1　〈佛教新聞〉，《菩提樹》第 52 期（1957 年 3 月 8 日），頁 43。
2　李炳南：〈楞嚴圓通章筆記〉，《講經表解（下）》，《全集》第 3 冊，頁 645-651。
3　【數位典藏】手稿/佛學講授/〈樂生療養院結七開示〉一篇共 2 頁。

1957年・民國46年｜68歲

地區善友董正之、李恆鉞、許巍文、曹鐵善、關世謙等諸居士皆曾至董正之府上與先生等歡談。先生等一行於十九日下午返回臺中。[1]

二月十九日（二），中國佛教會臺灣省分會邀請美國大學教授張澄基及法國阿難陀法師在大覺院講演。來自南北佛教徒甚多，皆來蓮社參觀拜佛。有田中蓮社蓮友邀請先生及弘法班至田中弘法。（《蓮社日誌》）

二月二十四日（日），下午三時起，於靈山寺週日講座，宣講《妙法蓮華經》。

三月一日（五），上午七時，諸菩薩戒友在大殿誦戒，懺雲法師蒞臨指導。下午二時，高峰班、佛喜班等各班在大殿開會，禮請先生蒞會問答佛理。（《蓮社日誌》）

三月二日（六），晨，佛喜班三位師姐來備齋，供請先生、董正之。董居士昨晚來宿。（《蓮社日誌》）

三月三日（日），上午九時，兒童德育週，六十多位學童在大殿歡喜學習、念佛。晚上七時，先生在蓮社小講堂教唐詩。（《蓮社日誌》）

---

1 〈佛教新聞〉，《菩提樹》第52期（1957年3月8日），頁43。

是日，下午三時起，於靈山寺週日講座，宣講《妙法蓮華經》。

三月五日（二），下午六時，先生偕二位友人至蓮社禮佛，座談半小時即回。七時起，在大殿講解「佛學常識」，參加男女青年數十人。（《蓮社日誌》）

三月六日（三），晚七時半，在蓮社大殿召開念佛班正副班長開茶點會。（《蓮社日誌》）

三月七日（四），晚七時，在大殿講解「歷史」。（《蓮社日誌》）

三月八日（五），於《菩提樹》月刊第五十二期，發表〈卷頭語〉。論「偽君子」猶有「羞惡之心」，「是非之心」，未可以滿分壞人目之也。[1]

三月九日（六），週六晚《月上女經》講座，周邦道咽喉痛，由許祖成代講。晚，懺雲法師與其徒來社住宿。先生亦在蓮社住宿。（《蓮社日誌》）

三月十日（日），下午三時起，於靈山寺週日講座，宣講

---

[1] 李炳南：〈卷頭語〉，《菩提樹》第 52 期（1957 年 3 月 8 日），頁 3。後題為〈偽君子辯〉，收入《弘護小品彙存》，頁 205-206。

《妙法蓮華經》。晚七時，在大殿講授唐詩。（《蓮社日誌》）

三月十二日（二），下午六時，先生至蓮社代胡遠志書寫國文補習班班旗。七時半，在大殿講解「佛學常識」。（《蓮社日誌》）

三月十三日（三），靈山寺丁酉年春季佛七開始，請先生講開示。有〈丁酉春季靈山寺佛七〉稿表。[1]（《圖冊》，1957年圖2）偈云：

第一日，勸守七規：寶塔七層先固基，一心初步正威儀；未能身口求安定，畢竟拋球打水皮。

第二日，三業合淨：止語不止身，似個痴啞人；止語淨念斷，立被猴攪亂。

第三日，求定求久：求酬求教俱相應，長守不移便是定；無火欲希燒積薪，鏡光對日莫搖動。

第四日，四心求念：事有急求念自專，四心發一貴能堅；勝因勝果原非假，作介還須增上緣。

第五日，講《法華》：1. 諸佛護念；2. 植眾德本；3. 入正定聚；4. 發救一切眾生之心。

第六日，感應道交：為求解脫念彌陀，似鏡無明仔細磨；不了唯心圓實義，翻加理障一層多。

---

1 【數位典藏】手稿/佛學講授/〈丁酉春季靈山寺佛七〉一篇共7頁。

> 第七日，圓滿晉辭：蓮花今日已全開，暗有普賢摩頂來；百尺竿頭仍進步，生西還望證金臺。

三月十九日（二），靈山寺佛七圓滿日。下午三時半，多位蓮友至靈山寺燃臂香。晚上七時，聽先生開示。（《蓮社日誌》）

三月二十日（三），夏曆二月十九日，觀音菩薩聖誕，多位蓮友至蓮社禮佛。中午，先生在蓮社宴請臺北來賓，備兩桌素席。（《蓮社日誌》）

> 董正之，〈永懷雪公恩師（下）〉：每逢蓮社，偶有遠客抵社拜訪時，或正之為聽經抵中，公亦多半到社進餐。並聞蓮社供客餐費，全由雪公籌款，但不作聲明。長者居心，慈悲無等，纖細俱到，迥非粗心人士，所可料得。[1]

三月二十一日（四），晚七時，在蓮社大殿講解「歷史」。（《蓮社日誌》）

三月二十三日（六），上午，在靈山寺，代懺雲法師講解皈依要義與禮儀，引介信徒八十多位皈依三寶。下午二時，圓覺班、布施班等在蓮社大殿開會，請先生講解佛

---

[1] 董正之：〈永懷雪公恩師（下）〉，《明倫》第 169 期（1986 年 11 月）

理。(《蓮社日誌》)

三月二十四日(日),下午三時,在靈山寺宣講《妙法蓮華經》。(《蓮社日誌》)

三月二十五日(一),會同臺中蓮友,於台中蓮社誦經念佛,追悼中佛會理事長章嘉大師。章嘉大師於三月四日示寂。晚上七時,最後一支香,念佛迴向,並請先生講述章嘉大師履歷、圓寂經過及舍利瑞相。先生有輓聯追悼。[1](《圖冊》,1957年圖3)

〈輓章嘉呼圖克圖〉:化迹憶環遊曾隨振錫觀摩頂,威儀成永訣幾度霑襟欲問天。

【案】《菩提樹》月刊創刊,即請大師擔任名譽社長。先生與章嘉大師也有多次來往,道誼深厚。如:一九五五年六月,章嘉大師至中南部巡視,請先生至臺南、豐原代講;同年十一月,大師應先生禮請主持桃園佛教蓮社落成;一九五六年七月,大師應先生禮請共同發起籌設臺中佛教圖書館。

三月二十六日(二),晚七時,在蓮社大殿教授「佛學常識」。(《蓮社日誌》)

---

1 〈佛教新聞〉,《菩提樹》第53期(1957年4月8日),頁40。輓聯見:【數位典藏】手稿/其他著作/〈撰聯偶錄－第一頁:輓章嘉呼圖克圖〉。

三月二十八日（四），下午二至六時，吉祥班、般若班、方廣班、寶華班、開泰班，共五班，聯合在大殿開會。禮請先生講解佛理，亦有班員學習講演。晚七時，先生在大殿講解「歷史」。（《蓮社日誌》）

三月三十日（六），下午三時，先生至蓮社指示製作家庭念佛班旗十九枝。（《蓮社日誌》）

三月三十一日（日），下午三時，靈山寺《法華經》講座，今日圓滿。自一九五四年三月二十八日開講，歷時三年整。（《蓮社日誌》）

四月七日（日），臺中佛教支會舉行佛誕節慶祝會。蓮社女子青年班、兒童班、各家庭念佛班、青年文藝班、口琴隊、音樂隊等，一千多人參加遊行。遊行後在宜寧中學講堂舉行浴佛典禮。（《蓮社日誌》）

四月八日（一），於《菩提樹》月刊第五十三期，發表〈卷頭語〉。從章嘉大師荼毘所得數千舍利，談歷來大德修證之表顯明確。[1]

本期《菩提樹》月刊為「章嘉大師示寂專輯」，有南

---

[1] 李炳南：〈卷頭語〉，《菩提樹》第 53 期（1957 年 4 月 8 日），頁 3。後題為〈舍利〉，收入《弘護小品彙存》，頁 206-207。

亭、董正之、李子寬、屈映光、蔡念生、道源、月基等諸位法師大德撰稿追念。

四月九日（二），下午二時，朝新班等共十班在大殿開會，請先生蒞會主持佛學問答、講解佛理。晚八時，在大殿講「佛學常識」，進度為「四念住」，講解詳細。（《蓮社日誌》）

【案】蓮社成立後，先生將蓮友組織家庭念佛班，各班若干人，每月聚會一次，先生皆到場指導，同時回答有關佛法知見與修持上疑難。相關問答即為《菩提樹》月刊「佛學問答」專欄內容。[1]

四月十日（三），勝幢、復興、懷西班，各班蓮友在大殿念佛。先生致贈麵條與蓮友結緣。下午二時半，在大殿開會。晚上因劉汝浩有事不能來，由先生代教「國文」。進度為「請君入甕」。（《蓮社日誌》）

四月十一日（四），下午三時，林慧齋在蓮社大殿與諸蓮友講解「佛學常識」；許居士在小講堂教洋裁，有六七人參加。晚上八時先生講「歷史」。（《蓮社日誌》）

四月十四日（日），上午九時半，先生與懺雲法師至蓮社；

---

[1] 卓遵宏、侯坤宏訪問，周維朋記錄：〈朱斐居士訪談錄（一）〉，《國史館館訊》第 2 期（2009 年 6 月），頁 128-167。

適高雄蓮社道宣法師亦來。十時半，中慧班女青年在大殿開會，中午即備素齋供養法師及先生等。下午四時，皆去靈山寺聽許祖成講《三昧水懺》。六時半，先生等六位在小講堂召開圖書館籌備臨時會議。八時半，在大殿講解唐詩。（《蓮社日誌》）

四月十六日（二），晚八時，至蓮社教授「佛學常識」。（《蓮社日誌》）

四月十七日（三），下午四時，在蓮社小講堂召開圖書館籌備會議。與會者有蓮社理事長許克綏、劉汝浩等。（《蓮社日誌》）

四月二十日（六），下午三時至蓮社準備講表。為夏曆四月八日佛誕節舉行之女子青年講演會預作指導準備。（《蓮社日誌》）

四月二十四日（三），上午，許炎墩在辦公室開放錄音機，播放昨夜所錄先生演講。林看治、張慶祝筆記。晚，先生在大殿，教授節字號二講與三講，亦備錄音機錄取。授課至十一時結束，先生住宿蓮社。（《蓮社日誌》）
　　【案】節字號二講為「釋迦世尊應化述概」，節字號三講為「佛跡顯化入中國考」。（講表見《弘護小品彙存》，《全集》第 4 冊之 2，頁 334-335）

1957年・民國46年｜68歲

四月二十五日（四），先生出差至臺北，今晚停講一次。

四月二十六日（五），下午三時，吉祥班、菩提班等在大殿開會。因先生去臺北，由賴棟樑代為主持開會。諸蓮友學講佛理、談故事感應，五時散會。先生於五時半歸返蓮社，晚上再教授「講演表」。（《蓮社日誌》）

四月二十九日（一），晚八時，諸蓮友皆來大殿念佛繞佛。先生在小講堂閉門教授講表，預備佛誕節女子青年弘法講演會。（《蓮社日誌》）

四月三十日（二），白聖法師寄來請柬，邀請參加五月五日十普寺三藏學院開學典禮。（《蓮社日誌》）

五月一日（三），午十一時，靈山寺新塑佛像自臺北請來，暫安置蓮社大殿，待週日迎請回靈山寺。下午三時，先生至蓮社禮拜；多位蓮友聞知亦皆來禮佛。晚八時，懺雲法師亦至蓮社參觀禮拜，與先生坐談一小時後，去靈山寺。（《蓮社日誌》）

五月二日（四），下午三時，家職班在大殿開會，請先生教授「常禮舉要」。林慧縈翻譯。晚八時，靈山寺當家師至蓮社，請先生等在小禮堂商討週日迎佛遊街安座種種事宜。至十時半散會。（《蓮社日誌》）

五月五日（日），晨，靈山寺住持法師、當家法師等，至蓮社迎請大佛。先生與諸蓮友皆備香花迎請大佛去靈山寺。兒童班孩童亦來參加。[1]

五月六日（一），晚八時，蓮社舉行佛誕節浴佛禮。先生與理事長許克綏等共同浴佛，到有蓮友六七百人。（《蓮社日誌》）

五月九日（四），下午三時，朝新班、佛喜班等共十班在大殿開會，先生指導講解佛理。下午六時，二分埔慈善寺律航法師身體違和，來請先生前往診病。（《蓮社日誌》）

五月十二日（日），上午，前往靈山寺為懺雲法師診療。晚八時，文藝班樂隊至街市宣傳佛誕節女青年講演大會。（《蓮社日誌》）

五月十三日（一），上午，律航法師偕邵邦治來蓮社禮佛並拜訪先生，中午敬備素齋供養。下午三時半，備三輪車送返。晚八時，文藝班樂隊至街市宣傳佛誕節女青年講演大會。（《蓮社日誌》）

---

[1] 〈佛教新聞〉，《菩提樹》第 54/55 期合刊（1957 年 6 月 8 日），頁 61。另參見：《蓮社日誌》，台中蓮社檔案。

1957 年・民國 46 年 | 68 歲

五月十四日（二），夏曆四月十五日，舉行佛誕節女青年講演大會，連續五天。由國文補習班女青年擔任講者、譯者。[1]

五月十五日（三），女青年講演第二天。下午三時，有二位后里信眾至蓮社請懺雲法師證皈依，因法師有恙，由先生代為解說皈依本義及禮儀，引導皈依。晚上在蓮社聽女青年講演。（《蓮社日誌》）

五月十八日（六），講演大會圓滿日，講演後舉行摸彩。蓮社準備千份獎品致贈。（《蓮社日誌》）

五月二十日（一），因流行性感冒侵入臺中，先生將於二十二日起在蓮社義診三週。囑蓮社代書刊登新聞及廣告。（《蓮社日誌》）

　　〔民聲日報訊〕國醫李炳南，樂善好施又善醫術，際茲流行感冒猖獗之時，李氏本救人救世之心，自今起舉行義診三星期，地點在本市南區綠堤巷佛教蓮社，每日上午九時至十二時，限診流行感冒不診他病云。[2]（《圖冊》，1957 年圖 4）

---

1 〈佛教新聞〉，《菩提樹》第 54/55 期合刊（1957 年 6 月 8 日），頁 61。
2 《民聲日報》，1957 年 5 月 22 日，第 3 版。

五月二十一日（二），上午，四位佛教徒來自草港，至蓮社請教先生佛理。即由先生引介，皈依三寶。下午三時，布施班、菩提班等共十班在大殿開會，敦請先生開示並佛學問答。晚，教授「佛學常識」。（《蓮社日誌》）

五月二十二日（三），上午，至蓮社施診，到有患者二十三人，皆流行感冒者。（《蓮社日誌》）

五月二十三日（四），因雨，至蓮社受診者只十三人。下午，南亭法師、懺雲法師各寄三個熱水瓶來，先生囑明天煮綠豆水，送去臺中醫院三等病室與諸患者止渴。（《蓮社日誌》）

五月二十四日（五），至蓮社受先生診病者四十二名。下午三時，備大碗綠豆水，先生、池慧霖、許玉霞去大醫院分與眾患者止渴。（《蓮社日誌》）

五月二十五日（六），上午至蓮社診病者十六人。下午三時，參加李秀鶯令慈告別式。禮畢後，與張佩環、池慧霖至蓮社備綠豆水，送臺中醫院與患者飲用。晚八時，週六講座，由陳進德講《撰集百緣經》。（《蓮社日誌》）

五月二十六日（日），上午至蓮社診病者有三十六位。兒童德育班於講堂上課。下午三時，靈山寺週日講座由許祖

成講《三昧水懺》。(《蓮社日誌》)

五月二十七日(一),至蓮社診病者十二人。流行感冒已漸減少。上午十時,南亭法師與三位居士至蓮社禮佛。(《蓮社日誌》)

五月二十八日(二),晨七時,受菩薩戒諸蓮友在蓮社大殿誦戒。九時,先生至蓮社,今日診察患者十七人。中午先生備兩素筵請宜蘭女子青年弘法班,十數位蓮社中慧班學員相陪。(《蓮社日誌》)

五月二十九日(三),因大雨,無患者來診病。午時,有蓮友阿保嫂生日,在靈山寺念佛備素齋供佛,請先生並許克綏理事長赴筵。(《蓮社日誌》)

五月三十日(四),至蓮社受先生診病者三位。晚八時,在大殿召開會議,商討推廣佛法及佛化圖書館募集書籍等事,許克綏理事長、各念佛班長等與會討論。(《蓮社日誌》)

五月三十一日(五),至蓮社受診患者七人。下午二時,至各友人處募捐籌建佛化圖書館。[1]

---

[1] 〈佛教新聞〉,《菩提樹》第 54/55 期合刊(1957 年 6 月 8 日),頁 61。另參見:《蓮社日誌》,台中蓮社檔案。

六月一日（六），上午，至蓮社受診患者六人。（《蓮社日誌》）

六月二日（日），上午，至蓮社受診患者六人。（《蓮社日誌》）

六月三日（一），上午，至蓮社受診患者十二人。（《蓮社日誌》）

六月四日（二），上午，至蓮社受診患者十一人。中午，女子弘法班在蓮社小講堂開會，每人各備一菜供養先生。先生說：「人多好辦事，一桌擺滿菜。」（《蓮社日誌》）

六月五日（三），上午，因大雨關係，無患者求診。午十一時，劉汝浩至蓮社與先生討論國文補習班事。因大雨，中午在蓮社便餐。（《蓮社日誌》）

六月六日（四），上午，至蓮社受診患者五人。許炎墩、賴棟樑送經書多箱至蓮社，供佛化圖書館成立時充實藏書。（《蓮社日誌》）

六月七日（五），上午，至蓮社受診患者五人。下午三時，朝新班、佛喜班等數班在大殿開會，禮請先生主持佛學問答，並開示淨土三資糧。（《蓮社日誌》）

1957 年・民國 46 年｜68 歲

六月八日（六），於《菩提樹》月刊第五十四／五十五期，發表〈卷頭語〉。憶及大陸昔於佛誕月、臘八時，兩時期設無遮大會施米粥供眾。[1]

同期，又有為重印《歷史感應統紀》所撰〈序〉文。該書於一九二九年經印光大師校定集資刊行，並撰序極力推薦；先生以前賢所稱「六經皆史」，接一轉語謂「諸史皆因果也」，用申因果實不虛，善惡須明辨。

〈重印《歷史感應統紀》序〉：是書編輯因緣，原序詳矣。溯自丁丑中日戰前，吾魯省會，凡酒樓茶閣，及公共遊憩之處，好備書報娛顧客，是書亦得廁其間。默察之，率掉頭而弗顧。嘗深致慨，覘此微機，已識國風日澆，世運將替矣。於時思潮，多趨物競天擇之說，尚乎現實，先哲訓謨，概目之為進化障礙，因果尤斥為虛誕，而是書得免水火，豈非幸乎。

倡斯舉者，為閩中陳居士煌琳。居士為靈巖大師之高足，本師承之學，懷拯溺之志，集資設計，風雨寒暑，逾一載而底成。嗚呼，倘以是書流通，咸信乎因果不爽，人從悔禍，盡蠲損他之心，力行濟眾之願，明有感，必潛有應，保身興國，可立竿而影見。亡羊補牢，正有匡於來朝耳。古人云，六經皆史也，予曰，諸史皆

---

[1] 李炳南：〈卷頭語〉，《菩提樹》第 54/55 期合刊（1957 年 6 月 8 日），頁 3。後題為〈佛誕憶妙峰山〉，收入《弘護小品彙存》，頁 207-208。

因果也,更進之,宇宙森羅萬象,無不皆因果也。惟其皆因果,則知機其神,繫鈴解鈴,是又所望於吾人焉。

時中華民國四十六年仲夏穀下李炳南識于臺中寄漚軒[1]

【案】《歷史感應統紀》係印光大師請人從二十四史中擇其因果報應之顯著者,錄為一書。後由聶雲臺聘請許止淨編輯而成。印光大師有序,申明因果教育之重要云:

「歷史者,古今治亂賢愚之陳迹也。感應者,古今得失吉凶之徵驗也。

歷史多矣,孰能一一徧讀。故特撮取感應事迹之顯著者,統而紀之,以貢同倫,用作格、致、誠、正、修、齊、治、平之鑑。庶可心與道合,心與佛合,天下太平,人民安樂矣。須知感應云者,即因果之謂也。修如是因,得如是果。如種瓜得瓜,種豆得豆。若欲免惡果,必須修善因。儻或造惡因,斷難得善果。

余常謂因果者,世出世間聖人,平治天下,度脫眾生之大權也。若無因果,則善無以勸,惡無以懲,遑論明明德以止至善,斷煩惑以證菩提乎。由其知有因果也,則必趨吉避凶,改過遷善,閑邪存誠,克己復禮,冀入聖賢之域,期登極樂之邦。上焉者安而行之,中焉者利而行之,下焉者勉強而行之,同得格物

---

[1] 李炳南:〈重印《歷史感應統紀》序〉,《菩提樹》第 56 期（1957 年 7 月 8 日）,頁 14;收見:《雪廬寓臺文存》,《全集》第 14 冊之 2,頁 48-50。

欲以顯良知，出迷途以登覺岸。於以知聖、賢、佛、菩薩參贊化育之道，其原始要終，不外因果二字。而為天下古今治亂持危，淑身覺世，超凡入聖，了生脫死之一大根據。」[1]

同日，下午三時，朱斐自泰國參加佛誕節歸來，諸多蓮友至車站歡迎。三時四十分，於蓮社大殿與勝幢班一同向蓮友報告泰國見聞。（《蓮社日誌》）

六月九日（日），上午，在蓮社小講堂診察病患十二人。（《蓮社日誌》）

六月十日（一），上午，在蓮社小講堂診察病患四人。晚八時在大殿念佛繞佛。（《蓮社日誌》）

六月十一日（二），上午，在蓮社小講堂診察病患五人。晚八時，在大殿舉行第六屆國文補習班開學典禮，報到男女學生七十餘名。本屆有劉汝浩、周邦道、許祖成、金天鐸、張廷榮、賴棟樑等老師義務教學。先生本期任教週五「歷史」。（《蓮社日誌》）

六月十二日（三），上午，在蓮社小講堂診察病患五人。義

---

1 釋印光：〈歷史感應統紀序〉，《印光法師文鈔續編·下冊》（臺中：青蓮出版社，1987年），頁 307-309。

診三週至今天圓滿,診察患者共二百五十一名。晚上,國文補習班開始上課。(《蓮社日誌》)

六月十四日(五),晚八時,至蓮社為國文補習班教授「歷史」課,講述軒轅黃帝發明六法及種種創造。(《蓮社日誌》)

六月十五日(六),下午五時,朱斐由泰國請來三尊佛菩薩、二十尊小釋迦佛在蓮社義賣,供作佛教圖書館籌建經費。(《蓮社日誌》)[1]

六月十六日(日),晚八時,為國文補習班舊班同學教授「歷史」。(《蓮社日誌》)

六月十七日(一),晚八時,為國文補習班舊班同學教授「佛學常識」。(《蓮社日誌》)

六月十九日(三),下午三時,布施班、施法班等數班在大殿開會,禮請先生開示,(《蓮社日誌》)

六月二十一日(五),晚八時,於蓮社為國文補習班講授「歷史」。

---

[1] 〈佛教新聞〉,《菩提樹》第 54/55 期合刊(1957 年 6 月 8 日),頁 61。

1957 年・民國 46 年 | 68 歲

六月二十二日（六），晚六時，陳樹根自臺南領導十數位青年男女佛教徒至蓮社禮佛參訪並拜訪先生。參加週六晚講經，夜宿蓮社。（《蓮社日誌》）

六月二十三日（日），中午，先生與許炎墩出資備兩桌素筵宴請昨日臺南訪客。晚八時，至蓮社為國文補習班舊班同學教授「歷史」。（《蓮社日誌》）

六月二十四日（一），下午三時半，吉祥班、菩提班、方廣班等共五班在蓮社大殿開會，禮請先生主持佛學問答。五時散會。晚八時，在小講堂為國文補習班舊生教授「佛學常識」。（《蓮社日誌》）

六月二十八日（五），下午三時，至蓮社檢視各處捐贈之佛學書籍。晚八時，在大殿教授「歷史」。（《蓮社日誌》）

六月二十九日（六），下午五時，吉祥班長郭阿花至蓮社，捐贈圖書館一部《大藏經》。（《蓮社日誌》）

六月三十日（日），晚八時，在蓮社大殿為國文補習班舊班同學教授「歷史」。（《蓮社日誌》）

是月，臺南市佛教青年至臺中市參訪佛教大德。與南亭法師、先生合影。（《圖冊》，1957 年圖 5）

1161

七月一日（一），下午三時，至蓮社共同檢查捐冊編號。晚八時，在蓮社小講堂教授「佛學常識」。另有蓮友在大殿念佛拜佛。（《蓮社日誌》）

七月二日（二），晚八時，在蓮社小講堂講「唯識」，編有〈八識規矩頌筆記〉表解稿。劉汝浩在大殿教「國文」，由賴棟樑翻譯。（《蓮社日誌》）
〈八識規矩頌筆記〉：釋題、頌文章法、前五識頌、九地、緣、三智、五受、招報二業、二障、二地、無記、通情本、八識之異、七為意根、平等性智、隨他業生、論諍、三藏、四智菩薩唯識無境、金剛道、八識三位。[1]

七月五日（五），晚八時，在蓮社大殿為國文補習班教授「歷史」。（《蓮社日誌》）

七月七日（日），下午三時，佛喜班、武德班等在大殿開會。先生原在靈山寺，臨時應請回蓮社主持佛學問答。晚八時，在大殿教授「佛學常識」之「十二因緣」。

---

[1] 李炳南：〈八識規矩頌筆記〉，《講經表解（下）》，《全集》第3冊，頁1219-1227；封面注記「四十六年七月述」。又，泡居士（李炳南）講，周家麟記：《八識規矩頌講述筆記》（台中蓮社謙益念佛班，1970年10月10日）。講述者「泡居士」即先生。該書未載記講述日期，然據周家麟1954年從學於先生，有可能即是時講課紀錄。

1957年・民國46年｜68歲

（《蓮社日誌》）

七月八日（一），於《菩提樹》月刊第五十六期，發表〈卷頭語〉。做淨行者，在果上求生西方，仍須在因力之心淨、緣力之福德上用功。[1]

是日，下午三時，蓮社旭光班、朝新班、勝幢班聯合集會，先生開示並主持佛學問答。晚八時，在小講堂教授「歷史」。（《蓮社日誌》）

七月十二日（五），籌備中之圖書館已送件核備中，附設托兒所先准立案，開始招生。今日，請賴棟樑書寫托兒所招生廣告，分別貼圖書館及蓮社。晚八時，先生在大殿為國文補習班教授「歷史」，由許俊傑翻譯。[2]

七月十三日（六），下午三時，有四十八位蓮友在大殿開會，結成「四十八願」念佛班，發願接受先生教導，同心協力、為教弘法、廣度眾生。（《蓮社日誌》）

　　洪錦淳，「趙蔣麗亮居士採訪紀錄」：看治師姐叫我參加「四十八願」，我說：我什麼都不會。師姐說：

---

1 李炳南：〈卷頭語〉，《菩提樹》第56期（1957年7月8日），頁3。後題為〈未證真如應慎因緣〉，收入《弘護小品彙存》，頁208-210。

2 〈佛教新聞〉，《菩提樹》第56期（1957年7月8日），頁40。參見：《蓮社日誌》，台中蓮社檔案。

1163

沒關係，老師如果收留妳就可以了。「四十八願」就好像做他的小女兒，其實也是學生啦！我說：我不懂規矩。師姐說：每年三十夜晚（除夕）在慈光圍爐，阿花師姐很慈悲，會準備豐盛的菜餚。老師很早就起床，三點半在大殿拜佛，這個時候你就去拜「五體投地」的大禮，如果老師願意收留你，你就是「四十八願」了。我跟師姐講：老師有合掌。師姐說：那，老師答應了。經過兩個月，老師打了一個金牌，上面有「卍」字。他和許炎墩一起來。[1]

《張慶祝師姑九十回顧》：老師講經度十姊妹受了戒，後來大家漸漸退轉，老師就要十姊妹每人度一班（十二人為限），成立四十八願（人），活動分圖書館和蓮社兩地。蓮社每星期五下午上課，講授度眾生的方法。[2]

【案】日後，有比較完整之「台中蓮社四十八願規則」（《圖冊》，1957年圖6），略云：

（甲）宗旨

第一條：本願以促成淨業學人，加強菩提心，期實作到自行化他、有所成就為宗旨。

（乙）加入資格

第二條：曾受正式三皈，實修淨土法門，而發大心誓

---

[1] 洪錦淳：「（82歲）趙錟銓居士、趙蔣麗亮居士採訪紀錄」，2006年2月25日，臺中市河南路。

[2] 張式銘：《張慶祝師姑九十回顧》，頁64-65。

行菩薩道者為合格。

第三條：經蓮社社員之介紹，填具願書，經本願同人審查無訛者，即可加入。

（丙）組織

第四條：依彌陀大願之數，定四十八人為一願，此四十八人皆為願主任。由各主任中產生正副代表二人。

第五條：依彌陀十二光佛之名，願主任，各勸導十二人為願員，同修淨宗。

第六條：願員不分性別，惟女性以結婚後者為限。

（丁）工作

第七條：本願分左列之工作

一、設備組關於上宏下化之事，擔任一切計畫，及處理勞動等事。

一、弘法組擔任講經演說弘法等事。

一、聯絡組擔任勸導、訪問、通信、聯誼等事。[1]

七月十四日（日），下午三時，靈山寺週日講座，因許祖成身體違和，由先生代講。晚八時，台中蓮社召開第四次理監事聯席會議，討論接待菲律賓佛教訪問團、圖書館招募、幼稚班設施、家庭念佛班改革等事項。十一時散會。（《蓮社日誌》）

---

1 台中佛教蓮社，《四十八願願員名冊》，台中佛教蓮社檔案，1960年5月16日。原稿見收於雪心基金會。

七月十五日（一），在蓮社小講堂教授「歷史」。（《蓮社日誌》）

七月十八日（四），中午，菲律賓佛教訪問團二十餘位由印順導師及團長施性統、顧問劉梅生率領，至台中蓮社禮佛參訪。即備素席供請。餐後離去，拜會省府等處。晚九時，該團團長施性統、顧問劉梅生、交際蔡文沛、財政王世益等四位居士，再至蓮社拜訪先生，談佛論道約一小時。[1]

菲律賓佛教訪問團與樂生療養院因緣特殊，棲蓮精舍之建築經費，大半是由菲僑所捐助。因此，特別安排至棲蓮精舍拜訪。訪問團由顧問劉梅生校長代表致詞。[2]

【案】炳南先生於《菩提樹》月刊創刊號發表〈參觀癩病樂生療養院因緣記〉，菲律賓普賢學校校長劉梅生讀後十分感動，即向該校校董呼籲，因而有捐助建築費用之美事。（詳見1952年12月8日譜文）

【小傳】劉梅生（1910-1993），晚年出家，法名覺生，法號證道。因出家僅約十載，教界人士對他的印象多為在家居士身分之「劉老師」、「劉校長」。出

---

[1] 〈佛教新聞〉，《菩提樹》第57期（1957年8月8日），頁44。
[2] 朱斐：《學佛回憶錄——四十年來寶島佛教影塵回憶記（一）》（臺中：慈光圖書館，2011年），頁244-246。另參見：詹泰一：〈菲華佛教居士林回國訪問團訪問棲蓮精舍記〉，《菩提樹》第56期（1957年7月8日），頁42。

生於福建晉江，父惟龍公，母施氏妙霞，育有二子一女，劉居士為長子。九歲時隨家人移民菲律賓，僑居馬尼拉。早年返鄉求學廈門大學時，得遇弘一大師，受其感化。返僑居地後，協助建立菲律賓首座佛教寺院信願寺。皈依佛教受菩薩戒後，原為天主教世家，經其影響，全家三十七人改信佛教。曾邀請印順導師蒞菲弘化，並因而創立文殊、普賢等三所佛教中小學，自臺敦聘自立法師等至菲任教弘化。劉居士長期來往美菲，過境臺灣時經常受邀至各大學佛學社團演說，諸多青年皆受攝化，常隨學習。晚年出家，與臺灣嘉義地區佛教人士如香光寺悟因法師、嘉義佛會會張迦南居士等往來密切。一九九三年在馬尼拉住持羅漢寺任內安詳往生。[1]

七月十九日（五），晚八時，於蓮社為國文補習班講授「歷史」。

七月二十六日（五），北屯區和平里佛教集會所詹先生至蓮社邀請至彼處弘法。由法務組通知請林看治、池慧霖等六位於八月四日起連講四天。同時呈文市政府請准予備案。晚，因先生去臺北尚未返回，原「歷史」課改請許

---

[1] 林其賢：〈人間佛教在菲律賓——以覺生法師為中心〉，《無礙法界・正教弘傳——人間佛教在東亞與東南亞的傳佈》（香港：中文大學人間佛教研究中心，2020年4月），頁378-401。

祖成續教「佛學常識」。(《蓮社日誌》)

七月二十七日(六),中午,自臺北返回臺中。(《蓮社日誌》)

七月二十八日(日),晚八時,在蓮社大殿講授「佛學常識」。(《蓮社日誌》)

七月二十九日(一),晚六時,先生上臺北。國文補習班舊班停課一次。(《蓮社日誌》)

八月二日(五),下午三時,於蓮社大殿召集「四十八願」同修開會,分派各組工作任務。五時散會。晚,在大殿為國文補習班講授「歷史」。(《蓮社日誌》)

八月三日(六),上午,收到市政府公文,核准軍功寮講演佛法事宜。晚八時,陳進德講《撰集百緣經》圓滿,下週六講座續由呂正涼講《普門品》。(《蓮社日誌》)

八月五日(一),下午三時,朝新班、佛喜班等共十班在大殿開會,禮請先生主持佛學問答。(《蓮社日誌》)

八月六日(二),上午,勝幢班在大殿念佛拜佛。十一時,請先生開示。(《蓮社日誌》)

八月八日（四），於《菩提樹》月刊第五十七期發表〈卷頭語〉。有以佛教為消極者，舉佛之言教與實踐駁之。確證佛於利他事積極，於名貨等私事確為消極。[1]

八月九日（五），晚八時，於蓮社為國文補習班講授「歷史」。

八月十日（六），夏曆七月十五，中元節。各家均有祭禮，靈山寺亦有普度施食。週六晚《普門品》講經延後一週開講，改請先生在大殿主持座談會，談普度來由。（《蓮社日誌》）

夏曆七月普度，民俗仍多殺牲。有蓮友聯絡鄰里改用素供，並請蓮社派人弘講戒殺。素供前有楹聯一付警俗。
　　〔臺中〕此間中區成功菜市場商民邱添壽居士，為遵政令及佛制，發心聯絡里鄰，集議全部改用素供；拜拜以前並邀台中蓮社派人前往講《盂蘭盆經》及戒殺義意，並分贈戒殺小冊，以資提倡。其素供前紮一松門，旁有楹聯一副，警俗醒目，為蓮社某居士所撰，其聯曰：
雞鴨豬羊血肉腥，是普殺不是普度；何苦自招冤孽債。
餅糕瓜果色香足，真奉佛又真奉公；還期都做善根人。[2]

---

1 李炳南：〈卷頭語〉，《菩提樹》第 57 期（1957 年 8 月 8 日），頁 3。後題為〈消極積極辯〉，收入《弘護小品彙存》，頁 210-211。
2 〈佛教新聞〉，《菩提樹》第 57 期（1957 年 8 月 8 日），頁 45。

八月九日（五），潘姓女居士自桃園至蓮社參訪，禮請先生開示。晚八時，在大殿教授「歷史」。（《蓮社日誌》）

八月十五日（四），中午，參加弘法班諸師姊為青年班學員黃沂樟舉辦之餞別會。黃與友人行將入伍。晚，因許祖成身體違和，由先生代理教授「佛學常識」及《論語》課。賴棟樑翻譯。（《蓮社日誌》）

八月十六日（五），晚八時，於蓮社為國文補習班講授「歷史」。

八月十七日（六），週六晚講經，由呂正凉開始宣講《普門品》。（《蓮社日誌》）

八月二十一日（三），晚八時，在蓮社小講堂為般若班、方廣班等數班主持佛學問答。（《蓮社日誌》）

八月二十三日（五），下午三時，吉祥班在蓮社大殿開會，禮請先生主持佛學問答。晚八時，在大殿為國文補習班講授「歷史」。（《蓮社日誌》）

八月三十日（五），晚八時，於蓮社為國文補習班講授「歷史」。（《蓮社日誌》）

九月三日（二）下午六時，香港比丘尼文珠法師至蓮社參訪。

1957 年・民國 46 年 | 68 歲

「四十八願」十多位同修發心備辦素筵供養法師及先生等。法師八時離去，前往師範學校。（《蓮社日誌》）

【小傳】文珠法師（1930-2014），廣東湛江人，自幼生長於寺院。十六歲披剃，十八歲隨香港名宿海仁老法師研究法華、楞嚴，繼依敏智老和尚習唯識。後又獲保送入聯合書院攻讀社會教育，祥雲法師譽為「我國首位大學畢業之比丘尼」。常為國內各佛教雜誌撰稿。一九七二年，創立美西洛杉磯市第一座佛教寺院。此次來訪係隨香港聯大回國觀光。抵臺中時，一行均借宿於師範附小。至蓮社參訪時，再三邀請文珠法師對學佛青年講話，但因語言不通，一時找不到人翻譯粵語，因此於日後撰成〈負起時代的使命〉發表於《菩提樹》月刊，補作勉勵。[1]

九月四日（三），上午，勝幢班在大殿念佛，禮請先生開示。中午備饅頭、大麵與大家結緣。至五時散會。（《蓮社日誌》）

九月六日（五），臺中私立佛化圖書館奉准成立為「慈光圖書館」，成立十五人董事會，公推由先生擔任首任董事長。

〔臺中訊〕此間李炳南居士等籌備創設之自由中國

---

[1] 〈佛教新聞〉，《菩提樹》第 59 期（1957 年 10 月 8 日），頁 43；釋文珠：〈負起時代的使命〉，《菩提樹》第 59 期，頁 19。

第一個佛教圖書館,已奉教育部核准成立,並改名「私立慈光圖書館」,現館址已經購定於本市柳川力行北路十五號舊汽水廠,利用原有廠房,略加修繕,不久將可正式開幕。[1]

　　周邦道,〈慈光釋義〉:本館自民國四十五年五月籌備起,到現在恰為兩週年。當初名為「佛化圖書館」。教育廳和教育部,以「佛化」二字,宗教色彩嫌濃,要另行更改。為恐公文往返,時間過久。本館館長李雪廬先生特擬好「佛學」、「慈光」、「慧學」三個名稱,備教育部參考。由學人分別致函張曉峰部長和社會教育司王星舟司長,請在三個名稱中,選擇其一。張部長覆函說,以「佛學」為宜,但王司長簽擬,則選取「慈光」。私函和公文,未曾連貫,於是即定名為「慈光圖書館」。[2]

　　【案】據法人登記資料:許可機關日期為「臺中市政府中華民國四十六年九月六日」,目的為:「復興中華文化,增進國民知識,發揚佛教大乘精神輔翊我國固有道德,辦理社會教育、兒童福利、文教公益救濟慈善事業,助成社會淳厚風俗。」

1　〈佛教新聞〉,《菩提樹》第58期(1957年9月8日),頁43。參見:朱斐:〈炳公老師與我──兼述臺中早期建社弘法的經過〉,《菩提樹》第403期(1986年6月8日),頁23-32。
2　周邦道:〈慈光釋義──四十七年五月二十七日在臺中市私立慈光圖書館講〉,《菩提樹》第67期(1958年6月8日),頁28-29。

晚八時，於蓮社為國文補習班講授「歷史」。

九月八日（日），於《菩提樹》月刊第五十八期，發表〈卷頭語〉。論空有、體相，均須合說。淨土有四，亦是有體有相。西方極樂並非只是唯心淨土。[1]

是日，夏曆八月十五，中秋節。下午，靈山寺有週日講座；晚八時，有賞月會。（《蓮社日誌》）

九月十三日（五），晚八時，於蓮社為國文補習班講授「歷史」。

九月十七日（二），下午三時，十姊妹林慧縈長公子於蓮社舉行佛化結婚典禮，禮請先生證婚。另於九月十九日，在蓮社備辦素筵，宴請先生與各蓮友。新人到場道謝，介紹人亦吟詩恭賀。（《蓮社日誌》）

九月二十日（五），晚八時，於蓮社為國文補習班講授「歷史」。（《蓮社日誌》）

九月二十一日（六），下午三時，吉祥班在大殿開會，禮

---

[1] 李炳南：〈卷頭語〉，《菩提樹》第 58 期（1957 年 9 月 8 日），頁 3。後題為〈不明教相難言空有〉，收入《弘護小品彙存》，頁 211-212。

請先生主持佛學問答。同時指導學員上臺練習講演。（《蓮社日誌》）

九月二十三日（一），下午三時，在蓮社大殿教導「四十八願」班學習講演。（《蓮社日誌》）

九月二十七日（五），晚八時，出席文藝班、中慧班在蓮社大殿舉辦之教師節敬師活動。有魔術、獨唱、口琴、鋼琴等表演及猜獎遊藝，節目甚多。至十一時散會。[1]

九月二十九日（日），太平鄉林垂埠於家宅成立蓮社太平佈教所，先生率許炎墩、林采蘩等參加。該地蓮友近百到車站歡迎。先生開示後，經介紹皈依者數十位。[2]

下午三時，高雄前鎮念佛班四十餘人至蓮社參訪，並欲拜會先生。適因先生去太平道場參加落成典禮，由朱斐接待。（《蓮社日誌》）

九月三十日（一），下午三時，「四十八願」班同修在大殿開會，同時由先生指導練習上臺演講。（《蓮社日誌》）

---

[1] 〈佛教新聞〉，《菩提樹》第 59 期（1957 年 10 月 8 日），頁 42。參見：《蓮社日誌》，台中蓮社檔案。

[2] 《台中蓮社第五次社務報告（四十六年度）》，頁 4，台中蓮社檔案。

十月三日（四），下午三時，佛喜班、朝新班等共十班在大殿開會，禮請先生主持佛學問答。晚七時，許祖成在大殿教「佛學常識」，第二節教《四書》之《論語》，由賴棟樑翻譯。（《蓮社日誌》）

十月四日（五），上午，勝幢班至蓮社開會念佛，於十一時請先生開示。中午備饅頭、米粉與大眾結緣。晚七時，先生在大殿教「歷史」。七時半，懺雲法師至蓮社，即在蓮社住宿。（《蓮社日誌》）

十月五日（六），上午八時，懺雲法師前往佛教會館拜會南亭法師，而後至菩提樹雜誌社。[1] 主編朱斐供養法師午齋，並邀南亭法師、先生及呂佛庭作陪。呂佛庭盛讚懺雲法師必將成為佛門龍象。[2]

十月六日（日），奉祀官孔德成先生應日本道德科學研究所邀請，赴日本演講。官府事務請先生代行。[3]（《圖冊》，1957年圖7）

〈奉祀官指示〉（1957年10月6日）：本人出國期內，所有本府事務，著由祕書李炳南代行。

德成　四十六年十月六日

1　《蓮社日誌》，台中蓮社檔案。
2　呂佛庭：《憶夢錄》，頁330。
3　〈奉祀官指示〉（1957年10月6日），黃潔怡提供；參見：汪士淳：〈孔德成大事記〉，《儒者行：孔德成先生傳》，頁383-391。

晚，劉汝浩在大殿教國文補習班「國文」。七時半，懺雲法師至蓮社住宿。（《蓮社日誌》）

十月七日（一），下午六時，偕許炎墩赴臺南，為陳樹根往生助念。（《蓮社日誌》）

【小傳】陳樹根（1911-1957），生於臺南。一九四九年隨炳南先生學佛，一九五一年經先生引薦，由南亭法師證皈依。精進修學，在南部作佈教師，宣講淨宗要義、成立念佛會；經其接引皈依者以百數。六日因腦溢血送醫，七日上午十時過世。南亭法師有〈陳樹根居士傳〉深惜之，且曰：「臺南市自陳樹根去世，佛學活動也就停止。」可見其弘化力度。陳居士遺體火化後，發現舍利一顆，亦見其精進淨業之行持。[1]

十月八日（二），於《菩提樹》月刊第五十九期，發表〈卷頭語〉。論佛與諸祖，相機施教，即有破斥，皆在破執，而非破法。[2]

十月十一日（五），晚八時，於蓮社為國文補習班講授「歷

---

1 〈佛教新聞〉，《菩提樹》第60期（1957年11月8日），頁43。另參見：釋南亭：〈陳樹根居士傳〉，《南亭和尚全集》第11冊（臺北：財團法人台北市華嚴蓮社，1990年9月），頁290-293。
2 李炳南：〈卷頭語〉，《菩提樹》第59期（1957年10月8日），頁3。後題為〈迷人破法立執〉，收入《弘護小品彙存》，頁212-213。

史」。

十月十五日（二），下午一時半，有法師自臺北來蓮社探望先生，亦有二位女居士自澎湖來拜訪先生。三時，有布施班、菩提班等十班在大殿開會，禮請先生開示。（《蓮社日誌》）

十月十六日（三），中午，於台中蓮社宴請普賢學校校長劉梅生與劉香谷等一行五人。劉校長在臺參觀教育設施，因此未隨團返菲。午餐後，前往整修中之慈光圖書館參觀。

晚七時，先生至蓮社代張廷榮教授「尺牘」，張因公至臺北受訓。[1]

十月十七日（四），上午九時，先生與劉梅生校長等菲律賓訪客一行，以及臺中蓮友五十餘位，至霧峰故宮博物院觀賞國寶。先生自任導覽，詳述珍寶由來。十一時半返回臺中。[2]

十月十八日（五），晚八時，於蓮社為國文補習班講授「歷

---

[1] 〈佛教新聞〉，《菩提樹》第 60 期（1957 年 11 月 8 日），頁 42。另參見：《蓮社日誌》，台中蓮社檔案。

[2] 〈佛教新聞〉，《菩提樹》第 60 期（1957 年 11 月 8 日），頁 42。

史」。

十月十九日（六），晚上七點，呂正涼於蓮社講《普門品》圓滿，聽眾甚多。結束時，教大眾唱念觀音靈感歌後，先生開示並介紹下回開講《阿彌陀經》，希望諸位來得無上至寶。（《蓮社日誌》）

十月二十日（日），午十一時，三位青年自臺南來蓮社拜訪先生，其中有陳樹根公子，特來請教佛法。陳樹根日前往生，先生特地前往臺南助念。下午二時，先生攜同至靈山寺聽經。晚上，邀往朱斐家聽先生教導佛理。（《蓮社日誌》）

十月二十一日（一），晨七時半，三位青年搭火車回臺南。預訂下週日再來親近先生。（《蓮社日誌》）

十月二十二日（二），晨七時，受菩薩戒眾蓮友在大殿誦戒。下午二時，吉祥班在大殿開會，禮請先生主持佛學問答，開示佛理。（《蓮社日誌》）

十月二十四日（四），即日起三天，台中蓮社弘法班張慶祝、林進蘭、張玉燕、彭松枝、魏淑貞、劉玉鴛等居士，應新竹縣新埔鎮長邱火亮暨該鎮寶善寺廖金英之請，至該鎮國民學校、廣和宮等處演講佛法。此次大會係由蓮友張阿隆熱心籌劃。聽眾熱烈，里長、鎮民代

表、婦女會幹部等多數參加。臨歸，新竹縣長鄒滌之、鎮長釁火亮各贈匾額及錦旗一面。（《台中蓮社社務報告（民國四十六年）》，頁5；《圖冊》，1957年圖8）

十月二十五日（五），吉祥班學員林黃柳至蓮社祝壽，備辦筵席宴請先生及蓮友。（《蓮社日誌》）

晚八時，於蓮社為國文補習班講授「歷史」。

十月二十六日（六），即日起，蓮社週六晚講經由林看治接續，開講《阿彌陀經》。開講前，先生先行教導，編有〈阿彌陀經講表〉十八紙。[1]（《圖冊》，1957年圖9）

　　林老居士，因已具儒佛基礎，故雪公寄望深遠，盼能攜手共宏淨土殊勝之法門，因而教之彌勤，責之極切。雪公教以：「一經通則經經通」，學講前須有充份準備，自寫講稿，所言必有根據，應本祖註，不可妄發己意，應按學講規矩，謹慎、負責、方不背因果。林老居士即發心學講《佛說阿彌陀經》，雪公提及此經乃最深奧、最難講者，有「小本《華嚴經》」之美稱。曾經林老居士於學講時有所偏誤，雪公恩師，當時一聲喝斥，順手將手中摺扇一捧打在頂上，斯時林老居士羞愧得熱淚直流，故而更加用功學習，經數日後，終將不甚

---

1 李炳南：〈阿彌陀經講表〉，《講經表解（上）》，《全集》第2冊，頁343-379。

熟悉之經文，忽爾竟能明瞭，蓮友笑云：「恩師助您消業障、開智慧耶？」林老居士則更覺學儒學佛必有師承之重要矣。[1]

【案】〈阿彌陀經講表〉首行有「四十六年秋閏八月教林〇〇在蓮社講阿彌陀經」，其中林某當指十姊妹之林看治。據〈講表〉：「（甲）講經因緣」之動機有「呂講普品：但知循聲救苦，應度說法，其法維何？」「呂」指十姊妹之大姊呂正涼，於一九五七年八月十七日至同年十月十九日，在蓮社宣講《普門品》。該講圓滿後，林看治即於次週十月二十六日接續開講《阿彌陀經》。十月二十六日為夏曆九月四日，此前為夏曆閏八月。當是於開講前，先生再予指導。林看治於一九五二年九月十九日起即曾於北屯慈雨寺開講《阿彌陀經》十四天。此為再度開講，先生要求彌嚴。

十月二十八日（一），晚七時，自修班在蓮社小講堂開會，禮請先生開示。七時半，在大殿繞佛念佛。（《蓮社日誌》）

是月，發佈〈慈光圖書館募書啟事〉，籲請各界捐助圖書，

---

[1] 西蓮（黃泳）：〈林看治老居士往生記〉，《明倫》第 225 期（1992 年 6 月）。

充實館藏。[1]（《圖冊》，1957年圖10）

是月，為《佛學常識課本》再版發行，撰有〈小序二〉。
　　【案】《佛學常識課本》原連載於《菩提樹》月刊第一期至第十三期，而後於一九五四年一月發行單行本。今再版印行。

十一月一日（五），上午，精進班副班長林發六十壽，至蓮社禮請先生、陳進德、賴棟樑等赴宴席。

下午三時，佛喜班、朝新班等共十班在大殿開會，禮請先生開示。

晚七時，於蓮社為國文補習班講授「歷史」。（《蓮社日誌》）

十一月二日（六），上午，勝幢班眾蓮友在大殿念佛。十一時，禮請先生開示。中午，備大麵、饅頭與大眾結緣。晚七時，林看治於大殿宣講《阿彌陀經》。（《蓮社日誌》）

十一月三日（日），上午，有三四十位信徒至蓮社，欲禮懺

---

[1] 【數位典藏】手稿／其他著作／各機構發展計畫／〈慈光圖書館〉（打字油印單）。

雲法師證皈依。因法師不在，由先生在大殿代為說明皈依旨義、皈依禮儀。下午三時，皆去靈山寺聽經。（《蓮社日誌》）

十一月六日（三），晨，受菩薩戒諸蓮友在大殿誦戒。適懺雲、會性二位法師至蓮社，當即禮請二位法師教授種種禮節及唱讚方式。

晚七時，先生教授「應用文」，因張廷榮去臺北尚未返回，由先生代教。（《蓮社日誌》）

十一月七日（四），「各種紀念節目籌備委員會」來函，為蓮社國文補習班所造壁報作品優良，獎賞一古畫型鏡框。係為十月二十五日光復節，文藝班青年所製巨型壁報展示於公園。（《蓮社日誌》）

十一月八日（五），於《菩提樹》月刊第六十期，發表〈卷頭語〉。論名實之間，當務其實質，勿存心在名。舉蓮池大師範例稱：真實學人，必遠名聞利養。[1]

是日，晚七時，在蓮社大殿教授「歷史」，亦教導人生根本道理。（《蓮社日誌》）

---

[1] 李炳南：〈卷頭語〉，《菩提樹》第 60 期（1957 年 11 月 8 日），頁 3。後題為〈名之害〉，收入《弘護小品彙存》，頁 214-215。

1957 年・民國 46 年｜68 歲

十一月十日（日），夏曆九月十九日，觀世音菩薩聖誕。多位蓮友至大殿禮佛。參加德育週之兒童亦來參加，持誦觀音菩薩聖號。（《蓮社日誌》）

十一月十一日（一），下午五時，弘法班呂正涼大公子與「四十八願」同修朱幼女千金，在蓮社大殿舉行佛化結婚典禮，禮請先生證婚。翌日中午，於大殿備辦筵席宴請先生及蓮友。（《蓮社日誌》）

十一月十五日（五），晚八時，於蓮社為國文補習班講授「歷史」。

十一月二十二日（五），下午二時，臺南陳樹根夫人與念佛會同修蕭太太及陳公子至蓮社禮佛，並拜見先生請法。其公子暫住蓮社。（《蓮社日誌》）晚八時，於蓮社為國文補習班講授「歷史」。

十一月二十三日（六），上午九時，先生與臺南訪客陳夫人等參觀圖書館。晚六時，兩位青年自臺南來，親近先生學法。軍功寮亦有三四位青年來親近先生學習。晚七時，同往聽林看治講《阿彌陀經》。懺雲法師並會性法師亦參加聽講。（《蓮社日誌》）

十一月二十四日（日），上午十時，至台中蓮社西區佈教所主持西方三聖像開光典禮。該所係蓮社理事長許克綏私

宅，約可容納四五十人，將做為接引附近居民佈教場所。[1]

十一月二十五日（一），上午十一時，至車站迎接智光老法師、南亭法師。兩位法師自臺北來，參加明日靈山寺新建講堂落成及傳戒大會。下午二時，至蓮社指導「四十八願」同修學習講演。晚七時，文藝班在蓮社大殿開會，禮請先生開示。八時，中慧班在小講堂開會，亦請先生開示指導。（《蓮社日誌》）

十一月二十六日（二），靈山寺講堂落成，啟建傳授在家眾傳戒法會。禮請智光長老及南亭、懺雲法師為戒壇三師；會性法師為引禮法師。計共二百七十人受皈戒。南亭法師讚臺中佛教興盛，先生頗有功焉。[2]

　　《南亭和尚自傳》：十一月二十五日陪智老人赴臺中靈山寺，傳授五戒、菩薩戒。余為羯磨，懺雲法師為教授。受戒弟子近二百人，且有遠方軍公人員及附近之信佛者。每晚拜願，至誠恭敬。臺中佛教之興盛，李炳老頗有功也。[3]

靈山寺講堂佛龕聯為先生所撰，是年前後，又為基隆海

---

[1] 《蓮社日誌》，台中蓮社檔案；另參見：〈佛教新聞〉，《菩提樹》第61期（1957年12月8日），頁43。
[2] 〈佛教新聞〉，《菩提樹》第61期（1957年12月8日），頁42。
[3] 釋南亭：《南亭和尚自傳》，《南亭和尚全集》第12冊，頁263。

會寺地藏殿、齋堂撰聯。(《圖冊》,1957年圖11)

　　臺中靈山寺釋迦佛像前聯：
累吾化身八千次　　為汝說法四九年
　　基隆正道山地藏殿：
地獄未空何能成佛去　　閻浮難化囑累度生來
　　基隆正道山齋堂：
普願有情皆飽滿　　應教諸法悉圓成

　　【案】基隆正道山即道源法師一九五一年創建之海會寺。一九五五至一九五七年添建三學堂和五觀堂各一棟；一九五九年，又建地藏殿一座。撰聯約當其時。[1]

十一月二十七日（三），晚，在大殿教授「應用文」。（《蓮社日誌》）

十一月二十九日（五），晚八時，於蓮社為國文補習班講授「歷史」。

十一月三十日（六），上午十時，臺南二位女青年係陳樹根學生，至蓮社禮佛並拜見先生。再往靈山寺參觀傳戒道場。晚，林看治照常宣講《阿彌陀經》。（《蓮社日誌》）

　　是日，先生率同諸蓮友，於靈山寺戒會中敬設大齋供

1　【數位典藏】手稿／其他著作／〈撰聯偶錄－第一頁〉。

眾。[1]

是月，於蓮社指導十姊妹林慧縈講《玉耶女經》。有〈玉耶女經講表〉手稿表解。[2]

【案】〈玉耶女經講表〉首行注記：「丁酉十一月教慧縈在蓮社講《玉耶女經》」。蓮社週六晚講經，林看治宣講《阿彌陀經》於一九五八年一月三日圓滿，次週接續由林慧縈開講《玉耶女經》。此為先生於其開講前之指導。

十二月二日（一），靈山寺戒會圓滿，大眾與戒師智光長老、南亭法師、懺雲法師、會性法師及先生一起合照紀念。[3]（《圖冊》，1957年圖12）

十二月五日（四），周邦道撰有〈重印西方公據弁言〉，係先生日前交代校閱。周依兩種版本校勘，並增附：如岑法師〈蓮宗祖師略傳〉、炳南先生〈當生成就之佛法〉，並請南亭法師及俞俊民、莫正熹、李濟華諸居士

---

1 釋南亭：〈靈山寺上堂法語〉，《南亭和尚全集》第9冊（臺北：財團法人台北市華嚴蓮社，1989年9月），頁157。

2 李炳南：〈玉耶女經講表〉，《講經表解（上）》，《全集》第2冊，頁15-28。

3 〈靈山寺照片〉，《回首前塵二十春──雪廬老人示寂廿週年紀念專輯》，頁23。

撰寫「當代往生應驗錄」。[1]

十二月六日（五），晨六時半，蓮社大殿有菩薩戒誦戒會。有多位新受戒菩薩，懺雲法師特來教導各種儀式。晚七時，先生於蓮社大殿為國文補習班講授「歷史」。（《蓮社日誌》）

十二月八日（日），於《菩提樹》月刊第六十一期發表〈卷頭語〉。藉近日靈山寺傳戒會，勉發大心受戒者，志求無上正等正覺、攝無邊眾生、耐怨害忍、以塵勞為佛事。[2]

是日，下午三時，於靈山寺講菩薩戒。（《蓮社日誌》）

十二月十日（二），下午三時半，董正之自新竹至蓮社暫住數日。先生及崔居士前來相陪。（《蓮社日誌》）

十二月十三日（五），下午二時，在蓮社小講堂參加保護動物會會議。布施班、菩提班等數班在大殿開會，禮請先生開示。（《蓮社日誌》）晚八時，於蓮社為國文補習班講授「歷史」。

---

[1] 周邦道：〈重印西方公據弁言〉，《菩提樹》第 62 期（1958 年 1 月 8 日），頁 39。
[2] 李炳南：〈卷頭語〉，《菩提樹》第 61 期（1957 年 12 月 8 日），頁 3。後題為〈發大心〉，收入《弘護小品彙存》，頁 2-2。

十二月十六日（一），下午二時，在蓮社大殿教授「四十八願」同修學習講演。主題為「一個修行特別法門」。晚七時，自修班在小講堂開會。（《蓮社日誌》）

十二月十七日（二），一青年自臺南來，親近先生學習佛法。晚七時，軍功寮亦有五六位青年來學「佛學常識」。（《蓮社日誌》）

十二月二十日（五），晚七時半，第六屆國文補習班舉行結業典禮。有五位勤學者受獎。會後教職員及師生合影。[1]（《圖冊》，1957年圖13）

  本年國文補習班為第六期招生。李炳南、劉汝浩、周邦道、許祖成、金天鐸、張廷榮等各位老師義務教學。六月十一日開學，十二月二十日結業。報名人數一五〇名，正式結業男三二名，女二一名，共五三名。[2]

本屆結業同學編有《同學錄》，為國文補習班創辦六年以來首見。先生受請撰序：〈台中蓮社國文補習班第六期結業生同學錄小序〉，因特講明國文補習班創辦宗旨在提倡文化禮樂之人性教育。

  人民是國家的軀殼，文化是國家的靈魂。中國主要文化，就是五倫八德。自從提倡廢除線裝書，打倒文言

---

1 【數位典藏】照片／教育研習／國文補習班／〈教職員合影〉；第六屆／〈國文補習班第六屆師生合影〉。

2 《台中蓮社第五次社務報告（四十六年度）》，頁6，台中蓮社檔案。

以來，五倫八德的文化，就受了影響。到現在，還是這樣因循。試看學校教育的教材，多半偏重智識。家長們忙著負擔家庭經濟，十之八九，就談不到教訓兒女；再看社會上流行的戲劇、歌曲、小說、電影等，更是充分教殺、教盜、教婬。在這樣空氣中，希望好國民，好子弟，真是「緣木求魚」。

政府近年以來，對於固有道德，無不竭力倡導，只是習氣已深，一時難改。仔細想來，這樞紐還在教育上。古人說：「國家興亡，匹夫有責。」蓮社為著響應政府政策，所以有國文補習班的設立。班中課目，以「國文」為主科，因著必須通達文義，才能搜求自己的家珍；次是「論語」，使知為人道理；次是「歷史」，使從性理上根本改善。教職各師純盡義務，學生不收學費，完全用道義結合，已經辦了六年，雖然不免窮苦，但是精神愈加興奮。現今這班畢業，便是第六屆了。一般新學子，進退有序，彬彬有禮，而且深知敬業樂群，發起各佩紀念章，編印同學錄。預備聯合力量，為社會分擔公益慈善的工作，各作優秀國民，實行所學所知。這樣志氣是可寶貴的。

這本同學錄編成以後，大家要求我作序，我想作虛文不如說實事，所以將本班設立的宗旨寫出來，希望同學們看過，更加勉勵，實踐有恆！

　　　　中華民國四十六年十二月中浣李炳南識於台中蓮社[1]

1　〈台中蓮社國文補習班第六期結業生同學錄小序〉，《菩提樹》第 63 期（1958 年 2 月 8 日），頁 39。收見：《雪廬寓臺文存》，《全集》第 14 冊之 2，頁 198-201。落款據《菩提樹》。

十二月二十一日（六），下午六時，由臺南來一位男青年、二位女青年，跟隨學法。（《蓮社日誌》）

十二月二十二日（日），上午，懺雲法師至蓮社。下午二時，六位信徒在大殿由法師傳授五戒。三時，偕去靈山寺聽經。（《蓮社日誌》）

十二月二十七日（五），晚七時，軍功寮三位青年至蓮社跟隨先生學習佛法。八時，般若班、方廣班等在大殿開會，禮請先生主持佛學問答。（《蓮社日誌》）

十二月二十九日（日），保護動物會在市議會中正堂召開會員大會，先生續任當選監事。晚七時，借慈光圖書館舉行同樂晚會。有泰國風景畫幻燈片、口琴演奏、電影等，觀眾甚多。[1]

十二月三十日（一），靈山寺丁酉冬季佛七開始。請懺雲法師主七並開示。[2] 最後一日，請先生開示。

是年，先生發覺蓮友中有退轉及見異思遷者，集合蓮友於佛前發願「廣學大藏教，不改彌陀行」，指導大眾解行間之掌握。

---

1 〈佛教新聞〉，《菩提樹》第 62 期（1958 年 1 月 8 日），頁 44。
2 〈佛教新聞〉，《菩提樹》第 62 期（1958 年 1 月 8 日），頁 45。

> 約四十年前居士發覺蓮友中有退轉者、有見異思遷者,公即集合蓮友於靈山寺佛前集體發願:「廣學大藏教,不改彌陀行」,勗勉大眾三藏十二部經教皆可盡心廣學之,然淨土之願行,即使世尊再來相勸,亦不改修他法、違背念佛初衷。居士于眾生慧命之關懷、悲心,一至於此。[1]

是年,台中蓮社弘法活動講經一百二十八場次,講演約一百六十五場次,引薦皈依者六百九十名,助念往生二十六名。文藝班、國文補習班、裁縫班……等,以及義診、放生、濟貧等慈務工作具見成長。[2]

是年,奉祀官孔德成先生應邀至日本訪學,並於東京都受贈榮譽市民。

---

1 聖遊(周家麟):〈雪公老恩師往生十週年紀念專題〉,《明倫》第 263 期(1996 年 4 月,雪公往生十週年特刊)。
2 《台中蓮社第五次社務報告(四十六年度)》,頁 1,台中蓮社檔案。

1958年・民國47年・丁酉－戊戌
69歲

【國內外大事】

- 一月,慈舟法師在北平捨報。
- 四月,斌宗法師在臺北捨報。
- 七月,周宣德以各方致贈壽儀,印製佛書普贈大專青年,開啟大專青年學佛先聲。
- 八月,金門八二三砲戰。

【譜主大事】

- 三月,台中蓮社改組為財團法人,出任董事長。
- 五月,慈光圖書館開幕,兼任館長,開講《佛說尸迦羅越六方禮經》(1958年6月至8月)。
徐業鴻(後出家之淨空法師)由朱鏡宙老居士介紹,至臺中依止先生求學。
- 六月,靈山寺創辦靈山佛學苑,應聘任教席。
- 是年夏,於蓮社小講堂開設「經學班」,教導徐業鴻、周家麟、張慶祝等約十餘人學習古文、學習講經。
- 九月,於慈光圖書館開講《佛說阿彌陀經》(1958年9月至1959年1月)。
- 十月,私立中國醫藥學院成立,受聘為招生委員會委員;該校於十二月開學,受聘任教四書、國學。

1958年・民國47年 | 69歲

一月二日（四），下午三時，周榮富之令千金至蓮社禮佛，並拜見先生。適兩位青年自臺南來訪，一併座談。晚七時，有軍功寮數位青年並國文補習班數位學員，在蓮社大殿跟隨先生學法。（《蓮社日誌》）

一月四日（六），晚七時半，林看治在大殿講《阿彌陀經》至八時四十分圓滿，請先生結語開示念佛要旨。（《蓮社日誌》）

一月五日（日），靈山寺佛七圓滿日。下午三時，請先生講圓滿開示，先生指示念佛一心之法。

　　《蓮社日誌》：今天乃靈山寺佛七圓滿之日。下午三時，特請老師開示。蓮友很多，踴躍參加，皆得老師指示念佛一心之法，皆大歡喜而散。

一月六日（一），夏曆十一月十七日，阿彌陀佛聖誕日，「四十八願」同修準備壽麵、紅龜糕至蓮社禮佛，並祝先生福壽無量。晚七時，照常在大殿繞佛念佛。（《蓮社日誌》）

一月七日（二），下午三時，中慧班員陳碧蓮與陳炎煌君在蓮社舉行佛化結婚典禮，禮請先生證婚並開示。呂正凉亦有祝辭。至五時圓滿。[1]

1　《蓮社日誌》，台中蓮社檔案；《台中蓮社第五次社務報告（四十六年度）》，頁7，台中蓮社檔案。

一月八日（三），於《菩提樹》月刊第六十二期，發表〈卷頭語〉。論政治與宗教在安定社會上均有功能，但本質各有不同，不須強同。弘教者只要掌握佛法之目的在大事因緣，「只愁無道，不愁無教」。[1]

《菩提樹》月刊同期，刊登「李炳南緊要啟事」，再次聲明：燒書之說概屬謠言。

　　世間之事，極端複雜，見仁見智之諍，佛門不免。學人賤在白衣，自有範守，對於僧寶，任何所作，向未敢加評論，亦未有何行動。不意有好事者，捏稱學人曾燒某師著作，禁聽某師講經，或云，唆甲攻乙，黨乙非甲，種種無據之言，在學人受謗，得消罪障，固是大幸，致引起他方煩惱，亦不恕道。故特鄭重聲明，仍本初衷，過此再有如上情形發現者，概屬謠言，不可輕信。因果可畏，生死事大，喜造謠者，由其自造，後亦不與辯也。[2]

【案】燒書謠傳，久久未息，而後續更甚。（詳見 1956 年 3 月 8 日文）

一月九日（四），晚七時，在蓮社大殿為軍功寮並國文補習班數位學員，教授「佛學常識」。（《蓮社日誌》）

1　李炳南：〈卷頭語〉，《菩提樹》第 62 期（1958 年 1 月 8 日），頁 3。後題為〈教不可變質〉，收入《弘護小品彙存》，頁 216-218。
2　〈李炳南緊要啟事〉，《菩提樹》第 62 期（1958 年 1 月 8 日），頁 43。

1958 年・民國 47 年｜69 歲

一月十日（五），下午三時，布施班、施財班、先度班等數班在蓮社大殿開會，禮請先生主持佛學問答。晚七時，在蓮社大殿教授「歷史」。（《蓮社日誌》）

一月十三日（一），晚七時，台中蓮社第六屆第六次理監事聯席會議在小講堂召開，討論改組及社員大會等事宜。（《蓮社日誌》）

一月十五日（三），晚八時，般若班、方廣班等數班在蓮社大殿開會，禮請先生主持佛學問答。（《蓮社日誌》）

一月十九日（日），上午七時，諸菩薩戒蓮友在蓮社大殿誦戒。（《蓮社日誌》）

一月二十二日（三），筆記抄錄《中央日報・副刊》文章：〈一年之開始〉。

〈一年之開始〉（民國四十七年一月二十二日中央日報副刊何茵著）：因為一年之始的說法，因時代和國別而不同，巴比倫，羅馬和印度，以春分為一年之始，古埃及以尼羅河汎濫的夏至時間為一年之始，希臘仿之，巴比倫的古時代，以收穫的秋分時期，為一年之始。（節）[1]（《圖冊》，1958 年圖 1）

---

1 【數位典藏】手稿／其他著作／〈撰聯偶錄－第十頁〉。

一月二十六日（日），上午，在蓮社召開第七次社員大會。市政府黃課長列席指導，出席社員二百餘名。大會報告四十六年度工作成果，討論通過將蓮社「社團法人」改變為「財團法人」，以及經費決算書等諸事。十一點散會。[1]

一月三十日（四），上午，勝幢班在蓮社大殿集會念佛，並為先生祝壽。中午，敬備七席在大殿宴請先生等師長蓮友。下午三時，請先生在大殿開示。（《蓮社日誌》）

一月三十一日（五），晚七時，在大殿教授「歷史」。國文補習班下週起年假停課。（《蓮社日誌》）

二月二日（日），上午九時，「兒童德育班」在蓮社大殿舉行畢業典禮。（《蓮社日誌》）

二月七日（五），晚七時，在小講堂召開會議，討論蓮社社團法人解組，再改組財團法人董事會等規則及春季講演大會、新正團拜，至十時半散會。（《蓮社日誌》）

二月八日（六），於《菩提樹》月刊第六十三期，發表〈卷頭語〉。從古諺「若要佛法興，除非僧讚僧」，下一轉

---

[1] 〈佛教新聞〉，《菩提樹》第 63 期（1958 年 2 月 8 日），頁 42。另參見：《蓮社日誌》，台中蓮社檔案。

語謂：「今要佛法興，除非僧勸僧。」因為知病根唯自家人，能先自改然後暗勸他人，才能自強。[1]

《菩提樹》月刊同期，又有詩〈自嘲〉，為近日橫逆之來自勉自安。

頻年爭取寸光陰，課字傳經事似林；難得各方皆討好，從無纖芥不分心。安貧甘與時潮背，守默何妨橫逆侵；偶向中流觀砥柱，問誰窮劫見浮沉。[2]

二月九日（日），道源法師與白聖法師於臺北十普寺召開慈舟法師追思會。慈舟法師學僧道友默如、戒德、靈源、續明、懺雲、道宣等眾多法師居士參加。先生有輓聯：

惟陡降於觀音誕辰，乃解脫於彌陀誕辰，且與釋尊同世壽；既闡宣乎華嚴經藏，複受持乎淨土經藏，定生極樂續高僧。[3]

【案】慈舟法師於一九五八年一月六日（夏曆十一月十七日），在北平安養精舍捨報生西。

二月十八日（二），夏曆正月一日，至蓮社參加團拜。蓮社

---

1 李炳南：〈卷頭語〉，《菩提樹》第63期（1958年2月8日），頁3。後題為〈受讚增慢〉，收入《弘護小品彙存》，頁218-219。

2 李炳南：〈自嘲〉，《菩提樹》第63期（1958年2月8日），頁39。此首未收入《雪廬詩集》。

3 輓聯見：釋道源：〈慈舟大師生西後紀念之報告〉，《道源長老法彙》（臺北：佛陀教育基金會，2019年），頁108-109。

社長許克綏、靈山寺當家師以及諸多蓮友共同參加。鹿港亦有十多位來眾參加團拜。(《蓮社日誌》)

二月十九日(三),上午十一時,臺南十數位男女青年佛教徒至蓮社禮佛,並請先生開示。晚上住蓮社。(《蓮社日誌》)

二月二十三日(日),下午一時,文藝班青年許俊傑與林菊蘭在蓮社舉行佛化結婚典禮,禮請先生證婚。陳進德、林看治等亦有祝辭恭賀。[1](《圖冊》,1958年圖2)

　　台中蓮社文藝班青年許俊傑君,於新年初六,假蓮社大禮堂與林菊蘭女士舉行佛化婚禮,請李炳南老居士福證。晚間在許君自宅設素宴招待親友及蓮友。許為該社文藝班優秀青年,又擔任弘法班翻譯。[2]

　　【案】許俊傑,即游俊傑(1935-1982),約一九六〇年,因母親為滿其養父之願,接續游氏香火改姓。其母為台中蓮社女子弘法團十姊妹四姊周慧德。(小傳見1951年6月文)。同修林菊蘭,為十姊妹八妹林進蘭之親妹。[3]

---

1 【數位典藏】照片／其他／婚禮福證／〈為游俊傑夫婦福證〉。
2 〈佛教新聞〉,《菩提樹》第64期(1958年3月8日),頁43。
3 參見:游青士:〈朱斐——我的外省丈公〉,《慧炬》595期(2015年8月15日),頁37-43。

1958 年・民國 47 年 | 69 歲

是日起,連續五晚,於蓮社大殿舉行新年佛教講演大會,由蓮社國文補習班青年男同學十八人講演佛法。[1]

【案】歷年春節及佛誕青年演講大會,事前均經先生詳加指導。先生先行示範,再由學員複講。示範及指導講綱多見於《弘護小品彙存》。是年各講如:「宗教與民族文化不能脫節」、「好事成就皆賴智慧」、「欲免子弟犯罪莫如學佛」、「迷者必惑、惑者必亂」,有周家麟筆記見收於《全集》第九冊《脩學法要》中。[2]

二月二十四日(一),多位佛教徒自新竹來,參禮台中蓮社,並請先生開示。參加晚上青年演講盛會後,於九時離去。

二月二十七日(四),春節講演圓滿。晚七時由許俊傑講「迷者必惑,惑者必亂」,陳修善翻譯國語。第二場由先生評述五天所講大概後,舉行摸彩。九時半,臺南湛然精舍兩位法師及男女信徒四十八位來社參觀,亦參加

---

1 〈佛教新聞〉,《菩提樹》第 64 期(1958 年 3 月 8 日),頁 43。參見:《蓮社日誌》,台中蓮社檔案。
2 李炳南講,周家麟記:〈宗教與民族文化不能脫節〉、〈好事成就皆賴智慧〉、〈欲免子弟犯罪莫如學佛〉、〈迷者必惑、惑者必亂〉,《脩學法要》,《全集》第 9 冊,頁 5-68。

摸彩。(《蓮社日誌》;《圖冊》,1958 年圖 3)[1]

二月二十八日(五),下午二時,勝幢班等在大殿開會。念佛後請先生開示,並備許多小鳥魚鰍放生。至五時散會。(《蓮社日誌》)

是月,應董正之推薦,為余定熙所著《宇宙萬有本體論》撰序。[2]

三月四日(二),晨,菩薩戒諸蓮友於蓮社大殿誦戒。下午二時,先生至蓮社為臺南青年陳任洲講授《八大人覺經》。(《蓮社日誌》)

三月七日(五),下午二時,豐原三位信徒至蓮社參觀禮佛,拜訪先生。先生為臺南青年陳任洲講授《八大人覺經》課程,今天圓滿。晚,先生與陳進德等討論開辦圖書館種種事宜。(《蓮社日誌》)

三月八日(六),於《菩提樹》月刊第六十四期,發表〈卷頭語〉。論佛教徒之護教有以財力護、以學識護、以德

---

[1] 「臺南湛然精舍法師及信徒至臺中參訪」,背面題有「0426 湛然精舍敬贈」,游青士提供。

[2] 李炳南:〈宇宙萬有本體論序〉,《菩提樹》第 72 期(1958 年 11 月 8 日),頁 17;收見:《雪廬寓臺文存》,《全集》第 14 冊之 2,頁 66-69。時間據原刊落款為「民國四十七年歲次戊戌元月」。

行護。而財力或有所困,學識或未可強,若德行則未有不能者。人能弘道,佛教徒當以德行護教。[1]

同期《菩提樹》月刊,刊有先生作詞、李明訓作曲之〈蓮社社歌〉。[2]

同日,下午四時有鳳山蓮社二位蓮友至蓮社參禮並拜見先生。晚七時半,林慧蘩宣講《玉耶經》,新春首度開講。(《蓮社日誌》)

三月十日(一),下午三時,於蓮社大殿召集「四十八願」開會,為新春首次集會,開示勉勵,並發給每人一證章為成立紀念。(《蓮社日誌》)

三月十一日(二),布施班、菩提班等數班,於蓮社大殿集會,禮請先生開示並主持佛學問答。(《蓮社日誌》)

三月十四日(五),晚七時,於蓮社大殿教授「歷史」。(《蓮社日誌》)

---

[1] 李炳南:〈卷頭語〉,《菩提樹》第64期(1958年3月8日),頁3。後題為〈以德行護法兼用其他〉,收入《弘護小品彙存》,頁219-220。

[2] 李炳南作詞,李明訓作曲:〈蓮社社歌〉,《菩提樹》第64期(1958年3月8日),頁30。歌詞見1952年1月14日譜文。

三月十七日（一），下午二時，於蓮社大殿為「四十八願」同修教導〈第六講表〉。（《蓮社日誌》）

三月二十一日（五），晚七時，於蓮社教授「歷史」。（《蓮社日誌》）

三月二十二日（六），下午三時，至蓮社為臺南青年陳任洲講授《四十二章經》，六七位蓮友參加聽講。（《蓮社日誌》）

是日，南亭法師自臺北抵達臺中佛教會館，啟建佛七。至佛教蓮社訪晤先生、周邦道、朱斐等人。[1]

三月二十六日（三），台中蓮社設立財團法人乙案，經市政府准予立案。由先生出任董事長。

下午三時，至蓮社為臺南青年陳任洲講授《四十二章經》。（《蓮社日誌》）

【案】先生於一九五一年一月「社團法人台中蓮社」成立時，獲選為理事長兼社長，一九五三年一月，婉拒續任。一九五八年三月，蓮社奉命改組為「財團法人」，先生又獲推舉為首任董事長。經「臺中市政府中華民國四十七年三月二十五日」許可，

---

[1] 釋南亭：《南亭和尚自傳》，《南亭和尚全集》第12冊，頁243。

1958 年・民國 47 年｜69 歲

同年四月十七日於臺中地方法院「四十七年法登字000035號」登記完成，法人名稱為「臺灣省台中市佛教蓮社」，先生任董事長，餘董事六人為：許克綏（兼社長）、陳進德、施德欽（德欽法師）、朱炎煌、賴天生、張闖。[1]

三月二十七日（四），晚，在蓮社大殿為鄧慧心組織之「佛學研究班」講授「佛學常識」。（《蓮社日誌》）

三月二十九日（六），蓮社弘法班十姊妹之周慧德開始宣講《阿難問事佛吉凶經》，先生先行指導，撰有〈阿難問事佛吉凶經筆記〉一篇。[2]

【案】《全集》第二冊：《講經表解（上）》之首篇為〈尸迦羅越六方禮經筆記〉，以次為：〈玉耶女經講表〉、〈佛遺教經筆記〉、〈阿難問事佛吉凶經筆記〉、〈佛說摩訶迦葉度貧母經筆記〉。〈玉耶女經講表〉注記「丁酉十一月教慧蘩在蓮社講玉耶女經」；〈阿彌陀經講表〉注記「四十六年秋閏八月教林○○在蓮社講阿彌陀經」。蓮社弘法班十姊妹此期間輪流在蓮社週六講經，此當皆為講前備課時，炳南先生教授之筆記。周慧德於一九五八年三月二十九

---

1 「法人登記資料」，司法院：https://aomp109.judicial.gov.tw/judbp/whd6k/WHD6K01.htm
2 李炳南：〈阿難問事佛吉凶經筆記〉，《講經表解（上）》，《全集》第 2 冊，頁 41-70。

日至一九五八年五月三十一日宣講《阿難問事佛吉凶經》，此篇當即講前先生教授其備課之教材。

三月三十日（日），下午三時，於蓮社為正智班班長邱添壽公子邱聰敏佛化結婚典禮證婚。（《蓮社日誌》）

三月三十一日（一），周邦道於家宅宴請南亭法師，陪席有臺中佛教會館住持妙然尼法師以及先生、朱斐等居士。[1]

四月一日（二），夏曆二月十三日，靈山寺舉辦戊戌年春季佛七。特禮請道源法師主七。[2] 最後一日，禮請先生開示。

是日，筆記抄錄《中央日報·副刊》文章〈漢字數目〉：

〈漢字數目〉（中央報副刊四十七年四月一日）：漢字聽說有十三萬三千四百四十一字，但查各種詞書字典，沒有這麼多，列一表作參考。集韻五三五二五字、中華大字典四四九〇八字、康熙字典四二一七四字、正字通三三四四零字、明字彙三三一七九字、韻海鏡源二六九一一字、唐韻二六一九四字、通誌二四二三五

---

[1] 釋南亭：《南亭和尚自傳》，《南亭和尚全集》第 12 冊，頁 243。
[2] 〈佛教新聞〉，《菩提樹》第 65 期（1958 年 4 月 8 日），頁 43。

1958年・民國 47 年 | 69 歲

字、玉篇二二七二六字。[1]（《圖冊》，1958 年圖 1）

四月七日（一），夏曆二月十九日，觀世音菩薩聖誕。靈山寺春季佛七圓滿，請先生開示念佛一心種種方法。有偈云：

> 此事專為求一心，不高深處最高深，果能念念了生死，滿眼皆成七寶林。[2]

《蓮社日誌》：靈山寺於今天佛七圓滿，由老師開示念佛一心種種方法。

圓滿日與道源法師合影於靈山寺。[3]（《圖冊》，1958 年圖 4）

是日，斌宗法師示寂於臺北天台宗弘法院，世壽四十八歲，僧臘三十四。（《圖冊》，1958 年圖 5）

四月八日（二），於《菩提樹》月刊第六十五期，發表〈卷頭語〉，贊世尊之難行能行，能從根本解決人生苦難。[4]

---

1 【數位典藏】手稿／其他著作／〈撰聯偶錄－第十頁〉。
2 偈頌見：周邦道：〈道源上人《佛堂講話》敘〉，《佛堂講話（第一、二、三輯合訂本）》（基隆：海會寺，1978 年），頁 1-3。
3 【數位典藏】照片／其他／與友人合照／〈道源長老〉。
4 李炳南：〈卷頭語〉，《菩提樹》第 65 期（1958 年 4 月 8 日），頁 3。後題為〈學佛先識大本〉，收入《弘護小品彙存》，頁 220-221。

1205

《菩提樹》月刊同期，刊載先生〈屏東東山禪寺新建大殿楹聯〉。

〈大殿中門聯〉：六道眾生齊修福慧，萬方眾教盡仰東南。

注：印度之靈鷲山、亞洲之泰國、中國之蘇浙，皆為佛法勝地，位置靈居東南。屏東亦居臺省東南。

〈大殿前門兩旁聯〉：鷲峯超海為鯤島，禪月開雲印淨天。

注：臺省有鯤島之稱，東山禪寺現成立念佛道場。

〈殿中佛龕聯〉：娑婆穢琉璃淨極樂莊嚴莫非心造，般若深解脫隨法身圓滿斯乃佛成。

原注：龕後供釋迦、藥師、彌陀三尊

〈殿中旁聯〉：五乘攝羣機非實非權皆善巧，諸佛惟一道是空是色本圓融。[1]

【案】東山寺為屏東首剎，住持圓融法師有「比丘尼王」雅稱。〈殿中旁聯〉句末即住持大名。今東山寺大殿楹聯可見三副：〈大殿中門聯〉，未見書家落款；〈殿中佛龕聯〉落款為「李炳南譔，孔德成書」〈殿中旁聯〉，落款為「李炳南敬譔，周邦道敬書」。（《圖冊》，1958年圖6）

《菩提樹》月刊同期，特別增刊所有佛教雜誌社，包括

---

1 李炳南：〈屏東東山禪寺新建大殿楹聯〉，《菩提樹》第65期（1958年4月8日），頁26。

1958 年・民國 47 年 | 69 歲

海潮音、今日佛教、法音、自由書店、中國佛教、大乘法海、菩提樹、臺灣佛教、人生、佛教青年、覺世旬刊、覺生、群生等共同發起之〈中華民國佛教文化界聯合向董顯光大使在美失言的抗議書〉，為我國駐美大使董顯光不當言論提出抗議。[1]

【案】我國駐美大使董顯光，在華盛頓青年會「國際十字路星期日晨餐會」發表演講：〈基督教在中國〉，有「一旦我們返回大陸，我們將給基督教宗教活動以第一等地位。」「主持國家政務的官員，將大量為基督徒。」「儒教、佛教及道教，已大半衰落。儒釋道三教對於人群無多貢獻，但基督教貢獻甚多。」……等語。

是日，臺中佛教支會舉行慶祝佛誕節活動，蓮社及靈山寺諸念佛班一起參加。遊行後在中山堂舉行慶祝典禮，中午，贈送各蓮友便當。（《蓮社日誌》）

每年四月八日佛誕節遊行，蓮社都會準備一、二千份便當與蓮友結緣，而老恩師必定會參加遊行，除了看遊行隊伍並勉勵蓮友外，都會到終點站，關心的垂詢：「今天的便當有什麼菜？」因為末學忝為便當組，趕快打開一個請老人家過目，老恩師總會說：「好！」「要

---

[1] 〈中華民國佛教文化界聯合向董顯光大使在美失言的抗議書〉，《菩提樹》第 65 期（1958 年 4 月 8 日），號外增刊。

用好的給大家吃」，才笑咪咪地招呼大家，然後離去。[1]

四月十二日（六），兩位青年自臺南來，跟隨先生學習。
（《蓮社日誌》）

四月十三日（日），上午九時，至蓮社教導臺南青年。臺南青年於下午二時半返回。下午，一位佛教徒自臺東來，拜見先生並探訪曾至臺東弘法之弘法班成員林看治、池慧霖。（《蓮社日誌》）

四月十四日（一），鄧慧心組織之佛學研究班，於蓮社小講堂集會，請先生指導。先生開示：學佛須在年輕。屏東東山寺圓融法師及其徒弟至蓮社拜訪先生，在蓮社過夜。（《蓮社日誌》）

四月十六日（三），下午三時，吉祥班在蓮社大殿集會，禮請先生開示，並講解《四十二章經》。晚八時，懺雲法師在大殿主持皈依儀式，請先生開示。有男女信徒三十餘位皈依三寶。（《蓮社日誌》）

四月二十七日（日），上午，受請在蓮社為中慧班班員賴玉釵證婚。天樂班亦參加奏樂。（《蓮社日誌》）

---

[1] 〈師訓集錦〉，「弘超：〈要用「好的給大家吃」〉」，《明倫》第 193 期（1989 年 4 月）。

1958 年・民國 47 年｜69 歲

是日，蓮社弘法班十姊妹歡送林慧真師妹（黃雪銀）赴日留學，與先生合影紀念。[1]（《圖冊》，1958 年圖 7）

四月二十八日（一），下午三時，高峰班、朝新班等數班在蓮社大殿集會。同時有「四十八願」蓮友至蓮社練習講演。聯合禮請先生開示並主持佛學問答。（《蓮社日誌》）

四月二十九日（二），下午三時，勝幢班等數班，在蓮社大殿集會，禮請先生開示。（《蓮社日誌》）

五月一日（四），下午三時，靈山寺普賢法師在蓮社大殿指導〈戒定香讚〉梵唄，多位蓮友參加學習。晚八時，先生至蓮社指導青年演講，為慈光圖書館落成演講大會預備。（《蓮社日誌》）

五月五日（一），下午五時，律航法師至蓮社探訪先生，並邀請弘法班賴棟樑同去鹿港任講經翻譯。（《蓮社日誌》）

五月八日（四），於《菩提樹》月刊第六十六期，發表〈卷頭語：痛失高僧〉，悼念四月示寂之斌宗法師。有以法師不奔競豪貴，不貪眷屬，不入熱鬧場，不背正法隨順

---

1 【數位典藏】照片／師生聚會／師生合影／〈歡送慧真師姑〉。

世情而譏其寡合者，先生讚此正顯示師德之高峻。[1]

【小傳】斌宗法師（1911-1958）臺灣彰化鹿港人，俗姓施。年十四，禮獅頭山閒雲禪師披剃。年十七，結廬汴峰，苦修六年。年二十三，前往大陸，遍歷諸山名剎。一九三四年，先於天童寺禮圓瑛法師受具足戒，後往天台山依止靜權老和尚，專攻天台教觀、法華及四教儀，盡得三觀十乘之奧旨。一九三九年，抗戰事急，歸返臺灣，於新竹創建法源講寺，於新店建法濟寺等，致力講經弘法，宏闡台教。一九四九年，臺灣發生出家人被拘禁事件，慈航、道源、律航、星雲等諸多法師，都被拘禁。斌宗法師為此事奔走營救。後來又首先支持慈航法師的呼籲，接回部分從大陸遷臺之僧青年，如了中、悟忍、本印諸師，都受過斌宗法師照顧。一九五一年閉關閱藏，一九五四年出關，應各地之邀，說法不輟。一九五八年四月示寂於弘法院，世壽四十八。荼毘後檢獲透明舍利甚多。著有《般若心經要釋》、《佛說阿彌陀經要釋》，《楞嚴經義燈》、《我人生死之由來》、《雲水詩草》等書。後人輯為《斌宗法師遺集》行世。

五月九日（五），晚八時，在蓮社大殿教授「歷史」。（《蓮

---

[1] 李炳南：〈卷頭語〉，《菩提樹》第66期（1958年5月8日），頁3。後題為〈斌宗法師儀行〉，收入《弘護小品彙存》，頁222-223。

1958 年・民國 47 年 | 69 歲

　社日誌》）

五月十三日（二），中午,臺中佛教會館宴請中佛會常務理事道安法師，先生受請陪席。道安法師係應邀至美國外交學院華語學校演講。[1]

五月十四日（三），晚八時，在慈光圖書館召集念佛班正副班長，說明圖書館開幕事宜並分配工作任務。（《蓮社日誌》）

五月十八日（日），至彰化溪州台糖總公司，為鄭寶琛、林碧愁佛化婚禮證婚。主婚人為前玉井糖廠廠長傅益永及崔玉衡。[2]

五月二十四日（六），八時，慈光圖書館佛像舉行安座典禮。佛像為慈館董事黃火朝獻出，佛龕則由郭蓮花接洽打造。先生與董事三人前往請佛，並於百忙中撰成牌樓對聯，由周家麟書寫。

　　佛文，〈臺中慈光圖書館揭幕前後散記〉：揭幕典禮的前一天，佛學講堂的佛像，首先陞了座。這是一尊已經三十多年的佛像，莊嚴無比，由該館董事黃火朝居士獻出。兩尊護法和一尊日本雕刻的彌陀佛像，也都在

---

[1] 〈佛教新聞〉，《菩提樹》第 67 期（1958 年 6 月 8 日），頁 48。
[2] 〈佛教新聞〉，《菩提樹》第 68 期（1958 年 7 月 8 日），頁 42。

一年前就請來，都供奉在黃居士家中的佛堂。開幕前一天，由該館首任館長李炳南居士，率董事陳進德、許炎墩、朱斐三人，一同乘車去請，安座式由靈山寺師父及台中蓮社蓮友在簡單隆重的儀規中舉行。門口的彩牌，有一副聯，是文藝班班長胡遠志找到館長李老師在百忙中十分鐘撰成：「滙柳綠潋灩波濤湧出四庫奎光三藏妙諦，闡釋儒慈悲忠恕培成五倫彝敘兩足尊嚴。」中書「智海文宗」。字由青年蓮友周家麟居士書寫。[1]

黃潔怡／弘安，〈訪慈光圖書館內當家──郭蓮花居士〉：

請問師姑何時到慈光圖書館？

答：圖書館在民國四十六年四月八日落成，而在這之前我就護持慈光到現在。當時的蓮友們，為了找一個更大的道場，讓恩師講經，並收藏佛教文物，於是籌劃成立佛教圖書館，大家真心誠意，終於感召雪公恩師三十年在慈光圖書館，講經說法從未間斷。

問：師姑，慈光圖書館的佛龕很精緻莊嚴，是何人所造？

答：當年蓮友們對護持道場可說是十分盡心，像胡遠志、萬太太等，他們都來敲磚搬瓦，大家勞勞苦苦的一片真心護持。那時眼見落成的日期近了，還有許多事沒做好，其中最大的問題是「佛龕」無著

---

[1] 佛文：〈臺中慈光圖書館揭幕前後散記〉，《菩提樹》第 67 期（1958 年 6 月 8 日），頁 38-39。

落。當時臺中以秋金傢俱最為有名,秋金嫂又是蓮友,我到工廠看過式樣後,就請秋金儘量趕工製作,也未問價錢,秋金日夜準備點心茶水,要求師傅廿四小時全力製造,完成後果然莊嚴無比,一問價錢,八萬多元,把我嚇呆了,比起心中預想的價錢,高出好多倍,(三十年前,真是大數目),一時半句話也講不出口,只有讓淚水直流,後來蓮友知道了,大家又是一番真誠響應,才把佛龕運回。後來許多寺廟團體還特地來參看我們的佛龕。[1]

【小傳】莊郭花(1910-1987),法號蓮花,大眾暱稱為阿花師姑,臺中縣大甲人。慈光圖書館成立時,經指派擔任內當家。一九四九年,夜夢叢竹落下念珠一串,醒後言:「大德(臺語竹、德同音)賜我念珠。」不久得知李老師講經消息,因此常去聽聞。炳南先生擬購建慈光圖書館時,她夜夢空中幢幢雲集,飄向慈光圖書館上空。由此信心大增,願力堅定,出力最大,籌款最多。一九五八年,慈光圖書館成立,炳南先生開始定期講經,指定她擔任法務工作,此後擁護道場,默默工作,不厭不倦,三十年如一日。一九六〇年臺中佛教蓮社假慈光圖書館傳授居家千人戒會、大專佛學講座學員食宿照顧,以及每逢星期三,李老師全天在慈光圖書館為晚上講經備課,中午

---

1 弘安(黃潔怡):〈痛斷肝腸話恩師:訪慈光圖書館內當家——郭蓮花居士〉,《明倫》第 164 期(1986 年 4 月 5 月)。

在館用餐等炊事、齋供、茶水、食品採買等事項，無不盡心盡力。炳南先生於一九八六年圓寂，她悲慟逾恆。以堅定的口氣說：炳南先生往生一年後，事情辦妥她也要往生。果然於一九八七年十一月，安詳往生。荼毘後，有翠綠、金色、水晶色，圓滾滾舍利共四十八顆。[1]

五月二十五日（日），夏曆四月七日，主持慈光圖書館落成典禮。邀請林金標市長剪綵，先生啟鎖後，各機關首長來賓祝辭。出席來賓三四千人，午餐備素食百餘桌。晚上遊藝會觀眾二三千人，至十點半散會。（《蓮社日誌》）

臺中市佛教私立慈光圖書館，經二年籌備、並奉教育部批准，正式揭幕。據教育部謂我國在臺私立圖書館之正式批准成立者，此為第一所。該館組織為財團法人，設有董事會，董事長李炳南、副董事長許克綏，常務董事陳進德。董事徐灶生、周邦道、劉汝浩、朱斐、許炎墩、賴天生、朱炎煌、黃火朝、施德欽、張寬心、張佩環、林看治等十二人，皆為當地名流學者及佛教人士。另設指導委員會聘請甘珠爾瓦大師為主委，孔德成先生為副主委，其他佛教界大德社會賢達等若干人為委員。該館藏書計有佛學大藏經六部、共五

---

[1] 弘安（黃潔怡）：〈忠誠恭敬切願得償 ── 郭阿花老居士往生記〉，《明倫》第 179 期（1987 年 11 月）；另參見：陳雍澤：〈佛門護法女中丈夫（郭阿花）〉，《李炳南先生儒佛融會思想研究》，頁 614-616。

萬三千四百四十六卷，法寶總目錄二部，其他線裝本八八七卷，洋裝本二九〇二卷，另有佛學辭典七部、太虛全書一部，一般學術則有二十五史、通鑑、十三經，諸子集等，全部共約一萬冊。

開幕典禮日特請臺中林金標市長剪綵，館長李炳南居士啟鎖，到有來賓默如老法師、懺雲、聖印等諸法師，省立臺中圖書館長黃仍瑞先生，立法委員、國大代表、省市議員及各機關各寺院代表、省市佛教分支會理事長，臺中佛學書院全體學生、佛教信眾蓮友等二千餘人，儀式隆重。[1]

圖書館係於去年購置，原係汽水工廠，占地約五百坪。經諸多蓮友一年整修改造，除書庫、辦公室、閱覽室等配置，主體為可容納千人之大講堂。（《圖冊》，1958年圖8）

　　佛文，〈臺中慈光圖書館揭幕前後散記〉：這座圖書館能夠順利完成，雖然，遠自泰馬各地僑胞、近至擁護樹刊的讀者和臺中蓮友，眾緣和合而成，但其中有二位蓮友的功蹟，是值得一提的：一位是外省籍的張佩環居士，她是東北耆宿萬福麟將軍的夫人，也可以說她是該館原始發起人，為了圖書館的籌備，她不辭辛勞，奔走勸化。還有一位本省蓮友許炎墩居士——瑞成書局的

---

1 〈佛教新聞〉，《菩提樹》第67期（1958年6月8日），頁46。另參見：佛文：〈臺中慈光圖書館揭幕前後散記〉，《菩提樹》第67期（1958年6月8日），頁38-39。

小老闆，他為了改建工程，將自己的事業放下了不幹，終日監工督促，將一個汽水工場的破陋廠房，一變而為堂皇的講堂。不過佛教徒做事，都心存三輪體空，不著相功德，所以他們她們，都很謙虛，都說是佛祖的慈光，加被臺中的眾生！[1]

黃潔怡／弘安，〈訪文藝班班長胡遠志居士〉：聽慈光圖書館阿花師姑說，當年圖書館成立時，胡居士每天都去敲磚搬瓦的？

答：豈止本人，當時大家上下一條心，只要老恩師要辦的事，蓮友們都熱心護持，有錢的出錢，有力的出力，那時候，大家環境都不甚好，很多同修，都自動前去幫忙整修道場，本人還年輕，較粗重的工作還作得來，好多六、七十歲的老太太都去敲磚，把舊磚頭旁的水泥打掉，這樣舊磚頭就可以再砌牆。像萬老太太，成天就在那兒燒茶煮水招待工作人員。

問：過去年輕時，這麼發心，現在六十多歲了，還是常看到胡居士，在蓮社搬桌椅，打掃倉庫，這是怎麼一回事？

答：本人平平淡淡的，也沒什麼特殊才能，自忖搬搬桌椅，掃掃地，這些粗活還做得來，所以有時間就來蓮社打打雜。台中蓮社就像本人的家一樣。本人十多歲，就離開四川老家，從此無親無故，二十多歲

---

[1] 佛文：〈臺中慈光圖書館揭幕前後散記〉，《菩提樹》第 67 期（1958 年 6 月 8 日），頁 38-39。

1958年・民國47年 | 69歲

遇到雪公老師，他老人家教本人做人處世的道理，及了生脫死的方法，本人還在蓮友的促成下成家，另外內人及岳父往生，也都蒙蓮友助念，祖宗蓮位也都安在蓮社，平素偶爾回到蓮社打掃打掃，就像打掃個人家中祠堂一樣，沒什麼。[1]

【案】慈光圖書館成立後，接著有一九五八年十方大覺禪寺圖書館、一九六〇年臺北市善導寺太虛圖書館、一九六二年信和禪寺藏經樓、一九六三年屏東東山寺圓融圖書館、一九六七年佛光山叢林學院女眾學部圖書館……，諸多佛教圖書館陸續成立。[2]

五月二十六日（一），即日起，於慈光圖書館連續五晚舉行夏季講演大會。每日二場，有十八位弘法人員以國語臺語演說佛法。[3]

五月三十日（五），慈光圖書館連續五天講演圓滿。最後先生總結，並說明不為建造事募化。（《蓮社日誌》；《圖冊》，1958年圖8）

---

[1] 弘安（黃潔怡）：〈訪文藝班班長胡遠志居士〉，《明倫》第173期（1987年4月）。

[2] 黃德賓：〈臺灣地區佛教圖書館發展之研究〉（輔仁大學圖書資訊學系碩士論文，2001年7月），頁184-185。

[3] 〈佛教新聞〉，《菩提樹》第67期（1958年6月8日），頁46。另參見：〈台中市佛教蓮社民國四十七年度工作報告（上）〉，《慈光》第4號（1959年5月25日），第3版。

是月，徐業鴻（後出家法名淨空）由朱鏡宙介紹，至臺中依止先生求學。前後十年，奠定經教與講經之基礎。[1]
（《圖冊》，1958年圖11）

淨空法師，〈雪廬恩師往生十周年紀念〉：經當時臺灣印經處創辦人朱鏡宙老居士的介紹，認識了臺中李老師。那年正逢慈光圖書館成立，李老師就安排我在慈光圖書館，擔任管理圖書的工作。每星期三他在館內講經，星期五在台中蓮社教學。

我到臺中時，李老師正為蓮社的同修們開「經學班」，培養講經弘法人才。經學班每星期上課一次，李老師勸我參加。我遵師命去參加經學班上課，才知道經學班規矩很嚴，是關著門教學，不讓外人參觀的，採取中國傳統私塾的教學法，效果顯著。聽了一堂課之後，我的信心、願心就生起了，因為我看見班上的二十多位同學，他們的程度與我不相上下，同學中半數的年齡都比我大。其中對我影響最深刻的是林看治同學，當時她已經六十歲，且只小學畢業，都發心學講經，非常感動！於是我很歡喜的參加學習講經。

李老師對我們這一班同學非常愛護，教學也認真、嚴格，絲毫不苟。他的教學，遵循中國古代祖祖相傳的老方法，完全採取小座複講。學會一部經，才准許學第二部經。學會的標準是要在大座上講過，如果不能上臺講大座，這一部經就不算學成。

---

[1] 鄭樺主編：《淨空老法師九十年譜》（聯合國教科文組織：淨空之友社，2019年），頁22。

我在他會下十年，無論他在臺中講經，或在外地，我從來沒有缺過課，都跟在他身旁，遵守他老人家的方法，因此聞法頗多領悟。他教導我的原則就是「一門深入」，特別在初學，只能跟隨一位老師。我初到臺中拜他為師，他向我提出三個條件，而在臺中那麼多年，從沒聽說老師這樣要求過別人，這也是知遇之德。他的條件：「第一、跟他學習，以他為師，不許聽其他法師、大德、居士們講經說法，只可以聽他一個人的。第二、依他為師，以後日常所看文字，無論佛經或世間書籍，都要經過他同意；凡是沒有得他同意的，都不准看。第三、你過去所修學的，我一概不承認，一律作廢，要從今天開始學起。」當時我聽了，覺得李老師這三個條件很苛刻，過去從來沒聽說過；但是我對老師非常景仰，曾經聽到許多大德對他的讚歎，我對他有恭敬心，於是就接受了，這樣在臺中才住下來。

老師要求我五年中要完全遵守，而我得到這種方式的真實好處，又自動延長五年。我向老師報告，他笑笑！所以我嚴格遵守老師這三條戒，滿足十年，這樣才在佛法上奠定了基礎。十年之後，在講席中果然所謂「得心應手，左右逢源」。[1]

---

1 釋淨空：〈雪廬恩師往生十周年紀念〉，《內典講座之研究》（臺北：佛陀教育基金會，2013年10月），頁107-114。淨空法師於是年5月24日遷入慈光圖書館男二舍。見：釋淨空：《慈光日記（第一冊）》，《淨空法師全集》（香港：香港佛陀教育協會，2024年6月），頁1。

【小傳】淨空法師（1927-2022）俗姓徐，名業鴻，安徽廬江人。幼年隨父母在閩北受小學教育。抗戰中，在貴州都勻就讀國立第三臨中（校長周邦道）。勝利後，一九四五年返南京就讀市立一中，一九四七年父親病逝，家無恆產，以此失學，因而參加軍旅，從事文職工作。一九四九年隨軍到臺灣，服務於實踐學社，任少尉書記官。一九五八年，退出軍職，至臺中依李炳南老師修學淨土。一九五九年，至臺北圓山臨濟寺，依心悟法師出家，法號淨空。一九六一年秋，由白聖法師推薦於基隆海會寺受具足戒，嗣後仍回臺中，從學李老師。曾受聘任臺北十普寺三藏學院教師，中國文化大學哲學系教授，中國內學院院長。一九七八年於臺北創辦華藏視聽圖書館、一九八四年於臺北成立佛陀教育基金會與華藏講堂，一九九五年指導新加坡淨宗學會創辦「弘法人才培訓班」，二〇〇二年於澳洲昆士蘭省成立澳洲淨宗學院。二〇二二年，於臺南市極樂寺安詳往生，世壽九十五歲，僧臘六十三載，戒臘六十載。

六月一日（日），上午，有三位信徒：吳松茂、吳松柏、林獻章等至蓮社，禮請懺雲法師舉行三皈儀式。並請先生開示。中午，由弘法班林慧鏧備辦素筵供養法師及先生。吳松柏即席賦詩感謝，先生當即和詩回應。

　　吳松柏：三生有幸共皈依，過去沉迷悔事違；弘法諄諄恭聽後，宛如暗路萬燈輝。

1958年・民國47年 | 69歲

李炳南，〈步韻〉：心傾三士久依依，盛德華年道不違；今日恭迎陶靖節，頓教蓮社耀光輝。[1]

是日，旅居緬甸仰光之樂觀法師發表〈閑話「四寶」〉於本日發行之《今日佛教》，於居士弘化語多譏諷：

最近一連接得臺灣地方幾位善友來信，報導一個從來未曾聽聞的新鮮消息，他們說：「目下臺灣佛教中正有人在倡導「四寶」，其目的，是要取僧寶地位而代之。」也許，是看到出家和尚不耕而自然有食，不織而自然有衣，不勞不作，卻般般如意，種種現成，做起經懺佛事，不花什麼本錢，而有大把的進賬，因而看得兩眼發大、心裡發癢，於是異想天開，妄想製造這個四寶，來同和尚搶飯碗，也來撈一把分點兒油水，果如此作想，那我料定是屬於和尚身中虫的一類份子。[2]

樂觀法師遠居國外，訊息有限。臺北南亭法師，常至臺中佈教，熟知兩地教界事務。於是去函《今日佛教》月刊編者，代為澄清並指出該文「不啻指名謾罵，於情於理，兩皆不可。」勸說處理原則。

南亭和尚，《南亭和尚自傳》：（1994年6月）十日，致星雲法師一函。星雲為《今日佛教》月刊編者。

---

1 記者：〈詩兩首〉，《菩提樹》第67期（1958年6月8日），頁28。
2 釋樂觀：〈閑話「四寶」〉，《今日佛教》第2卷2期（1958年6月1日），頁12-15。

「星雲法師：《今》刊二卷二期〈閒話四寶〉反應不好。不顧及稿件來源和刊物之去路，而總以一罵為快，幼稚之譏，其何能免？座下赤手空拳，創宜蘭念佛會、慈愛幼稚園。煮雲、廣慈二位，亦各有所成就，吾皆佩服而尊敬之。李炳老赤手空拳，創佛教蓮社、慈光圖書館，影印大藏經招待場面，訂經部數，以臺中為最。我亦佩服而尊敬之。我有作為之緣，而畏縮不前，每嘗引以自愧，而不敢妄是非人。況李炳老猶有相當尊敬，即使是外表，不猶逾於傲慢無禮乎？更何況自食其力，居處狹隘，從不為自謀，終日乾乾惕惕，皆正知正見之佛法，亦不受歸依弟子，不受供養。今〈閒話四寶〉，不啻指名謾罵，於情於理，兩皆不可。某僧身居國外，以風聞當為口實，而罵臺灣居士，實有挑撥之嫌。他隔岸觀火，聰明至極。座下為他登載此文，不畏幼稚之譏乎!？竊以為，愚與座下及煮雲、廣慈二位，平日相處，毫無間隔。此事雖微，影響甚大，心所謂危，不敢不告。請與煮師等一計議之。南亭六月十八日」[1]

六月二日（二），上午九時，至靈山寺參加靈山學苑開學典禮。靈山學苑係由先生建議，經靈山寺住持德真、監院德欽兩尼師，發心成立，由懺雲法師擔任苑長，德真、德欽兩尼師任副苑長。

---

[1] 釋南亭：《南亭和尚自傳》，《南亭和尚全集》第 12 冊，頁 244-245。

胡建國主編,〈德欽大師事略〉:靈山寺為培育佛教人才,在李炳南建議之下,於是年(1958年)6月15日,開辦「靈山學苑」,禮請懺雲法師為苑長,會性法師為教務主任,聘李炳南、周邦道、劉汝浩、朱斐等為教師,其修業為三年制,招收出家比丘尼及在家女居士數十名。[1]

〔臺中〕本市靈山寺附設靈山佛學苑,已於本月二日,舉行開學儀式,由苑長懺雲法師主持,並開示安心求學之道。教師李炳南、周邦道等相繼勉勵學者要虛心接受所教學業,至於白衣教授在家學生固是師長身份,而對出家尼僧,居弟子位,只能說是「以法供養」,以免誤會。並舉昔日玄奘大師,今時太虛大師等,皆曾從白衣求學為例。最後介紹教師,互相行禮。該苑教導主任一席,在會性法師掩關期中,暫由農學院許祖成教授代理。[2]

是日,指示慈光圖書館工作權責及清潔範圍。要求特別注意環境整潔、秩序,待人接物切須謙恭。

《慈光日記》(1958年6月2日):老師指示:

甲、權責:圖書部門,由徐業鴻、許俊傑二人負專責。財產部門,由雷金銓負專責。唯需互相合作,彼此

---

1 胡建國主編:〈德欽大師事略〉,《國史館現藏民國人物傳記史料彙編第二十三輯》,頁 596-597。
2 〈佛教新聞〉,《菩提樹》第 67 期(1958年6月8日),頁 47。

照應。需用什物可隨宜置辦。

　　乙、清潔範圍：大門外、閱覽室、書庫、講堂前、會客室、左側院，由業鴻清掃。大講堂、休息室、吉祥閣、西北樓、男廁、講堂左邊，由金銓清掃。

　　丙、特別注意環境的「整潔」、「秩序」，待人接物切須「謙恭」。[1]

六月四日（三），請慈光圖書館同仁，擬訂附設義診辦法，設計義診券，佈置義診處。（《慈光日記（第一冊）》）晚，在慈光圖書館通俗講演。[2]

六月七日（六），六位女青年加入佛學研究班。晚八時半，蕭慧心於蓮社週六講座開始講《佛說十善業道經》，張玉燕翻譯。聽眾甚踴躍。（《蓮社日誌》）

六月八日（日），於《菩提樹》月刊第六十七期，發表〈卷頭語〉。歎他教教堂星羅碁布，而且熱烈訪勸吸收信徒；我教則猜嫉鬥諍冷酷排擠，極力分化。先生並宣告此專欄就此停筆。[3]

---

[1] 釋淨空：《慈光日記（第一冊）》，《淨空法師全集》（香港：香港佛陀教育協會，2024 年 6 月），頁 17-18。

[2] 〈台中市佛教蓮社民國四十七年度工作報告（上）〉，《慈光》第 4 號（1959 年 5 月 25 日），第 3 版。

[3] 李炳南：〈卷頭語〉，《菩提樹》第 67 期（1958 年 6 月 8 日），頁 7。後題為〈一士諤諤〉，收入《弘護小品彙存》，頁 223-224。

1958年・民國47年 | 69歲

日後,《菩提樹》月刊主編始說明本專欄停刊緣由係因某些教內大德之反對。

　　朱斐,〈閒話刊務〉:本刊第六卷時的「卷頭語」,是由本刊社長所執筆寫的,文雖短而含意卻深長,無非互相策勉道業,固為識者所愛讀。但時下有一般「大德」,把它當做鏡子,一照顯了原形,就大聲嚷著:「不要鏡子」!編者嚇的趕快把它取走,從第七卷起就取消了卷頭語。但居然又有一位讀者寫信來辭退了本刊。他說,本刊每期的文章,雖然篇篇山珍,但他只愛吃一味菜根——卷頭語;現在既然把它取銷,我也只得暫停閱讀了。這則實例,頗使編者啼笑皆非!有人鼓勵我說:我們這本刊物是給大眾看的,不是供「大德」們當鏡子使的,你又何必多所顧忌呢?是的,我們並無所畏,但我們是為了顧全大局呵!朋友!你要知道:拆佛教的戲臺者,決非邪魔外道也。[1]

　　【案】「卷頭語」下期起刊登「祖師語錄」。先生於《菩提樹》月刊主筆之「卷頭語」,自一九五五年十二月八日第三十七期起至一九五八年六月第六十七期為止,共發文二十九篇。多數無篇題,後另擬篇題,收入《弘護小品彙存》。其中二十八篇入「逆耳集」,一篇〈檢討臘月八日菩提樹三週年紀念〉入「叩鳴集」。

1　朱斐:〈閒話刊務〉,《菩提樹》第98期(1961年1月8日),頁39。

《菩提樹》月刊同期,有聖智法師及先生〈公開的兩封信〉,為近年傳言先生公開宣言僧侶過失,又要居士對僧侶敬而遠之。先生說明,造謠之事甚多,日前且有人舉證歷歷,幸經南亭法師親自調查,確認事屬虛妄。又有捏造先生偽造文書,又有各刊物對臺中學人冷嘲熱罵,為顧全大局,一向忍受,不加辯駁。

聖智法師,〈致本刊社長函〉:炳公老居士慧鑒:久未晤談,想必公近來法體康泰,福德上增,一切吉祥為祝為頌!愧衲今有疑難久欲奉告,又恐公見聞心中煩惱,若隱而不諫,愧衲身為釋子,應遵佛戒三諫之制,並且,公乃是愧衲在家學佛之導師,師徒之責,理當互助,故此冒昧函請公慈悲勿惱!我想公是當今之維摩詰居士,再來領導在家弟子,聲譽全臺,博學多聞,慈悲德重,決無有下列事件。

久聞本島多數僧侶云:公近一二年內有公開宣言僧侶之過,並云叫居士少去寺廟,對僧侶敬而遠之之語,並有居士也有一二傳言,不知是否是他人妒嫉誹謗於公,也未可知。我想公乃當今之發心菩薩,未來之佛,諒無出此狂語之舉,公學通三教,德高望重之士,決無教人犯過之理。

今末法之期,眾生業障深重,凡夫之身心難免稍有過失。望公慈悲念佛陀之慈恩,多方勸告使他人諒解。佛門之幸眾生之幸!公功德無量矣。謹此冒昧奉告敬請慈悲勿惱。回函告知。順祝淨安慚愧拙衲聖智合十四月十五日。

〈復聖智法師函〉：聖智吾師猊座：奉到手教，足徵愛護殷切，銘感之私，莫可宣表。近來好事之人，造謠尚有甚於此者，曾云弟子對南亭老法師如何如何，並引老友某作證，後經南老親自調查，始知皆虛。前曾在《菩提樹》啟事聲明，不意一炮未響，又發二炮，致勞吾師垂念，茲先鄭重聲明，弟子雖愚，決不破戒謗僧，自招罪報，不過彼好事之人，言雖簧巧，若聽者明察，自能辨其虛實，彼言弟子公開說出家人之過，「公開」是向誰說？「出家人」是何位法師？「之過」究說何等之過？俱是空洞之言，但此種言充滿臺北，諒必是說臺北法師之過，請想臺中臺北，相隔數百里，法師縱然有過，臺中何能見到，既不見過，從何處說起，挑撥離間，使教內從起分化，是有心為之，是無心為之，弟子為顧全大局，無論各方信與不信，發生種種怪事，概置不理，如各刊物對臺中學人冷嘲熱罵，請查弟子有一言反抗乎？甚有捏造弟子偽造文書等，因其未向法院告訴，亦忍受之，未加絲毫質辯。若說對「僧侶敬而遠之」，或因有人來說是非，偶勸使止之詞，非一概之言也。弟子每年介紹皈依三寶及受戒者，八九年來，數在二萬以上，何得誣為「遠之」，弟子前曾聲明，不再聲辯，今因吾師垂詢故敬以奉聞，俾明真相。實非向彼等好事者較論也，彼或二炮不靈，尚有三四五炮，亦未可知，此是弟子罪報所致，莫可奈何者也。謹申謝悃恭叩

法安弟子李炳南頂禮。[1]

　　陳慧劍，《南亭和尚年譜》（1975年2月）：曉雲法師來謁，談及佛教文化研究所之運作，為人所嫉。一般人學佛、信佛，仍難逃出名利鎖之牽絆，如臺中李炳南老居士，千載難遇之人也，亦時遭謗。[2]

　　【案】傳聞多年未能澄清，即使調查而仍然未能平息。同年（1958），唐湘清於《菩提樹》月刊撰寫〈佛遺教經白話註釋〉，亦遭非議。「有某法師寫信告訴我，認為那篇文章有『居士教誡比丘』之嫌，我立即復信給某法師說：『我只是把佛經原文翻譯白話，並加以註釋，並沒有以居士身分教訓比丘的意思，但既然有比丘誤會拙作，那麼我就停寫可矣。』」[3]

《菩提樹》月刊同期，有台中蓮社具名之〈啟事〉，澄清歷任社長皆無以蓮社為私用情事；又有先生刊出〈啟事〉，除維持教學一項，其餘事務力謀交替；教中事務，概不聞問，冀免招咎。

　　〈臺中佛教蓮社鄭重啟事〉：敝社自成立以來，只收社員年費，此費於水電開支，尚屬不足，更為避免

1　釋聖智、李炳南：〈公開的兩封信〉，《菩提樹》第67期（1958年6月8日），頁13。

2　陳慧劍：《南亭和尚年譜》，《南亭和尚全集》第13冊，頁398，http://dev.dila.edu.tw/nanting/

3　唐湘清：〈復陸一亭居士書〉，《菩提樹》第69期（1958年8月8日），頁26。

受人布施起見,於佛菩薩聖誕及種種法會,向不舉行,所有弘法、待客、印刷,甚至介紹皈依無錢供養者,均由理監事私款攤付,至今四任社長,無論緇素,只有負擔出資義務,概不在社中吃飯住宿,事實俱在,謹再聲明,以正觀聽。

〈李炳南啟事〉:學人年已七旬,昏瞀日甚,近且血壓過高,朝難保夕,自應閉門養疴,冀減罪咎。除暫維持教學一項,藉報三寶洪恩外,其餘一切經手事務,刻正力謀交替。此後凡關教中細巨之事,概不問聞,軒車交遊,書信來往,俱懇勿賜辱臨。掬誠告白,諸希垂鑒。[1]

是日晚,往某居士家教授《十善業道經》。徐業鴻隨同前往聆聽。同時決定,明日午後三時,於慈光圖書館講授《無量壽經》。[2]

六月九日(一),下午三時,利用慈光圖書館例休日,於該館閱覽室教授《無量壽經》。(《慈光日記(第一冊)》)

六月十日(二),晚八時,於蓮社舉行第七屆國文補習班開學典禮,訓話勉勵學員精進求學。本期招收男生九十八

---

1 〈台中佛教蓮社鄭重啟事〉、〈李炳南啟事〉,《菩提樹》第67期(1958年6月8日),頁19。
2 見:釋淨空:《慈光日記(第一冊)》,頁29。文中「某居士」未載姓名,或係即日昨開始,於蓮社週六講座習講《佛說十善業道經》之蕭慧心。

名,女生八十名。本期人數甚多。先生本期任教週五「歷史」。(《蓮社日誌》)

慈光圖書館附設之義診處,開始施診。(《慈光日記(第一冊)》)

六月十一日(三),晚,在慈光圖書館通俗講演:「苦集滅道」。蓮社國文補習班開始上課。新班由賴棟樑教授《論語》。舊生去慈光圖書館聽先生講佛理。[1]

六月十三日(五),吉祥班於慈光圖書館講堂集會念佛,請先生開示並合照。[2](《圖冊》,1958年圖9)

晚八時,於蓮社國文補習班教授「歷史」,對上古三皇發明種種利益事解說甚詳。(《蓮社日誌》)

六月十八日(三),上午十時,默如法師、戒德法師至蓮社參觀,由先生、周邦道、朱斐等接待,午餐備席供養。(《蓮社日誌》)

晚八時,在慈光圖書館開始宣講《佛說尸迦羅越六方禮

---

1 《慈光》第4號(1959年5月25日),第3版。參見:《蓮社日誌》,台中蓮社檔案。

2 〈臺中慈光圖書館吉祥班全體同修合影〉(1958年6月13日),《回首前塵二十春——雪廬老人示寂廿週年紀念專輯》,頁44。

1958年・民國47年 | 69歲

經》。[1] 先生從此直至往生前一月，每週三慈光圖書館經筵持續不斷。

　　李老師炳公自從慈光圖書館揭幕後，在該館講堂，於六月十八日（每星期三晚），開講《佛說尸迦羅越六方禮經》，至九月三日圓滿。自九月十日起接講《佛說阿彌陀經》。皆由其受業弟子陳進德居士翻譯臺語。該館地點適中、講堂開闊，且李老師法緣殊勝，聽眾甚為踴躍，平均每場常有六百五十人以上，尤其是有頗多智識階級及新進同修參加聽講。[2]

六月二十日（五），晚八時，於蓮社為國文補習班講授「歷史」。

六月二十二日（日），是日晚，往某居士家教授《十善業道經》。徐業鴻隨同前往聆聽。（《慈光日記（第一冊）》）

六月二十三日（一），下午三時，於蓮社大殿教導「四十八願」同修學習講演。（《蓮社日誌》）

六月二十四日（二），午後，前往慈光圖書館，以「忍」、「敬」指導同仁。晚，於《菩提樹》雜誌社，講授《無

---

1 李炳南：〈尸迦羅越六方禮經筆記〉，《講經表解（上）》，《全集》第 2 冊，頁 3-16。
2 〈台中市佛教蓮社民國四十七年度工作報告〉，《慈光》第 4 號（1959 年 5 月 25 日），第 3 版。

量壽經》。(《慈光日記(第一冊)》)

六月二十五日(三),下午四時,四五位佛教徒來自屏東,至蓮社參訪、拜見先生。晚八時,至慈光圖書館宣講《尸迦羅越六方禮經》,聽眾甚多。(《蓮社日誌》)

六月二十七日(五),下午三時,勝幢班、復興班等數班在蓮社大殿集會,念佛繞佛。至四時半,禮請先生開示。(《蓮社日誌》)

晚八時,於蓮社為國文補習班講授「歷史」。

六月三十日(一),下午三時,於蓮社大殿教導「四十八願」同修學習講演。(《蓮社日誌》)

是日,召開慈光圖書館第三次董事會議。報告揭幕以來工作,包括新建托兒所教室隔間完成、開始附設義診,聘請中醫師張冶春、劉步瀛,西醫師王清木、何通卿免費診治。另通過議決:申請設立國畫研究班,聘請呂佛庭任班主任,研習國畫、書法、詩文、佛學。[1]

七月二日(三),晚八時,於慈光圖書館宣講《尸迦羅越六方禮經》。(《蓮社日誌》)

---

1 〈佛教新聞〉,《菩提樹》第 68 期(1958 年 7 月 8 日),頁 42。

七月四日（五），下午五時，一日本佛教徒至蓮社參訪並拜見先生，而後往慈光圖書館參訪。晚八時，在蓮社大殿教授國文補習班「歷史」課。（《蓮社日誌》）

七月七日（一），下午三時，於蓮社大殿教導「四十八願」同修學習講演。進度為「第十講：三界苦海，三寶是船」。指示，以後須自練習再教新表。[1]

七月九日（三），澎湖來一女佛教徒名本願，至蓮社擬親近先生學習佛法。晚八時，於慈光圖書館宣講《尸迦羅越六方禮經》。（《蓮社日誌》）

七月十一日（五），推薦澎湖本願居士，加入靈山寺學苑為學徒。晚八時，在蓮社大殿為國文補習班講授「歷史」。（《蓮社日誌》）

七月十四日（一），下午三時，「四十八願」同修在蓮社大殿集會，由張寬心講解佛理後，由林看治指導「三界苦海，三寶是船」講表。晚八時，鄧明香領導智忍班在蓮社小講堂集會，禮請先生開示並解釋智忍班名意義。（《蓮社日誌》）

1　《蓮社日誌》，台中蓮社檔案。又，講綱〈施字第十講：三界苦海，三寶是船〉收見：《弘護小品彙存》，《全集》第 4 冊之 2，頁 282。

七月十六日（三），午後，赴臺南。晚間慈光圖書館《尸迦羅越六方禮經》講座，由周邦道代講。（《慈光日記（第一冊）》）

七月十八日（五），下午三時，高峰班、朝新班、佛喜班等共九班在蓮社大殿集會，禮請先生主持佛學問答。晚八時，在蓮社大殿教授國文補習班「歷史」。（《蓮社日誌》）

七月十九日（六），布施班、九蓮班等共六念佛班在慈光圖書館集會。智忍念佛班新組成立，在圖書館舉行紀念會，與先生合影。[1]（《圖冊》，1958年圖10）（《蓮社日誌》）

七月二十日（日），晚，先生講授《大方便佛報恩經‧發菩提心品》。（《慈光日記（第一冊）》）

七月二十一日（一），下午三時，在蓮社大殿指導「四十八願」同修學習「極苦世界」「講演表」。[2]

七月二十二日（二），晚，先生於《菩提樹》雜誌社講經。

---

[1] 【數位典藏】照片／弘法照片／念佛班／智忍班／〈台中蓮社智忍念佛班成立紀念〉。

[2] 《蓮社日誌》，台中蓮社檔案。又，講綱〈俗字號第一講：極苦世界〉，收見：《弘護小品彙存》，《全集》第4冊之2，頁283。

（《慈光日記（第一冊）》）

七月二十三日（三），晚八時，在慈光圖書館週三講座宣講《佛說尸迦羅越六方禮經》。

七月二十五日（五），下午，先度班、菩提班等在蓮社大殿集會。因雨，參加人數不多，至四時即予解散。晚八時，於蓮社大殿教授「歷史」。（《蓮社日誌》）

七月二十八日（一），下午三時，勝幢班、復興班等數班在蓮社大殿集會念佛，請先生開示。「四十八願」同修在小講堂練習講演。（《蓮社日誌》）

七月三十日（三），五六位佛教徒自臺北至蓮社參訪，晚上皆去圖書館聽先生宣講《佛說尸迦羅越六方禮經》。（《蓮社日誌》）

是月，周宣德六十歲壽慶。以各方致贈壽儀，印製《八大人覺經》注解、梁啟超《佛教之特色與價值》、尤智表《佛教之入世應用》三書合訂本，普贈大專青年並徵求心得報告。開啟大專青年學佛之先聲。

是年夏秋之間，於蓮社小講堂開設「經學班」，教導徐業鴻、周家麟、張慶祝等約二十人學習古文、學習講經。

　　淨空法師：（雪廬老師）一天到晚匆匆忙忙，還要

給我們上課,我們這些學生,每個星期經學班教講經,我們二十多個同學,學講經的,這個一定親自上課。還有學古文,古文是一切法的基礎,所以每一個星期,星期五晚上三個小時講古文。每一個星期三,圖書館講經是教我們。另外的時候,還要給我們開一個班,教我們講經,也是三個小時。[1]

王梅南,〈凌景霞老居士往生記〉:先母凌景霞老居士,台中市佛教蓮社長壽班班員。先母三十多歲,就跟隨雪公學習儒佛經典。在舊蓮社的一長桌,雪公上座桌前,男女兩眾對面坐。男眾第一位是徐業鴻老師(即後來出家的淨空法師),第二位是周家麟老師,第三位是徐醒民老師。女眾第一位是奉茶的張慶祝師姑,第二位是先母。雪公親寫各人名字,安排座位,沒有坐在桌前的蓮友,就靠坐牆椅。先母聽講很用功,筆記字跡娟秀整齊。淨空法師見先母字寫得好,希望先母學講經,但先母回說:「因家有兩個小孩,要上班,母兼父職,無法參加。」先母晚上聽完雪公講的課,就坐三輪車回家。也常帶著年紀仍小的我們,旁聽大專佛學講座,聽國文課及佛經。[2]

【案】蓮社小講堂內榻榻米座席之教學為期甚久,淨空法師尚未披剃初來臺中時就已開始。時,徐醒民

---

[1] 釋淨空:《淨土大經解演義》第575集(香港:佛陀教育協會,2011年9月3日),https://edu.hwadzan.com/play/02/39/0/321209

[2] 王梅南:〈凌景霞老居士往生記〉,《明倫》第521期(2022年1月)。

尚未至臺中親近先生。上引凌景霞憶述當是綜合淨空法師披剃前後而言。一九六四年三月，徐醒民來臺中拜見老師後，形成較為固定之七人學習小組（參見1964年3月譜文）。

【又案】先生指導弘化講說分為內典講座與通俗講座二類，前已撰有〈內典講座之研究〉與〈實用講演術要略〉實用教材（見：1954年6月譜文）。而具體指導實際則〈周家麟老居士事略〉所記可略會一二。該〈事略〉云：

雪公傳授佛法，十分嚴格，首重恭敬謙卑，次誡妄作聰明，常云：「離經一字，即同魔說」，親自指導弟子習講，一字一句斟酌記錄，照本宣科，看似呆板，實為培養恭敬嚴謹之態度。

公習講《占察善惡業報經》，講稿先呈雪公鑑定，講後再次修訂，其後彙集成冊，後終付梓流通，此書為公重要之述作。公於聞法，必詳為記錄，尚有《法句譬喻經筆記》、《佛說演道俗業經筆記》及《論語筆記》等，均為完整之法寶。其後無雪公指導，公則謹遵師說述而不作，其敬慎精神有如是者！[1]

八月一日（五），晚八時十分，在蓮社大殿為國文補習班講解「歷史」。（《蓮社日誌》）

---

1 治喪委員會：〈周家麟老居士事略〉，《明倫》第362期（2006年2/3月）。

八月三日（日），上午，兒童德育週在蓮社大殿由賴雪霞教「佛歌」、池慧霖講「因果故事」。（《蓮社日誌》）晚，講授《發菩提心品》。（《慈光日記（第一冊）》）

八月四日（一），下午三時，在蓮社，為十四位佛教信徒介紹皈依。而後教導「四十八願」同修講演「一條明路」。[1]

八月六日（三），晚八時，在慈光圖書館週三講座宣講《佛說尸迦羅越六方禮經》。（《蓮社日誌》）

八月八日（五），晚八時，於蓮社為國文補習班講授「歷史」。

八月九日（六），在慈光圖書館為文藝班王炯如、中慧班黃惠美佛化婚禮福證。為慈光圖書館成立以來第一對新人。[2]

八月十一日（一），慈光圖書館附設托兒所開辦。學童共有

---

1 《蓮社日誌》，台中蓮社檔案。「一條明路」為「通俗講演稿表」俗字第二講，收見：《弘護小品彙存》，《全集》第 4 冊之 2，頁 284。

2 王炯如：〈黃惠美居士的學佛因緣〉，《明倫》第 452 期（2015 年 1 月）。

八十餘名。[1]

八月十三日（三），晚八時，在慈光圖書館週三講座宣講《佛說尸迦羅越六方禮經》。（《蓮社日誌》）

是日，台中蓮社講習縫紉組再度開班，請李繡鶯師為教務主任，女青年報名甚踴躍。[2]

八月十五日（五），晚八時，在蓮社大殿教授「歷史」。（《蓮社日誌》）

八月十八日（一），下午三時，「四十八願」同修在蓮社大殿集會。先生說明蓮社之設施及圖書館此後之作為，囑託諸蓮友擔當各事務。（《蓮社日誌》）

八月二十日（三），晚八時，在慈光圖書館週三講座宣講《佛說尸迦羅越六方禮經》。

八月二十二日（五），晚八時，於蓮社為國文補習班講授「歷史」。

---

1 〈佛教新聞〉，《菩提樹》第 70 期（1958 年 9 月 8 日），頁 44。另參見：《蓮社日誌》，台中蓮社檔案。
2 〈佛教新聞〉，《菩提樹》第 70 期（1958 年 9 月 8 日），頁 44。

八月二十五日（一），下午三時，勝幢班、復興班等數班在蓮社大殿集會念佛。禮請先生主持佛學問答。「四十八願」同修在小講堂學習講演。（《蓮社日誌》）

八月二十七日（三），新竹來數位佛教徒至蓮社參訪後，至慈光圖書館拜候先生，並在圖書館聽先生講經。是晚宣講《尸迦羅越六方禮經》圓滿，有蓮友贈送與會者《當生成就之佛法》小冊，亦有送佛像者。（《蓮社日誌》）

八月二十九日（五），晚八時，於蓮社為國文補習班講授「歷史」。

九月一日（一），下午三時，於蓮社大殿教導「四十八願」班同修學習講演。（《蓮社日誌》）

九月五日（五），晚八時，於蓮社大殿教授國文補習班「歷史」課。（《蓮社日誌》）

九月八日（一），《菩提樹》月刊發行第七十期，有先生詩二首：〈插劍皈佛〉、〈書歎〉。撰此二詩前後又有：〈養晦〉、〈興廢〉、〈累人〉、〈浮沉〉二首。（《雪廬詩集》，頁292-294）

〈插劍皈佛〉：陷陣曾經屠虎犀，及鋒金鐵爛如泥；光騰紫電匣難掩，血簇碧花星欲迷。法相常瞻千手住，蒲團強學兩眉低；潛龍偶爾吟聲起，總把降心送日西。

〈養晦〉：月魄無全晦，梅花有暗香；隴頭足春色，天上自清光。不必勞君慮，還應啟我藏；祇堪持慧劍，一擊制魔王。

〈興廢〉：興廢輒言中，簪纓如夢殘；樗材豈無用，傲骨不宜官。桂魄斫仍滿，滄波填未乾；長留一腔血，與暖世間寒。

〈累人〉：年年處處散千金，對月披懷且朗吟；莫說長貧無一物，累人還有未亡心。

〈浮沉〉二首：
浮沉難自了，遯世閉柴門；寡過求聞毀，頹年畏受恩。檀鑪深夜爇，貝卷未曦溫；猶有立錐地，青氈慚尚存。
習氣除難盡，逢人欲有言；徒知悲鷸蚌，未解靜風旛。灼灼野花笑，潺潺溪水喧；涅槃坑不墮，何處叩祇園。

〈書歎〉：搔瓜翻與夜澆田，釋怨梁亭愧古賢；蜚語致勞心百計，歎懷惟報口三緘。蒼生在溺誰援手，覺性同源肯卸肩；偶對曇花伸一笑，不將孤憤問青天。

【案】〈書歎〉經修改文句，改題為〈講學十年來者日眾因招嫉謗述懷〉收入《雪廬詩集》（頁293）。修改後詩句為：「搔瓜翻與夜澆田，器度梁亭迥不凡；已愧累他心百計，還應從我口三緘。寧容濁世分丹素，且念蒼生忍苦鹹；爭及胸襟春作境，妙觀花落燕呢喃。」三緘其口如前、顧念蒼生如前，但原來的「孤憤」已轉為「妙觀」。

九月九日（二），演培法師及香港寶覺學校教師澄真比丘尼

聯袂蒞臨臺中,臺中佛教會理事長翁茄苳率領全市各佛教團體及三所佛教學院學僧同至車站歡迎。日前受邀至臺中佛教會館講經之南亭法師、先生、朱斐等亦均至車站迎接。[1]

九月十日(三),上午八時,演培法師及澄真比丘尼至蓮社參訪,由蓮社社長許克綏及周邦道、朱斐等相陪在小講堂談半小時後,去靈山寺。

是日晚八時半,先生在慈光圖書館開始宣講《阿彌陀經》。聽眾甚多。[2]

【案】《全集》第二冊《講經表解(上)》(頁303-342)第十三項為〈阿彌陀經筆記〉,行首標記「在慈光圖書館講」,未載記時間。先生於慈光圖書館多次宣講此經,然多為慈光大專講座。週三慈館經筵宣講《阿彌陀經》,所見僅此。

九月十二日(五),晚八時,於蓮社為國文補習班講授「歷史」。

九月十七日(三),晚,於慈光圖書館週三講座宣講《佛說

---

[1] 〈佛教新聞〉,《菩提樹》第71期(1958年10月8日),頁42。
[2] 〈台中市佛教蓮社民國四十七年度工作報告〉,《慈光》第4號(1959年5月25日)第3版。另參見:《蓮社日誌》,台中蓮社檔案。

阿彌陀經》。

九月十九日（五），晚八時，於蓮社為國文補習班講授「歷史」。

九月二十三日（二），下午三時，勝幢班、懷西班等數班，在蓮社大殿集會，念佛繞佛；至四點半，請先生開示。（《蓮社日誌》）

九月二十四日（三），晚，於慈光圖書館週三講座宣講《佛說阿彌陀經》。

九月二十六日（五），晚八時，於蓮社為國文補習班講授「歷史」。

九月二十七日（六），夏曆八月十五日，中秋佳節。蓮社晚上講經暫停一次，至靈山寺參加觀月會。（《蓮社日誌》）

中秋是日，有詩〈中秋〉。前後又有：〈夕晴澤畔〉、〈簫鼓〉、〈讀普賢行願品有感〉、〈讀史〉。（《雪廬詩集》，頁294-295）

〈夕晴澤畔〉：山色凝藍日夕晴，四邊風靜起秋聲；朝雨翻盆新漲水，流湍萬壑響銀箏。

〈簫鼓〉：簫鼓柔情地，蒼顏喪亂人；林皋愁獨

往,風月喜雙親。抱膝當今雨,堆書結古鄰;那堪解音律,客老聽催春。

〈讀普賢行願品有感〉:讀罷普賢願,羅胸字盡珠;微微開慧眼,箇箇在泥塗。心未等人我,誰甘勞體膚;垂頭四向泣,此泣泣楊朱。

〈中秋〉:家家玩月酒盈樽,粉黛笙絃各自親;肯把芳心對流影,古今多是斷腸人。

〈讀史〉:拋書擊案意怦怦,欲寫青天字不成;過眼世間多少恨,算來半為美人生。

九月二十八日(日),晚六時半,菩提樹月刊社假臺中靈山寺舉行作者聯誼餐會。出席者有:臺北唐湘清、美國朋友李豪偉,新竹李恆鉞、許巍文,彰化崔玉衡,員林張福慧,嘉義戈本捷伉儷,高雄方倫,臺中蔡念生伉儷、周邦道、陳進德、王烱如,菩提樹雜誌社社長炳南先生以及主編朱斐夫婦。餐後,先生與數位來賓往慈光圖書館參加敬師晚會。翌日,先生與朱斐主編至車站為來客送行。[1]

是日,佛教蓮社歷屆國文補習班結業同學組成之文藝、中慧兩班男女青年,聯合本期國文補習班及縫紉班同學,舉行慶祝教師節晚會,邀請各班教師及蓮友等出

---

1 〈佛教新聞〉,《菩提樹》第 71 期(1958 年 10 月 8 日),頁 43。

席,同慶佳節。[1]（《圖冊》,1958 年圖 12）

是月,慈光圖書館佛學講座及蓮社週六講經兩處蓮友發起援助金馬前線運動,聽眾當場獻金,共得臺幣一千三百十元,經送《民聲日報》轉軍友社,彙轉前方將士。[2]

  【案】一九五八年八月二十三日至十月五日,金門、馬祖及中國大陸東南沿岸與島嶼發生「八二三砲戰」。

十月一日（三）,晚,於慈光圖書館週三講座宣講《佛說阿彌陀經》。

十月三日（五）,晚八時,於蓮社為國文補習班講授「歷史」。

十月六日（一）,下午二時半,於蓮社大殿,指導「四十八願」同修學習講演:「俗字第五講:勸人念佛。」[3]（《蓮社日誌》）

  【案】「俗字第五講:勸人念佛。」今題為「俗字

---

1 〈佛教新聞〉,《菩提樹》第 71 期（1958 年 10 月 8 日）,頁 43。照片見:【數位典藏】照片／師生聚會／師生合影／〈教師節同歡晚會〉。
2 〈佛教新聞〉,《菩提樹》第 71 期（1958 年 10 月 8 日）,頁 43。
3 李炳南:「俗字第五講」,今題為「俗字第五講:忻羨極樂如何去法」,收入《弘護小品彙存》,頁 287。

> 第五講：忻羡極樂如何去法」，說明生西三要為信願行，作課程序則依忙閒不同，但要訣皆是放下萬緣。（今收見《弘護小品彙存・通俗講演稿表暨佛七開示稿表》，頁287）

十月八日（三），晚，於慈光圖書館週三講座宣講《佛說阿彌陀經》。（《蓮社日誌》）

十月九日（四），於慈光圖書館召集念佛班各班正副班長及蓮社理監事集會。（《蓮社日誌》）

十月十三日（一），上午九時，花蓮港佛教信徒許聰敏及家人至蓮社禮佛並拜訪先生。（《蓮社日誌》）

近日發生八二三砲戰，台中佛教蓮社及靈山寺淨宗道場蓮友，發起長期護國息災法會，祈禱國運昌隆，息災免難並追薦死難軍民。每星期一在台中蓮社、慈光圖書館分別舉行，由各念佛班班長拈香。今日為第一次，由慈光圖書館館長炳南先生親自上香禮拜，第二次由市長林金標先生暨夫人親蒞上香念佛，共為護國息災祈禱。[1]

---

[1] 〈佛教新聞〉，《菩提樹》第72期（1958年11月8日），頁44。另參見：〈台中市佛教蓮社民國四十七年度工作報告（上）〉，《慈光》第4號（1959年5月25日），第3版。

1958 年・民國 47 年 | 69 歲

十月十五日（三），晚，於慈光圖書館週三講座宣講《佛說阿彌陀經》。

十月十七日（五），晚七時十分，在蓮社大殿為國文補習班教授「歷史」課。（《蓮社日誌》）

十月十九日（日），上午九時，社頭念佛會諸信徒二十多位至蓮社禮佛並拜候先生，開示一小時，許炎墩翻譯。蓮社備午餐結緣。下午二時，皆去靈山寺聽經。（《蓮社日誌》）

十月二十二日（三），晚，於慈光圖書館週三講座宣講《佛說阿彌陀經》。

是日，受聘擔任中國醫藥學院四十七學年度第一學期招生委員會委員。[1]（《圖冊》，1958 年圖 13）此為該校創校首次招生。中國醫藥學院於十月十五日奉教育部核准成立，開始招生。十二月八日，開學上課。

十月二十四日（五），晚八時，於蓮社為國文補習班講授「歷史」。

十月二十八日（二），下午四時，律航法師與廣達法師至蓮

---

[1] 「中國醫藥學院聘函」（1958 年 10 月 22 日），黃潔怡提供。

社禮佛,並訪晤先生。(《蓮社日誌》)

十月二十九日(三),晚,於慈光圖書館週三講座宣講《佛說阿彌陀經》。

十月三十一日(五),晚八時,於蓮社為國文補習班講授「歷史」。

十一月三日(一),下午二時半,於蓮社大殿,指導「四十八願」同修學習講演:「通字第一講」。晚,文藝班與中慧班在小講堂開會,討論近日因砲戰陣亡之將士,其遺孤救濟辦法,請先生與會指導。(《蓮社日誌》)
　　【案】「通字第一講」主題為「聰明人有前後眼」:前眼指「看他遭受,進而見果求因」;後眼指「籌設方法,進而畏果斷因」。福為暫樂,極樂世界方為永樂。(見:《弘護小品彙存・通俗講演稿表暨佛七開示稿表》,頁288)

十一月五日(三),晚,於慈光圖書館週三講座宣講《佛說阿彌陀經》。

十一月七日(五),晚八時,於蓮社為國文補習班講授「歷史」。

十一月八日(六),《菩提樹》月刊發行第七十二期,有蔡

1958 年・民國 47 年 | 69 歲

念生〈談設立佛教醫院的重要性〉,說明出家僧侶需要佛教醫院,在家居士之飲食與送亡亦需要佛教醫院。[1]

十一月十二日(三),晚,於慈光圖書館週三講座宣講《佛說阿彌陀經》。

十一月十四日(五),晚八時,於蓮社為國文補習班講授「歷史」。

十一月十六日(日),下午二時,在蓮社大殿,介紹信徒二十餘位由懺雲法師證明皈依。(《蓮社日誌》)

十一月十九日(三),晚,於慈光圖書館週三講座宣講《佛說阿彌陀經》。

十一月二十一日(五),下午二時,勝幢班、復興班等數班在蓮社大殿開會,禮請先生開示。晚七時,在大殿教授國文補習班「歷史」課。(《蓮社日誌》)

十一月二十六日(三),晚,於慈光圖書館週三講座宣講《佛說阿彌陀經》。

---

[1] 蔡念生:〈談設立佛教醫院的重要性〉,《菩提樹》第 72 期(1958 年 11 月 8 日),頁 67。

十一月二十八日（五），晚七時，在大殿教授國文補習班「歷史」課，說明學習歷史對學習佛法甚有幫助。（《蓮社日誌》）

十二月一日（一），上午，中國佛教會環島弘法視導團至臺中，團長為甘珠活佛。晚上在佛教支會佈教。（《蓮社日誌》）

十二月二日（二），上午十一時，蓮友謝寬觀之子謝其性在蓮社舉行佛化結婚典禮，禮請先生福證。（《蓮社日誌》）

十二月三日（三），晚，於慈光圖書館週三講座宣講《佛說阿彌陀經》。

十二月五日（五），晚八時，於蓮社為國文補習班講授「歷史」。

十二月十日（三），晚，於慈光圖書館週三講座宣講《佛說阿彌陀經》。

十二月十二日（五），即日起，任教中國醫藥學院，教授醫科甲、乙、丙、丁組《四書》各一小時，每週五上午十至十二時、週六上午九至十一時。（《圖冊》，1958年圖14）

1958 年・民國 47 年 | 69 歲

【案】中國醫藥學院於是年十月奉核准招生,開學較晚,自十二月八日開始上課。所延遲課程利用寒暑假補授。(《圖冊》,1958 年圖 14)

晚八時,於蓮社為國文補習班講授「歷史」。

十二月十三日(六),上午十至十二時,至中國醫藥學院,教授醫科一年級甲組、丁組《四書》,各一小時。

（洛山磯）林雪貞:老師本身,事事有秩序與規矩,衣物摺疊得十分整齊,居處一塵不染。記得當年老師在中國醫藥學院任教,每當有課,必穿戴整潔,準備就緒,等著勝陽兄來接,臨下樓時常道:「誤人子弟去也!」這又是老師謙沖幽默的一面。[1]

【案】中國醫藥學院創立時,先生受聘擔任《四書》課程。翌年,聘請先生開設《內經》課程。

十二月十四日(日),受邀至臺中法華寺參加印光大師示寂十八週年紀念法會,講述印光大師生前事跡與淨土法門。[2]

臺北念佛會亦假圓山臨濟寺舉行印光大師示寂十八週年

---

[1] 弘安(黃潔怡):〈無盡的追思——海外回國奔喪弟子心聲〉,《明倫》第 165 期(1986 年 6 月)。

[2] 中國佛教會臺灣省分會:「臺中訊」,《臺灣佛教》13 卷 1 期(1959 年 1 月 8 日),頁 18。

紀念會。先生受邀參加，但未克與會，敬撰祝文託由朱斐代讀。

　　臺北蓮友念佛會紀念印光大師示寂十八週年，假圓山臨濟寺念佛一天追思。是日到有印光大師弟子李濟華、陳煌琳、趙茂林、唐湘清、朱斐等以及該團蓮友共百餘人。李炳南居士亦受邀，但事忙未克與會，乃敬撰祝文託由朱斐代表恭讀。文曰：

懿歟吾師，大雄之姿；勢至示現，末法之期。
羅剎部多，波旬魅魑；跳踉撲擊，忽怒忽嬉。
閻浮陸沉，群生阽危；三途六道，如挽如推。
蓮華淨域，廬山肇基；十有三葉，靈巖繼規。
應病與藥，世諦兼施；為實行權，不舍宣尼。
德以戒表，教悉身儀；智皎於日，謙低於葵。
陶謝同視，無緣大慈；遍援金臂，西引蓮池。
忽焉息化，舟失柁維；狂濤巨浪，不識彼湄。
星辰雨隕，黑風旋吹；出我迷海，眺矚其誰。
為法為眾，言念興悲；仰望寂土，應化何遲。
九有長夜，佇待朝曦；來享來格，伏維鑒垂。[1]

十二月十七日（三），晚，於慈光圖書館週三講座宣講《佛說阿彌陀經》。（《蓮社日誌》）

十二月十八日（四），晚八時，參加台中蓮社第七屆國文補

---

1 〈佛教新聞〉，《菩提樹》第 74 期（1959 年 1 月 8 日），頁 49。

習班畢業典禮。訓話勉勵學生後發給結業證書，師生合影留念。[1]（《圖冊》，1958年圖15）

十二月十九日（五），上午十至十二時，至中國醫藥學院，教授醫科一年級乙組、丙組《四書》，各一小時。

十二月二十日（六），上午十至十二時，至中國醫藥學院，教授醫科一年級甲組、丁組《四書》，各一小時。

十二月二十一日（日），靈山寺舉辦戊戌冬季佛七。本次佛七禮請律航法師主七開示法要，亦請先生開示。先生開示三次，有講表：〈戊戌冬季靈山寺佛七初次開示〉、〈第二次說制心〉、〈念力信力〉。第三次開示有偈：

　　一心端賴信心堅，要在平時各自圓；借問同修須記取，人生幾個十三年。[2]

十二月二十二日（一），靈山寺佛七期間，信徒自南北來者，皆至蓮社參訪。董正之亦自新竹至此參加佛七。下午二時，先生在蓮社大殿教授「講演表」。（《蓮社日誌》）

1　《蓮社日誌》，台中蓮社檔案。合影見：【數位典藏】照片／教育研習／國文補習班／第七屆／〈台中市佛教蓮社國文補習班第七屆師生合影〉。
2　三次開示講表見：〈戊戌冬季靈山寺佛七初次開示〉、〈第二次說制心〉、〈念力信力〉，《弘護小品彙存》，《全集》第4冊之2，頁458-460。佛七報導見：〈佛教新聞〉，《菩提樹》第74期（1959年1月8日），頁48。

十二月二十四日（三），晚，於慈光圖書館週三講座宣講《佛說阿彌陀經》。

十二月二十六日（五），上午十至十二時，至中國醫藥學院，教授醫科一年級乙組、丙組《四書》，各一小時。

十二月二十七日（六），夏曆十一月十七日，阿彌陀佛聖誕，晨，「四十八願」同修備紅龜糕、素菜供佛，請先生開示。先生亦送大家手巾為紀念。

上午十至十二時，至中國醫藥學院，教授醫科一年級甲組、丁組《四書》，各一小時。

晚，靈山寺佛七圓滿日，諸蓮友皆去靈山寺聽法師、先生開示。蓮社講經暫停一次。（《蓮社日誌》）

十二月三十一日（三），晚，於慈光圖書館週三講座宣講《佛說阿彌陀經》。

是年，受鄭母請託，提攜其子鄭勝陽。經推薦至國文補習班學習後，成為先生侍者，從此隨侍二十八載。

張式銘，〈鄭惠文師姑口述歷史訪談〉：家母為蓮社蓮友，親近雪公老師聽經聞法，舍弟勝陽幼時常與壞孩子在一起，有一次警察臨檢，同行的一位孩子，因身上帶有刀械，判刑十二年，才受到驚嚇。母親為了度化

1958年・民國47年｜69歲

他，用很多方法。母親曾私下拜託老師提攜。一日，老師問誰是鄭勝陽？聽聞老師找人，母親於是帶他去拜見老師。他在十六歲就開始服侍老師。鄰居公賣局的局長夫人，看見我們家境不好，想引進他至公賣局上班，局長拿出一大疊履歷表，說想進公賣局的人很多，要把握機會。勝陽考慮三天，決定婉拒，要去老師那裏學習。局長說可以白天上班，晚上再去學習啊！他很堅決，於是就到和平街老師住處幫忙。[1]

【小傳】鄭勝陽（1942-2015），號聖揚，臺灣省臺中市人。一九五七年蓮社國文補習班第六屆結業學員，[2]後又於一九六一年參加台中蓮社第十期國文補習班，[3]長年跟隨先生學法。鄭勝陽因母親關係，十六歲起託請先生管教，並開始承擔交付工作。之後擔任先生侍者，照顧其飲食、起居、交通，至先生逝世。歷任國立中興大學智燈學社指導老師及雪心文教基金會相關團體指導老師。

是年，劉國香、熊炬明（後出家為法振法師）二居士自花蓮

---

1 張式銘訪問：〈鄭惠文師姑口述歷史訪談〉（2017年4月10日、2017年5月6日），台中蓮社檔案。

2 《台中蓮社國文補習班第六屆畢業同學錄》，台中蓮社檔案，1957年12月。

3 1961年9月19日第十屆國文補習班結業典禮，先生頒發獎學金。鄭勝陽為第三名，獲頒一百元獎學金（《慈光》第59號，1961年9月30日，第1版）；此時應已經開始承擔部分工作。

至臺中，由朱斐帶領至先生經筵聽法。

　　劉國香／圓香，〈敬悼炳公大德〉：我第一次拜識炳公，好像是民國四十七年，與熊炬明（現在的法振法師）居士由花蓮出發，作環島遊，到達臺中時，炳公在台中蓮社說法，我們由朱斐師兄帶領往聽，坐在較前排。炳公一登臺，大約我是生臉孔的緣故，立即被他發現，忽然走下講臺，站在我的座前，我本然的站起來，有些莫名所以，他問我姓氏，從何處來？朱師兄代為介紹後，祇說了一聲請坐，就回到講臺上去了。第二天才專誠拜謁於私室，並恭聆開示，留給我以深刻的印象，慈祥謙虛，感覺不到有何傲氣，有一次好像為我一人講了幾達二小時之久，使我由衷地倍加尊敬，另一次是在朱斐師兄的「菩提樹」社內，共進午餐，席間有顧世淦道長請問善知識的問題，聽了他老約半小時的開示。[1]

是年，蓮社、靈山寺，舉辦定期講經有二百五十一場次（去年一百二十八場次）；講演日數三百七十三場次（去年一百六十五場次）；兩者合計六百二十四場之多。其他如裁縫、兒童德育班及濟貧、放生等慈務工作俱較去年增長。[2]

---

[1] 圓香（劉國香）：〈敬悼炳公大德〉，《菩提樹》第403期（1986年6月8日），頁19。

[2] 〈台中市佛教蓮社民國四十七年度工作報告（上、中、下）〉，《慈光》第4、5、6號（1960年5月25日、6月10日、6月25日），第3版。

1959 年・民國 48 年・戊戌－己亥

70 歲

【國內外大事】
- 六月，慈航法師肉身不壞，裝金身安座。
- 八月，中南部發生八七水災。
- 十月，虛雲老和尚示寂於江西雲居山。

【譜主大事】
- 二月，於慈光圖書館宣講《觀世音菩薩普門品》（1959 年 2 月至 7 月）。
  任中國醫藥學院中國醫藥教材編審委員。
  佛教歌曲集《梵音集》出版發行。
- 四月，創辦《慈光》蓮友通訊半月刊，俾各念佛班藉此觀摩、研究、進修。
  籌設「慈光育幼院」於瑞光街九號，受聘為第一任董事長。
- 七月，於慈光圖書館宣講〈大勢至菩薩念佛圓通章〉（1959 年 7 月至 9 月）。
- 八月，發動臺中蓮友樂捐，響應救助八七水災受難同胞，展開救濟慰問。
- 九月，於慈光圖書館開講《普賢行願品》（至 1960 年 5 月）。
  擔任中國醫藥學院《內經》專課教授。

一月一日（四），下午二時，福壽班在蓮社大殿集會，禮請先生開示。（《蓮社日誌》）

一月二日（五），上午十至十二時，至中國醫藥學院，教授醫科一年級乙組、丙組《四書》，各一小時。

一月三日（六），上午十至十二時，至中國醫藥學院，教授醫科一年級甲組、丁組《四書》，各一小時。

一月七日（三），晚，於慈光圖書館週三講座宣講《佛說阿彌陀經》。

一月九日（五），上午十至十二時，至中國醫藥學院，教授醫科一年級乙組、丙組《四書》，各一小時。

是日，下午三時，旭光班、武德班等十數班在蓮社大殿開小組會，禮請先生主持佛學問答。晚八時，弘法班呂正涼在蓮社大殿指導青年練習講演。（《蓮社日誌》）

一月十日（六），上午十至十二時，至中國醫藥學院，教授醫科一年級甲組、丁組《四書》，各一小時。

一月十四日（三），晚，於慈光圖書館週三講座宣講《佛說阿彌陀經》。

1959 年・民國 48 年 | 70 歲

一月十六日（五），上午十至十二時，至中國醫藥學院，教授醫科一年級乙組、丙組《四書》，各一小時。

一月十七日（六），上午十至十二時，至中國醫藥學院，教授醫科一年級甲組、丁組《四書》，各一小時。

一月十九日（一），下午二時，勝幢班、復興班等數班在蓮社大殿開會，禮請先生開示。下午四時半，蓮社社員江鄭海珠往生，開會諸位蓮友皆去助念，先生亦去灌頂念咒助念。（《蓮社日誌》）

一月二十一日（三），晚，於慈光圖書館週三講座宣講《佛說阿彌陀經》。

一月二十三日（五），上午十至十二時，至中國醫藥學院，教授醫科一年級乙組、丙組《四書》，各一小時。

一月二十四日（六），上午十至十二時，至中國醫藥學院，教授醫科一年級甲組、丁組《四書》，各一小時。

一月二十八日（三），下午三時，至中國醫藥學院會議室參加該校院務會議。先生於日前獲推選為院務會議教授代表。（《圖冊》，1959 年圖 1）

是日晚，於慈光圖書館週三講座宣講《佛說阿彌陀經》

1259

圓滿。計自去年九月十日起每週三開講,歷四閱月。聽眾多為教育界、工商界人士,座無虛席,常有五、六百人聽講。圓滿日,有以佛像、念珠、佛書等分贈結緣。[1]

一月三十日(五),上午十至十二時,至中國醫藥學院,教授醫科一年級乙組、丙組《四書》,各一小時。

一月三十一日(六),上午十至十二時,至中國醫藥學院,教授醫科一年級甲組、丁組《四書》,各一小時。

是日,數位信徒自高雄至蓮社拜望先生,先生留請其於蓮社晚上聽經。今晚為夏曆戊戌年最後一座,由鄧明香講〈普賢行願品〉。春節後夏曆正月二十一日續講。(《蓮社日誌》)

二月二日(一),開始發放冬令救濟米。二點半,由弘法班林看治、何玉貞講說因果等佛理與大眾結緣。領米者三百多位。是年發放救濟金六千餘元,白米六百餘公斤。至六時圓滿結束。(《蓮社日誌》)

二月八日(日),夏曆正月初一,晨,提早至蓮社參加拜年。團拜於上午十時舉行,參加蓮友八百名。[2]

---

[1] 〈佛教新聞〉,《菩提樹》第 75 期(1959 年 2 月 8 日),頁 49。
[2] 《台中蓮社社務報告(四十八年度)》,頁 18,台中蓮社檔案。

是日,有〈元日〉詩作,其後又有〈無家〉、〈過靈山寺〉、〈憶鄉〉等詩。(《雪廬詩集》,頁 297-298)

〈元日〉:老去逢春鬢雪殘,時來投刺懶加冠;梅開白屋顏相照,書滿青氈味飽餐。猶有壯心思躍馬,恨多傲骨欲逃官;笙絃繁奏新桃地,獨對雲山抱膝看。

〈無家〉:天涯孤客忘離情,因久無家問死生;不似昔年逢綠使,鄉書未拆意先驚。

〈過靈山寺〉:紺宇野雲間,秧村水百灣;軒車絕塍壟,風日靜禪關。多竅石通慧,幽香花破顏;有時旛影動,更覺定僧閑。

〈憶鄉〉聞大陸公社之作:垂楊流水萬家同,縱得還鄉事已空;莫道湖山終不改,西來也恐有愚公。

【案】「人民公社」自一九五八年八月起,在中國大陸迅速推廣。

二月十三日(五),上午十至十二時,至中國醫藥學院,教授醫科一年級乙組、丙組《四書》,各一小時。

是日為夏曆正月六日,即起五天,依例舉行青年講演大會。每晚七時半起,由蓮社附設國文補習班第七期結業新進同學講演佛法。[1]

二月十四日(六),上午十至十二時,至中國醫藥學院,教

---

1 《台中蓮社社務報告(四十八年度)》,頁 5-6,台中蓮社檔案。

授醫科一年級甲組、丁組《四書》，各一小時。

二月十七日（二），受聘為中國醫藥學院教材編纂委員會委員。（《圖冊》，1959年圖2）

是日為春節講演大會最後一晚。九時半圓滿，有蓮友提供一百多斤紅龜糕、許克綏社長贈送六十打鉛筆，與諸蓮友聽眾結緣。先生說大紅龜有福氣，鉛筆能開智慧，真是福慧雙得。（《蓮社日誌》）

　　一年一度的新春弘法護演大會，這是臺中佛教蓮社八九年來從未間斷的弘法工作。一年之計在於春，當這新春伊始，這群朝氣蓬勃的青年蓮友，他們是中市蓮友的新血輪，他們毅然負擔起上求佛道，下化眾生的艱鉅任務，每逢新歲、佛誕，分由文藝、中慧兩班男女青年擔任講演佛法，每年都接引許多新的青年群，投進佛陀的懷抱，接受真理的洗禮。本年春節，照常展開了弘法大會，先二日，由天樂班青年每晚組隊出發鼓吹宣傳，分發傳單。講演大會從年初六起，一連五天，分由文藝班同學十七人擔任。每晚由四人分擔國語、臺語，第一天由導師李炳南居士致開幕詞，最後一場亦由李老師致結束詞。聽眾座無虛席，每晚客滿。圓滿之日有蓮友蔣葛妙信老居士之孫兒二人，向文藝班青年弘法員獻旗致敬，由林欽勇、許俊傑兩人代表接受。[1]

---

1 〈佛教新聞〉，《菩提樹》第76期（1959年3月8日），頁47。

1959年・民國48年 | 70歲

二月十八日（三），下午二時，勝幢班、復興班等數班在蓮社大殿念佛開小組會，禮請先生開示，五時結束。
（《蓮社日誌》）

二月二十五日（三），晚七時，於慈光圖書館開始宣講《妙法蓮華經・觀世音菩薩普門品》，由陳進德翻譯臺語。係新春後首次講經。有〈妙法蓮華經觀世音菩薩普門品筆記〉、〈普門品偈頌〉偶錄手稿：

〈妙法蓮華經觀世音菩薩普門品筆記〉：附補遺注釋：據英國學者克爾恩氏，依梵本譯成英文之《實法蓮華經》，有左列之文三句，又有偈七首。經中國呂碧城居士譯為華文，並加按語曰：「篇末諸偈，讚揚淨土，說明觀世音菩薩居處及來歷，尤見完善，且為蓮宗有力之證，不亞於華嚴之普賢行願品。」云云。

長文三句（此三句按英譯在「生老病死苦，以漸悉令滅。」句以後，表以下諸偈皆為無盡意言是否）

無盡意菩薩聞佛所說，心中欣悅，而說偈曰。

偈七首（此七偈列在「福聚海無量，是故應頂禮。」後，按文氣亦應研究）

（將來果利他德）彼如是慈悲，一時當成佛；為世除憂患，我心實悅服。

（自利及過去因）諸王彼為尊，功德富於礦；歷劫勤修行，證道最無上。

（上宏下化）輔翼阿彌陀，侍立其左右；慧力能總持，禪定成無漏。

（導歸極樂）至尊阿彌陀，西方有淨土；阿彌撫眾生，是彼常居處。

（法侶清淨）彼國無女人，惟有諸佛子；身從幻化生，皆坐淨蓮蒂。

（法王慈悲）至尊阿彌陀，寶座蓮華上；花中放光明，照耀最無量。

（總結）讚彼功德藏，三界無能比；彼為宇宙師，我輩速依倚。[1]

〈普門品偈頌〉（節錄法華會義）：

「偈頌什公不譯，故舊本皆無，文句義疏亦皆不釋。續高僧傳云，偈是闍那掘多所譯」。「諍訟經官處」四句予疑是錯出，後讀蕅師會義云：「或此亦是加頌七難偈錯簡耳」，古賢先得予心矣。近人呂碧城居士譯英文本，又多出七偈，有五偈皆讚阿彌陀佛極樂淨土，如云「輔翼阿彌陀，侍立其左右」，始覺於前文「云何游此娑婆世界」語有應合處，似可從也。[2]（《圖冊》，1959年圖3）

二月二十六日（四），下午三時，高雄念佛會諸蓮友六十多位至蓮社參訪，並拜望先生。而後請至慈光圖書館參觀。離開後將往埔里拜望懺雲法師。（《蓮社日誌》）

---

[1] 李炳南：〈妙法蓮華經觀世音菩薩普門品筆記（己亥在圖書館講）〉，《講經表解（下）》，《全集》第3冊，頁1117-1144。《全集》收錄為手稿本，打字版見「雪公專集」：http://www.minlun.org.tw/1pt/1pt-5-2/02.htm#34

[2] 【數位典藏】手稿/其他著作/撰聯偶錄/〈撰聯偶錄－第九頁〉。

二月二七日（五），上午十至十二時，至中國醫藥學院，教授醫科一年級乙組、丙組《四書》，各一小時。

二月二十八日（六），上午十至十二時，至中國醫藥學院，教授醫科一年級甲組、丁組《四書》，各一小時。

是月，菩提樹雜誌社舉辦大專學生研究《八大人覺經》及《佛教之特色及其價值》等心得報告，各地大專學生函索閱讀並撰寫心得報告，應徵者眾。入選者有：臺大張尚德、范進福、張泰隆、史作檉；師大林東山、蔡炳枝、法商許仁舉、淡江許信傑、臺中農學院歐陽鵬、東海林玉明、王驥等。[1]

【案】此係一九五八年七月，周宣德以其壽儀印贈《八大人覺經》等三書（見該項譜文），《菩提樹》月刊藉此舉辦心得徵文比賽。為青年學佛運動之先聲。

是月，先生作詞之佛教歌曲集《梵音集》出版發行。寓居臺中之教界長者蔡運辰（念生）撰《梵音集·序》：

相傳曹子建遊漁山，聞巖壑誦經，清婉遒麗，遠谷流響，遂擬其聲而製梵唄；法華玄贊稱為冥符三契。二千年來，琳宮紺宇，踵事增華，有裨於教法之宏揚、志趣之涵養者至鉅。然謂今日所傳，必為子建之遺、子

---

[1] 〈佛教新聞〉，《菩提樹》第75期（1959年2月8日），頁48。各篇心得選刊於《菩提樹》本期及下期。

建所製,必與佛世無異,則余不能無疑;子建天機偶發,融合華梵,益以後世傳習之殊、方言之異,所謂梵唄云者,猶言擬於佛世之梵唄云爾。

海運大通以後,西洋宗教挾其樂歌以俱來,多高亢激越之音,與我國之平緩舒徐者迥異。時會所趨,遍布朝野,宏法之士,遂欲仿製新調,以應群機。就歷代沿革而言,於義固無不當。然字句之雅馴、音調之和諧,亦容有未易言者。

李雪廬先生,島居十年。座下千指。今以講誦餘暇,製為歌曲四十餘章,儷以新式樂譜,文字深入顯出,善說法要,製譜皆當代名家,旋律之佳,更不待言。吾知是集一出,必為緇素共欣,與舊讚頌,並行不悖。蓋舊者宜於讚佛行道,新者宜於佈教導俗。如冬湯夏水,各適其用;春蘭秋菊,各擅其長。佛教之發揚光大,殆將於是卜之。不佞於音律之學,一無所解,獨念雪廬以古稀高齡,主持道場,日應眾務,而猶能精心結撰,成此不朽之作,其魄力之堅強,願力之宏遠,甚矣,賢者之不可測也。因述禮樂之大本與讚頌之起源,以質於讀是集者。

中華民國四十八年夏曆元旦念生蔡運辰識於臺中寓廬[1]

---

[1] 蔡運辰:〈梵音集序〉,《菩提樹》第 76 期(1959 年 3 月 8 日),頁 33。該文字句略有錯落,宜見今題〈佛教歌曲序〉,收入氏著《如是庵內外學稿初集上冊・如是庵文存》,頁 242-245。

中國醫藥學院第一學期課程結束時，先生將任教鐘點費捐作該校學生獎學金。

  朱斐，〈編餘閒話〉：上學期我們台中蓮社也曾經以獎學金一萬元捐贈私立中國醫藥學院。這筆錢是本刊社長在該院教學所得的酬報，他老用台中蓮社的名義，全部捐出與諸優秀學子先結了這麼一次緣，替佛教爭些光。他老自擔任該院教席起即發願不是為圖束脩。[1]

三月一日（日），上午，蓮社兒童德育班開學。下午，靈山寺週日講經由周家麟開始宣講《念佛三昧寶王論》。晚，先生在小講堂指導周家麟講《念佛三昧寶王論》。
（《蓮社日誌》）

  【案】周家麟自三月一日至十一月二十二日，於靈山寺週日下午宣講《念佛三昧寶王論》。講經期間，先生亦同步指導。今記錄可見者為四月七日、七月十六日、八月二十日、八月二十七日。（見後各日文）

三月四日（三），晚七時，於慈光圖書館週三講座宣講《觀世音菩薩普門品》。

三月六日（五），上午十至十二時，至中國醫藥學院，教授醫科一年級乙組、丙組《四書》，各一小時。

---

[1] 朱斐：〈編餘閒話〉，《菩提樹》第 80 期（1959 年 7 月 8 日），頁 23。

是日，弘法班呂正涼夫婿呂盤石因病在臺北逝世。先生指派許俊傑及張慶祝、林進蘭前往臺北助念。（《蓮社日誌》）

三月七日（六），上午十至十二時，至中國醫藥學院，教授醫科一年級甲組、丁組《四書》，各一小時。

三月八日（日），晨七時，菩薩戒諸蓮友於蓮社大殿誦戒。下午，周家麟在靈山寺講《念佛三昧寶王論》。（《蓮社日誌》）

三月九日（一），下午二時，「四十八願」同修在蓮社大殿集會，禮請先生訓示勉勵。（《蓮社日誌》）

三月十一日（三），晚七時，於慈光圖書館週三講座宣講《觀世音菩薩普門品》。

三月十三日（五），上午十至十二時，至中國醫藥學院，教授醫科一年級乙組、丙組《四書》，各一小時。

是日下午三時，先度班、翰香班等數班，在蓮社大殿集會，禮請先生主持佛學問答，至五時散會。（《蓮社日誌》）

三月十四日（六），上午十至十二時，至中國醫藥學院，教

授醫科一年級甲組、丁組《四書》，各一小時。

是日，先生友人陳先生自臺北至蓮社探望先生，即在蓮社聽經。晚七時半，仍由鄧明香講〈普賢行願品〉。（《蓮社日誌》）

三月十六日（一），下午三時，「四十八願」同修在蓮社大殿集會，禮請先生訓示勉勵。先生指示，圖書館及蓮社講經時，聽講者光臨時無人接待。當即有四位同修發心擔任接待。（《蓮社日誌》）

三月十七日（二），晚七時，假慈光圖書館召開佛教蓮社第一屆第三次董事會。先生報告慈光圖書館工作、托兒所情形，及蓮社工作，再由陳進德詳細報告。之後討論多項提案，至十一時散會。（《蓮社日誌》）

三月十八日（三），晚七時，於慈光圖書館週三講座宣講《觀世音菩薩普門品》。

三月十九日（四），下午二時，勝幢班等數班在蓮社大殿集會，請先生主持佛學問答，至六時散會。晚，先生在小講堂指導弘法班林看治習講《地藏經》。（《蓮社日誌》）

三月二十日（五），上午十至十二時，至中國醫藥學院，教

授醫科一年級乙組、丙組《四書》,各一小時。

三月二十一日(六),上午十至十二時,至中國醫藥學院,教授醫科一年級甲組、丁組《四書》,各一小時。

是日,靈山寺春季佛七開始,請先生每日開示。有〈己亥春季佛七開示〉稿表。[1] 有偈云:
內心勤息貪瞋痴,外境隨緣遠是非;大道近人何處覓,全由朝暮閉關時。
狂牛奔逸踏田禾,却累牧童入罪羅;但得常醒繮在手,自無環境起風波。
劍樹刀山千萬層,回頭極樂可飛升;但求念得心鉤落,那怕泥犁有鐵繩。[2]

【案】據普慧法師抄錄,蘇全正整理:「李炳南於臺中市靈山寺主持佛七開示法語一覽表」,「1959.02」佛七開示偈有六首,唯其中後三首為一九五九年冬季佛七期間三天開示內容,有先生〈己亥冬靈山寺結七應講〉手稿可確證(見1959年12月10日譜文)。《弘護小品彙存》有〈佛七開示偈〉七則,與上引文有兩首相同,或為此次開示內容。錄如下:
(一)三途輪轉何因緣,只彼無量妄念牽;一句彌陀

---

1 李炳南:〈己亥春季佛七開示〉,《弘護小品彙存》,《全集》第4冊之2,頁461。表中有「預考規矩」一節,當係首日。
2 釋普慧抄錄,蘇全正整理:「李炳南於臺中市靈山寺主持佛七開示法語一覽表」。

纔上口,金池水面出青蓮。

（二）修淨如登百尺冰,前行滑滑足難容；成功若問有何術,咬定彌陀不放鬆。

（三）三藏經論密似毛,鑽研參訪日煎熬；看看漸與年際近,始覺彌陀最穩牢。

（四）喊破喉嚨說枉然,逗機元是古人權；喉嚨如果聲聲續,喊到破時功自圓。

（五）無常鐵鎖已臨頭,逃避此間暫自由；一句彌陀能救汝,要從今夜斷心鉤。

（六）狂牛奔逸踏田禾,卻累牧童入罪羅；但得常醒韁在手,自無環境起風波。

（七）劍樹刀山千萬層,回頭極樂可飛升；但求念得心鉤落,那怕泥犁有鐵繩。[1]

三月二十四日（二），晚，在靈山寺佛七講開示。（《蓮社日誌》）

三月二十五日（三），晚七時，於慈光圖書館週三講座宣講《觀世音菩薩普門品》。

　　是日，應中國醫藥學院敦聘為該學院「獎學金委員會主任委員」；稍後，又受聘為該學院「中國醫藥青年社」

---

[1] 李炳南：〈佛七開示偈〉，《弘護小品彙存》，《全集》第 4 冊之 2，頁 443。

輔導委員。(《圖冊》，1959年圖4)

三月二十六日（四），蓮社後面溪邊道路，今日施工鋪設水泥道路。此係由先生、許克綏社長、陳進德等發心捐錢，方便大眾行路（《圖冊》，1959年圖5）。[1] 晚，先生在靈山寺佛七講開示。（《蓮社日誌》）

【案】一九五六年八月五日與朱斐、許俊傑等於台中蓮社前合照時，路面尚為泥土路，尚未鋪設水泥。（見《圖冊》，1956年圖4）

三月二十七日（五），上午十至十二時，至中國醫藥學院，教授醫科一年級乙組、丙組《四書》，各一小時。

是日，靈山寺佛七圓滿日。晚間，請先生開示勉勵大眾一心念佛。

靈山寺十三日起開始打佛七，尅期念佛，專求一心，由德真、德欽二位尼師主七，恭請李炳南老居士開示。每日參加者數百名。最後二月十九日觀世音菩薩聖誕日，蓮友特多，近一千名，雖是廣大的道場，亦擠得水洩不通，非常盛況。最後晚間李老師依偈贈言開示，參加蓮友修持各有所得。[2]

---

1 見：【數位典藏】照片／個人照／〈綠川旁蓮社門口〉。
2 〈靈山寺訊〉，《慈光》創刊號（1959年4月8日）第1版。

1959 年・民國 48 年 | 70 歲

三月二十八日（六），上午十至十二時，至中國醫藥學院，教授醫科一年級甲組、丁組《四書》，各一小時。

是日晚，蓮社週六晚定期講經，由林看治開始宣講《地藏菩薩本願經》。聽眾甚多。（《蓮社日誌》）

是月，臺中市保護動物會要求臺中市林市長准予撥地建設放生池。先生為該會常務監事。[1]

是月，《阿彌陀經摘注接蒙・義蘊》（合刊），由香港佛經流通處再版發行，以應海外讀者需要。[2]

四月一日（三），晚，在慈光圖書館宣講《觀世音菩薩普門品》。聽眾甚多。（《蓮社日誌》）

四月二日（四），蓮友再次發心，捐錢修造蓮社牆邊土路為水泥路面。晚八時，中慧班在蓮社大殿集會，選擇講演人才。禮請先生指導。（《蓮社日誌》）

四月三日（五），上午十至十二時，至中國醫藥學院，教授醫科一年級乙組、丙組《四書》，各一小時。

---

[1] 〈佛教新聞〉，《菩提樹》第 77 期（1959 年 4 月 8 日），頁 47。
[2] 「通告」，《菩提樹》第 77 期 (1959 年 4 月 8 日)，頁 50。

四月四日（六），上午十至十二時，至中國醫藥學院，教授醫科一年級甲組、丁組《四書》，各一小時。四十七學年度第一學期補授課程結束。

四月五日（日），台中蓮社董事賴天生伉儷啟程赴日，預定停留二個月療治宿疾並觀光。先生、陳進德、許炎墩等至車站送行。[1]

四月七日（二），蓮社各團隊為明日佛誕節遊行預作準備，文藝班胡遠志等及天樂班訓練至夜十二時。先生在小講堂指導周家麟習講《念佛三昧寶王論》。（《蓮社日誌》）

四月八日（三），佛誕節，蓮友於七時半至蓮社集合，八時出發。蓮社、慈光圖書館及所屬慈光托兒所、蓮社附設國文補習班、裁縫補習班、天樂隊、德育幼稚班、文藝班、中慧班暨各念佛班等率領蓮友千名參加大遊行。樂隊、花車等各種莊嚴。中午在中山公園用餐，由慈光圖書館準備便當。

　　慶祝佛誕二五〇三年，蓮友數千參加遊行。台中蓮社為慶祝佛誕節，本日將聯合慈光圖書館及所屬慈光托兒所，蓮社附設國文補習班、裁縫補習班、天樂隊、德育幼稚班、文藝班、中慧班暨各念佛班等率領蓮友數千

---

1 〈新聞〉，《慈光》第 2 號（1959 年 4 月 8 日），第 1 版。

參加遊行。除天樂隊外並將有花車、巨大宣傳畫片等出動。因組織健全、訓練有素,料將予市民以深刻良好的印象。蓮友擬齊集蓮社出發,由朱斐、陳進德、許炎墩當總領隊,最後將在慈光圖書館招待蓮友中餐。[1]

是日,創辦《慈光》蓮友通訊半月刊,發行創刊號。為十六開四版面對內刊物。先生有〈慈光半月刊創刊詞〉說明係作為台中蓮社、慈光圖書館及各念佛班蓮友交換意見、瞭解觀摩、研究進修之用。(《圖冊》,1959年圖6)

〈慈光半月刊創刊詞〉:由於佛法之感召,蓮友之精進,我們臺中念佛求法的人,現在是日益發展。這些蓮友同修們,除了自己念佛求法以外,並且就各人性情所近,才力所及,又分別組織了念佛、弘法、教育、慈善各種班組,同修的人數既多,擔任的業務又不同,為求互助,聯繫起見,對於各班組的情形,不能不有相互的瞭解。

在臺中的青年同修,見到上述的情形,想著補救這一缺點,才有本刊的創編。他們的目的,在使各蓮友明瞭全部工作的活動情形,借此可以輔助道業的進修,增進德業的砥礪以及智識交換、情感溝通,期望求化工作,更形加強。

本刊專為對內消息,不作向外宣傳,內容暫分為消息、

---

1 〈新聞〉,《慈光》創刊號(1959年4月8日),第1版。參見:《台中蓮社社務報告(四十八年度)》,頁18,台中蓮社檔案。

報告、進修文選、蓮友通訊、副刊等欄。消息欄：以報導臺中蓮友，各念佛班，弘法班等之活動情形為主，有關本市佛教之消息也間有記載。

這個刊物，是幾個青年同修學著編的，他是為佛教宣傳，為諸位先進服務，雖然熱心有餘，怕是學力經驗，都感缺乏。還望大德先進，予以指導、協助、護持，使這棵嫩苗增長、壯大、繁茂，這是諸先進的成績，是佛陀的光榮，是一般青年的收穫。[1]

【案】《慈光》創刊號刊頭為「慈光蓮友通訊（半月刊）」，「蓮友通訊」四字縮小位於「慈光」下。發行單位：「臺中慈光圖書館、台中市佛教蓮社」兩者並列。至第十三號，改為「慈光（半月刊）」，省略「蓮友通訊」四字。增列發行人：許炎墩，社長：陳進德。至第二十五號，再增列編輯者：游俊傑。至第四十二號，發行單位改為：慈光雜誌社。

是日，於《菩提樹》月刊刊載與陳慕禪唱和〈懷淨土〉詩。

陳慕禪，〈懷淨土〉：人間何處是歡場，卅載夢醒鬢已霜；幸保初心如赤子，還期大覺證空王。天花小住留餘習，貝葉頻翻發異香，老去精勤存一念，寶池行樹

---

[1] 李炳南：〈慈光半月刊創刊詞〉，《慈光》創刊號（1959年4月8日），第1版。收見：《雪廬寓臺文存》，《全集》第14冊之2，頁242-244。

憶西方。

〈敬和陳慕禪道長懷淨土七律步原韻〉：靜坐蒲團即道場，心清如月月如霜；林間鳥語宣真諦，池上蓮開禮願王。當下已成三不退，圓超還證五分香；虛空花雨聞稱贊，諸佛為公現十方。後學李炳南朱斐貢稿[1]

是日晚，先生在圖書館宣講《觀世音菩薩普門品》，聽眾甚多。（《蓮社日誌》）

四月十日（五），上午十至十二時，至中國醫藥學院，教授醫科一年級乙組、丙組「國學」，各一小時。開始四十七學年度第二學期課程。

四月十一日（六），上午十至十二時，至中國醫藥學院，教授醫科一年級甲組、丁組「國學」，各一小時。

是日，聽聞董正之患病，即偕許炎墩前往新竹探視，並為診療開方。（《蓮社日誌》）

四月十四日（二），晚八時，蓮社附設國文補習班第八期舉行開學典禮。先生等諸位師長致詞勉勵。本屆學員男生六十九名、女生五十一名，共一百二十名。先生本期任

---

1 李炳南：〈敬和陳慕禪道長懷淨土七律步原韻〉，《菩提樹》第 77 期（1959 年 4 月 8 日），頁 14。此詩未收入《雪廬詩集》。

教週五「應用文」,授課六個月。(《蓮社日誌》)[1]

四月十五日(三),晚七時,於慈光圖書館週三講座宣講《觀世音菩薩普門品》。

四月十七日(五),中午,謝富甡、王涼假蓮社大殿舉行佛化婚禮,由先生證婚並致訓辭。王涼係武德班班長黃彩雲之千金。中午備席宴請先生及蓮友。[2]

是日,上午十至十二時,至中國醫藥學院,教授醫科一年級乙組、丙組「國學」,各一小時。

晚八時,於蓮社為國文補習班講授「應用文」。

四月十八日(六),上午十至十二時,至中國醫藥學院,教授醫科一年級甲組、丁組「國學」,各一小時。

下午二時,勝幢班等數班在蓮社大殿集會,禮請先生開示並主持佛學問答。(《蓮社日誌》)

四月二十日(一),下午三時,「四十八願」同修在蓮社大

---

[1] 〈新聞〉,《慈光》創刊號(1959年4月8日),第1版。
[2] 《蓮社日誌》,台中蓮社檔案;《慈光》第2號(1959年4月25日),第1版。

殿召開座談會,討論籌辦孤兒院事宜。在小講堂有鄧明香帶領之智忍班集會,禮請先生主持佛學問答,並開示勉勵。(《蓮社日誌》)

四月二十一日(二),晚八時,在蓮社小講堂召開董事會,討論開辦慈光孤兒院,並擬成立董事會等種種事宜。至十一時散會。(《蓮社日誌》)

四月二十二日(三),晚七時,於慈光圖書館週三講座宣講《觀世音菩薩普門品》。

四月二十三日(四),下午四時半,蓮友劉孝榮與中慧班長賴玉燕在蓮社舉行佛化結婚典禮,請先生福證。[1]

四月二十四日(五),上午十至十二時,至中國醫藥學院,教授醫科一年級乙組、丙組「國學」,各一小時。

晚八時,於蓮社為國文補習班講授「應用文」。

四月二十五日(六),上午十至十二時,至中國醫藥學院,教授醫科一年級甲組、丁組「國學」,各一小時。

---

[1] 《蓮社日誌》,台中蓮社檔案;《慈光》第 3 號(1959 年 5 月 10 日),第 1 版。

是日下午，臺中蓮友擬設立佛教孤兒院，於慈光圖書館召開「慈光育幼院」第一屆董事會，推舉先生為董事長。此為佛教界第一所慈幼機構，先生於會議中先說明籌設因緣。

〈慈光育幼院院第一次董事會議紀錄〉：雪公老師以董事長暨創辦人代表身分致詞：
籌辦孤兒院的動機，可分三點來報告：
第一是在幾年前，中市某校有二位學行均優的好學生，因為父母雙亡而失學，諸同修有感於此，遂有興辦孤兒院的動機。
第二是某年報載有遺棄嬰兒一事，當時承辦本市社會科的幾位仁人先生們，募款救濟。蓮社同修中即有感收容孤兒的必要，這是第二個動機。
第三是同修們鑒於去年金門砲戰發生後，由金來臺之孤兒迫切需要收容扶養。同修們深感成立孤兒院乃刻不容緩，這是我們對國家應盡力的地方，多少替政府負擔一些困難。同時，瑞成書局許老居士克綏，自動捐出西區房舍六棟、地皮乙百五十餘坪以供孤兒院址之用，於是積極籌辦。嗣後知道金門來臺兒童，政府業已妥善為之安排；但是我們的動機已發，怕以後再有棄嬰、孤兒失學等情事發生，應當有個機構妥為收容教養，這是第三個動機。
再說，我們佛教談到慈善事業，總是不及外教，這是我們深感慚愧的。今日臺中正知正見的佛教信眾人數日多，可否替佛家辦些社會慈善事業呢？這是要諸位同修

齊發慈悲心的。我們辦蓮社、辦圖書館，出錢出力皆有時限的；而孤兒院則不同，孤兒是要長期教養的，這是辦孤兒院比辦其他事業的困難處。因此，我們當以實際的經濟能力，來決定扶養孤兒的人數；只要我們辦的有成績，將來漸次擴大，自屬意中之事。本此原則，就基本人員的能力，決不派捐，決不勉強。現在我們已有了許老居士捐贈的房地，可以小規模的開辦，以後當求其漸次的擴充，成為大規模的孤兒院。用佛家的話來講，諸位功德自是無量；再則希望當地同修，團結起來，為社會公益佛教慈善，替佛家辦事。至於諸位的熱心，我個人萬分感佩，諸佛菩薩必為護念加被。[1]

　　吳碧霞，〈慈光生命記憶〉：因著八二三砲戰造成的孤兒很多，一些慈悲的蓮友，跟著雪公老師學佛差不多十年了，大家就發動說：我們來辦一個孤兒院吧！於是再隔一年的四月二十五日，就有「慈光育幼院」的第一次籌備會。早期的蓮社念佛班「中慧班」是一群女眾，很年輕，非常的熱心。八二三砲戰之後，聽說救總有人做了，這一群女孩子熱心還是存在，她們說：「我們還是辦，反正不收八二三砲戰的孤兒，其他的孤兒也可以收。」雪公老師就問：「那妳們的能力在哪兒呢？」她們說：「沒有關係，我們可以做假花。」所以他們用手工做很多假花，提著花籃到處賣。雪公老師也

---

[1] 〈慈光育幼院院第一次董事會議紀錄〉（1959 年 4 月 25 日），臺中：慈光育幼院檔案，現收存於慈光基金會。

很感動，所以後來就決定「好！說辦就辦。」事實上當時社會的生活都很苦，有一些在街上到處流浪的小孩子，沒有鞋子穿、沒有飯吃，看起來也怪可憐的，所以想還是繼續辦一個好了；在四十八年的四月二十五號，就有第一次的籌備會。第一次籌備會決定，假使是要收十五個小孩子，就要找十五個董事來認養，個人沒那麼多，由蓮社念佛班一個班來共同認養一個孩子；每個人每個月要交一百五十塊，那時候的一百五十塊，現在恐怕還不止一萬五。雪公老師在籌備會議上有一段話：「由董事來認養、由念佛班來認養，按月每個人交一百五十塊，用財力來決定人數。」雖然政府說五十個，可是我們力氣還招募不到五十個人來認養的話，就決定，用財力來決定人數。這是四月二十五號第一次籌備會。[1]

是日，數位臺東信徒至蓮社參訪，並拜望先生及弘法班林看治。晚，即在蓮社參加林看治師姐宣講《地藏菩薩本願經》講座。（《蓮社日誌》）

四月二十六日（日），智光法師、證蓮法師、南亭法師蒞臨臺中主持寶覺寺傳授護國千佛大戒。先生率同臺中市佛宗學舍學生前往護持。徐業鴻（出家法名釋淨空）亦於

---

[1] 吳省常（吳碧霞）：〈慈光基金會-創辦人簡介-慈光生命記憶〉，https://www.tkcy.org.tw/index.php/know/ourteacher

此求受菩薩戒,先生訓示「至誠感通」。[1](《圖冊》,1959年圖7)

四月二十九日(三),下午三時,文藝班員蔡進賢與蓮社工友施秀清在蓮社大殿舉行佛化結婚典禮。先生證婚並訓示。林看治等亦有祝辭。(《蓮社日誌》)

是日晚七時,於慈光圖書館週三講座宣講《觀世音菩薩普門品》。

是年春夏間,有詩:〈晚歸〉、〈殘燭〉、〈遊霧社花事已了誌感〉、〈獲讀禁書有感〉。(《雪廬詩集》,頁295-296;《圖冊》,1959年圖8)

〈晚歸〉:飛花片片逐輕衫,踏月緩歸人兩三;詩境今宵最清處,綠川橋北柳川南。

〈殘燭〉:未改心腸熱,全憐暗路人;但能光照遠,不惜自焚身。[2]

〈遊霧社花事已了誌感〉:嫣紅妊紫墜高岑,多少遊人惋惜深;境勝何傷花事了,天長可挽日西沉。春風

---

1 【數位典藏】照片/道場活動/法會/〈護國千佛大戒〉。先生訓示徐業鴻語,見後1959年8月19日引文第十四項,另見:陳筱君等編:《覺光照遠:淨空老法師文物集粹》(臺北:財團法人華藏淨宗弘化基金會,2024年8月),頁107。

2 李炳南:〈殘燭〉日後刊見:《慈光》第15號(1959年11月10日),第3版。然據《詩集》排序,應作於此時。

自在當胸駐,詩興殷勤抱膝吟;我對河山看不厭,芳菲煙景未關心。

〈獲讀禁書有感〉:一字真堪斧鉞嚴,羞他舉世口皆箝;君雖有憾非私怨,我若能文定不謙。聖業將湮天共閔,仁人起闢義何嫌;銅駝西望荊榛裡,應識禍機誰所潛。

五月一日(五),上午十至十二時,至中國醫藥學院,教授醫科一年級乙組、丙組「國學」,各一小時。

晚八時,於蓮社為國文補習班講授「應用文」。

五月二日(六),上午十至十二時,至中國醫藥學院,教授醫科一年級甲組、丁組「國學」,各一小時。

五月六日(三),彰化數位信徒至蓮社參訪,請蓮社弘法班至彰化再設一道場弘法。晚,皆去慈光圖書館聽先生宣講《觀世音菩薩普門品》。(《蓮社日誌》)

五月八日(五),上午十至十二時,至中國醫藥學院,教授醫科一年級乙組、丙組「國學」,各一小時。

晚八時,於蓮社為國文補習班講授「應用文」。

五月九日(六),上午十至十二時,至中國醫藥學院,教授

醫科一年級甲組、丁組「國學」,各一小時。

五月十一日(一),釋迦聖誕將近,蓮社藉週一晚定期念佛時間舉行浴佛典禮。晚八時典禮開始,蓮友參加禮佛浴佛有六、七百人。(《蓮社日誌》)

五月十三日(三),晚七時,於慈光圖書館週三講座宣講《觀世音菩薩普門品》。

五月十四日(四),上午十時,於慈光圖書館主持釋迦佛聖誕浴佛典禮及慈光圖書館成立一週年紀念會。與會蓮友約八百位。先生致辭後,由陳進德報告蓮社四十七年度種種工作及圖書館工作。十一時始開始浴佛。中午備有素席供眾結緣。下午三時,在大殿舉行三皈典禮,由先生推薦證明皈依法師,皈依信徒約六十位。(《蓮社日誌》)

晚八時起,舉行女青年夏季講演大會。由中慧班女青年洪綿、黃麗英、林鳳珠等十五人擔任,每晚兩場。每日由台中蓮社天樂班、文藝班同學出發街頭鼓吹宣傳。講演會一連四天,第五天舉行遊藝晚會。(《蓮社日誌》)

五月十五日(五),上午十至十二時,至中國醫藥學院,教授醫科一年級乙組、丙組「國學」,各一小時。

晚八時，於蓮社為國文補習班講授「應用文」。

五月十六日（六），上午十至十二時，至中國醫藥學院，教授醫科一年級甲組、丁組「國學」，各一小時。

五月十八日（一），蓮社文藝班同學賴瑞柏與徐秀菊，在賴家自宅舉行佛化婚禮，請先生福證。[1]

五月十九日（二），四張犁林水清、楊旺禎至蓮社，請弘法班到其村莊弘法。即由蓮社弘法人員及天樂班安排，前往講演。（《蓮社日誌》）

五月二十日（三），晚七時，於慈光圖書館週三講座宣講《觀世音菩薩普門品》。

五月二十二日（五），上午十至十二時，至中國醫藥學院，教授醫科一年級乙組、丙組「國學」，各一小時。

晚八時，於蓮社為國文補習班講授「應用文」。

五月二十三日（六），上午十至十二時，至中國醫藥學院，教授醫科一年級甲組、丁組「國學」，各一小時。

---

1 〈新聞〉，《慈光》第 4 號（1959 年 5 月 25 日），第 1 版。

1959 年・民國 48 年 | 70 歲

五月二十五日（一），下午三時，在蓮社大殿指導「四十八願」同修練習講演。（《蓮社日誌》）

五月二十七日（三），晚，在慈光圖書館宣講《觀世音菩薩普門品》，已講完長行文，今起開講偈頌。[1]

五月二十九日（五），上午十至十二時，至中國醫藥學院，教授醫科一年級乙組、丙組「國學」，各一小時。

晚八時，於蓮社為國文補習班講授「應用文」。

五月三十日（六），上午十至十二時，至中國醫藥學院，教授醫科一年級甲組、丁組「國學」，各一小時。

五月三十一日（日），蓮社定期每週日由賴棟樑、林看治前往臺中監獄講演佛法、化導人心，成效良好。今日舉行皈依典禮，禮請廣明法師主持。計有三百四十多位受刑人皈依三寶。（《蓮社日誌》）

是月，創建慈光育幼院於臺中市瑞光街九號。院址係李繡鶯捐獻家宅一百十五坪，加上許克綏捐獻購建地

---

[1] 《蓮社日誌》，台中蓮社檔案；〈新聞〉，《慈光》第 4 號（1959 年 5 月 25 日），第 1 版。

八百二十二坪,合共九百三十七坪。[1](《圖冊》,1959年圖9)

慈光育幼院董事會,〈捐贈本院大德芳名錄〉:許克綏大德／建地八百二十二坪,李繡鶯大德／建地一百十五坪,李炳南大德／新台幣貳萬元,覃勤大德／新台幣壹萬元,華怡保大德(星加坡僑胞)／新台幣壹萬伍仟元,朱炎煌大德／新台幣壹萬元,隱名氏大德／新台幣壹萬元,隱名氏大德／新台幣陸仟元,賴天生大德／新台幣伍仟元,鮑元財大德(行政院國軍退除役官兵輔導委員會台中聯絡中心代表捐贈)／新台幣壹萬零壹百玖拾伍元。(下略)[2]

朱斐,〈炳公老師與我——兼述臺中早期建社弘法的經過〉:慈光圖書館於四十八年籌備附設一孤兒院,於五月間獲准成立,院址已有許克綏獻出私產土地一百數十坪,房屋六幢。後因蓮友爭相捐地,而許克綏捐出之地因環境煩囂,決定售出後改捐現金。有任教家職之李繡鶯居士自動要求將其自宅之空地一百餘坪願捐獻作為院址,再在其空地貼鄰以許氏捐獻之售屋現金購建地

---

[1] 林李繡鶯居士捐地籌設慈光育幼院,先生與十位女弟子到其府上拜訪,並合影留念。照片見:【數位典藏】照片／師生聚會／師生合影／〈拜訪大德〉。附圖兩張照片衣著不同,成員也略異,見得拜訪不止一次。

[2] 慈光育幼院董事會編:《台中市慈光育幼院簡介》,1974年2月,頁3。許克綏、朱炎煌、賴天生為台中蓮社或慈光圖書館董事,覃勤為中國醫藥學院創辦人及第一屆董事長。

1959年・民國48年 | 70歲

六百五十坪,合共七百七十坪,作為育幼院用地。董事長李炳南,聘許炎墩為院長、李繡鶯為副院長。

六月三日(三),豐川法師自臺南至蓮社參禮。渠係蓮社文藝班員,受先生感化而出家,為人誠實可靠。賴棟樑介紹其到軍功寮大山精舍修持。晚八時,先生於慈光圖書館宣講《觀世音菩薩普門品》。(《蓮社日誌》)

六月五日(五),上午十至十二時,至中國醫藥學院,教授醫科一年級乙組、丙組「國學」,各一小時。

晚八時,於蓮社為國文補習班講授「應用文」。

六月六日(六),上午十至十二時,至中國醫藥學院,教授醫科一年級甲組、丁組「國學」,各一小時。

是日,中國醫藥學院成立第一週年舉行院慶,全體教職員合照紀念。[1](《圖冊》,1959年圖10)

六月八日(一),下午三時,在蓮社大殿教導「四十八願」同修學習「講演表」,由張慶祝翻譯。(《蓮社日誌》)

---

[1]【數位典藏】照片/師生聚會/師生合影/〈中國醫藥學院教職員留影〉。

六月九日（二），臺中縣政府來文准許蓮社弘法班在霧峰辦佈教所，林看治因特請先生前往霧峰開示。（《蓮社日誌》）

六月十日（三），晚七時，於慈光圖書館週三講座宣講《觀世音菩薩普門品》。

六月十二日（五），上午十至十二時，至中國醫藥學院，教授醫科一年級乙組、丙組「國學」，各一小時。

是日晚，先生在蓮社大殿教授國文補習班「應用文」，學生甚多。（《蓮社日誌》）

六月十三日（六），上午十至十二時，至中國醫藥學院，教授醫科一年級甲組、丁組「國學」，各一小時。

六月十五日（一），下午三時，先生在蓮社大殿教導「四十八願」同修學習講演。（《蓮社日誌》）

六月十七日（三），晚七時，於慈光圖書館週三講座宣講《觀世音菩薩普門品》。

六月十九日（五），上午十至十二時，至中國醫藥學院，教授醫科一年級乙組、丙組「國學」，各一小時。

1959年・民國48年 | 70歲

下午三時,蓮社吉祥班於慈光圖書館召開六月份班員小組會,先生親自指導。會中除例行研討修持及教理諸問題外,並決定下次七月份小組會開始,推班員一人,於會議完畢後,講解蓮池大師《自知錄》或《禪林寶訓》數則,以助修持云。[1]

晚八時,於蓮社為國文補習班講授「應用文」。

六月二十日(六),上午十至十二時,至中國醫藥學院,教授醫科一年級甲組、丁組「國學」,各一小時。

是日為夏曆五月十五日,即日起慈航法師永久紀念會於汐止舉行慈航菩薩護國息災法會共二十一天。慈航法師示寂五週年開缸,肉身未壞,為臺灣第一尊全身舍利,已遵照遺囑裝金。先生為撰〈慈航菩薩真身安座護國息災法會楹聯〉:[2](《圖冊》,1959年圖11)

〈臨街牌樓〉:八相道初成,端為法弱魔強,故遣肉身住世;十年烽未息,正當水深火熱,還祈慈力興邦。

〈山門〉:誦聖教三藏靈文,盡掃妖氛,護持吾國;喜今朝五洲舊雨,同生佛念,來入此門。

---

1 〈新聞〉,《慈光》第6號(1959年6月25日),第1版。
2 〈佛教新聞〉,《菩提樹》第79期(1959年6月8日),頁42。
李炳南:〈慈航菩薩真身安座護國息災法會楹聯〉,《菩提樹》第79期(1959年6月8日),頁8;〈楹聯〉手稿見:【數位典藏】其他著作/〈撰聯偶錄-第三頁〉。

〈大殿〉：欲謗者謗欲稱者稱色空本圓非有相非無相，呼僧即僧呼佛即佛權實不二善來耶善逝耶。

【案】前引聯文係據《菩提樹》。〈撰聯偶錄〉手稿，〈山門〉一聯，「期掃妖氛」作「盡掃妖氛」，「定生佛念」作「同生佛念」。

六月二十二日（一），下午三時，先生在蓮社大殿教導「四十八願」同修學習講演。（《蓮社日誌》）

六月二十四日（三），晚八時，於慈光圖書館宣講《觀世音菩薩普門品》。（《蓮社日誌》）

六月二十六日（五），上午十至十二時，至中國醫藥學院，教授醫科一年級乙組、丙組「國學」，各一小時。

晚八時，於蓮社國文補習班教授「應用文」。今晚學生特別多，皆甚認真聽講。（《蓮社日誌》）

六月二十七日（六），上午十至十二時，至中國醫藥學院，教授醫科一年級甲組、丁組「國學」，各一小時。

是月，先生以中國醫藥學院名義，捐出本學期任教中國醫藥學院薪酬，作為慈光育幼院籌設經費。上學期薪酬則以台中蓮社名義，捐贈中國醫藥學院做為學生獎學金。

朱斐，〈編餘閒話〉：上學期我們台中蓮社也曾經

1959年・民國48年｜70歲

以獎學金一萬元捐贈私立中國醫藥學院。這學期的薪水又全部以醫學院名義，捐給了正在籌備中的慈光育幼院（孤兒院）。我們今天為了要提倡興學辦理慈善事業，這些消息我認為都有鼓舞人心的作用，所以一併公開，想必他老也不會責我太深吧！[1]

是月，中佛會廣播組長周宣德，倡議設置大專學生研究佛學獎學金，經常務理事會討論通過，將慎選參考書提供，並擇優發表閱讀研究成果。

　　朱斐，〈編餘閒話〉：接引大專學生最熱的周宣德居士，自發動在本刊首創有獎徵文，各佛刊增闢大專園地，舉辦遊覽名剎，贈送佛學書刊，徵求廣播講詞以來，的確吸收了很多智識分子來研讀佛學，這也是近來教內的好現象。周居士為了做的更切實際，鼓勵優秀學子起見，不避炎暑，幾經奔走聯繫，決定四十八學年度起以中佛會名義設立臺大師大獎學金十名。這確是空前的創舉，除了周居士本人及道安法師、姜紹謨居士三人已各認捐壹名（一千元）外，聞臺北南亭法師已毅然負責表示願在短期內籌足預定之額。這件事的成功，將是中國佛教會遷臺以來做的最體面的事件之一。[2]

---

[1] 朱斐：〈編餘閒話〉，《菩提樹》第80期（1959年7月8日），頁23。

[2] 〈佛教新聞〉，《菩提樹》第80期（1959年7月8日），頁42；朱斐：〈編餘閒話〉，《菩提樹》第80期（1959年7月8日），頁23。

七月一日（三），晚七時，於慈光圖書館宣講《觀世音菩薩普門品》圓滿。自二月二十五日至今，共計十九講次。開講以來，法緣殊勝，不僅座無虛席，連門邊、廊巷亦坐滿聽眾，聽眾常超過六、七百人。圓滿日贈送聽眾半開大觀音大士彩色像四百張，另由該館董事朱炎煌印贈《蓮宗課誦》一千冊結緣。[1]

七月二日（四），晚，先生於慈光圖書館召開新進同修座談茶會。諄諄開示，力勸切實實行早晚念佛功課，並對與會同修提出之學佛疑問懇切解答。最後贈送《當生成就之佛法》和《西方公據》。[2]

七月三日（五），上午十至十二時，至中國醫藥學院，教授醫科一年級乙組、丙組「國學」，各一小時。

　　晚八時，於蓮社為國文補習班講授「應用文」。

七月四日（六），上午九時，嘉義念佛團男女信徒百多位至蓮社參訪禮佛，並拜望先生。（《蓮社日誌》）

　　上午十至十二時，至中國醫藥學院，教授醫科一年級甲

---

1 〈新聞〉，《慈光》第 7 號（1959 年 7 月 10 日），第 1 版；〈台中蓮社民國四十八年度工作報告〉，《慈光》第 27 號（1960 年 5 月 10 日），第 4 版。

2 〈新聞〉，《慈光》第 7 號（1959 年 7 月 10 日），第 1 版。

組、丁組「國學」,各一小時。

七月五日(日),弘法班員林慧真日本深造歸來,蓮社弘法班諸師姐在大姊呂正涼家為其洗塵。(《蓮社日誌》)
　　【案】林慧真為十姊妹之黃雪銀,去年(1958)赴日留學,弘法班十姊妹於去年四月二十七日送行時,曾禮請先生與會。

七月六日(一),下午二時,先生在大殿教導「四十八願」同修講演。(《蓮社日誌》)

七月八日(三),晚八時,先生於慈光圖書館開始宣講《大佛頂首楞嚴經·大勢至菩薩念佛圓通章》。今晚講「講經因緣」,係因西方三聖諸經應依次圓成,而彌陀觀音二經已圓,是以繼講此經。而極樂世界如學校,彌陀為校長、觀音為訓導、勢至為教務;觀音司悲、勢至司智。[1]

七月十日(五),上午十至十二時,至中國醫藥學院,教授醫科一年級乙組、丙組「國學」,各一小時。

---

[1] 《蓮社日誌》,台中蓮社檔案;李炳南:〈大勢至菩薩念佛圓通章筆記〉,《講經表解(上)》,《全集》第 2 冊,頁 619-644。行首有「己亥荷月上浣在慈光圖書館講」。

晚八時，於蓮社為國文補習班講授「應用文」。

七月十一日（六），上午十至十二時，至中國醫藥學院，教授醫科一年級甲組、丁組「國學」，各一小時。

七月十三日（一），下午三時，於蓮社大殿指導「四十八願」同修。因天氣熱，每週一之講表教學暫停一個月。各自複習已教授各表。（《蓮社日誌》）

七月十五日（三），颱風警報。上午即有大風大雨，至下午三時稍停。晚，於慈光圖書館講〈大勢至菩薩念佛圓通章〉，講解經題。（《蓮社日誌》）

七月十六日（四），下午一時，兩位佛教徒自屏東東山寺至蓮社參訪禮佛，並擬拜望先生。即請先生至蓮社為其開示。下午三時，勝幢班等數班在大殿集會，請先生主持佛學問答及開示，至五時散會。先生即去圖書館教授《大學》。晚八時，於蓮社小講堂指導周家麟學講《念佛三昧寶王論》。（《蓮社日誌》）

七月十七日（五），上午九時，臺中慈光圖書館附設慈光托兒所第一屆兒童畢業典禮於該館大禮堂舉行，先生以董事長職任主席；林市長、徐灶生等相繼致賀辭，而後由

1959 年・民國 48 年 ｜ 70 歲

所長林張闖頒發畢業證書及獎品。[1]

是日，上午十至十二時，至中國醫藥學院，教授醫科一年級乙組、丙組「國學」，各一小時。

晚八時，於蓮社為國文補習班講授「應用文」。

七月十八日（六），上午十至十二時，至中國醫藥學院，教授醫科一年級甲組、丁組「國學」，各一小時。

七月十九日（日），上午十至十一時，慈光圖書館仿照台中蓮社，於週日開辦兒童德育班。李賴雪霞擔任授課及音樂，廖玉嬌、池慧霖講演德育故事。台中蓮社設置兒童德育週已五年，每週參加兒童約一百五十人。[2]

七月二十日（一），下午三時，於蓮社大殿指導「四十八願」同修練習講演。（《蓮社日誌》）

七月二十二日（三），晚七時，於慈光圖書館週三講座宣講〈大勢至菩薩念佛圓通章〉。

七月二十四日（五），上午十至十二時，至中國醫藥學院，

---

1 〈新聞〉，《慈光》第 8 號（1959 年 7 月 25 日），第 1 版。
2 〈新聞〉，《慈光》第 8 號（1959 年 7 月 25 日），第 1 版。

教授醫科一年級乙組、丙組「國學」，各一小時。

晚八時，於蓮社為國文補習班講授「應用文」。

七月二十五日（六），上午十至十二時，至中國醫藥學院，教授醫科一年級甲組、丁組「國學」，各一小時。學期結束。下週期末考。

七月二十九日（三），晚七時，於慈光圖書館週三講座宣講〈大勢至菩薩念佛圓通章〉。

七月三十一日（五），晚，在蓮社大殿為國文補習班學員教授「應用文」。（《蓮社日誌》）

是月，受聘擔任中國佛教會佛學研究獎學金輔導委員，為大專學生選擇研讀教材，並書面解答疑難問題。[1]

是月，蓮社弘法教師周邦道出任中國醫藥學院代理院長。

八月一日（六），下午三時，五、六位信徒自南部至蓮社參訪禮佛，並拜望先生請法開示。（《蓮社日誌》）

八月三日（一），晨，菩薩戒蓮友至蓮社誦戒。下午三時，

---

[1] 〈佛教新聞〉，《菩提樹》第 84 期（1959 年 11 月 8 日），頁 40。

「四十八願」同修在大殿練習講演。下午六時,高雄蓮社社長道宣法師至蓮社探訪先生。(《蓮社日誌》)

八月五日(三),晚七時,於慈光圖書館週三講座宣講〈大勢至菩薩念佛圓通章〉。

八月七日(五),下午三時,旭光班、菩提班等十數班在蓮社大殿集會,禮請先生開示並主持佛學問答。晚八時,先生教授國文補習班「應用文」。(《蓮社日誌》)

八月八日(六),暴雨大雷連續不斷,至下午四時稍停。造成六十年來之大水災,西北區受損害甚大,南門橋一帶變成澤國,災情慘重。是晚蓮社定期講經暫停。(《蓮社日誌》)

　　朱斐,〈學佛回憶錄之三——前妻鄧慧心居士的故事〉:八七水災那年暴風從正面吹來,幾乎要把前面的窗門推開,若窗戶一旦吹開,連天花板和屋頂都可能被掀起,那是多麼可怕的事!說時遲那時快,我內人不知那來的力氣,竟獨力把那塊裁剪衣服、既大又厚的木板搬了過來,叫我把木板暫且按住,找來幾支長釘和鐵捶,把木板釘在窗沿上,這才擋住了大風,終算暫告無事!內人自己也不知怎麼的、平時要兩三個人才搬得動的裁縫工作用的大木板,她一個人,像大力士那樣,也不知怎麼搬過來的?

那天晚上,我們不敢再睡在暴風雨中的危樓上,就雙手

捧了一尊江西景德瓷的觀世音菩薩聖像。一路上念著菩薩聖號，住到附近的一家旅館去過了一夜；第二天風雨已息，回到家中一看，還好平安度過，一場災禍，化險為夷。[1]

　　【案】朱斐此段憶述，與〈朱斐居士訪談錄（二）〉[2]所述情節相同，防颱乃至避難，均未提及先生。見得先生當時尚未搬遷至此。先生遷和平街，約當在一九六二年下半年（見 1962 年末譜文）。

八月十日（一），連日暴雨，各處災情嚴重。下午一時，先生邀集相關單位於蓮社小講堂召開臨時會議，商討救災事宜。佛教蓮社、靈山寺、慈光圖書館、菩提樹雜誌社四單位合力捐款一萬五千元購米賑濟災民，並發動蓮友布施救災。[3]

　　【案】一九五九年八月七日至九日發生於臺灣中南部嚴重水災稱「八七水災」，災區範圍廣及十三個縣市，其中又以大肚溪流域為甚。七日晚上由於上游各溪流皆出現豪雨，溪水高漲，洪水同時急流南下，但彰化鐵路橋附近水道狹窄，大水排洩不及，洪水沖

1　朱斐：〈學佛回憶錄之三——前妻鄧慧心居士的故事〉，《菩提家訊》第 55 期：http://www.bodhi.org.tw/index.php?sid=c.1&no=55#bodhi1
2　卓遵宏、侯坤宏訪問，周維朋記錄：〈朱斐居士訪談錄（二）〉，《國史館館訊》第 3 期（2009 年 12 月），頁 149-181。引文見頁 153。
3　〈佛教新聞〉，《菩提樹》第 82 期（1959 年 9 月 8 日），頁 42。

進彰化市、和美鎮及伸港鄉,使之成為災情損失最為慘重之區域。八日上午大水進入彰化市區,中午水位達到最高點,最淺處水深達三公尺,此後洪水始漸退,至九日上午市區方才退完,郊區則至九日下午仍未退盡。總計八七水災災情:死亡六百六十九人、失蹤三百七十八人,受傷八百五十二人。房屋全毀二萬七千四百五十七間,半毀一萬八千四百八十間。[1]

先生發動之救災賑濟,至八月底,捐款已有四萬六千餘元。《菩提樹》月刊刊出之徵信錄捐款有五百、一百,也有一元、三元、五元者。以當年軍餉一等兵月薪七十元計,捐三元者即超過其一日所得。

募款募衣募糧,並發動蓮友親往災區發放並慰問。

〔特訊〕蓮友林看治、黃火朝、張佩環、林進蘭、吳明珠等居士於八月十五、十六、十七日三天至臺中市郊大里鄉、內新村、大突寮、廖厝村、臺中縣之烏日鄉、五張犁等處實地慰問災胞,當場分發衣服或賑款。又於八月二十三日由蓮友胡遠志、廖玉嬌、彭松枝、彭威勝、施秀清等到水湳災區慰問並分發衣服。各慰問蓮友因橋樑道路被水沖毀,經過溪流多涉水而步行,其拯溺救饑精神,頗堪欽佩。[2]

《蓮社日誌》:八月十二日,上午,池慧霖、林進

---

1 呂銀山:《台灣的天氣》(臺北市:聯經圖書,1994年),頁102。
2 〈佛教新聞〉,《菩提樹》第82期(1959年9月8日),頁42。

蘭等四五位蓮友，準備麵包四、五籠去彰化慰問水災災胞。黃火朝、萬太太等三四位去大里災情嚴重處慰問。八月二十日，由台交貨運送出衣服五大包，送三百四十件去彰化縣救濟委員會，三百二十件去臺中縣救濟委員會。台交貨運亦發心不收運費。八月二十二日，林看治在新竹佈教所講《地藏經》，聽眾捐救濟金一千五百多元、衣服二百六十餘件，運請蓮社救濟災胞。八月二十三日，蓮友胡遠志、廖玉嬌等五位，以腳踏車載送二百九十件衣服去水湳陳平里等村發與受災難胞。八月二十四日，黃火朝至蓮社運送三百件衣服去太平鄉公所救濟災胞。八月二十七日，水湳村陳平里等處有四十餘戶災胞至蓮社請求救濟，當即發送二百件衣服。[1]

期間先生並提請董事會決議，慈光育幼院在房舍建築未完成前就收容受災孤兒，安置於慈光圖書館。

吳碧霞，〈慈光基金會－創辦人簡介〉：四十八年的八月，開第二次的董事會；開第二次董事會之前，鬧了個大水災，叫「八七水災」，死了很多人！產生很多孤兒；所以說起來，八二三砲戰是一個遠因，八七水災是一個近因。什麼因？觸動我們內心，希望能夠來做育幼這一種工作的這樣的遠因跟近因。所以第二次董事會召開以後，就決定了院長跟副院長，當時整個臺灣，公立的不算，私立的育幼院，我們是佛教的第一家育幼

1　《蓮社日誌》，台中蓮社檔案。

1959 年・民國 48 年 | 70 歲

院。[1]

八月十二日（三），晚八時，先生於慈光圖書館講經照常舉行，宣講〈大勢至菩薩念佛圓通章〉。（《蓮社日誌》）

八月十四日（五），多位蓮友送衣物至蓮社以救濟災民。下午三時，勝幢班等數班在大殿開會，念佛迴向，禮請先生開示及佛學問答。晚八時，先生在大殿教授「應用文」。（《蓮社日誌》）

八月十六日（日）至十七日（一），靈山寺、佛教蓮社、慈光圖書館舉行祈禱水災平安法會。有共同〈祈禱文〉。

　　竊以共業所感，天降巨災，暴雨連宵，兼以雷電，中南多區，盡成澤國，人畜死亡無算，財產全付波濤，無家可歸之飢民，約數十萬，各界雖有救濟，究屬杯水車薪，飢渴溽暑，皆是病因，現雖苟活，前途實憂，業力既然潛強，人力自屬有限。伏念佛菩薩以眾生為心，悲憫無盡，惟有仗此誦經功德，回向無邊災黎，願生者早得安居之所，衣食俱豐，亡者立獲超升，往生淨土。更懇法輪常轉，默化眾心，俾改邪知邪行，都作善人善事，國家太平，萬類齊覺，災難為烟雲，娑婆轉成極

---

1 吳省常（吳碧霞）：〈慈光基金會 - 創辦人簡介 - 慈光生命記憶〉，https://www.tkcy.org.tw/index.php/know/ourteacher/。另參見：〈新聞〉，《慈光》第 10 號（1959 年 8 月 25 日），第 1 版。

樂，不勝感恩

　　靈山寺／臺中佛教蓮社／慈光圖書館／菩提樹雜誌社／諸弟子謹上

　　　　中華民國四十八年夏曆七月十三日[1]

八月十七日（一），多位蓮友送衣物至蓮社以救濟災民。下午四時，在小講堂開救災會議。晚八時，蓮社大殿舉行祈禱災胞平安法會。（《蓮社日誌》）

八月十九日（三），晚七時，於慈光圖書館週三講座宣講〈大勢至菩薩念佛圓通章〉。

是日，慈光圖書館館員徐業鴻書呈出家意願，並請先生指導日後如何自修、如何接引等修行重大著眼處。

　　徐業鴻（釋淨空法師），〈報告師長修持感應手札〉（摘錄）：八月十九日晨二時早課前謹將近年修持感應跪稟師尊

　　九、來此間後，師講《彌陀經》，深知家在西方，人生如寄，當放下一切，一心思歸，是時所存經藏圖書悉入圖，願專心於淨業。

　　十、發心禮《梵網經》，以求菩薩大戒。未幾寶覺寺傳戒，時身無分文，眼看因緣無分，不意張大居士發心結緣代付全部費用，因得如願，未幾又得《梵網合

---

[1] 〈新聞〉，《慈光》第 10 號（1959 年 8 月 25 日），第 1 版。

注》。

十二、由於此次雨災所見，此間人事問題，及今後勢必尚有大變故在即，是急求出家之近因。以術士之言弟子年壽四十六，聞朱斐居士講《無量壽經》畢深感慚愧，於佛前至心祈求願減我命十年，為老師添壽普渡眾生，如是年卅六當終，今年卅三，僅有數年，必須苦修，以期有成，感時不可待，是為發心出家之第二原因。再者夢先君於鬼道苦，不忍言，竊思，若修道有成，先君或得以超升。是願早往生早回來，使有力為眾生福。

十三、自上週早課加入懇求早得勝緣滿我薙染之祈願文，是雖得悟師之函，並不知其意是否允許依止，故不能決定。及昨夜見林銘堅居士，始知悟師願弟子早日出家。弟子於此曾多年祈禱於佛前，總以業重障深，勝緣難遇，惟有至心禮懺，不退初心，設若入佛門不造罪業而得光大法，諸佛菩薩當以善緣就我，因我自不知何日為時至也。求戒如是，求出家亦如是。具得如願，深信有願必成。

十四、師頒訓誨曰：「至誠感通」，弟子不敢有違。非不敢違，實度我出三界登極樂之寶舟也。當鏤骨銘心，用以自度度人。行之前祈師慈悲開導日後修行重大著眼處，如何自修，如何接引。

十六、離圖書館之日即是道人身，一須堅持日中一食，食不重味，二須永不持金錢財物，三須遠離塵欲勤修三學，四須日禮懺五百拜，不可有缺，惟願吾師時加

督責務令專心於道也。[1]

八月二十日（四），晚八時，在蓮社小講堂指導周家麟講經。（《蓮社日誌》）

八月二十一日（五），晚八時，於蓮社為國文補習班講授「應用文」。

八月二十四日（一），下午三時，「四十八願」同修在蓮社大殿學習講演。（《蓮社日誌》）

八月二十六日（三），晚七時，於慈光圖書館週三講座宣講〈大勢至菩薩念佛圓通章〉。

八月二十七日（四），夏曆七月二十四日，徐業鴻（淨空法師）北上，將禮臨濟寺住持心悟法師披剃。先生與徐乘同輛三輪車，由陸錦榮送至車站，同時有許多蓮友到場送別。

  徐業鴻，〈惜別感言〉：七月二十四日是我有生以來，最難忘的日子。我登上開往北市的列車，轉過面來，對著送行的蓮友們，尤其是老師，他老人家在百忙

---

[1] 釋淨空：〈報告師長修持感應手札〉，陳筱君等編輯：《覺光照遠：淨空老法師文物集粹》（臺北：財團法人華藏淨宗弘化基金會，2024 年 8 月），頁 69。

1959年・民國48年｜70歲

中，趕到車站，懇懇垂勉，使我在那一剎那間，不覺眼淚奪眶而出。我不知道要用什麼話來答謝和安慰他老人家，也無法對諸位蓮友們表達我的感激之忱。在中市一年多，承蒙老師辛勤的教導，使我在修學佛法上所得到的益處，歸納起來，就是老師賜給我的四個字——「至誠感通」。[1]

淨空法師，〈內典研學要領講記〉：到臺中去親近李老師，原本是想多聽經教而已，沒想到這一親近，就引起了弘法講經的念頭，所以這個緣分非常殊勝。我初跟李老師時是在家身分跟他學習，我跟他一年三個月，在班上學了十三部經。第一部學的就是《阿難問事佛吉凶經》。我在十五個月中學的十三部經，都能講得好，進步很快，很有成就感，法喜充滿。一九五九年地藏菩薩聖誕，農曆的七月三十，出家的因緣成熟了。[2]

【案】徐業鴻於是年九月二十日，夏曆七月三十日地藏聖誕，披剃於臺北臨濟寺。披剃前，經剃度和尚同意：不做經懺，專學經教，且每月回臺中親近炳南先生一週。[3] 此為出家前親近李老師階段，一九六一年

---

1 徐業鴻：〈惜別感言〉，《慈光》第12號（1959年9月25日），第3版。
2 釋淨空：〈內典研學要領講記〉，《內典講座之研究》（臺北：佛陀教育基金會，2013年10月），頁81-82。
3 釋淨空：〈對臨濟寺念佛會蓮友開示〉，https://www.youtube.com/watch?v=3fZP2oyb3es

1307

秋受具戒，一九六二年再度至臺中親近先生。[1]

晚八時，先生在小講堂教導周家麟講經。（《蓮社日誌》）

八月二十八日（五），晚八時，於蓮社為國文補習班講授「應用文」。

是日，蓮社放生組組長王從周過世，臨終有種種瑞相。先生於前一夜夢其衣冠整齊，前來辭行。先生有聯輓之。

王從周居士，安東省人，曾任哈爾濱、長春鳳翔等地法院推事、院長各職，為法界耆宿，學佛四十年。來臺後追隨李老師專修淨土法門，尤為精進，曾任台中蓮社放生組長，非常勤於放生工作。近因腦溢血入院，藥石罔效往生，享壽七十有八。往生前夜，李老師曾夢其衣冠整齊，前來辭行，過日（八月二十八日）即往生。臨終有種種瑞相。告別式時，李老師有輓聯致弔：
道義本相親昨夢衣冠辭我去，善緣曾廣結眾生鼎鑊問誰拯？[2]

八月二十九日（六），大風雨警戒，先生指示，今晚講經暫

---

1 鄭樺主編：《淨空老法師九十年譜》，頁 23、35。
2 《台中蓮社社務報告（四十八年度）》，頁 17，台中蓮社檔案。

停。(《蓮社日誌》)

八月三十一日（一），下午三時，「四十八願」同修在蓮社大殿學習講演。文藝班青年戴鎮鏈邀請蓮社弘法班至家鄉合作新村佈教，由弘法班林看治領導男女青年並天樂班十數位前往宣傳弘法，連續演講五天。(《蓮社日誌》)

是月，台中蓮社指派弘法班員分赴鹿港、彰化等地，領導蓮友念佛，為地區祈安，為受災亡者拔薦。鹿港龍山寺參加者近千人，彰化則有二百餘人。並於彰化永安醫院成立念佛班，以利蓮友精進念佛。[1]

是月，先生懍於災難叢生，加強放生助念工作。將放生組擴大組織為放生會，聘請趙鋑銓為該會主任，高添丁為副主任。助念團團長江印水居士養疴中，請林進蘭、萬張佩環任代理團長。

洪錦淳，〈趙鋑銓居士採訪紀錄〉：三十六歲開始。那一年去聽經，剛好遇到李老師。還有誦經也都有參加。李老師感覺我的聲音不壞，送我一幅字，就是左邊那一幅：「出微妙音，譬如百千種樂，同時俱作，聞是音者，自然皆生念佛念法念僧之心」一幅字。當時有一位王老居士往生後，沒人接替他「放生」，叫我接手

---

[1] 〈新聞〉，《慈光》第 11 號（1959 年 9 月 10 日），第 1 版。

辦理放生的工作。我就說：好啊！試看看。從那時候開始到現在，總共四十六年啦！[1]

【小傳】趙錂銓（1925-2016），妻蔣麗亮（1925-2009），臺中市人。經營傢俱木器廠。一九五七年，三十四歲時，因蓮友林看治與萬張佩環至其傢俱店購買傢俱，初聞炳南先生弘法利生事宜，遂至慈光圖書館聽聞佛法。嗣後炳南先生由許炎墩陪同拜訪，勉勵夫婦精進學佛，修持淨土法門，並致送金牌嘉許。由於夫婦虔誠修持，炳南先生聘蔣麗亮為青光念佛班班長，趙錂銓聘為中正念佛班班長，長年帶領班員修行，護持正法道場。趙居士曾於圓覺院學會誦經，音聲響亮，於是又指派其擔任蓮社維那。一九五九年，炳南先生又指派趙錂銓出任放生會長，從此白天照顧生意，晚上聽經，初一、十五任維那誦經，每月一次帶領蓮友四處探地放生。蔣麗亮均隨同協助辦理，共執法器。炳南先生曾以其放生會長工作功德無量，題舊作〈江干放生〉一詩書贈（《圖冊》，1959年圖12）。嗣後又獲聘為助念團團長。歷任台中蓮社、水湳佛教蓮社、慈光圖書館、慈光育幼院等聯體機構董監事等重要職務。趙居士年輕時健康不佳，自三十六歲受命接掌蓮社每月放生工作，原只六十五歲的命盤，因放生而愈加健康長壽，高壽九十二歲，於

---

[1] 洪錦淳：〈（82歲）趙錂銓居士採訪紀錄〉，2006年2月25日，臺中市河南路。

二〇一六年十一月八日,在助念聲中,安詳往生。[1]

九月一日起,應聘擔任中國醫藥學院《內經》專課教授,講義編為《黃帝內經選講》,後又著有研究專書《內經素問摘疑抒見》。[2](《圖冊》,1959年圖13)

《論語講記》:吾所學雜,曾學《內經》,學此須懂《易》及《禮記‧月令》等,否則不能講。八卦變化,觸類旁通。伏羲、文王所定八卦之方向不同,天干地支在《內經》中亦皆變化。吾無學問,吾講《內經》,怕害人,吾勉強答應,實不夠資格教。答應之後,作難大矣,找若干參考書,皆有作表,不敢害人,故用心也。[3]

〈黃帝內經選講‧範圍與內容〉:先生能治岐黃之術,亦為有執照之中醫師,民國三十八年抵臺後,亦曾在臺中市法華寺設「施診處」行醫接眾。民國四十七

---

1 參見:黃德川:〈心心準備往生時——趙蔣麗亮老居士往生記〉,《明倫》第405期(2010年6月);洪錦淳:〈(82歲)趙鋑銓居士採訪紀錄〉,2006年2月25日,臺中市河南路;弘安(黃潔怡):〈雪廬老人往生三十周年文物展側記(四)〉,《明倫》第470期(2016年12月);趙紫秀:〈爸爸,我們西方再見〉,《菩提家訊》第71期:http://www.bodhi.org.tw/index.php?sid=c.1&no=71#bodhi6

2 李炳南:《黃帝內經選講》,《全集》第15冊;上課所發講義有先生修正手跡,見【數位典藏】手稿/中醫研究/內經摘疑抒見/〈內經表校正存本〉。另參見:三學(鍾清泉):〈雪公大專院校授課點滴〉,《明倫》第446期(2014年7/8月合刊)。

3 見:李炳南:《論語講記‧雍也第六》,「二十二、仁者壽章」:http://www.minlun.org.tw/1pt/1pt-4-3/index-00.htm# 雍也第六

年,中國醫藥學院成立,聘先生教授《黃帝內經》,而《黃帝內經選講》即當時所撰之講義。先生認為,《內經》之價值在於揭示養生之道,提出天地人相通之身境關係,其中無論「疾病診斷」、「醫治原理」各方面,皆為百家所宗,是中醫之淵源。《黃帝內經選講》內容分為二類:一為「素問表解」,以簡明扼要之講表解析《內經》諸論。二為「內經素問摘疑抒見」,分別就各篇各論某些文句段落,摘出疑點,梳其義理,而自抒己見,往往一解古注之疑,是十分難得的著述。此類由弟子巫錦漳整理而成。(吳毓純編撰,張清泉審訂)[1]

【案】先生自一九五八年中國醫藥學院創校起即任教該校,教授《四書》等課程(見1958年12月12日附圖課程時間表),然教授《內經》課程起始時間不詳。該校中醫科雖創設於一九六六年,然該校醫科課程原初規劃即比其他醫學院同系課程加授中醫課程一○二個學分,俾期中西醫學對照。[2] 據【數位典藏】試題及成績冊,該科目多開設於醫科二、三年級,且一九五九年十一月即受推選擔任「科目表及各科教材研擬委員會」委員,並負責擬訂「國醫專書選讀、國藥專書選讀、國文」等三種教材綱要之擬訂(見後該項譜文),當已負責教授,因繫授課《內經》始於此。

---

1 【數位典藏】全集/第十五冊/《黃帝內經選講》/〈範圍與內容〉。

2 〈系史〉,中國醫藥大學醫學系網,https://cmumd.cmu.edu.tw/?q=zh-hant/node/26

1959年・民國48年 | 70歲

九月二日（三），夏曆七月三十，地藏菩薩聖誕。於慈光圖書館宣講〈大勢至菩薩念佛圓通章〉圓滿。自七月八日至今，共九講次。[1]

九月四日（五），下午三時，武德班、菩提班、高峰班等數班，在蓮社大殿集會，禮請先生開示並主持佛學問答。而後由張慶祝講《自知錄》。（《蓮社日誌》）

晚八時，於蓮社為國文補習班講授「應用文」。

九月八日（二），懺雲法師自埔里來蓮社。法師原在埔里鎮觀音山印弘茅蓬閉關，因八七水災山崩，茅蓬毀壞，下山來中。擬在臺中覓一地再建茅蓬。[2]
　【案】十月，懺雲法師於臺中近郊太平鄉大潭量山子腳購置一房遷入，仍名「印弘茅蓬」。棲蓮精舍蓮友、獅山元光寺本明和尚、會性法師等皆有捐獻樂助。[3]

九月九日（三），晚，於慈光圖書館週三講座，開始宣講

---

[1] 〈新聞〉，《慈光》第 11 號（1959 年 9 月 10 日），第 1 版。另參見：《蓮社日誌》，台中蓮社檔案。

[2] 〈新聞〉，《慈光》第 11 號（1959 年 9 月 10 日），第 1 版；《台中蓮社社務報告（四十八年度）》，頁 19，台中蓮社檔案。

[3] 〈本刊代收印弘茅蓬遷建樂助徵信〉，《菩提樹》第 84 期（1959 年 11 月 8 日），頁 27。

《華嚴經‧普賢行願品》,聽眾甚多。有〈大方廣佛華嚴經入不思議解脫境界普賢行願品記〉表解。

【案】〈大方廣佛華嚴經入不思議解脫境界普賢行願品記〉表解手稿共有三十二紙。首頁標題前題「己亥年夏曆八月在慈光圖書館講」,末頁尾題「庚子夏五月朔圓滿」。(收見:《講經表解(上)》,《全集》第2冊,頁95-160)

九月十一日(五),晚八時,於蓮社為國文補習班講授「應用文」。

九月十三日(日),復興、勝幢、懷西等六班約二百人,於台中蓮社供佛聚餐,開小組會,請先生指導。

內地籍蓮友所組成的復興、勝幢、懷西、南寬、高光、華嚴等六念佛班由蔣俊義、萬張佩環、劉汝浩、鄭淑慧、朱林妙福、宋元白等各位班長召集,於九月十三日假台中蓮社開小組會,請李老師指導,參加者約二百人。[1]

九月十六日(三),晚七時,於慈光圖書館週三講座宣講〈普賢行願品〉。

九月十七日(四),夏曆八月十五日,中秋佳節。蓮社國文

---

1 〈新聞〉,《慈光》第12號(1959年9月25日),第1版。

1959 年・民國 48 年 | 70 歲

補習班暫停一次,大眾前往靈山寺參加觀月會。(《蓮社日誌》)

九月十八日(五),晚八時,於蓮社為國文補習班講授「應用文」。

九月二十日(日),下午三時,台中蓮社總務部副主任魏柏勳千金、中慧班魏淑鈴,與郵政局王威締結良緣,於台中蓮社舉行佛化婚禮,請先生證婚。祝辭者甚多,觀禮者二、三百人。[1]

九月二十一日(一),下午三時,「四十八願」同修在蓮社大殿練習講演,由弘法班林看治領導說明講演方法及種種儀態。晚,先生在蓮社小講堂召集新進集會,組織念佛班學習佛法。(《蓮社日誌》)

九月二十三日(三),晚七時,於慈光圖書館週三講座宣講〈普賢行願品〉。

九月二十四日(四),台中蓮社兼慈光圖書館董事賴天生自日本返臺中。先生特備茶點在慈光圖書館為其舉辦歡迎座談會,邀請各董事及工作同仁參加。賴天生分享日本風光以及近來佛教狀況等等甚多。(《蓮社日誌》)

---

1 〈新聞〉,《慈光》第 12 號(1959 年 9 月 25 日),第 1 版。

【案】賴天生於是年四月五日赴日療疾並遊覽,原預計停留兩個月。

九月二十五日（五）,晚八時,於蓮社為國文補習班講授「應用文」。

九月二十七日（日）,晚八時,至蓮社參加國文補習班、文藝班、中慧班等舉行之教師節敬師茶會。十多位教師及百餘位同學參加。[1]

是日,上午九時,臺中監獄二百餘位受刑人皈依三寶。皈依典禮由吳教化課長協同主持,台中蓮社監獄弘法人員禮請南投佛教蓮社廣明法師蒞臨開示皈依意義並授三皈依,弘法班成員郝恩洪、賴棟樑、衡鈺、閻鳳麟及高田等居士隨行。儀式簡單隆重,參加者肅穆虔誠,歷一小時。[2]

九月二十八日（一）,下午三時,諸菩薩戒蓮友至蓮社,禮請懺雲法師教導誦菩薩戒威儀及念讚。先生亦到場參加。（《蓮社日誌》）

九月三十日（三）,晚七時,於慈光圖書館週三講座宣講

---

[1] 〈新聞〉,《慈光》第 13 號（1959 年 10 月 10 日）,第 1 版。
[2] 〈佛教新聞〉,《菩提樹》第 83 期（1959 年 10 月 8 日）,頁 41。

〈普賢行願品〉。

是月,東臺灣一帶有冒稱為先生眷屬而行騙者,《慈光》提醒蓮友小心請勿受騙。
〔本刊訊〕頃據臺東方面某法師(臺東蓮社廣化法師)與某居士來函略謂「月來有一位名叫孫〇〇者……常在東臺灣一帶冒稱為李炳南居士兒子和乾兒子、親戚到處招搖撞騙詐取財物」等情。[1]

九月至十月,奉祀官孔德成先生先後赴韓國、越南訪問講學。出國期間,奉祀官府公文指派先生代拆代行。[2]
(《圖冊》,1959年圖14)

十月二日(五),晚八時,於蓮社為國文補習班講授「應用文」。

十月四日(日),上午九時,至慈光圖書館參加臺中市保護動物會第五次理監事聯席會議。先生為常務監事,出席者另有理事周邦道、張寬心等八人,主席徐灶生(林冬柑代)。決議有:請《慈光》半月刊為該會闢宣傳保護

---

[1] 〈新聞〉,《慈光》第12號(1959年9月25日),第1版。
[2] 孔德成九月赴韓訪問演講,十月前往越南訪問;見:汪世淳:《儒者行:孔德成先生傳》,頁167。指派代理公文見:【數位典藏】書信／在家居士／孔德成／〈孔德成之三〉。

動物專欄等案。[1]

十月五日（一），下午五時，王南岳與張淑媛在蓮社舉行佛化結婚典禮，禮請先生證婚。王南岳係蓮友王清國與「四十八願」同修邱蓮珠之二公子。[2]

十月七日（三），晚七時，於慈光圖書館週三講座宣講〈普賢行願品〉。

十月八日（四），於《菩提樹》月刊第八十三期發表〈重印學佛初階序〉，係應臺南陳樹根高弟許春明所請而作。《學佛初階》原題《初機學佛淺說》，為印尼上官淨嚴所編，經南洋竺摩法師鑑定，並改易書名。[3]

是日，四、五位來自新竹佛教徒至蓮社參訪，並探望先生。（《蓮社日誌》）

十月九日（五），晚八時，於蓮社為國文補習班講授「應用文」。

---

1 〈新聞〉，《慈光》第 14 號（1959 年 10 月 25 日），第 3 版。
2 〈新聞〉，《慈光》第 13 號（1959 年 10 月 10 日），第 1 版。
3 李炳南：〈重印學佛初階序〉，《菩提樹》第 83 期（1959 年 10 月 8 日），頁 8。今收：《雪廬寓臺文存》，《全集》第 14 冊之 2，頁 65-66。落款據《菩提樹》。

1959 年・民國 48 年 | 70 歲

十月十三日（二），夏曆九月十二日，虛雲老和尚示寂於江西雲居山。消息傳到後，台中佛教蓮社與慈光圖書館即於每週一晚定期念佛迴向，由先生主持。[1] 先生並有〈聞虛雲禪師示寂〉及〈贈虛雲上人〉詩。（《雪廬詩集》，頁 298）

　　〈贈虛雲上人〉：尚有法輪轉，乾坤遺一僧；曹溪空棄缽，衡嶽竟傳燈。未滿娑婆願，遲留兜率升；案頭年譜在，讀罷妄心澄。

　　〈聞虛雲禪師示寂〉：也知請莫涅槃住，生死涅槃聞一如；偶借死生顯色相，漫勞言語論乘除。紛紛花墜三天外，歷歷錫飛五淨居；不去不來何所住，聲緣權巧示無餘。

十月十四日（三），晚七時，於慈光圖書館週三講座宣講〈普賢行願品〉。

十月十六日（五），晚八時，於蓮社為國文補習班講授「應用文」。

十月十七日（六），佛教蓮社與靈山寺聯合至大里鄉福興宮媽祖廟舉行法會，禮請懺雲法師主持佛事，為八七水災遇難同胞超度追薦。先生有祭文致祭。法會亦備有上千紅龜糕及三百餘包衣服普施。

---

1 〈新聞〉，《慈光》第 15 號（1959 年 11 月 10 日），第 1 版。

〈祭文〉：維中華民國四十八年十月十七日臺中佛教蓮社、靈山寺謹以甘露法食，香燭花水，致祭於臺中二十一鄉鎮八七水災死難同胞之靈前曰：嗚呼！界內三災，生前八苦。定業夙結，異熟難違，正智未圓，酬因奚轉？本年立秋之日，大雨滂沱，我臺中大里等鄉，群生沉溺。骨肉分散，何方能招驚魂？閭閻崩摧，平陸湧起巨浪。陰晦依憑草木，鬼聲啾啾；月昏散漫郊原，燐火閃閃。飢渴難忍，誰奠椒漿？煩冤無量，須求佛力。今仗高僧戒德，真言法施，頓超六欲之天，齊登三摩之地。蓮邦九品，從聞經而往生；性海十纏，賴修法而永斷。嗚呼哀哉！尚饗。[1]

十月十八日（日），臺東佛教蓮社落成，邀請台中蓮社弘法班員林看治前往弘法。臺東佛教蓮社之組成，林看治與有力焉。[2]

十月十九日（一），下午五時，受邀與懺雲法師同往軍功寮大山精舍。精舍為蓮友陳玉平所建，明日舉行落成禮，今備車請法師、先生前往主持開光。王相娥等五、六位蓮友同往協助。（《蓮社日誌》）

十月二十日（二），夏曆九月十九日，觀世音菩薩聖誕。晚

---

1 〈新聞〉，《慈光》第 14 號（1959 年 10 月 25 日），第 1 版。
2 〈佛教新聞〉，《菩提樹》第 85 期（1959 年 12 月 8 日），頁 41。

七時,於蓮社主持第八屆國文補習班結業典禮,諸位師長皆有訓話勉勵。本屆結業男生二十二名,女生二十三名,合計四十五名。結業同學購贈日光燈裝設小講堂為紀念,亦有禮品致贈諸位老師。[1]

十月二十一日(三),晚七時,於慈光圖書館週三講座宣講〈普賢行願品〉。

十月二十五日(日),蓮友苑叔桓令媛苑晉鳳與楊申吉君,於臺中慈光圖書館舉行佛化婚禮,禮請先生證婚。蓮友同修,親戚朋友,多人參加觀禮。[2]

十月二十六日(一),下午二時,在蓮社大殿為「四十八願」同修講授「華族的根性是忠孝」。[3] 數位青年旁聽,為新春青年講演大會作準備。晚,蓮友在大殿念佛繞佛,迴向虛雲老和尚。(《蓮社日誌》)

十月二十八日(三),晚七時,於慈光圖書館週三講座宣講〈普賢行願品〉。

---

1 《蓮社日誌》,台中蓮社檔案;《台中蓮社社務報告(四十八年度)》,頁 11,台中蓮社檔案。
2 〈新聞〉,《慈光》第 14 號(1959 年 10 月 25 日),第 1 版。
3 李炳南:〈華族的根性是忠孝〉為「通俗講演稿表」高字第一講,見:《弘護小品彙存》,《全集》第 4 冊之 2,頁 313。

十一月二日（一），下午二時，在蓮社大殿指導「四十八願」同修學習講演。諸青年亦來參加聽講。晚上照常念佛繞佛，為虛雲法師迴向。（《蓮社日誌》）

十一月三日（二），今天起，國文補習班已結業同學開始複習上課，由劉汝浩教授「國文」。學生踴躍上課。（《蓮社日誌》）

十一月四日（三），蓮友洪環之親戚郭秋吉七十壽慶，林看治、郭阿花等諸蓮友皆往祝壽並共同念佛誦經祈安。郭居士亦備素筵宴請懺雲法師及先生、社長許克綏等。下午二時，法師為其二子及其親戚數位在大廳佛前舉行三皈禮。（《蓮社日誌》）

是日晚七時，於慈光圖書館週三講座宣講〈普賢行願品〉。

十一月六日（五），下午三時，菩提班、武德班等十數班在蓮社大殿集會，禮請先生主持佛學問答後，由張慶祝講《自知錄》。今起，每週五晚上七至九時，先生於蓮社講授「常禮舉要」。[1]

1　《蓮社日誌》，台中蓮社檔案；〈新聞〉，《慈光》第 16 號（1959 年 11 月 25 日），第 1 版。

十一月八日（日），全國佛教會各寺院舉行虛雲老和尚涅槃法會。蓮社於上午十時由懺雲法師、先生領導蓮友念佛迴向。先生及菩提樹雜誌社備兩籃香花供養，儀式隆重，至十二時圓滿。[1]

十一月十日（二），《慈光》半月刊第十五號發行，有警訊：「再請蓮友注意！冒名騙子已到臺中」。前月於東臺灣冒稱是炳南先生兒子、親戚之孫某，近日出現臺中市，借錢詐財、招搖撞騙，已有蓮友上當，因特再提請注意。[2]

　　【案】該名騙竊犯孫濤，泗陽人，二十八歲，係某部逃犯，在臺中寶善寺竊得李居源之身分證後，在各地假冒李炳南老居士之子到處行騙。先在東部各地行騙，最近曾在五指山行騙後又至臺中普濟寺騙竊借居該寺朱鏡宙老居士之黃金一兩，又至溪州台糖公司丁漱亞居士處，乘其入浴之際竊取羊毛衣褲、西服上裝、手錶等物。過年期間，兩度光臨蓮社冒充《菩提樹》主編朱斐好友，幸為人覺察其語言矛盾，行動乖戾，而未上當。彼人對佛教內幕熟悉，人名都叫得出來，身懷念珠佛經，一到就拜佛問訊，口頭禪也頗說得上幾句，取得佛教徒信任後，乘人不備，竊取財物

---

1 《蓮社日誌》，台中蓮社檔案；〈新聞〉，《慈光》第 15 號（1959 年 11 月 10 日），第 1 版。

2 〈新聞〉，《慈光》第 15 號（1959 年 11 月 10 日），第 1 版。

而遁。以前被騙者已不計其數,一九六〇年二月,又假稱為李老師之子於高雄佛教堂接受款待。菩提樹雜誌社主編朱斐南下高屏採訪時適巧識破,即報派出所後將移送軍法處理。[1]

十一月十一日(三),上午十時,蓮社文藝班青年張進興與吳秀玉在慈光圖書館舉行佛化結婚典禮,禮請先生福證。張進興現於靈山寺講經擔任翻譯。晚七時,於慈光圖書館週三講座宣講〈普賢行願品〉。(《蓮社日誌》)

十一月十三日(五),下午,先生率同蓮社社長許克綏、林看治等,前往霧峰視察,擬於當地購房開設新道場。[2]

十一月十六日(一),下午二時,在蓮社大殿教導「四十八願」同修學習講演「佛教的小認識」,講解十分詳細。[3]

十一月十八日(三),晚七時,於慈光圖書館週三講座宣講〈普賢行願品〉。

十一月二十二日(日),下午二時,於蓮社引導新進同修皈

---

1 〈佛教新聞〉,《菩提樹》第 88 期(1960 年 3 月 8 日),頁 48。
2 〈新聞〉,《慈光》第 16 號(1959 年 11 月 25 日),第 1 版。
3 李炳南:〈佛教的小認識〉為「通俗講演稿表」高字第四講,見:《弘護小品彙存》,《全集》第 4 冊之 2,頁 316。

依三寶,分別推薦由智光法師、證蓮法師、懺雲法師證明皈依。(《蓮社日誌》)

十一月二十三日(一),下午二時,在蓮社教導「四十八願」同修學習講演。原使用大殿外借南區公所舉行警務員考試,講習改在小講堂上課。(《蓮社日誌》)

十一月二十五日(三),晚七時,於慈光圖書館週三講座宣講〈普賢行願品〉。

十一月二十九日(日),下午三時至四時半,於靈山寺週日講座講解「念佛法門」。該講座原由蓮社弘法人員輪派講經,上週周家麟講《念佛三昧寶王論》圓滿,接續者尚未決定,故請先生暫代兩週。[1]

【案】靈山寺週日講座於十二月二十日起由呂正涼宣講《尸迦羅越六方禮經》。

十一月三十日(一),《中央日報》刊出胡適日昨在臺灣大學法學院演講「科學精神與科學方法」,舉《虛雲和尚年譜》為例,指其史實有誤、虛雲和尚年齡不可信。文章刊行後,引發臺港佛教界及海外僑僧界多篇文章批評

---

1 〈新聞〉,《慈光》第 16 號(1959 年 11 月 25 日),第 1 版。

回應。[1]

十二月二日（三），晚，於慈光圖書館宣講〈普賢行願品〉。呂佛庭常與經筵，筆記當日講解中陰等事。

  呂佛庭，《憶夢錄》：下午六時，往慈光圖書館聽李炳南老居士講經。講神識投胎一節，微妙而有趣味。他說：「學佛必先破除煩惱，轉識成智，才能達到不生不滅的涅槃境界。否則死後其神識即入六道輪迴。六道，天道最高，人道次之，地獄、餓鬼、阿修羅是比較層次低的。除成佛證涅槃者外，人死都有神識。即俗所說的靈魂。神識投胎，或在當時，或在三日，或在七日，或在二七、三七。神識在脫離人體尚未投胎之際，名曰中陰身，或中有身。投胎之後，則中陰身即隨所投之六道而變化了。神識投入天、人、地獄、畜生、阿修羅五道，都不能再現原形。惟除餓鬼道，時或藉感應之力，而原形可見。故有父母、妻子、朋友身亡多年，還能見其形貌，聽其聲音的。修養工夫高者，識入何道，可以預見。故俱舍偈云『倒心趣欲境，濕化染香處，天首上三橫，地獄頭歸下。』首句謂人心之迷惑顛倒，乃由慾念所起。次句謂濕生化生投胎，必藉香味之因緣。三句謂神識如入天道則頭直豎。如投人與畜生、阿修羅

---

[1] 胡適文見胡頌平編著：《胡適之先生年譜長編初稿》第 8 冊（臺北：聯經出版，1984 年），頁 3076-3081。佛教界人士回應見：樂觀法師編：《鬪胡說集》（仰光：緬華佛教僧伽會，1960 年 7 月）。

1959 年・民國 48 年 ｜ 70 歲

三道，則必橫行。四句謂如入地獄道，則頭必下垂。此種形象，非道高者不能知哩。」[1]

十二月三日（四），下午，至中國醫藥學院參加「科目表及各教材研擬委員會第一次會議」。日前獲敦聘為該校「科目表及各教材研擬委員會」委員。此次會議復經推舉擔任「國醫專書選讀」、「國藥專書選讀」及「國文」三科教材之擬訂工作，須於本月二十一日之前擬妥，以報請教育部核備。（《圖冊》，1959 年圖 15）

十二月四日（五），下午二時，武德班、高峰班、先度班等十數班在蓮社大殿集會，禮請先生開示及主持佛學問答。（《蓮社日誌》）

十二月六日（日），上午十時，先生以慈光育幼院董事長職，率同常務董事及董事賴天生、許炎墩、黃火朝、廖一辛一行，前往臺中市南門視察建地，以便設計新建院舍。[2]

是日，臺中市政府舉行第六屆慈幼大會，褒揚推展兒童福利事業著有成績者，獲獎者八名中有蓮友四人：先

---

1 呂佛庭：《憶夢錄》，頁 358-359。
2 〈新聞〉，《慈光》第 17 號（1959 年 12 月 10 日），第 1 版。另參見：〈佛教新聞〉，《菩提樹》第 85 期（1959 年 12 月 8 日），頁 43。

生、許克綏、陳進德、周妙然。另慈光圖書館附設慈光托兒所教保組長王秀菊亦獲優良教保人員獎。[1]

十二月九日（三），蓮社文藝班長胡遠志與中慧班員彭松枝在慈光圖書館舉行佛化結婚典禮，邀請其長官林致平將軍為證婚人。林致平為中央研究院院士，首度參加佛化婚禮。典禮邀請先生開示祝福，並禮請懺雲法師主持放生。觀禮者甚眾，中午備有約三十桌素筵與大眾結緣。晚，週三講座照常由先生講經。（《圖冊》，1959年圖16）

雪公為文藝班胡遠志、中慧班彭松枝居士婚禮開示。胡任職於空軍航空研究院，特邀請其長官林致平院長為證婚人。林院長為中央研究院院士，首次參加佛化婚禮。男方主婚人為周慧德居士，因胡與周居士令郎許俊傑為結義兄弟。胡、彭二位新人俱為菩薩戒弟子，雪公開示要二位在佛前至心發願，堅持不邪婬戒，終身勿令毀犯則幸福無量。[2]

【案】胡遠志（1921-2004），一九五一年由李老師接引至靈山寺聽法，隨後參加蓮社國文補習班，結業先生組成文藝班，長年擔任班長，小傳見一九五一年三月二十日。胡遠志與蔣智興、許俊傑、黃沂樟、王烔如、張進興共六人為結義兄弟，「六兄弟」所受訓練與「十姊妹」類似，各擅繪畫、音樂等才，且均

---

1 〈新聞〉，《慈光》第17號（1959年12月10日），第1版。
2 〈新聞〉，《慈光》第18號（1959年12月25日），第3版。

能弘講。締結道義之交時，先生作證並書勉「涵養道德、厚培學問、至誠無息、圓成事業」。[1]（《圖冊》，1959年圖17）日後五人（蔣智興已出家）與先生及黃沂樟父親黃火朝合影。（《圖冊》，1959年圖18）

是日晚七時，於慈光圖書館週三講座宣講〈普賢行願品〉。

十二月十日（四），夏曆十一月十一日，靈山寺冬季佛七開始。禮請懺雲法師主七。每日參加信眾五百人以上，披衣或穿海青者約兩百。第四、五及圓滿日禮請先生開示，有〈己亥冬靈山寺結七應講〉，各有偈云：（《圖冊》，1959年圖19）

第四日：散亂持名音不收，彌陀側耳正生愁；可憐未解經中意，依舊三途又去投。

第五日：難除妄想似流沙，空把彌陀度歲華；大眾真求生極樂，只教心口莫分家。

第七日：六日如煙半日空，蓮華幾朵送香風；補牢還有餘羊在，爭取當前最後功。[2]

十二月十六日（三），晚七時，於慈光圖書館週三講座宣講

1　王焖如：〈雪公訓勉〉，《明倫》第500期（2019年12月）。
2　〈新聞〉，《慈光》第17號（1959年12月25日），第1版。【數位典藏】手稿/佛學講授/佛七開示/〈己亥冬靈山寺結七應講〉一篇共3頁。

〈普賢行願品〉。

十二月十八日（五），赴后里佈教所開示，並應當地人士邀請，於該鄉農會講「欲了生死須認識真假佛教」。[1]

十二月二十三日（三），晚七時，於慈光圖書館週三講座宣講〈普賢行願品〉。

十二月三十日（三），晚七時，於慈光圖書館週三講座宣講〈普賢行願品〉。

是年，籌辦慈光育幼院期間，常往訪土地代書施水閣，討論設立登記問題。與施代書以日語交談，為先生唯一之日語交流紀錄。

  王烱如，〈雪公說日語〉：去年九月間，組團赴山東濟南，拜謁雪公恩師陵墓，順道去北京登慕田裕長城，一了多年的願望。路上無意間聽到團員簡松岳代書談起：「雪公早年約在民國四十八年，造訪做代書的蓮友施水閣居士時，用日語交談。」並說：「雪公只要跟施代書在一起，都說日語。」這位簡代書，當時做施水閣代書助理，雪公造訪施代書時，他就在旁邊，還記得

---

[1] 《台中蓮社社務報告（四十八年度）》，頁 8，台中蓮社檔案。

他們所談的是有關慈光育幼院設立登記問題。[1]

【案】經紀海珊與簡松岳夫人交談確認（2024 年 9 月 7 日），先生與施水閣交談係以國語夾帶日語，並非純以日語交談。王烱如推測，先生接觸日語，當係早年學習日本岡田法學時期。吳聰敏稱曾聽先生自述能說閩南語，第以腔調特殊，所以少講。資深蓮友亦多憶及先生講經時，偶而會修正閩南語翻譯者之用語，此皆先生勤學語言之佐證。

是年，先生及其受業學生講經演講共有六百場次。合計蓮社開創以來則達四千五百場次。印贈佛書、雜誌，救濟、放生等俱有增進。一九五九年度經常費決算：總收入及總支出約為新臺幣十一萬元。[2]

前一年，蓮社應政府要求改組為財團法人，先生出任董事長，許克綏以常務董事兼任社長。執事增多，組織益見嚴整。

董事長李炳南，常務董事兼社長許克綏，常務董事陳進德，董事施德欽、朱炎煌、賴天生、林張闊，執行委員周邦道、許祖成、朱斐、郭阿花，執行委員兼教育組長劉汝浩，執行委員兼法務主任許炎墩，執行委員兼

---

1 王烱如，〈雪公説日語〉，《弘法資訊》第 273 期（2018 年 3 月 10 日），頁 17。
2 《台中蓮社社務報告（四十八年度）》，頁 20-21，台中蓮社檔案。

弘法組長林看治，祕書周家麟，總務主任魏柏勳，放生會主任趙錟銓，放生會副主任高添丁，救濟會主任廖一辛，助念團團長萬張佩環、林進蘭，圖書組長賴棟樑，霧峰佈教所所長黃火朝，后里佈教所所長張取，幹事陳雲。[1]

【案】此前著錄蓮社活動，用以瞭解譜主教化影響程度。爾後其學生及所創組織、團體之活動，除非譜主直接參與，否則不再著錄。

---

[1]《台中蓮社社務報告（四十八年度）》，頁24-25，台中蓮社檔案。

1960年・民國49年・己亥－庚子
71歲

【國內外大事】
- 一月,越戰爆發。
- 四月,臺灣大學佛學社「晨曦學社」成立,為大專院校第一所佛學社團。
- 六月,美國總統艾森豪訪臺。
- 七月,律航法師於臺中往生。
- 十一月,舊友王獻唐,病逝於濟南。

【譜主大事】
- 一月,於霧峰、后里成立佈教所,親往主持典禮。
- 五月,於慈光圖書館宣講〈普賢行願品〉圓滿(1959年9月至1960年5月)。續講《維摩詰經》。
- 六月,台中佛教蓮社創社十週年,禮請證蓮老和尚、隆泉老法師、靈源老法師開傳「居家千人戒會」。
  發表〈創建臺中市私立慈光圖書館碑記〉。
- 七月,佛教蓮友創辦之「慈光育幼院」,舉行動土典禮。
- 八月,於《菩提樹》月刊刊登「止謗啟事」。
  慈光圖書館館長二年屆滿,不再續任。
  辭台中佛教蓮社附設國文補習班班主任。
- 十二月,賦詩〈吾師印祖涅槃二十年追思〉十首,追念印祖。

一月六日（三），夏曆十二月初八，佛成道日，懺雲法師於太平鄉新茅蓬開始閉關。臺中靈山寺住持德真法師、監院德欽法師率領靈山佛學院學生及信眾一百五十多名前往送關。同時請求皈依三寶者二十餘人。[1]

是日晚七時，於慈光圖書館週三講座宣講〈普賢行願品〉。

一月十一日（一），下午，先生至蓮社為念佛班集會開示。（《蓮社日誌》）

一月十三日（三），晚七時，於慈光圖書館週三講座宣講〈普賢行願品〉。

一月十四日（四），午後，先生至蓮社。入夜講經。（《蓮社日誌》）

一月十七日（日），上午十時，台中蓮社后里佈教所舉行成立典禮。儀式由所長張取主持，先生率領許炎墩、鄧明香、張慶祝、林進蘭等眾居士參加並開示。台中蓮社弘法組林進蘭、張慶祝兩居士經常前往后里地區弘法，獲得該鄉望族張取之支持成立。是日經介紹，由懺雲法師證明皈依者二十七人。下午二時，又應蓮友請求，至后

---

[1] 〈新聞〉，《慈光》第 19 號（1960 年 1 月 10 日），第 1 版。

1960年・民國49年｜71歲

里鄉農會演講，該鄉鄉長、校長、教師、地方士紳參加者多人。[1]

一月十八日（一），上午十時，台中蓮社霧峰佈教所舉行成立典禮，儀式由先生主持。參加蓮友數百人，非常踴躍。臺中靈山寺普賢法師等亦蒞臨指導，當日受皈依者三十多名。台中蓮社一本從來原則，當日供香油錢者，一律奉還。台中蓮社弘法班長林看治，經常蒞臨講說佛法並領導念佛，該所係其大力促成。[2]

一月二十四日（日），先生至蓮社指示春節諸事宜。中午與大眾一同午餐。（《蓮社日誌》）

一月二十五日（一），於《慈光》半月刊第二十號發表〈新春敬為臺中蓮友進一言〉，提出：做早晚課、勸人學佛、不撥弄是非、受謗不退心等六點，勉勵蓮友不違初心，精進學法。

　　諸位蓮友，不學來臺中已經十年，陪同大家學佛也是十年了。論說十年功夫，該是不錯的，但以不學的眼光看，這近三年來，得益的固然不少，退步的卻是太多了。在這新春的開始，不學願與諸位不違初心，提起精神，發大警覺，真修一番，討個究竟。如何修法，謹在

---

[1] 〈新聞〉，《慈光》第20號（1960年1月25日），第1版。
[2] 〈新聞〉，《慈光》第20號（1960年1月25日），第1版。

1335

這裏貢獻幾種意見,請諸位作個參考。

一、朝暮二課若忙到萬分,晝可不食,夜可不眠,功課不可不做,若做即要萬緣放下,一心繫念。

二、抱定弘誓,自行化他,逢人談話,即勸其學佛,若不如此,即是失去悲心。

三、凡有助於正法宏揚,或利益眾生等事,皆隨分去做,須遵不疲不厭之經訓。

四、見人有善,不嫉妒要隨喜。見人有惡不攻擊要勸導,或守默。見人錯事,不指責要協助。

五、不借佛法求名聞利養,不在社團中播弄是非,不破和合眾。

六、無根謠言,意外毀謗,一切非理,皆要隱忍,寧捨身命,不退菩提行願。[1]

一月二十八日(四),夏曆正月初一。至蓮社參加團拜,蓮友一千多人由德欽法師領導繞佛,繞從南區公所前,自事務所進入。先生、社長許克綏參加上香。團拜十一時半圓滿結束。(《蓮社日誌》)

一月二十九日(五),夏曆正月初二。至臺中師範學校教職員宿舍,向國畫家呂佛庭拜年。

---

[1] 李炳南:〈新春敬為臺中蓮友進一言〉,《慈光》第 20 號(1960年 1 月 25 日),第 1 版。《明倫》第 165 期(1986 年 6 月)轉載。

呂佛庭,《憶夢錄》:李炳南老居士、孔德成先生、彭醇士先生及周邦道居士都來拜年。李炳老受舊禮教薰陶最深,因此無論對任何人都是謙恭和氣,彬彬有禮。他老如不能成佛,至少也可以做一個有道德的君子。我平生在求學做人方面,全得力於良師益友。現在我所親近的幾位長者,莫不是品學兼優的君子。他們都是我的良師,我能有緣親近他們,真是莫大的幸運。良師就像一面鏡子,他可以照出你的面目邪正和心地善惡,使你不能不「時時常拂拭」,省察、策勵、改過、遷善。人可以無明鏡,但不可無良師。[1]

二月一日(一),午後六時,文藝班樂隊至市街宣傳春季佛教講演大會。(《蓮社日誌》)

二月二日(二),夏曆正月初六,即日起一連五天,於台中蓮社循例舉辦春季佈教大會,由文藝班十七位男青年以國臺語講演佛法。午後六時餘,樂隊仍出團至市街宣傳,七時半起開講。[2]

二月三日(三),中午,至慈光圖書館參加春筵。係為慰勞台中蓮社、慈光圖書館、孤兒院、托兒所、國文補習班

---

[1] 呂佛庭:《憶夢錄》,頁 362。
[2] 《蓮社日誌》,台中蓮社檔案;〈佛教新聞〉,《菩提樹》第 88 期(1960 年 3 月 8 日),頁 49。

等各單位工作人員,並藉籌本年弘揚計畫。先生等五十多人參加。[1]

是日,南亭法師來訪,另又拜訪周邦道。南亭法師來臺中係應臺中佛教會館禮請教學。[2]

二月六日(六),今日佛教講演大會最終一夜。第一場許俊傑講「最後一著」。演講結束後先生致詞,對聽眾發表希望:從幼兒到國文補班到皈依佛教,儘早接受佛法教育。圓滿後,先生與所有演講青年合照。結束時已十一時。(《圖冊》,1960年圖1)[3]

　　圓滿日由雪公開示四重點:一、請速皈依佛教俾早得解脫。二、勸子弟入國文補習班,以養成好國民、佳子弟。三、送兒童加入慈光托兒所,從幼苗培養善根。四、常聽佛法,增長智慧,消除業障。詞畢由電化組放映慈光新聞片第一號至第四號,計有:佛化結婚、冬令救濟、臺中市慈幼教育有功人員表彰大會兒童遊園、新春團拜。另有兒童卡通片多捲,一併放映助興。[4]

---

[1] 〈新聞〉,《慈光》第21號(1960年2月10日),第1版。

[2] 釋南亭:《南亭和尚自傳》,《南亭和尚全集》第12冊,頁276-277。

[3] 【數位典藏】照片/道場活動/青年佛教演講大會/〈49年新春青年佛教演講大會〉。

[4] 《蓮社日誌》,台中蓮社檔案;〈佛教新聞〉,《菩提樹》第88期(1960年3月8日),頁49。

1960 年・民國 49 年 | 71 歲

二月九日（二），重慶舊友謝鑄陳病逝臺南寓所。謝居士為太虛大師十分倚重之幹部，來臺後較少參與教界活動，每次北上，必至臺中與先生長談。[1]

　　【案】謝健（1883-1960），字鑄陳，晚字竹岑，四川榮昌人。為太虛大師非常倚重之佛學會重要幹部。一九三八年五月，先生至重慶長安寺初次謁見太虛大師後，即與謝健相識，結為好友。詳見該項譜文。

二月十八日（四），應慈善寺住持律航法師邀請，於啟建精進佛七講述淨七儀規及剋期求證、一心不亂等開示共三次。[2]

二月十九日（五），晚，至蓮社，召集弘法班開會。先生以餅果招待，至十時半散會。（《蓮社日誌》）

二月二十二日（一），午後，至蓮社講經。（《蓮社日誌》）

二月二十三日（二），晚七時，先生以董事長職召開慈光育幼院董事會。會議於慈光圖書館舉行，到有全體董事，並請多位熱心居士列席。積極推進慈光育幼院籌建工作、籌募建築經費。

　　臺中慈光圖書館附設慈善事業育幼院董事會，於上

---

[1] 〈佛教新聞〉，《菩提樹》第 88 期（1960 年 3 月 8 日），頁 49。
[2] 〈佛教新聞〉，《菩提樹》第 88 期（1960 年 3 月 8 日），頁 49。

月底召開董事會議，由李董事長炳南任主席，首先報告籌備經過，由陳進德董事將購地、向社會處交涉、成立建築委員會經過，作口頭報告後，繼即討論事項：一、該院院房如何建築一案，決議照設計圖像修正大門，放寬佛堂及圖書室後施行。二、建築費用應如何籌措案，決議隨緣樂助，不勉強化緣，凡樂助者不論多寡，一律在該院佛堂長供祿位祝福。按該院籌建委員會委員為：李炳南、許克綏、陳進德、賴天生、黃火朝、朱斐、廖一辛等，出納主任趙錂銓，會計主任黃沂樟。[1]

二月二十四日（三），晚七時，於慈光圖書館週三講座宣講〈普賢行願品〉。

二月二十五日（四），晚，至蓮社，指導講經。（《蓮社日誌》）

二月二十六日（五），晚，文藝班集會，決議全班參加國文補習班再研習、參加樂隊練習、加強講經道場服務，並請先生定期指導講演。

　　台中蓮社男青年所組成之文藝班於本月二十六日晚假蓮社大殿召開工作會議，李老師親臨指導。決議發

---

[1] 〈佛教新聞〉，《菩提樹》第 88 期（1960 年 3 月 8 日），頁 49。另參見：〈新聞〉，《慈光》第 22 號（1960 年 2 月 25 日），第 1 版。

1960年・民國49年｜71歲

心參加蓮社樂隊吹奏練習、加強講經道場為聽眾服務之組織、全班參加第九期國文補習班再加研習，並請李老師定期為同學指導講演術。最後老師開示云：「青年學佛，乃難能可貴之事，今後你們應加強同學間之聯繫，擴大班務組織，更希望多勸親朋學佛，進而普救社會人心，藉以轉移不良風氣。」[1]

二月二十九日（一），下午，至蓮社指導「四十八願」同修練習講經。晚，青年班訓練樂器至十時餘始解散。（《蓮社日誌》）

是月，夏曆庚子正月，與台中蓮社高光念佛班合影。[2]（《圖冊》，1960年圖2）

是月，慈光育幼院董事會發布啟事，聲明不願募捐，但善與人同，歡迎樂捐。（《圖冊》，1960年圖3）

是月，周邦道辭中國醫藥學院院長，董事會另聘現任國大代表暨東吳大學中文系主任洪陸東接任。[3]

---

1 《蓮社日誌》，台中蓮社檔案；〈新聞〉，《慈光》第22號（1960年2月25日），第1版。
2 【數位典藏】照片／弘法照片／念佛班／〈高光班〉。
3 《民聲日報》，1960年2月24日，第3版。

三月二日（三），晚七時，於慈光圖書館週三講座宣講〈普賢行願品〉。

三月三日（四），晚，至蓮社指導講經。（《蓮社日誌》）

三月六日（日），慈光圖書館週日兒童德育班開學。[1]

三月九日（三），晚七時，於慈光圖書館週三講座宣講〈普賢行願品〉。

三月十日（四），夏曆二月十三日，靈山寺春季佛七開始。敦請先生於三月十四晚、三月十六午、三月十八晚，三次為眾開示。有〈庚子春靈山寺結七開示〉等三篇稿表。偈云：

第一次：今不專心求淨土，還同有病亂求醫；僧伽福報歸君相，何況吾儕在俗時。

第二次：生死涅槃兩感應，不同斷惑萬般難；但能勤隔妄心境，淨土當前一瞬間。

第三次：未解娑婆業障深，輪迴不斷去來今；宏名妙諦尋常看，幾個人中會一心。[2]

---

[1] 〈新聞〉，《慈光》第 23 號（1960 年 3 月 10 日），第 1 版。

[2] 李炳南：〈庚子春靈山寺結七開示〉、〈庚子春靈山寺結七第二次開示〉、〈庚子春靈山寺結七第三次開示〉，《弘護小品彙存》，《全集》第 4 冊之 2，頁 462-464。

三月十四日（一），午後，至蓮社指導「四十八願」同修練習講經。（《蓮社日誌》）

三月十六日（三），晚七時，於慈光圖書館週三講座宣講〈普賢行願品〉。

三月十七日（四），中午，於蓮社宴請董正之。有陪賓三、四位。（《蓮社日誌》）

三月二十一日（一），午後，至蓮社指導「四十八願」同修練習講經。（《蓮社日誌》）

三月二十三日（三），晚七時，於慈光圖書館週三講座宣講〈普賢行願品〉。

三月二十四日（四），晚，至蓮社教授「經學與詩學」。（《蓮社日誌》）

三月二十七日（日），晚，至蓮社教授「經學與詩學」。（《蓮社日誌》）

三月二十八日（一），午後，至蓮社指導「四十八願」同修練習講經。（《蓮社日誌》）

三月三十日（三），晚七時，於慈光圖書館週三講座宣講

〈普賢行願品〉。

三月三十一日（四），於慈光圖書館召開台中蓮社念佛班正副班長會議，討論助念團團長人選。原團長江印水日前往生。會中決議推選萬張佩環、林進蘭接任助念團團長。對加強助念團工作亦有具體措施。[1] 夜，至蓮社教授「經學與詩學」。

是月，教示新出家之釋淨空（原名徐業鴻）：一者不變出家一念純善之初心；二者信佛持戒以戒為師必成佛道；三者不著利害二邊超然中道；四者具戒後十年內不為人作皈依師；五者內外之交宜淡泊。另又示：惟希日新又新方能不退初心，倘一懈怠則如下水之船，日可千里，是應發警惕者。[2]

　　【案】淨空法師於去年（1959）七月離開臺中，同年九月披剃。明年（1961）九月於基隆海會寺受三壇大戒。

是月，聘黃火朝為台中蓮社霧峰佈教所所長。黃火朝現任慈光圖書館、慈光托兒所、慈光育幼院董事。熱心公益、

---

1 〈新聞〉，《慈光》，第 25 號（1960 年 4 月 8 日），第 1 版。案，原團長江印水於是年 3 月 24 日（夏曆 2 月 27 日）往生。
2 鄭樺主編：《淨空老法師九十年譜》，頁 28-30。

1960 年・民國 49 年 | 71 歲

待人熱誠、樂善好施,對弘法工作尤為努力。[1]

四月一日(五),晚,於蓮社引導介紹約四十位信眾皈依三寶。(《蓮社日誌》)

四月三日(日),晚,至蓮社教授「經學與詩學」。(《蓮社日誌》)

四月六日(三),午後,勝幢班至蓮社集會,禮請先生開示。(《蓮社日誌》)

是日晚七時,於慈光圖書館週三講座宣講〈普賢行願品〉。

四月八日(五),佛曆二五〇四年佛誕節。臺中約七萬名佛教徒大遊行,台中蓮社相關機構共有五千蓮友共襄盛舉,為參加各單位人數最多之團體。行列以天樂隊為前導,由陳進德、朱炎煌任總領隊,繼以花車、壁報、各班會員,而每班以班旗為先導,遊行後至中山公園大會及午餐。下午有表演節目,晚上則有弘化演說。[2](《圖

---

1 〈新聞〉,《慈光》,第 23 號(1960 年 3 月 10 日),第 1 版。
2 〈新聞〉,《慈光》第 25 號(1960 年 4 月 8 日),第 1 版。另參見:「中國佛教會臺灣省分會」,《臺灣佛教》14 卷 4 期(1960 年 4 月 8 日),頁 8;〈佛教新聞〉,《菩提樹》第 90 期(1960 年 5 月 8 日),頁 44。

冊》，1960年圖4）

是日，於《慈光》半月刊第二十五號發表〈國父孫中山先生說佛教為救世之仁〉，現代人三件憂心事：毀滅武器之強大、社會風氣之敗壞、子女教育之難為，可以佛法之因果觀念、佛教之社會教育、以及佛化家庭消解此三憂。[1]

是日，方倫《今願室文存》由菩提樹雜誌社出版發行，列為《菩提樹叢書》之九。先生有絕句三首題辭。方倫亦有三絕和詩申謝。（《圖冊》，1960年圖5）
〈題今願室文存〉三絕：
世間文字似璣珠，只助高歌擊唾壺；試檢韓歐書萬紙，治心能有一篇無。
投戈來吃趙州茶，燈火十年居士家；不覺春生今願室，乾坤處處放梅花。
文章般若象渾淪，纔有言詞已失真；幾度抽毫難作序，空將心瓣爇氤氳。
方倫，〈敬和李雪廬老居士題今願室文存三絕並申謝悃〉：
文章佛性共衣珠，好似冰心出玉壺；為問虎丘宣法主，阿儂也合點頭無？

---

[1] 李炳南：〈國父孫中山先生說佛教為救世之仁〉，《慈光》第25號（1960年4月8日），第1版。此文未收入《全集》。

五千書卷一甌茶,橐筆天涯到處家;幾片德山瘡疣紙,何勞聖女散天花。

閻浮放眼痛沉淪,欲假名言說一真;如是雪泥如是爪,任他人世播氛氳。[1]

四月十一日(一),午後,至蓮社指導「四十八願」同修練習講經。(《蓮社日誌》)

四月十三日(三),晚七時,於慈光圖書館週三講座宣講〈普賢行願品〉。

四月十六日(六),晚,蓮社週六講座,原為林慧縈講《藥師經》,因身體不適,請先生代講。(《蓮社日誌》)

四月十七日(日),晚,於蓮社訓練講經及教授詩選。(《蓮社日誌》)

四月十九日(二),晚,八時,於蓮社主持第九屆國文補習班同學開學典禮。九時餘禮畢。本期先生任教週五「應用文」。(《蓮社日誌》)

---

[1] 方倫:《今願室文存》,《菩提樹叢書》之九,(臺中:菩提樹雜誌社,1960年4月8日)。二人詩見《菩提樹》第91期(1960年6月8日),頁11。此詩未收入《雪廬詩集》。先生題詞手稿見【數位典藏】墨寶／弘化遺札／〈題今願室文存〉,收見:《雪廬老人題畫遺墨》,《全集》第16冊,頁339。

是日,臺灣大學佛學社「晨曦學社」舉行成立大會,為大專院校第一所佛學社團。此後,各大專院校陸續成立佛學社團,一年內有五所學校成立佛學社團,二十年成立達八十餘社團。

　　國立臺灣大學學生郭森滿等二十人,因熱心研究佛學,於四月初發起組織慈光社,曾聯名具呈該校當局申請准予籌備,經奉該校當局指示應先草擬章程層呈核辦。迄上月中奉准籌組後,該發起人等立即貼出通告徵求社員,未及三日竟有簽名志願參加者達百餘人之多。故已於四月十六日下午六時半即假該校總區臨時教室召開成立大會。是晚雖大雨滂沱,但到會同學仍甚踴躍,已超過半數,當經推定郭同學森滿為臨時主席,宣布開會後,首請周宣德居士致詞。周氏先釋「慈」字可分四義,唯佛慈為最廣最深,且係無條件的給人快樂云云,解釋甚詳。繼就「慈光」二字合講,妙喻如珠,尤為精闢動聽;嗣復祝賀該社社員在慈光照耀下獲得無上愉悅!繼請農學院教授李添春居士演說。最後由劉勝欽同學報告該社籌備經過,並宣讀章程,提付討論,經逐條通過,隨即選舉職員,結果郭森滿同學當選為社長、劉勝欽為副社長。最後摸彩助興,十時後始由主席宣布散會。[1]

　　【案】據晨曦學社發起人郭森滿,以及該社社史紀錄,該社成立大會為四月十九日。社名亦自申請通過

---

[1] 〈佛教新聞〉,《菩提樹》第90期(1960年5月8日),頁44。

即更名為晨曦。[1]此後十二年,有四十餘所大專校院成立佛學社團,略如下:

一九六〇年四月十九日,臺灣大學成立「晨曦學社」。

一九六〇年六月十三日,師範大學(今臺灣師範大學)成立「中道學社」。

一九六〇年十月二十三日,臺北工專(今臺北科技大學)成立「慧光學社」。

一九六一年一月,中興大學法商學院(今臺北大學)成立「正覺學社」。

一九六一年三月十八日,臺中農學院(今中興大學)成立「智海學社」。

一九六二年一月,東吳大學成立達德學社。

一九六二年五月十四日,世界新專成立「淨業學社」。

一九六二年六月八日,中國醫藥學院(今中國醫藥大學)成立「醫王學社」。

一九六二年十二月十五日,政治大學成立「東方文化學社」。

一九六三年十一月十六日,臺中師專(今臺中教育大學)成立潮音學社(一九六八年六月於停辦一年後復社,改名為勵德學社)。

一九六三年十二月,文化學院成立慧智學社。

---

[1] 郭森滿:〈追憶五十年前創立臺大晨曦學社之歷程——為臺大晨曦學社成立五十週年而作〉,《慧炬》第549期(2010年3月),頁74-87。范進福:《國立臺灣大學晨曦學社社史》(臺北:臺大晨曦學社,1965年9月3日),頁7。

> 一九六四年四月十八日,逢甲工商學院(今逢甲大學)成立「普覺學社」。
> 一九六八年三月二十一日,輔仁大學成立「大千學社」。
> 一九六八年五月十八日,臺中商專(今臺中科技大學)成立「等觀學社」。
> 一九七〇年四月十五日,東海大學成立「覺音佛學社」。
> 一九七〇年十月,東吳大學成立「淨智學社」。淡江文理學院成立「正智學社」。
> 一九七一年三月二十八日,靜宜女子文理學院(今靜宜大學)成立「東方哲學研究社」。

該社原擬與慈光圖書館同名,經錢思亮校長要求改為今名。錢思亮校長並與佛學社團發起人約法三章,定位為學術社團,而非宗教社團。

〈新聞〉:本社副社長劉勝欽詳細說明二十年前臺大晨曦社的成立經過。他說,他在高中時就常翻閱李老居士所編的《佛學問答類編》,進入臺大後便與幾位志同道合的同學籌組研究佛學的社團。起初決定用慈光社為社名,沒想到蒙錢思亮校長召見時,他只建議我們要配合學校環境,改用宗教意味不太濃的社名,於是就更名為晨曦社。[1]

---

[1] 〈新聞〉,《慧炬》第 200/201 期合刊(1981 年 3 月),頁 76-77。

1960 年・民國 49 年｜71 歲

　　熊羿，〈大專青年學佛運動的先鋒——臺灣大學晨曦學社〉：彼時受李炳南老居士於臺中創立「慈光圖書館」的影響，學社原來以「臺大慈光學社」為名，但錢思亮校長認為此名宗教意味太濃厚，要求改名。一日清晨，劉勝欽在法學院宿舍醒來睜開眼睛時，一道曙光破窗而入，他靈機一動，就將「慈光」改名為「晨曦」，以此名稱報准成立。[1]

　　徐醒民，〈永懷知識青年導師周公子慎老居士〉：三十年前，公始以立社之事咨諸大專院校當局，各校頗有顧忌，謂設宗教社團，尚無前例。公乃奔走教育主管部門，善為辯解，說明佛家三藏皆是學術根源，佛法即是覺法，其與儒學科學無不相容相輔，非可以宗教一詞名之而已。幾經協議，終獲不以佛教而以佛學申請立社。創業之艱，於斯可見。[2]

　　劉勝欽，〈臺大晨曦學社之創立及其影響〉：約在四十九年大三下學期開始不久忽接訓導處通知，說錢校長召見負責籌備的學社發起人，由筆者與郭兄共同前往校長室見錢校長，這是一次決定學社能否獲准設立的關鍵性會面；首先，錢校長表示：他不反對臺大同學研究佛學，並說校內就有對佛學富有研究、與佛教關係很深的教授，他們有時出國研究開會，校方亦給予方便或協

---

[1] 熊羿：〈大專青年學佛運動的先鋒——臺灣大學晨曦學社〉，《慧炬》第 581 期（2013 年 4 月），頁 58-59。
[2] 徐醒民：〈永懷知識青年導師周公子慎老居士〉，《周子慎居士伉儷追思錄》（臺北：慧炬雜誌社，1990 年 11 月），頁 135。

助;但臺大是研究學術的地方,他擔心學生社團出現傳教或宗教性的活動,這些活動是不適宜的,並說他準備允許你們社團的設立,但在批准之前有幾點要求希望你們遵守:第一、希望能更改學社名稱,他認為以「慈光」為名稱,顯然宗教意味太濃,較不適宜,希望能更改學社名稱。第二、學社設立後,研究佛學,應以學術為重,不可利用學社名義在校內舉辦有宗教儀式的活動。第三、不可請出家人到學校來講經說法。關於第一、二點,我們無異議的接受,至於第三點,我們曾向錢校長提出意見,因為學社既以研究佛學為宗旨,而出家人多佛學專才,深入經藏、造詣高深者頗不乏人,不准他們到校演講,恐對社員研究佛學有所不足。但錢校長說如准出家人進入校園內講經說法,則牧師、神父甚至其他宗教師、神職人員,亦可援例來臺大校園宣傳教義,則與傳教活動混淆不清,校園將難免充斥類似傳教等宗教性的活動,殊非所宜,是他不願見到的。再三強調校內應以學術研究為重,至於同學在校外求教出家人佛法的問題均無不可云云,筆者與郭兄瞭解到校長態度明確,提出預先告誡的約法三章(「約法三章」一辭為郭兄於民國五十九年在臺大晨曦學社成立十週年之紀念特刊上撰文「祝晨曦十週年有感」,提及錢校長上述三點約束,將之稱為「約法三章」,筆者在此予以沿用),足見其維護臺大自由校風,兼顧學術環境、校園純淨的用心,良堪敬佩,只有表示完全接受遵守,並感

1960年・民國49年 | 71歲

謝校長愛護之德意,敬禮而退。[1]

由最初定位為非宗教社團,此一不成文規定,也成為佛學社團幕後推手周宣德推展各校佛學社團成立之潛規則。此引發教內長老非議,但實為當時不得已之衡量。

印順導師,〈我與居士的佛教事業〉:(周宣德)五十年,成立慧炬社,發行慧炬月刊,深入各大專院校。大專院校內,成立佛學社團,共六十多所,這可說都是宣老在努力推動。他有教授資格,是老黨員,所以能深入院校而有這樣的成就。有些長老,怪他不請法師去開示,不引導學生來皈依,其實宗教色彩太濃,在那時是不太適宜的。[2]

聖嚴法師,〈今日的臺灣佛教及其面臨的問題〉:在周宣德居士的眼下,出家人似乎是一班無用之徒,縱然他之進入三寶,也是由於臺灣高僧智光和尚的接引,他在對大專學生的活動之中,卻從不鼓勵乃至阻止智識青年接近出家人,更不用說皈依三寶,他僅以「對佛法作學術的研究」來勉勵青年,所以,給青年的影響,是學術的,不是宗教的,對未來的佛教文化,自可能有若干影響,對佛教信仰的發展,作用輕微。因此,周宣德的熱忱工作,贏得佛教界一致的讚歎,周宣德所持的觀

---

1 劉勝欽:〈臺大晨曦學社之創立及其影響(二)〉,《慧炬》第535/536期合刊(2009年2月15日),頁38-53。
2 釋印順:《平凡的一生(重訂本)》,頁197。

念，卻被教界的有識之士不以為然！[1]

劉勝欽，〈臺大晨曦學社之創立及其影響〉：傅居士在其文中曾舉其親身經歷之實例：其一為他代表周居士至臺南成功大學頒發首次獎學金，由王禮卿教授接待，為了幫成大學生成立佛學社，王教授先舉行一次座談會交換意見，有些聞風而至的人士，由於過份熱誠的發言與希望，以致引起校方顧慮，而延遲了成大的學社成立；其二是臺北另一處早期成立的學社，因為邀請了不是校方認同的人士前去演講，曾遭受暫停活動的命運。[2] 由此二實例更可體會四、五十年前，周居士推動大專佛學研究的環境，殊非今天所能想像，當年臺大晨曦學社接受校方約束，遵守勿違，周居士為學社安排、推薦校外學者專家來校園講學，亦非常謹慎，避免誤觸校方之禁忌，不是無原因的，也因此他提倡的佛學運動乃得以在全臺各大專順利展開，苦心孤詣，有非外人所能瞭解的。[3]

【案】劉勝欽前引傅益永親身經歷之第二例，當是指臺北工專「慧光社」一九六〇年十月二十二日成立不久，不慎邀請出家法師到社裡演講之後，就被撤銷

---

1 釋聖嚴：〈今日的臺灣佛教及其面臨的問題〉，《學術論考》，《法鼓全集》第 3 輯第 1 冊，頁 265。
2 傅益永：〈憶宣公，念慧炬──紀念一個值得欽佩學習的長者〉，《周子慎居士伉儷追思錄》，頁 213-224。
3 劉勝欽：〈臺大晨曦學社之創立及其影響（二）〉，《慧炬》第 535/536 期（2009 年 2 月 15 日），頁 38-53。

1960年・民國49年 | 71歲

社團。[1]一九六七年，臺中師範潮音社已成立三年，新任校長羅人杰以潮音社為宗教社團，下令停辦。經師生多方解釋，一年後，改名勵德社復社。[2]其中原因當如闞正宗所述：「戒嚴時期，對於政治與宗教是兩大禁忌。因為它們具有結社聚眾的條件與能力。」[3]一九五二年三月，台中蓮社申請設立「國文補習班」時，核定函亦明示「不得在班內教授宗教科目或作宗教宣傳。」（見該項譜文）因此，為成就佛學社團的生存空間，避免沾染上宗教色彩，就成了虔誠佛教徒周宣德不得已的選擇。聖嚴法師一九六七年撰寫〈今日的臺灣佛教及其面臨的問題〉時曾批評周宣德，稱其所持觀念「被教界的有識之士不以為然」；二十年後，一九八九年撰〈追念周子慎長者〉時，則知「佛學社團不在校園內舉辦宗教活動，以免其他各宗教跟進到校園內傳教」，於是稱「周長者的苦心，是值得

---

1 見：釋光持：〈推動大專佛學社團之父──周宣德〉，《法印學報》第7期（2016年10月），頁177。
2 李銘達：〈潮音緣、勵德行〉，張瑞和主編：《勵德特刊──勵德學社創社三十八週年、勵德社友會成立十二週年紀念》（臺中：國立臺中師範學院勵德社友會，2001年8月），頁20-21。
3 闞正宗：〈戰後台灣佛教的幾個面向〉，玄奘人文社會學院宗教學系碩士在職專班學位論文（2003年），頁216。

1355

我們尊敬和讚揚的。」[1]

四月二十日（三），晚七時，於慈光圖書館週三講座宣講〈普賢行願品〉。

四月二十一日（四），夜，先生至蓮社指導講經。（《蓮社日誌》）

四月二十二日（五），晚八時，於蓮社為國文補習班講授「應用文」。

四月二十三日（六），上午十時，至霧峰主持台中蓮社霧峰佈教所落成典禮。蓮社社長、董事、地方人士及信徒七百多人參加。佈教所落成日起三天，每晚舉行講演大會，最後一天放映佛教新聞活動電影，觀眾非常踴躍。[2]

四月二十七日（三），晚七時，於慈光圖書館週三講座宣講〈普賢行願品〉。

---

[1] 釋聖嚴：〈追念周子慎長者〉，釋仁俊、釋聖嚴等：《周子慎居士伉儷追思錄》（臺北：慧炬出版社，1990年11月），頁107-110。後改題為〈周子慎長者──當代大專學佛青年之父〉，收見：《我的法門師友》，《法鼓全集》2020紀念版，第3輯第9冊，頁292-296。

[2] 〈新聞〉，《慈光》第26號（1960年4月25日），第1版。

1960 年・民國 49 年 | 71 歲

四月二十八日（四），中午，臺中佛教蓮社社長許克綏、慈光圖書館館長炳南先生聯合設齋，祝賀蓮社顧問徐灶生最高票當選省議員、董事林張闖獲選中市模範母親。席設慈光圖書館，陪賓一百餘人。席間由館長炳南先生致祝詞（常董陳進德翻譯），諄諄勉勵兩居士續為國家社會造福，為佛教發揚光大。[1]

【小傳】徐灶生（1899-1984），臺中豐原人，十四歲喪父，十七歲喪母，孤苦零丁謀生，但勤奮向學，先後畢業於公學校、日本早稻田大學函授學校，精通中文與日文。一九一八年（大正七年），與林冬柑結婚，夫婦共同協助岳父林金生經營鐵路貨運事業。

臺灣光復後，一直擔任臺灣鐵路貨運公司的民間代表，並投入地方自治。一九五〇年，臺中市議會正式成立，高票當選市議長。一九五二年，連任第二屆議長。一九五四年，當選臨時省議會議員。一九六〇年，當選臺灣省議會第二屆省議員。灶生對地方建設盡心盡力，曾出任警民協會會長。又擔任司法保護委員，協助受刑人出獄後之生活重建。

歷任臺中市兵役協會主任委員、新民商工職業學校董事長、明德家商職業學校董事、私立中山醫學院董事、中央書局股份有限公司董事、菩提救濟院董事、慈光育幼院董事、慈光圖書館董事。

---

1 〈新聞〉，《慈光》第 26 號（1960 年 4 月 25 日），第 1 版。林張闖即張寬心，小傳見：1952 年 4 月 1 日。

妻子林冬柑，熱心公益慈善事業，且領導婦運，曾當選第一屆全國模範母親。[1]

四月二十九日（五），晚八時，於蓮社為國文補習班講授「應用文」。

五月一日（日），晚，蓮社舉行浴佛典禮。（《蓮社日誌》）

五月二日（一），晚，慈光圖書館舉行浴佛典禮。（《蓮社日誌》）

五月三日（二），夏曆四月八日，慶祝釋迦牟尼佛聖誕及慈光圖書館二週年紀念，即日起四天，在慈光圖書館舉行女青年佛教講演大會，由蓮社附設國文補習班第八屆十五位畢業女同學輪流主講。圓滿日，最後由先生總結四天講演意義，並勸請聽眾勿入寶山空手還，切實修持佛法。[2]（《圖冊》，1960 年圖 6）

五月四日（三），晚七時，於慈光圖書館週三講座宣講〈普賢行願品〉。

---

1 國史館：〈徐灶生〉，《國史館現藏民國人物傳記史料彙編》第 27 輯（臺北：國史館，2004 年 2 月），頁 261-263。
2 【數位典藏】照片／道場活動／青年佛教演講大會／〈49 年夏季演講大會〉。另參見：〈新聞〉，《慈光》第 27 號（1960 年 5 月 10 日），第 1 版。

五月六日（五），晚八時，於蓮社為國文補習班講授「應用文」。

五月八日（日），晚，於蓮社訓練講經及教授詩選。（《蓮社日誌》）

五月九日（一），午後，至蓮社指導「四十八願」同修練習講經。（《蓮社日誌》）

五月十一日（三），晚七時，於慈光圖書館週三講座宣講〈普賢行願品〉。

五月十三日（五），晚八時，於蓮社為國文補習班講授「應用文」。

五月十六日（一）午後，至蓮社指導「四十八願」同修練習講經。（《蓮社日誌》）

五月十八日（三），晚七時，於慈光圖書館週三講座宣講〈普賢行願品〉。

五月二十日（五），晚八時，於蓮社為國文補習班講授「應用文」。

五月二十五日（三），夏曆五月初一日，慈光圖書館週三定

期講經,宣講〈普賢行願品〉圓滿。計自一九五九年九月九日開講至一九六〇年五月二十五日圓滿,共三十三講次。[1]

【案】〈大方廣佛華嚴經入不思議解脫境界普賢行願品記〉表解手稿共有三十二紙。首頁標題前題「己亥年夏曆八月在慈光圖書館講」,末頁尾題「庚子夏五月朔圓滿」。(收見:《講經表解(上)》,《全集》第2冊,頁95-160)

五月二十七日(五),晚八時,於蓮社為國文補習班講授「應用文」。

五月二十八日(六),中午,道源法師蒞臨臺中,朱斐至車站迎請至菩提樹雜誌社供養午餐,先生等數位居士作陪。餐後,恭送老法師至太平。法師係應臺中太平鄉印弘茅蓬懺雲法師禮請,赴其茅蓬為其講賢首五教儀。[2]

是日起,周慧德於台中蓮社週六講座開講《大寶積妙慧童女經》,宣講前備有逐字稿,先生詳為指導修改並增補。(《圖冊》,1960年圖7)

〈摘要〉:此為周慧德在蓮社例行講經中,宣講《大寶積妙慧童女經》之逐字講稿,以及先生為指導

---

1 〈新聞〉,《慈光》第27號(1960年5月10日),第4版。
2 〈佛教新聞〉,《菩提樹》第91期(1960年6月8日),頁42。

1960 年・民國 49 年 | 71 歲

其講經親自修改、增補之手稿。整本手稿共一百七十六頁,而先生手稿有二十頁。對照周居士本人之講稿,先生之手稿條理更為井然,每段必將綱目標於上方,而經文平抬,文字簡要詳明,為撰寫講稿極佳示範。由此稿,亦可見先生指導學生講經之仔細與慎重。(吳毓純編撰,吳碧霞審訂)[1]

【小傳】周慧德(1911-2004),名阿尪,生於桃園,公學校(小學)畢業後,在家營商。與許芳義結識而成家,育有二女一子。周居士幼年時由游石火收為養女,為報養育之恩,經芳義先生同意,由其子俊傑延續游家香火。婚後於一九四二年遷居臺中,一九四五年臺灣光復後,於家宅附近贊化堂參與鸞生義務工作。時堂主林夢丁禮請炳南先生蒞臨宣講《阿彌陀經》,大眾聞法後,一同追隨先生修學淨土法門,從師訓依圓光寺妙果老和尚求皈依,法名慧德。後又求受五戒菩薩戒,終身奉持。台中蓮社初創,成立女子弘法團,十姊妹義結金蘭,居士排行第四。從學炳南先生門下後,精進勇猛,每日清晨四點起床早課,禮佛念佛讀誦大乘經典,平時於注解講義研讀再三,收到《明倫》月刊都逐字閱讀眉批。由於常向炳南先生提問,刊錄於《菩提樹》「佛學問答」,蒙稱許為好學。二〇〇四年二月,無疾而終,享年九十有

---

[1] 【數位典藏】手稿 / 其他著作 / 講經及講演稿指導 /〈周慧德習講稿〉。

五。助念蓮友不絕於途,助念二十四小時。[1]

是月,醫師于凌波至菩提樹雜誌社初次拜訪,先生贈書勉勵。于凌波從此每週三自南投騎機車至臺中,聽先生說法。

　　民國四十九年,我以讀到梁啟超先生的《佛教與群治的關係》一書,而開始信佛。再以到菩提樹雜誌社買佛書的因緣,得識《菩提樹》主編朱斐居士(我以後一直稱他時英師兄),同時也第一次參謁佛門大德李炳南老居士——那時雪公老師和朱時英師兄同住在臺中和平街的一幢舊木樓上。

那天雪公老師給我了許多開示,臨辭別時,雪公以他撰著的《阿彌陀經摘注》一書賜贈。這以後,我每日清晨在佛前恭誦:「從是西方,過十萬億佛土,其土有佛,號阿彌陀……」同時,我開始到慈光圖書館聽老師講經。記得那年正講《維摩詰經》。當年我住在南投鎮,在台糖公司南投糖廠擔任醫務室主任的工作,每星期三晚間,我往返騎六十公里機車,到慈光圖書館聽兩小時的經。[2]

1　游青士:〈周慧德老居士事略〉(臺中:自印本,2004年2月),共16頁。
2　于凌波:〈感恩、慚愧與自勉——為雪公老師往生十周年而作〉,《淨土與唯識》(臺北:佛陀教育基金會,2019年2月),頁177-185。

1960年・民國49年｜71歲

六月一日（三）、八日（三），慈光圖書館週三講座，於〈普賢行願品〉圓滿後，講演佛法兩次。[1]

是日，《香港佛教》創刊，有詩〈題《香港佛教》創刊〉。

森羅處處是真常，朔晦依然月滿光；般若當前人不解，海潮磨墨寫文章。文殊分座與維摩，丈室無言筆似梭；舉首忽疑春欲暮，繽紛天際落花多。錫蘭儼是小靈峯，香島匡廬亦接蹤；面目緣何今澈見，旭光衝破碧雲封。好是無情共有情，能教種智各圓成；葛藤從此一刀斷，法雨舍中歌太平。[2]

六月三日（五），晚八時，於蓮社為國文補習班講授「應用文」。

六月八日（三），發表〈創建臺中市私立慈光圖書館碑記〉於《菩提樹》月刊第九十一期，述設館緣由在充實圖書供大眾閱覽，更以講習佛法以復人性，期文化城舊觀得興。

竊以牖民淑世，自應取法乎聖謨，而往鑑前徽，要當徵信於文獻，是以宣尼深慨於杞宋，而求贄於柱下也。臺中地綰南北，四運時協，炊煙連阡，人習禮義，

---

1 〈新聞〉，《慈光》第28號（1960年5月25日），第1版。
2 李炳南：〈題《香港佛教》創刊〉，《菩提樹》第91期（1960年6月8日），頁38。此詩未收入《雪廬詩集》。

而向有文化城之譽焉。

夫佛學世出世法，涵該萬有，普被群機，六度三空，可以攝仁智，四諦七聚，可以折頑強，五明萃科哲之精英，因果澈禍福之底蘊，以救時弊，較易鞭辟近裏，縱不立見其功，依此識種，亦足緣生於來朝，復人性元明，實莫佛學若也，若得儒齊以禮，佛攻其心，其庶矣乎。

台中蓮社諸君子，感於是焉，因有此館之提倡；即購柳川西湄舊第，度其勢，狹者廣之，卑者崇之，通其塞而填其窪，塗其剝而鬆其梏，儼然輪焉奐焉，而經香連棟以絪縕，文光騰壁以炳煥，三臺佛教而闢圖書館者，亦自此始也。更於每週設席宣講，月時剞劂布護，人或挾書於途，或絃誦於戶，往來熙熙然，容態彬彬然，於戲，是乃文化城之舊觀歟，抑是其新象歟？中華民國四十九年歲次庚子五月穀旦[1]

六月十日（五）至十二日（日），台中蓮社為紀念創社十週年，舉辦「千人戒會」傳授三皈、五戒、菩薩戒。戒會禮請三師為：得戒和尚，常州天寧寺退居證蓮老和尚；羯磨阿闍黎，律宗叢林南京寶華山教授隆泉老法師；教授阿闍黎，前廣東南華寺方丈靈源老法師。總計

---

[1] 李炳南：〈創建臺中市私立慈光圖書館碑記〉，《菩提樹》第91期（1960年6月8日），頁21；收入：《雪廬寓臺文存》，《全集》第14冊之2，頁98-100。落款據《菩提樹》。

一千二百七十八人參加，規模盛大，有「居家千人戒會」雅稱。[1]（《圖冊》，1960年圖8）

　　此間台中佛教蓮社成立迄今，恰為十周年，該社同人不欲鋪張，浪費淨資；故不舉行任何慶祝儀式，但為了廣結法緣，引度新進起見，特舉辦在家居士戒會，一切費用，皆由該社社長許克綏居士負擔，凡求戒者，一律免收戒費；以期普度有緣。戒期齋食概由蓮友中有力者打齋供眾。消息傳出後，報名參加求受三皈者共計六六二人；求五戒者四七五人，求菩薩戒者一四二人。合計竟達一千二百七十九名之多，可謂空前勝會，臺灣戒壇，史無前例，稱之曰千人戒會，名超其實，毫無渲染成分在內也。
戒壇動員該社各班蓮友一百餘人，分任總務、法務兩部；下分文書、出納（其實只出不納，因不收戒費，亦不受十週年禮金）、採辦、佈置、衛生、茶水、福食、香燈、縫紉、照相、電影、接待、侍奉等組；並請靈山寺諸師為糾儀，在通力合作下，秩序井然，與會者莫不眾口一詞：嘆為勝會，稀有難得！[2]

戒會會場牌樓對聯，有先生撰聯〈台中蓮社十周年紀念傳戒〉：

1　【數位典藏】照片／道場活動／法會／〈千人戒會〉；標記：台中佛教蓮社創立十週年紀念居家千人戒會傳受菩薩戒者合影，中華民國四十九年六月十二日。
2　〈佛教新聞〉，《菩提樹》第92期（1960年7月8日），頁42。

> 社周十年、蓮栽十方，道以人宏成淨域；
> 戒守於己、刑息於國，政由教輔奏豐功。[1]

六月十二日（日），傳戒圓滿。大眾恭送三位戒師回寮後，司儀擬指揮大眾頂禮先生，口令未完，先生已瞬息離場。

陳慧劍，〈滿戒繽紛錄〉：七二高齡的李炳老，以輕快的步伐，歡欣的表情，三十歲人的健康，不慌不忙地出現在慈光大禮堂每個角落，和每個人交談，處理每一件工作。使我這個三十多歲寶刀已老的年青人看來，就不能不可憐自己衰弱到這種程度。
在戒壇典禮的最後三分鐘，三位戒師已在我們佛號恭送的聲裡離去，講壇上的指揮官（朱斐居士）在麥克風前宣佈有幾件事要向大家說，李炳老則站在壇前邊緣。「各位菩薩們！」指揮官說。「各位今天都是新戒菩薩優婆塞了！…為了…這次莊嚴、美滿、偉大的成就（指揮官說到這裡腔調突然沉重下來），我們不但要感謝為我們付出辛勞的戒師父，而且，我們也要感謝成就我們願望的「老菩薩」！何況菩薩戒本上也有：見先宿優婆塞等要承迎禮拜問訊的一條。因此，我們要向本館李老菩薩頂禮──」頂禮這個字還沒滑出嘴唇，恰巧我們隊伍的前排發生一陣小小的騷動，我正在遵從指揮官口令頂禮時，一瞬間，看到我們的老菩薩在未聽到「頂禮」

---

[1] 【數位典藏】手稿／其他著作／〈撰聯偶錄－第二頁〉。

兩個字時還悠然地站在那裡靜待臺上究竟說出什麼結果，可是，一經「頂禮李老菩薩」幾個字傳入老人家的耳朵，就在那一剎那，李炳老忽然掉轉身，向一個側門那邊落荒而走。

「頂禮老菩薩三拜」！指揮官還不明情況呢，待他再向臺下一看，他的話竟把老人家嚇走了，張著大嘴笑咧！我們當然嘍，不管什麼原因，都有理由頂禮老人家，他是可做我們年青人的祖父。

「好啦！好啦！」指揮官咧著大嘴，重新修正他的話，「頂禮一拜好啦！」我們向臺上恭敬地頂禮一拜，但是我相信這時候李炳老心裡一定要說「朱時英作怪！」[1]

圓滿日，台中蓮社撥款交由放生會主任趙鋑銓購買多數魚鳥，請先生主持，於慈光圖書館舉行放生儀式。[2]

戒會五位戒師父堅決婉辭戒會供養。戒會主辦者堅請接受以植福，於是慈悲接受，再轉捐籌建中之慈光育幼院。

〔本刊訊〕此次台中蓮社千人戒會中，最為感動人者，為證蓮、隆泉、靈源、戒德、宏慈等五位戒師父，一再推辭不肯接受戒會主持人（許氏父子供養八千元，

---

1 上官慧劍（陳慧劍）：〈滿戒繽紛錄（上、中、下）〉，《菩提樹》第 92-94 期（1960 年 6-8 月）。
2 〈新聞〉，《慈光》第 29/30 號（1960 年 6 月 25 日），第 2 版。

慈光等四單位董事會供養千元、李炳南供養千元）的供養壹萬元，戒師父等以戒會不收戒費，純為結眾法緣故，堅決婉辭上項供養。但戒會主持者亦堅請接受以植福田。結果，五位戒師慈悲接受後，原封未動，上書以無名氏樂助正在籌建中的慈光育幼院，作為建築經費，福利育幼事業，蓮友們聞訊後，莫不深受感動。[1]

【案】此次戒會不收戒費，除打齋由董事會及念佛班自動負擔部分外，所有經費皆由許克綏、許炎墩父子承擔。[2] 蔡念生於〈台中蓮社千人戒會同戒錄序〉贊之曰：「社長許氏喬梓，發無上心，行希有事，已施布地之金，緣深鹿苑；更印同戒之錄，迹重鴻泥。」[3]

【又案】證蓮老和尚本次戒會將供養轉捐慈光育幼院。日後於一九六一年八月，又將台中蓮社匯去介紹皈依弟子供養金四百六十元，再添足為五百元捐慈光育幼院。[4]

六月十三日（一），朱斐邀約《菩提樹》月刊作者於此次受戒之劉國香、陳慧劍、顧世淦等至菩提樹雜誌社，拜訪先生並請法。

---

1 〈佛教新聞〉，《菩提樹》第 92 期（1960 年 7 月 8 日），頁 42。
2 〈新聞〉，《慈光》第 29/30 號（1960 年 6 月 25 日），第 2 版。
3 蔡念生：〈台中蓮社千人戒會同戒錄序〉，《菩提樹》第 93 期（1960 年 8 月 8 日），頁 13。收見氏著：《如是庵內外學稿初集上冊・如是庵文存》，頁 218-219。
4 〈新聞〉，《慈光》第 57 號（1961 年 8 月 30 日），第 1 版。

1960年‧民國49年 | 71歲

> 陳慧劍，〈滿戒繽紛錄〉：午餐前，李老到精舍來，我們有這個非常好的場合，向李老提出些佛學上的問題，以及社會問題。在談話間，李老比我們年青人更坦直、更豪放，我們沒有絲毫約束，但都藉此了解不少人事的因緣，和認識上的學問。我們一席五個人，李炳老、法嚴、時英、國香、我，享受了慧心嫂夫人親手做的實惠而精美的素宴。[1]

六月十五日（三），慈光圖書館週三晚講座，開始宣講《維摩詰所說經》，由陳進德翻譯臺語。有〈維摩詰所說不可思議解脫經筆記〉講表手稿。[2] 先生以《彌陀經》為校長經，《觀音經》為教務主任經，《維摩經》為學生經。[3]

　　【案】先生宣講《維摩詰所說經》，先是由陳進德任翻譯，至十月，陳因公受傷，改由張進興接續翻譯工作。（見後1960年10月文）

六月十七日（五），晚八時，於蓮社為國文補習班講授「應用文」。

1　上官慧劍（陳慧劍）：〈滿戒繽紛錄〉（上、中、下），《菩提樹》第92、93、94期（1960年6月、7月、8月）。
2　李炳南：〈維摩詰所說不可思議解脫經筆記〉，《講經表解（下）》，《全集》第3冊，頁653-852。
3　呂佛庭：《憶夢錄》，頁372。

六月二十二日（三），晚，於慈光圖書館週三講座，宣講《維摩詰所說經》。

六月二十四日（五），晚八時，於蓮社為國文補習班講授「應用文」。

六月二十九日（三），晚，於慈光圖書館週三講座，宣講《維摩詰所說經》。

六月三十日（四），下午四時，律航法師以臨命終召請，前往北屯慈善寺探望。先生至，互證淨功，不及世態。

〈律航法師文鈔序〉：余友黃臚初將軍，以夙世善根，獲聞淨業。雖處鋒鏑之際，未嘗少懈。解甲後，避中共之亂來臺，從慈航法師剃度焉，法諱律航。逾歲受具足戒，輒以念佛教人，奔馳三臺，宣揚無虛日，十年之間，其道大化，因以皈依者，惟繁不能計矣。庚子歲，示寂於臺中之慈善寺。捨報前夕，夢赴蓮池海會。次日告人曰：吾其去矣，召吾淨侶李居士來訣。余至，互證淨功，不及世態。再一日安詳西逝，荼毘得舍利一缽。[1]

廣化法師，《日記》：四十九年，六月三十日（農曆

---

[1] 李炳南：〈律航法師文鈔序〉，《菩提樹》第 101 期（1961 年 4 月 8 日），頁 24；收見：《雪廬寓臺文存》，《全集》第 14 冊之 2，頁 77-79。

1960年・民國49年 | 71歲

六月初七日），師囑函請李炳南老居士來寺一談，並說：「告訴他，這是我最後一次麻煩老友了。」下午三時，師囑咐後事，命我代筆立遺囑。四時，常願法師、李炳老，先後來到，診師病皆說無妨。師與炳老論速生事，炳老舉虛雲和尚往生內院還來住世事，勸師勿急，此語與我所勸如同一軌。師夜間服藥安穩，輪流助念照常。[1]

是月，慈光圖書館附設托兒所董事、所長任期屆滿，先生延聘，名單如下：董事長李炳南，常務董事許克綏、陳進德、董事許炎墩、朱炎煌、賴天生、黃火朝、朱斐、林看治、徐林冬柑、張慶祝、林進蘭、陳雲、江陳招、莊郭花，所長由林張闖連任。[2]

是月，學年度結束，本學年捐助獎學金供大專生研讀佛典。此係呼應周宣德一九五九年六月之倡議。[3]

七月一日（五），晚八時，於蓮社為國文補習班講授「應用文」。

---

1 釋廣化：《親筆日記・第二十一章》，「師父圓寂，四十九年」，《廣化律師全集》第3冊。「互證淨功，不及世態」，為炳南先生語。見1961年3月2日，先生《律航法師文鈔・序》。另請參見1960年7月10日引文：朱斐，〈念佛第一〉。
2 〈新聞〉，《慈光》第32號（1960年7月25日），第1版。
3 「中國佛教會臺灣省分會」，《臺灣佛教》14卷7期（1960年7月8日），頁20。

七月四日（一），律航法師於臺中北屯慈善寺安詳往生。法師為當代高僧慈航法師來臺所收第一位出家弟子，出家前現將軍身，出家後專修淨土。世壽七十四。往生前數日，預知時至，特請先生前往諮詢。

七月六日（三），晚，於慈光圖書館週三講座，宣講《維摩詰所說經》。

七月七日（四），上午九時，在臺中市南區頂橋仔頭八八號之四八慈光育幼院建築用地，舉行動土興工典禮。首先有嚴淨儀式，由先生上香，靈山寺普願尼法師等領導持咒灑淨。再則為動土奠基典禮，請省政府社會處長傅雲、臺中市長邱欽洲分別主持。另有來賓省政府社會處馬科長、汪科員，市政府歐民政局長、黃社會科長、吳科員、林科員、市佛支會理事長翁茄苓，台中蓮社、慈光圖書館全體董事及蓮社天樂班、念佛班正副班長等及一百五十餘人。（《圖冊》，1960年圖9）[1]

建築用地係由臺中佛教蓮社社長許克綏、蓮友李繡鶯捐助以作基礎，又有台中蓮社各蓮友，爭出淨財，承擔經常扶養費，惟有房舍一端，尚付闕如，亦經蓮友設法籌資。先生且預支一年薪資挹注。

---

[1] 〈佛教新聞〉，《菩提樹》第 92 期（1960 年 7 月 8 日），頁 42；〈佛教新聞〉，《菩提樹》第 93 期（1960 年 8 月 8 日），頁 44。

1960年・民國49年｜71歲

> 吳碧霞，〈慈光生命記憶〉：大概在大家有心想要辦的時候，四十八年四月，甚至更前面，就有一位許克綏老居士，在西區那邊有一塊土地，一百多坪，另外有六棟房子。他就說：「來！來！來！我提供六棟房子，還有一個空地，看看要怎麼蓋，我們就來辦育幼院。」這時候有一位臺中家商的李繡鶯老師，她說：「我有一塊地，在南區。」她說西區那一塊地，周圍的環境很吵雜，環境不好，南區這一邊環境比較好。於是許老居士就把他西區的土地還有房子賣了；把緊鄰李居士要獻出來的土地周圍買下來，加起來一共是九百多坪，這就是我們「慈光育幼院」的院址，土地是這樣來的。[1]

> 〈新聞〉：慈光育幼院正在興建中，需款甚急。李老師炳南老居士除前已慨捐二萬元為慈光育幼院之基金外，他老人家兼任醫藥學院教授所得薪水，扣除來回車費，殘額悉索敝賦，一文不留，頃又再捐一萬元（連前共捐三萬元）給慈光育幼院。[2]

七月八日（五），《菩提樹》月刊第九十二期，有先生〈答師大吳怡先生「再談佛法」〉。係師範大學學生投稿，原擬刊於本刊「大專園地」，因文章提問甚多，編者轉

---

[1] 吳省常（吳碧霞）：〈慈光基金會 - 創辦人簡介 / 慈光生命記憶〉，https://www.tkcy.org.tw/index.php/know/ourteacher/

[2] 〈新聞〉，《慈光》第 33 號（1960 年 8 月 10 日），第 1 版。另參見：〈佛教新聞〉，《菩提樹》第 93 期（1960 年 8 月 8 日），頁 44。

請先生解惑。[1]

晚八時,於蓮社為國文補習班講授「應用文」。

七月十日(日),上午十時,赴慈善寺參加律航法師追思儀式。先生代閉關中之會性法師、懺雲法師各作有輓聯一副。律航法師於七月四日往生,三日後荼毘,獲舍利子、舍利花無數,往生有徵。

〈代獅頭山關中會性法師挽律法師生西〉:山深兼關深未助數聲彌陀俯仰終慚交有負,心淨現土淨且看一斛舍利古今寧謗事無憑。

〈代淨土關中懺雲法師挽律法師生西〉:淨土方隅在一心無勞眾多法門生彼安養,掩關咫尺成千里願借十六觀想送公寂光。[2](《圖冊》,1960年圖10)

朱斐,〈念佛第一〉:「律老是我們蓮友大家所熟悉的,他老去年曾在靈山寺主持過佛七,講過開示。他老臨終前三天,還寫信給炳公老師要我們去見見面。筆者與老師同去見他老時,精神甚佳,談話如常,雖然他說求生之心甚切,但依我們的判斷他老不會這麼快去。想不到三天後,果然安詳示寂。臨終時除了徒弟助念,自己也同念佛,毫無病痛不安。終後面目如生,火化後

---

1 李炳南:〈答師大吳怡先生「再談佛法」〉,《菩提樹》第92期(1960年7月8日),頁44-47。收入《佛學問答彙編(中)》,《全集》第6冊,頁614-626。

2 手稿／其他著作／〈撰聯偶錄－第三頁〉。

又發現舍利甚多，其中有二粒還發光透明。這些瑞相，都可以作為念佛確定往生的鐵證。[1]

【案】律航法師臨終前三天曾請先生前往探視，先生為其文集撰序。（見1961年3月2日文，其小傳見1951年3月30日文）

七月十三日（三），晚，於慈光圖書館週三講座，宣講《維摩詰所說經》。

七月十五日（五），晚八時，於蓮社為國文補習班講授「應用文」。

七月二十日（三），晚，於慈光圖書館週三講座，宣講《維摩詰所說經》。

七月二十二日（五），晚八時，於蓮社為國文補習班講授「應用文」。

七月二十七日（三），晚，於慈光圖書館週三講座，宣講《維摩詰所說經》。

七月二十九日（五），蓮社念佛班有十二班開小組會，禮請

1　朱斐：〈念佛第一〉，《慈光》第31號（1960年7月10日），第1版。

先生開示。(《蓮社日誌》)

晚八時,於蓮社為國文補習班講授「應用文」。

七月三十一日(日),暴風雨,入夜風雨更大,夜間訓練講經及國文補習班皆停課。(《蓮社日誌》)

八月一日(一),復函在花蓮服役之同鄉劉建勛,如擬退役出家,許可其先至臺中慈光圖書館任職試行,晝任工作,晚聽講解,培養基礎。(《圖冊》1960年圖11)

〈劉建勛之一〉(1960年8月1日):建勛鄉兄大鑒:昨奉書函敬悉,一是謀工作之事,無論各處,人多於事,不易圖謀,縱或有之,亦與台端前途計畫不合,如為預備出家而求工作,普通機團安有聽講學修機會?佛團機構待遇又低,且未必即能聞法修習,若兩頭不著,豈非無益?茲擬一小貢獻,先決條件即是志在出家,若主義一定便可退役,或一年或二年,可住慈光圖書館,晝任工作,晚聽講解。除供應伙食外,每月可拿二百元上下之零用。因言語關係,若出家,似是求內地僧剃度為宜。話雖如此,尚是先試驗看看較為穩當。可在此最近請假一月或二三星期,到圖書館小住,如兩方融洽,感覺能如是作,而不勉強,正式請求退役,並不為遲。再軍人經濟不裕,人所共知,有請假期間來往路費,弟可敬送也。專此奉復並請台安 弟李炳南頂禮

1960年・民國49年｜71歲

八月一日[1]

八月三日（三），晚，於慈光圖書館週三講座，宣講《維摩詰所說經》。

八月五日（五），晚八時，於蓮社為國文補習班講授「應用文」。

八月八日（一），於《菩提樹》月刊第九十三期刊出為會性法師所編《蕅益大師淨土集》撰〈序〉。慨歎蕅祖之著作宏富，讀之者鮮；讚歎會性法師，摘錄精粹，有如蕅祖之成時。

　　《蕅益大師淨土集·序》：小本彌陀，淨宗基礎，名注近百家，《要解》一出，天下講席宗之，如群流之赴壑。靈巖大師，至推其書為古佛不踰，想見其學之醇，又昭昭也。人反於其文集，畏若望洋，即關宏淨之作，亦未嘗全窺焉，何又學顯而文蹇也。
竹南獅山會性法師者，生有異秉，童真出家，早歲受具足戒，不同流俗。一庵閱藏，十數春秋，教尚南山，行在匡廬，儼然以蕅祖為則也。歲己亥，師掩法華關於山中，檢蕅祖文集，凡涉及淨土者，咸摘錄集之，成書二卷，名曰蕅益大師淨土集，冠以年譜，殿以詩偈。予讀之，始知蕅祖不獨道果圓明，而其世法助行，更有其至

---

1 【數位典藏】書信／在家居士／劉建勛／〈劉建勛之一〉。

不可及者。曩震其文浩繁,輒憚問津,今已餐其英,而飫其華矣。懸知此書應世,雖為晚出,而其所選精粹,理機雙契,行將與淨土十要,先後爭馳騁也。於戲!是書可謂蕅祖之功臣,會師亦可謂蕅祖之成時矣!然則會師或因是書,其德學由掩而著乎?曰此非會師之志也,亦惟有期乎四眾;以戒為師,常住正法,以淨為歸,普濟三根而已矣。　　中華民國庚子歲稷下李炳南謹識[1]

《菩提樹》月刊同期,亦刊出先生〈復各方師友的一封公開信〉,澄清自己並非《覺世》旬刊一一七號(1960年7月)所稱之「中部一居士」。

　　諸位師友尊鑒:蒙詢《覺世》第一一七號所載中部一居士之言行,殷殷關注,極為銘感!《覺》刊既未提名,縱已提名,或有同者,當不是指在下,因「你能度脫三千大千世界眾生,你就出家」之話,從無是語一也。茹素三十餘年,獨身二十餘年,今日並未帶妻肉食二也。從我授藝者,不過數十人,當有師生名分,至臺中雖有千萬佛徒,皆介皈依三寶,未敢妄自稱師三也。謹此聲謝,恕難遍覆。李炳南頂禮謹覆[2]

---

1 李炳南:《蕅益大師淨土集・序》,《菩提樹》第93期(1960年8月8日),頁24。收見《雪廬寓臺文存》,《全集》第14冊之2,頁29-30。《全集》未著錄日期,今據通行本會性法師編集:《蕅益大師淨土集》原序文。

2 李炳南:〈復各方師友的一封公開信〉,《菩提樹》第93期(1960年8月8日),頁39。

1960年‧民國49年｜71歲

【案】《覺世》旬刊所載文，係指正言：〈傳戒與出家〉，文見《覺世》旬刊第一一七號（1960年8月1日），第二版。略云：

最近發現到兩個極端不調和的言論，一個出於北部一法師之口，一個出於中部一居士之言。居士堅決阻擋人出家的理由，因有人問他：「老居士，佛法如此偉大，我發心出家好嗎？」他答：「佛觀一粒米，大如須彌山，若人不了道，披毛帶角還；你能度脫三千大千世界眾生，你就出家。」這給初發心出家的人，潑了一盆冰水，一直冷到腳後跟，不敢出家了！印光宗師，太虛大師，虛雲老和尚，皆是民國以來內外知名大德，他們不只沒有度脫全世界的眾生，連中國的眾生也沒竟度。若以三千大千世界眾生度脫為出家標準，這三位大德，雖已出家，似皆愧未稱出家之實了！在整個佛教戒律上也是找不到這樣嚴格出家的規定，不知語出何據？居士們對於自己引導入佛門的學生，不必貪念老師的虛名；或對已出家的學生稱師父，覺得叫不出口，便以於法無據的謊言，阻止欺騙你的學生出家，如此你不只失去你要人稱自己為老師的資格，也暴露了你的氣量狹窄，實在罪過。你總不好意思以世俗之身，俗服，帶妻、肉食，不受戒的事實，在你千萬學生中自稱僧寶吧。

【又案】該文與一九五八年六月一日〈閑話「四寶」〉、一九五八年六月八日聖智法師函詢，乃至一九五六年三月八日〈卷頭語〉所稱「燒書」事件，同

1379

屬道聽途說,甚至有許多肆意地延伸想像,皆屬稻草人謬誤。《菩提樹》月刊主編朱斐晚年憶述,曾自國外友人手中收到轉寄的信件,係出自某些對炳南先生懷有敵意之僧眾,將《菩提樹》月刊與台中蓮社及炳南先生畫上等號,印出「三不主義」:不訂、不捐、不寫稿的書信,大量轉寄。[1] 相關機構如此對待,對待本人當可想見。炳南先生晚年常自稱「滿身都是瘡疤」,面對誣謗,一則以耐怨害忍之工夫消化,或則以逆增上緣承當:

> 王烱如,〈紀念雪公恩師往生八週年——學習雪公精神〉:雪公常說:「滿身都是瘡疤」,「碰過許多釘子!」老人家在大陸,顛沛流離、流亡之苦不說,隨著中央政府播遷來臺,直到九七高齡逝世的四十年間,所吃的苦,已是常人難以忍受——種種打擊、毀謗、被人抹黑、背叛,生活的困頓,事業的不順遂,人事的滄桑,病痛等等,可謂備嘗風霜,而始終如松柏般的挺立,八風吹不動。老人家曾自慰:「我沒有什麼長處,要是有的話,只有『忍』這個字吧!」[2]

> 黃潔怡／弘安,〈雪公生活點滴——香不燃何以顯其香〉:有時老人家見到教界弊端,便語重心長,發言

---

[1] 朱斐口述,洪錦淳採訪,2008年9月23日。見:洪錦淳:《臺灣當代居士佛教團體臺中蓮社之研究》,頁72。

[2] 王烱如:〈紀念雪公恩師往生八週年——學習雪公精神〉,于凌波等:《李炳南老居士與台灣佛教》(臺中:李炳南居士紀念文教基金會,1995年10月),頁121-126。

警眾,善聽者,便心生警惕,莊嚴戒行;不善聽者,則挑撥是非,傳言誹謗。三、四十年來,老人家所受之委屈何其多?然而毫不改其行菩薩道,上弘下化的心志,老人家不只以言教傳法,並以身殉教,有弟子辦事受挫折心生退轉,向老人家言道:「老師,學生辦得好苦啊!往後不幹了。」「孩子啊!香不燃何以顯其香,我渾身是瘡疤,九十多歲的人了,早可以在家茶來伸手,飯來張口,我啊!要幹到死為止。」[1]

黃月蘭,〈歡迎困難〉:(老師勉勵弟子)說話碰壁,遭遇拂逆,心不煩惱,行不退轉。凡做好事,必遭魔障,既發大願,不怕困難,困難愈多,功德愈大,歡迎困難,歡迎困難![2]

八月十日(三),晚,於慈光圖書館週三講座,宣講《維摩詰所說經》。

八月十二日(五),晚八時,於蓮社為國文補習班講授「應用文」。

八月十六日(二),先生任慈光圖書館館長二年屆滿,為鼓勵後進,堅決不再續任。經董事長提名、出席董事一致

---

[1] 弘安(黃潔怡):〈雪公生活點滴——香不燃何以顯其香〉,《明倫》第171期(1987年1、2月發行)
[2] 黃月蘭:〈歡迎困難〉,《明倫》第193期(1989年4月)。

通過，聘任常董陳進德兼任該館館長。第二屆董事亦經創辦人續聘連任。先生每於事業創建奠定基礎後旋即告退。[1]

八月十七日（三），於台中蓮社小講堂，召開「念佛班聯誼會」籌備會議。
- 一、議事：聯誼會舉三人或二人為主任委員，另分文書組、庶務組、勸導組，以執掌一切事務。1. 文書組，專管文冊或書信。2. 庶務組，主辦一切事宜。3. 勸導組，聯絡舊班員感情，使不退轉，增加新班員。
- 二、議決：先籌備建立章程。
- 三、推選：1. 許炎墩、林看治兩居士為主任委員。2. 江寬玉、何玉貞兩居士為文書組。3. 洪環、李金芳、池慧霖三居士為勸導組。4. 謝月雲、施塗桶兩居士為庶務組。5. 張佩環、張慶祝、林進蘭、陳雲、郭阿花五居士，為本聯誼會顧問。[2]

是日晚，於慈光圖書館週三講座，宣講《維摩詰所說經》。

---

[1] 〈新聞〉，《慈光》第 34 號（1960 年 8 月 25 日），第 1 版；朱斐：〈圖書第一〉，《慈光》第 34 號（1960 年 8 月 25 日），第 1 版；〈佛教新聞〉，《菩提樹》第 94 期（1960 年 9 月 8 日），頁 47。

[2] 李炳南主席，何玉貞記錄：〈念佛班聯誼會籌備會議（第一次）會議紀錄〉，1960 年 8 月 17 日，台中蓮社檔案。

1960年・民國49年｜71歲

八月十九日（五），晚八時，於蓮社為國文補習班講授「應用文」。

八月二十四日（三），晚，於慈光圖書館週三講座，宣講《維摩詰所說經》。

八月二十五日（四），辭去台中佛教蓮社附設國文補習班班主任之職，並呈奉教育主管當局准予由蔣俊義繼任。雖辭班主任，然仍為台中蓮社董事長兼導師，允將繼續指導該班班務。[1]

【小傳】蔣俊義（1919-2008），法名觀傑，江西人，一九四七年兄弟三人即已來臺。一九五〇年，炳南先生創立台中市佛教蓮社，蔣居士因服務於鄰近臺中菸酒公賣局，常隨聞法而發心皈依三寶受菩薩戒。早年即在臺中靈山寺講演佛法，又發心至監獄弘法，並接引公賣局同事周家麟親近炳南先生學佛。歷任台中蓮社董事、國文補習班班主任、菩提救濟院（仁愛之家）董事等職。為長壽念佛班老班長。

一九五一年與同事陳玉蟾結為連理，夫唱婦隨，育有二男二女。二〇〇五年進住菩提安老所安養，二〇〇六年夫人往生後，更覺責任已了，往生信願更形堅定，二〇〇八年五月於菩提醫院安詳往生，享年九十。著作有〈祖師語錄詩偈簡介〉、〈生西記〉專欄，發表

---

[1] 〈新聞〉，《慈光》第34號（1960年8月25日），第1版。

於《明倫》月刊。

是日,復函花蓮劉建勛,致贈來臺中旅費,說明圖書館工作情形,歡迎來中學習。(《圖冊》1960年圖12)

〈劉建勛之四〉(1960年8月25日):建勛鄉兄大鑒:各信均收到少遲,或因水災交通之故。託人退役,如不犯軍規,即可前來。弟已向圖書館當局推薦,添一臨時雇員,保證書在中市找人為妥。主要條件即是思想問題,此是警憲應注意者,亦各機團最怕之事也。來中旅費不知多少,諒軍人手無儲蓄,茲敬送台幣壹佰元,即希 查收。在軍中交代明白,方好動身來此,一切工作皆是為佛為眾,惟清理佛殿須搬移卓橙,較為勞苦,餘多操心之事。晚間可聽經求學,能進與否全在自己。所謂「有人領進門,修行在箇人」。蓋年長者不同青年,大致各處對年長學者,多少有客氣也,此是吃虧之處。專此并請 道安 弟李炳南頂禮 八月二十五日[1]

八月二十六日(五),晚八時,於蓮社為國文補習班講授「應用文」。

八月三十一日(三),晚,於慈光圖書館週三講座,宣講《維摩詰所說經》。

---

[1] 【數位典藏】書信/在家居士/劉建勛/〈劉建勛之四〉。

1960 年・民國 49 年 | 71 歲

九月二日（五），晚八時，於蓮社為國文補習班講授「應用文」。

九月七日（三），晚，於慈光圖書館週三講座，宣講《維摩詰所說經》。

九月九日（五），晚八時，於蓮社為國文補習班講授「應用文」。

九月十二日（一），午後，於蓮社教導「四十八願」同修練習講演。（《蓮社日誌》）

九月十四日（三），晚，於慈光圖書館週三講座，宣講《維摩詰所說經》。

九月十五日（四），上午九時起至十一時，至台中蓮社參加前任放生組組長王從周生西週年紀念日。周邦道及勝幢、復興等內地四念佛班約一百餘人，集合念佛追薦。[1]
　【案】王從周臨終時，李老師曾夢其來道別。李老師於致弔輓聯曾述及此。（見 1959 年 8 月 28 日文）

九月十六日（五），晚八時，於蓮社為國文補習班講授「應用文」。

---

1 〈新聞〉，《慈光》第 36 號（1960 年 9 月 25 日），第 1 版。

九月二十一日（三），晚，於慈光圖書館週三講座，宣講《維摩詰所說經》。

九月二十三日（五），午後，蓮社念佛班小組集會，禮請先生主持佛學問答及開示。（《蓮社日誌》）

晚八時，於蓮社為國文補習班講授「應用文」。

九月二十五日（日），慈光育幼院建築經費不足，該院呼籲解囊施淨財，勿使中途停工。[1]

九月二十六日（一），下午三時，奉祀官孔德成先生新建官舍落成，教育廳長劉真於該處舉行茶會，邀請中部文教界人士多人慶賀孔奉祀官喬遷。該宅係由省教育廳撥款省立農學院代為興建，用表尊師重道，亦盼孔先生留居臺中。[2]

九月二十八日（三），晚，於慈光圖書館週三講座，宣講《維摩詰所說經》。

九月三十日（五），晚八時，於蓮社為國文補習班講授「應

---

[1] 〈新聞〉，《慈光》第 36 號（1960 年 9 月 25 日），第 1 版；

[2] 「奉祀官孔德成喬遷新官舍」，《民聲日報》，1960 年 9 月 27 日，第 3 版。

1960年‧民國49年｜71歲

用文」。

是月，為隆泉法師《金剛經要義》撰〈序〉。隆泉法師係南京舊識，精熟賢首教學，是年六月蓮社千人戒會之羯磨阿闍黎。〈序〉文指出《金剛經》旨義甚深而流通甚廣，與曲高和寡之理不符。也因此謬解偽託亦多，形成不畏經而畏注現象。法師此書，文藻而句豁，繁簡適度，可為涉川之津梁。[1]

十月五日（三），夏曆八月十五，中秋節。國文補習班放假，先生慈光圖書館週三講座照常，宣講《維摩詰所說經》。講經後該館贈月餅八百個與眾結緣。聽講蓮友聞道之心，甚於觀月。[2]

是日，有〈中秋步月憶京〉，此前又有〈題金天鐸居士詩集〉二首。（《雪廬詩集》，頁299-300）

〈題金天鐸居士詩集〉二首：

數卷新詩筆墨酬，良宵淪茗助高談；體裁風格多清響，直與香山坐一龕。

重疊詩痕壓鬢華，殘燈常對月輪斜；茫茫六十年間

---

[1] 李炳南：〈金剛經要義序〉，《菩提樹》第96期（1960年11月8日），頁7；收見：《雪廬寓臺文存》，《全集》第14冊之2，頁1-3。時間據《菩提樹》落款。

[2] 《蓮社日誌》，台中蓮社檔案；〈新聞〉，《慈光》第37號（1960年10月10日），第1版。

事,一半愁吟不為家。

〈中秋步月憶京〉:步步絃歌醉玉壺,天涯未許月輪孤;願裁尺素封多少,寄與金陵舊酒罏。

十月六日(四),慈光圖書館館長兼慈光育幼院常董陳進德,偕同育幼院院長許炎墩,赴省府社會處交涉補助育幼院。陳進德於返程車禍受傷。陳進德現為先生慈光圖書館週三講經擔任之臺語翻譯工作,改由張進興接任。[1]

黃潔怡,〈無盡的追思——法爾如是(訪張進興居士)〉:

問:請問張居士何時親近雪公老師?

答:在民國四十五年,經鄰居林進蘭居士引介,參加台中蓮社附設國文補習班就讀。就這樣與蓮社及老恩師結下了三十年的因緣。

問:請問張居士何時開始擔任雪公老師的臺語翻譯工作?

答:記得有一年的七月十五日,許多蓮友到蓮社拜拜後,就請老師開示是日拜拜的由來。臨時找學人翻譯臺語,記得當時老師所講內容是盂蘭盆經,目蓮救母的經過。這是第一次為老師翻譯,想起來好像在昨天一般,卻已是近卅年的往事了。而真正翻譯經典是四十九年。在民國四十七年四月以後,慈光圖書館就成為老師常年講經的道場。而於四十九年

---

[1] 〈新聞〉,《慈光》第37號(1960年10月10日),第1版。

維摩詰經剛開講不久,原來當翻譯的陳館長,因乘車受傷,纔由我翻譯。就這樣一直到六十七年底為止,學人因身體不適,才改由游俊傑師兄翻譯。而四十九年至六十七年,這段期間,老師講過金剛經、地藏經、楞嚴經、圓覺經、還有未講完的華嚴經。除此之外,亦於蓮社國文補習班翻譯尺牘、歷史、或佛七的開示。雪公在書上曾說:「古人講經,非可率爾,既尊戒相,亦重師承,戒相非本文範疇,暫不涉及,惟師承有關法度,未可漠視。世間諸學,尚不取閉門造車,而況出世大法,豈容亥豕魯魚。嚴格而論,講必注重修持,由心而發,方有真氣,雖無燦舌,亦能感人。」[1]

十月七日(五),晚八時,於蓮社為國文補習班講授「應用文」。

十月八日(六),本期《菩提樹》月刊刊行「楊仁山居士紀念專輯」,紀念一代佛教中興功臣楊仁山居士往生五十週年。先生以私淑弟子自稱,撰有〈楊仁山老居士像贊〉(《圖冊》,1960年圖13):

真如隨緣豈有方,名相非實權呼楊;曉暢軍事明工巧,樂說無礙能文章。塵沙之惑斷疑盡,示疾為眾開心

---

[1] 弘安(黃潔怡):〈無盡的追思——法爾如是〉,《明倫》第165期(1986年6月)。

盲；曾聞維摩在乾竺，何竟花雨鍾山陽。傳經有術託梨棗，紙上獅吼同廣長；如來智燈久照世，利鈍慧命應新昌。憶昔金陵禮像設，展圖猶識容與裳；搔首感時懈於古，法城傾圮思金湯。嗚呼，世尊大聖尚來八千次，願公且莫耽著常寂光。私淑弟子李炳南敬題[1]

【小傳】楊仁山居士（1837-1911），名文會，字仁山，安徽石埭人，中國近代中興佛教重要人物。清朝末年，「太平天國之亂」歷時十數年，「太平軍」大肆破壞、焚毀寺院，禍害十餘省。楊仁山適時設立「金陵刻經處」，刊印流通佛典，並從日本尋回中國失傳佛書；成立「佛學研究會」和「祇洹精舍」，培育有太虛大師、梅光羲、歐陽漸、章太炎、譚嗣同等大德居士。後人因譽之為「近代中國佛教復興之父」。

《菩提樹》月刊同期「佛學問答」，有讀者請先生代向周邦道夫人求大悲水。先生允轉告。[2]

【案】周邦道夫人周楊慧卿，與周邦道一同跟隨李老居士勤修淨業，平生茹素念佛，兼持〈大悲咒〉，虔誠過人。昔隨先生寓金陵時，嘗蒙地藏菩薩化度。

---

1 見：《菩提樹》第95期（1960年10月8日），頁4。手書刊於該刊扉頁楊仁山像下，今收《雪廬老人題畫遺墨》，《全集》第16冊，頁36。〈像贊〉改題〈題楊仁山居士像〉，收入《雪廬詩集》，《全集》第14冊之1，頁300。

2 李炳南：〈佛學問答・新莊鄭均海居士問三〉，《菩提樹》第95期（1960年10月8），頁47。

長年持誦〈大悲咒〉,感應甚多。一九六二年,誦《地藏經》,屢現燈花舍利,至一九六三年二月生西,火化後舍利纍纍,足徵其學佛有成。[1]

《菩提樹》月刊同期〈佛教新聞〉報導,「慈光育幼院工程籌募款幾將用罄,呼籲各界慷慨捐輸以免中途停工。」

本省唯一佛教徒所創辦的慈光育幼院工程,自七月間破土興工以來,本可順利完成建築,以雪莉颱風影響,樂捐者並不踴躍,且有部分已允捐款之善士,受市面不景氣所致,捐款遲延未交,工程業已完成一半,如一時捐款不到,勢必被迫暫停,該院頃已發出通知,將所發緣簿擔任勸募之蓮友,迅速將經手捐款及緣簿交回,俾工程可以繼續順利完成,並呼籲各界慈善人士慷慨解囊,為未來數十孤兒請命,要求踴躍捐輸,俾院房早日落成,可以開始收容孤兒。[2]

【案】連續數期,《慈光》、《菩提樹》月刊均有呼籲捐款報導,見得育幼院籌募經費之困難。

十月十二日(三),晚,於慈光圖書館週三講座,宣講《維

---

1 參見:李炳南:〈周楊慧卿居士傳〉,《雪廬寓臺文存》,《全集》第14冊之2,頁91-93;朱鏡宙:〈書周楊慧卿夫人事〉,《菩提樹》第176期(1967年7月8日),頁34-35。
2 〈佛教新聞〉,《菩提樹》第95期(1960年10月8日),頁45。

摩詰所說經》。

十月十四日（五），晚八時，於蓮社為國文補習班講授「應用文」。

十月十九日（三），晚，於慈光圖書館週三講座，宣講《維摩詰所說經》。

十月二十一日（五），晚七時半，參加蓮社附設國文補習班第九期結業典禮。典禮由蓮社社長許克綏，班主任蔣俊義主持，學員共六十二名結業。其中成績特優者男女各兩名，由先生以蓮社董事長名譽頒發高額獎學金以資激勵。典禮至九時餘散會。[1]（《圖冊》，1960 年圖 14）

十月二十六日（三），下午四時，蔡念生夫人胡寬玉在醫院往生，託人至先生處求得陀羅尼經被及密咒加持沙粒。胡居士於八月即已有夢兆。

  蔡念生，〈偶然耶？感應耶？〉：內子在佛教上雖沒有多大修持，但淨土三資糧的信願行，多少都有一點。曾皈依^上虛^下雲老和尚，法名寬玉。近年每日持誦《金剛經》一卷，佛號萬聲。非有特殊原因，很少間

---

[1] 〈新聞〉，《慈光》第 38/39 號（1960 年 11 月 10 日），第 1 版。圖見：《台中佛教蓮社附設國文補習班第九屆同學通訊錄》，1960 年，台中蓮社檔案。

1960年・民國49年 | 71歲

斷,並且常赴慈光圖書館李老居士座下聽經。在本年八月間,突然夢見李老師到我家來,她向老師頂禮說:我要往生西方,請老師送我,老師當即應允。醒來向家人談起,當時她的精神很好,家人都不以為意。到了十月二十六日晚四時病歿,在醫院籌備後事,我知道李老師有紙印的陀羅經被,可以求取。但是在這倉促時間,由誰前往呢?恰好有一位朋友前來探望,我即求他往見李老師,不但取來了陀羅經被,李老師還加給一張密咒及用密咒加持的砂粒,如法安置棺內。事後想來,適合了老師送她往生的夢。這究竟是偶然呢,是感應呢?[1]

【案】胡寬玉往生事,續見是年十二月十四日斷七佛事及十二月二十四日先生復蔡念生函。

是日晚,於慈光圖書館週三講座,宣講《維摩詰所說經》。

十月二十七日(四),在台中蓮社聯誼會所,召開「念佛班聯誼會籌備會」第二次會議,討論「組織章則」。
　一、議事:甲總則,乙組織,丙會務,丁附則,共為十一大條
財團法人臺灣省台中市佛教蓮社念佛班聯誼會組織章則

---

[1] 蔡念生:〈偶然耶?感應耶?〉,《菩提樹》第96期(1960年11月8日),頁32。引文所稱「密咒加持的砂粒」係指「大灌頂光明咒砂」。

甲、總則：
　第一條　本章則依據財團法人臺灣省台中市佛教蓮社辦事細則第四條擬訂。
　第二條　本會以加強蓮社各念佛班同仁之情誼聯絡，俾得互策精進，互惠福利為宗旨。
乙、組織：
　第三條　本會採委員制，設主任委員一人，常務委員二人，委員五人至七人，均由董事長聘任，任期二年，但得續聘，負責推動會務。
　第四條　本會推行事務，設下列各組：
　　　　　1. 文書組，專管簿籍函件，以及編寫等事。
　　　　　2. 勸導組，專管聯絡舊班員，使不退轉，引進初機人，擴充新班等事。
　　　　　3. 庶務組，除文書勸導外，凡會中對內對外一切事項，均由處理之。
　第五條　各組各設主任幹事一人，助理幹事一人，幹事若干人。
　第六條　委員幹事，皆為無給制，但視事之繁簡，須常住會中辦事者，得酌給伙食費。
丙、會務：
　第七條　本會之會務範圍如左：
　　　　　1. 關於各念佛班例會日程之策劃審定事項。
　　　　　2. 關於各念佛班蓮友家屬之婚喪慶弔事項。
　　　　　3. 關於各念佛班蓮友家屬之訪問聯繫事項。
　　　　　4. 關於各念佛班蓮友進修情形之調查策勵事

1960年・民國 49 年 | 71 歲

　　　　　　項。
　　　　　5. 關於各念佛班蓮友人事之調查統計事項。
　　　　　6. 關於各念佛班蓮友福利之策進事項。
　　第八條　前項各項會務推行，以會議方式行之。
　　第九條　本聯誼會暫訂每月開例會一次，必要時可隨
　　　　　　時召集臨時會議。其決議事項即作為會務執
　　　　　　行中心。
丁、附則：
　　第十條　本章則報經董事會核定後施行。
　　第十一條　本章則如有未盡處，得適宜增減之。
二、甲丙丁等條全場一致通過。
三、關於乙之組織設置委員，茲再增加數員，以幫助協
　　理工作，其名數如左：
　　　1. 黃火朝、洪城、朱炎煌、郭秋吉等居士。
　　　2. 主任委員林看治居士專辦念佛班聯誼一切內務。
　　　3. 委員黃火朝居士專辦念佛班聯誼一切外務。
　　　4. 委員許炎墩居士應負責各念佛班聯誼一切費用。[1]

十月三十日（日），上午十一時，在頂橋仔頭南門里慈光育
　　幼院院舍建築用地主持上樑典禮。儀式未邀請外賓，僅
　　由工作人員進行。由於各界人士慷慨解囊，建築得以進
　　行，先生特於上樑後致詞勉勵工作同仁，唯有至誠服

---

[1] 李炳南主席，江寬玉、何玉貞記錄：〈念佛班聯誼會籌備會議（第二次）會議紀錄〉，1960 年 10 月 27 日；台中蓮社檔案。

務孤苦兒童,方得以報答。此後先生每日必前往工地探視。[1]

　　為慈光育幼院建築工程發出呼籲後,讀者紛紛解囊捐輸。其中最難得者為蘇澳榮民醫院第二區蓮友洪祿榜、趙江萍等數十人,在月入四十餘元情形下,省吃儉用,竟積集了數百元,匯交該院捐施建築費用,又有金門前方戰士及樂生痲瘋院全體蓮友,亦匯款布施,更有臺中監獄犯友,亦見報慷慨解囊,令人感動。日前該院董事長李炳南居士在上樑以後對眾蓮友說:「我們只有用一片至誠來認真辦理,為孤苦兒童服務,以報答各界難能可貴的幫助!」目前該院工程,已繼續進行,於上月底正式上樑,不久當可大體告成,聞省政府社會處亦頗關心此一事業,予以補助四萬元,頗為難得!本刊李社長等於百忙中亦幾乎每日必往探視,可見其關懷器重矣。[2]

是年,秋冬之間,出遊中部名勝谷關,有〈谷關山中觀瀑〉二首。(《雪廬詩集》,頁299;《圖冊》,1960年圖15)[3]

　　〈谷關山中觀瀑〉二首:

入山始覺雨霏霏,更有風雷起翠微;萬仞峰頭雲似海,蜿蜒天際玉龍飛。

---

1 〈新聞〉,《慈光》第38/39號(1960年11月10日),第1版。
2 〈佛教新聞〉,《菩提樹》第96期(1960年11月8日),頁43。
3 【數位典藏】照片／師生聚會／郊遊聚餐／〈谷關吊橋〉。

晴雨跳珠濺石苔，懸流飛落碧山開；從疑萬水通銀漢，不獨黃河天上來。

【案】先生曾經四次出遊谷關，[1] 此為首度遊覽。先生一九八五年有詩〈乙丑歲復遊谷關今昔相距歷二十年之久一草一石鬼斧天工俱含詩意並嗟建設之奇才五首〉，上推二十年，則初遊谷關當在一九六五年。唯依詩集排序，此詩屬《浮海集（上）》，一九六五年則已屬《浮海集（下）》。詩集分冊，應不致有如此大落差。此詩位在〈聞虛雲禪師示寂〉之後，〈題楊仁山居士像〉之前。虛雲和尚示寂於一九五九年十月，〈題楊仁山居士像〉作於一九六〇年十月《菩提樹》月刊之專輯。另據照片衣著及觀瀑時機，因繫是年秋冬之間。是時，約在中部橫貫公路一九六〇年五月通車半年以後。

十一月二日（三），晚，於慈光圖書館週三講座，宣講《維摩詰所說經》。

十一月八日（二），臺北蓮友念佛團董事長王天鳴發起募經以組織「菩提文庫」，供大眾借閱。先生呼應擔任贊助人。[2]

---

1 四度出遊谷關日期為：1.1960 年秋冬間；2.1969 年 8 月 9 日；3.1979 年 10 月；4.1985 年春。詳見各項譜文。

2 「中國佛教會臺灣省分會」，《臺灣佛教》14 卷 11 期（1960 年 11 月 8 日），頁 16。

【小傳】王天鳴（1897-1972），原名王雷，字天鳴，以字行。山東單縣人。陸軍中將、國大代表。與李濟華等共同創辦臺北市蓮友念佛團。王天鳴於保定軍校及陸軍大學畢業後，歷任團長、師參謀長、綏署參謀長等。抗戰時期，任江防總司令部參謀長、陸軍大學辦公廳主任等。抗戰勝利後，以陸軍中將任武漢行營副參謀長、長沙綏靖公署參謀長、第一兵團副司令官等職。一九四九年十二月率部退入越南，一九五三年至臺灣，任國大代表。一九五六年，與李濟華居士伉儷等大德，於臺北市善導寺成立臺北市蓮友念佛團。一九五八年，召開第一次蓮友大會，獲選為董事長。一九六〇年春，購得蓮友念佛會現址木造屋一棟為永久道場。一九六四年王董事長決心改建成三層鋼筋水泥樓房，傾其退休金投入。一九六八年夏竣工啟用。一九七二年六月在臺北病逝。

十一月九日（三），晚，於慈光圖書館週三講座，宣講《維摩詰所說經》。

十一月十六日（三），晚，於慈光圖書館週三講座，宣講《維摩詰所說經》。

是日，同住重慶歌樂山之山東舊友王獻唐，病逝於濟南。

【案】一九四九年後，彼此再無音訊。王病逝消

息,亦延至後年(1963)才得知。孔德成先生因取王獻唐為其所繪之《猗蘭別墅著書圖》請好友題跋紀念。(見1963年譜文)

十一月十七日(四),晚七時,中國佛教會國際文教獎學基金會頒發大專學生研究佛學獎學金。朱斐代表董事炳南先生從臺中前往參加。[1]

十一月二十三日(三),晚,於慈光圖書館週三講座,宣講《維摩詰所說經》。

十一月三十日(三),晚,於慈光圖書館週三講座,宣講《維摩詰所說經》。

十二月一日(四),《人生》雜誌發行「印藏紀念專號」,有先生詩〈詠大藏經四律〉:

〈印藏〉:四十九年語,當來誰共聞;依憑鉛槧力,培育聖賢群。沙界生如海,遍空法似雲;須彌七寶聚,爭與論毫分。

〈閱藏〉:蔥嶺屯冰雪,流沙嘯鬼魔;傳經雖有自,返骨竟無多。宴坐閒諷誦,清齋靜琢磨;不知今與古,難易定如何。

〈供藏〉:佛滅僧雖在,教仍依法存;斯同無上

---

[1] 〈佛教新聞〉,《菩提樹》第97期(1960年12月8日),頁44。

士，亦若眾中尊。缾插蓮花淨，鑪添檀火溫；至深心一片，頭面禮朝昏。

〈收藏〉：牙籤群峭立，玉軸燦星聯；幸得醫心藥，應為住世緣。一樓藏秘要，百里護龍天；別有乾坤在，依稀正法年。[1]

十二月四日（日），甘麗初將軍殉國追悼會於臺北善導寺舉行。甘將軍夫人王鎮芬為臺中蓮友，追隨先生學佛多年，蓮社多位同仁代表致送輓聯弔唁。

李老師炳南老居士聯：馬革裏何為埋骨沙場猶守土，豹皮留不黍垂名天地已成仁。

台中蓮社社長許克綏：天下滔滔五千年禹甸堯封忍教沉溺，精魂耿耿數萬里遙山桂水猶崢翰屏。

慈光圖書館長陳進德：靖內旗抗日戈征緬鼓笳早具丹誠身許國，治軍肅臨民敬通才文武堪垂青簡世流芳。

慈光育幼院長許炎墩：華夏正烽煙滔山桂水悲星殞，春秋馨俎豆基雨竹風弔國殤。

菩提樹主編朱斐：十載亂離緬懷家國傷禾黍，一朝音斷翹首雲天憶干城。[2]

【案】甘將軍夫人王鎮芬與女兒甘桂穗隨先生精勤學佛。甘桂穗為慈光講座第二期學員。（見1964年8月

---

1 李炳南：〈詠大藏經四律〉，《人生》第12卷第11/12期合刊（1960年12月1日），頁19。後改題〈咏藏〉（四首），收見《雪廬詩集》，《全集》第14冊之1，頁305-306。

2 〈新聞〉，《慈光》第41號（1960年12月10日），第1版。

15 日譜文）

十二月七日（三），晚，於慈光圖書館週三講座，宣講《維摩詰所說經》。

十二月八日（四），《菩提樹》月刊第九十七期刊行「印光大師生西二十週年紀念特輯」。刊載先生提供一九三五至一九三六年間印光大師親筆來函〈印光大師墨寶〉八件，包括七件函文、一件封文；並撰〈印光大師墨寶跋〉說明大師墨寶收存因緣。（《圖冊》，1960 年圖 16）

> 吾師淨宗第十三祖圓寂後，淨業緇素聚於木瀆靈巖，徵集遺文擬編《續文鈔》也。時正日夷入寇，余陪孔上公避居渝州歌樂山，遂航函家中檢開示教理者以奉。日降歸里，詢所存只獲此十二紙焉，類皆私事。訓語先寄靈巖者，以戰亂故已不復返。中共之役，余又浮海來臺，行李僅攜衣篋二，無意中見此十二訓與俱，極為欣喜！回憶寓渝之際，尚奉二訓，百搜竟不可得矣。歲庚子菩提樹月刊發行「印祖涅槃二十週專號」，思得遺墨饗人噱噱，當借與攝影製版，復恐散失，即付工裝池，送慈光圖書館珍藏之。冀先賢手澤，得久住世，普與眾廣結法緣也。　中華民國初次庚子展重陽日皈依弟子李德明謹識[1]

---

[1] 李炳南：〈印光大師墨寶跋〉，《菩提樹》第 95 期（1960 年 10 月 8 日），頁 20-22；手稿見：【數位典藏】手稿／其他著作／〈印祖往生二十週年序〉。

【案】現可見印光大師來函九篇：是期所刊七篇、《印光法師文鈔三編》一篇、《淨土宗》月刊一篇。是期所刊七篇已收見台中蓮社版《印光法師文鈔三編》卷四「增錄」；《印光法師文鈔三編》收錄一篇為〈復德明居士書〉（卷二，頁364）；《淨土宗》月刊第十二冊收錄一篇為〈印光法師開示李德明居士法語、李德明居士附誌〉（1935年10月）。

另，《印光法師文鈔續編》（卷上，頁105-109）載有〈書復李德明書〉二篇，其一與是期所刊七篇之第四函同，另一與《淨土宗》月刊收錄同，而節略甚多，不如《淨土宗》月刊所刊為完全。（參見：1935年7月18日譜文）

【又案】「庚子展重陽日」為夏曆九月十九日，國曆十一月七日。先生一九八〇年十月二十二日講授王維〈九月九日憶山東兄弟〉時，曾講解：「九月初九重陽，九月十日小重陽，九月十九展重陽，九月二十九老重陽。」[1]

同期，又有〈吾師印祖涅槃二十年追思〉詩十首。

〈師自稱為粥飯庸僧〉：惟知粥飯更無他，後五百年鬪諍何；大智若愚今乃信，是離見濁入娑婆。

〈師教人多說因果不尚玄談〉：臘盡普陀春又來，

---

[1] 見：李炳南講述，林其賢敬記：《唐詩講席實錄》，頁35，http://tclotus.net/tcbl/ebook/ebook4/index.html

校經悼幕不輕開；度生多與說因果，罕弄虛玄逞辯才。

〈師云佛法秘密只是恭敬〉：大道須從恭敬求，恆沙三業頓時休；捏拳豎指多權巧，到岸無非一葉舟。

〈時學多誤極樂是為心外〉：紅螺香冷夜沈沈，天下幾人圓解心；不是靈巖懸慧日，千帆風浪失南鍼。

〈時人多傳師為勢至化身〉：化身勢至語多奇，著相蒼生半信疑；若解如來同一性，言非言是兩皆宜。[1]

【案】十首錄五，另五首見一九三四年。沈去疾盛讚「印光大師圓寂二十週年紀念日，李炳南老居士賦詩十首紀念先師，追思語詞非唯對印光大師感情深摯，且各首名題皆選準大師畢生高行中最具代表者，苟非於大師之道行、言教深有契悟者，不能作此諸偈頌也。」[2]

十二月十四日（三），中午，至蔡念生府上參加其夫人胡寬玉往生七七圓滿佛事。禮請懺雲法師主法，先生及諸同道與會。[3]

晚，於慈光圖書館週三講座，宣講《維摩詰所說經》。

---

1 李炳南：〈吾師印祖涅槃二十週年追思〉十首，《菩提樹》第 97 期（1960 年 12 月 8 日），頁 32；今收見：《雪廬詩集》，《全集》第 14 冊之 1，頁 301-303，小注及詩文略異。
2 沈去疾編著：《印光法師年譜》，頁 296-298。
3 念生（蔡念生）：〈續談偶然與感應〉，《菩提樹》第 98 期（1961 年 1 月 8 日），頁 33。

十二月二十一日（三），晚，於慈光圖書館週三講座，宣講《維摩詰所說經》。

十二月二十三日（五），蔡念生來函，就其夫人胡寬玉臨終前後並無「聞香見花，天樂佛光」等瑞應，請求解釋是否確實往生？先生依「意不顛倒，正念分明」，斷其為中品往生。[1]

〈蔡念生來函〉：前以亡室斷七，蒙法駕辱臨，厚貺供品，諷誦靈文，存歿沾恩，非言可述。關於亡室生向，公以為安養可期。學淨業者，以此為最後斷驗。辰障深慧淺，遂不免反覆推索，此事似應就優點缺點兩方面論之：

其優點，為平時信願行三資量稍稍備具，臨時心不貪戀，意不顛倒，正念分明，（辰始終守在身側，僅於病未絕望時，謂此次病癒，決定受戒。又囑善視其胞妹。逮知病已無望，遂一直念佛，並無他語）二十四小時後，顏貌如生，而加以外在條件助念如法，並蒙我師賜給密咒加持之沙粒等。又曾於兩月前，夢見我師許其往生。

其缺點則為修道年淺，每日有定課不過三年，未受戒。關於相傳之生西瑞應，如預知時至，談笑而去，聞香見花，天樂佛光等，等皆所不備。究竟此種情形，希望如

---

[1] 下引兩函俱見：念生（蔡念生）：〈續談偶然與感應〉，《菩提樹》第98期（1961年1月8日），頁33。

何？邊地耶？下品下生耶？我師慧眼圓明，務祈賜教數語！

晚近學人臨終，稍獲善相，即附會生西。即如某老居士與辰至交，其信願均屬外道思想，行持亦無固定功課，只持戒大致不差，放生特別努力。臨終雖見夢於吾師，辰頗疑其為人天福報。而於亡室之生於何方，更左右不知所可。務懇俯賜析釋，以釋疑惑，不勝盼禱之至！

〈李炳南老師復函〉：奉讀手示，祇悉一切；同道之誼，應盡者盡，分所當然，無足稱道。

尊意對於嫂夫人生西，似尚懷疑，提出優缺兩點質詢，實則優即不缺，缺即不優。既知其優，尚何缺之有？

如謂「年淺及未戒」，試問臨終十念者，時間更短，且於戒亦未發心，何得其往生？吾兄精於內典，獨遺忘機有頓漸，緣有增上乎？龍女獻珠，屠夫放刀，不皆成於剎那耶？

至云聞香見花，天樂佛光等，只不過前五識之作用，不知意識更關重要。經論多言，意不顛倒，正念分明，此為其本。若專求末而忽本，不得真相矣。

邊地下品，一為有疑，一為五逆，經有明訓，知皆不入此二處。按學理論，嫂夫人決託中品。×××兄內外混雜，此生當乘善業超升善道，其淨業種子亦不致失，但不知幾生遇緣耳。縱遇，恐亦不能頓悟。蓋習氣纏綿，非可遽斷，必遇大善知識，痛加棒喝，或得速成。古德云：知見不正，甚於五逆十惡，信哉！謹貢所見，諸希慧照。

十二月二十五日（日），晚七時半，台中蓮社慈音歌詠團，於弘法班助念團團長林進蘭宅，舉行聯歡同樂晚會。先生出席，且特別表演舞劍。

　　台中蓮社慈音歌詠團，十二月二十五日下午七時半，假弘法班助念團團長林進蘭居士宅，舉行聯歡同樂晚會。團員到有宋于鶴等二十餘人，貴賓有李炳南老師、菩提樹主編朱斐、張寬心、呂正凉、張慶祝等。會中有鋼琴獨奏、團體合唱……等。李炳南老師表演舞劍，年逾古稀，出手不凡，左劍訣，右太阿，先是開門見山斬魔去邪，繼又抱元守一護法龍天，招招絕式，一新耳目。[1]

　　【案】台中蓮社「慈音歌詠團」剛於十月成立，由蓮社聘鋼琴家鄭瓊珠任團長，負責教導。鄭為助念團團長林進蘭令媛。

十二月二十八日（三），晚，於慈光圖書館週三講座，宣講《維摩詰所說經》。

是年，懺雲法師、菩妙法師等在臺中太平共住之印弘茅蓬結七念佛，曾邀請先生開示修淨法要。先生從今日佛七流弊在虛榮心、僥倖心，提揭正確發心與功夫在但求願堅、不求躐等。有偈云：

---

[1] 〈新聞〉，《慈光》第42號（1961年1月1日），第3版。

1960 年・民國 49 年 ｜ 71 歲

但求如法，切勿急躁；鑽木取火，不妙而妙。[1]

朱斐，〈憶念懺公老法師的點點滴滴〉：曾邀約獅山會性法師及中市蓮友等十餘人，在此打過一次佛七。[2]

【案】一九五六年懺雲法師於埔里創建印弘茅蓬，一九五九年八月因八七水災被沖毀，一九五九年十月重建於太平。一九六三年懺雲法師於南投水里建設蓮因寺。於太平結七時間約為一九六〇年至一九六二年。姑且繫於一九六〇年。

---

1 李炳南：〈太平印弘茅蓬佛七開示〉，《弘護小品彙存》，《全集》第 4 冊之 2，頁 469。
2 朱斐：〈憶念懺公老法師的點點滴滴〉，《菩提樹雜誌與朱斐老居士》，https://www.facebook.com/987184104625117/posts/999921710018023/

1961 年・民國 50 年・庚子－辛丑
72 歲

【國內外大事】
- 一月,臺北慧日講堂落成。
- 三月,台中蓮社董事周邦道榮任考選部政務次長。
- 五月,臺中慎齋堂遷址重建落成。
- 十一月,《慧炬》月刊創刊。

【譜主大事】
- 三月,出席臺中農學院「智海學社」成立大會。
- 五月,創辦「慈光學術講座」(週末班),每週六為中部大專青年講授佛學、詩學,以《佛學概要十四講表》、《詩學宗唐》為教材。
- 六月,「慈光育幼院」院舍落成。
- 八月,於台中蓮社,為國小、初中學童舉辦「暑期修身補習班」。
- 十月,辭卸台中蓮社董事長職。
  為歷屆國文補習班結業學員宣講《八大人覺經》
- 十一月,辭卸慈光圖書館、慈光育幼院董事長職,專心從事教學與講經。
- 全年,於慈光圖書館持續宣講《維摩詰所說經》(1960 年 6 月至 1962 年 1 月)。

1961年・民國50年｜72歲

一月四日（三），晚，於慈光圖書館週三講座，宣講《維摩詰所說經》。

一月八日（日），參加立法委員李繼武令慈公祭。公祭後與佛教蓮社社長許克綏、蔡運辰（念生）共同領頭，徒步送行。李委員夫人為台中蓮社智度班班長王時珍，當其婆母病危，遵守蓮社助念規章申請助念，並得先生所贈「大灌頂光明真言」加持光明砂所加被，安然而逝。

　　立法委員李繼武令慈，即台中蓮社智度班班長王時珍之婆母，因病危篤。台中蓮社助念團長林進蘭、副團長萬張佩環偕同諸蓮友連續八小時以上為其助念，且家屬遵守蓮社助念規章，李立委夫婦孝心感動佛菩薩，李老師所贈「大灌頂光明真言」加持之「光明砂」加被，安然而逝，亡者頂門溫暖。

公祭後送葬儀式首由吉普車前導，車上高懸總統題「教孝有方」誄詞，次立法院考試院及各部會首長，臺灣省主席等輓聯。佛教界有李炳老題「淑儀常昭」等百餘幅，樂隊後為數百執紼的各界士女，佛教蓮社有社長許克綏、李炳老、蔡運辰三位大德領頭蓮友隨後。三位已是年近古稀也徒步送了一大段路。[1]

---

1 〈新聞〉，《慈光》第43號（1961年1月25日），第1版；洪趙瑞蓮：〈李母成太夫人生西記送葬〉，《慈光》第42號（1961年1月1日），第3版。

一月十日（二），於台中蓮社大殿，召集念佛班各班正副班長，開念佛班聯誼會第三次籌備會議，討論組建念佛班聯誼會之理由。

　　念佛班組織聯誼會之理由：

1. 目的，為使各班員能互相聯絡。
2. 倘個人修行工夫未到者，至臨終時，必須助念來幫助臨終人念佛。
3. 組織念佛班，其方法可稱最好，因各人在家修行，不得精進，需要有人勸導，才能使道業成就。
4. 修淨土法門與其他法門不同，是能帶業往生，今生若不能成就，甚為可惜。
5. 組織此念佛班，已有十年時間，可說時間不短，但因各人見面，多有不相識之感，故組織此會，以聯絡感情，每個月，請諸位酌量定期開會一次或二次。
6. 念佛班員散居四方，互不聯絡，一旦有事，無法傳達，況如過去住南臺中之班員，不往北臺中送葬者可以證明。是以此幾年中，俱有變化，因各念佛班員，住址與名冊多不符合，經久未加修改，而發生錯誤。此有五種原因：一往生、二搬家、三住址變更、四退出、五班員與班長互不相識，以致缺乏情感，雖有名冊，亦無幫助。
7. 今備有新名冊，可填寫班員姓名住址，因各班班員人數亦有增減，住址亦多變更，若減少可再招添。或有

班長遷徙，現缺班長，應再推選班長，補缺辦理。[1]

一月十一日（三），晚，於慈光圖書館週三講座，宣講《維摩詰所說經》。

一月十二日（四），上午九時，於慈光圖書館主持慶祝大會，祝賀許克綏榮獲總統賜匾。大會由台中蓮社、慈光圖書館、育幼院、托兒所、《慈光》通訊，及菩提樹雜誌社等六單位佛教同仁共同舉辦，臺中市邱市長、中區張區長、黨部廖組長、國代林湯盤、省議員徐灶生等暨蓮友千人參加慶賀。邱市長等相繼致詞讚揚。

　　許社長克綏老居士，今年六十九歲，臺中市人，在本市成功路經營瑞成書局譽聞全省，為人忠厚篤實，家實不富，自十年前追隨本刊社長炳公老師學佛以來，百尺竿頭更進一步，樂善好施，扶危濟困。其捐獻最顯著者：（1）台中蓮社創建之初，即捐萬元，立定今日本省蓮風普薰之基業。其後創建慈光圖書館、慈光托兒所，慈光雜誌，莫不盡力捐獻鉅金，尤以最近創建慈光育幼院，慨購價值四十萬元土地捐建院址，前後總計捐資超過五十萬元。（2）前年八七水災，自捐四千元，並聯合蓮友捐款救災，籌集現金五萬餘元，衣服三千餘件。（3）民國四十一年一月起，於台中蓮社設救濟會，捐食

---

[1] 李炳南主席，江寬玉、何玉貞記錄：〈念佛班聯誼會籌備會議（第三次）會議紀錄〉，1961年1月10日；台中蓮社檔案。

米二千七百斤布施貧民,以後每年發動蓮友繼續辦理冬令救濟,十年如一日,未嘗間斷。

許老居士不願炫耀自己光榮,頒獎典禮時並未通知本市蓮友參加,僅由其公子陪同默默領回!惟台中蓮社等各團體董事等以國家元首之德意,長者之仁風,不可不揚,籌備公開慶賀云。

會後由各單位董事將匾送至許氏所開設的瑞成書局懸掛。李老師在會中強調,總統賜匾與一佛教徒,不但在臺灣尚屬初次,即過去在大陸,自民國以來亦屬創見,故確有宣揚之必要。[1]

一月十八日(三),晚,於慈光圖書館週三講座,宣講《維摩詰所說經》。

一月二十五日(三),晚,於慈光圖書館週三講座,宣講《維摩詰所說經》。

是月,水湳蓮友關黃毅、陳修善等居士,發心集資於水湳大石里籌建佛堂。該地蓮友在先生指導之下,皈依三寶、精勤學佛,並且不忘度他,以致同修漸漸增多。因擬籌建佛堂,俾同修研究相聚有室、弘法有所。[2]

---

[1] 〈佛教新聞〉,《菩提樹》第98期(1961年1月8日),頁44;〈佛教新聞〉,《菩提樹》第99期(1961年2月8日),頁45。

[2] 〈新聞〉,《慈光》第43號(1961年1月25日),第3版。

1961 年・民國 50 年｜72 歲

二月一日（三），於慈光圖書館週三《維摩詰所說經》講座，發動聽經蓮友一人一元，捐助救災。據報，中國大陸二十三省遭受旱災、蝗災，飢荒嚴重。[1]

二月七日（二），下午三時，於慈光圖書館為林聖雄、張敏玉佛化婚禮擔任證婚人。介紹人陳進德，來賓林看治及臺灣大學同學多人相繼致詞祝賀。觀禮者二百五十多人。新人節省婚費，捐助慈光育幼院一千元。[2]

是日晚七時，應呂佛庭邀約，往臺中師範學校宿舍西園精舍，賞其手植水仙。同席者另有：蔡念生、蔡北崙、戴興周、陳滌塵、朱斐等諸居士。與會諸君談興甚高，至夜十一時始歸。事後，各有詩作數首。

呂佛庭，《憶夢錄》：我盆養水仙，花開十餘朵，狀如瓊樓瑤臺，太可喜了。但名花何必自玩，共賞不更樂嗎？於是敬備幾樣茶點，邀請李炳南老居士、蔡北崙老先生、蔡念生老居士、朱時英居士，戴興周居士，於晚七時蒞西園賞花閒敘。北老年八十齡最高，坐席之上左，炳老年七十一，坐席之上右。念老年六十，坐席之左上，時英年四十，坐席之右上。興老年六十五，坐席之左下，我年五十一，敬陪末坐。水仙盆放置中央，點心四盤，壽桃各一，藉以為諸公祝壽。炳老和念老興致

---

1 〈新聞〉，《慈光》第 44 號（1961 年 2 月 10 日），第 1 版。
2 〈新聞〉，《慈光》第 44 號（1961 年 2 月 10 日），第 1 版。

頗高,談經論道,妙語動人。北老不適久坐,先離席辭去。炳老與念老至十一時始歸。這天是農曆臘月二十二日,次日二十三為小年祀灶日。我占詩一首云:名花共賞會西園,論道談經仰大賢;臘鼓催人祀灶日,水晶宮裡降張仙。蔡念生居士也賦七言絕句二首,題是:「半僧邀賞水仙,即席呈教。」[1]

【案】蔡念生,〈半僧招賞水仙〉:晚風縷縷送幽香,玉萼金英絕世粧。不向人間求片土,清泉白石是家鄉。縞衣仙子下瑤臺,玉作精神雪作胎。勝似宓妃臨洛水,凌波一去不歸來。[2]

先生作有:〈題呂佛庭西園雪夜七友賞水仙圖〉五首,呂佛庭由之評贊先生為風趣雅士。

〈題呂佛庭西園雪夜七友賞水仙圖〉五首:
入室卻疑花帶冷,開軒翻認雪飛香;看他鬥豔晚風裡,六出飄颻同樣妝。
高燒紅燭話黃昏,各印心香一瓣痕;不結西園清白侶,何來勝六打柴門。
安排清供設清齋,偶託琴心寫素懷;大異竹林狂七子,醉鄉顛倒任詼諧。
天地雪裝成玉壺,壺中席地結蝸廬;冰心似在玉壺外,

---

[1] 呂佛庭:《憶夢錄》,頁 377。
[2] 蔡念生:《如是庵詩存》,《如是庵內外學稿初集上冊》(臺中:健華出版社,1976 年 7 月),頁 65。

筆墨無痕意宛如。

呂子高風世少儔，胸中自有玉山邱；分明清淨如來相，慚我無端糞著頭。（《雪廬詩集》，頁 303-304）

呂佛庭，〈哭李雪老〉：庚子臘月祀灶前夕，我在西園精舍敬備茶點，奉邀李老居士雪廬、蔡老居士念生、蔡先生北崙、戴居士興周、陳先生滌塵、朱居士時英，共賞水仙。事後，李雪老與蔡念老並各賦詩數首。雪老有一首云：「高燒紅燭話黃昏，各印心香一瓣痕，不結西園清白侶，何來滕六打柴門！」由這首詩可以看出雪老並不是道貌岸然的學究，而是一位有風趣的雅士。[1]

此詩作前後，又有〈題無款應真手捲〉二首。

〈題無款應真手捲〉二首：
不必泥求南羽跡，袈裟祧襪自通神；若教林下舒長卷，何啻當年聚應真。
解參祇愧到三乘，偶爾隨緣戲寫生；落筆已輸心著相，豈堪虛妄更留名。（《雪廬詩集》，頁 303）

二月八日（三），夏曆十二月二十三日，慈光圖書館《維摩詰所說經》講座，庚子年最後一次講經。先生於講後備糖果及佛書《徑中徑又徑》八百份，贈予聽眾結緣。[2]

---

[1] 呂佛庭：〈哭李雪老〉，《菩提樹》403 期（1986 年 6 月），頁 17、22。
[2] 〈新聞〉，《慈光》第 44 號（1961 年 2 月 10 日），第 1 版。

二月十日（五），於《慈光》第四十四號刊載〈新春敬向同修恭喜〉，恭喜有漏之福報，小有增加；惟無漏之慧業，又有退轉，是可傷悲處。若能在一元復始之時，認真返觀，真心懺悔，則是真喜兆，真恭喜。

　　諸位同修，新年開始，就是舊歲開除，大家的白髮是要開始發生，壽命卻是開除存餘。當地風俗，每逢新年，初次見面，必曰：「恭喜恭喜！」請看以上二句，有何可喜？以我看來只有傷悲而已。不過也有可喜之人，那便是屬於智者，因智者愛惜光陰，不敢荒嬉，一年之久，無論道德學問，以及有益社會人群事業，在此時間，皆有一種成就。

我們同修，對於上述原則，應當在此時間，加以自省，或是恭喜，或是傷悲。但是自己看自己，多少有些護短，似乎還是旁觀者清。以我看來，多數有漏之福報，可說小有增加，這是可恭喜處；惟無漏之慧業，可說又有退轉，這是可傷悲處。如不為然，請陳所見。

這一年來，每一個月裏，總是有幾天，東邊燒香，西邊拜拜，風塵滿面，忙碌異常，或多或少，身力口力財力，皆有相當之布施。談話之間，也能表達其心理，大致各有希求，卻多在世間色身上計算，有的是求消災平安，有的是求榮華富貴。這些事能求到否？那也不一定，卻要看你之舉心真假敬慢而論。然拜拜布施，終屬善業，大小遲早，諒有幾天痴福果報而已，這是一年來之收穫。

若說到修慧，那就比前五六年，退得多了，雖然手裏掐著念珠，口裏咕嚕咕嚕，好像二六時中，不離這箇。仔

細體察內心所在,實在極樂氣分太稀薄,娑婆氣分太濃厚。請回想這一年得了幾次一心?度了幾人學佛?解了幾分教義?成就了幾種善業?若是沒有,是不是虛度光陰,向後退轉?反過來再想,向人起了幾次惡心?講了幾次壞話?打退了多少人學佛?攪亂了幾多善舉?生了幾次是非?興了幾次鬥諍?若是有一有二,豈但是往生障礙,只怕,只怕,只怕!

往者難追,來者可求,直心是道場,不可自己欺騙自己,只要真心懺悔,後不再作,有一日壽命,便有一日懺悔機緣。各人皆有佛性,覺悟時便如慧日當空,大地黑暗,一時盡破,眾罪如霜露,慧日能消除。新年元旦,大家皆願得些吉兆。所以見面說恭喜,逢人說好話,我想那皆是世俗虛恭維,毫無實際。同修果能在這一元復始之時,認真返觀,體察學人愚直之言,這是真喜兆,是真恭喜,是真好話,保你前途光明。[1]

二月十五日(三),夏曆辛丑元旦,上午十點,台中蓮社舉行蓮友團拜,先生特以密咒加持「福壽章」一千份,贈送參加蓮友佩帶胸前,俾增福壽。[2]

二月二十日(一),夏曆正月初六,下午二點,於慈光圖書

---

[1] 李炳南:〈新春敬向同修恭喜〉,《慈光》第 44 號(1961 年 2 月 10 日),夾頁。

[2] 〈新聞〉,《慈光》第 45・46 號(1961 年 3 月 10 日),第 1 版。

館為菩提樹雜誌社發行人朱斐令堂朱母譚太夫人舉行公祭，由先生主祭，陳進德代表全體蓮友讀祭文。公祭至為哀戚嚴肅。

〔本刊訊〕《菩提樹》主編朱斐居士令堂譚太夫人，於二月九日在大陸西歸安養，享壽八十二歲。台中蓮社等六單位組成朱府治喪委員會，於二月二十日，在慈光圖書館舉行公祭。李老師介紹朱母譚太夫人事蹟，而後加持大悲咒後主持放生，再由陳進德館長代表六單位宣讀祭文、崔玉衡居士代表披讀吊電。遺族謝詞亦由李老師代表致謝。而後由遺族朱居士夫婦拈香後，蓮友逐一拈香禮成。[1]

許克綏等，〈臺中佛教蓮社等六單位公祭朱母譚太夫人祭文〉：維中華民國五十年二月二十日，臺中佛教蓮社社長許克綏，慈光圖書館館長陳進德，慈光育幼院院長許炎墩，慈光托兒所所長張正心，慈光雜誌社社長陳進德，菩提樹雜誌社社長李炳南，暨全體蓮友等謹以香燈花果致祭於朱母譚太夫人之靈曰：

泰伯舊都，東南美萃，乾德健行，坤亦出類；厥誕淑人，仇督之配，教子事姑，晨昏盡瘁。寒室生溫，鄉黨稱惠，長齋佛前，冥心蓮會；有子象賢，東林儕輩，德立名彰，孝思不匱。九州赤氛，骨血阻隔，慈竹雲封，

---

[1] 〈佛教新聞〉，《菩提樹》第 100 期（1961 年 3 月 8 日），頁 43；朱斐：〈給母親在西天之靈的一封信〉，《菩提樹》第 100 期（1961 年 3 月 8 日），頁 30-32。

金萱霜萎；極樂歸真，念證不退，風樹烏啼，江天月墜。溯懷徽音，臨奠隕淚，一束生芻，神其來格。嗚呼哀哉，尚饗。[1]

【案】祭文應是先生手筆。

朱母係於二月九日逝世，朱斐於除夕前接到香港來電得知。過年期間，先生為辦理公祭，召開兩次籌備會議，撰有〈輓聯〉，並於公祭時介紹往生者事蹟。

朱斐，〈給母親在西天之靈的一封信〉：十年前的除夕，孩兒在這裡借慎齋堂舉行佛化婚禮。事前我告訴媽，過去我雖持素，但因為在外寄伙的緣故，只能做到肉邊菜的程度，現在同一位持素的小姐結了婚，可以吃淨素了。媽聽了這個消息，竟也發了大願，來信說，在兒結婚那天起，也吃長素了，並且還同時與二哥受持五戒。這給孩兒的鼓舞太大了！媽，兒的結婚，使您了卻一樁心事，所以毅然長齋念佛，您的慈悲，使孩兒終身難忘！

孩兒聽說媽病，姐姐就囑我要準備萬一，我就立刻向恩師炳公求請一包光明咒砂，夾在信裡。當時以為不可能收到，想不到佛法不可思議，不久就接到二姐的信，說咒砂已經收到。

台中蓮社等六個單位公祭那天，我同您兒媳什麼都沒

---

1 許克綏等：〈臺中佛教蓮社等六單位公祭朱母譚太夫人祭文〉，《菩提樹》第 100 期（1961 年 3 月 8 日），頁 22。

動，一切都是蓮友們幫忙。炳公恩師為了媽的公祭奔走召開籌備會議二次。雖然訃報上寫明了「花圈輓聯懇辭」，但仍掛滿許多輓幛聯軸。媽的遺像旁掛著恩師炳公的輓聯：「累慈親倚門倚閭，臨往蓮邦還在憶；交哲嗣半師半友，導遊法海與安心。」慈光圖書館的輓聯是「身子羅什世稱賢，皆因母慧；吳江寒山雲迭起，總是鄉愁。」慈光托兒所的是「人間享耆齡，子孝婦賢，報盡又生蓮世界；海外抒誠悃，花香水淨，道親齊結佛因緣。」上下聯。陳館長進德代表讀祭文和炳公恩師介紹媽的一生事蹟。[1]

是日起，連續四日，每晚七時半，於台中蓮社舉行春季青年佛法講演大會。由蓮社國文補習班結業學員游俊傑、張庭瑞等十六位主講。[2]

二月二十三日（四），圓覺念佛班歡宴蓮社機構各董事及職員，並合影留念。[3]（《圖冊》，1961年圖1）

二月二十五日（六），新營鍾石磐夫婦，為接引家族信佛，邀約散居各地親族假台中蓮社作春節聯歡。先生備素席

---

[1] 朱斐：〈給母親在西天之靈的一封信〉，《菩提樹》第100期（1961年3月8日），頁30-32。

[2] 〈新聞〉，《慈光》第45/46號（1961年3月10日），第1版。

[3] 【數位典藏】照片／弘法照片／念佛班／〈圓覺班〉。

二桌招待。鍾居士夫婦均住在蓮社,早晚隨眾上殿課誦,並請先生暢談佛法。次日由朱斐陪同前往拜訪南亭法師,法師閉關中,即在關房內,為其家族六人方便授說三皈。[1]

【小傳】鍾石磐(1904-1992),字報書,號岷樵。江西省萍鄉縣人。中學畢業,遠赴關外,入東北講武堂。以次升奉軍少將支隊長。北伐後,全國統一,辭去軍職,赴日本深造,畢業於日本陸軍士官學校。抗日戰爭開始,奉命率保全團與日軍作游擊戰,任岷山游擊區少將指揮官。繼而隨政府到臺灣,調國防部高參,僑寓嘉義。一九五二年皈依慈航法師,一九五四年於新竹獅頭山元光寺受在家菩薩戒。一九六三年,六十歲,自臺南縣黨部退休,自此專心學佛修行。其間曾在天龍寺佛學院、龍湖岩佛學院義務授課,在嘉義建國廣播電臺講《阿彌陀經》、《淨土宗講話》、《一夢七十年》。一九九二年一月二十八日逝於臺灣新營,享年八十九歲。

三月二日(四),夏曆正月十六,為《律航法師文鈔》撰〈序〉。律航法師前以將軍身承夏蓮居大德啟蒙,解甲後依慈航法師披剃。十年間宣揚念佛法門無虛日。去歲七月示寂,捨報前三日,特請先生前往告別。

余友黃臚初將軍,以夙世善根,獲聞淨業。雖處鋒

---

[1] 〈佛教新聞〉,《菩提樹》第100期(1961年3月8日),頁43。

鏑之際，未嘗少懈。解甲後，避中共之亂來臺，從慈航法師剃度焉，法諱律航。逾歲受具足戒，輒以念佛教人，奔馳三臺，宣揚無虛日，十年之間，其道大化，因以皈依者，惟繁不能計矣。庚子歲，示寂於臺中之慈善寺。捨報前夕，夢赴蓮池海會。次日告人曰：吾其去矣，召吾淨侶李居士來訣。余至，互證淨功，不及世態。再一日安詳西逝。茶毘得舍利一缽。吾道聞之，咸振奮焉。其高足諸仁者，追慕不已，轉而集議曰：與其哀以情識，曷若暢師未竟之願也。遂謀蒐輯遺文，冀惠來者。數月僅得ㄨㄨ篇，題曰律航法師文鈔。以余知師之深，囑以為序。披而覽之，其目次凡九，皆係論道之語，亦多余疇昔所知者。道為其實踐，語出於真誠，聲騰紙上，宛如晤言。神為之移，幾不知相對乃是文矣。嗚呼，剞劂行世，得非師之廣長舌相，猶覆人間耶？然語及一時，書及多世，應有無邊眾生，聞風興起，誕登覺岸，或後更有盛於前者。願見是書之士，當嚴珠櫝魚筌之辨，尤不宜與之乎者也諸集等量觀也。其高足茲舉，是謂知本。余固質野不文，蓋為揭其旨趣，欣焉不辭，而毫翰濡染敷陳其事，竟有不能自已者焉。中華民國歲次辛丑元宵節後山東李炳南謹識[1]

---

1 李炳南：〈律航法師文鈔序〉，《菩提樹》第 101 期（1961 年 4 月 8 日），頁 24；收見：《雪廬寓臺文存》，《全集》第 14 冊之 2，頁 77-79。落款據《菩提樹》。此序文後收入《律航長老全集》（臺中：慈善寺，2000 年）為〈序（二）〉，「數月僅得ＸＸ篇」改為「數月僅得百餘篇」。

1961 年・民國 50 年｜72 歲

三月八日（三），辛丑年開春講經恢復。慈光圖書館每週三晚七時起至九時，接續去年宣講《維摩詰所說經》，由張進興翻譯臺語。[1]

三月十日（五），在台中蓮社念佛班聯誼會功德堂，召開聯誼會會議，檢討祖先蓮位安置執行情形。

  1. 關於安祖先蓮位之事項，其資格曾為蓮社社員，受過三皈之念佛班班員，切實信佛之人始合章程。

  2. 查現在所安蓮位之奉祀人中，有新加入為念佛班員，並非社員，為數不少。也有一些，在念佛班名冊上無名。如此做法，實為錯誤。

  3. 關於安蓮位錯誤事項，暫且不究，今由朱炎煌、洪城兩居士，提議用勸導方法，請他加入為蓮社社員，再加入念佛班為班員。若有不願意參加者，可請其領回奉祀。討論結果一致通過。

  4. 聯誼會開會日期，協議以兩個月開一次，屆時請正副班長暨聯誼會，全體執事人員一同參加。其目的係互相聯絡感情，日期以雙月為開會日。[2]

三月十五日（三），晚，於慈光圖書館週三講座，宣講《維摩詰所說經》。

---

1 《台中市佛教蓮社民國五十年度工作報告》，《慈光》第 73 號（1962 年 4 月 30 日），第 3 版。
2 李炳南主席，何玉貞記錄：〈念佛班聯誼會紀錄〉，1961 年 3 月 10 日，台中蓮社檔案。

三月十六日（四），中國佛教會國際文教獎學基金會，假臺北市龍江街慧日講堂，舉行受獎大專學生座談會，同時頒發四十九學年第二學期獎學金。基金會常董印順法師、成一法師、周宣德、周邦道、丘漢平、張齡、及大專受獎同學、各校院佛學社負責人等百餘人齊集一堂。[1]

三月十八日（六），下午三時，赴省立農學院（後升格為國立中興大學）參加該校學生社團智海學社成立大會。該社繼一九六○年四月臺灣大學成立「晨曦學社」後，為全國大專院校第五所佛學社團。社名由先生命名，取自「深入經藏，智慧如海」。創辦人為該校研究生侯家駒，首任社長王國元。與會來賓尚有周宣德、蔡念生、朱鏡宙、傅益永、呂佛庭、周邦道、朱斐，本校教師有教務長、農經研究所所長李慶麐等以及社團指導老師許祖成。雖值考期，社員有四十餘人出席。

　　侯家駒，〈蘭因絮果憶當年〉：民國四十八年考進母校農經研究所，偶然得知中國佛教會國際文教獎學基金會在大專設置獎學金，即予申請，得到一千元。由於此一因緣，周宣德居士囑我在省立農學院（當時尚未升格）籌組佛學社團。民國五十年初熱烈展開籌備工作，同班同學林慶宏與大學部王國元從旁協助。成立大會是在行政大樓大會議室舉行，由我主持，周宣德、李炳南、蔡念生、朱鏡宙、傅益永、呂佛庭、朱斐居士及本

1　〈佛教新聞〉，《菩提樹》第 101 期（1961 年 4 月 8 日），頁 43。

1961年・民國50年｜72歲

校李慶麐、周邦道、許祖成、羅清澤均親臨指導。[1]

　　智海人，〈憶恩師與智海〉：智海學社之成立，是由周邦道老師及許祖成老師之指導發起，但「智海」之名，是由恩師命名，取「深入經藏，智慧如海」之意。一個大學內之佛學社團，若無研究佛學之內涵時，將失去其佛學社團之意。中部大專佛學社團及早期北部之各大專佛學社團若非雪公之慈悲及高瞻遠矚，自五十年起，開辦佛學講座，並親自教授其所編之「佛學概要十四講表」講起，恐無今日大專同學研究佛學之風氣。[2]

三月二十一日（二），晚，於台中蓮社代理主持第十屆國文補習班開學典禮，對學員懇切致詞。教師多位亦致詞勉勵。本期入學學員九十人。[3]

三月二十二日（三），晚，於慈光圖書館週三講座，宣講《維摩詰所說經》。

三月二十三日（四），晚，於蓮社為國文補習班講授《論語》。

　　【案】是年六月八日，先生於《菩提樹》一〇三期

1　侯家駒：〈蘭因絮果憶當年〉，《智海卅週年紀念專刊》（臺中：國立中興大學智海學社，1991年），頁12-13。另參見：〈佛教新聞〉，《菩提樹》第101期（1961年4月8日），頁42。
2　智海人：〈憶恩師與智海〉，《明倫》第183期（1988年4月）。
3　〈新聞〉，《慈光》第47號（1961年3月25日），第1版。

「佛學問答」回答陳清清提問後,「附語」謂:「倘肯屈駕一晤,極為歡迎,每星期四下午五點,可在蓮社會談。」(《佛學問答類編(上)》,頁324)似是先生於每週四國文補習班課前,開放個別教學。此開放個別教學時段於一九六四年時已改於週五晚間(紀潔芳,〈半世紀牽引 一輩子感念〉;引文見1964年2月27日譜文)。此一教學時段持續至蓮社改建而暫停(見1974年7月31日後譜文)。

三月二十六日(日),在台中蓮社念佛班聯誼會功德堂,召開聯誼茶會。聯誼會專為各班彼此熟識,以利推行事務。

1. 聯誼會成立至今,為第二次之開會,其目的專為與各正副班長互相聯絡感情,并使彼此認識。議定二個月開一次會,以促進聯歡,方便推行事務。

2. 報告:台中蓮社及慈光圖書館可以提供蓮友婚喪之會場,以及樂隊一概齊備,其工資隨意不計多寡。而助念或靈山寺法師可以代請,至於非蓮友者,亦可供其使用。

3. 各正副班長當注重吸收新班員,第一步當勸他加入念佛班,目的在使他能念佛往生,因此法為最究竟,第二步再勸其加入為蓮社社員。

4. 下次開會日期定五月十八日星期四晚上舉行。[1]

---

[1] 李炳南主席,何玉貞記錄:〈念佛班聯誼會紀錄〉,1961年3月26日;台中蓮社檔案。

1961 年・民國 50 年 ｜ 72 歲

三月二十九日（三），晚，於慈光圖書館週三講座，宣講《維摩詰所說經》。

三月三十日（四），晚，於蓮社為國文補習班講授《論語》。

是月，台中蓮社、慈光圖書館、慈光育幼院董事周邦道榮任考選部政務次長。

四月五日（三），晚，於慈光圖書館週三講座，宣講《維摩詰所說經》。

四月六日（四），晚，於蓮社為國文補習班講授《論語》。

四月八日（六），慶祝佛誕，台中蓮社及聯體機構：慈光圖書館、慈光育幼院、慈光托兒所、慈光雜誌社、菩提樹雜誌社、台中蓮社附設國文補習班、救濟會、放生會、霧峰佈教所、后里佈教所等，蓮友五千人，並聯合靈山佛學院，以蓮社百人大樂隊為先導，泰國銅佛像、花車及國樂隊等，陣容壯大、隊伍整齊，參加全市遊行。遊行後，於公園發送便當招待蓮友。[1]（《圖冊》，1961 年圖 2）

是日，於《慈光》蓮友通訊第四十八號刊載〈佛誕節小

---

1 〈新聞〉，《慈光》第 48 號（1961 年 4 月 8 日），第 1 版。

言〉，指出釋迦牟尼佛出世，才澈底解決生死大事。然此一成就，絕非閉門枯坐，不問世事，所能成就。必須一切害他事，不作；一切益他事，努力全作。

自古及今，無中無外，有兩個問題無人解決，一是宇宙之迷，雖然有不少的學者，說出了許多議論，也不過是理想而已。

自從釋迦牟尼佛出世以來，這個問題才有了解答，對於人生感覺的缺陷，才有了辦法，大家都知道，最大的缺陷，就是生死大事，但是佛法對於這一問題，解決的最澈底，卻有很多的事實證明，並非子虛烏有。

但是得到這樣難得的結果，卻不是一般人誤解的，閉門枯坐，不問世事，所能成就的。要知道佛家的根本教義，是慈悲平等。慈是給與眾生一切安樂，悲是救拔眾生一切痛苦；平等是說，不分怨親，不分界線，不限數量，不限時間，給眾生拔痛苦、與安樂。必須有這樣的精神，這樣的存心，才能成就佛果。

除此以外，凡是殺盜婬妄，一切害他的事，皆不去作；凡是盡忠國家，孝悌父兄，敦倫盡分，一切益他的事，皆要努力全作。這是佛法的大概。

總結幾句話：佛法成就，是在世間法上覺悟；佛果成就，是先在人格上建立。勸大家齊來學佛，共得安樂。[1]

---

[1] 李炳南：〈佛誕節小言〉，《慈光》第 48 號（1961 年 4 月 8 日），第 2 版。

1961 年・民國 50 年｜72 歲

四月十一日（二），晚七時，台中蓮社、慈光圖書館、育幼院、托兒所及菩提樹雜誌社等六單位同人聯合於慈光圖書館開慶祝茶點會，慶祝台中蓮社暨慈光圖書館董事周邦道，榮任考選部政務次長。陳進德館長代表致詞祝賀，先生代表致贈紀念品，周邦道致詞答謝後攝影留念。[1]

四月十二日（三），晚，於慈光圖書館週三講座，宣講《維摩詰所說經》。

四月十三日（四），晚，於蓮社為國文補習班講授《論語》。

四月十九日（三），晚，於慈光圖書館週三講座，宣講《維摩詰所說經》。

四月二十日（四），晚，於蓮社為國文補習班講授《論語》。

四月二十六日（三），晚，於慈光圖書館週三講座，宣講《維摩詰所說經》。

---

[1] 〈佛教新聞〉，《菩提樹》第 102 期（1961 年 5 月 8 日），頁 43。

四月二十七日（四），晚，於蓮社為國文補習班講授《論語》。

五月三日（三），晚，於慈光圖書館週三講座，宣講《維摩詰所說經》。

五月四日（四），晚，於蓮社為國文補習班講授《論語》。

五月六日（六），即日起，每週六於慈光圖書館「慈光學術講座」定期講學。此係為輔導大專青年次第研究佛學義諦暨我國固有文化而創設，正式生及旁聽人員合計約三百人參加。

　　慈光圖書館特為大學專科高中以上程度之智識青年開闢「慈光講座」，以闡揚中國固有文化及佛學哲理，提高青年修養為宗旨，第一次於國曆五月六日（星期六晚）至六月二十四日，並自八月五日起開辦「暑期講座」一期，又為應智識青年熱烈要求，再自國曆十一月二十五日舉辦「慈光講座」一期，每星期六晚六點四十五分起至八點四十五分止定期講學，共講授十四次，另一次為測驗，對成績特優者，特發給獎學金藉資鼓勵，大專高中以上青年為學生組，一般社會青年為社會組，均向該館登記索取聽講證，憑證聽講。以上各次，聘請李公炳南老師主講「佛學詩學」，中興、東海、中國醫藥、師範專科及省立一中、二中、師校，家職等高中學生正式登記參加者約二百名，社會組登記者

1961年・民國50年 | 72歲

六十名,參加旁聽者五十名,共三百名參加講座,許祖成、呂佛庭、倪渭卿等各位大專教授亦每場蒞席指導。[1]

【案】週六「慈光講座」第一期自一九六一年五月六日開講,至同年六月二十四日止。原計劃暑假停止開設,應請仍然於暑期繼續開課,見一九六一年八月五日文。

先生特編撰《佛學概要十四講表》為教材,親自授課。此係先生積學佛數十年之心得,採擷經論,如實介紹佛法真義之綱領。

〈佛學概要十四講表介言〉:中國倫理、印度佛學、歐美科學,為造福世界之三大學派。我國雖然全有,但科學早就落伍了;倫理也一度受了邪風,遭了摧殘;佛學根本就不普及,流行民間的,多半是宗教儀式而已。但是現在學校裏,對於科學、倫理,已都排有課程,可望重興;惟有佛學,反成了聽其自然的狀態。所幸各大專同學,猛發深省,自動起來研究,可憐三藏十二部,浩如煙海,不知何處可入,難以滿他的求知欲,這纔編了這份十四表,說明佛學是什麼,佛學內容是什麼,怎樣學,怎樣行,得什麼結果。依經教規範,依科學方法,也含有倫理的成分,概不空發議論,使人

---

[1] 《台中市佛教蓮社民國五十年度工作報告》,《慈光》第73號(1962年4月30日),第3版。另參見:〈佛教新聞〉,《菩提樹》第102期(1961年5月8日),頁43。

學一句,得一種法門,省時間,得實用。佛學究竟說些什麼?要知人的一生,離不開空間時間,這就是宇宙人生觀;但這觀有正確的,有錯誤的。佛學就是宇宙人生觀的大覺者,覺則支配宇宙,不覺就被宇宙支配;被支配就是不自由,能支配就是大解脫;萬事不依賴,要自己作主。十四種表,極其簡單,但介紹的事理很多,可以說「教、理、行、果」都說了一個輪廓;有次第,有前後,不能紊亂。體、相、用,因、緣、果,事與理,解與行,都有清楚的表明。這譬如是旅行佛界,得了一本行路指南,以後自己看經,便有個入處,行持也有個入處,講說也有個入處,或不致歧路興歎,茫無頭緒。

〈佛學概要十四講表目次〉:第一講表先明佛義、第二講表研究佛學須先略知別相、第三講表消除幾種誤會、第四講表人生當前之所受(觀受是苦)、第五講表人生三際之抉秘(十二因緣)、第六講表宇宙有情概況、第七講表宇宙器界概說、第八講表內容設施梗概、第九講表方便五乘解脫、第十講表五戒十善、第十一講表四諦十二因緣、第十二講表六度萬行、第十三講表行門中一特別捷徑、第十四講表吾人應有之警覺。[1]

五月十日(三),晚,於慈光圖書館週三講座,宣講《維摩詰所說經》。

---

[1] 李炳南:《大專佛學講座初級教材・佛學概要十四講表》,《全集》第4冊之1,頁1-31。

1961 年・民國 50 年｜72 歲

五月十一日（四），晚，於蓮社為國文補習班講授《論語》。

五月十三日（六），晚七時至八時半，於慈光圖書館「慈光講座」宣講《佛學概要十四講表》。

五月十六日（二），周邦道來函，為其夫人周楊慧卿北遷辭行。（《圖冊》，1961 年圖 3）

〈周邦道來函〉（5 月 16 日）：雪廬師座大人尊前：諭章敬悉，至感關垂。慧卿因一人留守，諸多不便，特來此間小住。臨行拜別，值駕出為悵。自離絳帳，孺慕彌殷。育幼院落成能否趕回觀禮，刻下尚未能定。佩環居士函屬為其乘龍陳君銓敘事關照，俟其公文到時，當託銓部友人注意，乞便中轉告為禱。耑此肅達，敬叩

崇安　　弟子周邦道頂禮　慧卿附筆叩安　五月十六日

【案】一九六一年三月周邦道北上就任考選部次長。函文提及之育幼院落成事為一九六一年六月一日，因繫於是。

五月十七日（三），晚，於慈光圖書館週三講座，宣講《維摩詰所說經》。

五月十八日（四），晚，於蓮社為國文補習班講授《論語》。

1433

五月二十日（六），晚七時至八時半，於慈光圖書館「慈光講座」宣講《佛學概要十四講表》。

五月二十一日（日），夏曆四月初七，即起兩天，晚七時，分別於台中蓮社、慈光圖書館舉行浴佛典禮。蓮友絡繹不絕，蓮社約八百人，慈光圖書館約一千六百人。[1]

五月二十三日（二），夏曆四月初九，即日起，連續四天，每晚七時起，於慈光圖書館舉行女青年講演大會，由蓮社附設國文補習班結業生組成之中慧班女青年擔任演講。圓滿日，圖書館準備四百份紅龜糕贈送聽眾結緣。先生勉勵演講女青年，並與合影。[2]（《圖冊》，1961年圖4）

五月二十四日（三），晚，於慈光圖書館週三講座，宣講《維摩詰所說經》。

五月二十五日（四），晚，於蓮社為國文補習班講授《論語》。

五月二十七日（六），晚七時至八時半，於慈光圖書館「慈

---

1 〈新聞〉，《慈光》第50號（1961年5月10日），第1版。
2 〈新聞〉，《慈光》第51號（1961年5月25日），第1版。合影照片見：【數位典藏】照片／道場活動／青年佛教演講大會／〈50年夏季青年佛教演講大會〉。

光講座」宣講《佛學概要十四講表》。

五月三十一日（三），晚，於慈光圖書館週三講座，宣講《維摩詰所說經》。

六月一日（四），上午十時，在中市南區瑞光街九號主持慈光育幼院落成典禮。各界人士及蓮友一千多人冒雨參加觀禮，盛況空前，可見各界對該院之關懷與支持。典禮先請省政府社會處處長傅雲剪綵、臺中市長邱欽洲啟鑰，全體進入禮堂。行禮後，先生以董事長職報告籌建經過，繼請傅處長、邱市長、劉副議長等致詞，語多贊揚。參加觀禮來賓、蓮友均獲贈塑膠錢袋（由先生題「長宜子孫」）一個，手帕一條以為紀念。（《圖冊》，1961年圖5）

　　〔本刊訊〕臺中此間佛教蓮社同人創辦之慈光育幼院落成典禮，於六月一日在該院中市南區瑞光街九號隆重舉行，出席觀禮者一千多人。省社會處傅處長剪綵，再請臺中市長啟鑰，全體進入禮堂。典禮行禮後，先由董事長李炳南居士報告籌建經過，繼請傅處長致詞，他一再強調該院能在短期間迅速完成，實為台中蓮社的一大光榮。市長邱欽洲、副議長劉火旺等均先後致賀詞，咸表贊揚云。

該院共佔地九百卅二坪，第一期工程建坪一四〇坪，工程費五十八萬，除省政府補助四萬元、蓮友及各界人士樂助四十餘萬元外，不足之數近十萬元。最後由該院院

長許炎墩致答謝詞。典禮在慈音女子歌詠團合唱佛曲中完成，攝影紀念並分贈來賓紀念品散會。[1]

張式銘，《張慶祝師姑九十回顧》：孤兒院落成時辦事的人，不供遠道來賓齋食，又不給我們十姊妹參加。我們聽了當下哭了，我們若不去，經營一定困難，老師為何不讓我們去孤兒院呢？看治師姊暗中準備六桶湯圓，我則在蓮社準備咖哩飯，偷偷告訴遠途者會後回去蓮社吃。我們則真的沒去了。（頁57）

【案】慈光育幼院主事者，主體為慈光圖書館。籌備時募款並不充裕，因此落成時，主事者未提供飲食。日後菩提醫院籌備時，慈光圖書館明顯與之區隔，聲明菩提醫院為十姊妹主導，與慈光無關（參見1963年8月30日譜文）。由此觀察，十姊妹與慈光主事者間應有某種嫌隙。於此亦可略見先生調和鼎鼐之艱難。

慈光育幼院落成時，編有〈簡介〉，記述緣起簡介、收容情形、組織內容與關聯系統。[2]（《圖冊》，1961年圖6）

三、組織內容：由創辦人聘請社會慈善人士為董事，其董事及院長名單如左：

董事長李炳南，常務董事許克綏、陳進德，董事兼院長

---

1 〈佛教新聞〉，《菩提樹》第103期（1961年6月8日），頁43；〈新聞〉，《慈光》第52號（1961年6月10日），第1版。
2 〈新聞〉，《慈光》第51號（1961年5月25日），第4版。

許炎墩,董事李繡鶯、朱炎煌、徐灶生、周邦道、賴天生、黃火朝、朱斐、趙鋑銓、劉汝浩、林夢丁、廖一辛、郭秋吉、陳灶、施鴻謙、林淵泉、簡國垣、許聰敏、林看治、萬張佩環、蔣葛妙信、林張闖、施德欽、江陳招、郭阿花。

四、組織系統:本院與台中蓮社、慈光圖書館、慈光托兒所、慈德托兒所、慈光雜誌社、菩提樹雜誌社等係聯體機構,略示系統圖如左:

台中蓮社聯體機構:

  台中蓮社:社長許克綏

    國文補習班————(正式立案,免費教學)
    裁縫講習班————(婦女技藝,義務講授)
    救濟會——————(冬令救濟,緊急救災)
    放生會——————(辦理放生,隨時舉行)
    印贈經書會————(印經流通,贈書弘揚)
    助念團——————(臨終助念,保持往生)
    念佛班聯誼會———(蓮友聯誼,正策精進)
    護國祈禱會————(週一念佛,護國消災)
    兒童德育週————(每週開班,教以德育)
    天樂隊——————(專設樂隊,宣傳弘法)
    慈音歌詠團————(女子歌詠,藉宏佛法)
    四十八願————(促成淨業,自行化他)
    法務部——————(講經講演,攝化眾生)
    慈務部——————(慈善救濟,謀福社會)
    霧峰佈教所————(深入鄉村,化導人心)

　　　　慈光圖書館：館長陳進德（社會教化，藏書免費供
　　　　　眾閱覽，學術講座、星期三講經）
　　　　慈光育幼院：院長許炎墩（收容教養貧苦無依孤兒）
　　　　慈光托兒所：所長林張閬（教保兒童，啟迪知識）
　　　　慈德托兒所：所長（遴選中）（教保兒童，啟迪知識）
　　　　菩提樹雜誌社：社長李炳南、發行人兼主編朱斐。
　　　　慈光雜誌社：社長陳進德、發行人許炎墩、編者游
　　　　　俊傑。

　　是日晚，於蓮社為國文補習班講授《論語》。

六月三日（六），晚七時至八時半，於慈光圖書館「慈光講
　　座」宣講《佛學概要十四講表》。

六月七日（三），晚，於慈光圖書館週三講座，宣講《維摩
　　詰所說經》。

六月八日（四），晚，於蓮社為國文補習班講授《論語》。

六月十日（六），晚七時至八時半，於慈光圖書館「慈光講
　　座」宣講《佛學概要十四講表》。

六月十四日（三），晚，於慈光圖書館週三講座，宣講《維
　　摩詰所說經》。

1961 年・民國 50 年｜72 歲

六月十五日（四），晚，於蓮社為國文補習班講授《論語》。

六月十七日（六），晚七時至八時半，於慈光圖書館「慈光講座」宣講《佛學概要十四講表》。

六月十八日（日），至靈山寺講堂參加靈山學苑畢業典禮。典禮由苑長懺雲法師主持，教務長許祖成報告三年辦學經過，再請先生臨別贈言。禮成後，師生合影。[1]（《圖冊》，1961 年圖 7）

　　本市靈山寺淨土道場附設之靈山佛學苑，一九五八年開學至今，三年修學期滿，於六月十八日舉行畢業典禮，由苑長懺雲上人親臨主持典禮，到有教師李炳南、劉汝浩、金天鐸、王德超、許祖成、賴棟樑、朱斐等老師及來賓賴天生、張寬心、陳進德、許炎墩、周家麟居士等二十餘人。典禮在是日上午九時開始由苑長懺公法師、副苑長德欽尼法師分別開示，語多勉勵。繼由教務主任許祖成教授報告三年學業成績。教師代表李炳南老師亦致詞勉勵畢業同學，最後由畢業生代表釋普現致感謝詞，然後頒發畢業證書。並對成績優良之前四名釋普願、釋玉圓、釋玉聘、劉玉鴛及勤學學生釋乘松等分別頒贈獎品後、禮成攝影。該學苑修業年限三年，專收女

---

1 【數位典藏】照片 / 師生聚會 / 師生合影 /〈靈山學苑畢業師生合照〉。

眾，教授完全義務免費教學，膳宿等費由靈山寺自籌負擔，有始有終、風雨無阻，學業功成，難能可貴也。[1]

【案】靈山學苑係由先生向靈山寺建議，於一九五八年六月二日開辦。（見該項譜文）

六月二十一日（三），晚，於慈光圖書館週三講座，宣講《維摩詰所說經》。

六月二十二日（四），台中蓮社附設國文補習班第十期學員六十七人，在蓮社集體舉行皈依儀式。學員於三月入學，經三閱月學習，對佛法深具信心，自動發心皈依三寶。當日由先生介紹法師並說明皈依儀式，皈依學員於七月九日，前往太平鄉印弘茅蓬謁見證明皈依和尚懺雲法師。[2]（《圖冊》，1961年圖8）

六月二十四日（六），晚七時至八時半，於慈光圖書館「慈光講座」宣講《佛學概要十四講表》。係本學期最後一

---

[1] 〈佛教新聞〉，《菩提樹》第104期（1961年07月），頁43；〈新聞〉，《慈光》第53號（1961年6月25日），第1版。

[2] 〈新聞〉，《慈光》第53號（1961年6月25日），第1版；《慈光》第54號（1961年7月10日），第1版。七月九日前往拜見懺雲法師事，見：黃文源：〈太平遊記〉，《慈光》第55號（1961年8月1日），第3版。

次開講。[1]

六月二十八日（三），晚，於慈光圖書館週三講座，宣講《維摩詰所說經》。

六月二十九日（四），晚，於蓮社為國文補習班講授《論語》。

七月五日（三），晚，於慈光圖書館週三講座，宣講《維摩詰所說經》。

七月六日（四），晚，於蓮社為國文補習班講授《論語》。

七月八日（六），於《菩提樹》月刊刊登〈啟事〉，請各界與台中蓮社等相關機構有交商事項，請直接聯繫，恕不代為傳達。

〈李炳南啟事〉：台中蓮社、慈光圖書館、慈光育幼院、慈光慈德兩托兒所等機構，均有首長主持。敝人除應邀與講經教學外，平時甚少前往。各界凡與各五機構有交商事項，務請直接與洽。敝人頹齡多忘，孤身龍鍾；無力代為傳達，亦不與聞其事。至希朗察為禱。[2]

---

[1] 〈台中佛教蓮社中華民國五十年度工作報告書〉，《慈光》第73號（1962年4月30日），第3版。

[2] 〈李炳南啟事〉，《菩提樹》第104期（1961年7月8日），頁43。

七月十日（一），至慈光圖書館參加其附設慈光托兒所第三屆畢業典禮。並與全部師生合影。[1]（《圖冊》，1961年圖9）

七月十二日（三），晚，於慈光圖書館週三講座，宣講《維摩詰所說經》。

七月十三日（四），晚，於蓮社為國文補習班講授《論語》。

七月十六日（日），晚八時，至慈光育幼院參加該院第一次星期日念佛會。先生領導上香，並於念佛後開示。參加念佛者約三百人。[2] 發起此念佛會係為息災、報恩。

〈慈光育幼院附設星期念佛會啟事〉：發起這個念佛會有四個意思，一、護國息災：借佛法保護我們臺灣不受敵人侵害，並祈禱免除天災人禍，使我安居樂業。二、祝壽報恩：這所育幼院，是大家捐錢建築的，院內有功德堂，凡捐錢的皆給安一長生祿位，求佛給他增福壽。我為善人祝壽，我也有功德。三、離苦得樂：念佛能以現在消災免難，將來能以往生極樂世界成佛，壽命無量。四、改良風俗：念佛聽講，自然明白因果，不做

---

1 【數位典藏】照片／教育研習／幼稚園／〈慈光托兒所第三屆〉。
2 〈新聞〉，《慈光》第55號（1961年8月1日），第1版。

1961年・民國 50 年｜72 歲

　　壞事，地方上就平安。[1]

七月十九日（三），晚，於慈光圖書館週三講座，宣講《維摩詰所說經》。

七月二十日（四），晚，於蓮社為國文補習班講授《論語》。

七月二十一日（五），受請至慈善寺律航法師圓寂週年紀念會演講。慈善寺廣化法師等，為報師恩，於律航法師捨報週年啟建七天紀念法會。二十一日圓滿，請道安法師與先生分別演講。來自東西南北各界人士甚眾。[2]

七月二十六日（三），晚，於慈光圖書館週三講座，宣講《維摩詰所說經》。

七月二十七日（四），晚，於蓮社為國文補習班講授《論語》。

是月，於慈光圖書館週三講經，簽名支持「反對彰化大佛任人攀登」，並呼籲大眾支持。聽講者隨亦簽名支持有

---

1 〈慈光育幼院附設星期念佛會啟事〉，《慈光》第 54 號（1961 年 7 月 10 日），第 1 版。
2 〈新聞〉，《慈光》第 56 號（1961 年 8 月 15 日），第 1 版。

三百餘人。

　　正言,〈一人一信建議勿踐大佛〉:月前參加臺中慈光圖書館週三佛經講座聽講前,有一老年比丘,持簽名冊在講堂前要求聽眾贊助一件功德,近前一看,原來這位比丘,為了彰化大佛任人踐踏,他要發動千人簽名,一呈中國佛教會,一告彰化大佛設計諸公,其致中佛會的呈文中,對彰化大佛之修建頗隨喜讚嘆,但對設計者空佛像之心腹,架梯數層任人攀登,執事者藉此以博微利之舉,大不贊同,謂以人天教主,竟被裨販如來者褻瀆至此,是可忍,孰不可忍?兩書最後,大聲疾呼,要求中佛會及執事者速加制止,禁止攀登,專供瞻拜,則種植福田,轉過為功。這項簽名運動,立刻博得慈光圖書館的聽眾們一致贊同。貴刊社長李老居士炳南正在該館講經,不但親自簽名贊成,並且當眾發表此種善舉,一時聽講者爭先恐後,簽名者約計有三百餘人。[1]

　　【案】先生前於一九五六年六月八日《菩提樹》月刊「卷頭語」專欄撰文呼籲,造空腹大佛,開放登陟,實為慢狎。「造像有功德,慢佛是罪業。已成者,立止攀登;正造者,專供瞻拜。則可轉禍為福矣!」此陳請簽名說帖與先生該文如出一轍。

該陳情書經達善、隆道、廣心等法師,及先生、許克

---

[1] 正言:〈「一人一信」建議勿踐大佛〉,《菩提樹》第 105 期(1961 年 8 月 8 日),頁 8。

綏、許炎墩、周家麟等居士具名,陳送中國佛教會理事長白聖法師,反對八卦山大佛做為遊人升降遠眺之具。同時並有〈敬告彰化八卦山大佛像設計諸公書〉,從佛理說明不宜開放理由。

〈呈中國佛教會理事長白聖老法師〉:彰化為本省文化古城,八卦山又為中部惟一風景區域,近者該縣風景建設委員會,於八卦山之巔,造一大佛像,高達七十二尺,如以專供遊人之瞻禮之用,吾人自當隨喜之不暇,其又有何說之辭。不意設計諸公,忽然異想天開,空佛像之心腹,架梯數層,下通以門,以為遊人升降遠眺之具,藉博微利,美之曰:「隨喜功德」。我人天教主,竟被稗販如來者,褻瀆至此!是可忍,孰不可忍?查本省已由政府定為觀光區,設有國際友人,目擊此種輕慢舉動,其反感為何如?其對吾國人之鄙視又何如?墮我國譽,辱我國格,莫此為甚!

〈敬告彰化八卦山大佛像設計諸公書〉:末法眾生,稗販如來之事,無奇不有,而其間褻瀆神聖、侮辱尊嚴,陽假宏揚佛法之名,陰行破壞佛法之實,則以此次彰化八卦山大佛像之設計為尤甚!佛像建於八卦山之巔,高達七十二尺,用水泥鋼骨鑄成,上無遮蓋,一任日曬雨打,已非敬重之道;而設計諸公,更異想天開,空佛像之腹,架梯數層,下通以門,任由遊人,隨意入內,登臨遠眺,博取微利,美之曰:「隨喜功德」。吾不知攀登其中者,為功德乎?抑自種罪孽乎?引導無辜之人,作無間罪,設計諸公,苟或稍通佛法,吾意其必

不敢如此膽大妄為也。[1]

【案】陳情書經中國佛教會請求內政部下令封閉臺灣省八卦山大佛像腹內通門，禁止遊客進入大佛肚內遊覽。內政部民政司已核准交由當地主管機關執行。[2]

【又案】先生曾率隊前往八卦山興建中之大佛像現地考察。（《圖冊》，1961年圖10）

八月二日（三），晚，於慈光圖書館週三講座，宣講《維摩詰所說經》。

八月三日（四），晚，於蓮社為國文補習班講授《論語》。

八月五日（六），於慈光圖書館開辦暑期慈光學術講座。即日起，每週六晚八至十時舉行。教材與前同為《佛學概要十四講表》。

在慈光圖書館舉辦的慈光學術講座，因大專學生暑假暫停，但由於林正雄居士（家職學校英文教員）、林須美居士（靜宜英專畢業）倡議，熱烈要求，以大學

---

1 釋達善、釋隆道、釋廣心、李炳南、許克綏、許炎墩、周家麟等：〈呈中國佛教會理事長白聖老法師〉、〈敬告彰化八卦山大佛像設計諸公書〉，中國佛教會檔案：《衛教》，編號：8-3。轉引自：侯坤宏：〈戰後臺灣佛教的「護法運動」〉，《中佛教會復會六十週年學術研討會論文集》（臺北：中國佛教會，2007年8月25日），頁403-442。

2 〈佛教新聞〉，《菩提樹》第107期（1961年10月8日），頁45。

專科或高中學生以上程度青年為對象,在慈光圖書館於每星期六晚八時起,定期舉辦「暑期學術講座」,仍由李老師炳南老居士主講。參加的大專高中學生約一百多人。[1]

最近有一些大專青年學生,想利用暑假期間,請李炳南老師講述一些佛學道理。從八月五日起,每週六晚八時至十時,在慈光圖書館大講堂。此次暑期慈光學術講座,所印編之講義,據李老師說是根據幾部著名佛學,摘其要點精華彙編而成,計分十四講。第一講也就是我們今天所要聽的第一課題目是「先明佛義」。[2]

【案】本期慈光講座為暑假週末班,每週上課一次,每次兩小時。與後來開辦之寒暑假密集上課一週至四週之「慈光講座」或「明倫講座」有別。本次暑期講座,據上引文,從《十四講表》第一講「先明佛義」開講,並未接續暑假前已有之八次講座。本次暑期講座依安排應為十四週,至十一月四日止,再加一次考測、一次結業式頒獎,應至十一月十八日止。與新學期課程十一月二十五日開始恰好銜接。

是日,桃園蓮社負責人簡國垣、陳朝忠、陳三枝等一行六人,至台中蓮社拜訪先生,商談弘法計畫。而後由慈

---

[1] 〈新聞〉,《慈光》第56號(1961年8月15日),第1版。
[2] 盧志宏:〈「慈光學術講座」聽講略記〉,《慈光》第57號(1961年8月30日),第3版。

光育幼院許炎墩院長引導參觀該育幼院。[1]

八月七日（一），晚，於台中蓮社召開慈光育幼院附設慈德托兒所，第一屆第一次董事會。聘定董事及所長。

創辦人代表李炳南提名黃火朝居士（台中蓮社霧峰佈教所所長）為董事長，林李繡鶯居士、黃林雪銀居士為常務董事，董事有：李炳南、朱炎煌、許炎墩、林夢丁、魏柏勳、蔣俊義、周家麟、林炳榮、許炎棱、周慧德、陳進德、池慧霖。董事會並一致通過聘請黃林雪銀為首任所長。[2]

是日起，台中蓮社念佛班聯誼會於台中蓮社開辦「暑期修身補習班」，週一至週六上午九至十一時上課，有朱子格言、佛理、習字、白話尺牘、因果故事、常禮舉要等課。專收國小、初中在校學生，約兩百位學童參加。[3]

【案】台中蓮社自一九六一年起開辦「暑期修身補習班」，該班隊開學期間名為「兒童德育班」，於週日舉行稱「兒童德育週」，暑假舉辦則稱「暑期修身補習班」。結業時間未詳。一九六二年舉行時間則開業時間未詳，結業日為八月三十日。

1　〈新聞〉，《慈光》第 56 號（1961 年 8 月 15 日），第 1 版。
2　〈新聞〉，《慈光》第 56 號（1961 年 8 月 15 日），第 1 版。案，池慧霖為日後補聘，見〈新聞〉，《慈光》第 58 號（1961 年 9 月 15 日），第 1 版。
3　〈新聞〉，《慈光》第 56 號（1961 年 8 月 15 日），第 1 版。

八月九日（三），晚，於慈光圖書館週三講座，宣講《維摩詰所說經》。

八月十日（四），晚，於蓮社為國文補習班講授《論語》。

八月十二日（六），晚，於慈光圖書館「慈光講座」宣講《佛學概要十四講表》。

八月十六日（三），晚，於慈光圖書館週三講座，宣講《維摩詰所說經》。

八月十七日（四），晚，於蓮社為國文補習班講授《論語》。

八月十九日（六），晚，於慈光圖書館「慈光講座」宣講《佛學概要十四講表》。

八月二十三日（三），晚，於慈光圖書館週三講座，宣講《維摩詰所說經》。

八月二十四日（四），晚，於蓮社為國文補習班講授《論語》。

八月二十六日（六），晚，於慈光圖書館「慈光講座」宣講《佛學概要十四講表》。

八月三十日（三），晚，於慈光圖書館週三講座，宣講《維摩詰所說經》。

八月三十一日（四），晚，於蓮社為國文補習班講授《論語》。

旅居加拿大僑領詹勵吾捐資成立「詹煜齋居士佛教文化獎學基金會」，設立大學院校佛學論文徵文獎學金，及舉辦其他佛教文化活動。禮聘周宣德為董事長，周邦道、顧法嚴、巴壺天、伍天緯、李添春、何敬群等為董事；禮聘星雲、常覺、聖嚴等法師，岑學呂、陸寬昱、蔡念生、南懷瑾等居士為顧問。先生亦受聘為顧問。[1] 感於詹居士之義行，作詩〈詹勵吾居士捐產設佛教文化獎學基金會〉：

　　勵吾道長為勗勉大專學子，進德修業，捐產獻資，創設佛教文化獎學基金會，爰題俚句以識。
誰種菩提青接天，從依泮水起雲煙；黃金離相鋪心地，不信祇園有後賢。[2]（《雪廬詩集》，頁304）

九月二日（六），晚，於慈光圖書館「慈光講座」宣講《佛學概要十四講表》。

---

1 〈佛教新聞〉，《菩提樹》第105期（1961年8月8日），頁43。
2 原詩小序，見《慧炬》第8期（1962年6月），第4版；小序未收於《雪廬詩集》。

1961 年・民國 50 年 | 72 歲

九月六日（三），晚，於慈光圖書館週三講座，宣講《維摩詰所說經》。

九月七日（四），晚，於蓮社為國文補習班講授《論語》。

九月九日（六），晚，於慈光圖書館「慈光講座」宣講《佛學概要十四講表》。

九月十一日（一），台中蓮社文藝班開會，決議：為提高擴大佛教青年各種文藝技能之學習及聯絡感情，議決聯絡國文補習班第一期至第十期畢業生組織「佛教青年聯誼會」。[1]

九月十三日（三），晚，於慈光圖書館週三講座，宣講《維摩詰所說經》。

九月十四日（四），晚，於蓮社為國文補習班講授《論語》。

九月十五日（五），夏曆八月六日，會性法師閉關中胃疾，經朱斐與于凌波醫師勸請自獅頭山出關至臺中診療，暫住菩提樹雜誌社。于凌波因此稟報有開辦佛教醫院之願想，先生指示，須待因緣，且緩議。

---

1 〈新聞〉，《慈光》第 58 號（1961 年 9 月 15 日），第 1 版。

> 會性法師，〈自述略歷〉：八月初六日，因病出關。──六月起，胃便不適，日趨嚴重。八月初，朱斐居士與于凌波醫師來，謂須出關檢查，乃於初六出關，初七同往臺中，初八回頭份益生醫院診治，住院半個月，月底，回山靜養。[1]

> 于凌波，〈感恩、慚愧與自勉──為雪公老師往生十周年而作〉：民國五十年九月，菩提樹月刊主編朱時英師兄，約我帶上診病器材，到獅頭山元光寺，為閉關潛修的會性法師醫病。會師是因閉關運動不夠，引發胃腸不適。我在山上住了一星期，會師病癒後我始下山。山居期間，我靜心構想，社會上如果有一所佛教人士所辦的醫院，為佛門四眾服務，兼為社會貧困民眾醫療，豈不是一件功德？

> 下山之後，我把此構想告知時英師兄與他的夫人鄧明香居士，他們二位十分贊成，進一步向雪公老師報告，老師說：佛教界辦一所醫院，老早就有人談論過，不過這要人、要錢、要許多機緣成熟的時候，才能著手進行。你既然發下這個心願，佛菩薩都已經知道，早晚要把你這個願望實現，對佛菩薩才算有交代，慢慢看吧！看將來的機緣。[2]

---

[1] 釋會性：〈會性（法師）自述略歷〉，《會性法師略歷》（屏東：普門講堂，2011年），頁33-88。

[2] 于凌波：〈感恩、慚愧與自勉──為雪公老師往生十周年而作〉，《淨土與唯識》（臺北：佛陀教育基金會，2019年2月），頁177-185。

1961年・民國50年 | 72歲

　　卓遵宏、侯坤宏訪問，周維朋記錄：〈朱斐居士訪談錄（二）〉：有一年，獅頭山的會性法師閉法華關時在關房中病倒了。他在關裡病了，又不能出來看病，我知道了以後，就跟于凌波講：「你是醫師，我陪你一同去看一個病人好不好？」他很慷慨允諾後，我就帶他去了獅頭山。于醫師替他診脈聽診，知道他病情不輕，就勸法師下山去看病。法師想想，認為這樣也好。
會性法師下山後，先到我三十七號樓上的木造房子暫住。他要上樓還得要人揹著上去，他腳沒有力，走不上去。我們就讓出一間六個榻榻米的房間，讓他睡在那裡。李老師住在隔壁，每天請李老師過來看病。會性法師相信中醫，雖然也有西醫去看他，但他相信中醫比較能調理腸胃，也吃中藥。他在我那裡住了個把月，恢復了許多，因為獅頭山上的人掛念他，先後到我那裡去探病的出家人有十幾人，我們招待不週，當然也要怪我們的樓房太小。後來我就跟會性法師說：「法師，您還是到南部去吧！」他在南部有一個徒弟，住在屏東萬巒，為他在那裡建立了一個講堂。他去了之後，身體逐漸康復，因為南部的氣候好，適合他調養，後來完全痊癒了。
因為這個因緣，于凌波居士說，我們佛教需要一個醫院。因為佛教徒生了病，住一般醫院吃素不方便，往生的時候，也沒有照顧助念的地方。如果有佛教醫院，我們留個病房來做臨終關懷，可以專供助念，因為在一般醫院是不給助念的，於是我們就發想籌辦佛教醫院，這

不就是緣的始因嗎！

我們跟李老師講想辦醫院的事情，老師最初是不大贊同的，因為茲事體大，不容易辦。辦個醫院談何容易呢！經費哪裡來？李老師在臺中已經辦了很多事業，如蓮社、圖書館、孤兒院等，老人院倒想辦，但是也還沒有辦。[1]

【案】上引〈朱斐訪談錄〉，朱斐稱其與于凌波勸會性法師下山後，住臺中其寓所，「李老師住在隔壁，每天請李老師過來看病」、「會性法師在我那裡住了個把月」等語。唯據上引會性法師自述，「初六出關，初七同往台中，初八回頭份益生醫院診治，住院半個月，月底，回山靜養。」是時，並未多住臺中，亦未及先生診治事。朱斐所述應是一九五五年九月二日事，詳見該項文。

九月十六日（六），晚，於慈光圖書館「慈光講座」宣講《佛學概要十四講表》。

九月十九日（二），晚八時，至台中蓮社參加國文補習班第十期畢業典禮。蓮社社長許克綏、教師劉汝浩、許祖成以及文藝班、天樂隊、蓮友等一百多人參加。本期入學學員一百多名，經嚴格審核並經教育科驗印發給結業證

---

1 卓遵宏、侯坤宏訪問，周維朋記錄：〈朱斐居士訪談錄（二）〉，《國史館館訊》第 3 期（2009 年 12 月），頁 149-181。

書者五十九名。典禮由主任蔣俊義主持,並請諸師長致詞。先生致詞勉勵成為轉移風俗之君子,並頒發獎學金。師生合影留念。(《圖冊》,1961 年圖 11)**國文補習班開辦迄今已十年,就讀青年達千人。**[1]

黃文源,〈補記第十屆國文補習班畢業典禮〉:李炳南老師致訓詞:「說畢業同學才五十多位顯然似乎太少了,實際上五十多位也可說太多了,因為在補習班每一期能出十個君子那就太了不起了。君子是轉移風俗,不為風俗所轉移。同學們來蓮社是學習人格教育,不同於高樓大廈的補習班以升學為目的,且這張畢業證書不能作為敲門磚用。今後同學們將再發起組織精進班是件很好的事情,六個月畢業僅是一個段落,學問是無止境的,精進班將為同學們更上一層樓。最後囑咐同學們切勿把學做君子的志願行為忘掉。」[2]

黃文源,〈我對補習班的感想〉:李炳南老師曾言:「我教你們這門學問,並非要你們能背出來,而是要你們順著聖人的話,確實做到;這就是人格教育,亦是做人的道理。」[3]

---

1 〈新聞〉,《慈光》第 59 號(1961 年 9 月 30 日),第 1 版。照片見:《國文補習班第十屆教職員暨同學通訊錄》,台中蓮社檔案。
2 黃文源,〈補記第十屆國文補習班畢業典禮〉,《慈光》第 60 號(1961 年 10 月 15 日),第 3 版。
3 黃文源:〈我對補習班的感想〉,《慈光》第 50 號(1961 年 5 月 10 日),第 3 版。

九月二十日（三），晚，於慈光圖書館週三講座，宣講《維摩詰所說經》。

是日講經後，于凌波得朱斐推薦，納贄拜於先生門下。先生贈鋼筆一支，勉勵為佛門做事。于凌波於是開始撰寫《向智識分子介紹佛教》一書，於次月起連載於《菩提樹》月刊。

民國五十年的七月間，我在時英師兄府上吃午飯，席間他問我有沒有皈依師父，我回答還沒有。當天下午，時英師兄帶我到太平鄉印弘茅蓬，皈依於懺雲法師座下，成為一名三寶弟子。師父賜我法名戒凌，給我一份皈依證書，並賜我《印光法師文鈔》一部。

同年的九月二十日，時英師兄告訴我說，他已請示過雪公老師，老師應允收我為受業弟子。我喜出望外，當天晚間在慈光圖書館聽經完畢，時英師兄帶著我隨老師到了後堂，向老師呈遞受業弟子名帖，並以紅封套裝入新臺幣一元作為贄敬禮（一元的數目是老師事先指定的，多則不收），然後向老師行三跪九叩禮。老師端坐受禮，禮畢，賜我鋼筆一支，勉勵我：「為佛門多做點事。」——此情此景，猶歷歷在目，回首前顧，已是三十五年以前的事了。

在我皈依於　懺公師父及納贄拜於　雪廬老人門下後，我精進不懈，認真學佛。我每星期三到臺中聽經，平常在家中定時做早課，研讀佛學書——我像是窮漢挖到了寶藏，研讀佛書，晝以繼夜。我讀書做筆記，寫摘要。

1961年・民國50年 | 72歲

後來以讀書的心得,撰寫出十餘萬字的《向智識分子介紹佛教》一書。[1]

【案】于凌波任職南投埔里糖廠醫務室,去年(1960)五月,至菩提樹雜誌社購書,初次候見先生。此後即每週三自埔里騎機車至慈光圖書館聽講。

【小傳】于凌波(1927-2005),河南省洛陽縣人。生逢亂世,一九四三年春中學時,時當抗戰末期,暴敵壓境,乃流亡後方,考入軍醫學校西安分校受學。一九四四年秋畢業,分派至陸軍基層單位任軍醫,戍守黃河河防。抗戰勝利,隨軍北上,積功升至少校。一九四八年秋,考入上海國防醫學院深造,一九四九年三月,隨國防醫學院遷校來臺,畢業後服務于陸軍醫院及總醫院,歷任醫師、科主任。一九五八年退役,受聘為台灣糖業公司醫務室主任。

一九六〇年,因購佛書因緣結識《菩提樹》雜誌發行人朱斐。由朱居士之引介,皈依于臺中太平鄉印弘茅蓬懺雲法師座下,復納贄禮拜李炳南居士門下授業,修學淨土念佛法門。一九六一年九月,應朱斐約,赴獅頭山為會性法師醫病,發願創設為佛門四眾服務之醫院。而後由炳南先生領導成立佛教菩提醫院。旋離職開設普濟醫院,又投入政治參加選舉,曾當選臺中市議員。

---

1 于凌波:〈感恩、慚愧與自勉——為雪公老師往生十周年而作〉,《淨土與唯識》,頁178-179。

一九八一年以後，應陳慧劍居士勸請，謝絕外緣，收斂身心，禮佛讀經，探究法義。以讀經心得，寫出了《般若心經蠡解》、《簡明佛學概論》、《唯識學綱要》、《唯識三論今詮》等著作以及《近代佛門人物志》、《民國佛教高僧傳》、《民國佛教居士傳》、《民國佛教學人傳》，以及《現代佛教人物辭典》等史傳。

　　一九九四年，成立「財團法人李炳南居士紀念文教基金會」，發行《弘法資訊》月刊，成立「雪廬講堂印經功德會」。二〇〇五年，安詳往生。[1]

九月二十三日（六），晚，於慈光圖書館「慈光講座」宣講《佛學概要十四講表》。

九月二十五日（一），下午一至六時，於台中蓮社主持秋祭。蓮社有功德堂設於左鄰新置聯誼會，社員均可免費供設祖先或已故眷屬之蓮位一座，舉行秋祭誦經念佛仰仗佛力拔薦祖先超登極樂。

　　台中蓮社舉行秋祭，誦經念佛拔薦祖先，由雪公老師主持。所需一切費用，概由該社董事會與聯誼會自籌負擔。參加致祭蓮友，概不收任何費用，亦不另立名目收費，亦不採熱鬧形式。一心專念阿彌陀佛聖號，務求

---

1 〈創會人于凌波居士簡介〉，《李炳南居士紀念文教基金會》，https://www.leepingnan.org.tw/chuang-hui-ren

1961年・民國50年｜72歲

「佛、心、亡者」三位一體，感應道交，使亡者獲得實際功德，離苦得樂。蓮友一千數百人致祭盛況非常。[1]

九月二十七日（三），晚，於慈光圖書館週三講座，宣講《維摩詰所說經》。

九月二十八日（四），蓮友蔡靜枝從教五十年，為全省獲表揚資深教師中資歷最深者。先生特贈匾「化育在心」致賀。台中蓮社、慈光圖書館亦贈「化雨慈雲」匾額致賀。[2]

九月三十日（六），晚，於慈光圖書館「慈光講座」宣講《佛學概要十四講表》。

十月四日（三），晚，於慈光圖書館週三講座，宣講《維摩詰所說經》。

十月七日（六），晚，於慈光圖書館「慈光講座」宣講《佛學概要十四講表》。

十月八日（日）起，每逢週日晚在台中蓮社為歷屆台中蓮社國文補習班結業青年，宣講《佛說八大人覺經》。有

---

[1] 〈新聞〉，《慈光》第59號（1961年9月30日），第1版。
[2] 〈新聞〉，《慈光》第59號（1961年9月30日），第1版。

〈八大人覺經講錄〉表解手稿。[1]

【案】該次宣講週次不詳,姑以歷次宣講是經為八次推估。

十月十一日(三),晚,於慈光圖書館週三講座,宣講《維摩詰所說經》。

十月十三日(五),晚,召開台中蓮社董事會,先生辭董事長暨常務董事一職,仍任董事及導師。經全體董事投票選舉,朱炎煌繼任董事長,許克綏蟬聯社長。

李老居士來臺,定居臺中十二年,獻身弘法利生,未曾休息。今日忽辭台中蓮社董事長,必為萬千蓮友所關心,其實老居士早已不居執行首長之位,上述社長、館長、院長、所長均委由其受業弟子們擔任,且以七十三之高齡亦不宜受繁雜事務所煩擾。總之,此次之退讓董事長,完全是以退為進,今後以導師之身份,專心從事講經、教學等法務工作。此次可說是發展性的改組。新任董事長朱炎煌居士為李老居士高足之一,十一年前與許克綏居士慨然捐出巨資購房倡建蓮社,為台中蓮社創始者之一,追隨老居士推動佛教慈善事業,貢獻良多。今後在朱居士努力之下,該社工作,必有劃時代

---

[1] 〈新聞〉,《慈光》第60號(1961年10月15日),第1版。李炳南:〈八大人覺經講錄〉,收見:《講經表解(下)》,《全集》第3冊,頁911-922。

的進展,當可拭目以待。[1]

【案】據司法院「法人登記簿」,台中市佛教蓮社於一九六一年十一月二十一日變更登記董事長為朱炎煌,董事為原來七位不變。[2]

十月十四日（六）,晚,於慈光圖書館「慈光講座」宣講《佛學概要十四講表》。

十月十五日（日）,晚,在台中蓮社為歷屆國文補習班結業青年,宣講《佛說八大人覺經》。

是日,函知文藝班胡遠志,十一月霧峰靈山寺佛像開光,請天樂隊出團演奏。(《圖冊》,1961年圖12)

十月十八日（三）,晚,於慈光圖書館週三講座,宣講《維摩詰所說經》。

十月二十一日（六）,晚,於慈光圖書館「慈光講座」宣講《佛學概要十四講表》。

十月二十二日（日）,晚,在台中蓮社為歷屆國文補習班結

---

[1] 〈新聞〉,《慈光》第60號(1961年10月15日),第1版。
[2] 〈財團法人臺灣省台中市佛教蓮社法人登記謄本〉,《法人登記簿》第肆冊第貳拾頁,臺灣臺中地方法院登記處,1977年7月18日。

業青年，宣講《佛說八大人覺經》。

十月二十五日（三），晚，於慈光圖書館週三講座，宣講《維摩詰所說經》。

十月二十七日（五），赴霧峰，參加臺中靈山寺霧峰分寺靈山塔落成典禮。典禮由德真、德欽二位老尼師主持，請懺雲法師為佛像開光、先生致賀詞，信徒代表徐灶生致謝詞。臺中及霧峰一帶蓮友參加甚眾。（《圖冊》，1961年圖13）[1]

　　胡建國，〈德欽大師事略〉：一九六〇年，德真法師以其子蘭生所屬座落在霧峰甲寅村的私人花園用地，創立霧峰靈山分寺，及建造靈山塔。翌年，德欽法師年事已高，遂辭去靈山寺監院職，專心修行和持念彌陀聖號，並改聘為臺中靈山寺及霧峰靈山分寺顧問。[2]

十月二十八日（六），晚，於慈光圖書館「慈光講座」宣講《佛學概要十四講表》。

---

[1] 〈新聞〉，《慈光》第60、61號（1961年10月15、30日），第1版。據「辛丑年十月二十六日臺中靈山寺霧峰分寺靈山塔落成典禮」照片，先生參加典禮留影。照片見：霧峰靈山寺／歷史沿革；http://wf034.byethost7.com//index.html#info4-w（2021年11月1日下載）

[2] 胡建國：〈德欽大師事略〉，《國史館現藏民國人物傳記史料彙編第二十三輯》，頁595-597。

1961 年・民國 50 年 | 72 歲

十月二十九日（日），晚，在台中蓮社為歷屆國文補習班結業青年，宣講《佛說八大人覺經》。

是月，台中蓮社蓮友三人，獲中國佛教會表揚。中佛會原擬嘉獎炳南先生，經先生婉謝後，改推薦慈光圖書館館長陳進德、慈光育幼院院長許炎墩，慈光托兒所所長張正心三人受獎。[1]

秋冬之間，有詩：〈編明湖夢影錄自傷〉二首、〈林間觀月述懷〉。（《雪廬詩集》，頁 305-307）
　　〈編明湖夢影錄自傷〉二首：
濟南瀟灑似江南，回首前塵兩不堪；下筆未知愁幾許，鬢毛窺鏡雪毿毿。
一覺邯鄲六十年，夢痕難覓似秋煙；流人羨煞晦時月，闕後還能再度圓。
　　【案】一九七〇年十月十五日，有〈明湖夢影錄小序〉，見該項譜文。
　　〈林間觀月述懷〉：不欲林遮月，無林月不妍；隨光傍疏密，留隙掛團圓。畫法取多讓，風情看兩全；虛空涵萬象，各自有嬋娟。

十一月一日（三），晚，於慈光圖書館週三講座，宣講《維摩詰所說經》。

1　〈佛教新聞〉，《菩提樹》第 108 期（1961 年 11 月 8 日），頁 43。

十一月四日（六），晚，於慈光圖書館「慈光講座」宣講《佛學概要十四講表》。

　　【案】本期慈光講座為暑假週末班，八月五日起，每週上課一次。據教材安排應為十四週，至十一月四日止，再加一次考測、一次結業式頒獎，應至十一月十八日止。與十一月二十五日開始新一期課程恰好銜接（見後文）。唯文獻無徵，姑繫此存查。

十一月五日（日），晚，在台中蓮社為歷屆國文補習班結業青年，宣講《佛說八大人覺經》。

十一月八日（三），晚，於慈光圖書館週三講座，宣講《維摩詰所說經》。

十一月十二日（日），晚，在台中蓮社為歷屆國文補習班結業青年，宣講《佛說八大人覺經》。

十一月十三日（一），台中蓮社附設國文補習班，獲省教育廳頒發獎狀褒獎。國文補習班創辦迄今已十一年，推行社會教育貢獻殊多，經臺灣省政府補習教育聯合視導組實地嚴格考核，獲此殊榮。臺中市補習班數十所，此次僅止兩所獲獎。

　　國文補習班辦理成績優良，推行社會教育貢獻殊多，經臺灣省政府補習教育聯合視導組實地嚴格考核，頃榮獲臺灣省政府教育廳以五十年十一月十三日教五字

1961年・民國50年｜72歲

第〇四六九號頒發獎狀褒獎，蓮社補習班係正式立案，免費教學，已辦理十年，養成品德兼優青年一千數百名，在臺中市補習班共有數十所，此次獲獎，只有二所，足證本班社會教化之成就，該班班主任蔣俊義暨教職員李炳南、劉汝浩、許祖成、王德超、周家麟、賴棟樑、朱斐、倪渭卿、金天鐸、許讚源、黃沂樟、王烱如、張進興、林茂生、鄭瓊珠、魏柏勳、陳雲、廖玉嬌、林須美、許炎墩等居士，歷經此多年任職，均教導有方，厥功不少。[1]

十一月十五日（三），《慧炬》月刊創刊。該刊由周宣德創辦，邀請臺灣大學李添春教授任發行人，師範大學博士生賴炎元、臺大研究生周春塘分任正副社長，師大研究生王熙元、臺大研究生莊因分任正副總編輯。先生題詞相贈。（《圖冊》，1961年圖14）

　　體空相有芭蕉樹，自與眾生身一如；文似春雷驚八表，覺芽無際發心初。[2]

是日晚，於慈光圖書館週三講座，宣講《維摩詰所說經》。

---

1 〈佛教新聞〉，《菩提樹》第109期（1961年12月8日），頁44；〈台中市佛教蓮社民國五十年度工作報告〉，《慈光》第73號（1962年4月30日），第4版。

2 李炳南：〈題贈慧炬月刊〉，《慧炬》第4期（1962年2月15日），第4版。本件《全集》未見收。

1465

十一月十七日（五），至慈光育幼院，參加慈光育幼院創辦人暨常務董事會議。辭去該院董事長暨常務董事，留任普通董事。[1]

〈慈光育幼院創辦人暨常務董事會議紀錄〉（1961年11月17日於慈光育幼院會議室）：

董事長李炳南提議：「學人年逾七旬，氣血俱衰，近又時患頭眩，益感頹廢，慈光育幼院，事務百端，各種新猷又在發展。老朽之身，實難勝職，倘有誤事，恐背因果，為此懇請將董事長一職辭去。只以董事身分從旁協助，藉以調養，苟延微生。伏乞允准，依章推人接替，不勝感禱之至。」

決議：一、接受李炳南辭去董事長暨常務董事，留任普通董事。

二、提名聘任原董事許炎墩遞補董事長暨常務董事。

十一月十八日（六），下午三時半，中興大學智海學社假農經研究所，舉行本學年第一次社員大會，邀請周宣德演講：「深入研究佛學之途徑」。演講後改選幹部，黃正木、黃英梅接任正副社長。[2]

---

1 〈慈光育幼院創辦人暨常務董事會議紀錄〉（1961年11月17日），臺中：慈光育幼院檔案，現收存於慈光基金會。

2 〈中農智海學社舉行社員大會〉，《慧炬》第2期（1961年12月15日），第1版。參見：智海學社：〈社史〉，《智海卅週年紀念專刊》，頁129-198。

【案】一九六一年七月一日,原臺灣省立農學院(臺中)與臺灣省立法商學院(臺北),合併成為臺灣省立中興大學。

十一月十九日(日),晚,在台中蓮社為歷屆國文補習班結業青年,宣講《佛說八大人覺經》。

十一月二十二日(三),晚,於慈光圖書館週三講座,宣講《維摩詰所說經》。

十一月二十五日(六)起,每週六晚七至九時,於慈光圖書館「慈光學術講座」擔任主講。講述佛學一小時半、另講半小時古典詩。每講一詩,必高聲朗吟一遍示範。先生自編講義《佛學概要十四講表》、《詩學宗唐》。在校生、社會組共有約兩百人聽講。亦有多位大學教授與會。

　　私立慈光圖書館為闡揚我國固有文化、提高青年道德修養起見,特於該館增闢一「慈光學術講座」,自十一月二十五日起每週六下午七至九時聘請李炳南居士擔任主講,除佛學一小時半外,另講三十分鐘我國舊詩;講義均由李老師自編,預定十四次講完,結束時將舉辦智慧測驗一次,學生組前三名贈獎學金五百、三百、一百元不等。社會組另備名貴獎品。現已發聽講證,學生組有一百二十四名、社會組有六十三名。學生多為興大、東海、師專、中醫、省一中、二中、省工、

家職等在校生;社會組多半為各機關公教人員。[1]

由李老師依所編講表次第漸進介紹基本佛學。每次一小時半,另半小時講詩,講義《詩學宗唐》亦係李老師自編。每講一詩,輒應學者要求,高聲朗吟一遍,聽者則報以熱烈掌聲。[2]

【案】慈光講座週末班自一九六一年五月六日創設,暑假續辦第二期,是日舉辦應為第三期。

十一月二十六日(日)起,每週日上午九時三十分至十一時,於台中蓮社主持「研究佛學座談會」。此係為配合慈光圖書館舉辦之「慈光講座」,以期智識青年能對佛學諦理作學術性研究,特為「慈光講座」同學而開設。

〔又悉〕台中佛教蓮社為配合慈光學術講座,亦於十一月二十六日起,每星期日上午九時半至十時半舉辦「大專青年佛學座談會」,以期大專青年同學對佛學有更進一步的瞭解。第一次大專同學計有十八人參加,該社特備茶點招待,由各同學自提問題,由李老師主答、興大許祖成教授出席助答,各同學發言踴躍,咸對此人生宇宙間之一大學問極感趣味。[3]

---

[1] 〈佛教新聞〉,《菩提樹》第109期(1961年12月8日),頁44。另參見:〈新聞〉,《慈光》第63號(1961年11月30日),第1版。

[2] 〈佛教新聞〉,《菩提樹》第110期(1962年1月8日),頁48。

[3] 〈佛教新聞〉,《菩提樹》第109期(1961年12月8日),頁44;〈新聞〉,《慈光》第63號(1961年11月30日),第1版。

是日晚，在台中蓮社為歷屆國文補習班結業青年，宣講《佛說八大人覺經》圓滿。

十一月二十九日（三），晚，於慈光圖書館週三講座，宣講《維摩詰所說經》。

是月，再辭慈光圖書館董事長職，由許克綏繼任為慈光圖書館董事長。將專心從事教學與講經。

李老師定居臺中十二年，先創辦台中蓮社，繼創慈光圖書館及慈光育幼院，托兒所二，各擔任董事長名義。頃為專心教學講經著作起見，已辭去台中蓮社、慈光圖書館及慈光育幼院三處董事長職，分別選由朱炎煌居士為台中蓮社董事長，許克綏居士為慈光圖書館董事長，許炎墩居士為慈光育幼院董事長。[1]

十二月二日（六），晚，於慈光圖書館「慈光講座」宣講《佛學概要十四講表》、《詩學宗唐》之二。

十二月六日（三），晚，於慈光圖書館週三講座，宣講《維摩詰所說經》。

十二月九日（六），晚，於慈光圖書館「慈光講座」宣講

---

[1] 〈佛教新聞〉，《菩提樹》第109期（1961年12月8日），頁45；〈新聞〉，《慈光》第63號（1961年11月30日），第1版。

《佛學概要十四講表》、《詩學宗唐》之三。

十二月十三日（三），晚，於慈光圖書館週三講座，宣講《維摩詰所說經》。

十二月十五日（五），中午十二時，至火車站迎接載譽榮歸之許克綏社長。許克綏榮膺全國好人好事代表，接受全國性表揚，榮歸臺中。

  往臺北接受全國性表揚的台中佛教蓮社社長許克綏居士，於十五日中午十二時之觀光列車，榮歸臺中。市長邱欽洲、黨部主委趙自齊、議長蔡志昌、社會科長陳飛、省議員徐灶生、國代林吳帖、佛支會翁茄苳理事長、台中蓮社蓮友代表等約七百人到站迎接。先由各單位分別獻花後，由陸軍預訓部與台中蓮社天樂隊引導，遊行中正路、三民路、中山路、市府路……，至慈光圖書館。沿途市民商戶熱烈鳴炮歡迎。[1]

十二月十六日（六），晚，於慈光圖書館「慈光講座」宣講《佛學概要十四講表》、《詩學宗唐》之四。

十二月十七日（日），至慈光圖書館參加《菩提樹》月刊佛學函授部高級班結業典禮。函授學校修業三年，學員散居各地。今有多人不遠千里自屏東等地專程至臺中出

---

[1] 〈新聞〉，《慈光》第 64/65 號（1961 年 12 月 30 日），第 1 版。

1961年・民國50年｜72歲

席。典禮由函授部班主任方倫主持並頒發結業證書，先生以《菩提樹》月刊社長致詞並頒獎。主任方倫特別提示學由信解而起行，自修利他。

十二月十七日，菩提樹佛學函授高級班結業典禮假臺中慈光圖書館舉行。班主任方倫老居士特從高雄前來主持典禮。函讀學員五十八人雖然散居各地，出席者有施宏毅等十三人。主席方倫，司儀朱斐，來賓有中興大學農學院李院長、教授許祖成、東海教授蔡運辰、國代劉汝浩、南投糖廠醫師于凌波及男女蓮友等數十人。在天樂班奏樂聲中典禮開始，行禮如儀後，首由方主任致詞，並頒發結業證書，繼由本刊社長李老師炳公致詞並頒發獎品。中佛會的三張獎狀分別給前三名成績最優者。本刊以派克金筆一支贈第一名施宏毅同學，其他佛教團體所贈經書等分別給出席各同學。是晚本刊特設素席二桌、款待諸出席師生及來賓等。[1]

十二月十八日（一），夏曆十一月十一日，靈山寺佛七開始，禮請先生開示念佛法要。有開示偈：
浮名浮利不貪求，世俗萬緣一筆勾；五蘊苦空終是鎖，西方速去莫淹留。

萬修萬去，並非欺語；不如法修，是不肯去。

1　〈佛教新聞〉，《菩提樹》第110期（1962年1月8日），頁48；方倫：〈佛學函授班結業典禮致詞〉，《菩提樹》第110期（1962年1月8日），頁31-32。

> 脫苦曾經三勸君，願門四義又重聞；今朝若不衝塵出，罪果緣成已十分。[1]
>
> 【案】本則開示偈僅注記年分，未確知為春季佛七或冬季佛七。唯靈山寺春季佛七於一九六二年起即未舉辦，未詳先生是否一九六一年春七即未參與？可確知者先生自一九五〇年十二月起靈山寺佛七從未缺席，因繫為冬七開示。

十二月二十日（三），中午，至車站迎接芝加哥大學比較宗教學教授北川三夫伉儷，並於沁園春餐廳素席款待。臺中市佛教支會會長翁茄苳、蓮社董事長朱炎煌、慈光育幼院院長許炎墩等陪同。

芝加哥大學比較宗教學的日裔美籍副教授北川三夫（Joseph M. Kitagawa, Ph.D.）偕其美籍夫人於中午來到臺中，他們是出席柬埔寨世佛大會後回程經過臺灣，中佛會通知菩提樹雜誌社朱斐居士，隨即通知有關佛教團體，到車站歡迎者有市佛支會翁茄苳、蓮社董事長朱炎煌、慈光育幼院院長許炎墩、李老師等，均至車站歡迎。中午在沁園春以素席款待遠賓，並邀同車站歡迎諸居士作陪。北川博士蒞中一則訪問本刊，再則要到北溝中央圖書館找尋一部分資料。第二天整日時間在霧峰北

---

[1] 釋普慧抄錄，蘇全正整理：「李炳南於臺中市靈山寺主持佛七開示法語一覽表」。

1961年・民國50年 | 72歲

溝中央圖書館。[1]

是日晚,於慈光圖書館週三講座,宣講《維摩詰所說經》。

十二月二十二日(四),夏曆十一月十五,正逢冬至。有詩〈辛丑十一月望正逢冬至夜看月當頭有感余新辭退蓮社圖書館孤兒院諸務時也〉、〈冬至記所見〉。

〈辛丑十一月望正逢冬至夜看月當頭有感余新辭退蓮社圖書館孤兒院諸務時也〉:月望逢冬至,年華有幾回;影從身畔滅,春在日南來。天上銀河轉,人間玉漏催;何時應六管,重見動葭灰。

〈冬至記所見〉(時為臺俗十年大祭之節,報載桃園一處賽神者二十餘萬人,消費達一億元,全省可想矣!):陽春生大地,皓月麗中天;國瑞占交泰,日長從小年。賽神人似海,招友酒如泉;可有銅山鑄,家家不吝錢。(《雪廬詩集》,頁307)

十二月二十三日(六),晚,於慈光圖書館「慈光講座」宣講《佛學概要十四講表》、《詩學宗唐》之五。

十二月二十七日(三),晚,於慈光圖書館週三講座,宣講《維摩詰所說經》。

---

1 〈佛教新聞〉,《菩提樹》第110期(1962年1月8日),頁48。

十二月三十日（六），晚，於慈光圖書館「慈光講座」宣講《佛學概要十四講表》、《詩學宗唐》之六。為本學期最後一講。寒假暫停，於開學後三月續講。

慈光圖書館新闢專為大專智識青年所設之慈光學術講座已舉行六次，至第六講止報名人數已一百七十八名，社會組亦有七十八名。講座寒假暫停，開學後再續講至第十四講講畢。[1]

是年冬，有詩：〈金錢菊〉、〈選色〉三首、〈金成聰居士初心茹素〉。（《雪廬詩集》，頁 307-308）

〈金錢菊〉：籬下金錢滿，誰還羨杖頭；縱橫連草舍，富貴逼黔婁。

〈選色〉三首：

色恐有不好，妝臺思出新；潛偷天上樣，遍惑世間人。
司寇難安魯，聲聞欲破真；盈途逢一笑，牽手入迷津。
胡騎交河道，風沙撲漢關；三軍蹈白刃，萬骨葬青山。
翠黛雕鞍去，金瘡片甲還；由來傾國色，戰血抹紅顏。
美色國之寶，迂論猶選賢；星槎從返櫂，武庫不張弦。
孤月昭君塚，五湖西子船；重看降玉女，華夏中興年。

〈金成聰居士初心茹素〉：春風秋露百蔬肥，親手烹調飽夕暉；各有庖廚流血債，卻無怨氣到君扉。

是年起，先生赴講席，得有常侍弟子鄭勝陽以機車載送。此

---

1 〈佛教新聞〉，《菩提樹》第 110 期（1962 年 1 月 8 日），頁 48。

1961年・民國50年｜72歲

前，多為步行往返弘法。

董正之，〈永懷雪公恩師（中）〉：雪公駐節中市三十七年，弘揚淨土，講經行誼可分三個階段：
第一階段為步行往返弘法時期：公初住中市南區奉祀官府內，除辦公室外，即一小客室，充作寢室，約十餘塌塌米，非常簡陋，公於炎暑隆冬，每星期日午後，步行往返靈山寺講經，夏則一襲長衫，冬則一領棉袍，安步當車，閱十寒暑，正多尾隨公後，亦分享樂趣。
第二階段為機車弘法時期：自五十年後鄭勝陽居士為公常侍弟子後，每赴講席，即乘勝陽兄所駕機車後座往返，然炎暑隆冬，感受亦頗辛苦，然公為法忘軀，不辭勞瘁，近四十載如一日，精神良足風世，而資道範。
第三階段為座車弘法時期，六十年後蓮友購車代步。[1]

每次講座下課，恭送雪公老恩師到門口，老人家很快的用左手拉住侍者鄭勝陽老師摩托車後座把手，右腳快速輕巧跨過後座坐下，坐穩後，右手（或雙手舉起帽子，向我們揮手，表示「再見喔」，同學們高呼著：「老師！手要抓好！」[2]（《圖冊》，1961年圖15）

是年，蓮社弘法人員講經三百一十五場次，講演三百一十場次，弘法佈教共六百二十五場次。介紹皈依三百一十二

---

[1] 董正之：〈永懷雪公恩師（中）〉，《明倫》第168期（1986年10月）。
[2] 謝嘉峰：〈雪廬老人創辦大專講座之因緣〉，《弘法資訊》42卷第4、5期（2016年4/5月），頁131-145。

人，受戒六人，共三百一十八人。贈送佛書六千九百八十四冊，佛像四百五十張，《慈光》半月刊四萬八千份。經蓮社助念往生或送葬者共二十一人。貧民救濟：賑米九千五百一十六台斤（值三萬四千二百六十四元五角）。施寒衣六百一十八件、鞋二雙。魚鳥放生：鳥類二千三百五十六隻、魚類七百五十五點五斤、龜類二百二十五隻，金額一千一百二十九元四角。[1]

---

1 〈台中市佛教蓮社民國五十年度工作報告〉，《慈光》第 73 號（1962 年 4 月 30 日）。

李炳南居士年譜

2025年3月初版　　　　　　　　　　　　　定價：新臺幣全套6500元
有著作權・翻印必究　　　　　　　　　　（全套書共六冊，不分售）
Printed in Taiwan.

編　著	林其賢	
主　編	胡琡珮	
校　對	楊俶儴	
內文排版	胡常勤	
封面設計	李偉涵	

編輯委員　吳聰敏(召集人)
吳碧霞、紀海珊、張式銘、張清泉、連文宗、郭惠芯、陳雍澤
陳雍政、黃潔怡、詹前柏、詹曙華、賴建成、鍾清泉、林其賢

出　版　者	聯經出版事業股份有限公司
地　　　址	新北市汐止區大同路一段369號1樓
叢書編輯電話	(02)86925588轉5305
台北聯經書房	台北市新生南路三段94號
電　　　話	(02)23620308
印　刷　者	文聯彩色製版有限公司
總　經　銷	聯合發行股份有限公司
發　行　所	新北市新店區寶橋路235巷6弄6號2樓
電　　　話	(02)29178022

編務總監	陳逸華
副總經理	王聰威
總經理	陳芝宇
社　長	羅國俊
發行人	林載爵

行政院新聞局出版事業登記證局版臺業字第0130號

本書如有缺頁，破損，倒裝請寄回台北聯經書房更換。　ISBN　978-957-08-7614-7 (全套精裝)
聯經網址：www.linkingbooks.com.tw
電子信箱：linking@udngroup.com

國家圖書館出版品預行編目資料

李炳南居士年譜/林其賢編著．胡琡珮主編．初版．新北市．
聯經．2025年3月．年譜共3880面．圖冊516面．年譜14.8×21公分．
圖冊21×29.7公分
ISBN 978-957-08-7614-7（全套精裝）

1.CST：李炳南　2.CST：年譜

783.3986　　　　　　　　　　　　　　　　　　114001345